中南大学"双一流"建设文科战略先导专项经费资助

中南大学哲学社会科学学术专著文库

中国传统村落文化概论

胡彬彬 吴灿 / 著

中国社会科学出版社

图书在版编目（CIP）数据

中国传统村落文化概论 / 胡彬彬，吴灿著. —北京：中国社会科学出版社，2018.4
（中南大学哲学社会科学学术专著文库）
ISBN 978-7-5203-2188-4

Ⅰ.①中… Ⅱ.①胡… ②吴… Ⅲ.①村落文化—研究—中国 Ⅳ.①K928.5

中国版本图书馆 CIP 数据核字（2018）第 045747 号

出 版 人	赵剑英
责任编辑	郭晓鸿
特约编辑	席建海
责任校对	冯英爽
责任印制	戴 宽

出　　版	中国社会科学出版社
社　　址	北京鼓楼西大街甲 158 号
邮　　编	100720
网　　址	http://www.csspw.cn
发 行 部	010-84083685
门 市 部	010-84029450
经　　销	新华书店及其他书店
印　　刷	北京明恒达印务有限公司
装　　订	廊坊市广阳区广增装订厂
版　　次	2018 年 4 月第 1 版
印　　次	2018 年 4 月第 1 次印刷
开　　本	710×1000　1/16
印　　张	40
插　　页	2
字　　数	483 千字
定　　价	168.00 元

凡购买中国社会科学出版社图书，如有质量问题请与本社营销中心联系调换
电话：010-84083683
版权所有　侵权必究

《中南大学哲学社会科学学术成果文库》和《中南大学哲学社会科学博士论文精品丛书》出版说明

在新世纪，中南大学哲学社会科学坚持"基础为本，应用为先，重视交叉，突出特色"的精优发展理念，涌现了一批又一批优秀学术成果和优秀人才。为进一步促进学校哲学社会科学一流学科的建设，充分发挥哲学社会科学优秀学术成果和优秀人才的示范带动作用，校哲学社会科学繁荣发展领导小组决定自 2017 年开始，设立《中南大学哲学社会科学学术成果文库》和《中南大学哲学社会科学博士论文精品丛书》，每年评审一次。入选成果经个人申报、二级学院推荐、校学术委员会同行专家严格评审，一定程度上体现了当前学校哲学社会科学学者的学术能力和学术水平。"散是满天星，聚是一团火"，统一组织出版的目的在于进一步提升中南大学哲学社会科学的学术影响及学术声誉。

中南大学科学研究部
2017 年 9 月

序

《中国传统村落文化概论》终于付梓了。作为胡彬彬教授的老朋友、粉丝、崇拜者,受胡彬彬教授之托,为他的书写几句话。虽然不懂和没有文化,但因为 22 岁之前,我一直生长在湖南澧水和洞庭湖畔的农村,离开家乡之后又总是每时每刻都免不了那浓浓的乡愁,就把我的部分感受拿出献丑,算是对胡彬彬教授这部力作的小序。

我是搞理工的,后又从事教育管理,在文化方面不仅缺少研究,更不懂中国传统文化的理论和实际。听人说,文化实际上是前人长期积淀、传承下来的习惯和规则,是一种渗透在每个人血液里的东西。如果这样说,那我的习惯和思维里是有许多澧水、洞庭湖和湖湘文化的东西的。这些文化和习惯虽然在我生活的后几十年里经走南闯北、国内国外的闯荡后有所改变,但根好像是没有变的。我想,我们有许多从乡村走出来的"漂"们,可能都有同样的遭遇和困惑:就是无论走到哪里,都忘不了自己的乡音,断不了自己的乡愁,戒不了自己的乡食,淡不了自己的乡情,离不了自己的乡亲……

从我的角度看,中国文化可分为两种:精英文化和草根文化。精英文化中不乏不忠不义、不智不信的内容,草根文化中不少情义、天下的情怀。而精英和草根在不同的时代通过不同的方式从一个阵营转移到另一个阵营的过程中，也把两种文化进行着不断的交流与融合。中国的村落实际上是这两种文化沟通、交流和融合的主要根据地。你看，士大夫们告老还乡，把庙堂的生活带入了乡村，贫苦孩子的苦读使自己鲤鱼跳龙门，进入中国社会的精英层……哪个时代离开了这两种转换或少了这两种转换，哪个时代就要被淘汰，就会动荡。所以，村落文化虽不能说是精英文化，但它的确汇集了精英文化和草根文化。只有真正了解村落文化的人，才是真正成大事的人。

什么是村落文化呢？我想这是彬彬教授要在书中阐述和回答的。但依我看，村落文化对于我们，主要是精神和物质的。当然，它的后面可以反映出许许多多的东西，例如生产贸易、生活习俗、组织治理、教育、建筑等。但对于我们来说，村落文化留下来的精神，留下来的价值观，才是我们应该理解和传扬的；而村落文化的物质，则是我们学习、理解传统文化的精神与价值所必需的。

什么是村落文化的物质？这也是彬彬教授在书中会向大家展示的。第一颗稻种、不同的民居、不同的生产工具、不同的学习用品、不同的军事器械、不同的宗教用品……不同的时代，尽显不同的文明！彬彬教授以他30多年走访全国4500多个村落的记录，收集到了举世罕见的有关中国不同朝代的村落物证。

什么是村落文化的精神和价值观呢？尽管彬彬教授也会有他的回答，但我认为每个人都会有自己的回答。因为每个人（或他的祖先）都来自或生活在不同的村落。我所在的村落除了善良、忠诚之外，再可能就是霸蛮，就是刚直。我们说话不绕弯。另外，乡愁也是包围着每一个离乡者心和身的征衣。

什么是乡愁？我的乡愁，就是妈妈慈祥的面容，父亲微驼的脊背，哥哥壮实的肩膀，姐姐们甜美的笑容，少女少男一起打闹的欢笑，乡亲们一起劳作时的汗水，各种政治运动时的红旗飘飘。我的乡愁还有那松软的泥土小路，气势磅礴、夹杂着泥沙滚滚流过的松滋河，满湖荷花、水波荡漾的沟围湖，春雨过后，青鲤鲫鱼满田游的稻田，芦花放、稻谷香，杨柳成行的河洲、田野和水渠，秋天的棉花，春天的油菜，冬天的大雪，夏天的炎热……

我的月光能透进、雨水能滴进、东南西北风都能穿过的茅草房，我的能栽种各种蔬菜的自留地，我的房前屋后那一排排的杨柳，春天的蛙叫，夏天的蝉鸣……哪一点哪一滴不是我们的乡愁呢？

村落和家，是我们的根。只有爱家，爱生我们养我们的地方，才能爱国，才能修身。

胡彬彬教授为了中国村落文化而进行的长期努力和奋斗，其意义是不是就在这里呢？我不得而知。起码，在我的印象中，胡彬彬教授本人就是如此。

张尧学

（中国工程院院士、中南大学原校长）

2016 年 5 月 1 日

目　录

绪　论 …………………………………………………………… 1

 0.1　传统村落及传统村落文化 ……………………………… 1

 0.2　传统村落文化所涵盖的内容及研究意义 ……………… 5

 0.3　传统村落文化研究的学术史回顾 ……………………… 15

 0.4　对传统村落文化研究的展望 …………………………… 27

第1章　传统村落及其文化概述 …………………………………… 33

 1.1　传统村落的形成与发展 ………………………………… 33

 1.2　传统村落文化的特征 …………………………………… 44

 1.3　中国传统村落文化的功能 ……………………………… 54

 1.4　传统村落文化的研究方法 ……………………………… 62

第2章　传统村落的堪舆规划与建筑 ……………………………… 71

 2.1　传统村落的堪舆规划 …………………………………… 73

 2.2　传统村落的建筑 ………………………………………… 97

第 3 章　传统村落的生产与商贸 ·················· 185
3.1　传统村落的生产与商贸概述 ················ 185
3.2　传统村落的种植业 ······················ 187
3.3　传统村落的养殖业 ······················ 227
3.4　传统村落的手工业 ······················ 241
3.5　传统村落的商贸 ························ 263

第 4 章　传统村落的生活习俗 ···················· 273
4.1　传统村落的生活与习俗概述 ················ 274
4.2　传统村落的日常生活习俗 ·················· 285
4.3　传统村落的人生礼仪习俗 ·················· 325
4.4　传统村落的节庆习俗 ···················· 343

第 5 章　传统村落的精神信仰 ···················· 357
5.1　传统村落的精神信仰概述 ·················· 357
5.2　传统村落的自然崇拜 ···················· 363
5.3　传统村落的神灵崇拜 ···················· 380
5.4　传统村落的宗教信仰 ···················· 405
5.5　传统村落中精神信仰的特征与意义 ············ 431

第 6 章　传统村落的组织与治理 ·················· 439
6.1　传统村落的组织 ························ 441
6.2　宗族与村落治理 ························ 461
6.3　乡绅与村落治理 ························ 477

第7章 传统村落的文化教育与道德教化 ······ 494

7.1 学校教育与道德教化 ······ 496
7.2 宗族宗法与道德教化 ······ 512
7.3 乡约与道德教化 ······ 525
7.4 民间普及读物：文化教育与道德教化的载体 ······ 532

第8章 传统村落文化的保护与传承 ······ 564

8.1 传统村落的保护与传承对象 ······ 565
8.2 传统村落文化保护与传承的意义 ······ 585
8.3 传统村落文化保护与传承的途径 ······ 593

主要参考书目 ······ 614

后　记 ······ 623

绪　　论[*]

0.1　传统村落及传统村落文化

作为世界上最重要的文明古国之一，中国拥有悠长久远的文明历史，创造过灿烂辉煌的文化。那么，中国文化的根本和源头在哪里？

在长江流域，湖南道县玉蟾岩出土了距今一万年的人工栽培稻标本，成为研究水稻起源最早的实证。同时出土的还有当时被捕获的天鹅、鸳鸯等鸟类的骨头和猕猴桃、梅等果实标本，尤其是世界上最早的陶器遗存物证，表明了当时的先民已经从采集渔猎转向农业耕作，传统村落已经初步形成。在浙江余姚的河姆渡遗址，出土了距今7000多年的稻谷遗存和农业工具，表明当时原始稻作农业已进入耜耕阶段；而大量的干栏式建筑遗存，则直接开启了今天西南地区少数民族村落干栏式建筑的先声。

---

[*] 本章的部分内容及观点在《光明日报》《新华文摘》及《科学社会主义》等刊物上发表过。

在黄河流域，距今7000年的仰韶文化，以无与伦比的彩陶器物铸就了中国历史上著名的彩陶时代。这一时期的先民，运用刀耕火种的方法和土地轮休的耕作方式，开始了粮食作物粟以及蔬菜的种植。河南渑池出土的半地穴式的方形建筑，则已经构筑起了远古村落的基本格局。黄河中下游地区，距今4000多年的龙山文化出土的大量胎骨紧密、漆黑光亮的黑陶，表明陶器的制作工艺在原来彩陶的基础上有了进一步的发展。而大量石器、骨器和蚌器的出土，则表明当时的先民已经开始了以农业为主而兼营狩猎打鱼、蓄养牲畜的生产方式。远古村落中，原住民的生活丰富多彩。

今天，虽然经历过无数次天灾人祸，各个极具地域风格与民族特色的传统村落，仍然有不少遗存。它们遍布于辽阔广袤的中华大地，影响着我们的物质生活与精神生活。有已经被列入世界文化遗产名录的宏村和西递、开平碉楼与村落、福建土楼；有被列入世界文化遗产预备名单的山陕古民居、江南水乡古镇、苗族村寨、侗族村寨、藏羌碉楼与村寨；有第一批列入中国传统村落名录的646个村落、第二批列入中国传统村落名录的915个村落和第三批列入中国传统村落名录名录的994个村落。这些都是人类文化的宝贵财富，也是中华民族的重要文化遗产。除此之外，在这类名单之外的更多普通而平凡的传统村落，更是数不胜数，它们如同一颗颗灿烂的星辰，散落在中华大地。只要我们离开城市，传统村落的气息就扑面而来。甚至在现代都市中，我们也能够感受到传统村落文化的存在。可以说，每一个中国人的血液中，都流淌着传统村落文化的基因。亲近传统村落，就是在寻找我们的文化之根。守护住了传统村落，就是留住了中华民族可供安放的乡愁。

那么，在这片960万平方公里的土地上，传承了上万年源远流长的凝聚着中华民族智慧和汗水的中国传统村落，究竟有着怎样的文化内涵和文化特质？其基本的文化内核是什么？由于受到传统文史哲研究体制与框架的制约，在过去相当长的时间里，被弃而不问，故鲜而有闻，或闻而不详。中国人类学家叶舒宪在论及中国文化的大传统与小传统时说："几百万、上千万平方公里的山河大地，也可以当作一部大书来看和读。"其实，成千上万的中国传统村落，何尝不是一部部鲜活的并正在续写的中华民族文明史？

何谓村落？《辞海》只给了两个字的注解："村庄。"这个解释只是列出了村落的同义词。而《辞源》则给了六个字的注解："乡人聚居之处。"它比《辞海》的解释稍微详尽了一点，强调了村落是乡野之民所生活的地理空间，但仍旧显得过于简单，容易引起误解。

要清楚地对"村落"这个词语加以解释，需要梳理文献，寻根究源。现代汉语中，有很多词汇我们日常使用量极大，以至于不会意识到它们其实都是外来语，如"市场""经济""方案"等，就是直接从日语中移植过来的。不过，"村落"却是一个地道的汉语词汇，有关"村落"的称谓，很早就出现在中国古代文献中。如《三国志》："入魏郡界，村落齐整如一，民得财足用饶。"晋代崔豹的《古今注》："四顾荒郊，村落绝远。"《北史》："吏人如丧亲戚，城邑村落营斋供。"唐代张守节作《史记正义》，注《史记·秦本纪》说："筑冀阙，秦徙都之，并诸小乡聚。""正义"云："万二千五百家为乡，聚犹村落之类也。"等等。在魏晋以降的古代文献中，"村落"一词出现的频率就更高了，在此不再一一赘述。

通过以上的分析，我们可以给"村落"下一个大致的基本定义，即村落是由古代先民在农耕文明进程中，在族群部落的基础模式上，进而因"聚族而居"的生产生活所需而建造的、具有相当规模、相对稳定的基本社会单元。村落与村落文化的内涵虽不尽相同，但关联紧密。"文化"是个舶来词，源自拉丁文"cultura"。这个词的原始词义具有耕种、居住、敬神等多重意义。由此可知，村落和文化的关系是非常紧密的，而且都是农耕文明的产物。村落是基础，文化是内涵。同时，村落与村落原住民又是文化载体，文化又因载体不断传承和衍生。

中国传统村落是中华民族先民由采集与渔猎的游弋生存生活方式，进化到农耕文明定居生存生活方式的重要标志，是各民族在历史演变中，由"聚族而居"这一基本族群聚居模式发展起来的相对稳定的社会单元，是中国农村广阔地域上和历史渐变中一种实际存在的、历史最为悠久的时空坐标。作为社会单元内在结构最为紧密的小群体，中国传统村落的空间形态多样、文化成分多元，蕴含丰富深邃的历史文化信息。通过其相互关联、内在互动，不断传承内部文化、发挥社会功能，成了社会有机体的重要组成部分，是中国传统文化最根本的基础。从湖南玉蟾岩发现的距今万年的人工栽培稻标本来看，中国是世界上少有的拥有上万年历史的农耕文明大国。以农耕渔猎为基础的村落，因其地理环境、人居条件的差别，逐渐形成了不同地域、不同形态的"村落文化"。这一由基本族群聚居模式发展起来的社会单元，村落文化具有聚族群体性、血缘延续性的特质；承载了中国久远悠长的文明历史，因而极具民族文化的本源性和传承性；村落成员的生产生活以及与之相关的有形或无形的文化形态，从表面化一般形式的呈现，到隐性化深层次的内在文化结构与内涵，代表着中国历史的文化传统，体现着"社会人"由单一个体到家庭家族，进而到氏族，最后归属于民族范畴，再直接引申到"国家"概念的文化层面的全部含义。自秦汉以来，按传统的儒学归纳，中国传统村落可以说是"修身、齐家、治国、平天下"人文理想最具基础性和根本性的文化依托。

不同历史时代和不同地域、不同民族所形成的传统村落，大量承载着不同时期、不同地域、不同民族的文化信息，是我国宝贵的物质文化和非物质文化遗产资源，更是世界人类文化遗产极其重要的组成部分。

0.2 传统村落文化所涵盖的内容及研究意义

中国村落文化作为远古形成的传统文化的基本内核，是我国传统社会乃至现代社会的社会品质、正统文化以及政治精神的基本载体和驱动力，其内涵极为丰富。

滴水可以见太阳。我们以湖南地区的那些具有代表性的传统村落为例，来说明传统村落文化在中华传统文化中的重要价值。而且我们会发现，这些文化仍旧活着，与人们的生活息息相关，而不是被记载在书本中，不打开就不能认识它们。

地处长江中游的湖南，有湘、资、沅、醴贯穿，其东、西、南部三面环山，北面为洞庭湖。中部以丘陵为主，南高北低呈不对称马蹄形。使得湖南的传统村落，从建筑形态上划分，大致可以分为三大类型：湘中地区的府第式砖木结构宅院，湘南地区的街衢式村落，湘西南、湘西北的木结构的干栏式村落。这说明自然地理决定着人居环境和村落建筑文化形态。湖南是一个以汉族为主的多民族的省份，几乎56个民族在境内都有居住。汉族主要分布在湘中、湘南、湘北一带。少数民族则主要分布在湘西北、湘西南以及湘南的一些县域。所谓"一方山水养一方人"，不同的村落建筑，实际上反映了相应的村落原住民的文化理念，折射出以生产生活方式和民风与习俗为重要内容的不同的文化内涵。

湘南永兴的板梁村，是刘氏家族兴建的。据其编撰于清康熙三十八年的族谱所载，其祖在南宋初为避战乱由安徽迁徙至此。永兴刘氏"于此筑堂为居，其始不过四十者"。因"耕读为本""勤俭持事"，至道光年间，家族已壮大为"人丁千三，屋宇三百栋，公田三千八百石"的规模。今尚有砖木结构房屋1000多间。整个建筑大致呈街衢式布局，由三个大板块构成群落，中有水池和道路相连。第一个板块为祭祀与公学用房，第二个板块是民居，第三个板块是学堂、演武场等公共设施。这个家族的祠堂里立着几块刻制于不同年代的碑文，其中有三块记载了这个家族在繁衍壮大的历史进程中发生的几桩重大事件：第一块碑刻制于明代的万历十三年，记述了当时社会溺杀女婴成风。族里长者开会商定："尝思阴阳之道，故道之在人。乾道成男，坤道成女。凡族内婚育男女，皆为我族血肉。故生女者，岂可悖其人伦，溺而杀之。凡溺女者，罪折祖上，当驱之。凡生女者，皆为夫妇造化，当育之。"族长会议还议定："凡首生女者，族内公田当年供谷一斗。"第二块立于清康熙二十三年，记述了族内"资学兴教"的重要内容。族长决定在族内兴办公学，旨在使族内人人皆可享受均等的教育。凡族内原殷实人家，办有私塾者，可由私塾转入公学，亦可私课之外，兼学公学，但不得反对兴办公学。公学所耗财资，由族内公田折银承担。同时，还决定在族中公房前辟建一楼，名为"梅阁"，专门教化族内女性儿童。今梅阁尚存，分上下两层，楼上为绣楼，楼下为学堂，请"内贤外秀"的女先生，专门教化。同时，碑文还记载了鼓励族内学子勤奋学习、考取功名、报效国家、光宗耀祖等诸多事迹。凡参与县试、乡试、会试者，按"三斗、一石、五石"补助不同份额的公田谷粮。第三块碑立于嘉庆六年，内容为"正风养训"，强化族人对传统道德观念和礼俗的恪守，严惩忤逆行为。同时，又做出了一个颇令人思考的决定:"近有洋人宣教于邑,妖言蛊惑。族内人丁,不可受而信之。凡助其者,闻其者,传其者,大逆不道也,逐之不容。""至于族中后生,有好奇洋人之乐器者,言奏华音悦耳,可以怡情。故允其观摩。然切不可闻其布道,违者逐之。"为防外贼,家族还决定辟地建演武场,使其族人在"耕读为本"的基础上,"精文尚武"。后来这个家族,通过当时的茶叶商,用族内公田的财资,还买回了十几件西洋乐器,供族中"后生""摩习",用于族内的文娱活动。文化的固守与对峙、排斥与包容,在这里碰撞并存。

湘西南的黄桑坪的蒙姓苗族村落,如今还保留着极其古老的民俗遗存:祭狗。如果依清代严如熤所著《苗疆风俗考》中"苗姓吴、龙、石、麻、廖为真苗,其杨、施、彭、张、洪诸姓乃外民入赘,习其俗久,遂成族类"之说,这个苗寨算不上真正的"生苗",顶多只能算是"熟苗"("生苗"即指未被外族同化的苗族,仍然完好保存着苗族原本的各种习俗和生产生活方式;"熟苗"则是指已经被外族同化的苗族,其习俗与生产生活方式全部或部分已与外族大致无异)。但这个村落的苗民,世代劳作生息于此,其年代之久远虽难以考究,但苗族原住民原本的生产方式与生活习俗,都完好地保存传承至今,与汉民差异颇大。这个家族一直完好地保存着苗族"祭狗""敬狗"的习俗传统。为了考证这个苗族村落的习俗传统,我们九年来差不多跑遍了全国的苗族聚居地区,乃至对已迁徙、流散到越南、老挝、泰国的古苗族聚居地区〔今越南称为"巴天族",越语称 ngu'ờ'i PàThền,老挝、泰国称为"巴兴族"(Pá Hu'ng)或"宋族"(TốGng)、巴亨族〕进行过实地调查。这些因各种历史原因已迁徙他国的苗人,也都只有"祭狗"的口头传说,而没有这种宗教膜拜和祭祀仪式或者习俗了。我们还曾通过美国《国家地理》了解到北非的贝宁湾一个叫巴塞俄比亚

（Bessaribia）的部落，在男性成人仪式中，有杀狗祭祀的活动，但与黄桑坪苗族的祭狗，从仪式到内涵，完全不同，风马牛不相及。

蒙姓苗族村落的"祭狗"仪式，与中国远古的"盘瓠"神话传说有着极为密切的关系。《后汉书·南蛮传》载："昔高辛氏有犬戎之寇，帝患其侵暴，而征伐不克，乃访募天下：有能得犬戎之将吴将军头者，购黄金千镒，邑万家，又妻以少女。时帝有畜狗，其毛五彩，名曰盘瓠。下令之后，盘瓠遂衔人头造阙下，群臣怪而诊之，乃吴将军首也。帝大喜，而计盘瓠不可妻之以女，又无封爵之道，议欲有报而未知所宜。女闻之，以为帝皇下令，不可违信，因请行。帝不得已，乃以女配盘瓠。盘瓠得女，负而走入南山，止石室中，所处险绝，人迹不至。于是女解去衣裳，为仆鉴之结，着独立之衣。帝悲思之，遣使寻求，辄遇风雨震晦，使者不得进。经三年，生子一十二人，六男六女。盘瓠死后，因自相夫妻。织绩木皮，染以草实，好五色衣服，制裁皆有尾形。其母后归，以状白帝，于是使迎致诸子，衣裳斑斓，语言侏离，好入山壑，不乐平旷。帝顺其意，赐以名山广泽。其后滋蔓，号曰蛮夷。外痴内黠，安土重旧……今长沙武陵蛮是也。"东晋干宝的《搜神记》卷十四也记述了与《后汉书·南蛮传》类似的故事，但稍有不同却很重要的是，干宝还描述了苗人祭祀盘瓠的场景："用糁，杂鱼肉，叩槽而号，以祭盘瓠，其俗至今。故世称'赤髀，横裙，盘瓠子孙'。"后晋天福五年（940）溪州铜柱铭文："盖牂牁接境，盘瓠遗风，因六子以分居，入五溪而聚族。"

此后，在南朝沈约的《宋书》、北魏郦道元的《水经注》、北齐魏收的《魏书》、唐李贤的《后汉书注》、张守节的《史记正义》、李延寿的《北史》《南史》、令狐德棻的《周书》、北宋乐史的《太平寰宇记》、南宋罗泌的《路史》、元代脱脱的《宋史》、周致中的《异域志》、明人宋濂的《元史》、谢肇淛的《五杂俎》、清朝陆次云的《峒溪纤志》，一直到始撰于明朝的沈瓒、由清代李涌续著，最后成书于民国早期传教士陈心传的新见史籍《古今苗族生活集》，在两千年的官方正史典籍或非官方野史笔记中，均有"盘瓠"神话传说的记述："武陵郡夷，即盘瓠之种落也。其狗皮毛，嫡孙世宝录之。""苗人，盘瓠之种也。帝喾高辛氏以盘瓠有歼溪蛮之功，封其地，妻以女，生六男六女，而为诸苗祖。今夜郎境多有之……以十月朔为大节，岁首祭盘瓠，揉鱼肉于槽，扣槽群号以为礼。"等等。但在目前所见的全部相关文献中，却未见对"祭狗"这一祭祀活动的仪式、程序、内容、文本，包括祭祀品的陈设陈列、祭祀音乐等方面的任何记载。但在这个蒙姓苗族村落中，我们除了见到不少从明代流传至今的保存完好的祭祀文献之外，还目睹了整个"祭狗"仪式的完整过程；不仅悉知了祭祀供品的陈设方式，还耳闻了完整的"祭狗"古乐。也就是说，以"盘瓠"为祖先神，以狗为具体的神化物的这种事关人类最原始的宗教崇拜与祭祀仪式，在经历了数千年之后的黄桑坪苗族村落中，依然完好地得以传承和保存。如果按照联合国教科文组织所制定的有关"人类文化遗产"的内容和标准来对照衡量和考评，这是湖南，乃至全中国和世界保存最为完好和最为典型的人类文化遗产。何谓"越是民族的，即越是世界的"？以黄桑坪蒙姓苗寨的"祭狗"来诠释，最为鲜活也最为有力。

再举一个例子。湖南靖州的三锹乡地笋村地背苗族村寨，有一块铭刻于清代道光二十一年六月，叫作"群村永赖"的石碑。此碑系由清代靖州地方政府所立的"禁碑"。锹里[①]二十四个苗寨的头人都参

---

① 锹里：为古代靖州地方方言，又系苗民对族群世居集中之地的称呼，系一定地域范围专指。光绪《靖州乡土志》卷2释："苗里，俗名锹里。"又"锹里，在州治西，距城五十里，东界由一里、由二里、寨市、中洞，西界贵州锦屏，南界贵州开泰，北界贵州天柱"。

与了碑中所"禁"的事。立碑的时间虽不算太久远,但碑上记述的史实却极为古老久远。碑铭详细记述了在苗族悠久历史中形成的一种叫"舅霸姑婚"的婚姻制度内容。清代靖州地方政府以州府立法刻碑以记的形式,终结了这种由来已久的婚姻制度。碑文全文如下:

钦加知府湖南靖州直隶州正堂加三级　宋　为

署湖南直隶靖州正堂加三级六次　郑　为

生蚁地方……未蒙化改　即论婚姻　礼之大者　择婿配偶古今无异　奈生蚁地方　不循伦理　所育之女　定为妻舅之媳他姓不得过门　若亲舅无子　堂舅霸之　凡为舅氏者　皆得而霸之　闻有舅氏无子　将女另配　舅氏索钱　少则三五十　多则百余金　一有不遂　祸起非小　此舅霸姑婚之鄙陋　招害愈深　其多育女者　致起溺女之毒　非不知有伤造化之恩　实出不已……只得叩乞赏准示禁　据此批示外　合行出示严禁　为此示仰　该里居民人知悉　嗣后男女婚姻　必须由父母选择　凭媒妁特聘定不许舅氏再行霸婚索诈　倘敢故违　许被害之人　立即赴州指名具禀　以凭严拿究惩　决不稍宽　各宜凛遵毋违　特示

右仰通知

正堂宋　批准示禁

复禀详文　宋批　此案经出示严禁　如果再有霸索情事　尽可随时具禀拘究　申详立案

正堂郑批　婚姻听人择配　岂容逼勒霸占　倘有纽于陋习霸婚苛索情事　许即随时禀究毋容　率性示禁

计开

一遵州主婚姻听人择配　不许舅霸姑婚　如违示禁　公同禀究

一遵州主不许舅氏苛索银钱　如违示禁　公同禀究

一聘金财礼　只许一十六两　如违公罚

一过门水礼　议定银八两　如违公罚

已上数条正规各遵　州主示禁　如果违者　被害之家　必备银三两三钱　通众齐集　公议禀究

计开众案首有事姓名附后（略）

道光二十一年六月十一日

锹里二十四个苗寨（地域分布涉今贵州天柱、锦屏、隆里、黎平，湖南靖州、通道、绥宁、城步、会同等两省八县）"爷头""合行"签字表示拥护。"群村永赖碑"在碑铭内容及立碑主体行为的构成上，已经具备了古代地方政府立法及法律概念构成的完整要素：法律的制定主体（州府）概念、执行主体（州府）概念、关系（州府与锹里）概念、客体（锹里二十四寨民众）概念、事实（舅霸姑婚，索诈银钱）概念、涉人（事主）概念、涉事（婚姻）概念，都已非常完整；法律的授权性（州府正堂批准）与义务性（凛遵毋违）、确定性（不许舅氏再行霸婚索诈）、强制性（严拿究惩）也非常明确；并在假定条件（倘敢故违）、行为模式（指名具禀）和法律后果（以凭严拿究惩，决不稍宽）三方面体现了法律结构的完整性和严谨性。这是中国古代婚姻制度史上一个极为重要的物证，更是苗族婚姻变革史中一个具有划时代意义的里程碑。

这些古代村落的物质文化与非物质文化遗存，载述了这些由传统村落原住民曾在不同历史时期所发生的真实故事，给今天的我们，传递出了多少有关中华民族生息繁衍、伦理与道德秩序构建、家国观念的培育等方面的重要信息，还有多少具有重要意义的中国传统文化信息深藏在那些不为我们所发现的传统村落中呢？又还有多少传统村落中具有非凡价值的民族文化历史物证，因村落的消亡而消亡或正在"被"消亡呢？这些信息，往往有着事关中华民族薪火相传的、生产的、生活的、物质的、精神的等诸多厚重又多元的文化元素，难道是仅凭某一个学科的知识和能力就能完整释读、解码的吗？更何况这些信息，往往是"学究式"知识分子在所崇尚和悉知的"经典"中所缺乏或鲜见的。我们习惯于从传统的经典中找寻属于自身民族的文化与知识，却缺乏在实践中去获取文化信息和知识的能力。我们切不可因为缺乏这种能力，而永远放弃获取这种能力的努力，更不能因为自身不具备这种能力而否定这种能力的价值与作用。"尽信书不如全无书"，讲的就是这个道理。

从某种意义上看，我们更需要传统文化的"活证""实证"。我们崇尚在书斋中静心读"万卷书"的同时，需要同样崇尚"行万里路"。路行万里的田野考察，能让我们所有的学人学子从知识的"盲区"中走出来。散见于中国传统村落的各种活态的"第三重证据"，是可以给予我们全新的知识视野、文化视角和思想启迪的。

传统村落的建筑文化与艺术，也是有地域性和民族性的。我们依旧以湖南地区的传统村落为例来说明这一点。湘中、湘南地区虽然都是以砖木结构的府第式建筑为主，但湘中的府第式建筑，尤其是清代中兴名臣的建筑，往往是以一家人或一个家族为一个整体的大院落，其建筑从空间布局到功能体现，忠实地遵循着传统汉文化的礼乐秩序，甚至制度文化意义重于实际居住功能的需求。如双峰曾国藩的家府，就是儒家居住等级与制度文化的典范。"中为堂，左为尊，右为次""东阶为主，西厢待客"，没有丝毫的僭越或者疏忽，可谓"秩序井然"。而湘南地区聚族而居的村落，往往是一个个独立的住宅此接彼连，整体上形成气势恢宏的村落。虽然每一个住宅同样体现了礼乐秩序的传统精神，但从大的格局来看，单个住宅之间既相对独立，又维系在一个族群的大框架系统之中，与祠堂等公共建筑相匹配，在"慎终追远""长幼有序、尊卑有别"的儒家伦礼制度文化的基本体系之下，独立的空间布局，便于营造出相对宽松的人际关系和生存理念，个体的主观独立性基本可以得到尊重。不像湘中的大宅院，把个体完全淹没在制度文化之中。这样的差别，不仅仅体现在建筑文化上，也反映在装饰、美化建筑的壁画上，湘中和湘南，呈现出两种完全不同的基调：湘中府第式庄园建筑上的壁画，多能见到以人伦秩序教化为主题内容的庄重严肃的题材，如同家训。成教化、助人伦的劝诱功能已超出了作为绘画艺术自身应当具备的审美愉悦。即便是应当使人轻松的戏剧题材，也蒙上了些许沉郁的威仪。而在湘南，富有个性化的艺术表达则非常突出和典型。正襟危坐的家训式场景描绘很少见，而纯粹以欣赏性的山水楼台、花鸟人物，以及雅士偏好的松、竹、梅、兰题材为主流。从绘画的技法看，湘中地区的壁画技法讲究规正严谨，无一不呈现出正统文化的气息，令观者不由端正严肃、敬而畏之。湘南地区的壁画则并无太多的技法讲究和制约。笔随意走、画由兴出，所以信笔而行，是技法依我，而不是我就技法，其凸显的是文人意趣与情致，往往令观者赏心悦目、神而往之。而与湘中、湘南相对应的湘西南、湘西北少数民族村落中的建筑，则多为依山傍水、就地取材的干栏式。它们错落于青山绿水、茂林修竹之间，与之浑然一体、亲切和谐。没有丝毫的矫情和富贵逼人的气息，展示出朴实无华却不乏热烈豁达的民族情怀。其壁画更富灵动浪漫的精神气象与神秘奇异色彩，呈现的是与湘中、湘南不同的建筑文化与建筑艺术精神。可令观者深刻领悟到"人—建筑—自然"三者间最为真切友好的关系。

我们还是以湖湘传统村落建筑为例，来对这个问题稍作探讨。湖湘传统村落，除了地域之间、民族之间在建筑形制及建筑艺术上的差异之外，在建筑文化与艺术的内核上，实际上是可以追溯到心性之学与治平之学上来的。(心性)与(治平)两语，可以说是中国传统学术的重大关节。我们倘若把湖湘传统村落建筑的壁画艺术看作传统学术的一侧面来加以考量，从这个侧面是可以见微知著的。滴水之微可以展现江海浩渺，因而这种提法本身可以不仅仅局限于湖湘传统村落建筑艺术一隅。心性之学是人生修养性情、陶冶人格方面的，道家葛洪曾有"沙汰其心性"的主张，佛家禅宗一派言"明心见性"可"顿悟成佛"。儒家程颐、朱熹等有"心者，人之神明，所以具众理而应万事者也"之说。儒释道三家之言，都不外乎是指关于个体人格修炼的。治平之学则是治国平天下之为，当然是群体的，是建构在人与人、人与社会、人与国家之间的。从修身到齐家，从治国乃至平天下，是历代儒家所极力推崇的，也是儒家学术的精华所在，是中国传统文化的要义。因此，可以将浪漫的建筑形态与充满传统文人式意趣的松竹梅兰、吟月弄花划入"心性"的范畴，而主题以劝诱、教化为目的，严肃的家训式的经典与人物故事，则可以划入治平的范畴。这种区别既表现于传统村落建筑的壁画题材上又不仅限于题材上，这更是村落原住民的精神指向和情怀释放。由此可知，湘中的传统村落文化中"治平"重于"心性"；湘西南、湘西北传统村落的壁画，"心性"重于"治平"；湘南则取其"中庸"，二者兼有，取得平衡。湖湘传统村落中的建筑壁画所展现的题材内容，是通过艺术的形式和手法，在其艺术形式的外衣下诠释和表达的，却仍然是民族文化精神中的核心价值观。这实际上也是湖湘学派的正源精神之所系。因此，在湖湘传统村落和村落文化的氛围中，走出的不仅仅是一代代、一个个的举人、秀才，更是有王夫之、曾国藩、左宗棠、刘坤一、魏源等将相栋梁，他们无一不是因湖湘传统村落文化的熏陶、滋养而成长起来，由村落之远最终走向庙堂之高。

由一村可及一地，由一地可及一省，复可及整个国家。由此可知，中国传统村落文化，不仅存留了作为中华民族文化的基本内核精神，而且是我国传统文化中"修身、齐家、治国、平天下"人文理想最具基础性和根本性的文化依托。正是历朝历代无数传统村落中的原住民，通过代以相继的身体力行、忠实践行，使得我们优秀的传统文化得以不断传承、光大和创新，铸就了我国传统社会乃至现代社会的社会品质和国家民族文化精神。

因此，我们认为，"小村落"蕴含中华民族的"大文化"。

0.3 传统村落文化研究的学术史回顾

在中国传统的学术史中，学问被分门别类地规定为经、史、子、集四个主要类型。经指的是儒家经典著作及其注疏，史指的是官方审定或认可的历史著作，子指的是诸子百家著作和类书，集指的是个人的诗文词总集和专集。这些经典都是中国历代知识精英所创造的文化财富。相对而言，下层百姓所创造并延续的相关的传统村落文化，则基本上没有进入过学术的视野。在几千年的时间里，作为一种极具生命力的活态文化，传统村落文化不断地创造、演变，与整个中国的历史命运紧密相连。它丰富多彩，强健不息，在整个农业文明时代的中国，扮演着最为基础的角色。几千年以来，传统村落文化以其强大的生命力和容纳力，创造并包容着整个中华文化。生活在其中的人能感知它的某一个小的方面，却从未想过去探寻它的全部。那些从传统村落中出来的文化精英，吸收了大量传统村落的营养，却从未花费精力去研究它。

直到19世纪末，一位来自美国的传教士明恩溥，以一个局外人的身份，拉开了中国传统村落文化研究的序幕。明恩溥根据自己在中国的生活经历，写成了《中国乡村生活》一书。明恩溥的目光既有一种审视，也带有一种感情。不过，这部著作中一些对于农村生活的误解和歪曲也遭受了一些诟病。最重要的是，书中的取材来自山东部分地区，因此，尽管书名为《中国乡村生活》，但实际上只是中国北方部分地区的村落生活。而且，明恩溥的关于中国村落生活的描述，只是一种个人的体验，并未上升到理论研究的高度。但是不管怎么说，自此开始，中国村落文化开始进入了西方人类学、社会学学者的研究视野。凯恩、狄特摩尔、白克令、卜凯、甘布尔、兰姆森、布朗等一系列的西方学者，都以社会学的调查方法和欧美社会研究的范式，对中国传统村落展开了不同程度的研究。

其中，美国学者葛学溥的研究近些年来在中国得到了关注。葛学溥首次提出了对中国各地村落社区分别进行调查研究的计划。他认为，应当在几个大的文化区域内，按照器物、职业、社会组织以及态度和理想标准，选择有代表性的村、镇或市作为精密的考察单位，从而认清中国社会的现状和发展走向。在具体研究上，可以将村落社区研究分静态和动态两类，静态研究用于描述村落组织的结构与功能，动态研究则用于分析村落的变迁趋势。[①] 1925年，葛学溥在美国出版

---

① 参见阎明《一个学科与一个时代——社会学在中国》，清华大学出版社2004年版，第20页。

了英文专著《华南的乡村生活：广东凤凰村的家族主义社会学研究》。在书中，华南地区凤凰村的族群关系、经济生活、村落政治、婚姻家庭、教育、艺术、娱乐、宗教信仰等，都得到了较为全面的展示。

这些西方学者的研究，直接催生了中国本土学者对于中国村落研究的热情，包括梁漱溟、吴文藻、萧公权、林耀华、费孝通、杨懋春、杨庆堃、许烺光等。其中，影响深远的著作当属费孝通的《江村经济》。这本重要的著作通过对江苏一个叫开弦弓村的农村社区的社会结构及其运作的描述，勾画出了一个由各相关的要素系统有机配合起来的村落整体，一直被认为视为通过小型社区窥视中国社会的实验性范例。在英国留学的时候，费孝通受教于马林诺夫斯基门下，《江村经济》一书所展示的基本研究方法也源于马林诺夫斯基。马林诺夫斯基将社会系统理解为一个包括了生物、社会以及符号三个层次的文化系统，这一系统通过各种社会文化功能的整合形成一个整体。他说："文化是一个组织严密的体系，同时可以分成基本的两方面，器物和风俗，由此可进而再分成较细的部分或单位。"[①] 费孝通把物质文化、人类行为及信仰理念放在"文化事实"中做整体考察，并展示了它们之间的互动关系。但是，除此之外，费孝通也在不断地修正着马林诺夫斯基的理论。1981 年以后，费孝通又重新到江村连续做了几次调查。江村研究几乎穷尽了他一生的心血。正如马林诺夫斯基所指出的那样，对于江村的研究，"让我们注意的并不是一个小小的微不足道的部落，而是世界上一个最伟大的国家"[②]。费孝通的这种对于中国农村进行个案考察的研究方法，被后来的许多学者奉为中国村落文化

[①] [英] 马林诺夫斯基：《文化论》，费孝通等译，中国民间文艺出版社 1987 年版，第 11 页。

[②] 费孝通：《江村经济：中国农民的生活》，商务印书馆 2001 年版，第 13 页。

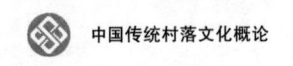

研究的圭臬。

不仅如此，许多学者的名字也与他们所研究的村落联系在一起。除了费孝通的江村以外，还有杨庆堃的鹭江村、林耀华的黄村、黄树民的林村、杨懋春的台头村、周大鸣的凤凰村（尽管凤凰村的研究由葛学溥开创，但真正使其在中国学术界扬名的是周大鸣，他不仅翻译了葛学溥的著作，也出版了自己的研究成果《凤凰村的变迁：〈华南的乡村生活〉追踪研究》）等等。直到今天，这种对村落进行个案研究的方法，仍然具有比较强大的学术市场。美国加州大学洛杉矶分校的阎云翔的两本专著《礼物的流动——一个中国村庄的互惠原则与社会网络》和《私人生活的变革：一个中国村庄里的爱情、家庭与亲密关》，就是对东北的下岬村进行研究的成果。不过，他的研究视野从费孝通等学者关注的公共领域如社会关系、家庭财产等方面，转向村落中个体的私人世界。就村落的个案研究而言，研究者的视角已经从宏观转向微观。

近些年村落研究的另一个显著变化就是，学者已经开始从对单个村落的研究转变为对若干个或者某一区域村落群的研究。黄宗智习惯于对不同地区的村落群进行考察，包括华北地区和长江三角洲地区，分别有《华北的小农经济与社会变迁》和《长江三角洲小农家庭与乡村发展》两书问世。前者以日本侵华时期"南满洲铁道株式会社"在华北平原33个自然村实地调查所获得的资料为研究对象进行分析，探讨了基层村落与国家之间的关系。黄宗智"试图把满铁资料所显示的一些本世纪的社会经济变化趋势追溯到清代前期，而对近数百年来华北农村的演变形式提出一些初步看法"[①]。在后一本书中，黄宗智

[①] ［美］黄宗智：《华北的小农经济与社会变迁》，中华书局1985年版，第1页。

"旨在探讨长江三角洲农民糊口农业长期延续的过程和原因,及其变化的过程和原因"①。另外一个对村落群体的研究卓有成效的美国学者是李怀印。在《华北村治》一书中,李怀印利用河北省获鹿县的历史档案,探讨了19世纪晚期以及20世纪早期中国的村落治理,细致地描述了当地村民在治理村社及与国家打交道时的日常实践。而另一本著作《乡村中国纪事:集体化和改革的微观历史》,则重点考察了位于长江下游江苏中部里下河地区"秦村"的历史变迁,意图从微观史的角度探究在集体化和改革时期中国村落的社会经济变化,尤其是从中所折射的中国农民在不同制度设置下的动机和行为的复杂性和多样性。其他类似的著作近年来也出现不少,如段友文的《黄河中下游家族村落民俗与社会现代化》、张丽的《非平衡化与不平衡:从无锡近代农村经济发展看中国近代农村经济的转型(1840—1949)》、王笛的《跨出封闭的世界:长江上游区域社会研究(1644—1911)》等等。

  不过,对于一个地区的村落群的研究,与对单个的村落进行研究一样,实际上仍然属于碎片化的个案研究。在研究方法上,个案研究能够将一个小范围的村落考察得非常全面而深入,不过,在村落的选择上,则需要有一定的典型性。如何选择一个村落进行研究?从以往的这些经典研究来看,实际上都带有很大的偶然性。在对江村进行研究前,费孝通的研究计划本来是"花篮瑶社会组织",为此他在广西大瑶山进行了考察,并在那里失去了自己的妻子。养伤期间接受了姐姐的建议,在吴江县庙港乡开弦弓村调查了一个月。正如他所说,本书是"由一连串的客观的偶然因素促成的"②。其他的几位写出了经典研究专著的学者,都以自己成长生活的村落为研究对象。杨懋春之

---

① [美]黄宗智:《长江三角洲小农家庭与乡村发展》,中华书局2000年版,第1页。
② 费孝通:《江村经济:中国农民的生活》,商务印书馆2001年版,第1页。

所以选择台头村作为研究对象，是因为他"在那里出生并在那里长大，高中以前一直生活在那里"①。林耀华研究黄村，是因为这正是他"青少年时期耳濡目染的一切"，是他"生于斯长于斯的地方"。② 许烺光对于云南村落西镇的研究，也与他当时在云南任教时的经历不无关系。诸如此类的调查研究成果，都差不多有类似的"偶然"寓于研究者个人生活阅历与文化记忆之"必然"的情况，似乎并非是出于对于某些村落有计划进行系统研究的结果。葛学溥所提出的那种对各地村落社区分别进行调查研究的设想，并未在学人中实行。上述这种偶然性的个案研究的缺陷就在于，尽管其出发点都在于以小见大，力图通过对一个村落的描述来展示整个中国农村的情况，但实际上就中国村落的复杂性多样性而言，往往很难达到预期的效果。虽然有的个案具有某一学术视角的典型性，但从文化多样性、多层次、多方面性而言，单方面研究的个案是无法满足或代表作为文化类型或整体的中国村落文化研究的。照搬西方人类学社会学的模式来研究一个具有7000年以上农耕文明历史的中国的传统村落文化，显然是并不适宜的。所以，江村中所反映的社会状况，就只能在江苏一带的村落中存在；黄村中所反映的情况，也大多数只能从福建等地的村落中找到相类似的实例。正如马若孟展开对河北省顺义乡沙井村、滦县寺北柴村，山东省历城县冷水沟村和恩县后夏寨村等四个村庄的研究时所指出的那样："对中国农业的整体研究将会是复杂棘手的。中国辽阔的面积和多样性使我们在使这个国家其他地区的农业理论化时必须小心谨

---

① [美]杨懋春：《一个中国村庄：山东台头》，张雄、沈炜等译，江苏人民出版社2001年版，第6页。
② 林耀华：《金翼：中国家族制度的社会学研究》，庄孔韶、林余诚译，生活·读书·新知三联书店1989年版，第2页。

慎。"① 较为整体全面的考察也有一些，比如萧公权的《中国乡村：论 19 世纪的帝国控制》对 19 世纪清政府在中国村落的控制体系进行了详细研究，资料来源丰富，而且论述充分，已为学界经典，不过，作者仍旧承认："居住在帝国某些地方的少数民族以及居住在偏远地区的乡村居民，本书就没有照顾到。"② 这是学界由来已久的惯例，凡涉及"中国"的，所采用的材料基本上都来自汉族学者的笔下，而很少涉及少数民族。即使是与汉族相关的，也大多集中在少数区域，比如江南或者华北这样的经济、政治或者文化中心地区。站在今天的角度来看，这当然有其历史局限。因此，在本书中，我们希望"中国传统村落"一词能够涵盖 960 万平方公里土地上的所有村落。

正如少数的学者所做的那样，将其从某一个或少数村落中所发现的规律推广到更为广阔的中国农村社会研究中去。主张在集市的范围内研究中国的村庄的美国学者施坚雅就是如此。通过对传统中国村落社会的考察，施坚雅以农村集市为中心，认为理想的市场区域为圆形，但是由于受到周边市场区域的挤压并且无重叠和空隙，"大量的集镇都正好有 6 个相邻的集镇，因而有一个六边形的市场区域，尽管这个市场区域受到地形地貌的扭曲"③。他对于中国传统村落社会中的市场和社会结构的这一描述，被称为"施坚雅模式"。在施坚雅看来，把注意力集中于自然村落这种对中国村落社会的研究的方法，实际上歪曲了农村社会结构的实际。这一理论直接启发了杨懋春。在《一个中国村庄：山东台头》中，杨懋春指出："研究乡村社会生活的一个

---

① [美] 马若孟：《中国农民经济：河北和山东的农民发展，1890—1949》，周文彬、张慕贞译，江苏人民出版社 1999 年版，第 332—333 页。
② 萧公权：《中国乡村：论 19 世纪的帝国控制·序》，台湾联经出版公司 2014 年版。
③ [美] 施坚雅：《中国农村的市场和社会结构》，中国社会科学出版社 1998 年版，第 21 页。

有效途径是以初级群体中个体之间的相互关系为起点,然后扩展到次级群体中初级群体之间的相互关系,最后扩展到一个大地区中次级群体之间的相互关系。选择这一途径主要考虑到,每个地区的生活必须以整体方式而不是以分散的片段的方式来叙述。"[1] 以家庭中个体之间的相互关系为起点,杨懋春描绘出一个村落社区的整体的画面,由此认为农民日常生活空间是超越村庄的集市。这一结论符合施坚雅的研究。但是,另外一些学者则站在不同的角度对施坚雅的这一理论进行了重新审视。毛丹指出,既然家庭是社会的基本单元,那么村落就是村落社会成员的基本聚落单元;换而言之,村落应该是农民经济生活和社会生活的基本活动范围,具有自然的生态组织和社区组织的双重性质。[2] 在施坚雅所谓位于远离网络中心点的那些偏远村落所承担的任务主要在于保障村落成员的利益,并不一定总是具有集市的功能。

当代一些学者试图从村落原住民的信息共享角度来给村落文化进行学术界定。如李银河指出:"所谓村落文化是相对于都市文化而言的,它指的是以信息共有为其主要特征的一小群人所拥有的文化。"[3] 拥有共同的信息资源,实际上是从人际关系的角度来看的。村落中最为浓厚的家族观念、宗族观念,使得村落文化具有一个极为牢固的内在结构与外在形态。林耀华在其所著宗族村落调查的成果《义序的宗族研究》中,以村落社区的宗族为基础,探讨了宗族社会的组织及其社会功能、宗族与家庭的结构,以及亲属关系的系统与作用。

早期的其他村落研究者显然都注意到了这一问题,包括胡先缙、陈翰笙、魏特夫、德·格鲁特、奥尔加·兰、刘兴唐等。杜赞奇在

---

[1] [美]杨懋春:《一个中国村庄:山东台头》,江苏人民出版社2001年版,第7页。
[2] 参见毛丹《一个村落共同体的变迁:关于尖山下村的单位化的观察与阐释》,学林出版社2000年版,第23—24页。
[3] 李银河:《生育与村落文化·一爷之孙》,文化艺术出版社2003年版,第63页。

《文化、权力与国家：1900—1942年的华北农村》中，谈到传统村落中维系人与人之间关系的两个重要的精神性的存在，其中的一个就是宗族，指出宗族成为"权力的文化网络"中的一种典型制度。① 在一些学者的眼中，宗族制度是一个落后的制度，持有此种观点的还包括马克斯·韦伯。村松裕次认为，导致中国的社会落后的根本性原因就藏在宗族、村落这些"习惯性和自律性的秩序"之中。② 同样的一些偏见也存在于其他学者的研究中，如福武直通在华中农村的调查认为，宗祠、族谱、家谱、族产等在农村中"非常稀少，与农民几乎无关"；祠堂、宗祠是城镇中的富人的所有物，而义庄也都位于城镇。③ 即使不考虑到民族情感因素，这些研究成果也非常不能让人信服。相对而言，井上彻的著作显示了一位学者对于中国社会中的宗族形式的公正看法。在《中国的宗族与国家礼制》中，井上彻在继承了前辈学者的方法及结论的基础上，对中国宗族与国家礼制的关系做了"由宋至清"的长时段论述，对于后来者的继续探索提供了一个合理的方向，"能为构建一个完整的中国宗族制度史的研究框架提供有益经验"④。

以中国宗族研究而著名英国学者弗里德曼，提出了很多重要学术观点，如南方的稻作农业、水利工程、地方自保、"边陲说"等。在《中国东南的宗族组织》一书中，弗里德曼以一种整体构想的形式，试图构建起一个东南村落中的宗族模式。弗里德曼指出，一个宗族中哪怕只有少数读书人和官员，也能为整个宗族带来声望和权力，该宗

---

① 参见杜赞奇《文化、权力与国家——1900—1942年的华北农村》，江苏人民出版社2003年版，第12页。
② 转引自［日］井上彻《中国的宗族与国家礼制》，钱杭译，上海书店出版社2008年版，第2页。
③ 同上书，第6页。
④ ［日］井上彻：《中国的宗族与国家礼制》，钱杭译，上海书店出版社2008年版，第360页。

族中地位低下的成员也一样可以享受这种无形资产带来的好处,"大池中的小鱼其处境肯定比小池中的小鱼的处境要好得多"①。这是传统宗族社会能够维系的一个重要原因,但是,随着宗族成员数量的增加,宗族内部总是在不断分化。弗里德曼的学术雄心不仅仅停留于揭示出更多的令人感兴趣的事实,"更在于得出一些关于福建和广东形成社会性质的普遍性结论"②。在后来的《中国的宗族与社会》中,弗里德曼遵循着《中国东南的宗族组织》一书所提出的框架,展示了一个更为广阔的中国汉人社会的宗族制度。如果说,在对于东南地区的宗族研究还局限于海外华人和文献档案的话,而在《中国的宗族与社会》一书中,则将视野转向了田野观察。

随着全球化进程的加速,中国村落文化与其他国家和地区的村落文化之间的比较研究也进入了学术视野。在这方面,许烺光已经提供了一些研究的范例。许烺光将中国、美国和印度之间关于宗族、种姓与社团方面的差异进行了比较。之所以这三者能够进行比较,是因为它们都处于家庭与国家之间广阔的中间地带。③ 在许烺光的研究中,中国传统村落文化中独特的宗族观念,首次被置于一个世界文明的视野之中来考察。

作为凝结村落宗族成员之间血缘关系的重要物质载体的族谱,也得到了学者的重视。但是,通过考察,弗里德曼注意到,一般族人最关心的是有没有族谱和自己上没上族谱,而不是族谱上写了什么或者怎么写的。族谱充其量只是宗族的"宪章"。这一见解无疑是有深度

---

① [英]弗里德曼:《中国东南的宗族组织》,刘晓春译,王铭铭校,上海人民出版社2000年版,第166页。
② 同上书,第161页。
③ [美]许烺光:《宗族·种姓·俱乐部》,薛刚译,尚会鹏校,华夏出版社1990年版,第7页。

的。此外,罗香林、柳诒徵、袁贻瑾、刘翠溶、常建华、武新立等学者对于族谱的研究,也产生了许多重要成果,——这一研究人员的名单还可以不断地加以补充。一些学者指出,族谱不仅仅是村落社区历史文化的重要载体,更是村落社会生活的重要组成部分。① 族谱在村落文化中的影响由此可见。当然,宗族日常生活的组织和运转,并不需要经常用到族谱,而更倚重既定的世系规则与共同的经济利益。倒是那些几十年举办一次的族谱编撰活动,倒更能体现族谱在宗族生活中的意义。

族谱的编撰总是以男性为中心的,但是,在村落社会关系网络中,这种以男性血缘为中心的族亲关系,是不是比以女性血缘为中心的姻亲关系更为牢固? 阎云翔的研究显示了不同的看法。通过分析记载礼物交换的礼单所记录的人际关系模式,阎云翔发现,在村落内部,姻亲比族亲更为紧密。② 雷洁琼认为,直到20世纪90年代,家庭的血统关系才开始从以往父亲对子女的单向控制变成父母对子女的双向控制。③ 这些研究实际上涉及性别在村落文化中的作用及其地位。任青云等通过对中原农村"男工女耕"的现象的考察认为,农村妇女在性别角色模式下,自主意识得到强化,获得了独立生存能力和形成独立的人格。④ 朱爱岚在1986—1990年对山东省三个村落的田野调查的基础上,关注了社会性别在农村社会生活中的位置及其在当代的转

---

① 参见饶伟新《族谱研究·导言:族谱与社会文化史研究》,于郑振满《族谱研究》,社会科学文献出版社2013年版,第1—26页。
② 参见[美]阎云翔《礼物的流动——个中国村庄中的互惠原则与社会网络》,上海人民出版社2000年版,第95—118页。
③ 参见雷洁琼等《改革以来中国农村婚姻家庭的新变化》,北京大学出版社1994年版,第95—107页。
④ 参见任青云、董琳《农民身份与性别角色:中原农村"男工女耕"现象考察》,《平等与发展》,生活·读书·新知三联书店1997年版,第178页。

变过程，同时也考察了中国农村的权力关系。朱爱岚系统分析了各个社区对改革做出的迥然不同反应，指出："尽管户与户之间的日常关系一般由妇女来管理，但户与户之间的关系本质上却是根据亲属关系和相关男性的相对辈分来定格的，在单一家族的社区尤其如此。"①

由此可见，村落文化中维系人际关系的错综复杂性，任何一种观点、任何一种简要模式都不能完全涵盖中国村落中的所有关系网。杜赞奇认为，20世纪国家政权的渗透也极大地改变了宗族在文化网络中的作用，诸如市场、宗族、宗教等组织以及庇护人与被庇护者、亲戚、地邻之间的非正式相互关系网等，都起到了维系村落成员之间关系的作用。在改革开放以来将近四十年的时间里，宗族观念在一些村落中逐渐淡化。王沪宁等人的研究指出，村落文化的基质（如血缘性、聚居性、封闭性、等级性等）与现代社会有着不相适应的因素，因此，村落家族文化的消解是历史趋势。② 在《基层政权：乡村制度诸问题》一书中，张静展示了问题的更为复杂的方面：基层权威道德的、管辖的合法性在逐渐下降，其离间社会和国家之联系的作用越来越明显。但村落社会的复杂性表明这种现象只是其中的一部分。王铭铭以福建的美法村为例指出，近些年来，村落原住民对自己的历史和认同的追求，导致旧的"族权"逐步回到地方政治舞台并扮演重要角色。在这个基础上，王铭铭提出了村落的地方性和社会的超越性问题。③

由此可见，目前对中国传统村落的研究，主要集中于两个大的方

---

① ［加拿大］朱爱岚：《中国北方村落的社会性别与权力》，江苏人民出版社2004年版，第182页。
② 参见王沪宁《当代中国村落家族文化：对中国社会现代化的一项探索》，上海人民出版社1991年版，第161—162页。
③ 参见王铭铭《村落视野中的文化与权力：闽台三村五论》，生活·读书·新知三联书店1997年版。

面：一是村落经济，二是村落成员之间的人际关系，或者说，是村落政治。在研究方法上，则普遍以人类学、社会学的视角进行切入。正如那些具有开创之功的前辈学者的研究成果所反映出来的那样，中国传统村落文化研究的基础是人类学，人类学的一个最为重要的研究方法是田野考察，这与传统的知识分子沉浸于书斋进行研究的做法完全不同。在所有的人类学家中，除了极少数的学者如英国的弗雷泽完全依赖于文献资料做研究之外，很少有学者不做田野调查的。对于中国村落文化相关的研究，近代中国出现的几个流派，也无不是以田野考察采集数据为主。其中，华南地区的学者以新式的进化论、传播论和历史学派的综合框架为主要内容，注重族群文化区域类型的田野考察。华北地区的学者则结合社会学和人类学，偏向于对村落中以"社区"概念为核心的社会组织的考察。

0.4 对传统村落文化研究的展望

总体来说，我们认为，中国传统村落文化研究，在将来至少会出现两个大的趋势。

第一，从宏观的角度，有计划有目的，分区域和民族，对村落文化进行整体性的考量。对于具有典型性的村落进行个案考察，仍然有着持续的生命力。随着研究视野的扩展，还将会不断地有新的研究价值的村落进入学术视野。但是，这种个案研究的计划性、组织性会逐渐加强，它将区别于早期前辈学人那种偶然性的考察。一些基金对于中国村落文化研究提供的支持，都具有较强的针对性，或者是针对某一个村落，或者是针对村落中的某一个文化现象，这些大大增强了该领域专家的研究范围和深度。根据王秋桂和丁荷生在2009年的统计，仅仅是蒋经国国际学术交流基金会对于中国村落文化研究提供的资助，就不下十五项，包括"从辽宁到云南十三个省份的地方戏与仪式研究""赣南、闽西和粤北的客家村落的宗族、经济与文化研究""广西的壮族地方宗教研究""珠江三角洲研究""莆田的水利与地方社会研究""华北水利与社会组织研究""晋南迎神赛社研究""湖南中部有关道教和地方社会研究""华北村落秘密宗教研究""北京寺庙研究""徽州版刻与宗族及地方社会研究"等。[①] 这些研究显示了村落文化研究内容的宽广性。在村落文化研究中，对史料和第一手资料的研究运用，可以充分发挥目前学界所提倡的"不浪费的人类学"的观点。人的本质具有立体性、丰富性，文字表达具有平面性、单一性，二者之间的冲突是"不浪费的人类学"产生的基础。"不浪费的人类学"可以充分利用田野考察中所获取的材料，通过多元的表达方式体现村落文化的内涵，应该在田野考察中充分采用，多学科、多手段对某一类型的研究材料采取交叉式、多维关注，使得问题研究的成果更为丰满和完美。所以，在研究方法上，中国村落文化研究提倡跨学科研究，并将史料与田野考察充分结合。

我们认为，当下学术界最重要的任务，还在于对中国村落文化进行整体上的考量，即分区域、分民族对村落文化进行研究。这与上文提到的村落群的研究有一定的相似性，但也有很大区别。归根结底，村落群的研究仍然属于个案研究，只不过是一个规模更大的村落而

[①] 王秋桂、丁荷生：《历史视野中的中国地方社会比较研究：中国村落中的宗族、仪式、经济和物质文化》，2009年9月21日，http://www.iqh.net.cn/info.asp?column_id=4289。

已。而我们所说的对村落展开区域性、民族性的研究，是从一个宏观的角度来进行的，旨在将中国村落文化视为国家历史文化和民族文化的文化标本，通过大量的数据分析，深入探究，将村落文化进行类型化。这样可以达到两个方面的要求，一是得出村落文化的同质性、规律性；二是得出村落文化的特质性、差异性。前者可以让我们明白，中国村落文化之所以为中国村落文化，其特别之处在哪里，它传承数千年，其背后的支撑是什么；后者则可以使我们懂得，中国村落文化之所以呈现出异彩纷呈的面貌，是由什么样的原因产生的。

村落文化的复杂性显示，仅用其中一种或几种研究方法，根本无法达到研究所要求的目标。因此，在研究方法上，应该更加多样化。最主要的，在学科分工高度碎片化的当代高等院校，应该突破传统的单一学科，引入新兴的历史人类学、文化人类学、民俗学所倡导的田野考察方式，并借助和整合历史学、文化学、民族学、宗教学、建筑学、经济学、商贸学、法学、艺术学、环境学等多学科交叉研究为优势，多视角介入中国传统村落文化的研究。传统村落文化研究不是某一个传统学科的研究的专利，它需要对多个学科进行整合。傅衣凌、梁方仲、顾颉刚、容肇祖、钟敬文、杨成志、江应樑、陈序经等老一辈学者直到郑振满、郑锐达等新一辈学者，不带任何的学科偏见，为我们开创了很好的先例。

当前的学术界并未将中国村落文化研究集结成一个有机的整体加以体系化，也没有把学科集结与专题研究有机地联系起来。在同类研究课题之间，缺少相互沟通的有效性。同时，在体系构筑和课题设置上，更是缺乏体系性，因而很难产生规模效应。因此我们认为，对中国村落文化进行学科体系的构建，显得尤其重要。

第二，从文化学的视角对中国村落文化进行研究。正如上文所描述的那样，目前的研究成果大部分采用社会学的研究模式，着眼于村落经济和村落的人际关系。按照滨岛敦俊的归纳，日本学者有关中国明清社会经济史的研究，几乎都集中于农民及农村社会。[①] 换而言之，它们都是关于村落经济的。尽管在大多数村落个案的研究中，也会提及当地原住民的精神生活部分，但都是微不足道的。例如，在《一个中国村庄：山东台头》中，杨懋春描写了一个家庭祭祀祖先及其他神灵的活动，[②] 但全书的重心显然仍然是经济生活。村落中的经济只是村落文化中的一个部分，——当然也是极其重要的一部分。正如弗里德曼指出的那样，在分析村落内的社会集群之前，必须考察社会生活在其中运作的一般经济构架，"它使财富不同程度地在村落社会中不同的小区域聚集起来，而且为个人和家庭提供某种机会"[③]。但是，以经济为中心来研究村落文化，远远达不到村落文化研究的要求，我们急需从文化本身的视角来看待村落文化。

按照对于"文化"一词的广义的理解，它应该是人类所创造的一切物质财富和精神财富的总和。可以说，传统村落中的一切相关文化，都是在传统村落生活的原住民所创造的，都是村落文化的一部分。对村落中的文化展开研究，就是传统村落文化研究。从这个意义上来看，传统村落文化研究至少应该包括以下七个方面的内容：(1) 建筑营造与堪舆规划；(2) 生产生活与经济模式；(3) 文化教育与道德教化；(4) 宗法礼制与村落治理；(5) 民族民俗与宗教信仰；(6) 民间艺术与手工技能；(7) 生存空间与资源环境。

[①] 参见〔日〕滨岛敦俊《农村社会——研究笔记》，森正夫等编《明清时代史的基本问题》，商务印书馆2013年版，第141—165页。

[②] 参见〔美〕杨懋春《一个中国村庄：山东台头》，张雄、沈炜等译，江苏人民出版社2001年版，第86—101页。

[③] 〔英〕弗里德曼：《中国东南的宗族组织》，刘晓春译，王铭铭校，上海人民出版社2000年版，第13页。

从当前的学术成果来看，传统村落文化所涵盖的大多数内容，尚未得到更有效的研究。举例来说，出于旅游经济的发展，目前对于村落民居建筑的研究方兴未艾。然而，绝大多数研究都着眼于建筑物本身的形态、布局，而村落建筑中所生活的人及其精神生活，却并不被重视。对于村落建筑的研究，一个最大的效果就是可以直接带来旅游性收入。与此相对应的，部分与非物质文化遗产相关联的内容也出现了研究热潮，例如各种类型的民间艺术、风俗节日等。不过，这些研究也大都没有深入展开，所有的研究成果，基本上也都达不到如同经济研究在村落文化研究中那样的高度。

传统的村落经济、村落内部的人际关系等问题的研究，当然仍是一个重要的方面，但是村落文化中的其他方面也应该得到越来越多的重视。人与人之间除了经济关系，还有其他更重要的方方面面。我们认为，村落文化中的活态文化，即村落中所保留的民族文化精神，应该被学术界重视起来。这种民族文化中精神性的部分，包括作为中国传统社会制度文化具有普世价值和践行意义的"村礼""族礼""家礼"，文化教育与道德教化及其关系，文化传承与文化传播（含宗教文化的传播），民俗与原住民日常生活中的衣、食、住、行、婚丧、喜庆、信仰、风俗以及与之相关的生产活动之间精神与物质的互为影响关系，等等，一系列内容，都是村落文化中活态文化的部分。它们关系到村落中的人如何生活以及文化如何被创造并传承的，始终随时代的变化而变化。

当前，我国正处在各项建设迅速发展的时期，加强传统文化建设，不仅具有文化资料整合与积累的学术意义，更是具有很强的现实价值。中国村落文化研究是一个充满艰巨性、挑战性，同时又富有战略性、前沿性的学术研究项目。

中国传统村落文化的形式与类型丰富，文化内涵饱满，地域与民族特色突出，历史文化信息量厚重。对其进行有效保护和全面深入研究，既是当前我国文化传承、文化繁荣和发展的需求，更是我国处于社会转型期、城市化、城镇化和新农村建设进程中必须直面的题目。文化要繁荣，但必须先呵护和守护好自己的民族文化，要守住文化的"根"。文化需要创新，但应以传统文化为基础，还必须是以传统文化的传承作为先决条件。一个民族自身的文化传统，一旦出现断层，后果将不堪设想。试想，当所有的传统村落连同那些承载着大量文化信息的古老遗物，都消失殆尽，当我们的传统文化，在外来文化步步紧逼下，呈现日趋微弱的态势之时，我们引以为自豪的7000年文明古国的文化优越性还能在哪里得以体现？当所有的洋建筑都在中华大地彼此无序模仿时，我们昔日光辉灿烂、璀璨夺目的传统村落文化还能以什么样的形式和内涵得以呈现？我们留给后世子孙的除了高楼大厦、钢筋水泥，以及便捷的物质享受之外，难道不需要强健优秀的传统文化来充实他们的精神世界？

因此，在这种形势下，尽可能地保存、抢救、记录传统村落的遗物，将村头田边的文化遗存纳入学术研究的殿堂，升华为中华民族的珍贵遗产和华夏文明的重要构成，应当成为时代赋予中华民族的重任，以及学界、学者、学子们共同的学术良知。客观地说，根植于传统社会的村落文化，确实蕴藏了许多价值恒久的精华。例如，传统村落文化中随处可见的家庭家族观念、亲孝礼仪和社稷家国观念，毋庸置疑将是当今社会信仰缺乏、道德滑坡的拯救良方，对于践行社会主义核心价值观更是具有重要的意义。因此，对中国传统村落有效保护，不仅利在当代，而且功在千秋。对于传统村落进行深入系统的研究，更是已经成为事关国家民族文化安全、社会稳定的当务之急。

第1章　传统村落及其文化概述

1.1　传统村落的形成与发展

从逻辑关系上来说，是先有村落，然后才有村落文化。要研究传统村落文化，先要了解传统村落。要了解传统村落，就先要追溯其历史，知晓其形成与发展。

传统村落的形成与发展，与农耕文明有着密不可分的关系。这里所说的农耕，意义较为广泛。在沿河、沿湖及沿海地区的一些村落，村落原住民主要通过渔业为生；而在山林地带，村落原住民则可以通过打猎获取一定量的食物。先民早期的渔猎生活，并没有在农耕文明的时代消失。不过，在农耕文明时代，渔猎活动主要获取的是肉类食物，而村落原住民所需要的粮食和蔬菜，仍旧需要通过农业种植才能得到。也就是说，在农耕为主的时代，渔猎活动并不占据生产活动的主流。即使是在沿海的渔村，原住民也通常会利用捕获的鱼类产品来换取富含淀粉的粮食,而这些粮食都源于农业耕作。农业耕作活动受季节的影响很大,从播种到收获,需要经历一个很长的周期。这就要求生产者必须固定在一个地方,对农作物进行长时间的管理。所以客观来看,正是因为出现了农业生产方式,先民的生活才能比较稳定地维系在一个地理空间里。随着人口的不断繁衍,先民需要的生产生活资料如房屋、食物、工具、耕地等也就越来越丰富,于是逐渐形成了早期的聚落形态。所以我们说,农耕生产方式的出现,是传统村落形成的主要原因。

农耕文明的出现与村落的形成,可以说是同时进行的。2004年,在湖南省道县的玉蟾岩,中美联合考古队发现了五枚炭化的稻谷。这是一种兼有野、籼、粳综合特征的特殊稻种,体现了从普通野生稻向栽培稻初期演化的原始性状,其年代距今1.4万—1.8万年。这是目前世界上发现最早的人工栽培稻标本。不过,目前还没有从玉蟾岩发现村落建筑遗址的存在。

如果考古发掘中既出现了农耕痕迹,又出现了建筑遗址,则完全可以将其当作原始村落存在的证据。事实上,对于这一点,也有大量的考古发掘材料可以证明。从空间上来看,这些远古村落的遗址遍及长江流域与黄河流域。只不过其时间要稍微晚于玉蟾岩遗址而已。例如,在湖南澧县的城头山遗址,发现了距今约7000年的水稻田和城壕聚落;在陕西西安半坡遗址和内蒙古赤峰市魏家窝铺遗址,分别发现了距今6000年的聚落;等等。这些都是人类最早的聚落形态,是后世传统村落形成与发展的有据可查的源头。

正如费孝通所认为的那样,在传统社会,"农户聚集在一个紧凑的居住区内,与其他相似的单位隔开相当一段距离,它是一个由各种形式的社会活动组成的群体,具有其特定的名称,而且是一个为人们所公认的事实上的社会单位"①。简而言之，只要具备两个基本要素，我们就可以将其大致认定为村落。这两个基本要素是：其一，在一定的区域内，有能够进行自给自足生产的自然环境，包括土壤、雨水、光照等；其二，在此区域内有以农耕生产为主的原住民，他们能够在此长期定居和繁衍。

在历史发展的过程中，随着人口的增长与迁徙，许多聚落不断生成，且呈现出多种多样的形态。总体来说，聚落形态的演变并非沿着某一种聚落类型垂直发展，而是在不同时期表现出多种聚落类型。在漫长的历史长河中，由原始的聚集部落逐渐演化成村落，历经了曲折复杂的过程。

大体来看，村落可以分为两类：一是自发型的自然村落；二是制度型的行政村落。这两者各有其不同，也有着极其重要的联系。自发型的自然村落源远流长，自上可以追溯到人类早期的聚落生活，而且在后世一直都有延续；制度型的行政村落，曾在魏晋南北朝时期广泛存在，而到了唐代，唐令"在田野者为村"（杜佑：《通典》）对村落进行明文规定以后，最终正式形成。可以说，制度型村落是在自发型村落的基础上形成的。它发展到了一定程度，就会形成"邑"，即早期城市的雏形。

西汉之前的文献中没有"村"字。东汉许慎的《说文解字》中也没有收录"村"字。我们可以说，至少在东汉之前，尚没有村落是以"某某村"这种形式来命名的。但这并不意味着就不存在村落的聚居形式。通过检索文献，我们可以大致知道，在汉代以前，类似于今天的村落形态的、以农业生产为主的原住民，其聚居区中比较具有代

---

① 费孝通：《江村经济》，北京大学出版社2012年版，第10页。

表性的名称，大致有"聚""丘""庐"等。

"聚"是早期村落的一种形态。《说文解字》释"聚"曰："从乑，取声。邑落云聚。"又云："聚，会也。""聚"字本身就有汇集、聚拢之义。《史记·商君列传》记载："秦自雍徙都之。而令民父子兄弟同室内息者为禁。而集小乡邑聚为县，置令、丞，凡三十一县。"《史记·西南夷传》则云："自滇以北君长以什数，邛都最大。此皆魋结，耕田，有邑聚。""集小乡邑聚为县"，即小乡邑聚集成县城，这里的聚，显然是聚集、聚拢之义。又如《史记·五帝本纪》记载："一年而所居成聚，二年成邑，三年成都。"正义注曰："聚，在喻反，谓村落也。"清代段玉裁的《说文解字注》云："邑落，谓邑中村落。"很明显，这里的"聚"作名词，"聚落"即是村落的早期称呼。

从文字上来看，"聚"字带有松散和自然形成的意思。"聚落"即表示自然聚居。当这些自发形成的"聚"，被人为规划或纳入行政编制后，就可以演变为"邑"或"里"而称"聚邑""里聚"。① 就是说，最初的"聚"指的是在一定的地域空间里，先民自然集聚而成的群体性生产生活区域。只有当它发展到一定规模的时候，通过行政的方式得到官府的认可，才授予正式的"聚邑""里聚"的名分。很明显，从"聚"到"里聚"或"聚邑"，历经了一个由自然形成到国家政权认可的变化过程。

一些由"聚"演变而来的村落，在地名中还保留着"聚"的历史痕迹。《汉书》记载，宣帝初即位，议定卫太子谥号为戾太子，"以湖阌乡邪里聚为戾园"。这里的"邪里聚"即已称"里"，而且隶属于"湖阌乡"，其由"聚"整合为乡所属之"里聚"的演变脉络一目

---

① 参见王艳辉《早期国家理论与秦汉形态研究》，《中国社会科学》2014年第6期，第166页。

了然。而更多的由"聚"转化来的"里聚",则会因为行政命名而丧失其"聚"的历史记忆,比如刘邦的籍贯是"沛丰邑中阳里",颜师古注曰:"沛者,本秦泗水郡之属县。丰者,沛之聚邑耳。"按此注,丰最早当是一个"聚",秦时已升格为乡即"乡邑"。《史记》载,郦商乃高阳人,司马贞索隐云:"高阳,聚名。"张守节正义曰:"雍[州]丘西南聚邑人也。"即高阳原本是"聚",经行政编组而为"聚邑"。丰邑也好,高阳也罢,都是从"聚"演化而来,但从地名上早已看不到"聚"的痕迹。① 颜之推的《颜氏家训》云:"吾尝从齐主幸并州,自井陉关入上艾县,东数十里,有猎间村。后百官受马粮在晋阳东百余里亢仇城侧。并不识二所本是何地,博求古今,皆未能晓。及检《字林》《韵集》,乃知猎间是旧㽋余聚,亢仇旧是䝊䫻亭,悉属上艾。时太原王劭欲撰乡邑记注,因此二名闻之,大喜。"如颜氏所言,"猎间是旧㽋余聚",正好是由"聚"演变发展成"村"的最好证据。

"丘"是早期村落的另一种形态。远古时期,人类由游牧生活向农耕生活过渡的过程中,逐渐由先前的巢居或穴居,选择丘陵作为居住和生活场所,这样既方便了饮水,又远离了水患,而附近的土地则可以用来开垦进行农耕生产。如《庄子·则阳》曰:"何谓丘里之言,丘里者,合十姓百名而以为风俗也。"《墨子·辞过》曰:"古之民未知为宫室时,就陵阜而居。"《孟子·尽心》云:"得乎丘民为天子。"《淮南子·本经》云:"积壤而丘处。"凡此所谓古之民就陵阜而居,所谓丘处,所谓丘民与丘里者,说的都是古人有居丘之俗。

《周礼》云:"九夫为井,四井为邑,四邑为丘,四丘为甸,四甸

---

① 参见王艳辉《早期国家理论与秦汉形态研究》,《中国社会科学》2014年第6期,第166—167页。

为县，四县为都，以任地事，而令贡赋。凡税敛之事。"有人按此计算，1 丘共有 16 井，144 夫。周制 1 井土地是 1 方里，16 井即 16 方里。当代学者通过对文献材料的分析，得出了这样的结论：周代上等之家 7 人 3 夫，下等之家 5 人 2 夫，那么 1 丘共有家庭 48—72 户，人口 336—360 口。这些"丘"不仅有大致稳定的家庭户数和人口数量，而且还要赋税，可见，丘跟后世所称的村落形态完全一致。①

跟"聚"一样，"丘"实际上也历经了一个相当长的演变过程。丘的本义是一种自然形成高出地面的土穴。《说文解字》云："丘，土之高地，非人所为也。"又说："四方高，中央下为丘。"《玉篇》解释"丘"字："虚也，聚也。"早期的人类可能是为了防范水患而自然形成的群居聚落，后经演变成为官府认可的"四邑为丘，四丘为甸"的近似于村落的地方基层组织。

"庐"是早期村落的又一种重要形态。如《诗经·信南山》云："中田有庐，疆场有瓜。"郑玄笺云："中田，田中也，农人作庐焉，以便其田事。"孔颖达疏曰："古者宅在都邑，田于外野。农时则出而就田，须有庐舍，故言中田，谓农人于田中作庐，以便其田事。"《汉书·食货志》云："是以圣王域民，筑城郭以居之，制庐井以均之。"又曰："在野曰庐，在邑曰里。"注曰："庐各（格）在其田中，而里聚居也。"西周时期，实行"国野乡遂制"：王都地区包括都城与周围的郊地，统称为国，国人居住地分为六乡；六乡以外的田野称为遂，遂以外是卿大夫的采邑区，称作都鄙（中心据点为都，都外田土为鄙），遂与都鄙合称为野。由上可知，这里的居住在城郭中的"民"是指"国人"，这些"国人"中的"乡民"像其他统治者一样居住在

---

① 参见张怀通《先秦时期的基层组织——丘》，《天津师范大学学报》2000 年第 1 期。

城邑中，但农田在国都之外的郊地，由于田地离居住之地的城郭相距甚远，所以，"乡民"往往在田野中搭建"庐"，以便作为农忙时的临时住所，空闲时返回城邑中居住。可见，"庐"只是农人忙时的临时休息场所，但是，到了后来，农夫慢慢地向田野迁徙，临时居住的"庐"也就慢慢地成为聚居之地，并进而演化为村落。

还有一些村落称为"落""格"等。刘向《列女传》曰："一年成落，三年成聚。"《广雅》曰："落，谓村居也。"格，为汉人对村落的别称。《史记·酷吏列传》载："吏苛察，盗贼恶少年投缿购告言奸，置伯格长以牧司奸盗贼。"裴骃集解引徐广曰："一作'落'，古'村落'字亦作'格'。街陌屯落皆设督长也。"司马贞索隐云："伯言阡陌，格言村落，言阡陌村落皆置长也。"

历史上，也有一些聚落的形成，最初是出于防御天灾人祸的需要。维护自身安全是人类和动物所共有的本能意识，不同的是，人类维护安全的方式远比其他动物要高明和复杂得多。早在远古时期，人类就开始修建各种设施，来抵御气候变化、动物侵袭或者其他部落的入侵。如湖南澧县八十垱遗址发掘简报载："彭头山文化时期，人们开始挖凿漆沟，并把土方就近夯筑城墙，而且规模不小，可见当时社会经济已有相当水平，人口数量较多，聚落已初具规模。八十垱遗址的发掘，证实了长江中游有沟有墙的聚落早在 7500 年前就已形成。"[1]在陕西西安半坡遗址的考古中，发掘出来三条沟道：一条是环绕居住区周围的大围沟，另两条是在居住区中部的小沟。大围沟宽达 6—8 米，深达 5—6 米；小沟一般均有 1.7 米宽，1.9 米深。[2] 距今约 7000 年

---

[1] 裴安平等：《湖南澧县梦溪八十垱新石器时代早期遗址发掘简报》，《文物》1996 年第 12 期。

[2] 参见中国科学院考古研究所、陕西省西安半坡博物馆《西安半坡》，文物出版社 1963 年版，第 49—52 页。

的内蒙古赤峰市敖汉旗兴隆洼遗址，发掘其聚落遗址的围沟宽1.5—2米，深0.55—1米。可见，在远古时期，原始人类在居住区域开始以挖壕沟、筑城墙等方式来保护自己，繁衍生息。随着生产的发展，财富的增加，人类社会出现了阶级和分配不均衡，掠夺财富的战争也随之发生了。为了抵御其他部落的入侵，保护人身和财产的安全，早期人类开始有意识地夯筑城墙，于是就出现了早期的城堡。

"堡"是用土石等墙体围合人类聚居地以保护人类安全的设防聚居形态。"堡"早期写成"保"，指的是筑有城墙的"城堡"，《说文解字注》云："保，《集韵》《类篇》作'堡'，俗字也。"《礼记·檀弓下》云："公叔禺人遇负杖入保者息。"注云："保，县邑小城。"《礼记·月令》云："孟夏行秋令，则苦雨数来，五谷不滋，四鄙入保。"注云："小城曰保。"又曰："行冬令，则风寒不时，鹰隼蚤鸷，四鄙入保。"注云："都邑之城曰保。"气候无常，"四鄙"之民无田事，于是进入"保"中休息。

自西汉末年、魏晋南北朝时期，唐末至五代十国等大分裂时期，各地豪强割据，战乱纷纷。此时，一些大家族为了自保而建起坚固堡垒，由此而形成的村落就更加多见了。《晋书》载："徐嵩、胡空各聚众五千，据险筑堡以自固。"这时的"堡"具有重要的军事防御作用，但同时也可以进行生产生活，是一个生产生活区。而且，这种以"堡"作为防御性质的军事聚落，在后来的社会中并没有完全消失。比如，明朝成化年间，为抵抗蒙古的入侵，余子俊主持修筑的堡垒："东起清水营，西抵花马池，延袤千七百七十里，凿崖筑墙，掘堑其下，连比不绝。每二三里置敌台崖寨备巡警。又于崖寨空处筑短墙……凡筑城堡十一，边墩十五，小墩七十八，崖寨八百十九，役军四万人，不三月而成。"(《明史》卷一百七十八）修筑的堡垒之多，蔚为大观，构筑了历史上一道奇异的景观。但是，随着外患的消除，这些防御性很强的军事堡垒也就失去了往昔的光芒。于是，大部分堡庄和墩台纷纷改制，大多转变为乡村聚落。清代乃至现在，有不少乡村聚落是由此发展而来的，如清代《朔州志》卷四载："（朔州）初，官分州卫，地别民屯。自裁卫归州并为十一里，而其间依山傍水，野处穴居，耕而食，凿而饮者，有堡寨、村庄、窝会、沟坪，各因所居之地而名之，合计四百一十五村庄。"

"壁"是另一种重要的防御型军事堡垒。如《六韬·王翼》云："修沟堑，治壁垒，以备守御。"《正字通》云："壁，军垒。"可见，"壁"即指军事营垒。东汉末年到魏晋时期，天下纷乱，军阀豪强割据称雄或地主保家自守，常常建造堡垒，称为"堡""坞""壁"等。如《晋书·慕容隽》云："张平跨有新兴、雁门、西河、太原、上党、上郡之地，垒壁三百余，胡晋十余万户。"到了和平时期，这些堡垒的军事功能已经慢慢消失，但是，它们的生产生活功能仍旧得以保留，于是堡垒也就慢慢地演化为普通的村落。现在山西一些村落在命名上还带有很明显的早期军事堡垒痕迹，如孝义市下堡镇下堡村，大同市天镇县南河堡乡南河堡村，运城市盐湖区小张坞村、曲沃县曲村镇下坞村，介休市龙凤镇的东宋壁村、西宋壁村、逯壁村、张壁村，等等，都可以见到这一历史影响。

此外，"屯""寨""坞""营""庄""铺"等首先也都是防御性较强的军事聚落。随着社会结构的改变，它们都像"堡""壁"一样历经了一个转换的过程，这些聚落最初主要的军事功能开始消失，而慢慢转变成纯粹的以生产生活为主的村落。

六朝时期，南方地区生成的不以"村"命名的聚落也有不少。侯旭东认为，南方多水，因此很多聚落都以"浦""沟""洲""渚"等命名。① 这些恰好能说明，前人在选择定居生活的时期，都是根据居住地的实际情形因地制宜来命名的。

值得指出的是，在魏晋南北朝时期，类似于"里""堡""坞""屯"等具有村落形态的名称虽然常见于典籍文献，但是直接以"村"命名的村落，其分布范围也在逐渐扩大。因为"村"的名称已经被普遍接受，所以到了唐代，中央政府明文规定所有野外聚落都统统称为"村"，这在杜佑的《通典》中有清楚的说明："大唐令：诸户以百户为里，五里为乡，四家为邻，五家为保。每里置正一人，若山谷险阻，地远人稀之处，听随便量置。掌按比户口，课植农桑，检查非违，催驱赋役。在邑者为坊，别置正一人，掌坊门管钥，督察奸非，并免其课役。在田野者为村，别置村正一人。其村满百家，增置一人，掌同坊正。其村居如（不）满十家者，隶入大村，不须别置村正。"这样，"在田野者为村"，与"在邑者为坊"相对称，在田野的百户称作村，并规定百户为标准的村中，置村正一人，从事劝农、课税、救恤等活动。"村"作为村落称呼的明确记载在中国唐代的法令中被正式确定下来。与先前的自然村落比较，自此后村落开始具有了较强的行政意义。

正如日本学者池田雄一所说，传统中国境内存在自然聚落的话，其名称一定是千差万别，上文所举不过是偶然保存下来的数种而已，其中唯有"聚"流行许多地区，其余称呼或许只是个别地区通行的称呼，而更多的则已经消失在历史的尘埃中。先秦时期各种文献记载的地方行政组织所使用的名称颇多，很多应有具体的实际聚落名称的背

---

① 参见侯旭东《魏晋六朝的自然村落》，黄宽重主编《中国史新论·基层社会分册》，（台湾）"中研院"联经出版事业股份有限公司 2009 年版，第 152—158 页。

景，可以窥见聚落名称多样性之一斑。①

魏伯阳的《周易参同契》载："得长生，居仙村。"这大概是"村"字第一次出现在文献中。可以说，"村"字被创造出来，大概要到东汉后期。"村落"一词出现的时间更加晚了，最早可以追溯到《三国志·郑浑传》："入魏郡界，村落齐整如一。"《梁书·张弘策传》云："缘江至建康，凡几浦村落，军行宿次，立顿处所，弘策逆为图测，皆在目中。"等等。日本学者宫川尚志在《六朝时代的村》一文中列举的《六朝村名拾遗表》，共有八十一个村名，他认为："在三国至隋的六朝时代，村已是普遍的聚落称呼。"② 就是说，最迟在三国甚至六朝时期，直接以"村"命名的"村落"已经开始盛行于世，并且已被世人普遍接受。

上文中我们从宏观的角度大致梳理了村落发展演变的历程。虽然"村落"一词直至三国时期才出现，但是，村落形态却可以追溯到上古时期原始人类"聚族而居"的聚落形态，历经了数千年的复杂曲折的变化，出现过数十个相近的称谓，但是，大体来说，村落的主要功能基本上没有发生根本性的变化，正如有的学者所指出的那样："无论这些行政单元如何变动，作为自然聚落单元的村落却没有根本性的变化——自龙山文化时代聚落分化后的乡村聚落，到汉代的聚，再到魏晋隋唐的名目多样的丘和村等，无论是聚落的格局、功能，还是聚落的居民构成，都未发生根本性的变化。"③

---

① 参见侯旭东《魏晋六朝的自然村落》，黄宽重主编《中国史新论·基层社会分册》，(台湾)"中研院"联经出版事业股份有限公司2009年版，第144页。
② 夏日新等译：《日本学者研究中国史论著选译》，中华书局1992年版，第103页。
③ 马新、齐涛：《汉唐村落形态略论》，《中国史研究》2006年第2期。

1.2 传统村落文化的特征

在生产生活的过程中，村落原住民不断地积累相关的经验，并出于各种生产生活目的而创造文化，如耕种以谋生、建房以居住、交流以相处等，日积月累，不断发展。概而言之，所谓传统村落文化，即是指在传统农耕社会中，村落原住民在群居的基础上进行的系列生产生活的过程中形成的一切物质文化和非物质文化的总和，是传统村落的原住民所创造、传承的一切有形的和无形的文化形态。

有形的文化被创造出来之后，离开人类活动仍旧可以存在相当长的历史。它的消失与否，完全取决于物质载体的物理属性。有形的文化形态，大多体现在传统建筑、工艺美术等可视可触的物质产品中，这一点很容易为人所接受。

相对来说，无形的文化，则完全以人的生产生活为载体，依赖人而存在，只要人消失了，这种文化也随即消失。无形的文化包含了非常丰富的内容。比如，端午吃粽子和中秋吃月饼，体现的是传统村落的民俗文化；清明扫墓体现出来的是传统村落的宗族文化；过年时的祭祖祭天体现了传统村落的祭祀文化；春天播种，夏天除草，秋天收获，冬天收藏体现的是传统村落的生产文化。村落中的家法族规与乡规民约更是体现了传统村落的礼仪文化，如明代大儒王阳明的《南赣乡约》云："故今特为乡约，以协和尔民。自今凡尔等同约之民，皆宜孝尔父母，敬尔兄长，教训尔子孙，和顺尔乡里。死丧相助，患难相恤，善相劝勉，恶相告诫，息讼罢争，讲信修睦。务为良善之民，共成仁厚之俗。"该乡约中详细规定了村落原住民的行为规范：孝敬父母、尊重长辈、和睦乡邻、戒恶行善、忠厚仁义等。原住民正是秉承着这些行为规范代代相传，生生不息，积淀成深厚的村落文化。

传统村落文化不仅内容丰富，而且在不断变化发展。传统村落文化伴随农耕社会的形成而产生，经历了一个漫长而复杂的过程。在远古时期，人类面临的主要任务是如何适应大自然，如何从大自然中获取人类所需的生活资源，此时的村落文化主要表现为人与自然的关系；进入阶级社会之后，人们在处理好人与自然的关系的同时，也把更多的时间和精力用来考虑如何处理人与人之间、人与社会之间的关系，并且，慢慢地演绎形成了一套符合村落治理的"乡规民约"的管理模式。

源远流长、博大精深的传统村落文化，不仅为传统村落的发展提供了丰富的精神滋养，而且也为中华民族的进步做出了独特的贡献。

传统村落文化呈现出鲜明的个性特征，主要表现在以下四个方面。

第一，活态性特征。

"活态性"是传统村落文化最突出的特征之一。所谓"活态性"，是指传统村落文化更多的是以口耳相传的方式传承，具有一种独特的生命力。它延续上千年而依然发挥着固有的功能，至今仍旧影响着传统村落原住民的生产生活，如村落的古井依然清可见底，为原住民生活饮用水提供方便；人工改造的池塘依旧保持着蓄水灌溉的功用；祠堂、古塔等建筑虽然改变了原始功能，但在原住民心中依然是神圣之所，意义未泯；祖宗的灵位依旧被子孙后代立在神龛上面，恭敬地供奉着，维系着一个家族的人心；街道古巷里村落历史的足迹，仍旧清晰可辨；方言依然是村落中交流的主要语言；各种历史、故事、戏曲、传说等，依然在原住民之间口耳相传。所以，传统村落文化被誉为中国传统文化的"活化石"，传统村落则是承载与展示这一独特文化的"博物馆"。

　　费孝通说："祖先们在这地方混熟了，他们的经验也必然就是子孙们所会得到的经验。时间的悠久是从谱系上说的，从每个人可能得到的经验说，却是同一方式的反复重演。同一戏台上演着同一的戏，这个班子里演员所需要记得的，也只有一套戏文。他们个别的经验，就等于世代的经验。经验无须不断累积，只需老是保存。"又说："当一个人碰着生活上的问题时，他必然能在一个比他年长的人那里问得到解决这问题的有效办法，因为大家在同一环境里，走同一道路，他先走，你后走；后走的所踏的是先走的人的脚印，口口相传，不会有遗漏。"[①] 费孝通揭示出了传统村落中一个很重要的文化现象，就是经验对于村落原住民而言意义重大。在传统村落中，世世代代累积的经验就是很重要的村落文化。而这种经验的累积，大部分都是通过口传和不断重复践行的方式传承下来的。

　　简而言之，我们在现存的传统村落中，穿越时空的隧道，依然能感受到数百年甚至上千年前的原住民的生活形态。我们可以认为，村落文化是动态的，也是语言的。在传统村落中，村落原住民既是文化的创造者，又是文化的传承者和践行者。不仅表现为"知"，更鲜明地突出"行"；"知"规范"行"，"行"实践"知"。知行合一的活态性，正是传统村落文化的突出表现。传统村落中这种"活态"文化，显示出了强大的生命力，成为中华民族文化中最具有生命力的文

---

　　① 费孝通：《乡土中国　生育制度　乡土重建》，商务印书馆2011年版，第24页。

化。因而,研究和保护好这种"活态"的文化,意义十分重大。在现代工业化和城镇化的进程中,绝大多数传统村落都面临着极其严峻的形势。如何保持传统村落文化的"活态"范式,已经成为当前重要的研究课题。

第二,血缘性特征。

村落文化的初期形态,最早可以追溯到远古时期的部落生活时代。在不断发展的历程中,不论传统村落文化的形态历经了多少变迁,它的血缘性特征一直都没有发生根本性的改变。

在农耕文明的早期,人类的生产能力极为低下,个体只有依靠群体的力量才能生存下去。最初维系群体关系的力量,主要是血缘。马克思说:"血缘关系是相互扶持的强有力的因素。"[1] 恩格斯指出:"一定历史时代和一定地区内的人们生活于其下的社会制度,受两种生产的制约:一方面受劳动的发展阶段的制约,另一方面受家庭的发展阶段的制约。劳动愈不发展,劳动产品的数量、从而社会的财富愈受限制,社会制度就愈在较大程度上受血族关系的支配。"[2] 人类最早的群体生活方式,形成了以血缘关系为纽带的氏族。摩尔根在谈到部落联盟建立条件时说:"氏族所体现的亲属感情,各氏族的同宗关系,以及他们的方言仍能相互理解,这三者为联盟提供了重要的因素。"[3] 在远古时期的部落内,血缘关系可以说是最根本的关系。比如,A 部落的人的生活圈子集中于 A 部落,他很难在 B 部落找到立足的空间,因为他与 B 部落没有血缘关系。

在远古时期的部落社会,先民为了生存而自发形成了以血缘为基

---

[1] 《马克思 恩格斯全集》,人民出版社 1998 年版,第 411 页。
[2] [德]恩格斯:《家庭、私有制和国家的起源》,人民出版社 2003 年版,第 2 页。
[3] [美]摩尔根:《古代社会》,杨东莼、马雍、马巨译,商务印书馆 1981 年版,第 121 页。

础的群体关系；到了西周，血缘关系进一步引申出以家族为主的宗法制。有学者指出，这一变革"不仅没有采取过破坏氏族的改革，反而经过'维新'，把旧的氏族机关和氏族制度大量移用到阶级社会中，这就不能不给血缘关系的保存留下很大余地"[①]。在传统村落中，血缘关系高于其他一切社会关系。血缘关系首先是以"家"的形式体现，扩大一点则形成了"族"的观念。对于"族"的含义，东汉班固的《白虎通义》有着详细的解释："族者，凑也，聚也。谓恩爱相流凑也。上凑高族，下至玄孙。一家有吉，百家聚之，合而为亲。生相亲爱，死相哀痛。有会聚之道，故谓之族。"一个家族长期居住在同一个地方，只要没有发生大的天灾人祸，可以延续数十代而不迁徙。于是，在长期的生产生活的过程中，就慢慢地形成"聚族而居"的以家族宗法制为中心的社会结构。

家族宗法制是中国古代社会独特的社会结构。原始社会中以婚姻和血缘关系组合而成的家族制度，在阶级社会中则发展成了维护剥削阶级世袭特权的家族宗法制。殷代奴隶制在血缘关系基础上形成种族奴隶制国家，周代"封诸侯、建同姓"进一步把家族宗法组织作为奴隶制国家的组织形态。封建制取代了奴隶制之后，家族宗法制的社会组织并没有改变，原来适应奴隶制的家族宗法制又继续适应着封建制。战国秦汉以来的乡、里、聚、邑、连、闾组织或伍、什编制，以及里正、父老、廷掾、啬夫等基层属吏，仍然代表着社会上广泛存在的家族宗法制组织的统治。历代皇朝不断更迭，家族宗法制却基本上以不变应万变。尽管形式上和部分的质有所演变，但其社会细胞的内核基本没有发生动摇。直到近代民主革命之前，家族宗法制仍旧在中

[①] 赵世超：《西周政治关系、地缘关系与血缘关系并存现象剖析》，《河南大学学报》1988年第4期。

国社会结构中起到了重要的维系作用。中国农耕社会的生产方式、社会组织、精神文化等，无不受到家族宗法制的制约和影响。血缘关系也因此一直在传统村落中起着不可替代的作用，并因此形成了以父系血缘为基础的家族宗法制和亲属关系。费孝通说："我们的格局……好像把一块石头丢在水面上所发生的一圈圈推出去的波纹。每个人都是他社会影响所推出去的圈子的中心。被圈子的波纹所推及的就发生联系。每个人在某一时间某一地点所动用的圈子是不一定相同的。"①费孝通在这里深刻地指出了中国传统社会中以血缘为中心所形成的"这种丢石头形成同心圆波纹的性质"的差序结构，在传统社会中，发挥了重要的作用。

"聚族而居"的生活方式，凸显了村落文化的血缘性。经济越不发达的村落，这种血源性特征就越强烈。除了汉族地区，少数民族地区村落更为明显，直到今天仍旧如此。如云南基诺族村寨，一般包括数个具有血亲或姻亲关系的父系大家族；傈僳族的村落组成分三种形式，一是以一个氏族内的一个大家族为单独组成；二是由同一氏族内的两个或多个大家族联合组成；三是由几个不同氏族的家族混合组成；在傣族中，有时一个村寨就属于一个家族，有时是一个村寨由几个家族和一些零星户组成；黔、湘、桂三省毗连地带的侗族村寨以房族组织为细胞，一个村寨由同姓或异姓的几个房族组成。

第三，地域性特征。

中国幅员辽阔，南方和北方纬度差别相当大，气候不同，因而，传统村落文化呈现出鲜明的地方特色。所谓"十里不同风，百里不同俗"，正是这种地域性特征很好的说明。村落文化往往与所在的环境

---

① 费孝通：《乡土中国　生育制度　乡土重建》，商务印书馆2011年版，第27页。

息息相关，不同的地域有不同的地形、海拔、土质、水流、气候等影响因素，作物的生长发育与土壤、水质、气温、气压、湿度、植被等都有密切的关系。所以，地域不同，不仅影响村落的形成，而且也会形成不一样的文化。俗话说，"一方水土养一方人"，一方具有自身独特生活方式的人，在这个意义上，也可以说，一方水土滋生一方文化。比如，天井是传统村落建筑中常见的一种形式。在我国南方的村落，天井一般南北方向开口狭窄，东西方向狭长，这样不仅为建筑提供充足的自然采光，同时也可以让强烈的太阳光不能直接射透天井，在天井的庇护下，夏日人们可以在这里纳凉；而在北方的村落，天井的南北方向开口比较大，方便阳光照进来，成为人们冬日晒太阳的理想场所。这样，同样是天井，由于南北地域的不同，直接导致了天井不同的结构样式。

不同的地域生产不同的建筑材料，因而村落原住民常常因地制宜，选择当地的材料构建各种房屋。比如，产石地区多石构，产木地区用木构，产竹地区搭竹楼，植被不多而土地坚硬的地区则建窑洞。即使是使用了同一种材料的建筑，也会由于气候的不同而形成不同的结构。如都是使用竹木材料，南方地区由于多雨潮湿，多采用干栏式结构；北方地区因为干燥，则多采用抬梁式结构。

不同的传统村落，原住民的饮食口味也有明显的不同，通常所说的"南甜、北咸、东辣、西酸"，就大致反映出不同地方的人们在饮食习俗方面的不同。在大城市中，也许不太容易感受到这一特征，但是在村落中，饮食文化的地域性则尤为明显。

地域性是传统村落文化在空间上所显示出来的特征。它突出地反映了传统村落文化的多样性。因而，我们在认识研究传统村落文化时，不能不结合地域性特征来加以考虑，否则，很容易抹杀村落文化的个性,而这也就意味着忽略了村落文化的多样性和丰富性。

第四,封闭性特征。

传统农业生产的自给自足性强,无须与外部社会进行物质的交换,从而导致了村落成为一个比较独立的半封闭型的鸡犬相闻而不相往来的"小国寡民"的社会。村落的封闭性主要表现为生产的封闭性和生活的封闭性。

马克思论述法国农民的时候说:"小农人数众多,他们的生活条件相同,但是彼此间并没有发生多种多样的关系。他们的生产方式不是使他们互相交往,而是使他们互相隔离,这种隔离状态由于法国的交通不便和农民的贫困而更为加强了。他们进行生产的地盘,即小块土地,不容许在耕作时进行分工,应用科学,因而也就没有多种多样的发展,没有各种不同的才能,没有丰富的社会关系。每一户农户差不多都是自给自足的,都是直接生产自己的大部分消费品,因而他们取得生活资料多半是靠与自然交换,而不是靠与社会交往。一小块土地,一个农民和一个家庭;旁边是另一小块土地,另一个农民和另一个家庭。一批这样的单位就形成一个村子……广大群众,便是由一些同名数相加形成的,好像一袋马铃薯是由袋中的一个个马铃薯所集成的那样。"[①] 马克思的"马铃薯之喻"反映了小农社会独立、封闭的生产关系。其实,这种封闭的生产关系,也同样存在于中国传统村落社会。只要拥有可供生产的土地,村落原住民完全可以不与外界交通、交流或者交易,就完全能生存下去。类似于世外桃源的传说,是农业时代特有的文化现象。

向土地求生是传统村落原住民最直接最简单的谋生方式,他们的

[①] 《马克思恩格斯文集》第二卷,人民出版社2009年版,第566页。

生产对象就是土地，土地是他们的命根子。由于土地有限，生产力低下，村落原住民要谋生，必须在土地上花费大量的精力，以致他们没有更多的时间和精力从事多样性的生产。因而，在人口不断增加而土地相对不变的前提下，只有不断地在同一块土地上付出更多的时间和精力，来获得更多的物质资料。并且，对土地付出的劳力越多，村落原住民对土地的依附就越紧密。他们只能年复一年、日复一日地在土地上谋生，甚至完全会被土地所围住。费孝通继续指出："据说凡是从这个农业老家里迁移到四围边地上去的子弟，也老是很忠实地守着这直接向土里去讨生活的传统。最近我遇着一位到内蒙古旅行回来的美国朋友，他很奇怪地问我：你们中原去的人，到了这最适宜于放牧的草原上，依旧锄地播种，一家家划着小小的一方地，种植起来；真像往土里一钻，看不到其他利用这片地的方法了。我记得我的老师史禄国先生也告诉过我，远在西伯利亚，中国人住下了，不管天气如何，还是要下些种子，试试看能不能种地。"① 可见，向土地里求生的生产理念已经深入村落原住民的骨髓，以至于他们不管是迁徙到最适宜于放牧的草原，还是地处极寒地带的西伯利亚，第一个理念就是向土地上播撒农作物的种子。在村落原住民的脑海里，似乎只要有土地，他们就会播种；似乎只有在土地里播种生产，他们才觉得踏实可靠。他们的生产观念完全被局限在土地上了。

在传统村落社会，村落原住民在土地上播种，依靠土地谋生，生活所需也基本上由自己生产。正如毛泽东指出的那样："几千年来都是个体经济，一家一户就是一个生产单位。"② 在传统村落社会中，从生产到消费，是一条完整的封闭的生产生活链。这种建立在以家庭为

---

① 费孝通：《乡土中国 生育制度 乡土重建》，商务印书馆2011年版，第6页。
② 《毛泽东选集》第三卷，人民出版社1991年版，第934页。

单位的自给自足基础之上的生产方式，没有分工，没有彼此的依赖，本质上是封闭的。再者，在一个相对平和的村落社会中，每个家庭都可以自食其力，平时的生产生活中不需要他人的帮助，只在偶然的和临时的状态中（如婚丧活动）才会求助于他人。与外界的依赖性不强，于是更加深了这种封闭性。

生产的封闭性，导致了生活的封闭性。最主要的表现是人口流动性较小。费孝通指出："乡土社会是安土重迁的，生于斯、长于斯、死于斯的社会。不但是人口流动很小，而且人们所取给资源的土地也很少变动。"[①] 在传统社会，在一个村落中出生的人，如果他不通过读书入仕的方式走出乡野，或者没有行走四方的经商能力，其生活基本上就会局限于这个村落，长大、结婚、生子、变老，一直到死去。当村落原住民大多固守家园时，人口的流动性就小了。少数人即使外出，到老了的时候也始终有一种叶落归根的观念。即使客死他乡，千里万里，也要把尸体搬运回乡，葬在故土。所以，只要没有发生大的饥荒或者战乱，同一个姓氏的家族可以固守在一个村落中一代一代地生活下去。生活上的这种自食其力，客观上封闭了村落原住民的思想。

而且，生产的脆弱性则从根本上限制了小农扩大生活交往的条件，并容易使得原住民产生保守的心理而排斥外在世界。这是因为，交换往往对劳动效率较高的生产者有利。不直接从事生活资料生产的人，他们在参与交换方面，积极性就高，需求就旺盛。劳动效率较低的人，不愿意拿辛勤劳作所获得的生活资料来参与交换，事实上也没有多余的劳动产品用来交换。他们总是需要将劳动产品最大限度地用来满足自我以及家庭的需求。只是在迫不得已时，才会拿出自己生产

---

① 费孝通：《乡土中国 生育制度 乡土重建》，商务印书馆2011年版，第54页。

的其他多余而且有限的产品，参与到交易行为中来。

　　费孝通指出："乡土社会的生活是富于地方性的。地方性是指他们活动范围有地域上的限制，在区域间接触少，生活隔离，各自保持着孤立的社会圈子。"从生产的角度来说，村落与村落之间的接触本来就不多，不仅很难有产品交换的发生，而且其他相关信息的传播也是相当有限的。在传统中国，几乎每一个村落都拥有一个相对完整的生产生活系统，除了基本的徭役、兵役和诉讼之外，村落几乎很少与外部世界发生直接接触。正如《颜氏家训·治家》所说的："生民之本，要当稼穑而食，桑麻以衣。蔬果之畜，园场之所产；鸡豚之善，埘圈之所生。爰及栋宇器械，樵苏脂烛，莫非种植之物也。至能守其业者，闭门而为生之具以足，但家无盐井耳。"所以我们说，在传统社会，村落基本上处于一个相对独立的、半封闭的状态。

1.3　中国传统村落文化的功能

　　传统村落文化和社会规范深深根植于村落原住民的集体心理，约束和规范着他们的行为，进而维持着和谐的生产和生活秩序。这些优良的传统文化之所以能够延续至今，无不得益于村落的存在，而诚实守信、守望互助、尊老爱幼等许多优秀的村落文化传统更是构建和谐社会的必要条件。中华民族是一个崇敬祖先的民族。传统村落的生活核心是宗族祠堂，往往成为连接家族血脉、传承族群文化的重要载体，是广大华侨、中国港澳台同胞寻根问祖的归属地。可见，如果这些传统村落完全消失，将在很大程度上削弱中华民族的凝聚力。

　　传统村落大多依山而建,傍水而成,是当时人依据当地的地势因地制宜建成的群居生活之所。它与自然环境完好地融合在一起。村落之形成,体现了村落原住民征服自然和利用自然并顺应自然,再到融合自然的智慧。很多传统村落都与周边的自然要素巧妙融合,在空间布局以及与自然环境的相处上往往构思巧妙,经历很长时期的传承,包含人类与自然和谐相处的历史智慧,成为村落原住民理想的聚居地。比如,浙江省永嘉县的苍坡村,将传统文人的文房四宝观念融于自然山水之中来规划村落的布局,既有利于农业生产活动,又寄托着先人耕读传家等文化观念。

　　整体来看,中国传统村落文化的功能主要表现为两个方面:一方面,它能够维护社会稳定,化解社会矛盾;另一方面,它在一定程度上维系了人和自然的和谐关系。

　　第一,维护社会稳定,化解社会矛盾。

　　传统社会的官僚体系决定了传统村落自身必须承担管理责任。一般认为,在传统中国,国家官僚体系基本上只是延伸到县一级为止,所谓"皇权不下县";县级以下的事务多由地方大族或乡绅等地方精英作为中介来替代朝廷完成管理,所谓"县下唯宗族,宗族皆自治,自治靠伦理,伦理造乡绅"[1]。著名家族史专家 W. 古德说:"在帝国统治下,行政机构的管理还没有渗透到乡村一级,而宗族特有的势力却维护着乡村的安定和秩序。"[2] 费孝通直接提出了双轨政治的说法:"中央所派遣的官员到知县为止,不再下去了。自上而下的单轨只筑

---

[1] 秦晖:《传统十论》,东方出版社 2014 年版,第 8 页。
[2] [美] W. 古德:《家庭》,魏章玲译,社会科学文献出版社 1986 年版,第 63 页。

到县衙门就停了,并不到每家人家大门前或大门之内的。"① 又说:"一、中国传统政治结构是有着中央集权和地方自治的两层。二、中央所做的事实极有限的,地方上的公益不受中央的干涉,由自治团体管理。三、表面上,我们只看见自上而下的政治轨道执行政府命令,但是事实上,一到政令和人民接触时,在差人和乡约的特殊机构中,转入了自下而上的政治轨道,这轨道并不在政府之内,但是其效力却很大的,就是中国政治中极重要的人物——绅士。绅士可以从一切社会关系:亲戚、同乡、同年等等,把压力透到上层,一直可以到皇帝本人。"② 费孝通以县为界将中国传统政治结构划分为两个层次:县级及以上和县级以下。这种"双轨政治"体制的出现,实际上形成了两套管理模式。县级及以上,由朝廷委任官吏直接管理;而县级以下的广大村落,朝廷基本上很少直接介入。传统村落形成了一套既有的地方自治的管理模式。这种地方自治的管理模式源远流长,体系完备。有学者认为:"在中国,三代之始虽无地方自治之名,然确实有地方自治之实,自隋朝中叶以降,直到清代,国家实行郡县制,政权只延于州县,乡绅阶层成为乡村社会的主导性力量。"③ 就是说,村落的自治管理可以追溯到上古三代时期,那时虽无自治之名,但实际上已经开始行使自治之权;同时,又历经隋唐并延续至清代,可见,村落的自治管理模式源远流长,数千年不绝。村落的这种管理模式不仅符合村落的实际需求,而且呈现出了强大的生命力。

传统中国是一个家国同构的社会,家是缩小的国,国是放大的家,家国一体,二者表现虽形式不同,但实质上殊途同归。国家政体

---

① 费孝通:《乡土中国 生育制度 乡土重建》,商务印书馆2011年版,第381页。
② 同上书,第383页。
③ 吴理财:《民主化与中国乡村社会转型》,《天津社会科学》1999年第4期。

建立在由家而族、由族而国的基础之上。家庭构成了社会的基本单位，在传统村落社会，村落原住民首先面对的不是官府而是家族的权威，家族的稳定成为社会稳定的基本前提。家法族规虽不是国家法律，但并非独立于法律之外的体系，在一定程度上说，是国家法律的一种有益的补充。前文所列举的湘南永兴板梁的刘氏族谱，就有类似的内容。此外，《武陵熊氏四修族谱》卷首之《宗归十则》云："家乘原同国法，家法章足国宪。况国法远，家法近，家法森严，自有以助国法所不及。"[①] 胡曒《横冈胡氏支谱》卷下《家规序》云："国重国法，所以惩刁顽；家尚家规，实以儆败类。固以见国、家之一致，而知非有歧道也。"《永定邵氏年谱》卷首《祠规六条》云："立宗原以佐治。"从这些家法族规中可以看出，家法族规基本上没有违背国家法律，相反，大多自觉或不自觉地参照国家法律而制定，很明显，是国家法在村落社会中的延伸。清代冯桂芬的《校邠庐抗议·复宗法议》记载："宗法者，佐国家，养民教民之原本也。""牧令所不能治者，宗子能治之"，这是因为"牧令远而宗子近也"；"父兄所不能教者，宗子能教之"，这是因为"父兄多以宽而宗子可从严也"，宗子凭借家法族规可以"弥平乎牧令、父兄之隙者也"。以清末冯桂芬为代表的思想家也清醒地认识到了，宗法制不仅不违背国家法，族中尊长凭借家法族规能有效地解决族内的各种事端，在一定程度上还有辅佐国家管理之功。基于此，家法族规确实发挥了补充国法的作用。

从历史上看，家法族规虽非国家的有关立法者或立法机构所订立，然而，自成文的家法族规问世以来，这些规范的订立几乎始终得

[①] 转引自费成康主编《中国的家法族规》，上海社会科学院出版社1998年版，第188—189页。

到官府的认可,它们的实施也基本上得到了官府的支持。

很多家法族规还得到过地方官甚至帝王的直接审批,并由官府出示颁行。在宋代,范仲淹订立的《义庄规矩》及其后裔续订的规矩等,都得到宋朝皇帝的直接批准。在明代,已有相当数量的家法族规都得到过官府的批准。特别是清代后期,不少宗族都将新订立的家法族规上呈给地方官,请求地方官员出示颁布。如宣统二年(1910),汉阳朱氏在订立《汉阳朱氏宗谱》之后就向汉阳县令"禀请告示"。该县令即发布告示,在他的批复之后开列该族家规的全文,命令朱姓阖族人等"务各恪遵后开家规,毋得违背"。

以血缘关系为基础的家族宗法制在传统村落中影响深远,以地缘关系为基础的乡规民约同样源远流长。如果说家法族规主要适应于拥有同一血缘关系的家族甚至于独姓村,那么乡规民约订立的基础往往是以地缘关系为基础的多姓村。在传统中国,从数量看,独姓村相对比较少,多姓村是传统村落社会的主流,所以,乡规民约在村落中应该更具有"法律"性。

传统村落内部的自治,主要通过乡规民约的方式来管理。所谓乡规民约就是指村落原住民共同商量、共同制定且每个人都必须遵守和执行的行为规范。不论其称为"乡约""乡规",还是"村规民约",都是我们所讨论的乡规民约的范畴。目前可见到的最早的成文的乡规民约可以追溯到北宋时期,但是,并不是说直到北宋时期才开始采取乡规民约的管理模式。"村规民约"的起源,可以追溯到人类社会以地缘关系为纽带的异姓杂居村落形成之时。在这个阶段,"异姓家族之间因同居一村而产生于彼此之间的彼此关系的日益复杂,客观上要求有一种超越家族规范的社区公共规范出来协调各家族之间乃至个体之间的社会关系,以弥补以血缘关系为基础的家庭内部行为规范——

家法族规对家族之间社会关系调整之不足"①。乡规民约不仅覆盖面广,同时,和家法族规一样,历史悠久,源远流长。

宋代吕大钧《吕氏乡约》包含四条大纲:德业相劝,过失相规,礼俗相交,患难相恤。每一条大纲下都有细则。"过失相规"中,将十一种行为定为过失,如酗搏斗讼、行为逾违、行不恭逊、言不忠信等。"礼俗相交"下,则有造请拜揖、请召迎送、庆吊赠遗的内容。患难相恤下规定了在水火、盗贼、疾病、贫乏等情况下,大家应互相帮助。《吕氏乡约》的内容非常丰富,重心在于引导、劝告、督促村落原住民的言行,提倡生活中相互合作帮助,劝诫性乡规民约的特征相当明显。《吕氏乡约》颁行后,成为此后历代乡约尤其是明清各个时候、各个地方乡约关系和乡约制度的模板。

宗法族规和乡规民约对族人和原住民的职业、婚姻、信仰、娱乐、社交各方面的规范,让人懂得并遵守人伦道德和国家法令,成为顺民,如若有违反,先施以家法,所谓"为政于家",而且相当有效,以至出现了"国法不如家法"的民间谚语。宗族对与其成员有联系的人也要考察,不许族人"窝藏匪类",不准结盟会党,不得妖言惑众,不许张贴匿名信,否则将族人及与其结交的人一并扭送官府。在这种情况下,就会让心术不正、游手好闲的子弟无机可乘,从而消除一些不稳定的社会因素。只有家法族规都无法管制的顽劣之徒或者大奸大恶之辈,才将他们送官究治。如此双管齐下,宗族、官府双方合作,能够使许多社会问题消弭于未形成之前。

传统村落中的宗法族规和村规民约不仅有维护家族和村落稳定的功能,同时,也能在一定程度上化解各种矛盾冲突。首先,它能化解

---

① 张广修:《村规民约的历史演变》,《洛阳工学院学报》2000年。

族内的纠纷。家族犹如一个小社会，各种家族矛盾、民事纠纷颇为复杂。《盘古高氏贵六公房谱·盘古新七公家训》规定："聚族而居，偶有嫌隙，即当禀白族正，公辨是非。勿得蓄怒构怨，建讼公庭。若因人有隙，从中嗾使，是为小人之尤。违者，重惩不贷。"盘古高氏的这一族规应该说是很有代表性的，在家族内部，尽管都是自己的血亲，但是也会不可避免地产生一定的矛盾冲突。家族内部能够及时秉公处理，不仅能消除化解矛盾，使彼此释怀，而且能增进家族内部的团结。其次，调整族际与村落之间的矛盾。家族与家族之间，村落与村落之间，会由于利益冲突而形成矛盾冲突，此时，需要"延请族党委曲调停于和息"。这体现了传统村落社会以和为宗旨的生活方式。光绪十四年（1888），广西西林岑氏家族规定："若与他姓有争，除事情重大始禀官公断。倘止户婚田土闲气小忿，无论屈在本族，屈在他姓，亦以延请族党委曲调停于和息。"（《西林岑氏族谱》）家法族规借助其血缘关系，通过教化的方式，在一定程度上化解了社会纠纷，协调了各种社会关系，使社会矛盾在一定程度上有所缓和，稳定了社会秩序。

第二，维系人与自然的和谐关系。

中国传统社会是乡土社会，靠种地谋生的村落原住民最明白泥土的珍贵，甚至视土地为生命。所以，从农业生产劳作中发现，村落原住民作为农业劳动者，他们顺应自然规律，并利用自然规律来进行农业活动，从中获取生活物资。当生态遭到破坏时，以村落为单位的农民对自然环境的修复做了很多贡献，比如丘陵区的农民通过植树造林、坡改梯、沟道治理等水土保持工程措施减少了地表径流，提高了土壤涵养水分的能力，从而起到了保土、保水、保肥的作用。村落的存在对生态环境修复极为有利。生态环境的稳定，又能更好地服务于村落原住民的农业生产及日常生活。

大自然创造了多样性的生命体,多样性的生物是维持良好生态环境的重要构成。生物多样性理论认为,自然界中各个物种之间、生物与周围环境之间都存在十分密切的联系。生物链长而且复杂,生物链上的一些生物有可能就是与农业生产密切相关的。各种生产场所诸如田地、森林、草场、湖泊等,都生活着各种各样的生物,这些生物与周围环境之间紧密联系。实质上,村落原住民长期在土地上耕作种植、培育物种的实践,可以理解为他们培育多样性生命的过程。从这个角度上而言,农业有利于某类特殊生物种群的保育与维护。村落是农业生产的重要载体。如果没有村落,农业的安全就难以保障,进而许多生物赖以生存的场所也就不复存在,有些生物的生存将会面临威胁,生物链条也将断裂。因此,从这一点来讲,村落的生态系统对生物多样性保持具有重要的作用。

传统村落文化是中华民族的文化起点和精神信仰,具有独特的民族特色和文化特征。在产生众多的行为准则的同时,也有众多的禁忌,这些禁忌在一定程度上促进了传统村落的生态保护,调整了人与自然界的关系,使村落原住民去适应、利用与保护自然,让自然为自己服务。如土家族村落中,砍伐古树或者在清明和立夏时使用耕牛,都是禁忌;侗族村落中,原住民认为万物有灵,尤其禁止伤害蛇、青蛙以及鸟类;等等。这些观念在客观上都有助于生态环境的保护,维持自然界的生态平衡。他们对于自然资源的利用遵循适度原则,符合今天意义上的可持续发展观。

在中国传统村落,原住民是整个生态平衡里的一环。在这个生态系统里,人和土在不断循环。养育人的食物取之于土,其排泄之物作为肥料还之于土。因为大部分地区实行土葬,所以一个人的一生终结以后,又回到土地。就这样一代又一代,周而复始。靠着这个自然循环，中国人在这块土地上生活了上万年。在中国的村落中，农业生产并没有和土地对立，而是相互依存相互生长。在中国的土地上，长期以来生产了多少粮食，养育了多少人，谁也无法估计。但是，可以肯定的是，只要中国的村落还在，那么这块土地就将源源不断地生产粮食，继续养育着世世代代的中国人。

1.4 传统村落文化的研究方法

传统村落的群居模式，可以追溯到农耕社会初期的部落生活时期。从这种意义上说，传统村落是中华民族绵延最深的根，传统村落文化当然也就是中华民族的根文化。追根溯源，才能清楚中华文化的来龙去脉；固本强根，才能使中华文化发扬光大。因而，研究传统村落文化就是在研究中华民族文化的根。这无疑是传承和保护中华传统文化的基本前提。

人类进入阶级社会以后，生活聚集区的形态便有了城邑与村落的区别。不管朝代如何更替，村落中的原住民仍然秉承着先民的口耳相传的经验而进行生产，以维持生活。在这个传承方式中，传统村落文化以一种独有的"活态"的方式一直延续了下来，数千年不绝，显示出了一种强大的生命力，成为中华文化不可替代的文化形态。如果借用美国学者芮德菲尔德的"大传统"和"小传统"的观点来看，很显然，传统村落文化属于"小传统"范围，它是自发地萌发出来的，然后在它诞生的那些乡村社区的无知的群众的生活里摸爬滚打，挣扎着持续下去。也许这种"小传统"文化不如"善于思考的人们创造出的大传统"[①]文化那样深刻和精致，但是，它拥有的朴素而又实用的特征，却哺育了数千年以来为数众多的群体。可见，这种"小传统"的村落文化和"大传统"精英文化一样，都是中华传统文化的重要组成部分。正如冯骥才所说的那样："我们的民族文化有很多优良的传统。一半在我们的经典里、典籍里，还有一半活生生地承载于我们美好的风俗里。"这一"美好的风俗"，在今天的社会中，绝大部分都保留在传统村落文化中。因而，要研究和传承中华传统文化，就应该大力深入地对其进行研究。

任何一门学科都有自身的特征，这种特征往往决定了在研究该学科时所要运用的一系列方法。传统村落文化的复杂性显示，仅用其中一种或几种研究方法，根本无法达到研究所要求的目标。因此，在研究方法上，应该更加多样化。最主要的，我们应该看到，村落文化研究不是某一个传统学科的研究的专利。在学科分工高度碎片化的当代高等院校，应该整合多个学科，对中国传统村落文化展开充分研究。根据传统村落文化自身的特征，常用的研究方法主要有调查研究法、历史研究法和对比研究法等。

1.4.1 调查研究法

城市中知识精英的文化大多保存在典籍里，典籍是研究知识精英文化的重要依托；与之不同的是，在传统社会中，由于村落原住民很少受过教育，几乎不识字，他们在生产生活中所积累的经验、形成的思想和各种行为都未曾通过文字的方式记录下来，因而，村落文化几乎百分之百地蕴藏在村落日常的生产生活中，并且通过口

---

① ［美］罗伯特·芮德菲尔德：《农民社会与文化》，王莹译，中国社会科学出版社2013年版，第95页。

耳相传的方式在村落中流传，所以，要研究传统村落文化，和一些只参与书斋研究的人文社会学科的学术规则显然不同，必须深入村落进行调查，正如毛主席所说的："没有调查，就没有发言权。"①参与观察和体验村落原住民的生产生活，显然，只凭臆测是不可想象的。可以说，调查研究法是研究传统村落文化的必不可少的重要方法之一。

初到一个地方，人生地不熟，彼此都不了解，要想做好调查，其实并不容易，所以，调查者需要想办法和原住民搞好关系，消除原住民的疑虑，让原住民能够接受并容纳自己，确保调查活动的顺利进行。一般而言，调查研究法通常采用参与观察、访谈、抽样、问卷等方式进行。

参与观察法。参与观察是指观察者长时间参与到村落的日常和非日常的活动，以获取第一手资料的方法。观察者一定是全身心投入村落的社会活动之中，以当事人的角度观察并理解诸文化事项及其行动的意义，梳理其整个的文化脉络，并加以诠释。而要真正意义上融入村落的生产与生活中，对此，一般认为应该具备三个方面的条件：其一，学习并基本掌握当地的语言，从而能随意地与当地人进行交流；其二，在观察地居住的时间较长，一般为一年或者更长的时间，从而有机会参与当地人因季节周期变化的不同的生产生活的相关活动、仪式、节庆等；其三，与当地人一样生活，跟当地人建立起密切关系，真正了解他们的文化。只有这样，才能得到第一手的资料。

访谈法。在田野调查中，除了通过参与观察获取相关资料外，访

---

① 毛泽东：《反对本本主义》，人民出版社1975年版，第1页。

谈法也是经常使用的方式。所谓访谈法就是向原住民提问咨询或与之交谈的方式来获取有关信息。理论上说，村落中任何人都可以成为咨询的对象，但实际上并非每一个人都能成为观察者所需的关键人。詹姆斯·斯普拉德利认为，一位合适的咨询人选至少要有五个条件才较为理想：（1）对自己文化完全的濡化；（2）眼下的完全参与；（3）是调查者所不熟悉的文化中的人；（4）有兴趣和有足够的时间；（5）非分析性，即能用他们自己的语言进行描述或根据本土视角提出对事件的分析和解释。[①] 被咨询的人必须对村落的生产生活非常熟悉，并且得有一定的文化知识，能够较好地将信息表达出来。一位可靠的被咨询的人往往能够带来很多意外的惊喜，不仅可以获得很多可靠的信息，而且还能减少很多不必要麻烦。访谈可以分为两种，一种是正式访谈，一种是非正式访谈。正式访谈往往是事先设定一定量的问题向被咨询的人提问，被咨询的人如实回答，以获取信息。它通常是在观察者的筹划和设计下，系统地、有针对性地通过访问收集信息与资料，收效甚大。它的不足之处就是咨询人事先未能想到的事项容易被忽略。所以，通常需要结合非正式访谈来达到目的，即事先并不设定问题。有些信息就是观察者通过与原住民的闲聊中无意获得的。不过，由于非正式的访谈较为随意，所以获取的信息也非常有限。事实上，研究者在村落进行访谈调查时，要注意将两种访谈方式结合使用。

抽样法。所谓抽样法，就是指通过一定方法从村落中选择一部分人作为调查对象的方法。这种调查法往往是由于村落比较大，人口比较多，成分比较复杂，观察者不可能在有限的时间内对村落的

[①] James Spradley, *The Ethnographic Interview*, Part Ⅱ, Harcourt Brace Jovanovich College Publishers, 1979.

各个方面进行全方位的访谈，为了节省时间，提高效率，观察者多采纳这种研究方法。运用抽样法调查时，被选择抽查的对象很关键，这些人应该很有代表性，而不能随意。比如要调查该村的受教育程度，既要调查老年人，同时也要调查年轻人；既要调查男人，又要调查女人。所以，在实际调查中，我们应该注意分层的标准，只有全方位地考虑到了，调查对象具有较强的代表性时，调查所获得的资料才更能反映问题。

问卷法。问卷是研究者按照一定目的编制的，对于被调查的回答，研究者可以不提供任何答案，也可以提供备选的答案，还可以对答案的选择规定某种要求。研究者根据被调查者对问题的回答进行统计分析，以达到相应的目的。如果要从传统村落的整体上来研究，对一个两个村落的直接调查显然是不够的，必须进行跨区域大面积的调查，而人的时间和精力有限，不可能深入每一个村落，因而，设计一定量的问题进行问卷调查，也是一种很有效的研究方法。这个调查法的关键是如何制定合理的问卷内容。问卷法的优点是：标准化程度高、收效快；问卷法能在短时间内调查很多研究对象，取得大量的资料，能对资料进行数量化处理，经济省时。问卷法主要缺点是，被调查者由于各种原因（如自我防卫、理解和记忆错误等）可能对问题做出虚假或错误的回答；在许多场合对于这种回答要想加以确证又几乎是不可能的。因此，要搞好问卷设计并对取得的结果做出合理的解释，必须具备丰富的心理学知识和敏锐的洞察力。

所以，调查研究法的运用并非一成不变，而是灵活多变，调查者要根据自己调查的实际情况来开展。或访谈法，或抽样法，或多管齐下，就是尽可能深入村落生活，找到第一手的真实可信的资料。

1.4.2 历史研究法

我们都知道，任何文化都有一个发生发展的演变过程，从而形成历史。通过运用历史资料，按照历史发展的顺序对过去事件进行研究的方法，就是历史研究法。运用历史研究法不仅可以帮助我们认清事物发展的来龙去脉，而且还可以依此来把握事物的走向，从而认识现在，预知未来。

中国村落的起源可以追溯到远古农耕社会的部落时代。它一直延续至今，传承了数千年，可谓源远流长，具有厚重的历史文化背景。我们需要从历史发展的角度来研究传统村落文化的变迁，而历史研究法便是重要的研究方式。具体来看，历史研究法又包含了文献整理和口述历史两个主要类型。

前面所述，传统村落文化有很大一部分都与生活相关，基本上都蕴含在村落原住民的日常生产生活之中。在传世文献中，几乎没有一部记载传统村落文化的专门典籍，当然，没有专门典籍，也并不意味着就没有任何典籍记载传统村落文化的相关内容。其实，在一些地方志、族谱、笔记、公函、书信、札记、野史、游记、传记、出土文物中，对于当时当地的传统村落都有或多或少的记载与描述。这些都是我们研究传统村落文化不可或缺的重要文献史料。我们都知道，收集文献史料虽然只是基础层次的工作，但是文献史料却是历史研究的出发点和依据。文献搜集是获取事实资料的基本方法，文献搜集得是否全面、系统、真实，在很大程度上决定着历史研究可能达到的水平。文献搜集、整理和逻辑加工的能力是历史研究者最基本的功力。一般来说，文献史料按照其来源的不同可以分为两个类型：第一手资料和第二手资料。第一手资料是第一次关于要研究的事件或经历的描述，它包括原始档、真正参加者或直接观察者的报告等。第二手资料是对事件或经历至少处理过一次的资料，它包括各类参考书、他人传抄的记事、传闻等各类出版物等。研究者必须确定哪些是第一手资料，哪些是第二手资料，只要有可能，要尽量使用第一手资料。历史分析要占有大量文献资料，这里面真伪难辨。研究者就要善于鉴别史料，要把握基本的辑佚、校勘、训诂的方法，同时也要建立起批评的态度。史料必须首先服从于外在批评即史料文献的有效程度，例如，文献在哪里产生的，什么时候产生的，谁记录的，只有在回答了这些问题的基础上，才能保证文献的真实可靠。其次还必须服从于内在批评即文献内容的意义、精确度和可信程度，这涉及作者的风格、技巧以及大量文献的相互参照。内在批评和外在批评对于确定史料来源的真实可信与可用性是十分必要的。通俗地讲，如果材料来源不真实，就不能用。由于传统村落文化几乎没有专门典籍，所以，我们要研究与历史相关的传统村落文化，就需要像一个侦探一样在典籍的海洋中进行打捞线索，而且还要鉴别文献史料的真伪。

每一个传统村落，都有一部自己的发展史。尽管大多数村落都没有专门的文献记载，无法厘清村落发展的历程。但是，口述历史就可以补充文献不足的缺陷。口述历史是一种以人为本的研究方法。口述历史所记录的，是由个人亲述的生活和经验；透过深入访谈，可以获得尚未被发掘的历史故事，或为传统历史文献遗忘的段落。因而，口述历史获得的资料，往往都是在文献史料中难以寻获的珍贵材料。它正好填补了文献史料的不足，拓展了研究人员的视野，开拓了新的研究方式。传统村落文化即是村落中的生活文化，往往通过村落原住民口耳相传的方式代代相传而不绝。传统村落的历史，就保存在村落原住民的生活中、记忆里，需要研究者去努力挖掘，所以，研究者可以寻找一些有代表性的人来叙述村落历史上发生的相关故事。这种口述历史有助于研究者构拟村落的形成、发展、变化的历程。当然，口述历史所获得的往往都是村落中片面的信息，有时候观点和讲述的事实可能会有所不同，甚至可能会有矛盾，这同样需要研究者进行甄别与分析。

1.4.3 对比研究法

所谓对比研究法，是把一组具有一定相似因素的不同性质物体或对象，安排在一起，进行对照比较，通过综合比较它们在构造方面的差异或者在性质方面的不同，从而得出种种结论。

中国东西南北中的地形气候相差很大，各个地方的村落各有不同，这就为研究村落文化提供了对比的契机。

比如汉民族村落与少数民族村落之间的对比研究，南方村落与北方村落之间的对比研究，近代村落与古代村落之间的对比研究，独姓村落与多姓村落之间的对比研究，等等。这样，从不同民族、不同地方、不同历史时期等多方面进行对比研究，就能认识到不同时期、不同地区、不同民族村落文化各自的个性特征，从而凸显传统村落文化的差异性，也就是反映出传统村落文化所具有的多样性和丰富性的特征。

费孝通认为："社会调查就得从看到不同社会的事实加以比较，追问个为什么，从理论上去思索找出个道理来。如果不作比较，就不容易发现这些问题，也就不容易进一步研究了。"接着，费孝通举例说："江村给我的第一个印象，就是当地的房屋的开间布局不但与小城镇的不同，而且与其他地方农村的也不一样。江村的房子，一进门就是一大间二三十平方米的堂屋；左邻右舍，户户相连，堂屋里的动静隔壁都听得见。我把这种房子叫'开放式'的。我们家乡小城镇的房子，每家都由高墙隔开，可以说是'封闭式'的。"这样，费孝通把江村和自己家乡两地房屋的开间布局进行比较，就发现了问题，并且，他沿着这个问题进行挖掘，很快就找出了答案："我发现：不同的房屋结构式样与不同的社会关系和生产关系有关——江村因为家家户户要养蚕，住宅也就是生产场所，所以需要那么大的堂屋；小城镇里过去住的大多是地主豪绅，他们自然要垒起高墙自卫。"[①] 通过这样的对比，往往容易发现问题，而且，细心的观察者如果能沿着问题深挖下去，往往会有意想不到的收获。

---

① 费孝通：《怎样做社会研究》，上海人民出版社2013年版，第271—272页。

第 2 章　传统村落的堪舆规划与建筑

在长期的农业生产活动中，中国人形成了一套观念，即认为自身与周围环境存在不可割裂的联系。上为天，下为地，人就存在于这天与地相融的大环境中。万物生息，周而复始，皆与天地合一。天地是人得以生存的环境，是背景，是氛围，所以《易传》中说："有天地，然后万物生焉。"在中国传统文化体系中，"天、地、人、物"之间的关系始终都围绕着"认同、和睦、协调"而展开，具体反映为人主动顺应、遵循自然规律的动作和平常、本性之心态，以及被动顺从的崇拜行为与心理。"风"是流动着的空气，是天地之气；"水"是万物生存的源泉，是天地之脉，有风有水才能繁衍生息。《说文解字》云："堪，天道；舆，地道。"有堪有舆才能与天地同道。所以，风水学也就是堪舆学，自古就反映中国人对环境安然的认知感受与平和的生活态度，被称为"传统的中国地理科学"。

关于堪舆，其名最早出现在西汉初期的《淮南子·天文训》云："堪舆徐行，雄以音知雌，故为奇辰。"在这里，它是指北斗星辰及其神名，可见出当时人们认为天象决定命运的观念。堪舆作为一种"术"，首见于《史记·日者列传》："某日可取妇乎？五行家曰可，堪舆家曰不可。"可见当时堪舆术之盛行。在《后汉书·王景传》中也有载："初，景以为《六经》所载，皆有卜筮，作事举止，质于蓍龟，而众书错糅，吉凶相反，乃参纪众家数术文书，冢宅禁忌，葬送造宅之法，若黄帝、青乌之书也。堪舆日相之属……日相谓日辰王相之法也。适于事用者，集为《大衍玄基》云。"因此如司马迁、班固之评述，认为堪舆是由先期的占卜之术逐步传承分化而来。历经几千年的发展，它早已由最初的北斗神名转变为相地的代名词，融进了中国传统文化内核，成为在规划学正式形成之前指导村落原住民进行传统村落选址、营建与发展的基本思想观念。无论是要求村落建筑与天地人的"天人合一"，还是"阴阳五行""有机活体"的观念对各个区域布局的控制与影响，都综合反映了朴实的村落住民尊重自然、尊重人性、和谐淡然的情性。在选址之后的村落规划阶段，村落各功能分区、道路系统布置、给排水系统的安排等也都离不开堪舆学理论的指导。

建筑作为传统村落中最重要的文化载体之一，早期是供巢居与穴居之用的原始简易形态。《周易·系辞》中有载："上古穴居而野处。"《礼记·礼运》中也说："昔者先王未有宫室，冬则居营窟，夏则居橧巢。"后随着农耕时代的到来，逐渐步入了营建地面建筑的时期，形成了多样各异的建筑形式，加之千变万化的建造材料，由此而彰显出浓郁的地域与民族文化特色。其建造位置、朝向、审美取向等在相当长的一段时间内都统筹在合天合人、有机灵动的朴素"规划"工作之中，受到堪舆学理论的潜在指导。可以说，堪舆学是选址与规划的理论基础，环境的选择和规划是村落建设的基本任务，而建筑是堪舆规划的重要内容与组成部分。反过来，经过规划的村落，包括建筑，又体现着堪舆规划的指导思想，是"形而上"之物与"形而下"之道的关系反映。

2.1 传统村落的堪舆规划

作为堪舆学理论基础典籍，《周易》所反映的中国文化思想无疑是深厚的，它建立在"阴阳一元"论基础上对事物运行规律加以论证和描述，对天地万物进行性状归类，天干地支、五行论，是中国传统思想文化中自然哲学与伦理实践的根源，对中国文化产生了巨大的影响，被誉为"群经之首，大道之源"。从其观点来看，"天下万事万物，莫不有其定数"，也就是遵循一定的规律在运行，其中一个重要的规律就是阴阳五行论，反映出"无我"和"有我"的二重境界："无我"之境界实质就是要"道法自然"，顺其自然；"有我"之境界告诉人们能够通过适当的方法进行自我实现，即"人道合一"。古人把《周易》之理贯穿到社会生活的各个领域和方面，用其思想来指导生产生活，包括村落的规划修建。《易经》的卦象欲用几个极简单、抽象、空灵的符号来代表天地人间，从自然界到人事活动的种种复杂情性。其中，仅仅从对道路避凶趋吉的走向与蜿蜒之态的认知中就能够把握到宇宙人生之内隐的中心。村落在营建的过程中与环境会有不同的境况出现，在时间上会有不同的际遇，在位置上也有高下以及四周围的人物与事变所形成的不同形势。这就是《周易》之"时"与"位"的概念。在某一时候、某一地位，将自身的情性与外部的天地环境命势相结合，选择其动静、进退的态度，以希望避凶趋吉。这种伦理性的启示和教训用于村落建造的方方面面，告诉村落原住民传统之"道"的内涵与运用。成书于唐代的《黄帝宅经》也承认阴阳的关键作用："夫宅者，乃是阴阳之枢纽，人伦之轨模。"在提及阴阳时以之为纲，以天干地支加上八卦中的乾艮坤巽相配合形成二十四路，以阴阳的属性决定建筑的方位，同时提出"五实""五虚"之观点，主张按照人口比例确定建筑规模。这无疑对村落建筑数量起到了一定的影响作用，以现代的学术眼光来看，仍然具有一定的科学性。署名郭璞所著的《葬书》因为在堪舆学中的崇高地位，又被尊称为《葬经》。虽然有些理论过于荒诞，遭到现代科学论者的批判，但书中从"生气说"入手论述了葬地吉凶福祸的由来却是与传统文化中"天人一气""天人合一"的观念相秉承。书中认为保持"生气"的正确办法就是《葬书》中所说的"风水之法得水为上藏风次之"，因形顺势由此可以为合理化村落布局提供理论借鉴。除此之外，堪舆学理论文献繁多，相对经典的有总结性文献《管氏地理指蒙》、理气派文献《青囊海角经》、形势派文献《三龙经》，以及《堪舆总索杂著》《至宝经》《地理玉函纂要》《地理大全》《堪舆类纂人天其宝》《堪舆漫兴》《水龙经》《阳宅十书》等，不一一列举。

"规划"即为按照一定的规范、意图进行有计划、有目的地去做某事。相对于城市规划，村落规划的历史更为久远。自古代先民开始"聚族而居"开启农耕文明的进程始，村落规划就已经融入其中了，结果便是形成了众多"具有相当规模、相对稳定的，基础性的社会单元"。规划的先期工作要进行村落选址，后在规划的具体工作中进行建设，而后再是各种系统的综合运行和村落管理实施。所以，村落规划在某一程度上代表着村落的发展和未来，是一种支撑村落生命的综合部署工作。传统村落的规划发展不同于西方规划发展史的任一阶段，一直以来都受到中国传统思想观念的支配和影响，尤其是广大的汉族村落，绝无自由零散的状态。这种系统性思想观念即为堪舆学，集中反映了中国人对于自身、器物、天地的关系思考，对于周边生存环境差异的辨别和选择，从当时的有机论、自然观等基础观念出发，将天文、地理、气候、水文、生态等多方面内容引入传统村落的选址规划中。

2.1.1　传统村落规划的影响因素

2.1.1.1　自然因素

自然因素是村落赖以生存和发展的物质基础。相对城市而言，村落对自然环境有着更高的依赖。它不仅影响着村落的位置、规模、结构、布局，对居住形式也起着直接的决定作用。自然因素具体可以包括地形地貌、土壤条件、水、生物资源、气候条件、矿产资源等。

由地势高低起伏的变化或地质条件的不同所形成的差异性地表形态和样貌即是地形地貌。地形有高原、平原、山地、丘陵、盆地之分；地貌根据成因分类有喀斯特地貌、流水地貌、风蚀地貌、雅丹地貌等。从对传统村落的考察成果来看，村落原住民对山水影响下横向起伏或竖向落差大的地形地貌关注更甚，清代姚廷銮的《阳宅集成·丹经口诀》早有"背山面水称人心，山有来龙昂秀发，水须围抱作环形"的说法。从整体村落布局来看，在一马平川的东北、华北平原地区，通常村落规模大，空间布局形态较规整；处于山地区域的村落则一般背山近水，规模相对较小，整体较易形成自由式、台地式布置式样，建筑与田地规划的密度较高。不同的地形地貌也直接影响了村落的生产劳作方式选择，从而形成不同的村落规划效果。在平原地区，一般村落人口密度较高，耕作半径小，规划时多有以居住地为中心的带状农业区位，以分作不同的耕作带，例如河南省南阳市黄庄村；而在高原地区，村落除农耕以外，多发展畜牧业，规划工作需考虑各产业地块的面积、交通联系等因素。

　　土地是人类赖以生存的基本生产要素。村落原住民对土地的依赖成为村落选址中不可忽视的重要考虑因素。土壤条件又直接影响土地的产出能力、产出农作物的品类等。《葬书》告诉我们："夫土欲细而坚，润而不泽，裁肪切玉，备具五色。"这是一个大致的分类。中国地域广阔，自南而北依次有砖红壤、赤红壤、红壤、黄壤与黄棕壤带。长江以北沿海多为棕壤分布带；在东北地区由东向西依次为暗棕壤、黑土、黑钙土等。这些土壤种类按照土质又有砂土、黏土、壤土三大类。砂土广泛分布于江河、湖泊地带，抗旱能力弱，土壤养分少，保肥性能弱，有一定的耕种要求；黏土主要分布在华中及其以西大部分地区，土壤养分丰富，有机质含量高，保肥性能也好，但排水性差，不利于作物养分的吸收；壤土兼有砂土和黏土的优点，耕性优良，适种的农作物种类多，是最理想的土质种类。在土壤条件好的地区，村落的集聚可能性大，占地面积大；如果土地贫瘠、沙化、干旱，或是土色焦枯不生草木，那么就不利于生产，也不宜居住。正如《三白宝海》中将湿泥与烂泥地列为不宜居住的恶地之一，要求村落选址避之。

　　水是生命之源。在堪舆理论中向来有"山水之气以水为运"的说法。任何一个传统村落，都不会在水资源匮乏，水源得不到保障，水质恶劣，或是水路运输不便利的地方选址立村，因为它关系到村落原住民生产生活的方方面面。水源有地表水，主要是河水、湖水的存贮水和浅层流水，以及地下水的分属。潮水、湖水、池塘等都是理想的选址地点，因为这类水系对人体健康有利；而有沼泽、泥浆、臭秽水之处则都是不吉利的。对于水质，则是根据村落原住民长期生活得到的经验，总结出不同的水具有甘甜、辛咸、酸苦等不同的味道，具有科学性。同时，不同河流的不同特征也影响着村落的布局形式和位置；水流的走向、转弯等条件也直接影响村落的基本形态。村落应取水便利，饮用安全，不受水害之苦。

生物资源不仅有动物和植物，还包括了以往村落原住民认为神秘莫测的微生物。现代科学已经证实了此类资源的重要性和影响层面的广泛性。动物繁盛、植被苍茂、微生物链条完好的条件能够营造良好的空气环境，保持优质的土壤环境，保留了自然界最优的状态，当然也适合原住民营建村落。在此环境下，人亦能够与各类生物和平共处，也反映了中国人尊重自然的思想观念。

从小的方面来说，气候条件影响着人们生活的舒适度；从大的方面来谈，气候条件直接关系到人们的生存。中国的地理位置处于欧亚大陆东部、太平洋西岸，冬夏高低气压的活动频繁，季风影响强烈，气候变化分明。同时地域广大，在经度和纬度上都存在巨大差异。这些条件决定了在每一个不同的地域都有着相异的气候条件，村落选址与规划会顺其利避其害。例如，在冬季寒冷漫长的东北地区，村落绝不会将村口设置在寒风凛冽、毫无遮蔽之处；在潮湿的华中、华南部分地区，村落一定会避免在夏日阳光直晒、通风不畅的地点建村。也有不少村落沿海、沿河布置，重要的原因就在于这些地区有良好的小气候环境，适宜居住。此外，村落建筑的不同形制也充分考虑到了气候条件的影响。例如，在干燥的河南至甘肃地区，建筑多为平顶，一方面增加有效使用面积，另一方面也便于在屋顶晾晒物品；在多雪的黑龙江，建筑采用厚重的墙体和多层窗，覆盖保暖、环保的草顶或利于排雪的铁皮顶；在多雨的两湖地区，利于排泄雨水的瓦面屋顶几乎是通用的形式。

一些常用的矿产资源是传统村落选址规划必须考虑的因素之一，如石材与木材的种类、产量等，直接决定着村落构筑物的形态、工艺、纹质特征；矿产资源的分布及藏量不仅与村落原住民的生活息息相关，还关系到村落的经济发展，从一定程度上影响着村落的产业结构；各类金属与非金属资源可以影响村落饮用水的水质、微量元素的含量等。

2.1.1.2 人文因素

传统村落的选址与规划也离不开人文因素的影响。人文因素包含了很多内容。

人口组成或人口构成，是影响传统村落建筑的重要因素。不同的人口组成制约着传统村落各区块的规划和具体民居的位置关系及建筑形制。在一个以青壮年劳动力为人口主要组成的传统村落中，劳作区域始终处于灵动、活力的状态，持续发展的结果是为了满足劳动力人口的增加需求而增大耕种或放牧区，加大产出量。可是如果在一个老龄化趋势明显的村落中，规划工作就不得不考虑调整公共场地和设施的集中布置，以及它们与老龄住户民居的步行距离。人口的组成不是一成不变的。出生率、死亡率的变化，社会经济的发展，政府的人口政策控制等都是村落人口组成比重变化的发生条件。人口的变迁直接改变着村落的劳动力、人口居住的模式。由此带来的村落规划调整也是必然趋势。

传统村落的人群组织形式一般是婚姻和血缘家庭或家族组织。这种形式有利于满足人的亲情愿望，使村落原住民之间的关系更加亲近、和睦，使同姻缘、血缘的群体和谐发展。相比之下，家庭为小单位群体，在衣食住行各方面都有着近似的习惯和要求。在村落规划中，以家庭为单位划分农区、民居与各项基础设施是最为常见的方法。家族除了血缘关系，还包括更大范围的亲缘关系，是由家庭为基础形成的人群组织体系。在传统村落中，各家族多有自己的文化，或姓氏文化，或家谱文化，是该村落文化的重要组成或代表。以家族为单位"聚族而居"已经成为一类传统村落的典型特征。例如，湖南涟源杨市镇就因为家族组织的要求修建了富有古雅特色的壮丽堂屋建筑群。

中国传统村落绝大多数以农耕为本，在部分沿海地区保留了渔猎的生产方式，而在广大的草原地区还可见以牧业为主，或是农牧结合的方式。在一定历史时期与社会条件下，村落的生产方式是在传承中缓慢变化的。它决定着村落住民的生活方式。

农业生产方式长期作用的结果是形成了中国传统村落根深蒂固的农耕文明，并以此为基础创造了适合农业耕作的具体劳动条件（劳动时间、生产工具、耕作技术等）。这亦成为村落规划的要求。例如，山东曲阜峪口村是传统集聚型农业村落的代表，人口密度大，村落规模大。在以往的生产生活中，广大的农区内布置有很多看护房，民居区位指向接近农田、种植园，以方便耕作。在非农业生产方式下村落住民的经济收入、消费水平、家庭结构、闲暇时间占有量、民居和社会服务条件等势必与前者相异。这些内容均是村落规划的血肉。

中国的产业结构分属是明确的，而广大的传统村落所涵盖的产业一直以来都是以第一产业（农业）为主，也有少量以流通业和服务业为代表的第三产业。村落的主导产业对大范围村域的关系、单一村落的布局、各区块形态、结构组织、耕作半径及民居形制有直接影响。一般来说，在以农耕为主的内陆传统村落中，除了村落住民的生活紧紧围绕农耕的生产需要，就近布置房舍、养殖牲畜外，其他产业形态都是依据农业的生产要求存在和发展的,农耕印记明显。比如村落内的集市通常布置在距离产区较近的区域,以方便运输,所供应的物品也以本地农产品为主。当然,随着现代社会的发展,传统村落的产业结构也正在适度调整。

在村落建设初期,经济发展水平高,各项物资的贮备就充盈,村落原住民的生活与心理、精神需求也高,这就为村落规模的扩大化提供了必要条件。在村落的发展过程中,通常为了更好地发展村落经济,会相应地规划出以供发展的空间场所,例如,为经济活动划分出足够的场地,提供各类交换物资的存放处所,营建财神庙等。因此,经济发展水平不是单方面地对村落规划产生影响,反过来,村落规划也会积极地配合经济向着更高层次发展的要求。从村落发展的未来着眼,分别对应于人的生理、心理、精神三个层面,经济的稳定、持续发展亦是村落发展的目标,提升着物质、情感和信念的满足程度。村落规划会伴随这一发展进程不断产生新的变化,向着均衡、合理的趋势迈进。

如果说各项条件的限制是村落规划必须遵守的规则,那么技术水平就是规划得以实施并最终实现的途径与方法。涉及村落的建筑、交通、基础设施和防御规划方面。瑶族村落依山而筑,正因为有了高超的技术水平支持,才形成了陡岭间层叠的建筑、密布的山田。福建土楼在规划之初有着非常严谨的选址、定位、开地基的程序,能够避免不利地形,适度改善微地形。根据村落建筑基地的大小和财力物力的可行性来确定规模、半径,再以复杂的技术筑起的夯土墙不仅薄、坚固,而且还能抗震。在村落道路的布设方面,何以做到依地形而广布的路网?又如何使得路面的天然材料坚固密接至百年不毁?那传承至今的技术与工艺仍然值得探讨与学习。

传统村落原住民的思想观念，也影响着村落的规划。早在遥远的半坡原始聚落中，窖穴与圈栏集中布置在聚落的中心，供村落原住民集体活动的"大房子"又处于居住区域的中心位置，墓地和手工业窑厂位于居住区域周边。这种看似简单的规划其实已经反映了古代先民"聚族而居"以满足其生产生活需求的思想观念。

与传统村落规划相关的思想观念是多方面的，比如家族堂屋在规划形制上就体现了严格的宗族礼制思想和儒家的秩序观念；在广大村落中普遍存在的土地庙是为了满足村落原住民希求五谷丰登的美好愿望，反映的是原始宗教思想；而安徽歙县棠樾村那壮观的牌坊群则是体现出村落原住民对"忠孝节义"的赞赏与追求；还有建筑、绘画与雕刻中繁多的"福、禄、寿"主题纹样与文字，饱含村落原住民希望吉祥美好的生活观念。

在众多影响传统村落规划的因素中，自然因素提供了客观性的外在影响条件，它们共同组合而成一个相互联系、统一整合的自然系统。人文因素则是具有一定程度上的主观调控性，并起着与自然因素同等重要的作用。其中经济发展水平与技术水平可视为物质与技术条件支撑，限制了村落选址规划与发展的可能性；思想观念则决定了村落原住民在选址规划中的潜在的审美趣味与爱好。

2.1.2　传统村落堪舆规划的核心观念

堪舆观念自古有之，其理论博大精深，能够与情感化的中国人进行内心的交流。所谓"堪舆"，其实是中国传统地理学的统称或概称。历经几千年，早已大气、深刻、微妙到了一个登峰造极的地步，根深蒂固地深植在村落环境中，具体体现在道路、民居、墓地的选址和规划布局上，集中反映了村落原住民在实践关系之下的空间认知，体现着村落原住民敬天法祖的自然精神，反映着村落原住民的形象思维能力，也同时在深层次中映射了中国人心理层面的审美文化取向。虽然直到1840年前后西方规划学传入中国，才有了明确的"规划"说法。但其实在某种程度上堪舆就是规划环境，就是为了能够通过规划创造出村落原住民理想的，与自然和谐的生产生活方式。

从不同的角度出发进行总结，传统村落堪舆规划的核心观念包括：天人合一、阴阳五行、有机活体三个方面。

2.1.2.1 天人合一

"天人合一"的观念源远流长，与"天人之分"相对立。关于它起源的时间尚没有统一定论，有的学者认为是在春秋末期，有的则认为是在西周，但无疑确与人们通过生产生活与自然（天地）发生联系密切相关。李泽厚将这一观念产生的现实历史基础归纳为两方面：其一是自新石器农耕时代以来，人因生存和发展之需而顺应自然，如四时季候、地形水利；其二是尚未建立阶级统治，在原始氏族体制下人们还维持着某种与自然的和谐关系。"天人合一"既包含人对自然规律的能动地适应、遵循，也意味着人对主宰、命定的被动地顺从崇拜。[1] 张岱年指出："中国哲学中，关于天人关系的一个有特色的学说，是天人合一论。天人合一，有二意谓：一天人本来合一，二天人应归合一，天人关系中之所谓天人合一，乃谓天人本来合一。关于天人本来合一，有二说：一天人相通，二天人相类。"[2] 在某种程度上，"天"既是自然，又是精神、心性、主宰，是一个多重含义的存在。"人"指的是人事、社会，主要指相对于自然界的人类，或包括人类

---

[1] 参见李泽厚《中国古代思想史论》，生活·读书·新知三联书店2008年版，第336页。
[2] 张岱年：《中国哲学大纲》，中国社会科学出版社1982年版，第181页。

的行为与活动。"合"即是符合、联合、结合之意。"合一"即现代汉语的"统一",甚至是"融一",强调在区别基础上对立或者不相干的双方形成密切相连、不可分离的关系。

"天人合一"的观念在先秦时期成熟。从《左传》开始就有很多论述表达对这种观念的看法。无论是孔孟、老庄,还是汉代的董仲舒,都从不同的角度提出了类似"天人合一"的观念,对人必须与天相一致的观点给予了认同。而真正作为一个命题或一个语汇出现,则是在宋人张载的《正蒙》中。他承认"天"与"人"的客观实在性,提出了"天地之性"和"气质之性"的区分,将传统的气论思想发展到气本论,同时继承了先秦儒家的心性论,将"天地之性"看作人的本性,从而使"天""人"不仅"同此一气",而且"同此一性"。他认为"天人合一"是人的最高觉悟,亦是人的自觉,却没有区分出天道和人性层次的差别,在坚持唯物论的基础上偏重于神秘化倾向。但正是他和程颢、程颐的理论主张,才将"天人合一"的观念发展推至一个新的高度。在此之后,朱熹、王阳明、王夫之都从不同的形式出发阐释或补充了"天人合一"的基本内容。虽然他们有的从肯定物质世界是基础的前提出发,有的是在超自然的观念基础上引发论述,但都试图从天道观中引申出人伦道德的某种意义。

中国传统"天人合一"的哲学观念,历经数千年发展延续至今,不断被许多优秀的哲学家进行修正、完善和发展,已经形成了复合化的观念体系。分析总结其内涵,大致可以反映为如下四方面。

第一,"天人合一"是以天人一气为基础的,即是说"天"和"人"都是由"气"所构成的,"天"本身就是"气"的一个组成部分,亦是一种构成的形式,是苍茫的、混沌的、包容的、无所不在的。从广义上讲,"天"的范围可以在一定程度上和"气"有所重叠。"人"是天地万物的组成部分之一，构成"人"的各类成分从本质上说都是"气"的内容，人的气息是自然之"气"，意识因为有"气"而得以存在并延续，思维以"气"为媒介沟通着物质世界与人体本身，加上血液、骨肉等，体现着"气"的生机、活力、流动、易变。这些无疑从实质上说明了"人"由"气"构成，是谓"天"的一分子，是天地大环境的组成之一。因此"人"理所应当与"天"合一，混沌一体，密不可分。

第二，天地之间存在普遍规律，具有客观性。这是"天人合一"得以成立的重要客观条件。宋代的张载在《正蒙》中有言："若阴阳之气，则循环迭至，聚散相荡，升降相求，纲缊相揉，盖相兼相制，欲一之而不能，此其所以屈伸无方，运行不息，莫或使之，不曰性命之理，谓之何哉？"客观规律即是人之"性命之理"，是根，是源，是人之所以存在之本然，又怎么能够不遵守呢？人对普遍规律的遵守也可分为有意识性和无意识性。前者自然是古人透过对生命和天地的哲学思考得出的真理，而后者更体现了客观规律的自发性作用。

第三，人性应与天道相统一，人应尊重自然，师法自然，以天之利完善自然。以人性为基础逐步形成并确立的社会道德原则与天地之规律是呈一致性的，即《张子正蒙》中所说的："性与天道云者，易而已矣。"尊重自然是"天人合一"的前提与基础，具体为善于观察天地规律，不破坏自然生发之本，在合理的状态之内改善自然环境条件等。师法自然是"天人合一"的方式，因尊崇、尊重、敬慕，所以"师法"，以期达到"天人合一"的完美境界。

第四，天、地、人的协调一致是人从事各项行为的追求与理想目标。强调"天人合一"的作用和价值意义，同时也给出了人生活于天地之间的理想，即正所谓"范围天地之化而不过，曲成万物而不遗"。

无论是从哪个方面进一步论证"天人合一"的命题,都能够产生积极的、进取的、正确的结论。这是因为这种观念有着系统性、科学性、关联性、伸展性、连续性、深远性的文化特质。系统性表现在观念文化的熔为一炉、前后承接,观念思维的整体论,个体命题之间相互呼应、盘根错节,又不脱离"天人合一"的大命题,以及从认识论到方法论的有机体系。科学性则首先在于此种处理宇宙万物之关系的观念及方法论本身就是由先哲经过"重闻见,疾虚妄,强调思考与联系后剔除假象以求得真知"的过程一步步清晰起来的。其次在它形成的漫长历史过程中经过人们不断地重新思考、辩证、分析、逻辑推断、融入情性,早已成为中国传统思想理论中的精华,并且被实践证明了其正确性存在。关联性可谓是命题的基础,体现在观念的方方面面:天与地的关联、天地与人的关联、天地与物的关联、人与物的关联,以及天地、人、物整体的关联。正是因为种种关联性,"天人合一"才能得以实现。伸展性与关联性密不可分。《宅经》中说:"夫宅者,乃是阴阳之枢纽,人伦之规模。"古人认为,住宅可使人透过现象将思维伸展至宇宙自然的层面,联系到复杂的社会结构和道路伦理体系。连续性其实就是动态的表达,天地万物生生不息,此消彼长。在充满生机的时间进程中保持着阴阳、生死的相互作用、激荡,从而达到"天人合一"的最终和谐境界。其深远性使"天人合一"的观念不仅在于形而上,而且广泛地指导着实践,包括农耕、渔猎、纺织、建造等各个层面。当然,也包括了传统村落的选址与规划。它已经成了一种"人之自觉",潜移默化地影响着村落的整体布局、结构分置、形态整合、路网分布、场所营建、建筑设计、材料选择、装饰题材,甚至是原住民的性情、行为习惯等方面。

2.1.2.2 阴阳五行

阴阳五行学说是古代中国人对自然环境的认识和阐释。阴阳的观念源于古人对日月四时等天体现象的观察以及对于生殖的崇拜，本义是一类"二分对比"的思想。有的说法认为它起源的时间段在新石器时代，也有说法认为它起源及其发展的时代贯穿旧石器时代至周朝。据文献考证，在西周金文中，已有了"阴阳"的连用，含义极其简单、直观、形象，仅仅是对自然现象的客观描述。最初的意义是指日光的向与背，向日为阳，背日为阴；随后引申出向日与背日的地理位置都可以以"阴阳"表之，山南水北为阳，山北水南为阴。从这种朴素的所指引申到指代万物的属性，再到形而上的哲学意义，阴阳之说的发展演变经历了一个漫长的过程，包括了三个义项。

第一，是描述万物之化生及其分类的一种方式。无论何物，都可以分作阴阳双面加以考量分析，最终结合中国人的情性再得以融会贯通，体现了形象思维的客观性，也具有相对的客观性与科学性。

第二，它本身具有里外、显隐的特质。观其表面，是谓考之阳；观其内里，是谓考之阴。阳是外显的、具象的、"个体"的、五彩斑斓的形式元素；阴则代表了深入其中的、抽象的、联系的规则系统。

第三，用来指代日月及宇宙运转之学说。《后汉书·张衡传》云："衡善机巧，尤致思于天文、阴阳、历算。"

阴阳观念的集中表现就是《周易》，认为一切事物及其运动变化过程都存在着阴与阳对立的两个方面："譬如阴阳：阴中有阳，阳中有阴，阳极生阴，阴极生阳，所以神化无穷。"阳的范畴包括了活动的、外在的、积极的、进取的、刚性的、上升的、温热的等等；阴的范畴则有静态的、内在的、消极的、隐退的、弱性的、下降的、冰冷的、衰退的等，它们以彼为基础，正如清代蒋宝素的《问斋医案》中所说："无阳则阴无以生，无阴则阳无以化。"阴阳相互作用，相互牵制，在一定条件下相互转化，推动着世界的变化与发展。因此，《黄帝内经》中才说："阴阳者，天地之道也。"

阴阳理论围绕五行展开，五行代表了五种物质。《尚书·洪范篇》说："水曰润下，火曰炎上，木曰曲直，金曰从革，土爰稼穑。"五行分别有各自的性质，特征是金向内收缩，木向外放散，水向下，火向上，土平铺若无所向。天地亦有五星五岳：辰星、荧惑、岁星、太白、填星；泰山、华山、衡山、嵩山、恒山。人体也有五官、五脏，还可有五德：仁、义、礼、智、信。五行之观念大约在殷商末期被正式提出，在从春秋到战国的五百余年形成大突破、大发展之态势。在五行图式中，万物均有明确的分类和配对，由自然到社会，直到宇宙，包括了"天、地、人、物"的大系统。对五行学理的研究是从西周末年周太史伯的"五行相杂论"开始的，后才有五行相生的思想。其实，这一观念就是揭示在天地大环境中结合八卦九星和阴阳五行相生相克，把天道运行、地气流转，人在其中的身体代谢结合为一体，形成一个统一、整体、和谐的系统。

在阴阳五行的观念中，阴阳观侧重于解释世界、环境、系统的运动、变化、发展，重点放在时间上；五行观则侧重于说明世界、环境、系统的结构、组成，重点在于空间方面。两种观念的融合实际上印证了中国人传统的形象思维与关联性思维方式，如李约瑟所言，其最终目的倾向于"在一切环境中寻求一种根本的调和与统一，而不是斗争与混乱"[1]。这也与"天人合一"的观念是一脉相承的。

---

[1] ［英］李约瑟：《中国科学技术史》（第二卷），科学出版社、上海古籍出版社1990年版，第301页。

2.1.2.3　有机活体

首先，从古人对于"气"的系统性认知中可以明确，中国人的世界观包含一种大环境有机活体的生态观念，认为天地、人、物各大系统之间是一个有机的、联系的、动态循环的，可以轮回的、闭合的环链。在这个环链系统中，没有开始状态，也没有最终状态，只有中间状态，只存在有机、生态的过程化。每一个元素或是环链节点都与其他紧紧相扣：其一是其二产生的原因，其三是其二分解的结果。"天地、人、物"大系统正是通过这样一种有机的联系和运动达到一种循环、自足的平衡。人在环境系统中是一个主动性的行为体，对物质、心理、精神的需要是其运动与发展的原因，生活经验则是影响发展加速或迟缓的因素。《宅经》指出，人们可以"以形势为身体，以泉水为血脉，以土地为皮肉，以草木为毛发，以舍屋为衣服，以门户为冠带，若得如斯，是事俨雅，乃为上吉"，通过各种规划与创造行为融入有机系统的一部分，与天地、宇宙产生同构，从而达到"天人合一"。

其次，有机活体观还与经络之说密不可分。天地有生命，天地有经络。天分成十天干，表示地球绕太阳转十圈，人亦对应有十指；地分为十二地支，表示一年月亮绕地球十二圈，人亦对应有十二经筋、十二经别、十二皮部等。人的整个经络系统随着时间的先后，年、月、日、时辰，周期性地气血流动，盛衰开合，人应时辰月令，这一切都暗示着我们，人体本就凝聚着整个宇宙的性命与气韵，完全与宇宙相合，人体之气与宇宙之气相交流。而堪舆学又主张"大地有如人体"，各天地之穴对应经络系统，大地之脉有如人体之脉，元气在宇宙天地间回荡，气在经络中聚合，由此便可以适应有机活体的自然生态环链。在传统村落选址与规划中，往往强调选择"生气、聚气"之地，渗透着中国人强烈的生生不息的美好情性，也正是有机活体观念的生动运用。

天人合一、阴阳五行、有机活体这三类堪舆学的核心观念会以不同的状态影响或制约着传统村落选址与规划行为。有时表现得极其强势，如阴阳五行观对于村落选址的有力控制；有时又表现得很婉约，潜移默化地渗透在建设的各项具体工作中，例如有机观。从中我们可以感受到传统堪舆规划观念的灵活性、变通性、制约性、维系性，以及相对的客观性与科学性。

2.1.3 传统村落堪舆规划的基本内容

传统村落堪舆规划包括了对自然环境的选择与对人文环境的规划两大部分内容。自然环境的选择重在"相"与"择"，村落原住民的行为多是思维的运作；而人文环境的规划则多计划设计与实施，运动性建造行为受控于村落原住民多元性的思考维度。这两方面相综合，也体现着传统堪舆文化"天人合一""阴阳五行""有机活体"的核心观念。

2.1.3.1 自然环境的选择

选择一处适宜居住的地理环境是村落选址规划的第一步。村落所建之处要符合堪舆规划的观念，能够满足人的生理、心理、精神需求，并且能够世代居住，繁衍生息。通常选择的是封闭式的环境单元，一方面有利于保持村落内部的气候气温稳定；另一方面也有利于村落原住民的繁衍生息，在客观上也有利于传统村落文化的世代沿袭。在大环境之下，村落在具体建设时还要考虑小环境，也就是背山面水。当然，水要考虑水质的好坏与取用之便利。

图 2-1　背山面水的村落格局

中国地处北半球，通常在村落选址时应选择"坐北朝南"的良好朝向。这并非具体某一栋建筑的建设朝向，而是北部的"靠山"应当能够为村落遮挡由北方向吹来的寒风，即"阴风"；南部应保持有足够的日照时间，便利的用水、避（洪）水条件。这样的朝向环境，也被堪舆学称之为能够"藏风聚气"，自然适宜村落建设与长期发展。

在传统中国人的心中，大自然无论是呈现出何种形态，如内敛、规则、光润、昂扬、茂盛、端肃、雄壮、灵性等，都是美好的，因为它们有着"天地大饰"的朴素情怀，有着符合"天地法象"的内在规律，更有着体现"自由大气"的中国传统性情。"秀"即秀美，例如山的写意起伏、水的隽秀蜿蜒、植物的丰富层次、动物的勃勃生机。这些有度的秀、适度的美，正符合中国人的心境。"吉"即吉利，也必然美。"变"即变化，有变则活，有变不板。"天地之气"是活态的，因而能够凝聚；"天地之道"是运动的，因而能够亘古长存，促进万物的发展。在中国人看来，四季的自然交替是美的，山的显隐远近是美的，水的潺潺之声亦是美的，等等，这些变化丰富的自然元素综合为一个大环境，是整体的变，是统一的美。如果一处山孤水寡之地，或是鸟兽绝迹、环境死板静态之处，当然与美沾不上边，自然也就不适宜村落的选址和建设、居住。"情"即情意、情趣。若山无情，水无意，则"失地理之本旨矣"。情的属性本属人的主观意识范畴，其实根本还是源于人在良好自然环境中的体验。如果风轻云淡、山明水净、绿树成荫、鸟语虫鸣不绝于耳，自然能够使人生情。

2.1.3.2 人文环境的规划

不同于现代系统化、程序化的城市设计，传统村落人文环境的规划绝大部分是在堪舆观念下的"自发"规划，是一个与自然规律相吻合，缓慢、朴素、温情的过程。

传统村落的原住民在对自然环境"择地相址"之后，已经有了对于村落大范围的联系思考。村落大范围布局意味着规划工作不仅仅限于单个村落，还要考虑到周边有联系的各个村落甚至城镇。

首先，规划的侧重点在于"静态的联系"，所谓谋定后动，方能胸有成竹。联系是谓整体性的联系，不仅有着具体环境、人、物这些形而下的层面，而且包括了气、思想意识等形而上的层面。既是物质的联系，又是心理的联系，更是精神的联系。按照今天的专业术语来说，其实就是架设一体性的规划空间网格结构，形成致密的规划节点。具体有各村落间的环境与生态关系、交通行进关系、建筑布局关系、设施位置关系、人的思想联系等。村落原住民认为，环境应当是在一体中存在变化的，即使再广阔的大范围，也处于同一地域之上，有着近乎相同的日照情况、气候条件、土壤联结、风与水的影响。村落与村落间应该形成多次山环水抱之势，彼此之间不破坏自身的风水格局。生态应当是一条完整的链条，动植物种类、种植要求、对环境的适应性等都相似，有着地域性特点。交通联系最显而易见，应该能够存在可达性条件，方便住民生产生活交流。至于其他联系，例如，根据水流方向自发形成的使用性联系也在规划内容之内。人的思想联系方面，又是通过外显的行为形成互动，与前述的各方面存在着前后的承接关系。因为有了整体性的环境、方便的交通，才可能有村落之间的通婚、商贸、祭祀等活动，由此才能逐渐形成具有一致性的地域性思想观念。

其次，规划的重点是"动态的调节"。即是调节网格结构中的各个节点，和谐它们的关系。例如，如果存在风水遮挡、水土不利保持、小气候不适宜的情况，或是村落间位置过近，彼此缺失了独立性、自主性的管理与组织，则需要调整村落村域的范围，为解决这些问题提供条件。交通方面，不论是自然的通路，还是人为的铺设，均以最有利于联系为准则，加上良好的村落间分散与汇集的排水关系，组成大范围的"有机活体"脉络。当然，村落间还需满足一定的防灾减灾要求。

在村落建筑方面，包括民居位置、朝向、功能构成等内容，更能看出村落原住民对于规划的讲究。在村落原住民眼里，这些因素决定着家族的兴衰荣辱与门庭的福祸安危。各主要建筑之间应不影响日照与通风需求，不能破坏相邻建筑与场所的"气"，自身阴阳协调、五行相配互补；朝向如有条件均应满足坐北朝南的良好方位条件；功能构成需全面，缺一不可，犹如构成完整的有机生命体，各自配合使用，规划关系融洽、和谐。

部分传统村落都有院落。院落除了具体功能满足需求外，还为民居提供"聚气"的条件，形成阴阳互补之势。面积过小则空间分布过密，狭隙过多，"气"不能很好地流通，"势"的分配也不均衡；面积过大则会抢了建筑的统领地位，造成"气"的运转倒置。形式也有一定的作用，几何形的规则院落易与建筑合一，能使空间更易利用；自由形院落则最能与自然环境相和谐，从而使身处其中的人有着更好的自然心态。场所中的植物甚为重要，甚至在许多村落中必须种植风水树或形成风水林。如果村落、建筑山环水抱，那么场所中的植物就是山水的前胸，能够通过它听到村落生机勃勃的心跳；如果居住环境山明水秀，那么场所中的植物就是环境的容貌，展现着自然丰富生动的表情。地下繁茂的根系能够吸收天地之气，也寓意着村落人民开枝散叶，子孙兴旺。

图 2-2 院落与建筑

给水排水设计是在村落营建与发展中最重要的内容之一。具体包括水源选择、引沟开圳、挖塘开湖、水位调控四个部分的工作。前述已经论及了在形而上的观念中水环境选择的重要性，若从实际来看，水源的选择其实也就意味着为村落现今生存及未来发展确定出给水水源和排水去向。引沟开圳的目的是疏通村落的给排水渠道。给水渠道与排水渠道可分设,"通畅,则生气相通;不通,则灾祸必生"。水圳的布设也至关重要,可明可暗,可沿道路一侧顺势而走,也可被引入宅内,尽端与村落附近的河流或湖泊连通,形成整体村落范围内的给排水网络。与这一网络相配套的蓄水设施亦是构成复杂给排水系统的一个部分,常采用的方法即是选择区位挖塘开湖。"塘以蓄水,足以荫地脉,养真气",也方便住民日常使用、防火和排水。另外一项规划内容是如何保证给排水系统的正常运转以及防洪减灾,除了利用小地形排水蓄水外,还要修筑供水堤坝,进行水位调控。

图2-3 村落中的排水系统

如果说给排水系统是村落得以生存的流动血脉,那么道路交通就是村落的生命经络。它保证了村落内每一个空间场所处于被使用、可到达的活态,也连通着各个"穴位"——场所功能节点,使之生发、聚气。村落的道路交通规划包括了整体村域范围内的路网设置、道路节点数量与位置布置、道路分级、道路走势与方向、周边环境改造，也包括小区域的道路细化处理，如建筑出入口道路与村落道路的连通，道路与各生产生活设置的关系，村落交通疏管，交通变量控制等。

城市道路系统讲求建立在速度基础上的直达性，而传统村落道路则表现为幽曲的特征。常可见蜿蜒曲折的道路结合高墙的围合纵深相连，如迷宫般探入村落中的每一处空间。这一方面因为受到地理条件的限制，另一方面也反映了村落宗族内部的亲密关系。它既是藏风聚气的风水追求，也符合中国传统文化的精神特征，所创造的曲径通幽的意境不正是传统村落含蓄隽永、内敛自持的情性写照吗？

传统村落建筑的空间规划布局中，也体现出了严格的伦理关系，比如祠堂位置、规模，近旁设施与环境组成；民居内精神中心（祖堂）的安置，相关空间处理等。祠堂是村落宗族精神的外化，历来受到堪舆师的高度重视。村落所遵循的卜基、形局、来脉以及补基等原则，在祠堂的布局中理所应当有明显的反映，也势必呈现出与村落相似的环境特点，如背山面水、形局完整、山明水秀、景观可人。[①] 祠堂的建造位置通常在环境宜人的邻水边，背靠青山，环境豁然开朗；或在村头水口旁；或在村落中央；或在先祖的聚居地，村落起源传说的源头之处，统领其他建筑。它是村落原住民敬祖祀宗的情感寄托，是宗族兴旺发达的荣耀表现，是对村落风水宝地的虔诚笃信，是对未来生活的期望向往。家庭内的精神空间在地位上

---

① 参见刘华《风水的村庄》，百花文艺出版社 2010 年版，第 184 页。

也是绝对的统治中心。在规划中，它的精神性通常通过层层递进的空间关系得到升华。在环境气氛与物品布置上，它必须是严肃的、静谧的，才能够使人在最大程度上实现心灵、精神与祖先的贴合、相通。

村落从产生之初，就具备防御的功能。最初是为了防止野兽的侵袭，建造高台或夯土墙，其后又因原始部落之间存在战争，防御的功能有所加强。从保留至今的原始村落遗址可以看到位于村落外围的深沟就是原始的防御设施。

传统村落的安全防御规划也是一个复杂的、持续性发展的过程。安全防御的内容包括了对自然灾害的防御，如洪水、干旱、霜冻等，还有对人为灾害的防御，如外敌入侵。针对各类灾害有着不同的防御方式与设施建设要求。防治洪水需要建筑堤坝，设置闸口，设立防洪墙；防治干旱需建立具有相当存贮能力的蓄水库，水缸、水井等生活蓄水设施。一般来说，自然气象灾害具有一定的周期性，掌握了其发生的时间与特征、破坏性，做到有效防御并不困难。人为灾害较复杂，没有时间与地点的具体规律。在传统村落中，常见的防治规划是在对地形地势合理利用的基础上建造高墙陡坡，村落内建筑采用封闭性格局，对外防御的环境墙上还可以开设射击口，等等。需要注意的是，这些防御系统与设施同样是村落的组成部分，规划时需符合堪舆学的规划观念，不能破坏村落的风水格局。

无论是物质层面的联系思考，还是心理层面的感受满足，抑或精神层面的联想向往，都是从各个方面受控于传统堪舆规划观念。它早已融入传统村落的情性中，融进了村落住民的血液，成为浑然的、潜移默化的、生动性的存在。

2.2 传统村落的建筑

在中国广袤的土地上,众多传统村落各具特色,或古朴清新或华丽大气,共同形成了丰富生动的村落表情。在大范围的村落规划中,建筑是最重要的组成部分,是村落文化的载体之一。从某种程度上说,建筑的地域性与民族性特点就代表了村落的特征,是村落的"脸面"。建筑的营建技术完全反映了村落在一定历史阶段的整体工艺建造水平。从建筑的各式形制、不同功能、相异的装饰技术,我们可以看到建筑隐含的人类造物思想,看到它们所反映出的不同民族的生产生活状态、地域的环境差别及影响、民族文化的差异印记、村落的历史发展轨迹、村落的文化、住民的生活习俗与信仰观念,乃至于情性、精神。

2.2.1 传统村落的建筑特征

中国地域辽阔,自然环境复杂多样,既有灵动迥异的地形地貌、组成相异的土壤条件,又有丰富各异的生物资源、变化万千的气候气象等;民族众多,各有着不同的人口组成、人群组织形式与生产生活方式,在长期的历史发展过程中又形成了不同层次的经济发展水平,存在联系与差异同存的思想观念。这些因素不仅影响着传统村落的选址与规划,而且促使村落建筑有着明确的地域性与民族性特征。

2.2.1.1 地域性

地域性本身是一个具有描述功能的汉语词汇，本身即包含了空间与时间两种属性。因为有空间属性，传统村落建筑得以从地区的角度进行群分；因为有时间属性，村落建筑才能够在不断发展变化中形成自身的特点。在不同的空间环境中，有各异的地理条件和文化发生背景；在不同的时间段内，地区发展速度与技术进步程度也有异。建筑的地域性特征就是用来描述建筑适应不同地域各类环境所形成的具有代表性的内容方面，具体涉及布局、形制、结构、装饰等。

国内学者将传统村落建筑的地域性特征概括为两个方面：其一，建筑适应不同地区的自然环境条件，如地形、气候等，也就是建立在地域性基础上的自然适应性；其二，建筑所承载的村落原住民的行为活动因地域不同有所区别，即从地域性出发的人文差异性，正可以由此窥探不同地区的文化特征。首先，建筑作为人造物的一类，必须顺应自然、适应自然才有可能被村落原住民接受从而长久留存。东北地区的建筑之所以有着厚重密实的墙体和坡屋面是为了抵抗冬日的严寒以及降低积雪对屋面的压力；中原地区的建筑多采用平屋顶是因每年降水稀少，并能最大限度地利用日照以保暖和晾晒；两湖地区的建筑多见底层架空配合坡屋面，乃是为了更好地排泄雨水、隔离潮气。其次，不同地区的人有着各异的生产生活习惯与民俗情趣，表现出来的行为与从事的活动使建筑具有相异的功能和形象。如西藏碉楼的上层除作晒台之用外最重要的功能是供奉祭祀，摆放着一切供奉祭祀与佛的器物；湘中地区堂屋民居的局部上层空间却作单纯的置物之用。北京四合院因封闭内敛的社会、邻里交往习惯，表现出严格的单栋独立式形象特点；侗寨民居虽然也是一家一栋，但因村寨内部热情、频繁的互动而有着将房屋接连一起、空间互通的整体建筑形象。

传统村落建筑的地域性实质上揭示了生活于不同地区环境中人的外在情感与内在心性，从建筑的外在表现形式出发，深入地区文化内核中，是对地区历史文脉的延续，对地域文化的传承，无论何时都有着重要的文化意义和人文价值，是建筑的民族性产生的环境基础。

2.2.1.2 民族性

这里所讲的民族性是在中国地域范围内某个地区长期具有的一种精神属性，源于人们对本民族的归属感和认同感。它能够体现民族个性，彰显民族气质。传统村落建筑的民族性体现为建筑适应某个民族的需要而显示出的具有其民族个性的内容与风貌特征，是民族生活习惯、宗教信仰、文化传承长期选择适应的具体表现与结果。我国是多民族国家，每个民族之于不同的复杂历史境况逐渐开始了较为稳定的聚居生活，相互之间由于交通所限很少交流互通，发展日久便具有了显著的特征差异。后随着科技的进步、通行工具的发展，各民族之间交流日多，彼此互助、学习，又在一定程度上缩小了民族性差异的程度。

传统村落建筑的民族性主要体现在建筑的功能、布局与形式方面。如吉林的满族民居家家户户都设有规制严格的"火炕"，惯常设三面，以西为贵，家庭成员座次依据炕位而定，房屋其他功能亦绕炕而设；而处于同一地域范围内的朝鲜族民居则多使用"地炕"，单座式房屋以厨房为中心，小间居室围绕。两民族虽相互为邻，但民族内部祖先遗留之文化传统还是有很大的差异，人们的生活习惯与思想观念亦有所区分，因而所体现的建筑民族性相异。再如，海南黎族的船形屋具有可识别性强的民族性特征：在村落中，一座座外观如船篷，内部似船舱的建筑以周边的小院相联合，与诸多附属建筑一道共同组成住宅群落，如此布局与形式的建筑在其他地区、民族建筑中是未见的。西部地区回族建筑的民族性特征亦强烈：村落多围寺而建，住房不受堪舆观念影响，依喜好自由设定，房屋与花园穿插，内部有水井与水房，装饰中多伊斯兰教文化符号，等等。

整体来看，传统村落建筑的地域性主要以自然环境为存在条件，民族性也不可能脱离各类自然的限制因素而独立存在。换句话说，传统村落建筑的民族性特征一定是在地区文化的基础上生发的，从属于地域性。一方面，这两类特征在此种关系下是和谐共存的，共同彰显于建筑的风格形制、建造过程、使用材料、色彩搭配等具体方面；另一方面，它们又是相互影响的，地域性使民族性有了之于自然环境的地区差别，民族性丰富了地域性的特征层次。二者是共同向前发展、交叉相依的两个方面。

2.2.2 传统村落的民居建筑

吴良镛说："归根到底，建筑就是地区的建筑。"按照多年来形成的惯例，可以将中国广大的地域分为七大板块。这些不同地域生活着不同民族的人民，有着生产力发展的差异，形成不同的生产关系和生产方式，进而又有了不同的生活方式。生产的要求与发展是不同文化形成的根本原因。在这些文化的影响下，地域性传统村落那些异彩纷呈的民族建筑得以伫立于村落原住民最亲近的土地上。其中，民居是传统村落中最常见也最重要的建筑，我们按照不同区域来对此进行介绍。

2.2.2.1 华北地区

华北地区包括北京、天津两市，河北、山西、山东三省。

本地区受首都文化、燕赵文化、三晋文化与齐鲁文化的影响深远。首都文化以北京为中心，是一类具有观念综合性、政治影响显著性、气质文雅性的文化种类。无论是从历史发展的情况来看，还是从人群的组成类型与文化性情来看，首都文化融合了其他文化的部分特征，形成了综合性、包容性的特点。从文化的形成过程来看，这一文化又处于政治中心，受政治制度的影响最为深刻，呈现出一定的文化政治属性和层次。同时，由最高文化部门层层向下贯彻、宣传、影响的作用最为显著。历史中的太学、国子监，今天的高等学校、文化团体，其思想观念很容易在大范围之内形成广泛的影响。而这些文化的语言多以书面语为主，表达多文雅。河北省和天津市属燕赵文化区域，在历史中接触到黄淮海平原北部的农耕文化和北方草原游牧文化，表现为胡汉杂糅、勇武任侠、慷慨悲歌、民风质朴的特点。[①] 三晋文化区即在山西省，由于春秋后期"三室（魏韩赵）分晋"，所以称为"三晋"。这里曾经是黄河流域文化的中心，中华文明的重要发祥地。这一文化由于历史、社会原因具有民族融合性、兼容并包性、地域差异性、黜华尚实性等多方面文化特征。一方面，由于地理上群山环抱，历史上免受战乱之苦，相当数量的古建筑得以保存，不仅有长城关隘、祠堂戏台、桥梁驿站、民居会馆，还有城池市楼、墓冢陵寝等，而且有大量的宗教建筑和相关彩塑和壁画题材，是民族融合所带来的宗教在晋地发展的必然结果；另一方面，晋商活动频繁，重视传统文

---

① 参见胡兆量、阿尔斯朗、琼达等《中国文化地理概述》，北京大学出版社 2001 年版，第 231 页。

化教育，有良好的心智素养，商业文化发达，财富积累颇多，所以山西民宅至今以大院居多，占地广大，且以实用为先。民风方面则以雄健和强悍著称，千年积淀下的厚重军事文化依然在人们的血液里奔流不息。齐鲁文化是齐文化和鲁文化的统称。有农耕经济发达的基础，沿海地区有渔业生产方式与文化特色，完整地传承了儒学礼乐文化和道德观念，更在发展中树立了诚信德美的文化品质。

四合院是北方在农耕社会的典型合院式砖木结构建筑，在清代发展至巅峰。"四"指东西南北四面，"合"即四面房屋围在一起，形成一个"口"字形封闭式建筑体。建筑主体部分与各类装饰均为木质，周围墙体以砖砌成。顶面多用青板瓦，或不铺瓦，全以青灰抹顶。相比山西、陕西、四川等地，北京四合院最为常见，也最具特色，因而成为北京的代表性建筑类型。北京气候冬寒夏爽，尤其要求建筑冬季防寒保暖性好；地形平坦，建筑受到的限制就较少，能够视形制平面铺开；处于地震带，要求建筑坚固、体轻，不易倒塌。所以自然条件决定了四合院与北京的契合，使此种建筑类型能够得以从历史中一路走来并保留至今。

北京正规四合院通常坐北朝南，按照南北主轴对称的形式将正房安置在北侧，倒座房置于南侧；在东西轴线上安置相对来讲属次要建筑的厢房，再围以高墙形成"合"制院落。主出入口辟于宅院东南角的"巽"位，不与正房正对。因为在中国传统八卦方位中，正房坐北为"坎宅"，必须配以"巽门"才能财源不竭，金钱流畅。出口处设置影壁以阻隔视线的直视。建筑规模不等，小四合院与中四合院常用作民居，大四合院多为官邸、官衙用房。小四合院一般是北房三间，一明两暗或者两明一暗，东西厢房各两间，南房三间，可居一家三辈。按照家庭等级，祖辈居正房，晚辈居厢房，南房用作书房或客厅，互不打扰。中四合院稍宽敞，一般是北房五间，正房三间，耳房两间，东西厢房各三间。有前院、后院之分，中间隔以院墙。其中前院进深较浅，有一至两间门房；后院作居住用。院内以青石或砖铺地，形成四方形院落的独特铺砌效果。院落宽绰疏朗，庭院中植树栽花，以枣树、槐树、丁香、海棠、榆叶梅、山桃花等为主，花木扶疏，幽雅宜人，再加上备缸养鱼，灵动活现，是整体建筑布局的中心，也是采光、通风、交通、休闲、劳动的场所。四周房屋均为单层，各自独立性强：东西厢房与正房、倒座房不直接连通，只是在转角处设置游廊，使用也甚为便利。此类建筑这种包围院落的"内向型"形制反映了中国人低调、保守、含蓄的性情特点。这也正是在首都文化影响下的产物：综合了自然与人伦，包容了政治与发展。院墙外人们纵论古今，关心天下事；院墙内家庭长幼有序、内外有别，怡然融入小院自由鲜活的生活情景。

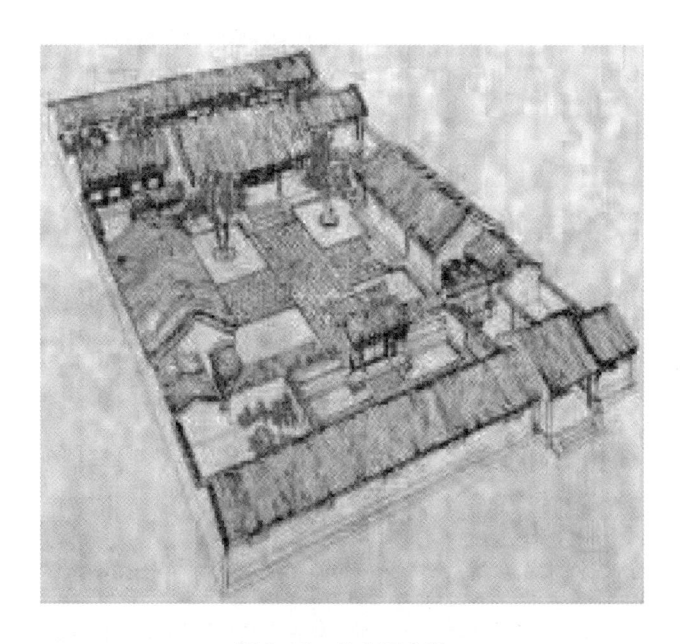

图 2-4　北京四合院

山西有"中国古代建筑博物馆"的美誉，其中以木结构建筑最具代表性，包括了民居、塔、庙、戏台等多种类型，在宋、辽、金、元时期发展到顶峰。辽、金作为少数民族政权，大量吸收汉族文化，在继承传统的基础上勇于创新，所以建筑多具有鲜明的民族融合特色和极高的社会文化价值，现留存有许多规模宏大、风格独特的精品。以晋中和晋南地区的后土庙为例：万荣县桥上村后土庙建于宋代，呈组合布局形制，中轴对称，记载共有神殿七座，舞亭一座，中山门一座，大门楼一座。始建于元代的尧都区土门镇东羊村后土庙也有着复杂的三进院落布局，现存有山门、戏台、后土圣母殿、钟鼓楼、东西配殿等建筑。其中的戏台保有明确的元代风格，结构别致精巧。正面有敞廊，三面封闭，台前两根石柱雕刻着人物花卉等生动的图案，建筑内檐梁架斗栱三层，叠成八卦形藻井，后墙壁画亦栩栩如生，工艺精湛。

民居方面，除了窑洞外，更能反映地域差异性的是合院式院落民居。晋中、晋南地区多南北狭长、东西较短的院落建筑形态，以太谷、祁县民居，临汾、运城村落民居最具代表性。受晋商活动的影响，整体布局在大气中不乏自由性与实用性。院落中间以垂花门或牌楼隔开，还有在院中增设戏台的。大门开设位置不同于北京四合院的固定限制，可自由开设在东南或中部。四周多为高墙，有很强的防御特点。相比之下，晋东南民居的布局就显得紧凑得多，密度较大，但每一院落的使用空间都充足，使用也很便利，故人们也可独院而居。装饰方面也不尽相同，有些地区自古商贾云集，房主财力雄厚，常常会倾其财力装点宅院，繁多的视觉图样在不影响使用的情况下极尽雕饰；而有些地区经济发展慢，民风淳朴，宅院图案质朴粗犷、简洁明快。部分具体图案或纹饰细节有宗教影响的痕迹。

山东沿海地区多山与丘陵，夏季潮湿多雨，冬季寒冷多雪。这种地理气候条件决定了建筑必须要选在阳坡、面海、平坦的地方建房，并且以保暖、避雨、防晒为第一使用要求。于是，自秦汉逐渐形成，至元、明、清时期发展至顶峰，能充分满足这些条件的"海草房"就成了该地区渔业村落中的特色民居类型，同时也是世界上最具代表性的生态民居之一。海草房分布以荣成地区较为集中，例如，在宁津街道东楮岛村的海草房就是很典型的研究案例。

海草房的建筑形制深具地方特色：它以天然厚石块垒墙；屋脊高隆，左右倾斜可以达到50度；屋顶厚重，最厚处可达四米，多以山草、海带草、麦秸草为材料苫作四大层，依赖材料自身胶质可自然粘接为整体式顶面，以梳理和压脊的手法进行修饰；房屋进深仅三米左右，大梁架密檩条构架，属于大木作，其余皆为不承重的小木作，如门窗、隔断、家具等；建筑密度高，院落较小，间隔狭窄，有单列，也有合院。其中最有特点的草质屋顶不仅坚韧防腐、防火、防蛀、松软有弹性，而且由于坡度较陡，也便于排水，建筑寿命可达百年。各建筑材料完全为天然材质，即使废弃后仍然易降解，无任何污染性，所以在具有实用价值的同时也有着极高的生态价值。在海草房的营建过程中，受到传统的齐鲁文化和人文背景的重要影响，空间形态和结构带有浓郁的伦理特征和礼制要求，主要反映为"东为大""正房"等建筑礼制观念。

2.2.2.2 东北和内蒙古地区

这一地区地域辽阔，包括辽宁、吉林、黑龙江三省和内蒙古自治区。

该地区的文化类型主要是东北文化与朝鲜族文化，它们同时又受到内蒙古草原文化的影响，显现出一定的渗透性、融合性特点。东北地区也被称为关外、关东，是中华文化的起源地、发源地之一，但由于在历史的发展过程中长期落后于中原地区，所以没有能够形成国内主流文化类型。它的形成与组成因自然与人文条件的差异较之中原文化、吴越文化、蜀楚文化都更为复杂，表现为多民族复合性、异国文化交融性与汉文化主流性的文化特征。也正是因为这些多元因素的不断冲击，东北地区的宗法观念相对淡薄，人民性情豁达、实在、向上、勇猛、顽强、敢于抗争、勇于开拓，邻里关系也亲近，这些特质逐步发展，形成了东北文化特有的质朴、沉静、慎重、坚强的文化性情。朝鲜族文化自明末清初朝鲜族人大批迁入东北开始融入地区生活中。朝鲜族文化的主要特征与民族的农耕生产方式以及水田繁茂的人文农业景观有着紧密联系。人民性情勇猛刚强与飘逸文雅并存，重教好学、热爱劳动、勤于农作、爱好清洁、互相信赖、自由奔放、舞蹈优美、民歌嘹亮。李白的一首诗说："金花折风帽，白马小迟回。翩翩舞广袖，似鸟海东来。"正是用来描述此类文化的普及性与审美特征。内蒙古草原地域广阔，采取游牧的生产生活方式，这是内蒙古草原文化的基础。广袤的草原清新、壮丽，同时表现出寂寥、艰苦的特点。人民有博大包容的胸襟、骁勇彪悍的性格，信仰自由，观念平等，在文化上互相融合、兼收并蓄、兴衰相继。

吉林位于东北地区中部，气候寒冷，平均每年有五个月的冰期，地多人少，木材资源丰富，是满、蒙古、朝鲜等少数民族长期活动和聚居之地。现保留下来的传统村落满族民居在数量上十分有限，分布在如以乌拉镇为中心的广大村落中。民居采用合院式院落布局形制，通常为正方形，坐北朝南，用地宽松，各建筑之间有一定距离，互不遮挡，有很好的采光条件。建筑大多是土木材质的梁柱或穿斗式结构建筑类型，正房三间或五间，厢房东西各两间或三间。房间以西面为尊，称为"上屋"，中间的为堂屋。多数小户人家只在正房的东西两侧各接出俗称"耳房"的小房间，使正房的御寒效果更显著。南面正中布置大门，较具代表性的是采用具有满族建筑风格的四脚落地大门和木板牌坊式大门，涂以朱红色油饰，风格简洁古朴。屋顶用草泥和铺草覆盖，坡度较陡，有利于减少积雪和排水。也有许多一进院落的民居，四周设有被称为"障子"的细木杆围上的墙体。

为了满足防寒要求，满族民居具有多种特色建筑构造、工艺或陈设。其一，在于顶面，多在内部设吊顶顶棚，上铺麦壳。其二，几乎每家每户都有以砖或土坯砌筑的火炕，规制十分严格，较常设有三面火炕，西炕为贵，也被称为"佛爷炕"，仅供长辈坐卧；北炕为大，南炕为小。炕上安置桌子、茶具等，冬季时放置火盆以烘手足。紧靠西炕的西山墙上端设置"祖宗板"与神位香案，不能置普通照片、画像和任何杂物。炕洞一端与灶台相连，一端与山墙外的烟囱相连，形成回旋式烟道。其三，墙体也颇有讲究，北墙最厚，南墙其次，山墙再次。也有采用中空的火墙配合火炕取暖的方式，一般与灶台连接，设在炕面上，兼有做饭之用，还可使室内温度分布更均匀。总体上来看，满族民居是以实用为先的，反映人民在生活中敢于同自然条件相抗争、勇于开拓的民族性情。

碱土房主要分布于吉林西部，被当地人称为"碱巴拉"的碱土地上的特色建筑类型，后传播至辽宁西部和黑龙江部分地区。碱土不利于作物生长，本身材料强度大，颗粒细腻，易沥水，不吸收水分，且雨水侵蚀后更加光滑、坚固，在保温隔热的同时防水性能好。在广阔的碱土平原上，碱土房呈点状布局，间距较大，布局分散，规划自由灵活。建筑多为梁架结构形式，多为三间，一明两暗，设有南北火炕、烟道和锅台，并在外围有土墙围成的小院落，以满足基本生活之用，形式与面积多不受限制，自由性很强。房屋在建造的过程中处处可见手工建造的痕迹，因而在细部表现上不尽相同。建造周期也较长，通常每年春季土地解冻后，人们便挖取碱土，混合羊草，或秸秆、稻草等材料开始垛墙，经整个夏季晾晒后墙体方可坚固耐久，抗雨水侵蚀性强。秋季再修筑囤顶或平顶形式的顶面。建筑外观色彩黄中透白，整体统一，朴实简洁。

　　碱土房的优点在于其材料的可塑性和修饰性，但同时也需经常性的修缮和保护。以大安市平安镇三里堡的碱土房为例，经历岁月洗礼的房屋表面墙体时有出现脱落的情况，露出内部斑驳、粗糙的土质与草质肌理，立面色彩也是灰白相错，稍显出凌乱的视觉效果。人们每年都用新挖取的碱土拌着当地原生的羊草重新将房子抹一遍，使表面保持平整光滑，色彩统一。这一修缮工作并没有十分严格的规定，从一方面体现出东北文化豁达与质朴的文化性情。

　　木刻楞房多零星分布于黑龙江省部分铁路沿线站台附属地或木材产区附近的村落，是东北地域文化与俄罗斯文化融合发展的产物，也是在特殊历史背景下产生的具有独特艺术审美价值与社会文化价值的建筑类型。"木刻楞"是指一种自俄国学来的木结构建筑，是用原木搭建的井干式房屋。东北地区冬季漫长寒冷，有长达数月的雪期，无霜期短，最低气温可达 －40℃；夏季干燥且日照强烈，日夜温差极大。这些气候条件使得木刻楞房必须具备保暖隔热的特点，从而保持室内温度较为恒定的效果。木刻楞房一般坐北朝南，由耳房、居住空间和院落共同组成。耳房和南向众多开窗均是为了避开凛冽的寒风，使室内在保暖的同时保持良好的通风效果。按照木刻楞房的不同结构形式，有原木类、木板类和木雕装饰类三种。但总体上不外乎分为横向的三段式结构：下部的基础，中部的木质主体和上部的坡顶屋面。基础部分坚实厚重，多用大块石料，也有用毛石混凝土和松木的；中部的外围护墙通常以原木两端上的缺口互相咬合衔接垒叠而成，表层涂上木蜡油，原木之间铺上苔藓、防寒棉，或是浸润生石灰水的麻、毛绳状物填充，以便更好地保暖隔热，防腐防蛀。其外部或者刷清漆，或者根据村落原住民不同的爱好涂上自己喜欢的颜色，一般以蓝色和绿色居多；上部的屋顶的材料有所不同，边境口岸处的木刻楞民居用的是桦树皮，而林区用的是木棱凸凹的雨淋板（"木瓦"），屋檐出挑较大，有的在单侧设有小巧的半圆形老虎窗及烟囱。整体建筑有棱有角，规范整齐，冬暖夏凉，结实耐用。

图2-5 木刻楞民居

莫·依·尔集亚宁曾说过："北方肃穆的自然，简陋的技术，唯一的材料（木料），迫使建筑师不仅在装饰和陈设中去寻找形式的艺术表现和建筑物的雄伟性，而且在外部体积的组合，在轮廓的美和匀称，在很好地推敲过的比例，在用斧子砍劈出来的墙面的严肃简朴，在每一个线条、形式或细部中去找，这些都是建筑物结构与功能上所需的，因此这些建筑物就以古典的高贵、简朴及深刻的真实性为其特征。"① 这些具有代表性的技术及艺术特征，使木刻楞房屋在建筑领域独树一帜。

朝鲜族聚居在吉林延边自治州，其民居布局特点主要是朝向自由，以院落为中心，在其周边随意地围建房屋，既有猪牛畜舍，也有马厩、鸡舍、仓库、碾房、厕所等附属建筑，使用功能俱全。各建筑布置没有中国传统建筑中轴对称的概念，也没有一定的建造制度框架约束，犹如自然形成。住宅亦不设障子，村落原住民可自由往来于各住宅之间，体现了朝鲜族人相互信赖、开放性强的特点。由于多寒的气候条件，村落原住民的主要活动还是在室内进行。房屋为抬梁式木构架，主屋以单体为主，普通家庭三间居多。建筑平面为矩形，有的住宅外设有廊，需脱鞋而入室内。屋顶常见有歇山或庑殿瓦顶，或草顶，加盖草绳网或草帘，两翼斜坡较小。房屋外墙为夹心墙，木柱间安壁带木，填入砂土，表面抹白，常开多门而无窗。室内地面为用土砖或平埋的片石铺成的地炕，连通着设于室外的烟囱。村落原住民席炕而坐，席地而卧，其乐融融。院落虽然宽敞但使用较少，主要在应季进行打场、晒粮食、储备柴火等工作。无论是反映村落原住民席地而坐生活习惯的室内设施，还是建筑的屋顶形式，皆保留有中国古代民居的遗风，这也成为朝鲜族民居的独有特色。

---

① 莫·依·尔集亚宁：《俄罗斯建筑史》，陈志华译，建筑工程出版社1955年版，第79页。

2.2.2.3 华东地区

包括上海市，江苏、浙江、福建、台湾四省。

受海派文化、吴越文化、闽文化、台湾文化的影响，形成了较整体的华东文化区。"海纳百川，兼容并蓄"是海派文化的核心和灵魂。学者李伦新认为这类文化肇始于中国画，亦起源于京剧，之后很快漫开至社会生活诸多方面，具有开放性、创造性、扬弃性和多元性的文化特征。杨剑龙更是将海派文化放入全球化背景的大视野中，认为它在对外来文化的接受与影响中，逐渐表现出更明确的先锋性、求新性、宽容进取性、商业性等特点。多元共存的宽容环境是文化繁荣的肥田沃土，开拓创新是文化活力的体现。以太湖、钱塘江流域为中心文化区的吴越文化在经历了历史发展过程中的两次转型之后民族性与时代性都有所改变，由"尚武"转至"崇文"，政治色彩淡化，但地域空间没有变。无论从长江下游的自然环境、生产方式，还是从人文环境来看，吴越文化都有着其他文化不可比拟的"柔美、细腻、文雅"的文化特质。闽是福建省的简称。福建一方面多山，自古就有"东南山国"之称；另一方面滨海，形成了福建的海洋冒险精神，这与内陆的农业文化精神有本质上的不同。在长期的历史发展进程中，闽文化一方面受到汉族文化的影响，另一方面又由于独特的自然地理环境、社会经济条件等因素，呈现出多元性、地域性、融合性、开放性和冒险性的特征。同时，由于内部各个地域差异明显，民风习俗各不相同，村落原住民在地区间交往不多，安土重迁，适于当地自给自足的生产生活方式。台湾的史前文化和大陆的浙江南部、福建、广东属于同一个文化圈，自南洋群岛迁入台湾的一部分土著先民则使当地文化具有了许多东南亚文化特点。而自当地狩猎、渔业、农耕文明混合发展，到后来荷兰人侵占，大陆人民大量移居又使台湾文化增加了许多复杂多样的成分。到郑氏收复台湾，已经将台湾本土文化开始完整地纳入了中华文化圈。从形成之基本条件到长期深化发展情况来看，台湾文化的显著特征是寻根追远，对故土的认同强，同时传统村落文化根植深厚，对外来文化的接纳与吸收较为宽容。此外，由于地区内部也有着巨大差异，人口组成具有多层次性，所以各地区的文化性情表现也不尽相同。例如，在大陆移民密集之地多体现为中华传统文化与当地土著文化的融合；在环海地区受到外来文化的影响在思想观念方面成熟较早。

高山族属台湾传统民居系统的一部分。据翦伯赞的《台湾番族考》中所考，淡水所属诸社的高山族因地理环境所限，曾有巢居或穴居的历史。后来才发展至顺应地形，依坡而建，朝向自由的传统住屋。这类建筑多为单间，巧于利用石壁，多将一部分陷于地下以便更好地抗击猛烈的台风，入口处低矮，至室内多呈台阶状逐步升高，中部设有火塘。建筑结构多为纵列木支承结构系统，屋顶采用双坡悬山顶；也有横向梁架结构，屋面为茅草顶、竹瓦顶、石板瓦顶；还有竹木结构的棚屋，椭圆顶面的茅屋。墙体多为木板、原木或石板质，板门设一扇或两扇，开小窗。装饰多见在柱、梁、檐口、门框上大面积刻画蛇、人首、山猪、鹿、鱼或几何纹样，并涂以红绿色搭配黑白色，图案饱满，色彩明丽。这类装饰多含有传统民间图腾信仰的元素，反映多元文化类型的互相渗透与影响作用，其中自然包括中华文化与外来文化的成分。

图 2-6　高山族民居

土楼产生于宋元，成熟于明清至民国时期，以福建西南地区分布尤为集中，是中原人民历经多次辗转迁徙后，在特殊的地理环境和特定的历史背景下融合自身建造思想与生土建筑艺术的特殊建筑类型。福建土楼多为客家人所建，故又称"客家土楼"。这类建筑源于客家人对中原传统文化的认同，同宗聚居，关系密切，家族伦理制度严谨，平面图形向心、匀称。也有汉族土楼，但其内部空间私密性较强，与客家土楼有许多相异之处。

土楼一般有方、圆两类，圆形土楼平面为环状，形制规整，如永定湖坑镇洪坑村振成楼、高头乡高北村承启楼；方形土楼有在正门外设"厝包楼"的，如南靖县璞山村和贵楼。建造环境多是地势险峻、野兽出没、盗匪猖獗之地。因而建筑便有了依山就势、人群聚居共同防御的要求。为了与自然环境更好地贴合，镇宅禳邪，在建造之初多用堪舆理论择地定位、设计建筑。通常会巧妙利用山间狭小的平地，按照八卦方位确立建筑的中轴线，划分房间与功能布局。在轴线上设置相对重要的门坪、楼门、门厅、天井、祖堂等空间场所。其中祖堂又处于核心地位，是客家人聚族而居的标志性功能类型，既是住民祭祀祖先的场所，又是进行宗教活动的中心，更传达着家族凝聚的内隐之力。有的土楼还专设学堂以供文化之用，体现了家族重教求进的社会文化心理。土楼内各功能空间齐全，完全适应当时当地自给自足的生产生活方式。

材料与结构上，土楼以当地土、木、石、竹为主要建筑材料，真正为土生土长的高层民居类型。主结构多为土木混合，用未经焙烤的，以一定比例调配而成的沙质黏土和沙土拌和，以夹墙板夯筑，厚度达一米以上的夯土承重墙作为外墙，内部加设若干隔墙以加强其刚性，主要木结构均靠榫头衔接。下部不开窗，仅在上部开设小窗及射击口，坚固性与防御性极强。顶面采用双坡瓦顶，出檐极大，不仅在雨天能够很好地保护外墙不受侵蚀，而且在阳光下有着极其丰富的阴影面，创造出更有层次性的整体视觉效果。除了由材料表现出的粗犷性情之外，土楼还有着精致的细节：表达住民美好愿望的八卦平安符悬贴在门框处，各类精美的花窗被安置在各层的房间墙面上，以及同样饱含祈愿情感的门窗彩画不时又进入视野，令人更为感叹建筑那极高的美学价值。

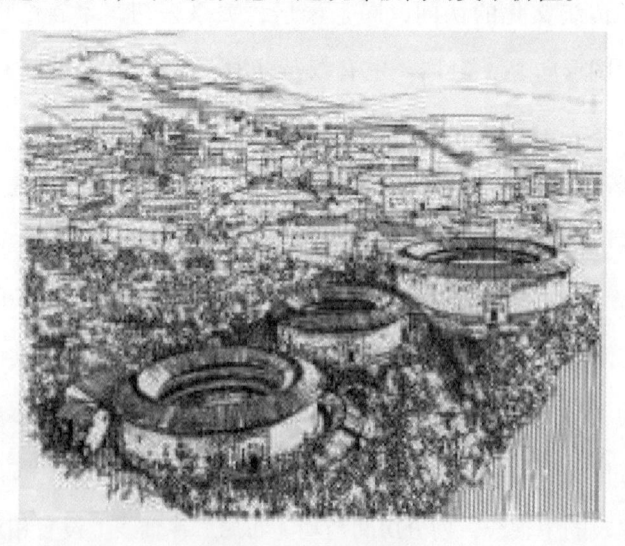

图 2-7 土楼与环境

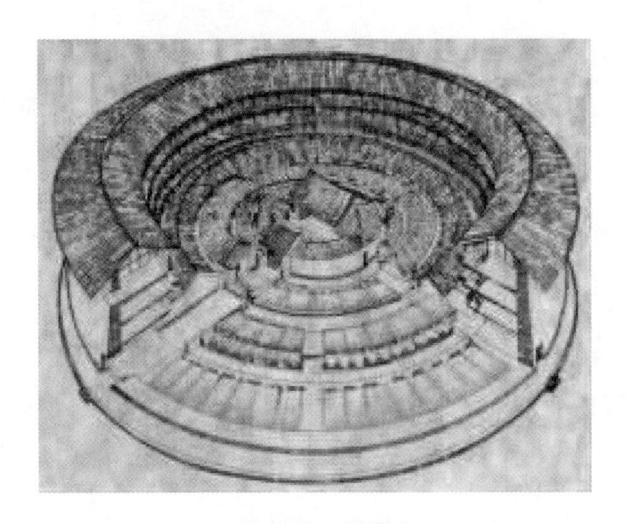

图2-8 土楼结构

2.2.2.4 华中地区

包括河南、安徽、湖北、湖南和江西五省。

本地区的文化背景有中华文化起源之一的中原文化，以及徽州文化、江西文化和荆湘文化。在先秦古籍中，"中原"并非地域性概念。早在《诗经·小雅》中就有吟唱："中原有菽，庶民采之。""中原"其实就是原野之意。直到东晋时期，"中原"才作为一个地理名词被人们接受。广义的"中原"指黄河中游及下游地区、淮河上游地区；狭义的"中原"又称中州，特指河南省。自古中原地区就是一个以汉族为核心的民族熔炉，其文化在发展进程中的主体姿态就是开放性，又包括了河洛文化、河内文化、黄淮文化、楚文化和天中文化五个子文化区域，并以甲骨文、青铜器和《周易》为其中的重要组成部分。它曾作为汉文化的主流，占据中心地位，并呈现着在交流和发展中远离传统，趋向共通性的势头，并对周围地区进行辐射。[①] 因此，中原

---

① 参见郑东军《中原文化与河南地域建筑研究》，博士学位论文，天津大学，2008年。

文化之性情就较多地表现为勤奋、忧国忧民、事事关心。徽州地处安徽、浙江、江西三省交界处，以安徽省为主，耕地有限，所以颇占优势的徽商运销发展致使外出经商成为该地区的一种传统，其文化也以徽商文化最具影响力。徽商个个精明能干，独当一面，在经商的过程中积累了丰富的经验和良好的文化素养，进而为地区带来了具有浓烈地域特色的宗族文化、画派、戏曲、建筑、菜系等具体内容。其中以儒贾相通和宗法色彩浓郁为徽州文化的代表性特点。江西文化的涵盖范围大体与江西省一致，属鄱阳湖水系，又称为鄱阳文化。它的崛起经历了千年左右的历程，涌现出了如陶渊明、欧阳修、汤显祖、宋应星等文化大家，在明朝时期达到文化发展的顶峰。在此发展过程中人口不断迁移、经济持续开发、交通变化显著、战争影响频繁等因素相互关联、互为因果，给江西文化带来了巨大冲击。但注重自身修养，遵守儒学的纲常道德历来都是江西人最为重要的思想和价值取向。荆湘文化又称两湖文化，包括湖北与湖南两个省，是历史中楚文化的核心，文化属性和人民心理归宿感十分明显，独立性、稳定性和延续性强。以古楚语为共同源头的语言同时充满着浪漫主义色彩，尚武的习俗反映了地区各族人民泼辣直爽的性格，流行民歌多以渔歌为主，宗教信仰以佛教为主。

传统徽州民居多为递进式院落集合，坐北朝南、依山面水、中轴对称、布局分列，讲求风水价值。小型民居多为三合院，也有稍大型的四合院，厅堂入口处形成狭小的内天井作采光通风之用，井窄楼高。其上结构为插梁式构架与抬梁式混合使用，木材表面施以清油，较少使用彩绘，淡雅清新。民居前后或侧旁设有小园，放石桌、石凳，置鱼池，养花卉，造小山，流小泉，意境颇为雅致。但院落仅为内户可见，外围却是高墙封闭、马头翘角、粉墙黛瓦，也有弓形墙、云形墙等，封闭性极强。连通建筑与村落的石质铺路古老、粗犷，建筑周边的管渠连接四通八达，等等。一切都是柔和而唯美的，实际上是徽州秀美自然的延展，正是当地优雅、静默的自然品性的反映。

图2-9 徽州民居

湖南地区的传统村落，至今分布着大量具有特色的民居建筑。而根据其地域及民族的不同，又可分为好几种类型。湘中湘南的汉族村落，以砖木结构的府第式建筑为主。湘中的府第式建筑，尤其是清代中兴名臣的建筑，往往是以一家人或一个家族为一个整体的大院落，其建筑从空间布局到功能体现，忠实地遵循着传统汉文化的礼乐秩序，甚至制度文化意义重于实际居住功能的需求。湘南传统村落民居整体上属于街衢式建筑，形如迷宫，四通八达。民居外形基本上为四边形，四周为高大结实的墙体，建筑物北房是两坡硬山顶，其他三面都是斜向天井的单面坡，四周的墙头却高出屋顶以上以利于防火。墙头的轮廓线可以自由处理。山墙一般作阶梯状跌落的马头墙。山墙的墙面一般为清水灰砖，墙顶覆盖青瓦，只在接近墙顶处粉刷白灰，色调明朗雅素。

除此之外，很多少数民族村落的民居建筑也富有特色。

苗族是我国境内历史最悠久的跨境民族之一。从民族的整体性来讲，苗族居住分散，并没有集中在一个省区内。由于地理位置差异很大，之间又有重重山水阻隔，所以长期以来不同地区的苗族民居不论是村寨大小、房屋式样、建筑材料、室内布局和家具陈设都有不同的特征。绝大多数村落是聚族而居，其中不少是家族成寨，少有交错杂居，同其他民族共居的不多。村寨一般分为三类：即河边寨、山腰寨、山顶寨，多远离城镇。在自然条件较好的平坝地区及河谷地带，村落大都人口较多，会坐落在有河流流经村口的向阳避风之地，村后常有郁郁葱葱的山林形成的天然屏障。民居以木构或土木结构的瓦房居多。地处山区的村落民居少的十几户，多则几十户，多为房屋周边围以板栅的干栏式吊脚楼，布局视环境条件灵活处理，较为分散，既能够节约面积，少占耕田，又可以避免潮湿、防兽防盗。建筑需装木板壁、削树皮或以竹编加草泥、牛粪等进行围护。顶面有小青瓦或用木片、草皮、竹片、石板覆盖。在室内布置中在位于中轴线的火塘上部搁置三脚架成为苗居的特色之一。稍大型的民居多在房屋的一端或两端接建厢楼，楼前以吊脚或悬挑的方式吊出前廊，有三面挑廊的"走马楼"和两面挑廊的"转角楼"等做法，阳台一般有一排探出屋外的"豆安息"（即美人靠），构成苗居的另一特色。[①] 虽然形制不同，但稍有规模的村落大都建造供住民进行集体活动的广场，有的村落还设有家庭墓地。

侗族主要居住在湘西南地区。村落少则数十户，多达四五百户，

---

① 参见万里《湖湘文化辞典（七）》，湖南人民出版社2011年版，第387页。

图 2-10　苗寨

也有三五小寨相近结合的，形成"寨群"。侗寨依地势可分为山脊型、山麓型、平坝型三种。① 不同于其他传统村落，侗民建村寨大多集中在溪流一侧，在溪河上架设风雨桥作为进出寨的主要通道。有的侗寨在寨口处修建寨门，造型不定，但多与鼓楼、风雨桥风格统一。村寨设有岩坪作为公共活动中心，附近设鼓楼、公屋、戏台等，呈放射状，体现了一定的规划趣味。寨内还有为了配合侗家人爱鱼吃鱼的习俗而建的大大小小、星罗棋布的池塘与搭棚，必要时也便于防火。侗族民居一般是一家一栋，也有将同一房族各家的房子以廊檐相接互通的。具体民居形制上因环境不同有所差异，有的是楼房，将厢房设于一端或两端，如怀化新晃侗族自治县内的一些侗寨；有的采用全木干栏式吊脚楼，楼下不加平整，用于堆放柴草、杂物，饲养牲畜，例如，通道侗族自治县的一些侗寨。建筑建造多上大下小，呈"倒金字塔"形状，不失为利用空间的一种好办法。

---

① 参见万里《湖湘文化辞典（七）》，湖南人民出版社2011年版，第389页。

图 2-11　侗族民居

2.2.2.5　华南地区

包括广东、海南两省，广西壮族自治区，中国香港和澳门两个特别行政区。

此地区的文化背景是以汉文化为主体，南越本土文化为基础，吸收海外文化形成的多元岭南文化体系；文化辐射力强盛，具有国际性、商业性和法制性特点的香港文化；以及融合多民族文化特征，古朴自然的八桂文化。岭南地处我国南隅，自古开发较迟。一直到唐宋时代，这一地区还仍然被认为是"蛮荒之地"，与中原文化的发展形成了强烈的快慢对比。其后，一些北方流放者，或是本地与外来的著名文化人为岭南带来了重要的文化声息，促进了岭南文化的发展，有刘禹锡、寇准、苏轼、苏辙、杨万里等历史文化名人。从地域上来说，岭南文化分为广东文化、桂系文化和海南文化三部分。由于海岸线长，处在对外交流的前沿，所以岭南文化的独特风貌素以开放性、

· 120 ·

第 2 章 传统村落的堪舆规划与建筑

重商性、兼容性、多元性、平民性、非规范性、精美细巧性著称①，明显有别于儒雅的齐鲁文化、灵动的吴越文化，以及粗犷的三晋文化。八桂文化是一类多元性民族文化，不同于香港文化具有现代性、国际的多元，它的多元是由地理、历史原因造成的。广西处于全国东西接合部和五岭南北接合部，历史上的八桂大地受粤、湘文化及少数民族文化的影响较深，由于各个地域文化不断地碰撞、交融，很早就形成了开放与宽容并存的海洋文化基因②，直接的影响就是使八桂文化抛却完全封闭性，在保持民族性的同时体现了开放性和时代性的特征。

为适应潮州地区多雨闷热，风沙盐碱不断侵蚀的气候地理状况，潮汕民居布局紧凑、密集，建筑方位一般都取朝南偏东，以南为主，冬可挡严寒的北风，夏可受凉爽的南风，通风防热性能好。民居形制与其他很多地区的传统民居相似，采用标准平面布局方式，细分之下则类型繁多，其基本平面形式有在当地被称为"下山虎"（或"爬狮"）的三合院和"四点金"的四合院。"下山虎"在村落中较为普遍，仅由三面房屋、一面墙壁组成。正屋为三开间居中，中央谓之"大客厅"，两侧各有"大房"；正屋前为天井，两侧各为一开间的"厢房"；前为高墙，其上开门。③"四点金"多为富裕人家所营建，内配有祖祠，是明朝时期京都的建筑风格。大型民居则是以"下山虎"或"四点金"为基础往横向或纵向扩展规模。大规模的集居式民居称为"寨"，或被称为"围库"。在潮汕地区有较长的历史，反映出地区家族观念的深刻性与宗法制度的牢固性。在民居中还有植树的

---

① 参见吴国钦《岭南文化特色管窥》，《华南师范大学学报》2008 年第 4 期，第 3—5 页。
② 参见李俊康《广西文化的寻根之举——评〈八桂文化大观溯源系列〉》，《南方论坛》2010 年第 2 期，第 123—128 页。
③ 陈东：《谈潮汕民居》，《山西建筑》2005 年第 12 期，第 27 页。

习俗，称作种"镇宅树"，以龙眼、番石榴为多，寓意吉祥与多子。建筑外观造型突出，具体表现在外围以砖墙封闭，硬山封顶，外檐椽头封护在檐墙内，灰塑多样。墙体的特色在于有宽窄有变、动感流畅的板肚。封火山墙还有圆线、折线、梯状线等不同形式，可以代表五行的星相。建筑各构件加工繁密，受闽南木构技术影响较大。

围龙屋是通行于广东客家集聚地区的集体式住宅，始建于唐宋，盛行于明清。据考证原是中原贵族居住的房屋形制，由避战乱而迁徙至此地的客家先民所继承流传。它与北京四合院、陕西窑洞、广西"干栏式"、云南"一颗印"一并被中外建筑学界称为中国五大特色民居建筑。

建筑多选择丘陵或斜坡地段建造，从布局上看主体呈现大的半圆形，由菜地、草坪和翠竹林木包围，绿荫掩映。其后半部为住宅房舍建筑，前半部用作养鱼、浇灌、洗涤、消防用的池塘，中间以一长方形空地（称为"禾坪"）隔开，前方还设有"墙埂"或"照墙"。整体建筑以南北子午线为中轴，东西两边对称，布局规整、主次分明，前低后高、错落有序。

围龙屋采用中原汉族建筑工艺中的抬梁式与穿斗式相结合的技艺，仅部分厅房为木柱抬梁构架。一般是"三栋二横"，或是叫作"一进三厅两厢一围"，即正面三栋屋，有上中下三厅，其内有天井，两侧各一栋横屋，一围层，一大门，二小门。在横屋左右尽头处筑起围墙形的屋，把正屋包围起来，正中一间为"垅厅"，故有"围龙"之称。较大的也有多横屋、多围层的，能住百余人，例如兴宁市大圳村花螺墩长兴围龙屋。建筑发展至今，在粤东地区也有更多的变通处理，向着更高层或广度发展。

建筑立面丰富多变是围龙屋的又一特色。一般会分作三段处理五间门屋的屋顶；以凹凸形式设置外墙，并用贴砖与精美的脊饰装饰；在入口处设凹入式门斗，或有石柱各陈两边。

华南地区的壮族村落，以广西最为集中，其民居可分为全楼居"麻栏"（半楼居"麻栏"）与地居平房合院两大类。"麻栏"为壮语音译，意思为"回家"，其实质是一类全木构的干栏式建筑，据说由"巢"进化发展而来，最初是简陋的"干栏"。宋代的周去非在《岭外代答》"蛮俗门"中提到："民编竹苫茅为两重，上以自处，下居鸡豚，谓之麻栏，生理苟简。"说明"麻栏"建筑直到宋代初期才形成较为完善的形制。地居式建筑多见于桂东、桂东南和桂中一带的平原地区，受汉族建筑影响较大；全楼居"麻栏"主要分布在桂北、桂西、桂南山区，以龙胜、德保、靖西、龙州等地民居为代表；半楼居"麻栏"大都在武鸣、宜山、都安等丘陵地区。不同于其他地区与民族的干栏民居，"麻栏"建筑的下层是用半圆形横木围成的牲畜圈，剩下的地方也不浪费，用于堆放木料、柴草、肥料和各类生产生活用具，或兼作木工与农具修理场所；二层住人；顶部亦设有阁楼。龙胜地区的麻栏村落一般设置在坡度为二十五度左右的坡岭上，利用复杂地段，少占耕地；亦有不少地方山间流水穿村而过，被引入室，使用方便。"麻栏"建筑体形偏大，多采用五开间的穿斗构架，进深十米左右。除了屋顶部分用灰瓦和勒脚用石块外，全部采用杉、松等木质材料建造。[1] 特色之处一是"前堂后屋"的布局，二是在居住层当心间位置设置一处用来搁置雨具、衣帽等物品，并可以停留休息的功能区，其形式向外敞开形成凹廊，称为"望楼"。当层还附建有抱厦、偏厦、晒排等装饰性和广泛性并存的合式建筑。相比较而言，靖西、

---

[1] 参见黄方平《浅谈龙脊壮族"麻栏"建筑》，《民族论坛》1985年第3期，第70—72页。

龙州地区的麻栏建筑体型偏小，常用三开间，不设阁楼，室内也不设火塘，用料多简陋。

海南黎族村落的民居建筑也值得一提。黎族是古代百越族的后裔，世代聚居在海南，至今已有三千多年的历史。当地气候湿热，台风大，人民长期过着以捕鱼为生的流动船居生活，一方面，他们有着万物有灵的宇宙观，认为船的背后存在一种神秘的灵性，保佑着村落、家庭的生产生活得以正常进行；另一方面，认定是祖先将船赐予他们，并定为其世代的居所，在生活的过程中对其早已有了认同感，不会轻易变更。这些方面都为船形屋在一定历史阶段内的形成创造了条件。

船形屋是黎族最古老、最具代表性的民居类型，多保留在五指山中心地区，特别是白沙县、南溪峒一带。它与以其为主体形成的村落具有强烈的可识别性特征。通常，在以木栅围成的村落中，一栋栋外观造型如同船篷，内部空间似船舱的建筑加上周边设置的小院共同形成住宅建筑群落，外围分布着粮仓、牛栏、牲畜圈舍、寮房等附属建筑。村落规模较小，整体形象简洁、朴素，没有任何装饰，呈现出大自然柔和的曲线美。例如，在俄查村，保存完整的船形屋是人文与自然完美融合的最佳诠释。

船形屋以南北纵向为主，屋外平面布局由前廊与居室构成，大体呈长方形，尺度较小，进深为4—6.5米，而长度则视家庭人口及经济条件而定，一般约为6米。房屋造型有高架、低架、半船形三类。它的形式虽始源于船，却在具象的前提下又添了"足"，形成船形干栏建筑，体现了古代干栏建筑的遗留作用以及其后外来干栏式建筑的影响。宋代范成大早在《桂海虞衡志》就有记述："居处架木两重，上以自居，下以畜牧。"房屋通常顶面覆盖着茅草篷，半圆拱顶下垂至脚，不设墙壁；有前后门，分别代表了男子和女子；有船头作为晒台用，亦有木梯以供上下。前廊一般是由山墙退后所形成的凹廊，也有将篷顶出挑形成之，用于堆放杂物，或防雨，或供休息与日常家庭劳作。早期的船形屋内部是没有分隔的，在日后发展的过程中逐渐根据使用功能的不同沿纵向进行空间的划分。一般分为三间，中间为厅，两边为居室，也有前后两间的，其中常见将卧室与灶台设在西边的。室内家具少，光线暗淡，多见用牛角悬挂于主柱，有祈求丰收之意，地面多用竹片或藤条架空，起到防潮、防蛀、通风的效果。

船形屋的建造方法比较原始，但亦有地域民族特色：用"千足"树作木桩，预示着子孙后代人畜兴旺；按长方形平面尺度，以天然的树杈支撑屋梁的方法立柱，两侧檐柱承檐梁，中柱承脊梁。梁上搁半圆形拱券木，拱券木上再放檩条、椽子组成的方格网，其上铺茅草或蒲葵叶等为屋盖，这些材料一定要新长的，以示新居吉利。前后山墙用稻草编挂泥墙，亦有用竹编墙、椰叶编墙的。在构造上有些还未运用榫卯技术，用藤皮或野麻皮等绑扎固定构件，使结构各部分成为一个整体。这样的连接方式有一定弹性，有利于增强结构的稳定性和抵御台风的能力。

瑶族人口分布最多的省份是广西，占全国瑶族总人口的大部分，其余还分布于湖南、云南、贵州等地，他们自古就有依陡岭而居的习惯，大部分散居在海拔 1000 米以上的高山和密林之中，少部分居住石山或半石山地区，或丘陵、河谷地带。不同的居住地域使他们形成了各异的村落选址传统。广西的瑶族按照其分布区域的地形特点，有平地瑶和高山瑶两类。平地瑶受汉文化影响较大，部分村落选址在丘陵、河谷地带，住宅多为土木或泥木结构，居住模式与生活习俗已与汉族类似，如原先富川地区的"三间堂"地居和恭城郎山村的天井式地居。河池地区的瑶族则大多居住在石山或半石山地区。高山瑶族仍然习惯于传统的干栏建筑形式，从平面布局上看，有一明两暗和前堂后室两种类型。

由于瑶族总体上是山地民族，所以其民居受山坡地形限制较多，布局无明显规律可循，但较讲究村寨整体形式，所造建筑多为层叠式，幢屋毗连，层次分明。一般是三部分的结构组成，即住房、粮仓、寮房。多用木板密封而成的粮仓一般设在屋外，一方面可以空出室内使用面积；另一方面还可以防范火灾所带来的连带损失，或者设在方圆数十里的山野田间，但与住房之间交通极为通畅，方便使用；寮房则多建在村寨旁边或外围，用茅草搭建，用以存放柴草或储存其他杂物等。其他附属建筑如牲畜栏、厕所也均设在住房之外，原始、简陋。其实瑶族民居在发展之初整个居所都是很简陋的，可归因于该民族历来从事刀耕火种的生产方式，以及迁徙频繁的生活状态。例如，依深山密林居住的瑶族在很长一段时期内就以建造"A字篷"的简单建筑式样为居所。仅有木桩、顶面盖篷，和三脚架的火塘。虽然形式简单，但优点却是显而易见的：搬迁极为方便。随着民居的发展，瑶族建筑有了半边楼、全楼和四合院之分。半边楼同苗族传统民居有一定同源性，多为红瑶所建，一般五柱三间，所用材料大都来自本土的竹、木、土；全楼是相对半边楼而称的，一般建于沿河一带或半山较平坦的一层地基上，是花瑶、盘瑶的主要居住类型；四合院则是在较平坦的地面上由四栋全楼围合小块方形空地的庭院，数量较少，仅为沿河一带较富裕的红瑶所建。

在室内布置方面遍布金秀大瑶山各地的盘瑶民居值得一提。他们会在入口处靠近门边的位置布置"姑娘房"，也会将用木制成的神龛安置于厅堂左侧而非正中，还会在较现代的泥墙瓦顶房的楼上设置一定面积的晒棚。①

2.2.2.6 西北地区

西北地区地域广大，包括陕西、甘肃和青海三省，宁夏回族自治区和新疆维吾尔自治区。

文化背景组成主要有三秦文化、甘陇文化、回族文化和新疆文化。三秦文化区相当于陕西省，"三秦"的称谓是源于项羽入关中后的"三分关中"。随着历史的发展，其概念的内涵和外延已经逐步扩大，现在泛指包括陕南文化在内的一般陕西文化。三秦文化早期受建都于关中的国家文化的影响，尤其是汉唐文化的直接影响，表现出开拓进取、奋发向上的蓬勃朝气。②后期由于地理环境、小农经济，还有宋元社会的影响而逐渐走向了封闭保守。与此同时，该文化还带有浓厚的农耕文化特点，有着善于怀旧的历史惰性和重视传统的怀古心态。甘陇文化以东西方文化交流、通道河西走廊和以敦煌为代表的石窟文化为亮点。外加历史中这里是佛学东传的重地，又有丝绸之路的文化积淀，同时还受到回族、撒拉族、东乡族、保安族等多民族文化的影响，综合表现为文化底蕴深厚、多方文化融合大发展的特征。相比之下，回族文化则有着明确的单一性特征，表现出与伊斯兰教密不可分的状态，基本上是世界伊斯兰文化和中华本土文化双向交流、渗透过程中逐渐形成的，表现了强势的宗教属性和民族属性。当然，与此种强大的单一性表现相配，也还有多元的文化气息处于辅助发展的地位。回族人民团结互助，礼貌好客，爱清洁，部分人民有经商传

---

① 参见马菁《东南亚民族历史文化比较研究——以广西瑶族和泰国瑶族的民居结构为例》，《中州大学学报》2008年第1期，第59—62页。
② 参见陕西军事历史地理概述编写组《陕西军事历史地理概述》，陕西人民出版社1985年版，第8页。

统。总的来说，表现为文化的超强凝聚力，强势的开拓能力、融合能力，还有少部分抵制能力。今天的新疆古称西域，在中华文化圈的形成过程中，呈现出典型的多元文化特色。① 从地理环境看，新疆居欧亚大陆中部，丝绸之路中段，是联系中原与中亚、西欧的交通要道，是东亚、西亚、南亚、北亚文化的接合部，受各地域文化影响极为强烈；从生产方式看，同时有着农耕文化与游牧文化两类形态，其中北疆的哈萨克族草原文化就有着浓烈的游牧文化色彩；从宗教看，是伊斯兰教、藏传佛教、儒道互补哲学和多神崇拜的混合地区；从文化类别看，又是汉文化和古代吐蕃文化、西夏文化、回鹘文化、蒙古文化及多种民族文化的结合地区。② 这些多元、综合性文化特点，在宗教上的反映最为明显。

关中地区位于陕西中部，位置在秦岭北麓、北山以南的渭河平原一带。整体地势平坦，基本上为盆地，往北部逐渐升高为黄土高原，气候干燥，冬冷夏热，雨量小，土层深厚且可塑性强，区内地少人多。这些条件决定了关中村落的选址兼有灵活性与局限性双方面的特点。往往是由土地的分布来确定村落的规模，较多形成集村，布置密集。村内道路系统明确，路形笔直、宽阔，主次分明。村内民居院落有三合院、四合院等。建筑以平房为主，基地狭长，房屋间距小，采光受限，但另一方面也为相邻道路和庭院提供了大面积的阴影区，有利于夏季防晒。外围院墙高大、封闭，外向不开窗或者开设小高窗，对外交流性弱。各村落中均有水井，不仅是住民生活所需，更能成为村落公共活动的中心。各民居的厕所、牲畜圈舍皆布置在后院，表现

---

① 参见罗忆《新疆文化的包容性发展》，《新疆职业大学学报》2012 年第 3 期，第 1—5 页。
② 参见张付新、谢贵平《试论新疆的文化多样性》，《西北民族大学学报》2010 年第 1 期，第 49—54 页。

出了一定的私密性。各民居内部除了水窖外，其余功能分区较模糊，例如，没有餐厅的固定设置，各个房间、院落都随时可以成为吃饭的场所。

外观形式上，关中民居院落向外封闭，向内通透。外墙的轮廓线高低起伏，颇有韵律。最具特点的还是单坡屋顶，尤其用在作为主要居室的东西向厦房（厢房）上。大都半边盖，呈直角三角状的单面斜坡和单面门窗，背靠背修建，向内排水，冬日可挡寒风，夏日可避骄阳。各宅之间无甬道、界墙。这样建造的原因除了创造更适宜的环境外，还可以节约建筑材料，在砌墙时只用少量的砖砌地基，再用夯土墙或土坯墙一砌到顶。房顶用较细的椽木就足以满足结构要求了。

此外除了土、木、砖、石等结构材料外，也使用少量青砖砌筑勒脚、墙角、檐口来重点加固土坯墙身，也就是俗称的"金镶玉"[①]。在装饰色彩方面，简朴的建筑材料决定了灰色与土黄色的主色调，在局部又有彩绘的点缀色。至于家具与室内门窗框则多施以黑色或近黑的暗红色，显得沉稳大气。

这些村落与建筑的地域特征反映了住民勤于耕作、守土重家、怀古朴素的传统文化心理，正是陕西三秦文化的核心特点。

黄土高原上的传统村落，有一类著名的建筑：窑洞。这是我国黄土高原传统村落中古老的民居类型，广泛分布在华北及西北黄土集中的地区，包括河南、山西、陕西、甘肃等省份，其中又以陇东、陕北较为集中。它深藏黄土中或以土掩覆，利用地下热能和覆土的储热能力，冬暖夏凉，适应着干燥、季相分明的气候条件，同时又施工简便，造价低廉，是天然节能建筑的典型代表，同时又最符合传统"天

[①] 虞志淳、刘加平：《关中民居解析》，《西北大学学报》2009年第5期，第860—864页。

人合一"的哲学思想，是天地、人、建筑和谐共生的最佳范例。

从中国古代建筑史中我们知道，原始穴居是从竖穴的形式开始发展的，由于雨水渗漏等问题突出随后才有了横穴，这其实就是原始的窑洞。传统窑洞分为三大类型：靠崖窑、平地窑和锢窑。靠崖窑又称为土窑，是利用自然的垂直崖壁横向开凿的窑洞，通常数洞相连，呈一字形排列，或是按地形等高线上下相差排列。外部多用土墙围成小型院落或是加上院内若干锢窑式房屋共同组成三合院、四合院。窑洞大小不尽相同，一般宽3米余，深6米至7米，高3米余，但在陇东、陕北等干旱地区尺寸偏大。窑顶采用拱顶形式，视土质情况设不同高度，可为平圆、满圆或尖圆。室内可以根据需要单用，或以土坯墙隔开，也可几孔窑相通共同使用；也有开上下两层的，不过土层必须极为深厚。窑脸的处理是最能反映地域特色的部分，最终呈现的效果也多样。最简单的单用土坯墙仅开一道门窗洞口即可，也可以砌砖墙甚至雕刻砖花，即"贴脸"。陇东地区多用土或草泥抹面，简朴大方；陕北多用贴砖窑脸，窑前墙使用木格装饰；豫北则多为砖砌窑脸。第二类窑洞形式为平地窑洞，也称为"地坑院""洞子院"等，多见于豫西地区，是一种下沉式窑洞，素被形容为"见树不见村，进村不见房，闻声不见人"的奇妙建筑形式。具体是从平地向下挖五米以上的深坑形成方形、长方形或其他特殊形状的院落后，再从四周原壁中纵深掘出数孔窑洞。进入需借助于台阶或隧道，空间收束性强，私密度高，安全、宁静。如果将之视为数个开间，那么院落的平面布局就近似传统四合院：夫妇和老人居正窑，子女住西窑，厨房、仓库等安置在东窑，厕所、牲畜圈等置于南面。院中设有渗井或是引沟至冲沟地段以解决排水问题。窑院也可成群修建，在一个大的院落中可再分多个小院，分住数家，此种形式在甘肃庆阳地区可见。第三类是谓锢窑，是一种在地面上以砖石、土坯发券建造的类似窑洞的房屋①，多以三孔为基本单元组合院落，各孔之间为了不减弱强度不设过洞。券顶多以土层做成平顶房，作为晾晒之用。锢窑较前两类窑洞更显活泼，贴脸、挑檐及顶部花墙形式也更加多样。

从窑洞的建造方面来看，从开始的选址阶段就已经融入了传统的堪舆学、物理学原理，期间的建造也多反映祈愿心理，例如，用八卦方位来确定窑院的朝向，择吉日破土，经仪式后方可动工。窑洞通常是外大内小，呈喇叭状；对窑洞的不同部位，如窑脸、窑腿、窑脊等都有严格的尺度标准和详细的做法。

图 2-12 窑洞

在青海省东部的河湟谷地，有着土地肥沃，气候冬寒夏凉，干燥多风沙，日照时间长，雨量少，辐射量大的自然条件，也有着历经频繁战乱的历史条件。这些因素决定了当地民居有抗风沙侵袭、防御性强的要求。庄窠房就是因此而生的地域性民居建筑类型，也

---

① 参见陈从周、潘洪萱、路秉杰《中国民居》，学林出版社1997年版，第271—275页。

称作"庄科",被称为"抵御寒风,防御侵袭的微缩堡垒"。其建筑四周被土筑墙包围,屋顶为平顶,由当地汉族、回族、藏族、土族、撒拉族等多个民族共同创造,具有使用方便、安全性强、保温性好的优点。

庄窠房平面呈正方形或长方形,四周的版筑实体夯土墙最先建造,俗称"打庄廓",有80—90厘米厚,高度可达到4—5米,无窗,常较院内建筑高出1米,有利于防风防沙和防御外敌。合院多为三合院、四合院,院内以南北中轴线对称形制靠墙建房,多见两面建房,每面一组三间平房,中间留出庭院。院内设有各辅助性生活功能区,如车棚、草料棚、菜园等。地面有缓坡便于排泄少量雨水。院内一般在北方高一米的台基上建正房,坐北朝南,面阔三间或五间,进深两间,体量较其他房屋大,也带有部分砖雕、木雕的特色装饰,凸显了其主要地位和中心作用。不同于北京四合院的是四角以独立角房连接各房屋,四边房屋均以四合头的方式相连接,漏角部分作棚顶。不同方位的角房主要用作厨房、库房、柴房、厕所、牲畜圈等。建筑以木构架承重,带有前廊作为院落与建筑的缓冲空间。屋顶结实耐用,其上铺墁黄土,施草泥压光,做约为7%的缓坡,这样一方面可以防止顶部的黄土被冲刷,另一方面可作为庭院的补充,晾晒食材兼做户外活动场所等。因此才有了"山上不长草,墙上加墙不倒,房上能赛跑"之说。不同的民族,其庄窠房也稍有差别。例如,撒拉族和回族村落的庄窠,一般在正房明间的门窗凹进处,做成"虎抱头"式的凹廊,中间凹入空间的开间为一间或两间,在屋前形成一块上有屋顶、下有平台的室外半封闭空间;藏族村落的庄窠房,则在室内设有佛龛,较少雕饰,房前设布幡和煨桑台。

回族是我国人口较多的一个少数民族,广泛分布在甘肃、宁夏、青海以及河南、河北、山东、云南、新疆等部分地区。回族信仰伊斯兰教，在其所建的清真寺、拱北道堂、民居上都体现出浓重的宗教民俗特点，但在长期共同生活的过程中又深受汉文化的影响，这在民居院落布局上就有着明显的痕迹。在地域内"大分散，小集中"分布的回族村落基本上都离不开"围寺而居"的模式，空间布局层层递进，由大树、牌坊、水塘等标志物作为引导，表现出强烈的精神向心性。通常会以本教区内清真寺为中心围绕布置并联或背对背连接的独院式民居，街巷不规整，每户朝向亦不固定，引水入户，入口方位也随意布置。清真寺规模大小不一，有的圆润华丽，有的古朴厚重，一般会建造在地势较高的台地或人工修筑的台基之上，有着高大的邦克楼和穹顶，并以白、绿、蓝为主要装饰色彩，表现了对自然，对纯净之水的心灵诉求与亲近渴望。内部多为院落式几何形空间形态，设有洗浴房、阿訇室、辅助用房等，布置极为讲究，宗教气氛强烈、严肃，从空间上传递着教义，与人们进行情感的直接交流。

村落民居以二合院和三合院较多见。房屋有的坐北朝南、背阴向阳，但这却是完全排除中国传统堪舆理论或是八卦方位的影响，完全出于保暖和避风的考虑，以及住民自身喜好而定的结果。封闭性和防御性强，有着高大厚重的院墙，布局形式有的采用"虎抱头"式，平面为三开间或五开间，正中一开间或三开间是凹进去的前廊，两端凸出部分作居室；有的用"挑檐"式，入口设柱廊道；还有的是房前只设挑檐不设廊道的。总之形式灵活，根据环境呈现多样的变化。除了与常见汉族四合院趋同的一般功能设置外，住宅与花园相互穿插布置，以及院内设水井及水房是地域民族建筑独有的特点。单体建筑进深浅，拥有更好的采光条件；也使用高约一尺，用当地天然黏土加以麻丝、白灰及碎石夯筑而成的台基①，与清真寺的台基形成了明显的体量对比；建筑材料中的天然材料除了常用的土、木、沙、石外还有芨芨草和麦草等，人工材料也简朴，多用瓦、土坯砖等。

　　宁夏的回族居住区在东南有高山阻隔，季相温差大，干旱缺水。在如此极端的自然环境条件下村落选址就要求尽量靠近水源，冬能避风，夏能避晒的舒适之地，对建筑的防寒隔热要求也高。回族传统村落民居的布局大致有占地面积小的独院式、以院落纵向为轴扩展的纵进式、利用合院横向联系构成院落形式的横进式和空间布局相对复杂的纵横交错式。不论哪种形式的布局均能体现出当地回族的生活习惯和信仰，如两明一暗分隔的正房、厢房就有了更大的起居空间，加上临窗一侧有火炕的设置，还有直接在起居室内或者结合厨房一角设置的"渗亭"，往往能使住民在严寒的冬季也可以在明亮温暖的室内环境中舒适度过；有的民居还设专门的诵经礼拜的净室，宗教气氛极为浓厚。

　　建筑的地域民族特色有三。其一，在柱梁之上平放木檩，有圆椽草泥平顶，加大出挑距离形成巨大的平挑檐口就成了扩大庭院遮阴面积的有效方式，有的还在檐口之上又加盖天棚，使下方的阴影面积更大。其二，使用生土加麦草，通过材料黏性加强整体强度的，类似于蜂窝状，连通组团结构的夯筑墙体。它是在冬日严寒、春秋风大沙重的严苛自然条件下形成的生态建筑构成要素。其三，在建筑中广泛使用柱廊作为各类空间的过渡，风格与清真寺、拱北、道堂相一致。另外，在这些建筑中可见精心描绘的花鸟、《古兰经》经文、几何图案，用蓝、绿、白、黄的装饰色彩搭配，亮丽、鲜活、生动。从细节阐述

---

　　① 参见曾明、杜天蓉《甘肃回族传统民居建筑形制研究》，《宁夏大学学报》2014年第4期，第169—179页。

了宁夏回族特殊的文化性，也体现了广大回族群众无穷的创造力。

新疆位于我国西北边陲，面积约166万平方公里，占国土总面积的六分之一，古代曾是丝绸之路的枢纽，曾流行过多种宗教。自14世纪中叶以后，主要宗教信仰逐渐转向伊斯兰教。这里的自然地理条件复杂多样，东部、南部、北部各有不同。同时，这里还是一个多民族地区，共有47个民族成分，其中包括汉族、维吾尔族、哈萨克族、回族、柯尔克孜族、满族等在内的世居民族13个。维吾尔族是新疆最重要的一个大民族群体，主要居住在天山南北，其建筑在其发展的早期阶段融合了大范围之内不同地区的建筑风格要素，包括西亚、中亚部分地区；20世纪初又吸收了俄罗斯建筑文化要素，表现出了更多的复杂性和异域风情；其后伴随伊斯兰文化的影响，又在现有基础上吸取其建筑形式的精华，融入简化、组合、变异等多种艺术与技术手法，并结合了周边兄弟民族文化，最终形成了新疆地区最具代表性的地域民族建筑文化样貌。

如果进行内部区域各种条件的对比，那么新疆北部地区的山区和草原是相对来说较多的。除了自由度较大的、可移动的毛毡房外，传统村落建筑多建有厚重的土坯院墙，以坡顶的砖石土木结构为主，部分设有半地下空间，室内有火炕。以伊犁地区为例，当地湿润温和，雨水多，风沙小，季相分明，温差大，林木资源丰富，水渠纵横，因而村落有条件依水而建，建筑常采用一字形和曲尺形的布局手法，将厨房（形成廊厨、飞厨或端厨）等附属功能区设置在外，留出较大的庭院，一方面可以丰富生活空间，另一方面也更有利于建筑的隔热与通风。前院主要种植果树草木，后院用来种菜养禽，引渠水流灌，还有作为与住房过渡空间的前廊部分为休憩待客之所，有成片的葡萄架遮阳，有的还设有可供坐卧的户外家具。整体庭院布置得舒适惬意。

显然，这已经成为维吾尔族原住民最为重视的生活空间。连通外部环境的院门是最能体现地域民族建筑特色的部分，连带着廊柱和建筑的门窗套，常大胆创新，不拘一格，用色鲜艳明丽，伊斯兰风格的几何图案丰富，还融入了少数俄罗斯建筑元素，表现出维吾尔族活跃热情的生活氛围。

新疆东部是著名的吐鲁番盆地，大多是无际的戈壁滩和沙滩，几乎没有植被资源，冬季严寒夏季酷热、干旱、少雨，风沙极大。南疆广阔的沙漠地区亦有着如此极端的地理气候条件，仅能够在土质稍好的部分地区用融水耕地开辟绿洲。这一地域的维吾尔族村落大都依据地势条件灵活布局。以喀什地区为例，在高低不平的地势上营建上下交错的建筑，单体建筑及庭院紧密相邻，各单元依靠台阶连接，形成了特殊的高台建筑群立体格局。虽然看似错综复杂，却可以更好地防御风沙和减小风速。建筑大都围上土墙，厚度达50—70厘米，以半地下室及地下室的拱顶或平顶形态的土木建筑来适应环境。墙体开小而少的窗，以便减少过度的室内日照，抵御风沙的侵入。在建筑材料极其有限的村落，则干脆用树干和枝叶作框架，以钉子与皮草绳编绑加固的简易建筑，简单而朴素。即便如此，勤劳智慧的维吾尔族同胞还是能够开辟出宽阔、遮阳的院落配以进深大的室内空间，使局部小环境冬暖夏凉，同时不忘在主要木构造之上雕刻图案以增添生活趣味。

维吾尔族村落建筑的装饰需要重点提及，因为这是表现该民族文化心理的重要内容。从已有230多年历史的吐鲁番木纳尔村苏公塔的美观装饰就能看出，维吾尔族人对此十分重视，甚至认为："建筑没有装饰，就等于没有建造。"装饰的主要特点还是表现伊斯兰宗教文化，表明建筑从属于伊斯兰建筑文化体系。常见的重点装饰部位有廊柱、门窗套、拼砖以及藻井部分。纹样有圆形、三角形、方形、菱形、十字形、万字形等几何纹，葡萄、石榴、无花果、巴旦木、波斯菊等植物纹，还有组合多样的文字纹。图样多用并列、对称、交错形成二方或四方连续的构图，加上精致的线条和鲜艳的色彩，集中反映了伊斯兰教教义中所蕴含的宗教观念。

图 2-13　新疆地区建筑

2.2.2.7　西南地区

西南地区包括重庆市，四川、贵州、云南、西藏四省，青海、甘肃的藏族分布区，其中主要的文化类型包括了巴蜀文化、黔贵文化、滇云文化和藏文化。地区内民族众多，建筑类型多样。广义的巴蜀文化，指包括四川省与重庆市及邻近地域在内的，以历史悠久的巴文化和蜀文化为主体的，包括地域内各少数民族文化在内的，由古至今的地区文化的总汇。狭义的巴蜀文化即中国西南地区以古代巴、蜀为主的族群的先民留下的文化遗产，主要分布在四川盆地及其邻近地区。

巴蜀文化的覆盖地区地形险峻，气候环境潮湿多阴雾，农产品资源丰富，这为巴蜀文化的产生和繁荣打下了坚实的基础。黔贵文化主要是指贵州地区文化，是典型的大山区文化类型，有着很大的文化立体差异性。在多民族文化组成的基础上，又由华夏文化为主导。滇云文化的特点则表现为多样性，既是中原汉文化与东南亚文化、印度文化相互交融的主要地区，又是多民族共同聚居之地。许多研究滇云文化的学者多从云南十八怪的风俗谈起，其实这是从一个方面表现了该文化繁多的民风异俗。藏文化所在区域包括西藏自治区、青海省大部分、四川省西部、甘肃省西南部、云南省西北部，高原环境特征显著，蕴含崇高、广阔、博大、壮观、神奇、坚韧的文化性情。同时又由于藏传佛教的深远影响，在建筑、人群社会文化心理上都打下了深刻的烙印。

云南"一颗印"是由汉、彝族先民所共同创造的一类民居类型，广泛分布于以昆明为中心的滇中广大地区。它有着可防火亦可防兽防盗的高厚封闭式木骨外墙，可单幢自成堡垒，也可联幢构成村落；所以无论在山区还是平坝，无论地广抑或基地受限都适合修建。之所以有"一颗印"的美名，是由于建筑的宅基地形近方正，墙身高耸光平，窗洞少，远看如印。其典型的完备规制是"三间四耳倒八尺"式，在乡间用得最多。即正房三间，之前左右两侧各有耳房两间共"四耳"，正房及耳房相接处是用以安放楼梯的"楼梯巷"，有用作观望和防御的小型"夹墙窗"。在耳房前端临大门处也有此类小窗，并设进深仅八尺的倒座房一间。各建筑俱作两层，中央围合成形小而高深的天井，在风大且太阳光入射角偏大的云南地区足够使用之需。

建筑学家刘致平在总结"一颗印"的建筑形制时将之构架方式分为四种类型：宫楼、古老房、吊柱楼、竖楼。其中宫楼的天井各面房间皆有"走楼"通连，仅为富裕人家所用。古老房或称"古装房子"

"厦子房",即带"厦子"房无走楼,正房与耳房的下层皆有披檐,正房前用大厦、腰厦,耳房前或倒八尺前有"挑厦"。各檐层层叠落,韵律非凡,古朴雅致。吊柱楼的楼上各房间及倒座房的装修由檐口柱挑出,至"规檐梁"分位。无走楼的竖楼多不用在宅内,一般位于房外临街处。

从结构上来看,由于当地不盛产木竹,气候也不太寒冷,所以屋顶大都较薄,梁栋亦细小,建筑多用穿插式结构。其中正房多为五檩插梁式,有前檐廊步,采用双坡硬山顶。耳房为三架一面坡式屋顶,或不对称硬山式,长坡向内院,短坡向墙外。院内各层屋面由于高度不均(倒座房最低,耳房次之,正房最高)不互相交接,耳房上层屋面正好插入正房的上下两层屋面的间隙中;下层屋面处于正房下层屋面之下,无斜沟。

从装饰效果来看,"一颗印"尤具有特色。其中常用的构件元素是格扇门与竖窗,它们将外檐装修的艺术水平提升到了一个很高的层面。但在其正房堂屋中一般不设格扇门,体现了与外部自然环境的交流与融合。耳房的拦脚推窗有很强的灵动感,映射了川滇一带劳动人民的智慧。木质装修或不施色,或使用青黑色油饰,红色线脚,具有古朴之风。

彝族传统村落的民居建筑以土掌房最为知名。大多建筑在海拔两千至三千米干旱少雨的山区和河谷地带。早在云南元谋县大墩子遗址中就有其原始建筑形式,距今已有五百多年的历史。历经发展后融入了部分汉族、哈尼族、傣族传统建筑的特点,逐步形成了现今具有鲜明滇云文化特色的建筑类型,以云南石屏县麻栗树村、慕善村为代表。它充分适应地区气候炎热、日晒强烈的特点,对外封闭,对内开放,层层叠叠,相互连通,形成壮观的地域民族建筑景观。

在村落选址与建筑整体布局方面，彝族村寨大多依山傍水，四周梯田层层，村后有山可供放牧，村前有田可供耕种，多数村寨都有一条水沟从中流过。在滇中、滇南地区，往往多高山陡坡，地形多变，于是聪慧的彝族人在考虑水源、土地、资源各方面条件后，采用耸立筑台、挖土镶嵌的方法，利用山地原本的地势和土质状况进行退台式空间处理，形成或土质，或石质，或深入山体，或突出山体的平台，以便修筑处于各个高差层次的土掌房。建筑平面采用合院式布置，但较传统汉族民居更加灵活多变：对于完整建筑来说，常常是依据山地自然坡度，正房、耳房与倒座房、天井处于依次降低的地坪高度上，解决了坡地陡峭与开挖平整地基的问题。对于房屋来说，在缓坡地段，建筑面积可扩大；在陡坡地段则采用错半层的布局将之与地形有机结合起来，以便使村落、建筑与自然环境相统一，同时保证每一栋土掌房都可以满足光照需求和日常生产活动需求。

在建筑形制上，土掌房一般盖两层，一层有厨房、饭厅、起居室、厩舍，二层为住房和仓房；各房屋平顶可做晒场和凉台。正房内有供放祖先灵位之特定区域，在横梁上还常置木虎以驱鬼避邪。楼上用木板基层铺土楼面作为谷仓，直通位于下一高差层级的作为厨房与杂用功能的耳房屋顶的晒台。外墙顶部与平屋面之间留出缝隙，以便通风换气之用。这样的布置不仅使建筑在形态上产生灵动错落的层次感，而且使各功能区划更加合理。单体建筑上下相通，村落中层层屋顶左右相连。无内院土掌房的院子其实也被土顶覆盖，加大了平台的面积。也有变异的形制，如在滇南元江流域多雨区有哈尼族将坡顶与土掌房相结合的做法。

土掌房是以石为墙基，用当地生土或黏土材料砌墙。这一泥土形象成为土掌房外观的另一大特色。修建需用夹板配合，采用"干打垒"

法填土夯实逐层加高后方可形成。其后在墙上架梁，梁上用细密木楞、竹楞上铺密实的松毛或竹篾形成基层，再在其上铺土，经洒水抿捶后形成平展坚实的房顶。也有将大梁架在木柱上，用茅草或稻草覆盖稀泥做垫层，再铺土捶实的。土质的充分利用使墙体、楼面的全封闭性更强，隔音效果更为显著；在炎热的午后也可令室内外温差达到十几度甚至二十度，隔热效果极好，从而保证了内部居住环境的舒适程度。

作为古老的传统村落民族建筑类型，土掌房有着现代钢筋混凝土建筑无可比拟的优势方面，但同时它也有缺点，例如，室内光线差，空气流通不畅，卫生条件不好，等等，以至于住民认为它代表和反映的是村落的贫穷。因而，如何在保护的基础上完善和利用土掌房已经成为该地区传统村落及古建筑工作所应关注的重要方面。

云南丽江及部分地区是纳西族主要聚居之地，当地气候温湿，终年无雪。温润的自然环境亦成为纳西族人民信仰与崇拜的对象。他们的宗教以东巴教为主，无教义、组织和寺庙的形式约束，仅在需要之时举行简单仪式，因此并没有对村落及建筑产生深刻的影响。

纳西族的村落布局除了与其他民族相似的伴水而居、取水方便之外，最重要的特点就是围绕一个中心分部民居。所有民居皆依附于放射状、不规则的道路两侧布置。道路的汇集点就是村落中用于商业服务、集市贸易的"四方街"。以此形成整体布局明确的纳西传统村落建筑，形式多样。在东部的利家嘴、西部的油米村，以及明清时代的丽江有木楞板房；在靠近藏区的村落中，则有土庄房；在以丽江为中心的地区，还有仿汉式的木构瓦房，等等。但是，占主导地位的是集中在丽江古城、白沙、束河古镇等地的纳西民居，多为土木结构，常见三坊一照壁、四合五天井、前后院、一进两院四种形式。其中三坊一照壁是纳西建筑最基本、最常见的民居形式，不拘泥于传统规制，灵活，可塑性强。合院式住宅有独立式门楼，正房、厢房通常为两层插梁式与抬梁式相结合的木构架建筑，正房每一坊房皆有厦廊，这是纳西建筑最重要的组成之一。依据厦廊空间的布置，有明楼、蛮楼、闷楼三种，各种构架又可按加添厦廊的制式，形成单厦、两步厦、两面厦、骑厦。[①] 正房一坊较高，方向朝南，有深远的出檐和向外加长的角梁，面对较矮小，以黑白色为主，配以绿、蓝装饰色彩的照壁，下层为堂屋及卧室，供老人居住，上层为贮存；东西厢房略低，作为厨房、畜圈及一部分卧室使用，楼上可贮存饲料。如有临街的房屋则作为铺面。由正房到厢房空间高低错落，主次关系明确。地坪光滑的大型天井多以花草美化，在兼顾生活之用的同时还可供生产之用。建筑之山墙和前后檐墙多有收分，檐口装饰"悬鱼"，跌落式屋顶，淳朴自然，下部为毛石墙，中部为土坯墙抹面，上部多暴露木结构。徐霞客就曾以"民居群落，瓦屋栉比"形容过当年丽江纳西族民居的壮丽。

在建造技术范式方面，除了民居常规做法之外，还有"非标准营造"技术和"非汉式"做法。前者是工匠在有限的经济、资源条件下，对规格不一的建筑材料进行灵活性处理，表现了地域民族建筑的适宜性特征。后者则是表现为建筑檩条退化，挂枋粗壮，并发展出了"二蹬榫""勒马挂"等节点和构件，增强了建筑构架的水平拉结以应对当地地质灾害频发的情况，例如九河纳西族建筑。[②] 其建筑装饰最显著的特征，表现在木雕纹饰和整体色彩方面，与白族建筑有一定的相似性。木雕以门楼最为突出，主要以原住民辛勤劳作的场景为题

---

① 参见孙大章《中国民居研究》，中国建筑工业出版社2004年版，第141页。
② 参见周宇舫、何崴《走进滇西北纳西族乡土建筑研究散记》，《设计》2015年第12期，第108—114页。

材。色彩主要是"内白外灰，白主灰辅"。这种尚白，甚至以白独尊的习惯是在民族发展过程中受白本教及汉传佛教的影响逐渐形成的，并开始出现人工装饰的现象。其实，纳西族自称"纳"也就是"黑"色，在其先民的观念中，"黑"即大，代表了无限。所以纳西族才是"大族"之意。他们从尚黑到尚灰，继而黑白灰并重，从一个侧面映射了纳西民族的兼容性，还有人民内敛含蓄的性格特征。建筑装饰均具有象征意义，还有用大红色漆饰柱子，以黑色勾勒出东巴图腾的形象外围，再涂上以朱红、土黄、湖蓝三种颜色为主的油漆。显示出清新明快的格调。

云南大理地区聚居着很多白族原住民。当地大理石和木材资源丰富，虽然终年气候温和，但风力强大，常达十几级，地震亦频繁，所以无论村落布局还是建筑朝向上都要求较多考虑防风避震与防火。防风方面，白族与汉族有着广泛的交流，民居亦采用合院式，外围密闭性强，外墙不开窗。布局也有三坊一照壁式与四合五天井式类型。但不同的是，建筑的轴线一般朝东，正房面亦朝东，厦廊宽大，出檐深远，大门开于东墙北角，使强风不能直贯而入，也对防火起到了一定的间接性作用。另外，白族建筑也多用硬山墙，后檐作封护墙面，在檐头压砌石板以便防风。防火方面，不仅建筑材料多为燃点高、耐火性好的本地木石，而且在两所成直角建筑交接处所设的封火墙也有不易连烧成片，避免形成大火连营之势的优点。建筑的防震体现在精良的木构架与石墙上。木材弹性好、韧性高，用木屋架立柱穿梁，可将房屋连接成坚固的整体，减少地震带来的损失。同时石材的墙面厚实、坚固，可有效地减少地震的灾害。

广泛使用木雕和大理石雕饰的白族建筑有着很高的技术工艺。木雕多用剑川的精致制品，如隔扇门窗。雕刻一气呵成，线条行云流水，能够最大限度地透射阳光，使室内光线充足。细腻的大理石雕刻纹样则被广泛用作照壁、台阶、建筑外墙、柱础等处，单个的吉祥纹样浮出石面，构图饱满，祈愿寓意鲜明；连幅的场景纹样不仅有浮雕，还有透雕，层层叠叠，立体生动。如需在院墙、照壁等处勾缝，还会使用当地用石灰、水、糯米及棉纸特制的泥作"纸筋灰"。

　　傣族传统村落也十分富有特色。清代的沈西霖对竹楼进行过描述："屋不瓦而盖，盖以竹；不砖而墙，墙以竹；不板而门，门以竹；其余若椽、若楞、若窗牖、若承壁，莫非竹者。衙署上房亦竹屋。"[①]它是傣家村落的传统民居类型，属干栏式建筑，早在《魏书》《北史》《通典》等书中均有记载，而有形实物的例证，则最早出现在新石器时代晚期。竹楼多分布在云南西双版纳及德宏两州地区。当地河谷与山脉交错，地势高差大，气候湿热，四季不分，植被茂盛，竹楼正好适应了这一自然条件。

　　整体而言，傣族的传统村落大都依山傍水，热带植物苍翠茂盛，在竹篱环绕中的竹楼与绿色植物完美融合，诉说着自然与人文的和谐。每栋竹楼均独立成院，外有独立谷仓。宽阔的庭院里种植瓜果、林木（多为凤尾竹、槟榔、杧果、香蕉等）或开挖小鱼塘，既可蔽阳成阴，又是一道天然围墙。建筑高出地面若干米，不易被潮气与水侵蚀。平面灵活，多为四方形，无专门朝向要求，也不讲究对称。楼下无墙，架空作为畜厩与杂用，楼上以竹墙或木板分为"那晃"（堂屋）及"黄暖"（卧室）。室内无家具，陈设简单，设火塘供烹饪、取暖和照明，原住民席地而坐。卧室可通长，家人同宿，也可分作数

[①] 胡朴安：《中国风俗（上编）》，九州出版社2007年版，第299页。

间分开居住，不用床架，仅铺厚垫，以黑帐相隔，外人不能随意入内。卧室外设"宽喜"（前廊）和"展"（晒台），廊间有座椅和铺席。晒台内侧一角搭草排盖顶的小台，置土锅盛凉水饮用；晒台外侧一角也设竹笆垫底，竹筒框边的小长台用以种植可用作香料的作物，因而得"空中菜园"之雅名，傣称"孙帕罔好"。

竹楼常用歇山顶、小山尖、宽披檐，用料简单，施工方便迅速。各种竹料或木料穿斗在一起，牢固坚韧。粗竹或木梁柱做骨架，柱距1.5米左右，排距3米。竹编篾子的墙体稍外倾，墙面不开窗，仅可在客室一侧开一小窗，或在顶部开小天窗。坡屋顶面用竹篾夹制而成的"草排"或平板挂瓦。这样的竹楼四面通风，冬暖夏凉，而且能防潮防水防震。

现今的竹楼用材几经变换，已经是木柱、木梁、木檩、板墙的瓦楼，或者钢筋混凝土结构了。

图2-14 竹楼

景颇族也是云南世居的少数民族之一，由唐代"寻传"部落的一部分发展而来，主要聚居在云南省德宏傣族景颇族自治州的陇川县、潞西市、瑞丽市、盈江、梁河等县市一些海拔1500～2000米的山区，少数则居住在怒江傈僳族自治州的芒马、古浪、岗房以及耿马、澜沧等县。气候温和、雨量充沛、土地肥沃、物产丰富，还有诸多的经济作物，景颇族有在山区背山面水之处建村的有利条件。其村落多沿山脊或顺山坡方向布置。为了满足防火及风水因素需要，常聚居较少户数，加大建筑间距，使之稀疏成片布置。建筑周边空地较多，多用竹篱等围合作为菜园，四周翠竹环抱，道路蜿蜒穿插，一片不甚规则的自然情态。村落中一般有开阔场地，是为了住民举行目脑纵歌这一最为隆重的民族节日时使用的，是谓"目脑广场"。有专设的阴阳"目脑柱"，其上绘以如大刀、蔬菜、正三角形等象征吉祥、美好、勇敢、团结的各色图案，以及其他代表生产生活场景的图案。

其民居有低楼式、高楼式、平房式、外廊式四类。低楼式是景颇民居中最常见的住房形式。平面为长条形，楼面架空，底层高0.6—1米，下面养鸡鸭等，上为住房，楼层很低，楼墙仅1.2—1.5米。进口设在山墙端，经过开敞的门廊可进入室内。也有些在房屋附近另建畜舍。高楼式平面亦为长条形，底层高于低楼式，在1.6—1.8米，是农事活动的场所，上层与低层式相同。一层平房式常设3—4间房屋，室内高约2米，采光条件良好。其中农事活动多在房屋一侧较浅的开敞式门廊内进行。偶见两层的外廊式，低者1—1.2米，高者2—2.2米的下层空间用来放置粮食及杂物。厨房另设，与正房呈"一"字形、"丁"字形、曲尺形或"凹"字形。室内房间组成也颇有地域民族特色：有主要用以接待客人及商定家事的"瓦夺"（客厅）；有供青年男女交往的"敢拓"（客室的一类）；有从上到下按辈分排列居住的"瓦模"(卧室区);有用于祭奉太阳神的"目代瓦"(神室);有用灵筒供养已死去不愿回到老家(太阳宫)之亡灵的"家堂";有用于存放粮食作物的"屯位室";有用作儿子婚房的"瓦当";还有酿酒室及厨房。其中"目代瓦"表明了景颇族崇拜太阳,认为自然界中万物的鬼、灵、神都能给人以祸福的民族信仰观念。这个空间充满了神秘的色彩,任何人都不能随意打开。它常年关闭,仅在跳目脑纵歌或家里有病人到太阳宫取神药时才使用。

建筑结构依赖于当地丰富的竹木资源,有竹结构、竹木结构和木结构三种。常以片竹或圆竹做墙,使用草顶的倒梯形屋面有更好的防雨效果。装饰皆朴素不加修饰,保持材料粗糙的自然形态。

布依族自称"布依",史籍称其先民为"仲家""夷家",主要集中在贵阳、安顺、黔西南、黔南等地。地区气候温和,夏无酷暑,冬无严寒,雨量充沛,山多石多,不宜发展黏土砖及夯土墙建筑。布依族为小家庭制,小规模的民居有多种形式:有瓦顶或茅草顶的干栏房,也有全楼和半边楼,当然最具特征的还是石头房,多为居住在镇宁、安顺以及六盘水一带的布依族所建。其村落多布置在依山近水的平缓地带,在石山簇拥下利用地形高差,充分发挥山地竖向组合的优势灵活引导河流,布置田园、建筑和植物。村落多用大墩子石砌筑牢固的围墙,配建明碉暗堡,有石质山门作为村落主入口,颇有气势。村内通道、碑、桥、牌坊皆为石质。建筑除柱、梁、横檩、楼板用木结构外,其余也全用石料,包括基础、墙体、屋面瓦、门框、窗棂、地面、踏步,甚至桌凳、盆磨、农具,反映出干栏式房屋的建筑本源。其朝向顺应地形灵活多变,多为两层,下层供农事,上层住人。布局多为一明一次间或一明两暗三开间的长方形平面,除一般使用功能外,还常利用各楼层的大面积空间储存杂物,例如石板镇布依族民居、镇宁扁担山黄桷树村民居等。墙体用方块石、条石或毛石堆砌而成，可达5—6米高，少见石板镶嵌类。有的外表无加工，粗犷自然，仅以不规则天然块石做干砌或浆砌；有的则精凿细契，选用四方形墩子石或厚薄一致、加工整齐的条石叠砌，也浑然坚固。屋顶常用悬山式双坡排水，将屋面一侧的石片伸出相叠另一石片相砌以成屋脊，以"合硼石"（较薄的片石）铺就屋面，冬暖夏凉、隔音性强、固若金汤、风雨不透，只是采光性较差。屋顶石片需十年翻修一次，避免风化带来的危险发生。

石头房造价低廉，材料简单，再加上长期生活于这一特殊环境中的布依族男子个个工于此艺，就更使得此类建筑形式符合地域民居的基本要求，有着更好的保存及发展价值。

图 2-15 石头房

西藏位于青藏高原，人口的百分之九十是笃信藏传教的藏族原住民，地形地貌以山峦起伏、高原辽阔、湖泊众多为特征，辐射强、日照多、气温低、积温少、降水少，空气稀薄洁净、透明度好的高原气候特征明显，仅东南部分地区比较温暖湿润。西藏传统村落中主要的传统建筑类型是碉房。

碉房的记载最早可以上溯至唐代。《新唐书·南蛮传下》中曾出现"雕舍"一词，其实就是"碉房"的前身和雏形。后来到了明代，这一称呼开始在典籍中频频出现，也被称为"笼鸡""住碉"。多见石木结构，或乱石垒砌，或土筑的三层形制，"货藏于上，人居其中，畜圈于下"，同苯教中的"三界"观念呈完全对应的关系；或者上层作晒台之用，而最重要的功能则是供奉祭祀，摆放着一切供奉祭祀神佛的器物，这是藏地碉房民居的一个普遍规律。虽然从大的地理区域上看，藏族民居丰富多彩，在藏北牧区有帐房，在日喀则部分地区有草皮房，在喜马拉雅山南麓和雅鲁藏布江流域林区有井干式建筑，在阿里高原上还有窑洞，但较多分布于藏南谷地的碉房建筑无论在造型、结构、材料以至装饰上都具有更抢眼的民族特色，是藏族传统民居的主流。

在具体形制上，为了适应当地东西向风、雨量适中、晴日较多的地理气候特点常用南向带"T""L""U""口""日"等院落形式的平顶自由式建筑布局，有实体式、天井式、都纲式、廊院式的分别。平面有方形、圆形、八角形、十二角形等各种形式，其中以方形最为多见。环以围廊的院落则具有多功能性，用于织卡垫、制作金银制品、陶器等。建筑四面为直接砌在基石上的内外承重墙，由较方整的毛石或土砖砌筑，阿嘎土作灰浆，不色缝，表面有粉白、粉红或粉黄的，向上有明显收分，建筑微呈金字塔状，稳定感强烈。南向有小晒台，北侧高度稍增，起到保暖和争取更多日照的作用。屋顶女儿墙的脚线及其转角部位则是分别象征火、云、天、土、水的红、白、蓝、黄、绿五色布条形成的"幢"，以此表达吉祥的愿望。内部层高较低，隔断墙皆不到顶，中间一根主柱用来支撑纵横设置的梁枋。内部序列多由厨区进入居室，内壁面多饰寓意蓝天、土地和大海的蓝、绿、红三条色带。家具尺寸矮小，以卡垫床、小方桌、藏柜为代表，厕所多设在上层住宅的一角或者于宅外另建。有专门开设的风门、天井、窄长形窗洞、天窗，以满足防寒、防风、防震的需要。窗洞口皆有典型的藏式窗饰，即宽约20厘米的梯形黑色窗套装饰，又称为"牛头窗"。门檐和窗檐悬挂香布；门楣和窗楣均有彩绘和木构件雕饰的莲花、叠卷图案；门楣上方设龛以供奉玛尼石或其他神物，也有放置牛头以示辟邪的；门板上绘日月祥云图或悬挂风马旗，也有全部刷成黑色的，上方装饰白月亮，土红色太阳，具有原始崇拜心理。建筑的四角有高出墙顶水平面约50厘米，长约60厘米的经幡插座，或高起翘角式的"玛尼堆"，上面插玛尼杆，在微风中飘扬的五色经幡。房顶还放置祭神焚香的炉灶，对应着苯教中"上方作供祀天神"的观念。

　　当然，现在的碉房已经充分利用各种建筑材料表现自身的藏式风格。在山坡下、田野内、平坝上掩映的村落中跃动着生机，展现着古朴的美。

图 2-16　藏区建筑

除此之外，其他一些少数民族村落建筑也是异彩纷呈，营造与使用均受外部因素（行为主体与时间、自然条件、历史与文化）以及内部因素（选用材料、实施工艺、形式）等制约，反映不同的文化观念，也隐含丰富的民族情感。它们与上述各类民族建筑一起，组成了繁盛多姿的传统村落建筑。

2.2.3 传统村落的其他建筑

传统村落建筑中，民居占据了大多数。除此之外，还有很多其他用途的村落建筑，也在传统村落的生产生活中起到了重要的作用。

2.2.3.1 教育类建筑

在中国传统文化中，一直视教育为民族生存与发展的命脉，正所谓"古者建国，教学为先"。作为中国传统文化中的中国传统村落文化，也非常重视教育。"耕读传家"，种田与读书，是村落生活中的两件大事。在传统村落中，教育的方式主要是私塾。私塾一般没有特别的建筑，都与普通民居设置在一起。不过，一些经济较为发达的村落，还有一些文庙和书院。

文庙也被称为孔庙、夫子庙、学庙，或者"文宣王庙"，是人们尊祀孔子和展开讲学教育活动的官办学校之所。因为庙和学建立在一起，又被称为庙学、学宫。地方性文庙建筑功能有主次之分，首先是地方政府主持祭奠孔子及其弟子与历代儒家贤者的祭拜之所，因此建筑形制取决于祭祀制度的具体要求，以祭祀为主；其次才是学校的意义，用来开展儒家教育。其基本格局一般为：轴线对称，多进院落布局，与孔庙一脉相承，突出其庄重性和权威性；核心区以大成殿为主，东西庑为辅，强调方位；左庙右学，反映以左为尊、视左为重的文化特点；配以神厨及斋所等祭祀所需的附属设施。

书院是在我国悠久的私学历史基础上形成的一种由儒家士大夫创办并主持的社会办学形式或教育机构。它萌芽于唐代，历经宋、元、明、清，已存在了千余年。随着科举制度的产生，书院和官学作为人才培养的机构共同承担着儒家文化的传承和维系正统地位的重任，促进了教育的发展与繁荣。也正因为它的发展历史悠久，又极受重视，所以在一些较边远的村落中都有书院建筑遗存。受儒家礼制文化的深刻影响，书院建筑有着文崇东南、居中为尊、前学后庙的建筑特点，与官学建筑相比，更讲求环境的选址和场所的营建，追求传统文化的意境，寓教化于游憩之中。书院通常有三大主要功能：讲学、祭祀、藏书。以此形成明确的空间分区，讲堂、祭堂和藏书楼等主体建筑一般被安置在中轴线上，斋舍和其他附属用房布置在轴线两侧，院落空间依据自然环境层层递进、错落有致、次序井然、尊卑分明、主次严谨，营造了特有的文化空间。

图 2-17 书院

2.2.3.2 宗教类建筑

村落中的庙相比大型寺庙建筑群在构成上呈简洁性特点，为原住民提供了可以进行宗教活动的场所。稍大型的庙供奉着当地原住民信奉的主神，布局严谨统一，色彩明丽；小型的庙则可视地点灵活布置，造型简单古朴，如土地庙，这是传统村落中最为常见的宗教性建筑。

有的宗教建筑后来日渐世俗化，最典型的是塔。这种建筑类型最初起源于佛教，后来广泛分布于很多村落，成为风水布局的一部分，用来补地势，补风水，表达原住民镇压妖邪、保境安民的期望。经过上千年的发展，它已经与当地的自然环境和人文环境融为一体，体现着"天人合一"的传统思想观念，早已成为各村落的独特景观，例如为数众多的文峰塔、文星塔等。

图 2-18 塔

少数民族村落，也有很多带有本民族特色的宗教建筑。例如，在藏族地区，几乎每个村落都有规模大小不等的寺庙，具有非常独特、崇高的社会地位，多是由札仓（相当于学院）、措钦（大经堂）、佛殿（供奉佛像的殿堂）、灵塔殿（供奉灵塔的殿堂）、拉章（最高活佛公馆）、康参（僧人集体宿舍）、佛塔（也称灵塔、喇嘛塔）、展佛台（宗教节日悬挂巨型唐卡之处）、小灵塔等若干建筑类型共同组成的建筑群体。位于山地的寺庙建筑常自山顶往下依山布置，或依陡坡而建，或立于山巅，或紧靠山壁，错落排列，与环境契合，形成整体气势磅礴的建筑形象。而建于平地的寺庙则多以中轴对称布置，方形平面，多层楼房，汉式屋顶式样，密肋梁柱结构，刻画出汉藏文化结合发展的历史发展轨迹，也承载着藏族人贯穿于生活各个环节的宗教精神。而在一些侗族村落，原住民所信奉的萨，都供奉在萨坛中。萨坛是以石块堆积起来的神坛，呈圆柱状，大小不一。

2.2.3.3 商贸类建筑

这类建筑主要有会馆、商铺与作坊等，用于商业贸易之用。

有史可考的会馆最早出现于明代，是小城镇或村落中同行业的经商之人或行居外地的同乡人士集资建造的，是供聚会、商谈、联谊、办事、旅宿的综合性商业建筑。大多还建有戏台，在举行各类节日庆典或祭祀活动的时候使用。供住宿的会馆设有庭院式联排住房。部分会馆还带有祭祀功能，其中心建筑往往作为祭祀的场所，用来祭祀行业祖师或地方神灵。在众多传统村落中，会馆建筑会选址在交通便利之处，例如河运码头。其建筑形式在村落建筑中较为宏伟，通常高墙大院，装饰繁复，具有地域特色的式样，体现不同的民俗风情及地域文化交融的趋势。

商铺建筑一般营建于有商贸产业的传统村落的某一地段，规模较小。按照建筑形制有单层独体式、前铺后居式、楼阁式三类。其中单层独体式最为常见，建筑一般在街口附近最为集中，沿街道走向布置，风格与村落各建筑风格统一。铺面开间多为单间，没有后院，存货均放置在经简单分隔的屋顶隔层上，或直接堆放在间内；略大的以2—3间为主，店后常配有简洁的房屋作存储之用。若几间商铺处于相近位置，还可用屋顶连为一体。前铺后居式商铺建筑以院落为主，保留传统村落民居的典型特征，只是临街一侧用作商铺。楼阁式商铺建筑所见较少，仅出现在城镇附近或自身财力雄厚的村落中。

有的建筑集商铺与作坊的功能于一体，也就是以商业为主，兼有传统村落小型手工业生产的功能。其形式简单，功能单一，常见于榨油、酿酒、编织等家庭作坊式的手工活动。

2.2.3.4 纪念类建筑

在众多因聚族而居而形成的传统村落中，祠堂无疑是所有建筑类型中最重要的种类之一。它的功能首先是祭祀，是供村落原住民祭祀祖先或先贤的场所，有宗祠、支祠和家祠之分。除了祭祀外，祠堂还有多种用途：它可以是家族内部的道德宣判法庭，如果族人犯了族规，则会在此接受相应的处罚；可以是家族的社交活动场所，族人重大的人生礼仪，如婚丧嫁娶都要在此走过严格的程序，每逢节日庆典，也会在此安排唱戏等娱乐活动；可以是公益事业的议事之所，如修路、建公共用房，都是在此商议后记录在册并立碑记事；也有附设学校的，族人子弟可以在此接受教育。鉴于祠堂的功能之多，场地开阔，因此在建筑形式或是各装饰细节上均十分讲究，通常着力凸显厅堂的高大、雕饰的精致、用材的考究、用色的气派。堂内还会配以书写宗室姓氏渊源、族人的荣耀与贡献、妇女贞洁等内容的匾额。现存的村落祠堂大都为明清遗物，通常与村落民居建筑的风格相一致。

例如，在徽州的传统村落中存有大量的祠堂、牌楼。祠堂几乎在徽州各个村落中都是重要建筑的代表，是村落中最贴近精神层面的建筑类型。与其他地区祠堂建筑相比，建筑尺度相对来说还是宜人的，格局仍然是传统的严谨均衡和对称。除了内部均饰以大量的石雕、砖雕、木雕，装饰华丽、精雕细琢之外，通常采用无窗无饰的白色宽阔墙面与黑色大屋顶形成强烈的无彩色对比效果，用幽暗严肃的厅堂与明亮开阔的天井形成明暗对比，等等。这样的方式为强劲视觉张力的形成创造了条件，也使其古朴性更为突出，更加强调了祠堂的存在感。

牌坊的建筑体型比碑大，是一种门洞式的纪念性建筑，代表了汉族建筑文化特色，是传统社会为表彰功勋、科第、德政以及忠孝节义所立。也有的牌坊是用来标明地名的，又名牌楼。在很多村落，牌坊也是祠堂的附属建筑物，昭示家族先人的高尚美德和丰功伟绩。牌坊多为石质，通常有典型民居风格式样特点，并附之以精美的雕刻装饰。也有将几个牌坊连成一片建造的，气势浑然。牌坊没有具体的使用功能，其主要价值偏重于精神层面。在传统村落中，往往将牌坊立于祠堂前或村口的显著位置，标志着村落空间序列的起始，村落原住民可以通过穿行而过而感受到它的存在。在传统村落中，最为壮观也最具社会与学术价值的牌坊，当数歙县棠樾村牌坊群。它由七座牌坊共同组成，按忠、孝、节、义依次排列，从一个侧面勾勒出徽州传统社会伦理道德的概貌。虽然其建造的时间跨度长达几百年，但建筑风格仍然浑然一体。

图 2-19 祠堂

墓、碑等建筑，也主要作纪念之用。

在中国传统文化中，人们相信人死后必须入土才能"为安"，从一个侧面反映了中国人对自身与环境关系的思考。在长期的传统宗法制度下，人们更加重视丧葬之礼，提倡"慎终追远"。因此丧葬之礼的程序繁多，尤其重视坟墓的修建。墓也是传统建筑的一个类型。墓地常选择在人生前居所的就近山头或平地。在传统村落中，有一些规格较高的墓，无论坟冢、墓围、墓碑、碑帽、栏杆、墓阙等都颇为讲究。村落中还有大量的碑刻，种类多样，形式也比较丰富。有单纯刻上简单文字以纪念人或事的，如墓碑、功德碑；也有放置于路旁作为村落标志的，如路碑；还有的以相对固定的形式出现以表达村落原住民镇宅、护路、守村的美好期望，例如"泰山石敢当"碑。

图 2-20 墓

图 2-21 碑

2.2.3.5 民用生活类建筑

仓、磨房、禽畜栏圈、水井等均属于民用生活类建筑，有的作公共之用，也有少数属私人搭建或开凿。在传统村落中，仓就是储藏物资的建筑，如盐仓、货仓、粮仓等，常为宗族内共享，在需要时按需分发。磨房也称为磨坊，是用以辅助农产品再加工，磨制面粉等的作坊。禽畜栏圈的形式多样，可方可圆，可封闭可通透，可设于建筑外，也可在室内单独分区开设，面积也视空间大小自由设置。离河流较远的村落，通常以水井提供生活饮用水。大型水井可供全村之用，小型的水井则开凿于自家附近，仅供一家之用。水井大部分露天，也有的在井口铺盖石板。讲究一点的则会建设井亭，以确保水的洁净。

图 2-22 井

2.2.3.6 其他功能性建筑

亭与台本属于园林建筑类型。亭在园林中作"点景"与"引景"之用；台则多附属于建筑形成"观景"设施。在传统村落中也可见亭与台，它们除了起到原本的驻留与辅助观赏作用，以及用作建筑基础之外，还有一些灵活的变通功能。例如，有文亭与武亭，用以纪念在当地有一定影响的读书人或者习武者；有路亭，一方面可供人休息，另一方面也丰富村落朴素的人文景观；有井亭，用以保护下方的水井不受污染和破坏；还有碑亭、钟鼓亭等。台可以与亭结合，形成统一形制的亭台，常见的还有单独搭建的，如广场中的戏台等。

图 2-23 亭　　　　图 2-24 台

桥也是传统村落中常见的重要建筑。村落总是围绕着水而修建，有水的地方，通常都会有桥。最常见的是横跨河或溪流的桥，无论其造型多么简洁，都能够满足人、车、牲畜通行之用。同时它也承载了原住民的感情，与环境一起营造村落的精神。在传统村落中，捐钱修桥是一件积功德之事。通常在竣工之后，会将桥的捐助者及事迹铭石刻碑，留作纪念。

图 2-25 桥

一些少数民族村落中，还有很多独特的功能性建筑。例如，侗族村落建筑有"三宝"之说，即是风雨桥、鼓楼与凉亭。

风雨桥属于廊桥的一类，多称"花桥""福桥"，通常横跨在溪河上，是一种有木柱支架和横梁斗拱的亭阁桥。作为侗乡具有独特风格的建筑类型，风雨桥广泛流行于湖南、贵州、广西等地。它的外观层层叠叠，顶部重檐少则三五层，多至七层，有四角、六角、八角攒尖或歇山顶，脊饰丰富，封檐多有装饰图案，别有韵味。亭阁间一般有长廊连接，两边广设栏杆、木凳或美人靠座椅。桥内也设神龛，供奉关帝、始祖、文昌等。所以，风雨桥既能够避寒暑遮风雨，又兼有祈福的作用和吉祥的寓意，是村落连通外界的通道，疏通"财气"，带来"福气"。

图 2-26　侗族风雨桥

与风雨桥风格统一的座座鼓楼气势雄伟，伫立于侗寨寨头、寨内要道或寨中公场中，又名古楼、聚堂，是侗族村落的标志性建筑与侗族人民团结的象征，在住民心目中拥有至高无上的地位。鼓楼多为纯木结构，采用穿斗榫卯嵌合，密檐塔式，层层而上，少则三五层，多达十几层，飞阁垂檐，极富韵律。在各瓦檐上还有丰富的彩绘，通常表现云腾雾绕的大好山水，五彩缤纷的花卉，跃跃腾飞的龙凤、飞鸟，还有鲜活的人物场景。每逢村落大事，村落原住民都会相聚于此共同商议，或者共着盛装，对歌唱戏，同庆节日，此外还有休息、接待、文娱等多种用途。在大型村落中，鼓楼会有 2—4 座，一姓一座。寨中公场的鼓楼底层多作烤火或休息用；处于交通要道的鼓楼则多作为通道或兼寨门之用；还有个别鼓楼位置特殊，相应伴有眺望之用。总之附属功能相对来说较为灵活。

图 2-27　鼓楼

2.2.4　传统村落建筑的材料与装饰工艺

中国传统村落建筑所用的材料都是就地取材，地域性特征十分明显。大体来说，既可分为有机材料和无机材料，也可以分为天然材料与人工材料。天然材料是指加工较少的材料，如木材、石材、草、竹、泥土、生漆等；而人工材料则是指对材料的加工程序较多，但并非现代意义上的人工合成材料，如瓦、砖、三合土、石灰等。整体来看，传统村落的建筑材料都是环保材料。

2.2.4.1　常用建筑材料

中国地域辽阔，各传统村落分布地区的自然条件不同，建筑材料的质地、纹理、密度等属性也各不相同。现按照有机材料和无机材料两大类进行简要分析。

有机材料主要来自植物，其中木材是非常重要的传统建筑材料，也是最早开始使用的天然材料之一，在传统村落中有着广泛的应用。木材有着质轻（因树种而不同）、强度高、弹性好、韧性好、抗冲击、抗震、绝缘性较强（随含水率增大而降低）、隔声隔音效果好、易于加工和涂装，具有个性风格和文化品位，色泽悦目、纹理美观等诸多优点。在结构上，木材主要用于构架和屋顶，如梁、柱、椽、望板、斗拱等；在装饰上，还能够通过"巧工"的雕刻工艺达到巧夺天工的境地，给人以自然美的享受，还能使室内空间产生温暖与亲切感。村落建筑的木材通常不作修饰，朴素出镜，但经济条件较好的建造者也多在其外表施以漆料，一来可以更美观，二来可以防蛀和防潮。

有些特殊的树木，通常不直接用其木材，而是用它的分泌物，例如生漆。它又名木漆、土漆、国漆，是从漆树皮部采割出的乳汁天然涂料，是漆树新陈代谢过程中的自然分泌物。它初流出时为白色黏稠液体，但易于氧化，表皮呈黑色。生漆具有耐酸、耐碱、耐高温、耐腐蚀、防锈、防潮、防辐射、绝缘等特性，用途广泛，旧时被称为涂料之王。用其涂饰的建筑漆面光洁，能防腐抗热，经久耐用，色调深沉稳重。当然，也可以作用于家具、工艺品表面。另外，桐树分泌的桐油，也经常刷在木材表面，可以防止木材腐烂，延长其使用寿命。

中国传统建筑中的植物性材料中，竹的应用也十分广泛。竹生长迅速，产量高，相比木材的生长周期要短，年年都可定量伐取，是一种极易更新的材料，又具有很强的灵活性，能够弯曲，并且持久耐用。从云南的傣家竹楼就可以看出竹质建筑的良好性能。整根的竹可以用以联合，搭建成建筑构架；劈开的半片竹可以支撑墙面和屋顶；竹篾亦可以编织成各类生产生活用具或装饰品，丰富建筑空间，方便村落原住民的生活。

在一些村落中，草也被用在建筑上。它的优点是可以储蓄能量、隔绝空气，并且绝缘。捆扎结实、密不透风的草料甚至还有阻燃的良好性能。在村落中常见用秸秆固定、包扎成捆的草填充墙壁，或覆满整个房顶，形成"草墙"或"草顶"。不过，草的寿命不长，通常几年就需要更换。

无机材料中，主要是石材和泥土。石材有着其他天然材料不可比拟的耐久性，因而以之为主要材料的西方建筑才得以历经数百年、数千年之久保存下来。村落中常见的是板岩和青石类。它耐用防潮，在村落建筑中多用于墙基、柱础；它冬暖夏凉，因而用其满铺的地坪成了调节建筑室内温度最有效的部分；它还可用沙子、黏土或者石灰等土制黏合剂粘在一起，形成吸热性能良好的墙壁。但是石在拥有诸多优势的同时也存在加工耗时耗力、运输不便的缺点，所以村落中石的利用通常都是就地取材，就近施工的。

同时，石灰石、白云石、白垩等这类碳酸钙含量高的石头，经900℃—1100℃煅烧之后，就成了石灰。石灰具有较强的碱性，在常温下，能与玻璃态的活性氧化硅或活性氧化铝反应，生成有水硬性的产物，产生胶结。石灰是人类最早应用的胶凝材料。我国先民从公元前7世纪开始就在建筑中使用。由于其原料分布广，生产工艺简单，成本低廉，所以在传统建筑中使用十分广泛。

泥土也是一类分布范围最广最易获得的自然材料，在乡间沃野之中随处可得。古代的城墙、宫室最早就是用土夯实来营建的，密实程度甚高，有的甚至保存至今。在今天的传统村落中，夯土建筑仍然多见。它们或是在整面墙上呈现整体性的美丽裂纹，或是分作单块的夯土砖逐层砌筑，表面以土泥抹平，中间以泥浆加碎石、砂填缝，能够储存热量，消解潮气，节能环保，在木和石稀缺的地区可以在一定程度上取而代之。此外，土还是充当建筑配比材料的主要种类之一。

泥土通过加工以后，还可以制成更加坚固耐用的建筑材料，如砖和瓦。

砖分为烧结砖（主要指黏土砖）和非烧结砖（灰砂砖、粉煤灰砖等），俗称砖头，早在春秋战国时期就陆续得以创制出来，到了秦汉时期，制砖的技术、生产规模、质量和花色品种都有显著的进步，也因而有了"秦砖"之称。作为传统村落中的主要建材之一类的泥砖是由各类黏土、沙子、水和秸秆混合浇筑而成的，堆叠砌筑，泥灰浆填缝，与夯土砖类似，有着存贮能量的优点，但抗湿性差。在气候湿润的地区就要使用青砖或红砖，它不仅耐久性好，而且有一定的抗震缓冲性。

在传统村落中，瓦一般指黏土瓦，是以黏土（包括页岩、煤矸石等粉料）为主要原料，经泥料处理、成型、干燥和焙烧制成的。烧制黏土瓦的泥土要求杂质少，可塑性强，泥料均化程度高，等等。黏土瓦的生产工艺与黏土砖相似，有小青瓦、脊瓦和平瓦之分。因为各地区原材料中所含物质的区别较大，制作瓦的过程中也有不同的技术差异，所以瓦最终呈现出的色彩差异也较大。

此外，也有将由石灰、黏土和细砂组成三合土的。在不同的地区有不同的配材与惯用比例。经分层夯实，具有一定强度和耐水性，多用于村落建筑的基础或作路面垫层使用。

2.2.4.2 主要建筑装饰工艺

在中国古代及现代建筑史中，建筑装饰工艺因其实践性和表现出的精美程度历来都受到学者的喜爱。传统村落建筑中，大多具有十分精巧的装饰工艺。按照其装饰技巧，可以分为雕、饰、挂三种类型，具体又可以分为木雕、石雕、堆塑和彩绘。

根据考古发掘的研究成果来看，建筑装饰木雕早在殷商时期就已经出现了。它依附于建筑实体，紧紧结合木构架原则和各构件造型，根据建筑本身的特点量材加工，成为一种独特的艺术形式。到了春秋战国时期，有了"丹楹刻桷"的常规做法，所雕各图样生动逼真。木雕技艺至宋代发展成熟，宋代李诫的《营造法式》将之具体分为混雕、线雕、隐雕、剔雕和透雕五种基本形式。现在所见传统村落木雕主要是明清两代遗留下来的，以人物故事、花鸟图案为主，其他祥禽瑞兽也颇为多见。传统建筑木雕分为大木雕刻和小木雕刻，前者为梁、枋、斗拱等大型构件之上的装饰雕刻；后者则包括家具在内的细木工花饰雕刻。根据构件的不同位置、形状和木质的差异，具体雕刻手法会有所变化。例如，梁的木雕装饰多采用浮雕、采地雕、线雕手法。简单的处理方式多顺着端部曲线刻龙须纹、波浪纹或植物花卉纹；复杂的则需在端部和中央都进行雕饰处理，表现的内容包罗万象，既有人物、动物、房屋设施，又可以表现生活中生动的场景，形式上对客观事物进行描述，同时也蕴含了丰富、深刻的文化寓意。

木雕技艺早在《考工记》中就有记载，具体雕刻程序是在木材上做减法处理。首先需要对选好的木材进行人工干燥或自然干燥等脱水处理，而后才能根据所装饰部位的规格尺寸、比例等确定雕刻的题材和形式。在雕刻的过程中，匠人会根据木料的木质密度、强度、形状、疤结位置、纹理特点进行打坯、修光、打磨、上色、打蜡、嵌铜丝、嵌牙目等具体工序，所需时间因雕刻的精细程度而有所差异。

在中国众多传统村落建筑中，木雕也有着民族性和地域性差别。譬如山西木雕浑厚朴实，同时又兼具纤细繁密的特征；安徽木雕雍容有度，讲求典雅；广东木雕既有贴近生活的一面，又会髹漆贴金、精巧靡丽；浙江木雕重于表现社会政治伦理和宗教信仰，有着大众化的审美趋向；四川木雕则是丰满均衡、平和中庸、典雅质朴。

图 2-28　木雕

石雕也是中国传统村落建筑的重要构件和装饰物。石雕大体上可以分为三类：一是构件类，如门框、抱鼓石、台阶、柱础、墙基、转角石等，雕刻手法可粗可精，多按照构件的原造型表现某种吉祥的寓意；二是建筑附属物，有石碑、石华表、石像生等，脱离了建筑形体本身，不受形式左右，雕刻多自由，表现也更为灵活；三是建筑陈设，如石香炉等，体积较小，雕刻手法细腻。在传统村落建筑中，石雕相比木雕可以保存的时间更久，因此便有了反复雕琢、精益求精的可能。现在所见的石雕年代跨度也很大，从汉代到明清时期无所不包，所雕刻的题材广泛、风格多样、品类丰富。可以说，从小小的石雕中就能阅读出中国村落历史的发展轨迹，品味中国传统文化的性情。若按制作的工艺方法不同划分类型，则有浮雕、圆雕、沉雕、影雕、壁雕、透雕、线雕、微雕等，平面的雕刻则可以分为阴刻、阳刻两种，各有特点，独具风格。

同木雕能够反映出不同的民族文化特征一样，石雕也有着地域差别。福建地区的村落，石雕历史悠久，是我国保存石雕最多的地区之一，以花岗岩雕刻为主，作品通常大气浑厚，连贯性与叙事性强。河北与北京等地村落的石雕，材料以大理石为主，主要表现题材是人与动物，体积感和厚重感强烈，充满张力。山东等地的村落石雕多是建筑小品和仿生雕刻的小型器具，有一定的宗教特色。广东等地的村落，其石雕代表了南方石雕的综合性特色，精致而细腻。

传统村落建筑所用到的另一类装饰材料是泥，具体表现为堆塑的形式。堆塑也称"堆贴""塑贴""堆雕"等，是指在建筑的屋脊、屋檐起角、窗台檐口、门罩或墙体铺面处，以特别调制的泥料引出或者塑出立体状的纹饰贴于坯体上的一种装饰方法。所用的材料配方以三合土、五合土居多，但具体成分和比例各地又有不同。制作方法主

图 2-29　石雕

要有两种，一种是在瓷泥塑造成型后，浇注石膏模型，等注浆成型后再进行手工修饰，此类方法可以成批制作，大量复制；另一种是先用瓷泥堆雕，然后再挖成空心瓷坯成型。

具体的步骤大体如下：在待塑的墙面先插入在桐油中熬煮过的木条、竹条作为支钉，以此为支点用竹篾扎出龙骨，用塑泥堆贴其上，后待干湿适中时以挤、捏、拉、粘、剔、雕等方法堆塑出各式造型，最后在控制其干湿度的情况下在相应部位涂饰矿物或植物颜料。

除上述几例以外，彩绘也常见于传统村落建筑的装饰中。建筑彩绘在我国春秋时代已经出现，是作用于传统建筑上，具有美观性与防水性的绘制式装饰图画。它主要被绘于梁、枋、柱头、门扇、雀替、斗拱、藻井、椽子、栏杆等构件上，在一定程度上也起到了增加建筑寿命的作用。在各地传统村落建筑中的彩绘，表现较自由，多表现瑞兽良禽、仙人神灵，以及面容鲜活的人物组成的生活图景，可以体现不同地区村落的特色习俗与审美习惯，带有浓厚的地方特色。在广大南方地区，多雨潮湿，彩绘通常只用于建筑内檐；而在北方地区的村落建筑中，则内外兼施。所用颜料主要是矿物质，用水胶、牛皮胶、鱼鳔胶等加上各色色粉调配而成，也有用桐油拌色粉直接使用的。彩绘的步骤烦琐，程序严谨。多用血料、砖灰、灰油、纤麻等原料调配而成，起防水防腐作用的地仗层上经过放制画样后绘制，具体分为基底处理、分中、做谱子、拍谱子、沥大小粉、刷大色、包黄胶、做晕色、画白活、修饰调整等各个步骤，各层材料配比均有一定规制，具体绘制过程则更为精巧工细。

图 2-30　彩绘

2.2.5　传统村落建筑的营造思想

各个不同地域、不同民族和不同时代的传统村落建筑，映射了在不同层次的制度层面下的营造观念与法式，也反映了"天、地、人、物"四者之间处于一个和谐的文化系统之内,让我们逐步对中国人关于人与建筑、环境的关系形成了较为深刻的认知。

中国古代对"天地"的认识是模糊的,也就是把外部自然的天地(物质环境)和神性的天地(精神环境)混为一体,广至宇宙的概念。例如,《周易》中说:"有天地然后万物生焉。盈天地之间者唯万物,故受之以'屯';屯者盈也,屯者物之始生也。"《荀子》中说:"夫星之队(坠),木之鸣,是天地之变,阴阳之化,物之罕至者也。"这些都包括了人们产生各类意识和认知情感的心性与境界。它的模糊性表现在既不像人格神的绝对主宰,也不像对自然物的征服改造[1],反映为人主动顺应、遵循自然规律的动作和平常、本性之心态,以及被动顺从的崇拜行为与心理。在中国传统建筑思想体系中,"天、地、人、物(建筑)"之间的关系始终围绕着"认同、和睦、协调"而展开。这是建筑活动发生的存在"环境"和氛围。

中国传统社会自古就有按建筑所有者的社会地位规定建筑的规模和形制。这种制度至迟在周代已经出现,直至清末,延续了2000余年,是中国古代社会重要的典章制度之一。

追溯中国古代社会的源头,其实在一定程度上就是一个以儒家思想文化为价值取向的宗法社会。中国建筑的历史也伴随着社会发展的足迹,随着朝代的更迭受到宗法制度和礼制的影响,由此逐渐发展成一种在社会范围内认可的建筑秩序。自周代始,它就已经成为国家的根本制度之一,并且开始以"礼"的形态表现在村落建筑的各个方面。例如,根据建筑所有者地位的不同,建筑形式存在差异,建造所使用的夯土起台、石灰抹面等装饰也都有所区别。唐代开始,建筑的

---

[1] 参见李泽厚《中国古代思想史论》,生活·读书·新知三联书店2008年版,第336页。

风格有所变化。与周代"礼不下庶人"相区别，唐代要求宫室之制自天子至庶人各有等差，由此更加关注对建筑体量及其相关方面的控制，且宗教意味减弱，开始了向世俗的转变。当时的村落建筑从祠庙到民居都表现出了空间层次分明、分区次序严谨、造型色彩使用控制性强等特点。宋、元时期基本沿袭唐制，更加强调儒家礼制，经过不断修订、补充的建筑等级制度更加详细严密。到了明代，建筑等级制度的意味有所减弱，世俗化倾向明显。如龙凤装饰图案在村落建筑中变得越来越常见，而且风格逐渐变得秀气婉约。清代的建筑等级制度可以认为是对明代制度的补充。村落建筑等级大体上承袭明代，只是更趋于细密和"宽松"，建筑群体形象定型化，如对府制的规定，包括基高、各房屋重数、门广数、正屋压脊、梁栋装饰等。一些受建筑禁令所限带来的影响现在仍然可见，如北京周边村落大量四合院民居均为正房三间，江浙一带的传统村落民居多涂黑漆等。总体来说，中国传统村落建筑的等级制度发展，经历了从粗疏到缜密，从重宗教到偏世俗，从多象征到更注重社会价值、美学意义的诸多转变。但是，依附于传统伦理思想的建筑秩序感，始终影响着村落建筑的构造。

从传统村落建筑的内容和形制来看，体现了人们对功能、社会秩序的需求，建筑标准是人们对建筑程序的系统规划后制定出的章程，从中都可以见出"礼"，即伦理思想的影响。小的方面，"礼"被谓之生活交往中的行为规范，既能发生在建筑外部，也可以在建筑内部空间结构中呈现出多样性和丰富性，如生活用品摆放的主次，各级道路的宽窄都能让人感受到《荀子》所说的"人无礼则不生，事无礼则不成"。"礼"在人们心中代表了规矩与规则。大的方面，"礼"亦指政治法律制度，其中也涉及对建筑的详细规定，所谓"国无礼则不宁"。北京周边村落的四合院落，正是因为与皇城相邻，受到等级伦

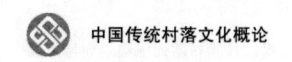

理制度的影响更为深远，所以无不显得中规中矩。

儒家所推崇的伦理思想，在中国历史上一直影响传统建筑形制的发展。它逐渐成了一种固定的模式。首先，在屋顶式样上，村落建筑一般用有等级区别的悬山与硬山两种式样，而攒尖、卷棚、盔顶、盝顶等其他式样一般不加入等级序列。① 其次，数量关系、装饰与设施也能明确地体现建筑的不同等级。具有代表性的宗族祠堂和商人集团的会馆建筑，一般都有稍显奢华的装饰，体量三开间。商宅有稍显规模的蛮子门，但绝不能使用金柱大门和广亮大门，门的上方也不可设雀替（官职等级的象征）。而普通民居则至多只能做到三开间，不能有所突破。门户也只能采用窄小的如意门或墙垣门，院内不允许栽种显示高贵的海棠，也不能设大气的池塘，只能有朴素的本地树种和鱼缸。再次，在建筑院落布局上有着严格的等次分属，不可僭越。以四合院为例，均采用正房三间居中，黑漆大门，两侧厢房相对而立的基本格局，建筑正对院落，内外区别严格，居住与会客主次分明、尊卑有序，对外隔绝，自成天地。

但这不是绝对的，事实上，为了满足不同的地区对建筑的不同需求，传统建筑形制也可以在其允许的范围内产生持续的、潜移默化的发展。甚至在一些偏远的村落，有的家族因为财力雄厚，建造的民居往往僭越了礼制。例如，湖南湘中地区的荫家堂，是清代因为卖米致富的申氏家族所建造。共计有五进九排，站在后山上俯瞰，显得气势恢宏。其实，它的建筑布局已经带有九五之尊的暗示，显然，在皇权时代，这种营建规格是要冒着很大风险的。不过，由于其地处湖南腹地的山区，远在北京的中央政权根本管不到，当地的官府也就不太在

---

① 参见柳肃《营建的文明——中国传统文化与传统建筑》，清华大学出版社2014年版，第28页。

意。有学者指出，形制的变化也影响着等级制度本身的调整，若是出现违制、僭越现象，而新的统治者又无力改变它的时候，就不得不在新的建筑等级制约中予以承认。① 这个结果对照荫家堂，显然是符合事实的。

具体来看，传统村落建筑的营造思想大概可以表现为以下几个方面。

其一，天地俱法。"天地俱法"按字面理解强调"法"的名词含义，突出其广泛性与客观存在的属性，即天地皆规律、标准、法则。究其深层含义，则"法"可为动词，需"观象"而后"法象制器（建筑）"，强调人应主动遵循"天地"之法，效法的无条件性，以及"天地"之法对人之建筑行为的绝对约束性。这种朴素的建筑思想形成的现实历史基础一方面是人的生存与发展必定与"天地"有着密切的关系，不得不按照"天地"之法行事（营造建筑）；另一方面由于初时阶级统治尚未建立，原始部落内部根据当时经济政治结构和血亲宗法制度与"天地"维持着和谐、依从的关系，正如《庄子》所说："天地者，万物之父母也，合则成体，散则成始。"外部自然天地的法是具体的，易理解的，具有自然和文化的属性，"天地有大美而不言，四时有明法而不议，万物有成理而不说"；神性天地之法强调精神之"礼"的社会属性，法礼一体，故《礼记》云："必以天地为本，以阴阳为端，以四时为柄，以日星为纪，月以为量，鬼神以为徒，五行以为质，礼仪以为器。"

在原住民看来，传统村落建筑能汇聚"天地"之气。从各类在自然中人化的要素来看，"法"反映在环境的特殊性中。黑龙江省横道河子镇的村落冬季漫长寒冷，夏季干燥且日照强烈，背靠佛手山，木

---

① 参见王鲁民《中国古典建筑文化探源》，同济大学出版社1997年版，第47页。

材种类多样，开采量大。历史上曾经历过中东铁路建设时期，同时拥有东北地域文化与丰繁的俄罗斯文化脉络。于是，镇子周边的村落中，老式民居就用数十厘米厚的砖墙体，或大块石料为基加上原木"木刻楞"墙体结合三层窗体来抵御寒冷、大风和霜冻，利用轻巧简洁的大坡顶屋面尽可能减弱风力和积雪对于建筑自身的影响，各类设施均有厚重严密的保暖和防晒层。从建筑中我们得以读取地域"天地"之法，并能通过建筑还原"法"的动作技艺和过程。从精神意识方面考虑，传统村落延续上千年的"礼""法"精神已经通过村落原住民观念的映射，早已融入建筑之中。例如，在湖南涟源杨市镇的村落，其规划在堪舆选址的基础上力求秩序，家族堂屋建筑朝向必须能够"聚气"，整体布局严谨统一，由三堂统领其他四平八稳排布的空间。这类建筑正是宗族礼制思想的外在表现。

其二，妙肖自然。这本是李渔在谈造园时的一个重要参照法则，亦是其评价各建筑成败或优劣的标准与依据。"肖"首先在于"肖形"，求形似，也就是建筑要以具体自然物为参照蓝本，肖自然之物的形态，如利用树皮、木枝建造"树屋"。但这仅是表层，是一种粗浅的"肖"。其次，"肖"应"肖神"，期神似和情似，也就是建筑应模仿自然物的内在精神与品格情感，"度物象而取其真"，"形神兼备""以形写神"才能令建筑鲜活，最终符合村落原住民亲自然的本性，这才是"妙肖"的至高境界。在广西龙胜县平安村，壮族建筑中特有的连屋依山而建，顺地势绵延而上，气势如虹，"千层万级绕从峰"，将穿插于其中的建筑"隐"于自然之中，乃平和低调之态。这里体现的不仅仅是仿自然之山形，更重要的在于"肖自然之势，近自然之情"。通过建筑与自然的配合，突出山势挺然直上，有如劲竹孤桐的神情。相比它的峭然，安徽黟县西递村那宜人的建筑尺度，黑白色搭配质朴的民居外观及独特的马头墙式样，古老粗犷的石质铺路等，仿佛是自然产生的，柔和而唯美。实际上，它们是徽州秀美山水的延展，是当地优雅、静默的自然品性的反映。

其三，物有所需。"物有所需"即是说建筑往往是根据人的需要而产生的，反映了造物的目的性。崇实致用则是由本原意识出发，最朴素的建筑法则，二者之间有自然的承接关系。关于"物有所需"，《淮南子》中说："筑土构木以为宫室，上栋下宇以避风雨，以避寒暑……人各以其所知去其所害，就其所利。"张书琛对这种有目的性的建造行为做了进一步阐释，认为正是当人类对建筑有所需求，并且自身也具备劳动行为的能动性时，"个体获取这种东西的外显操作活动就会必然发生"[1]。人的需求有物质与精神之分，物质需求是为了令人在环境中的生存更舒适方便，身体状态更得利；精神需求伴随着物质需求同属于整体性的人性需要，将人特殊的、高层次的意识、认识、思想予以实现。这双方面均在建筑的创造过程中得以统一。如在江浙传统村落中常见的，由建筑的入口处延伸至河边的石板就是为了方便洗衣、淘米、择菜等具体生活行为。大块石材一般不会经过精雕细琢的深加工，多是开采出来以后经粗略砍凿便直接堆砌使用。石身因近水覆盖了绿色植被，表面经过长期踩踏显露出光滑的磨痕。在精神上既体现了人亲水、近水的本性，又可以将人的心灵沉浸于厚重的历史中。但这双方面需求通常会以一方占主导，如祠堂原本也就是崇宗祀祖之用，后随着时代的演变增加了办理婚、丧、寿、喜事，商议、聚会的功能。

其四，崇实致用。有了住房的需求就有了建筑的动机，具体是要

---

[1] 张书琛：《关于价值原始发生过程的考察》，《内蒙古民族师范学院学报》1999年第4期，第25—32页。

求"崇实致用"的。恩格斯就曾经评价说:"在一切实际事务中,中国人远胜于一切东方民族。""崇实"始出自东汉王充的《论衡·定贤篇》:"虽文如锦绣,深如河汉,民不觉知是非之分,无益于弥为崇实之化。"意为崇尚实际,崇尚朴实,也就是强调建筑的实用价值,是实学思想的一个重要表述,晚明时期的中心就是"经世致用"。以王艮、李贽为代表的启蒙学者认为应以崇尚实学为本,读经书为末。"致用"就是尽其所用。仍以湘中杨市为例,镇内堂屋建筑出入口道路以最大程度的便捷性连通着外部环境与建筑内部秩序空间,同时考虑到人在路途中的感官体验,利用道路节点的布置营造出充满生机的沿路景观;内坪道路同时满足行走的基本要求和家庭院落生活需求;室内道路的物象表现则更为质朴,石质路面坚实耐用,在经历了历史的变迁之后仍基本保持原貌,实用性极强,即使偶有图案配装的铺地也是为了承载村落原住民对于家庭吉祥的期盼之意;天井道路更是关系民生的实用性特征,满满地融入了村落原住民丰富多彩的生活图景。这些道路尽其所用,从一个微小的侧面证明"物有所需,崇实致用"是传统建筑功能观念的集中概括,与其他观念在实际中碰撞、融合,共同作用,最终使各种建筑物象得以呈现于村落原住民眼前。

其五,技由物显。首先来看"技"本身。在人类历史发展中,"技"始终是一个游离的概念,最初与艺术结合紧密,但随着科学的发展,它开始与"艺"分离,与科学结合形成"科技",也就是由科学派生出的技术。在中国传统文化中,"技"其实在很长一段时间内就是"手艺活儿"的指代,是一门大学问。人们的劳动行为若要被称之为"技",时间的投入、精力的穷耗、手工的锻炼和头脑的勤奋运用均是必要条件。但这还不足以使"技"形成并成熟,需要以上必要条件之间发生精妙的联系并最终得以"质变"。可以说,任何一门技都势必结合"天时、地利、人和、物宜",才能"工巧",并最终通过建筑显现而出,被人们所认知。从建筑的整体构架到细小的装饰均可以有力地证明这种情况。例如,剪纸是反映建筑生活情趣的小件装饰,也起到点缀美化建筑形象的作用。好练者随处剪,随时剪,巧于思,勤于艺,将身边的小场景一一反映在小巧的二维纸面上。也是因为建筑的显现作用,人们才有可能通过先期"知纸"与后期深入研究的过程,逐渐认定剪纸这一技能的文化与社会价值。一些技艺能手能够精熟于心,单靠一门技艺就能远近闻名。相比之下壁画之技艺更为复杂,黄河流域或长江以北地区建筑"干壁画"的载体材料都是以"粗泥搭络毕,候稍干,再用泥横被竹篦一重,以泥盖平。又候稍干,钉麻华,以泥分被令匀,又用泥盖平……方用只泥细衬,泥上施沙,候水胀定收,压十遍,令泥面光泽。凡和沙泥每白沙二斤用胶土一斤,麻梼洗择净者七两"[①]。这项技艺使得最终形成的壁画效果有着沉寂的厚重性。但不同地域的技有别,于建筑之呈现效果也有异。如流行于湘南桂阳一带有类似于"影壁"的壁画,画面看上去似乎介于二维与三维之间,透着别样的韵味。方法是先砌出平整地仗,再将调配好的石灰、细砂、瓦粉、生苎麻丝、蛋清刷涂为壁面,在地仗未干之时,用清石灰水调和颜料绘以图案,后用泥料制凸纹饰色彩,待干燥后凹凸效果明显。总之,技的产生是"顺天行、应时变、随地气、和人性、巧其力"的,在大环境中发挥人的主观能动性,遵循各种规律,并将各种制约建筑行为的反面因素转化为促进技术活力发生的强大动力,最终体现于形象的表现之上,通过人的各类感官得以进入思

---

① 胡彬彬、梁燕:《湖湘壁画》,湖南美术出版社2009年版,第93—94页。

维系统进行逻辑推演，使技术的过程明晰化。然而令人遗憾的是，虽然"技"是如此魅力超凡，但在中国古代社会中却始终是"重道轻技"的，技术高超的人也至多是"匠人"，绝没有被赞誉为"大师"的可能。这些能工巧匠隐于百姓之中，在中华大地上创造着因技而成的精美建筑。

其六，言传轻技。就技艺的传承来说，由于从未曾受到社会统治阶层的重视，没有进行过相关具体研究与保存的工作，所以历来以师带徒承、口口相传的形式继承与发展。有利的方面在于这种方式具有极强的直接性与互动性，受教者可以在实践中长时期深入学习，所以技艺能够得以全面继承，亦可以在"前人栽树"的基础上融入自身的经验与思想，自觉或不自觉地提升技艺的能力与水平，从而使技艺更为精进，甚至开创新的技艺。这就是中国传统之技在数千年之久的历史进程中越发精湛和细腻的重要原因。不利的方面在于这类传统的方式不同于西方关于技艺有诸多专门的研究与论著，没有经历过深入的论证过程，在理论方面缺乏科学性和系统性。实践方面，绝大部分相授内容完全来自历代相传的经验，主观性占主导，加上技的受教者一般仅限于血缘或业缘关系密切的极个别人，使技艺的传播范围极其狭窄。由此，"技"便表现出强烈的"一家（或一域）之技"的特点，在彰显个性的同时反而减小了技术的缺陷（在一定时期内）被解决的可能性。

如云南剑川县白族聚居地的建筑木雕就是一个显著代表。它起源于大唐天宝、贞元之际，清代张泓的《滇南新语》记载："剑川硗瘠，食众生寡，民俱世业木工；滇之七十余州，县及邻滇之黔、川等省，善规矩斧凿者，随地皆剑民也。"[①] 为了谋生，受教者自小锻炼木工技

---

① 杨丽丽：《云南剑川白族木雕的工艺及其艺术研究》，学位论文，昆明理工大学，2006年。

法，促使"长于技艺"，以家庭或族为单位，一代传一代。表现的载体以建筑装饰木雕构件和雕花家具为主，圆雕的佛教造像也很有名。匠人运用复杂的一起一落、三起三落等雕工工序，在以云木或滇楸木为主的木材上雕饰出反映当地白族淳朴民俗的各类作品，尤以龙凤、花鸟最为出色，构图饱满，雕饰细节的搭配粗犷与细致浑然一体，纹理层次丰富。但在基层材质处理上却是几千年惯用当地土漆，虽然耐磨且富有光泽，但不耐强碱，使木雕在保存上产生了一些问题。直到现代才改进技术，改变工序，增加了底漆，完善了木雕之技。另外，语言的传播因为短时性的特点容易被受教者遗忘，也不利于后世或其他学者进行长期、间接性学习，在一定程度上阻碍了技的传承。对于这种情况，人们一方面总认为是"惯常性行为"而没有加以重视，另一方面却又是刻意为之。因为一门技艺的掌握通常就是一个人或一个家族赖以生存的手段，他们当然不希望技艺外传，于是对受教者选择的范围与数量都有异常严格的规定，从一个侧面导致了现代社会中很多传统技术失传，从此淹没于历史文化的洪流中。但需要说明的是，虽然"技"在社会发展中，或文化史上处于这样或那样的尴尬处境，然而匠人对自身的技艺要求自始至终都是极高的。他们在技的道路上不断探索，在实践中求精益求精，教授弟子更是随时言传身教，穷尽心血的结果使"技"得以长盛不衰，代代传承，同时也造就了更加丰繁多彩、令人称奇的传统村落建筑。

其七，物以载道。"器（建筑）""道"与它们之间的关系历来是中国传统哲学的重大命题。关于"道"具体是什么，怎样解释的问题，一直是众说纷纭。事实上，诚如许平指出："在中国文化的意义系统中，'道'是最为复杂、最难以用一个准确的概念加以概括的词。'道'是从有形的物质中抽象出来的意义……是一种对于整体利益关系的把握，所以关于'道'的讨论永远没有结论，也没有止境。"①在叶朗的《中国美学史大纲》中，将"道"视为老子哲学的中心范畴与最高范畴来分析，隐约所见其特征的一个或几个方面：首先，"有物混成，先天地生。寂兮寥兮，独立而不改，周行而不殆，可以为天下母"指出了"道"是不依靠外力的存在，包含形成万物的可能性；其次，《道德经》说："道冲，而用之或不盈。渊兮，似万物之宗。""道生一，一生二，二生三，三生万物。万物负阴而抱阳，冲气以为和。"说的是"道"能够产生万物，体现人类灿烂文化的建筑自然也不例外。

此外，"道"是"迎之不见其首，随之不见其后"，"无状之状，无物之象"的，没有具体形象，也不能单凭感觉把握。②回到"道"与"器（建筑）"的关系上来，若脱离了"物"来谈"道"，则"道"已然失去了存在与理解的理由。不理解"道"之所在，那么"物"的物象表现也只能仅仅限于视觉刺激的短暂效果了。所以，"道"与"物"是一种相互依存的关系。正是在这种关系中，我们才可以说"道"代表了一种"无限"，在实质上是一种反映人们意识的价值取向，是对于"物""道"之间的互动关系与合理形式进行整体思考与评判的方法与价值观，此即"形而上之'道'"。从《周易·系辞》中我们知道，"物（建筑）"是"形而下"的，有形、具体，可以被占有与被利用，而"道"乃属"形而上"，无形、无定、无所不在、至高无上，这就是"物（建筑）"与"道"在本质上的不同属性。具体之物（建筑）通过不同的形象表现形成相对固化的视觉、触觉符号，通过感官进入人的思维系统，经由信息汇

---

① 许平：《造物之门》，陕西人民美术出版社1998年版，第150—151页。
② 参见叶朗《中国美学史大纲》，高等教育出版社2006年版，第21—22页。

总、知觉辨识取舍、经验调取、逻辑归纳后，形成每人不同的自我判断。这个判断结果其中已经融入了个人对于"道"的主观性理解。无数的、全部的形象判断得以综合就反映了个体或具有共识的复杂群体的价值观念，这即是"物以载道"的思维过程，思维充当了助力的角色。

在上述传统村落建筑思想中，"规则"观即是"存在"之"道"：天行的变迁、地气的随移、人群的组合、物性的调整都广泛存在于大环境中，由建筑之形象体现出来。其中蕴藏的法则与规律逐渐在人们的认识中形成具系统性的建筑建造标准。湘西土家族苗族古村落潮湿多雨是"存在"，木材种类丰富多样是"存在"，少数民族生活习俗亦是"存在"，于是吊脚楼就以独特的民族风格向人们诉说着它的"道"。河北石井陉县于家古村落地处太行山区，巨石遍地是"存在"，石质山坡绵延起伏是"存在"，原住民闲适的生活习惯同样是"存在"，于是"八百华里石头椿"，层层沿地势错落而上的壮观景象展现于我们眼前。不打根基，不填辅料的道路铺装在经历数个世纪的风雨之后仍然可用，凹凸明显的表面，满含平实古拙的气息。"参照"观是谓"价值"之"道"："妙肖自然"本身反映的是一种"认可"的价值取向，综合形、神、情的模仿建筑正是道出了人们原本认不清的价值存在，为我们探寻建筑的本质指明了一个思考方向。河南林州高家台村就透出了唯美的石板岩之韵。它那微小的地形高差，实现了建筑的线性错排有其价值，并且其科学的排水系统也让人们从一个角度认识到了其价值。整合这些价值观念不难看出，其中的"道"正是"肖"自然的方式、过程与思考内容。

"功能与技术"观，就是"文化"之"道"。例如，福建永定南江村依山就势建造的土楼，就是如此。它是适应聚族而居的生活和防御要求形成的地区民族文化遗产的代表。透过这些土楼建筑的表层，可以发现村落不仅仅吸收了中国传统布局风水文化，在技术上自成体系（生土高层建筑技术），而且在交融发展中磨合包容了客家民俗文化和山居地域文化，是闽南地区特殊社会文化背景下的产物。此"道"伴随着文化发展，是动态的，更是自由活性的。综上所述，这就是建筑"核心"思想——"物以载道"的整体体现。

第3章 传统村落的生产与商贸

3.1 传统村落的生产与商贸概述

传统村落的维系与延续，离不开农业生产。农业生产奠定了农耕文明的物质基础，它使我国先民从最初的食物采集者变为食物的生产者，从而开始了定居生活。可以说，没有传统农业生产，就不会形成独具特色的传统村落，也就不会产生悠久的农耕文明。传统村落与传统农业生产是紧密相连的。

广义来看，农业生产包括了农业、种植业和养殖业。《简明不列颠百科全书》指出，农业就是"耕耘土地、种植和收获庄稼、饲养牲畜的科学和技术"。《辞海》则认为，农业是"利用动植物的生活机能，通过人工培育以取得产品的社会生产部门"。不管怎么说，正是农业生产达到了足以让村落原住民从渔猎生活中脱离出来的程度，才使得先民具有定居的可能。村落的产生方式，使得村落原住民自觉选择了固定居所的生活方式。

　　农业是我国传统社会中，具有决定性的生产部门。耕织结合的生产活动，保证了我国古代农业社会中人们生活所需的物质资料的基本来源。耕作获得食物，主要能够解决吃的问题；纺织获得衣服，主要能够解决穿的问题。有了这两个基础，生存的问题就基本上解决了。因此，我们可以说，耕织决定了传统村落的兴起与存在。而传统村落的形成，又进一步改进了农耕生产方式。所以我国古代的农业生产才长盛不衰，维系着几千年较为稳定的社会形态。

　　传统的农业生产活动，在很大程度上都依赖于自然环境，包括土壤、雨水、光照、温度等条件，就是民间所谓的"看天吃饭"。它的经济运作模式是自给自足的。无论是在主观上还是客观上，它都使得村落原住民比较注重环境安全和生态环保。

　　正是因为如此，我国传统社会极看重农业。传统行业中有所谓"士、农、工、商"的排序，将读书放在首位，其次就是农业。但是读书当官之后回乡，通常也选择购买田地，请人耕种。春秋时代，孔子带着学生子路周游列国，一天子路掉队，遇到一位老农，就问其见到他的老师没有？老农说："四体不勤，五谷不分，孰为夫子？"子路将老农的这番话转述给孔子。这位圣人丝毫没有对老农心生怨恨，反而生出了敬意。在一个以农业经济为主的社会，重视农业生产是毫不奇怪的。大约从明代开始，村落中很多大户人家的大堂中都挂着"耕读传家"的匾额。

　　"商"虽然排在"士、农、工"之后，可是并不意味着它就不重要了。尽管主流思想并不看重它，也很少对其展开论述与研究，但是客观上，它在调节生产、促进生产力的发展、改善民众的生活等方面，仍然产生了重要的作用。没有传统的商贸，传统村落的生产也就很难得到进一步的刺激。传统村落的农业生产和商业贸易是紧密相连的。简单来看，这二者的关系就是：农业和手工业是基础，它创造出来了大量可供交易的产品；而商贸则在一定程度上又提高了村落原住民生产的积极性，促进了生产的进一步发展。

我国的先民在不断的生产劳作中，积累了丰富的生产经验，无论是日常生活还是节日习俗，都打上了深刻的农耕文化痕迹。包括传统村落中的建筑、饮食、节日、思想观念等，都带有浓郁的农耕文化的色彩，并显示出了其特有的智慧。

3.2 传统村落的种植业

传统村落中的种植业，通常是指各种农作物的生产。种植业所生产的产品，既可以直接用于生活，也可以为手工业提供原材料。种植业的产品涵盖了粮、棉、油、糖、麻、丝、烟、茶、果、药、杂等各类。狭义的农业可以专指种植业。

《尚书》说："民惟邦本，本固邦宁。"农业是传统社会的经济基础，只有农业稳定发展，才能稳住民心，使社会得以安定，并进一步富国强兵。这是站在统治者的立场来看的，而在直接从事农业生产的农民自己看来，通过自己的辛勤劳作，发展种植业，是最为可靠的维持生计、获取财富的方式。传统社会并无现代意义上的农场，种植业所需要的土地都分散在不同的村落之中。

中国传统种植业延续的时间十分长久，大约在战国与秦汉之际，已逐渐形成一套以精耕细作为特点的传统技术。如"轮作休耕"生产模式的推广。所谓"轮作",就是指在同一块田地上,有顺序地在不同的季节或者不同的年份,轮换种植不同的作物或复种组合的一种种植方式;所谓"休耕",就是让地休养生息一年,但仍进行管理,积累肥力。"轮作休耕"是对肥力不足的耕地进行管理的一种措施。北魏时期,贾思勰的《齐民要术》有"谷田必须岁易""麻欲得良田,不用故墟"等记载,已指出了在农业生产中"轮作"的重要性。但是,"休耕"则是有缺陷的。"休耕"的种植方式,使得耕作的周期过长,有的土地也许要休耕两年到三年才能种植,这远远不能满足村落原住民的生活需求。在长期的生产劳作中,村落原住民发现依靠施肥养地和水利灌溉,能够使土地资源得到经常性保护,即使不进行"休耕"也能让土地保持源源不断的肥力。这是中国农业经久不衰的一个重要的生态基础。

中国传统种植业技术的精华,对世界农业的发展有过积极的影响。从类型上来看,种植业是为了满足人的几个主要需求,即食物、衣服、房屋建筑材料、交通工具等。

第三章中以粮食、蔬菜、瓜果等植物的种植为主,来阐述种植业在传统村落文化中的功能和地位。当然,广义来看,传统村落的种植业当然也包括了经济作物,如油料作物、糖料作物、纤维作物、染料植物等。但由于它们与传统手工业结合得十分紧密,我们将其放在手工业一节中进行讨论。此外,其他一些作物也非常重要,如绿肥作物、饲料作物等。这两类植物通常是合二为一,能够做绿肥的,通常也可以用来喂养牲口,如紫云英。它既是作为稻田绿肥来种植的,因为其固氮能力强。同时,也具有良好的营养价值,猪、牛等家畜都喜欢吃,可作为家畜的优质青绿饲料。不仅如此,紫云英还是重要的蜜源植物,它的花蜜甘甜而微酸,非常易于人体消化吸收。

植物是中药的一个主要来源,被称为中草药。不过,传统草药的原材料获得,多是对于野生品种的采集,种植者不多。20世纪60年代开始,我国开始对中药材进行广泛栽培,如黄连、当归、贝母、天麻、金银花、丹参、元胡、番红花、人参、西洋参、黄芩、甘草、北沙参、枸杞、桔梗、红花、芍药、牡丹、山茱萸、地黄、金莲花、杜仲、薏苡、山药、银杏、五倍子、茯苓、黄芪、金荞麦、肉苁蓉等栽培技术都取得了一定成果。

以上所说的农作物,大都是一年生或者两年生的植物。它有一个完整的从播种到收获的过程。只有果树虽然大多数为木本,但是成熟之后年年可以采摘。对于那些多年生的建筑用材、家具用材,虽然在村落中的地位至为重要,但一般不被归入农作物之列,所以这里也不进行一一阐述。

3.2.1 粮食种植

粮食作物是以收获成熟果实为目的,经去壳、碾磨等加工程序而成为人类基本食粮的一类作物。马克思认为:"最文明的民族也同最不发达的未开化民族一样,必须先保证自己有食物,然后才能去照顾其他事情。"食物是维持人类生命的第一要素,粮食问题关系到社会的稳定和国家的存亡。主要的粮食作物可分为谷类作物、薯类作物和豆类作物。具体包括小麦、水稻、玉米、燕麦、黑麦、大麦、谷子、高粱、青稞、甘薯、马铃薯、木薯、大豆、蚕豆、豌豆、绿豆、小豆等,其中最主要的为水稻和小麦,大体来说,南方以水稻为主,北方以小麦为主。小麦与水稻,前者磨成面粉,后者出壳成为大米,今天它们成为中国人最主要的两大粮食。

在传统农业社会中,以"五谷杂粮"为主粮,具体所指各有不同。在《黄帝内经》中，五谷的种类为："粳米、小豆、麦、大豆、黄黍。"而在《孟子》中，则将"稻、黍、稷、麦、菽"称为五谷。在佛教祭祀时，又称"五谷"为"大麦、小麦、稻、小豆、胡麻"。"五谷"只是一个泛指，并没有规定，它反映出在不同时期粮食作物的变化。明代的李时珍在《本草纲目》中记载谷类有33种，豆类有14种，总共47种之多。"五谷杂粮"逐渐演化成粮食作物的总称。五谷中的粟、黍等作物，由于具有耐旱、耐瘠薄、生长期短等特性，因而在北方旱地占有特别重要的地位。自先秦时期开始，我国的粮食生产与消费即以"五谷"为主，直至明清时代玉米、甘薯等外来作物传入和推广以前，这一情况都没有发生改变。但"五谷"中具体的种类在生产和消费中的地位轻重，则随时代的发展而不同。我们先从粟、黍、豆、麦、稻来看粮食作物的变化。

杜甫在《忆昔》中以"稻米流脂粟米白"这句诗来说明开元盛世时候粮仓的充盈丰足。唐代的主粮除了稻，还包含了粟。粟是禾本科植物，脱去壳之后，就是小米。小米的直径只有2毫米左右，与水稻脱壳之后的大米相比，被称为小米确实名副其实。粟的原产地在中国北方的黄河流域，以山东、河北、东北、西北等地区栽培最多。在麦子尚未成为主食的夏代和商代，粟在先民的生活中充当了最为重要的果腹之物。因而这个时期的文化又被称为"粟文化"。在先秦文献中，粟和稷通常混淆不清。有时候，专门用"谷"来称呼粟，可见粟所占的地位十分重要。中国最早酿酒原料，也是小米。粟适合在干旱而缺乏灌溉的地区生长，对土壤要求不严，适应性强，春夏两季皆可播种。粟的成熟有早有晚。如果种植时顺应天时和地利，那么不用太多力气就能有很好的收成，否则就会劳而无获。一般来说，早粟外皮薄、米粒充实，而晚粟则恰好相反。其茎和叶都较为坚硬，可以作饲料喂养牲口,但一般只有牛的胃才能消化。粟的品种繁多,脱去壳之后的小米,有白、红、黄、黑、橙、紫多种颜色,俗称"粟有五彩"。杜甫诗中所写的粟是白色的,陶弘景在《名医别录》记载的粟也是如此:"粟米,江东所种及西间皆是。其粒细于粱米,熟舂令白,亦以当白粱,呼为白粱粟。或呼为粢米。"我们所看到的小米,通常都是黄色的。

黍稷是一年生的禾本科植物,适于北方的贫瘠荒地栽种。播种时间因栽培地区而异,有晚春播、夏初播和麦茬播之分。不过,黍稷这类植物,一直都有不同的说法。正如上文所指出的,有一种观点认为稷是粟的另一种名称。持这种观点的学者的依据是,黄河流域出土的新石器时代谷物遗存中,占大多数的是粟而不是黍。另外,在北魏以前,两汉和西晋的学者在注释文献时,都将"稷"解释为"粟"。不过,我们根据后来大多数学者的意见,将粟与黍稷视为两种植物。在《诗经》中,常常"黍稷"连称,如"王事靡盬,不能艺黍稷","黍稷重穋,稙稺菽麦",等等。李时珍在《本草纲目》中进一步总结了当时的看法说,黏者为黍,不黏者为稷。这有点类似于粳稻和糯稻的区别。这也就意味着,它们是同一种植物,只不过由于特性不同而被赋予了不同的名字。从文化史来看,"黍稷"并称并无不妥。虽然黍稷的原产地是否在中国目前学术界尚无定论,但是黍稷的栽培活动确实在中国已经有了几千年的历史,这是无可否认的。在陕西、山西、甘肃、新疆和黑龙江等地的新石器时代遗址中,都发现有黍稷遗存物。陕西临潼姜寨遗址史家地层中发现的黍,距今已有五千多年了。甲骨文中就常常出现"黍"这个字。先秦时期,黍稷是主要的粮食作物。《诗经》中,关于农作物的二十五个名词中,黍居首位。周王朝的祖先称为"后稷",稷也因此而成为百谷之长。《礼记·月令》称稷为"首种",《淮南子·时则训》则称"首稼"。两汉时期,开始重视粟麦的生产,黍稷的重要地位已经有了显著下降。虽然在北魏的时候,黍又成为仅次于粟的重要作物。但是,持续的时间并不长。今天的中国,黍稷虽然不占据粮食作物的主要地位,但仍然是一种重要的食物,有较高的营养价值。它们的称呼,延续了李时珍的看法。粳性的黍稷,在西北地区被称为糜子,在东北或南方部分地区则称为稷子;糯性的黍稷,在北方称黍子或黏糜子、软糜子,在南方则称为黍子、夏小米、黄粟或大粟。在北方,黍米是主要的糯食,同时也是酿造黄酒的原料。黍稷籽粒,则是喂养家禽的精饲料。而且,这种植物的再生能力很强,一年可刈割数次。

图3-1 黍

菽就是大豆。考古发现最早的大豆遗存,出土于黑龙江宁安县牛场、大牡丹屯遗址以及吉林永吉县乌拉街遗址等处,距今约3000年。商周时,大豆成为五谷之一。到春秋战国时期,大豆一跃成为主食,文献中已很少见到"黍稷"并称，而往往是"菽粟"连用。此时，菽所具有的"保岁易为"特征被人发现，成了当时人们不可缺少的粮食。文献中常常以"菽"代指最普通的粮食。因为当时的加工方法十分简单，菽主要是穷人的粮食。《礼记注疏》卷十《檀弓》中，孔子说："啜菽饮水，尽其欢，斯之谓孝。"就是说，用豆子和水来奉养父母，博取父母的欢心，这就是孝顺。后来，"菽水承欢"就成为家境贫寒而尽心孝养父母的典故。随着后来稻麦的地位上升，大豆在产量上的优势逐渐减弱，不再作为粮食作物而被种植。但是，随着大豆本身的诸多优点逐渐被认识，它仍然是一种重要的农业作物，既可以榨油，也可以当蔬菜或者榨豆浆。

北方人常吃的主食是面，它由麦子加工而成。但无论是大麦还是小麦，它们的原产地都在中东，在先秦时期传入中国。春秋时代，人们发现能利用晚秋和早春的生长季节种植冬麦，能解决青黄不接的问题。最为重要的是，这时发明了石圆磨，可以将之磨成粉，并进而制成各式食物，适口性大大提高。从粒食发展到面食，这是麦子发展史上的一个重大转折，它从此成为主要的粮食作物之一，并与粟相提并论，被列为"五谷"之一。在先秦文献中，关于麦的记载已相当不少。《诗经》中有"贻我来牟，帝命率育"的句子，"来"就是大麦，"牟"就是小麦。其中，大麦又分为稃大麦和裸大麦两种。稃大麦就是皮大麦，其特征是稃壳和籽粒粘连；裸大麦的稃壳和籽粒分离，各地称呼不同，长江流域称元麦，华北称米麦，而青藏高原上盛产的一种被称为青稞。

西汉时期的农学家赵过和氾胜之等都曾致力于在关中地区推广小麦种植，因此，华北的麦作一直呈上升趋势。汉代关中人口的增加，就与麦子的种植有密切的关系。魏晋南北朝时期的主要粮食作物种类与两汉时大体一致。北方的麦作虽未见显著的发展，但冬小麦的生产地位较之前代有所提高。而在淮南和江南，麦作亦得到推广。当时还有其他麦子，如燕麦、元麦、荞麦等，但种植甚少，不足以与大麦和小麦比肩。

跟麦子不同，水稻不是外来物种，而是原产于我国，其栽培历史已有1.4万—1.8万年。水稻很适合于雨量充沛的南方地区种植，但最初并不起眼，甚至被排除在五谷之外，然而却后来居上，在南方地区被当成主食。唐宋以后，中国人口的增长主要集中于东南地区，这正是秦汉以来被称为"地广人稀"的楚越之地。宋代南方人口已超过北方，此后至今一直是南方人口密度远大于北方。南方人口的增加是与水稻生产分不开的。宋元时期，长江中游地区的水稻生产有了很大的发展，尤其是江浙地区，成为全国粮食产销中心，民间流传有"苏湖熟，天下足"的谚语。当地的气候条件适合水稻的生长，加上当地先民的深耕细作、兴修水利，水稻一年可以收获两次，好的良田亩产可以达到五六百斤。这在杂交稻没有出现的年代，是一个不小的数字。到了明清时期，随着人口的不断增加与生产经验的不断积累，土地利用又得到了深入的发展，水稻的主要产区已经由原来的长江下游地区发展到了长江中游地区。长江从上游带来的有机质在洞庭湖一带沉积下来，导致土壤腐殖质含量高，十分肥沃，一年可以耕种两次，产量大大得到了提高。于是，长江中游地区成了新的粮仓，以至于在明代中期以后就开始流传"湖广熟，天下足"的谚语。今天，水稻播种面积占全国粮食作物的1/4，而产量则占一半以上，大部分区域都在长江中下游地区。大米的食用方法多种多样，有米饭、米粥、米饼、米糕、米酒等。水稻除可食用外，还可以用来酿酒、制糖等，而稻壳、稻秆则可以作为饲料或者燃料。

图 3-2 （宋）《谷丰安乐图》（台北故宫博物院藏）

玉米是一种重要的粮食作物。在全世界范围来说，它的总产量占据了首位。这种原产于拉丁美洲的墨西哥和秘鲁沿安第斯山麓一带的作物，最初由印第安人培育。它原本是体型很小的草，喜高温，经美洲原住民培育多代后，才出现较大型的玉米。哥伦布在古巴发现了玉米，并把玉米带回西班牙，才逐渐传至世界各地，成为最重要的粮食作物之一。16世纪时，玉米传入中国。最早的记载，见于明朝嘉靖三十四年成书的《巩县志》，称其为"玉麦"。其后嘉靖三十九年《平凉府志》称作"番麦"和"西天麦"。在徐光启的《农政全书》中，这种粮食作物已经被称作"玉米"。明朝末年，玉米的种植已达十余省，如山东、河南、河北、安徽等地。现在，除了原产地美洲以外，中国是玉米种植最为普及的地区之一。玉米在夏秋季成熟，将种子脱粒后晒干用，味道香甜，可做各式菜肴和点心。

番薯又称地瓜、山芋等，是一种高产而适应性强的粮食作物。按照果肉的不同颜色，可以分为白薯、红薯、紫薯等。番薯最早也是种植于美洲。明代万历中期，福建商人在菲律宾发现当地种植的这种块根作物，无论土地肥沃与否都可种植而容易成活，产量极高，生吃熟吃都可以，于是将之引入山多田少、土地贫瘠的福建地区。官府出于救灾的需要，大力支持宣扬种植番薯的好处。番薯传入中国后，确实也显示出了极强的适应力，无论是遇到天旱或雨涝，都能有不俗的收获，单位产量远超过稻谷。加之或煮或磨成粉，口感很好，因而迅速向内地传播。尤其是在灾荒年代，番薯成为最好的救灾粮食。

3.2.2 蔬菜种植

蔬菜，是指可以做菜、烹饪成为食品的一类植物或菌类，是人们日常饮食中必不可少的食物之一，能为人体提供必需的多种维生素和矿物质等营养物质。我国普遍栽培的蔬菜虽有 20 多个科，但常见的一些种或变种主要集中在 8 大科：十字花科，包括萝卜、芜菁、白菜（含大白菜、白菜亚种）、甘蓝（含结球甘蓝、苤蓝、花椰菜、青花菜等变种）、芥菜（含根芥菜、雪里蕻变种）等；伞形花科，包括芹菜、胡萝卜、小茴香、芫等；茄科，包括西红柿、茄子、辣椒（含甜椒变种）；葫芦科，包括黄瓜、西葫芦、南瓜、笋瓜、冬瓜、丝瓜、瓠瓜、苦瓜、佛手瓜以及西瓜、甜瓜等；豆科，包括菜豆（含矮生菜豆、蔓生菜豆变种）、豇豆、豌豆、蚕豆、毛豆（即大豆）、扁豆、刀豆等；百合科，包括韭菜、大葱、洋葱、大蒜、韭葱、金针菜（即黄花菜）、石刁柏（芦笋）、百合等；菊科，包括莴苣（含结球莴苣、皱叶莴苣变种）、莴笋、茼蒿、牛蒡、菊芋、朝鲜蓟等；藜科，包括菠菜、甜菜（含根甜菜、叶甜菜变种）。

今天，我们日常生活中所说的饭菜中的"菜"，广义上指的是所有菜肴，其中包括了肉食。不过，"菜"的本义则只是指蔬菜，是一类可食用的植物的总称。在中国人的一日三餐中，除了主食粮食之外，蔬菜也占据了主要地位。蔬菜是食物组成的一个不可缺少的部分，汉语中所谓的"饥馑"，就是指蔬菜歉收的意思："菜不熟为馑。"几千年以来，中国人食物结构的变化，主要来自蔬菜的变化。正如曾雄生教授所说："餐桌上偶尔的丰富多彩，是以不变应万变的结果。"① 从肉食来看，除了偶尔的野味之外，局限于家禽和家畜等少数几种，而蔬菜的种类则极为丰富。并且，在几千年的历史时空中，蔬菜的品种也在发生变化。原来经常食用的，后来已经不再食用了；原来没有进入餐桌的，后来突然发现了它的营养价值；随着文化交流的增多，外来蔬菜的品种也大放异彩。不过，整体来说，蔬菜的种类是一个逐渐增多的趋势。这些都说明了蔬菜作为副食的多样性和变化性。

《诗经》里面的植物，有150多种，其中只有很小的一部分可以食用。当时的荇、菲、葵、芹、荠、笋、荷等蔬菜中，现在大概只有芹菜和莲藕还经常被食用了。它们中的大部分退出了蔬菜领域，成为野生植物。整体来看，秦汉之前，蔬菜较为贫乏，连带苦味的葫芦叶子都当菜吃。最主要的蔬菜，大概以五种为代表。这就是《黄帝内经·素问》中所说的"五菜为充"。唐人王冰解释说，"五菜"就是葵、藿、薤、葱、韭。这是根据五行的观念来确定的，

---

① 曾雄生：《史学视野中的蔬菜与中国人的生活》，《古今农业》2011 年第 3 期，第 51—62 页。

五菜五味，即葵代表甘味，韭代表酸味，藿代表咸味，薤代表苦味，葱代表辛。这五菜中，现在只有葱和韭常见，但主要是作为调料蔬菜。

葵被称为"百菜之王"。在一个相当长的时期内，它是中国人餐桌上的主菜。几千年前，《诗经》中就有"七月烹葵及菽"的句子，汉代又有"采葵持作羹"。葵又被称为"露葵"，汉乐府中的"青青园中葵，朝露待日晞"表明，当时在菜园中种葵，是非常普遍的现象。无论是《黄帝内经》中的"五菜"，还是《急就篇》中所列举的十三种菜，都以葵为首。《齐民要术》中，专门记载了葵的栽培的技术。葵在一年四季都可以种植，夏种秋采者为秋葵，秋种冬采者为冬葵，正月复种者为春葵。而且，葵对于生长条件不挑剔，不论土地是否肥沃皆可。所以，王帧的《农书》中说："葵为百菜之主，备四时之馔，本丰而耐旱，味甘而无毒，供食之余，可为菹腊，枯枿之遗，可为榜簇，咸无弃材，诚蔬茹之上品，民生之资助也。"在生产条件不发达而且蔬菜品种并不太多的时代，葵的种植无疑是最合适的选择。不过，随着新的蔬菜品种传入中国，葵的"性太滑利，不益人"的不利一面就凸显出来了，所以将葵当成蔬菜种植的越来越少。明代的时候，李时珍的《本草纲目》将葵列入草部，说："今人不复食之，亦无种者。"现在的葵多为野生，偶尔有种植的冬葵，又称冬寒葵或冬寒菜。

藿在先秦时的蔬菜中排名第二。它其实很普通，就是大豆苗的嫩叶。不过，现在已经极少拿它来当菜吃了。跟粮食作物中的"黍稷"一样，蔬菜中的"葵藿"在古代也通常并称。南朝鲍照的诗说："腰镰刈葵藿，倚杖牧鸡豚。"同时，藿的特性和葵一样，都是向阳生长。三国时期，曹植写道："若葵藿之倾叶，太阳虽不为之回光，然向之

图 3-3 葵菜

者诚也。"这是曹植在向皇帝表达忠心,意为像葵藿跟着太阳一样坚定地跟着皇帝,后来逐渐以"葵藿"来比喻下属对于上级的赤心趋向。杜甫有一句诗,写的就是这个意思:"葵藿倾太阳,物性固莫夺。"藿只是非常普通的一种蔬菜,古代常以藿食者指平民。一些自甘清贫的读书人,也常常以食葵藿来表明自己的生活志向,正如宋代梅尧臣的诗所说的:"终当饭葵藿,此味不为欠。"

薤是一种多年生的草本植物,叶子有点像葱。先秦时期,我国就开始种植。薤的地下鳞茎称为藠头。《神农本草经》将藠头的药用功效看得很神,认为它能够"治金疮疮败,轻身者不饥耐老"。现在,村落中的田间野外还有许多野生薤,偶尔作为野菜食用。栽培的薤,皆取其鳞茎藠头用来腌制,是一种开胃佐餐顺气的佳品。葱和韭现在主要作为佐料，最开始却是主菜。《汉书》中记载太官园在冬天用温室种植葱韭。葱的鳞茎洁白如玉，而且修长，所以常常用来形容女性之美，如《孔雀东南飞》中的"指如削葱根"。《诗经》有一首诗描绘的是祭祀祖先的场景，"四之日其蚤，献羔祭韭"这一句表示，当时的祭品就包括了韭菜。薤、葱、韭这三种植物都属于荤辛类的蔬菜，在我国古代素菜中独成一属。

除了葵、藿、韭、葱之外，萝卜、芜菁等以食根为主的蔬菜，在秦汉之前也已经培育出来了。萝卜又称"莱菔"，栽培颇盛，并培育出了许多优良品种。萝卜有很好的食用、医疗价值，所以民间一直流传着"冬吃萝卜夏吃姜"的说法。它有多种吃法，既可生吃、凉拌，也可以通过炒、煮加热来吃，还可以进行腌制。

芜菁也原产于我国，《诗经》中有"采葑采菲"的句子，"葑"就是芜菁。不过，李时珍的《本草纲目》记载它出自西番吐谷浑，认为是张骞从西域带过来的。芜菁肥大的肉质根柔嫩、致密，可供炒食、煮食。早在《吕氏春秋》中就有"菜之美者"的盛誉。三国时，诸葛亮以为芜菁有六利，其一是冬天可以用来当主食。他命令部队以此为军食，因此四川及湖北江陵一带，又称其为"诸葛菜"。

一些极重要的蔬菜品种后来居上，成为主要品种，如白菜，至今还在食用。白菜原名"菘"，最早见于东汉张机《伤寒论》，但汉代的菘和现代的白菜在品质上还是有差别的。南北朝时白菜作为一道蔬菜，已经得到了一些士人的认可。《南齐书》中，太子问周颙："哪一种蔬菜的味道最好？"周颙就说："春初早韭，秋末晚菘。"自此，白菜已经成为士人标榜清高的一种蔬菜。宋代的苏轼用"白菘类羔豚，冒土出熊蹯"的诗句对白菜进行赞美，明代人更把黄芽白菜誉为蔬中"神品"。白菜在今天仍然是中国人餐桌上的主要蔬菜。白菜继葵菜之后成为蔬菜之王，有很多的原因。其中，气候变化是主要原因。12世纪以后，气候转寒，使葵菜在北方难以生存，这是一个方面；另一方面，随着气候转寒，蔬菜有效生产时间不足，加大了对藏菜的需求，而白菜高产耐贮的特点正好弥补了这一不足。这也就是为什么白菜的原产地在南方，但是只有在北方才成为百菜之主的原因。

图 3-4　（明）沈周《白菜图》（北京故宫博物院藏）

以上的蔬菜都是陆生植物。所谓"靠山吃山，靠水吃水"，我国河流湖泊面积广阔，近水的人家多种植水生植物当蔬菜。在今天中国人的餐桌上，还有大量的水生蔬菜，如茭白、莼菜、莲藕等。茭白是我国特有的水生蔬菜，世界上把茭白作为蔬菜栽培的只有我国和越南。茭白又被称为"菰"，在唐代以前，它通常是作为粮食作物而栽培的，在秋天开黄花，结籽可碾米，称为菰米或者雕胡，为"六谷"之一。菰米滑腻芳香，古人多用它煮粥、蒸饭，如张志和的《渔歌子》中的句子"菰饭莼羹亦共餐"。后来人们发现，有些菰因感染上黑粉菌而不抽穗，逐渐形成纺锤形状的肉质茎，称为茭白。由于味道很美，后来人们就开始有意繁殖。茭白生于湖沼水中，遍布全国。它的肉质肥嫩，纤维较少，蛋白质含量高，是"江南三大名菜"之一。

莼菜，又名马粟、水葵、马蹄草等，其食用部分，是带有透明胶质的初生卷叶和嫩梢。莼菜本身没有什么味道，它之所以受人欢迎，是因为其口感的圆融、鲜美与滑嫩。浙江、江苏两省太湖流域和湖北等地的村落中，有水处皆可以种植。莼菜也是江南"三大名菜"之一，常常与松江鲈鱼相提并论，称为"莼羹鲈脍"。晋代的张翰在洛阳为官，因思念家乡的菰菜、莼羹和鲈鱼脍的味道，于是辞官返里，留下了"莼鲈之思"的典故。因此，莼菜后来也成为游子思乡的象征物。

图 3-5 莼菜

睡莲科植物莲，其地下茎名为藕，也是著名的水生类蔬菜。其形状肥大有节，内有管状小孔。莲藕因其丰富的营养、良好的口感以及别具一格的形态，不仅早早就进入了我国村落原住民的生活之中，也作为一种极富诗意的吟咏对象而进入了中华民族的文化视野。按照开花的颜色不同，莲藕可以分为红花藕、白花藕、麻花藕几种。红花藕比较瘦而长，呈褐黄色，水分不多；白花藕则肥而大，外表细嫩光滑，呈银白色，肉质脆嫩多汁；麻花藕粉红色，外表粗糙，含有很多淀粉。藕可生食也可煮食，是常用餐菜之一。

值得指出的是，并非所有的蔬菜都是本土原产的，在今天中国人的餐桌上，有很大一部分蔬菜都来自国外。从这一点来看，传统中国农业社会并未故步自封；而且它也说明，任何一种文化既有自身独立的状态，也会相互影响，互相发生关系。很多传入的蔬菜，在命名上也有一些特征。通常是在前面加一个"胡"字，再以本地所产的类似的品种来称呼，如黄瓜最初被称为胡瓜，香菜原来被称为胡荽；有些则在今天都在使用，如胡萝卜、胡椒、胡葱等。

汉唐时期，经由丝绸之路传入我国的蔬菜就有蚕豆、黄瓜、恭菜、菠菜、胡萝卜、芫荽、茴香、莴苣、大葱、大蒜等。茄子原产印度和泰国，大约在魏晋时期传入中国，此时的茄子外皮为紫色。唐代又由朝鲜半岛传入一种白茄，味道很美。但因为白茄很少，所以比紫茄珍贵。北宋诗人黄庭坚收到一个朋友送的白茄，十分高兴，写诗致谢说："君家水茄白银色，殊胜坝里紫彭亨。"紫彭亨就是紫色茄子，可见当时紫茄的栽培已经十分普及。黄瓜的原产地也在今天的印度一带，传入我国的时间大约比茄子晚，最初称为"胡瓜"，到唐代改为黄瓜。黄瓜能适应南北气候，在中国普遍种植，成为常见的蔬菜。菠菜是唐朝贞观年间由尼泊尔传来的，最初叫"波棱菜"，后简称"菠菜"。菠菜色味俱佳，而且生长时间很长，从早春一直可以供应到夏秋。菠菜所具有的耐寒特性，使其成为北方少数几种可以越冬种植的蔬菜，也是春天最早上市的新鲜蔬菜。宋代苏轼的诗句，如"雪底菠棱如铁甲""霜叶露芽寒更苗"等，都是在赞美菠菜的耐寒特性。莴苣原产于地中海沿岸，可能在唐代传入我国。莴苣可分为叶用和茎用两类，叶用莴苣就是生菜，茎用莴苣就是莴笋。以嫩荚供应的菜蔬中，除长豇豆为我国原产外，其他三种常见的嫩荚蔬菜如扁豆、刀豆、菜豆（芸豆、豆角）都是由国外传入的。扁豆原产印度和爪哇，南北朝时传入我国；刀豆原产印度，唐代传入我国；菜豆原产美洲，明代传入我国。

宋元时期这一过程还在继续，特别是明清时期，随着世界新航路的开通和新大陆的发现，原产美洲的蔬菜作物间接由欧洲经海路和陆路传入中国，如南瓜、甘薯、马铃薯、辣椒、西红柿等。元代由波斯传来了原产于北欧的胡萝卜，明清时又传来了一些美洲原产的蔬菜如辣椒和西红柿。辣椒在明朝的《蔬谱》《本草纲目》均被提到，辣椒在西南和西北一带推广得很快，成为主要的香辛类蔬菜。番茄又称西红柿，最初产于秘鲁和墨西哥，称之为"狼桃"。因为怕中毒所以无人敢吃，只是把它作为一种观赏植物。明代传入中国，被视为一种重要的蔬菜。西红柿柔软多汁，甘酸适口，既可佐餐，又可生吃。

这些引进的蔬菜品种，不仅丰富了中国蔬菜作物的种类，而且对于缓解淡季蔬菜的供应起到了不小的作用。"民以食为天"，作为世界文明古国，中国的蔬菜为世界的文明做出了应有的贡献。而通过不同蔬菜品种的引进，也产生了大量中外文化交流的佳话。

3.2.3　瓜果种植

瓜果是对一些可以食用的植物果实和种子的统称，包括浆果类、柑橘类、核果类、仁果类、瓜类及其他种类，品种十分丰富。不过，相对于粮食和蔬菜的种植而言，瓜果并不是一种生存所必需的农产品。在传统村落中，一个家庭不可能不需要粮食和蔬菜，但完全可以不种瓜果。不过，这并不表示瓜果就不重要了。它通常作为招待宾客、供奉祖先的食品。一些瓜果有几千年的栽培历史，另一些瓜果则是后来慢慢出现的。随着领土疆域的扩张和道路交通的改善，热带地区的瓜果也被带入黄河流域。下面分别叙述。

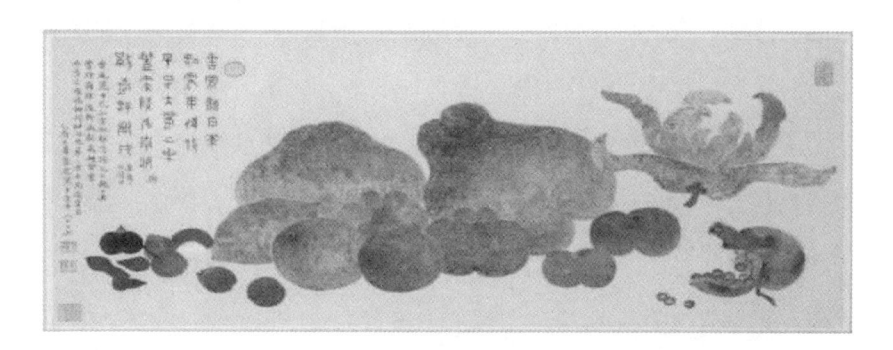

图3-6 丁辅之《水果册页》（大都会博物馆藏）

　　我国的柑橘资源丰富，优良品种繁多，有4000多年的栽培历史。其中，橘子原产地中国，后来由阿拉伯人传入欧亚大陆，至今在荷兰、德国都还称其为"中国苹果"。橘在中国文化中有着极为特殊的意义。屈原的《橘颂》中说："后皇嘉树，橘徕服兮。"将橘看成是一种具有独立人格的树，成为后世咏物诗的源头。我们更加熟悉的一个与橘树有关的故事，记载在《晏子春秋》中。故事说，虽然是同一种植物，但是周围的环境不同，它也会发生变化。生在淮南的甘甜可口，称为橘；生在淮北的苦不能食，称为枳，于是留下"南橘北枳"的典故。在南方地区的村落中，柑橘是最为常见的一种水果。普通人家，通常都在门前屋后种几株柑橘树。秋天的时候，黄澄澄的橘子挂在绿叶中间，十分好看。东晋时的文人，以将橘子当成重要的礼物送人，王羲之的《奉橘帖》记录的就是这类雅事。如果保存得好的话，前一年的橘子到来年的春天都可以食用。除了果肉，橘子皮也可以吃。橘子皮晒干就是一味著名的中药：陈皮。能够理气健脾，燥湿化痰。

果树中种类最多的一科是蔷薇科，如桃。桃树的适应力远远超过橘树，它广泛地分布于南北各省。公元前10世纪前后，《诗经·魏风》中就有"园有桃，其实之淆"的句子。园中种桃，自然是人工栽培的，植桃为园，则表明已有一定的种植规模。其他典籍中，关于桃树的记载多不胜数，最让中国文人神往的地方，出自陶渊明虚构的桃花源。千百年来，它已经成为精英阶层的精神家园的象征。桃也常常与长寿联系在一起。东方朔的《神异经》说："东北有树焉，高五十丈，其叶长八尺，广四五尺，名曰桃。其子径三尺二寸，小狭核，食之令人知寿。"《神农本草》上说："玉桃服之，长生不死。"在民间年画中，作为长寿老人的代表南极仙翁，其童子所捧的果盘中，一定有桃。按照现代科学的观点，这些都不是无稽之谈，因为桃子中含有大量的抗衰老的物质，尤其对老人有益。不过，桃子有小毒，不能多吃。除了生吃，桃还可以加工成桃脯、罐头等，核仁也可以食用。桃木在民间文化和信仰上也有极其重要的地位，被称为"降龙木"或者"鬼怖木"。《山海经》中说夸父追日，临死前将手杖抛出，化成一片邓林，即桃林。"千门万户瞳瞳日，总把新桃换旧符"，几千年来，桃木一直被视为具有镇灾避邪的功能神木。"桃之夭夭，灼灼其华"，桃花也具有很高的观赏价值。由于唐代诗人崔护的诗句"人面不知何处去，桃花依旧笑春风"，桃花又通常被用来指代美丽的女子。青年男子碰到喜爱自己的女性，被形容为走"桃花运"。

跟桃一样，杏也是蔷薇科植物的果实，春天开花，"杏花春雨江南"成为极富诗意的意境。杏树原产于中国新疆，是中国最古老的栽培果树之一。《庄子》中说，孔夫子讲课的地方，周围植满杏林，孔夫子在花影中抚琴而歌，弟子无不受其熏染。尽管是寓言，但后世确实将杏坛视为孔子讲学之所，在很多的孔庙中都有一席之地。"杏林"

是中医的代名词,《神仙传》说,三国时名医董奉为人看病不收钱,只要求病人痊愈了就栽几株杏树。十年以后,杏树成林。"杏坛""杏林"都带有尊重的意味,但是"杏花"在中国文化中则是另外一个意义。晚唐诗人薛能写诗:"活色生香第一流,手中移得近青楼。谁知艳性终相负,乱向春风笑不休。"杏花与轻佻而风流的妓女联系起来了。到宋代叶绍翁的"春色满园关不住,一枝红杏出墙来"之后,红杏就成了女性不守妇道的象征。到了清代,李渔的《闲情偶记》中干脆将杏树称为"风流树":"树性淫者,莫过于杏。"杏树主要种植于华北、西北和华东地区的村落。杏可以生吃,也可以制成杏脯或者杏酱;杏仁可以用来榨油,也可制成干果。

李和桃合称"桃李",现在经常用"桃李"形容培养成才的学生。民间的春联常常写道:"桃杏李春气一门。"它们都是蔷薇科的果实,在春天开花,是最有季节代表性的花。不过,它们的地位也略有区别。桃为首,次为杏,最不宜人的是李,所以民间常说:"桃养人,杏伤人,李子树下抬死人。"李子味美,但中医理念认为,吃多了伤身。孙思邈说:"不可多食,令人虚。"《滇南本草》载:"不可多食,损伤脾胃。"魏晋时期,留下了很多关于李子的故事。曹植的《君子行》中说:"瓜田不纳履,李下不整冠。"因此"瓜田李下"用来警示君子应该主动避嫌。竹林七贤之一的王戎更是与李有着不解之缘。七岁的时候他与同伴一起玩耍,其他小孩都争着去摘路旁的李子,只有王戎不去,说:"树在道旁而多子,此必苦李。"别人一尝,发现果然如此。长大之后,他在家里种了很多品种优良的李子树,为了保留自己的品种,在出售的时候,就把果核破坏掉。因此,王戎也因为这一故事而在历史上留下尖酸刻薄的名声。

梨也是蔷薇科植物,遍布于大江南北。它的果肉鲜美,爽口多汁，风味芳香优美。也可以加工制作梨干、梨脯、梨膏、梨汁、梨罐头等，或者酿酒、制醋。传统的启蒙课本《三字经》中说："融四岁，能让梨。"说的是孔融将大的梨子让出来，自己挑选小的，这个故事常常被用来教育小孩子要懂得谦让。梨花在春季盛开，花色洁白如雪，具有淡淡香味，异常娇美。"梨花一枝春带雨"是白居易的诗，用来形容女性的娇媚。不过，梨花虽然好看，但由于它的花色过于素白，而且"梨"谐音"离"，村落原住民很少把它种在家门口的显眼处。民间会用桃的图案来装饰生活中的器物，但几乎从来没有梨的纹样。

梅也是蔷薇科植物，它有很多种，但大多数都是观花植物，只有果梅树结的果才能食用。梅子原产于中国，已有三千多年的栽培历史，以长江流域以南各省最多。曹操曾以梅子的许诺让一群士兵解决了口渴的问题，留下望梅止渴的故事。初夏季节，江淮流域一带经常出现一段持续较长的阴沉多雨天气。此时，器物易霉，所以称为"霉雨"；又恰逢江南梅子黄熟，所以也称"梅雨"或"黄梅雨"。宋代词人贺铸有一句："试问闲愁都几许？一川烟草，满城风絮，梅子黄时雨。"梅子成熟的时候，总是让人带着一种淡淡的愁绪。在中国文化中，梅子有时候与爱情有关，《诗经》中的"摽有梅"已经开启了先河，而另一个更为有名的成语"青梅竹马"，则更是将其与爱情紧紧联系在一起。这一成语来自李白的《长干行》："郎骑竹马来，绕床弄青梅。"南方地区很多村落的原住民，都将梅子加上盐或者糖，煮成梅果脯。

在今天常食用的蔷薇科植物水果中，桃、杏、李、梨、梅都是中国原产，而另一种重要的水果苹果，其原产地则不在中国。苹果的名称，源于佛经中的频婆果，但频婆果有点像豆荚，食用部分是种子，二者其实完全不同。元朝中后期，中国绵苹果由西域输入内地。时人借用佛经中"色丹且润"的频婆果来称呼它，曾异写作"平波"或"平坡"。到明朝初年称为频婆或者苹婆，明后期才开始简写为"苹果"。我们现在通常食用的苹果，实际上是晚清时期传入的西洋苹果。西洋苹果的味道更好，于是原有的中国绵苹果栽培逐渐消失了，而频婆和苹婆等名称也不再使用。苹果树是一种落叶乔木，适植于山坡梯田、平原矿野以及黄土丘陵等处。中国是世界第一大苹果生产大国，主要在北方地区的村落中栽培，包括辽宁、河北、山西、山东、陕西、甘肃、四川、云南、西藏等省（区）。

枣又称棘，在中国栽培也非常早，至少三千年了，在《诗经》中就有"八月剥枣"的句子。《魏风》中的"园有棘，其实之食"，写的就是枣树栽培的情景。《战国策》中，苏秦对燕文侯说："北有枣栗之利，民虽不由田作，枣栗之实，足实于民，此所谓天府也。"可见枣树的种植在当时的重要性。《齐民要术》记载了枣树的栽植培育："选好味者，留栽之，候枣叶始生而移之。"枣树的栽培遍及南北村落，成为村落中具有代表性的植物，正如清代诗人所吟："正是晴和好时节，枣芽初长麦初肥。"历代果农以自己的智慧培育出了各种类型的枣，《尔雅》中记录的周代枣品种已有壶枣、白枣、酸枣、齐枣、羊枣、大枣、填枣、苦枣、无实枣等十一种。清代乾隆时期，《植物名实图考》记录了八十七种枣类。枣与"早"谐音，所以在很多地方的村落中，原住民在嫁女的时候，常常要为其准备好红枣、花生、桂圆、莲子这四样果品作为嫁妆，连起来就是"早生贵子"。

柿子是产于中国的浆果类水果，分布于长江和黄河流域的村落。不过，它的人工栽培历史没有桃树那么悠久，只有一千多年。柿子能清热润肺，味道可口。北宋诗人张仲殊称赞说："味过华林芳蒂，色兼阳井沈朱，轻匀绛蜡裹团酥，不比人间甘露。"柿子在秋季成熟。中秋过后，树叶落尽，橙黄色的柿子如一个个小灯笼悬挂在枝头。它不仅味道鲜美，而且在传统村落的习俗中，还常常将柿子视为吉祥的水果。比如，在农历正月初一，用柏树枝、柿子（或柿饼）与金橘一起放入一个盘子中，组合成吉祥品置于堂前茶几上，借其谐音，谓之"百事大吉"。在一些地方的婚俗中，柿也是重要的必备水果，预示着婚后"事事如意"。

这些都是多年生的瓜果，当然远远不能涵盖传统村落中的全部瓜果内容。还有很多其他的瓜果，都在传统文化中留下了浓重的一笔。还有一些热带水果，如菠萝、杧果、椰子、菠萝、奇异果、榴莲等，在交通不便的时代，北方地区的村落原住民不仅很难吃到，甚至可能都没有见过，自然也很难进入传统村落文化的视野。

值得一提的是，有很多水果虽然古今同名，但实际上并不是同一类，比如木瓜。古书里的木瓜，是贴梗海棠的果实，如《诗经》中的句子："投我以木瓜，报之以琼琚。"原产地在黄河中下游地区，晒干切片做药用，归肝脾经。我们今天在市场上看到的木瓜，又称番木瓜，是一种热带水果，原产地在南美洲。明末清初才大规模传入中国，清代学者称为"木冬瓜"，后来将中间的"冬"字省略了。番木瓜和木瓜的药性不同，前者偏寒，后者性温。另一种重要的水果樱桃，也是如此。我国原产的樱桃现在称为中国樱桃，成熟期早，有早春第一果的美誉，所以梁宣帝的《樱桃赋》说："懿夫樱桃之为树，先百果而含荣。"白居易写了"樱桃樊素口"的诗句之后，汉语中又通常以樱桃来形容女性的嘴唇小巧红润。今天市面上最常见的樱桃，其实是欧洲樱桃，被称为甜樱桃，比中国樱桃要大，19世纪70年代才传入中国,主要在东北、华北等地栽培。

在汉语中,名称大体相同的一种植物,只要加上了限制性的前缀,其实也完全不同,例如萝卜和胡萝卜、玉兰与广玉兰等,而果类中则以酸枣和南酸枣、石榴和番石榴等最为典型。北方地区村落中常栽培的酸枣,是一种灌木,可以作为药材。《神农本草经》上说,酸枣可以"安五脏,轻身延年"。南方地区村落中常见的南酸枣,则是一种高大乔木。南酸枣的鲜果酸甜,可以消食,既可以生食,也可以酿酒和加工成酸枣糕。市场上加工售卖的酸枣,就是南酸枣。石榴和番石榴也是如此,前者是石榴科,后者是桃金娘科。石榴原产波斯,是汉代张骞从西域带到中土的,现南北两地都有种植。石榴的果实如一颗颗红色的宝石,果粒酸甜可口多汁。古人称石榴是"千房同膜,千子如一"。民间视它为多子多福的象征,婚嫁之时常放置于新房。番石榴原产美洲热带,约17世纪末传入中国,主要在南方栽培,肉质非常柔软,肉汁丰富。跟石榴多籽不同的是,番石榴几乎无籽。

总而言之,作为传统村落日常生活中的食物,瓜果所承载的不仅仅是可口的味道、有价值的营养,更是蕴含深厚的文化。在传统村落原住民的生活中,这些瓜果不仅被摆放在餐桌上的果盘中,更是被当地的能工巧匠设计成各式纹样装饰着家居生活。如唐宋两代的陶瓷器皿、铜镜等日常用品上,常常可以见到葡萄纹和石榴纹,包括缠枝葡萄、婴戏葡萄、婴戏石榴等图案,其寓意为多子多孙。明清两代,又出现了荔枝纹、枇杷纹、桃纹、西瓜纹、苹果纹、樱桃纹等纹饰。清代以后,传统村落的原住民更是喜欢以佛手、桃、石榴三种果实组合成"福寿三多"纹样,表达了多福、多寿、多子的寓意。

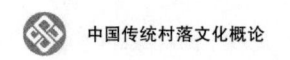

四 传统农具

孔子说:"工欲善其事,必先利其器。"农业生产离不开农业生产工具,"黍稷滋农具,轩车乏道情"。农具是农民在从事农业生产过程中用来改变劳动对象的器具,具有非机械化的特征。春秋时期的《管子》中的《禁藏》篇说:"缮农具,当器械。耕农当攻战,推引铫耨以当剑戟,被蓑以当铠鏑,菹笠以当盾橹。"这是将农具与兵器相提并论了。事实上,后世有些兵器也确实是直接从农具中改造过来的。

中国地域广阔,民族众多,农业历史悠久,农作物多种多样,农具自然也就丰富多彩。就各个不同的地域、不同的环境以及相应不同的农业生产而言,使用的农具又有各自的适用范围与局限性。历朝历代的村落原住民,都在不断地生产实践中对农具进行了创新和改造。这既发展了农业,也为人类文明的进步做出了贡献。

根据不同的农业生产需求,在传统种植业中发展出七种类型的农具,它们各有不同的功能。有些农具因为不能适应农业的发展,在历史的长河中逐渐被淘汰;而在不断地劳作过程中,农人又发明了很多新的农具。除此之外,也有一些农具延续了上千年都没有根本性的改变。本文中列举的一些农具,对于整个中华民族的农业发展进程来说只是其中很小的一部分,但也足以看出它们所承载的文化与智慧。①

(1) 耕地整地农具。"耕"的本义是翻松田土。田土翻松之后,才能进行下一步的播种工作。这是农耕文明得以展开的基础。最早

---

① 具体可参阅周昕的《中国农具史纲及图谱》,中国建材工业出版社1998年版。

的农具耒耜，就是一种翻土农具。耒耜的造型如一把木叉，上有曲柄，下面是犁头。它是犁的前身。犁是最重要的耕地工具，自商代出现一直到今天，它延续了几千年，基本的形制没有太大的变化。春秋时期开始，使用畜力来拉犁耕田，直到现在很多尚未使用机械化生产的村落中，仍然如此，只有畜力偶尔缺乏的地方会采用人力。在长期缺少耕牛的地区，如四川、贵州等地，人们又发明了"踏犁"，也称"脚犁"，使用时靠人力踩踏工具，同样可以达到翻土的效果。在大部分畜力充足的地区，普遍使用唐代发明的曲辕犁来耕田，它是从汉代的直辕犁演变而来的。曲辕犁的发明，大大提高了劳动生产率和耕地的质量，为中国传统农具史掀开了新的一页。传统步犁发展至此，在结构上便基本定型，后世只是在此基础上略作改进，并未产生根本性的变化。如清代晚期，冶铁业的发展导致有些耕犁改用铁辕，用木楔来固定铁辕和调节深浅，延长了使用时间，也节约了生产成本。在耕地整地的程序中，犁只是完成了初步的松土工作，接下来还要将土块细化，这就需要用到其他的工具，如耙、耖等。耙是将土块打碎，耖则是用于打混泥浆。耖为木制，圆柱脊，平排有九个直列尖齿，是利用畜力疏通田泥的农具。耕、耙、耖的综合运用，形成了南方水田精耕细作技术体系，最迟在宋代就完成了。耕地整地工具中，还有锄、耱等也是不可忽视的工具。在小面积的土地中，用锄来耕地是非常合适的，可以节省劳动力。此外，锄属于一种万用农具，在挖坑、作垄、盖土、除草、培土等作业中皆可使用，所以在传统村落中，几乎家家必备，而且还不止一把。耱是用手指粗细的树枝条编在长方形木框上的一种农具，用来平整翻耕后的土地，有时也用来保墒。使用时把耱平放在翻耕过的田地上，由牲畜拉着前进，操作者站立其上（有时也将石块放在上面），以增大对土面的压力。石质农具砼子，也是常用的整地工具。播种覆土后，常常用砼子把松软的土压实，以利于种子出苗。

（2）播种农具。利用农具进行播种，文献记载的最早的，是西汉时期的耧车。耧车利用牛来牵引，既可以开沟播种，同时也可以进行覆盖和填压，省时省力，效率非常高，有经验的农民一天可以播种一顷地。今天北方地区的村落仍旧在使用耧车，它由耧杆、耧把、耧篓、耧腿、耧铧等主要部件构成。除了耧铧为铁制，其他部分全为木制。利用耧车可以大面积播种大麦、小麦、大豆、高粱等粮食作物。相对于耧车来说，瓠种器是一种小型的播种器，俗称"点葫芦"，因为它的主要部分用葫芦制造。明代的《农政全书》对它有过详细记述，并有绘图。利用瓠种器播种时，先将种子灌入葫芦，操作者一手握着瓠种器的执柄，一手拿着木棍敲打前端并不断行进，种子便从排种口均匀落地。瓠种器主要用于谷类作物和豆类作物的点播，盛行于华北、东北等地的村落。沿用时间极为长久，现在北方一些偏僻的村落仍然在使用。流行于长江中下游水稻产区的秧马，是拔稻秧时乘坐的专用工具，也可以归入辅助播种工具一类。它从北宋时期开始大量使用，苏轼的《秧马歌》写道："锦鞯公子朝金闺，笑我一生踏牛犁，不知自有木驶骎。"秧马的外形像一艘头尾翘起的小船。操作时，人坐在船背上，用右手将船头上放置的秧苗插入田中，然后以双脚使秧马向后逐渐挪动；拔秧时用双手将秧苗拔起来，置于后仓中。秧马可以在水稻栽种时减轻弯腰曲背的劳作强度。

（3）中耕除草农具。中耕农具用于除草、间苗、培土作业，分为旱地除草工具和水田除草工具两大类。锄头是最常用的旱地除草农具，既可以除草，也可以疏松植株周围的土壤。耘耥是水田除草工具。其形制为木体铁齿，上面装上竹柄。秧苗移栽半个月之后，将耘耥放入水稻田中，顺着稻行株距的走向前后推动，就可以去除杂草。同时，它也有助于疏松表层土壤，改善土壤通透性。很多地方的村落，通常也将耘耥除草与施肥结合起来使用。整体来看，这类农具各地差异不大，且几千年以来一直维持着比较稳定的形式。

（4）灌溉农具。农业耕作离不开水的灌溉，因此我国古代劳动人民发明了大量的灌溉工具，留存至今的主要有翻车和筒车。翻车又名龙骨水车，是一种刮板式连续提水机械，是中国古代汉族劳动人民发明的最著名的农业灌溉机械之一，也是世界上出现最早、流传最久远的农用水车。《后汉书》记载毕岚发明了翻车，后来由马钧加以完善。翻车可用手摇、脚踏、牛转、水转或风转驱动。龙骨叶板用作链条，车身则斜置河边或池塘边，下链轮和车身一部分没入水中。链轮驱动的时候，叶板就沿着槽运动而刮水上升，到长槽的上端将水送出。如此连续循环，把水输送到需要的地方。操作搬运方便，还可及时转移取水点，灌溉排涝两用。筒车是一种和翻车相类似的灌溉工具，可以利用湍急的水流来转动车轮，将低处的河水提上高处的岸边的农田里进行灌溉。宋代梅尧臣的《水轮咏》说："孤轮运寒水，无乃农自营。随流转自速，居高还复倾。"今天很多村落的河边，仍可看到筒车的身影。它们在浇灌农田的同时，也成了人们旅游观光的一道风景。

（5）收获农具。收获农具包括收割、脱粒、清选农具。收割用具包括收割禾穗的掐刀、收割茎秆的镰刀、短镢等，这些很简单，不需列举，此处主要介绍一些脱粒农具和清选农具。脱粒农具中，在南方的村落中最常见的是稻桶。稻桶有方形和圆形两种。方形的稻桶用木板木条制作，敞口向上，有底无盖，整个形状犹如缩小版

图3-7 筒车

的倒金字塔。南方收稻时多雨，稻田较湿，往往不能及时把割下的水稻运到晒谷场上，所以收割后的稻穗必须马上在稻田里进行脱粒。今天，尽管很多村落都开始使用机械化的脱粒机，但对于那些散落在山脚的小梯田来说，传统的稻桶仍然有着不可替代的作用。从脱粒的方式来看，有的依靠拍打直接脱粒，有的则靠脚踏带动辊辘转动而脱粒。在北方的村落，最常见的脱粒工具是碌碡。碌碡又称碌轴，总体类似圆柱体，绕着一个中心旋转来轧豆、麦等农作物。梿枷是没有地域限制的一种脱粒工具，南北通用。它的历史很早，春秋时代就用于给麦子脱粒，已经延续了两千多年。北宋有一段时间，它还被当作兵器而用于战争。从结构上来看，它由一个长柄和一组平排的竹条或木板构成，前者称为"梿枷把"，后者称为"梿枷拍"。使用时，将梿枷把上下甩动拍打敲击即可。简单而实用，使用时只要一个操作者就行了。清选工具中以簸箕、木扬锨、风扇车为主。簸箕是竹编农具，可进行小型清选。风扇车则用于大型清选，它依靠人力来产生风或气流来达到清选效果，也叫飏扇、扬谷器、扇车或扬车。它有一个特制的圆形风腔，处于装有轮轴、扇叶板和曲柄摇手的右边。曲柄摇手的周围有一个圆形空洞为进风口，来自漏斗的稻谷通过斗阀穿过风道后，饱满结实的谷粒落入出粮口，而糠秕杂物则沿风道一起被吹出去。这种闭合式的风车，可能产生于西汉晚期，两千多年以来，一直使用。

图 3-8 碌碡

（6）加工农具。上面所述的农具，都是与粮食生产有关，而加工农具中除了粮食加工农具以外，还包含部分棉花等作物的加工农具。粮食加工的主要目的就是将谷物的皮壳褪去，变成可以食用的产品。最早的形态是杵臼、石磨盘，汉代又出现了踏碓。石磨可以把米、麦、豆等粮食加工成粉或者浆。到了晋代，发明了用水作动力的水磨。水磨由两块圆石组成，操作时，粮食从上方的孔进入两层中间，沿着两层的接合处的纹理向外运移磨碎，最终形成粉末。南北朝时期又出现了碾，这是一种用石头和木材制作的工具。石碾通过人力、畜力或者水力，对收获的颗粒状粮食进行破碎、去壳等初步加工，至今还在许多农村地区使用。棉花的初步加工，主要目的是去掉棉籽，称为轧棉。传统的轧棉机是用一对压辊来工作，上辊转速较慢，下辊转速较快，当两辊做反向回转时，使棉纤维靠压辊的摩擦牵引而和棉籽分离。使压辊运行的方式靠人力带动，既可用手摇，也可用脚踏。此外，也有一些其他的加工农具，此处不一一列举。

（7）运输农具。村落中最主要的运输农具包括担筐、驮具、车具等，从材料来看，有的是竹编的，有的是木制的。担筐主要在山区或运输量较小时使用，在中国的村落中，不管是山区还是平原，几乎家家户户都备有好几套竹筐和扁担，它也是一个农业家庭中主要的财产。相对于担筐而言，车的运载量较大，在平原和丘陵地区也十分常见，以独轮车最有特色。独轮车又称"手推车"，车轮为木制。在两个车把之间还挂有车绊，驾车时将其搭在肩上，靠两手持把来助力。独轮车一般为一人往前推而移动，但大型的独轮车则在前后各有双把，运行时前面一人拉，后面一人推，称为"二把手"。由于车子只是需要单轮着地，所以无论什么样的道路都能通过。由于独轮车在移动时，地面上所留下的车辙是一条线，所以又名"线车"。某些独轮车除了一个主要的大轮之外，前方还有一个小轮，可以在过沟坎的时候起到辅助作用。村落原住民用它运物载人，即使是长途跋涉也能够健步如飞。在近现代交通运输工具普及之前，独轮车是一种很有效的运输农具。特别在北方气候干燥的村落，它几乎与驴车起着同样重要的作用。

3.2.5 传统种植业的特征

我国几千年的农业社会中，农业生产都为手工方式，使用的是极为简单而又充满智慧的劳动工具。先秦时期，农具远远落后于同时代的兵器与礼器，最先进的技术首先用在"兵"和"礼"这两项"国之大事"上，因为它们直接关系到统治的稳定。一个显著的事例就是，从出土实物资料来看，东周的时候，各个诸侯国的部队中的兵器都换成了铁器，但犁、锄这些基本的农具仍然是石制和木制的结合。随着金属冶炼技术的提高，除了部分农具之外（如石磨），石制工具才逐渐被铁制农具代替。整体来看，在传统农具的发展过程中，生产工具在不断改进，但其主要特征没有根本性的变化。只是因为有些新的功能需要或者新的农作物的引进，才会产生一些新的农具。

传统村落的生产技术尽管在不断提高，但是劳作方式基本上仍然是以手工劳作为主。手工劳作的生产形式，直接决定了传统农业的规模不会很大。一般而言，分散的个体劳动就能完成农作物从播种到收获的整个过程。所以，一家或一户就能作为一个完整的生产单位。财力和土地较多的家庭，通常会雇用其他农民来进行生产；而在小的家庭之间由于人手不够，在完成一些较大的生产活动时通常会请其他农户来相互协助生产，然后在别人生产的时候再以换工的方式过去帮忙，他们之间的关系并非雇佣性质。整体上来说，传统农业生产只有简单的自然分工与协作。

传统农业的动力，虽然有风力、火力或者水力的辅助，但主要以人力和畜力的结合为主。人力与畜力，不仅大小有限，而且需要依靠必要的间歇来恢复和再生。因为人和牲畜在劳动一段时间，或者受到伤害之后，就需要休息和调整。而一旦耽搁了农时，就只有在来年再进行生产了，当年的生活就没有着落。人口的增长和畜力的繁殖，都有其客观的局限，不能大规模地扩大生产。传统农业生产力的这些固有特征，使得手工劳动的劳动生产率始终局限在一定范围与水平之内，且发展缓慢。

先民在长期的实践过程中，产生了一整套农业生产技术的指导思想，其中心观点就是"天人合一"，即将农业生产与自然因素相联系。"天人合一"的思想在中国独特的文化土壤里产生发展，并在传统农业文明中不断强化、提升，由此引导了中国古代农业思想及其农业实践，成为中国古代农业思想的精髓。

传统农业基本上是靠天吃饭，播种、管理、收获等过程都是在自然环境中进行，对季节时令、雨水、气候、土壤等十分依赖。农作物的生长离不开自然的滋养，自然环境的每一个小的变化都对农作物产生作用。时节不同，天气不同，地域不同，自然环境就有差异，农作物的生长发育就不同，所以采用的耕作栽培方法也不同。《吕氏春秋》从耕稼的角度指出："夫稼，为之者人也，生之者地也，养之者天也。"人类的主观行为在农业生产中只是起到一个执行的作用，收成的好坏有一大半归于天时与地利的因素。人可以通过积累经验，对自然规律加以掌握和利用，但无法改变它。

在先民的农学观念中，将所有的自然因素都归结为"气"这一哲学范畴。他们认为，天有"天气"，地有"地气"，时有"时气"，此外还包括暖气、寒气、生气、杀气等。各种气分属阴阳，彼此消长变化，既能促进农作物的生长，也可能带来自然灾害。只有顺应自然环境，合理利用自然条件，才能促进生产。农事活动要根据各个时节的阴阳气的消长变化及其农作物生长发育的规律来进行，应当采取相应的耕作栽培措施以顺应时节及其阴阳变化，以获得生物有机体与外界环境条件协调统一。[1] 至少在先秦时期，这套

---

[1] 参见胡火金《天人合———中国古代农业思想的精髓》，《农业考古》2007年第2期，第104—109页。

思想就已经完全系统化了，后世的农学思想的发展一直都是在延续这套体系。

先秦时期的《管子》指出了"气"在一年四季的变化规律："春者阳气始上，故万物生。夏者阳气毕上，故万物长。秋者阳气始下，故万物收。冬者阴气毕下，故万物藏。故春夏生长，秋冬收藏，四时之节也。"《礼记》和《吕氏春秋》等文献中，也都谈到了如何利用"气"的升降、进退、转化来促进农作物的生长发育。正如前文所指出的，这不再是单纯的农业思想了，它已经上升为哲学的境界，与整个中国古典哲学汇聚成了一条浩渺无边的大河，对后世的农业生产实践产生了重要的指导作用，并且也直接影响了中国哲学的发展。

通过几千年的耕作经验，在手工农业时代，农民从农耕实践中传承的经验出发，发现并总结出了一套精工细作的农业生产方式。在田间的耕耘管理方面，尽可能充分地发挥人力作用，将农活做到最细的程度。所谓的"深耕易耨""深耕熟耰""力耕数耘"等词语，无不是指在一定耕地面积内，竭尽人力从事精细劳作。这套经验延续了上千年，影响深远，而且不断地在后世得到补充丰富。从西汉《氾胜之书》的"趣时、和土、务粪泽"等"耕之本"的说法，到后魏《齐民要术》的"耕田""收种""种谷"等章节，再到宋代《陈典农书》的"地势""耕耨""粪田""薄耘"等要诀，所围绕的中心皆是如此；从元代王征、马一龙，到明代徐光启、耿荫楼，到清代的刘应棠、王心敬等农学家的著作中所阐述的措施，其内容重点和方法虽不尽同，但都体现出了对于精耕细作的重视。

图3-9 (南宋)马和之《豳风图卷》中的耕作场面(故宫博物院藏)

如果具体来看，我们则可以发现，传统农业生产已经形成了一整套农作物品种资源及其选种、育种和繁殖的技术。河姆渡、半坡以及较后的马坝等遗址，都发现有堆藏的稻、粟、蔬、果等种子，考古学家认为这是为了下一年的耕作而留下来备用的。距今六七千年前后，先民已经初步理解了种什么就收获什么的道理，也明白了不同的作物应该在不同时候播种。从《诗经》提到黍、稷、稻、麦、菽等农作物的育种和繁殖可以发现，当时已经掌握了作物的早种、晚种、先种后熟、后种先熟的特性，也能够培育出品质好、产量高的品种。中国的农作物大家庭是一点一点地丰富起来的，到了《尔雅》中，农作物的品种和类别又增加了不少。此外，在具体种植上，先民很早就实行了轮作、复种等生产技术，如将禾本科植物和豆科作物、绿肥作物等结合起来耕作。

《诗经·大田》云："大田多稼，既种既戒。"这里的"种"就是指大田作物的选种。《吕氏春秋》已经注意到了具体作物的选种标准。其具体方法主要是目选。目选依赖农民的经验，通过观察农作物的植株外形、果实的饱满程度等来选择种子。除此之外，还有风选、水选、筛选、芽选等方式。

选种之后，就是育种。育种的目的在于繁殖。最常见的繁殖方式是播种繁殖，它在原始农业阶段就开始了。到了南北朝时期，农民在育种方面已经积累了十分成熟的经验。《齐民要术》中，对于育种有详细的记载："凡五谷种子，浥郁则不生，生者亦寻死。种杂者，禾则早晚不均，春复减而难熟。粜卖以杂糅见疵，炊爨失生熟之节，所以特宜存意，不可徒然。粟、黍、穄、粱、秫，常岁岁别收，选好穗纯色者，劁刈高悬之。至春治取别种，以拟明年种子。其别种种子常须加锄，先治而别埋。还以所治蘘草蔽窖。将种前二十许日，开出水洮，即晒令燥，种之。"《氾胜之书》对于育种的记载更为详尽，其中特意指出如何让种子不生虫的方法："牵马令就谷堆食数口，以马践过为种，无蚼蛆等虫也。又种伤湿郁热，则生虫也。又薄田不能粪者，以原蚕矢杂禾种种之，则禾不虫。"历代传统的育种技术，就是这样一代一代积累而成。播种繁殖属于有性繁殖，而压条、嫁接、扦插等则属于无性繁殖。无性繁殖方法中，较为容易而被经常使用的是压条，又称为"插条"，在《战国策》中又称为"摸树""倒树"等。《齐民要术》等农书中也有所提及。嫁接也是常用的无性繁殖方法，其技术较为复杂。《氾胜之书》中介绍的种葫芦，就使用了嫁接方法："总聚十茎一处，以布缠之五寸许，复用泥泥之。不过数日，缠处便合为一，茎留强者，余悉掐去。"十株葫芦接在一起，取最强的那株，所结的葫芦就特别大。《齐民要术》指出，用不同树种作砧木嫁接梨树枝条，结出的梨味道各不相同。其中以棠木结的梨子最好，其次为杜木，桑木最差。宋元两代，随着园艺事业的兴旺发达，嫁接已经成为繁殖花木的主要手段。有经验的从业人员认为，嫁接时要注意选好时机，操作精细，缠扎牢靠。许多人开始专门以嫁接为产业，收入颇丰。明代的王象晋在《群芳谱》中列举了六种嫁接方法，包括身接、根接、皮接、枝接、靥接、搭接，并一一进行详细说明。当时还能在不同种属花木之间嫁接，如李接桃、柿接桃、桑树接杨梅、梨接枣等,甚至还有枣接葡萄,能使葡萄结出来像枣子一样的果实。《农政全书》总结出了嫁接的三要诀:其一,衬青;其二,就节;其三,对缝。整体来说,嫁接时要趁花木幼嫩时进行,所用的砧木要选择有节的部位,砧木与接穗部位要对准。

按照地理分布来看,种植业主要集中在我国的东部地区。其中又有南方和北方的不同,南方以水田为主,北方以旱地为主。简单来看,它们都充分利用了自然条件来发展有机农业。值得指出的是,利用自然条件并不意味着在自然面前无所适从,而是指在遵守自然规律的前提下对自然进行改造。农业生产离不开水的灌溉与土的滋养。《管子》中很早就意识到了二者的重要性,所以说:"民之所生,衣与食也。食之所生,水与土也。"管子认为,土地是万物的本原,而水是土地的血气。有了土地,万物才有依托;而有了水,土地才有生气;有了生气,万物才能生长。这三者的关系密不可分。《管子》中还论述了植树、造林、护林以至"伐材下木""斧斤以时"的法令,已初步有了利用森林保持水土的意识。从先秦开始,历代政府和民间都重视兴修农田水利,发展灌溉,重视水土保持。村落田间各种小型的水道纵横交错,都是对农田水利重视的结果。此外,各种其他的中小型的水利设施如池塘、陂堰更是随处可见,既可以蓄水养鱼,也可以在旱季进行灌溉。在平原地区,村落原住民在田与田之间围起田埂,一方面是为了区分农田的所有权,另一方面也是为了防止水土流失以及调节稻田的水量。

为了向有限的土地索取更多的收获,先民向土地投入大量的劳动力和肥料。耕种过一段时间的土地,其营养被作物吸收之后,肥力必然衰减,所以每耕种过一段时间,就要向土地施加肥料,保持土壤的肥力。在注重基肥的基础上,也重视追肥技术,并将基肥称为"垫

图 3-10 《天工开物》插图（明代崇祯年刻本）

底"，"追肥"称为"接力"。在农业时代，主要的肥料就是草木灰、牲畜的排泄物，现在被称为有机肥。我国的很多农田使用了上千年，土地的生产力基本上还能维持长盛不衰，其主要原因除了精耕细作，就是有机肥的施用。早在战国时代，就已经普遍以牲畜的粪便来肥田，而汉代以猪为主的牲畜圈养技术，对于有机肥的收集来说更是一个创举，延续了上千年。明清时期，肥料技术进一步发展。肥料的来源得到扩大，因此其种类也有了很大的增加，从宋元时期的六十多种，一直发展到清代的一百多种。农人把不同的肥料根据不同的需要进行配合，更利于农作物的生长，于是出现了多种混合肥，如家畜粪和垫圈材料混合成的厩肥，秸秆、绿肥、河泥与人畜粪混合成的沤肥，河泥、粪便或草搅拌成的泥肥，等等。不过，这些混合肥料体积大，取肥时需要耗费巨大的劳动力，严重限制了肥料的使用，所以后来就发明了饼肥。明代宋应星的《天工开物》中提到的饼肥共有七种。饼肥的广泛应用，在传统肥料的使用上是一个重要转折，它搬运方便，且能被植物充分吸收。

在没有农药的时代，对于农作物的害虫防治是如何进行的？我国先民通过长期摸索，形成了一套行之有效的方法，就是利用生物的方法防治。这一措施最初源于对自然现象的观察，在《诗经》《庄子》《论衡》中，都散见不少有关的史料。《论衡·物势篇》指出，人们发现"含血之虫相胜服、相啮噬、相吠食"这一现象，因而逐步形成一套利用生物来防治害虫的观念，懂得了利用、保护乃至饲养一些有益的动物，来承担农作物病虫害的防治任务。今天来看，就是利用益虫益鸟来吞食害虫，达到让农作物顺利生长的目的。西晋时期成书的《南方草木状》中，记载了南方村落原住民以蚂蚁防治柑橘害虫事例："交趾人以席囊贮蚁，鬻于市者，其窠如薄絮，囊皆连枝叶，蚁在其中，并窠而卖。蚁赤黄色，大于常蚁。南方柑树，若无此蚁，则其实皆为群蠹所伤，无复一完者矣。"传统上习用以防治害虫的动物，除蚂蚁外，还有螳螂、蛙、龟、鱼、燕、鸡、鸭、蝙蝠等，上文所提到的在稻田中养鸭来防治蝗虫，也是这样的例子。这些都是我国农业生产中最有特色的害虫防治技术。

我国的农业生产中，是将农业生产视为整个生态系统中的一环的。《汉书·食货志》记载说："周制，种谷必杂五种，以备灾害。'五种'即五谷，谓黍、稷、麻、麦、豆也。还庐树桑；菜茹有畦；瓜、瓠、果、蓏，殖于疆场；鸡、豚、狗、彘，毋失其时；女修蚕织；则五十可衣帛，七十可以食肉。"这是自先秦时期以来就在民间施行的一套生产体系。后来，虽然在不同的时代、不同的地域以及不同的民族中有所变化，但其基本原则却是一致的。不管是有意还是无意，他们都非常注意天、地、人三者的相互适应，加强环境和动物、植物之间的循环利用，从而促进农业生态体系的不断发展。用今天的话来说，就是生态农业、有机农业和绿色农业。传统的农业生产经验，现在仍然具有重要的参考意义。它是我国传统村落原住民的智慧结晶。

3.3 传统村落的养殖业

农垦区的养殖业是农业的主要组成部分之一，它依附于种植业，并与种植业并列为传统村落生产的两大支柱。传统村落中的养殖业，是利用畜禽等已经被人类驯化的动物，通过人工饲养、繁殖的方式，使其将牧草和饲料等植物能转变为动物能。

传统村落养殖业有一定的地域性特征。靠近河、湖、海等大面积水域的村落，以水产品养殖为主。北方地区靠近草原的村落，则以马、羊这类食草且放养的动物为主。南方水田产区，水牛是村落原住民的重要劳动力，所以特别常见。青藏高原上，则主要喂养牦牛这类能适应高寒生态条件的动物。除此之外，很多家禽家畜的养殖则是遍及全国村落，如鸡、鸭、鹅、猪、狗等。

对于食草类的动物，多以农作物为饲料进行圈养。家畜中的猪、家禽、役畜和山羊等，都是耗粮较多的种类，饲料来源是粮食、秸秆、野草、野菜等。很多村落因为地处平原、丘陵或者山区，主要以舍饲为主，放养为辅。这完全不同于草原养殖。具体来看，村落原住民除了在农作物收获后进行短期茬地放牧外，其余时间均在畜舍内进行人工饲养。这可以腾出空间来种植作物。这就导致规模较小的家庭养殖业始终是村落养殖的主流。对于杂食性的家禽家畜的养殖来说，猪、狗、鸡的喂养饲料主要是村落原住民的多余或者不吃的食物，如糠秕、菜叶、剩饭、骨头等。对于一些饲草动物来说，其食物可以是秸秆、稻草、红薯藤这类种植的作物，但更多的是田地边上的杂草。它们的供应季节性波动大，易受灾害性天气的威胁。所以，养殖业在传统村落经济发展的早期阶段，常常表现为农作物生产的副业，即所谓"后院养殖业"。

从历史发展来看，我国的养殖业几千年前就开始了，而且形成了一整套养殖模式。除了典籍中常见的文字记载，近年出土的文物资料也证明了这一点。例如，成都出土的两件汉代的陶水塘模型，一件分左右两池，中有堤埂和闸道，两池中各有大鱼一条。另一件陶水塘的池底则有深水道，塘内有数条游鱼。

汉代的养殖业还根据不同的需要来进行，马、牛以其军事用途和可作为农业生产资料而不准轻易宰杀，主要作为食材的有猪、羊、鸡等。地方官吏也大力提倡村落原住民养猪养鸡，著名的有颍州太守黄霸、渤海太守龚遂等人。从他们提出的养殖数量来看，一般是一家一户养两头猪和四五只鸡。这种以一家一户为单位进行推广的养殖模式，符合当时以自耕农为主的小农经济的特点及需求。汉代对每种牲畜的圈舍各有其专名，如马圈称厩，牛圈称牢，羊圈为庠，猪圈为圂，等等。分类的详细和具体，说明当时的养殖业已经非常发达了。

养殖业的生产对象是动物，其用途主要是围绕衣食住行产生，可以分为几类。其一，直接获取食材，如肉（猪、牛、羊、鸡、鸭、鹅、鱼等）、蛋、奶、蜂蜜等。其二，作为原材料来制作衣物，如获取动物的皮、毛、蚕丝等。其三，作为生产工具而获取动力，如马、驴做交通工具，牛作为耕田的劳动力，鸬鹚捕鱼，狗看家护院等。其四，作为药材，如鹿茸、珍珠、鸡内金等。

下面我们列举传统村落养殖业中的几种主要的动物进行简要叙述。

3.3.1 家畜养殖

广义的家畜中，包括了家禽在内。民间常说的"六畜兴旺"，指的就是马、牛、羊、猪、狗、鸡这六种动物。不过，狭义的家畜，只指被人类高度驯化的哺乳动物，即猪、牛、羊、马、骆驼、家兔、猫、狗等。在传统村落中，它们一般用于食用、劳役、毛皮等方面。家畜是人们在长期的农业劳动之下的社会产物，具有独特的经济性状，能满足传统村落发展的许多需求。

猪是大部分中国人最主要的肉食来源。中国人养猪的历史很久，大概在母系氏族公社时期就已开始了。浙江余姚河姆渡新石器文化遗址出土的陶猪，其图形与家猪形体十分相似，说明当时对猪的驯化已具雏形。殷墟出土的甲骨文记载，商、周时代已有猪的舍饲。而后随着生产的发展，逐渐产生了对不同的猪加以区分的要求。商、周的时候发明了阉猪技术。阉割后的猪，失去生殖机能，性情变得驯顺，便于管理、使役、育肥和提高肉的质量，还可以防止它们自由交配，这对改良家畜品种起了积极作用。猪最开始的时候跟羊一样，是采取放牧的方式养殖的。汉代的公孙弘就曾经在山东的海边牧猪。汉代的时候，农人发现猪粪对于农作物有极好的肥力，所以养猪的时候就注意囤积它的排泄物，这促使原来放牧为主的方式转变为圈养。猪圈因此又常常和人的厕所建在一起，便于肥料的收集。猪圈和人厕合建的模式，跟放牧相比，既节约了空间，也集中了人和猪的粪便。在魏晋南北朝时期，猪圈和厕所建在一起的模式，在村落中已经十分常见。今天的农村中，仍然能见到大量的实例。圈养的方式，还可以增加猪肉的产量。随着生产力的发展，人口增加，肉食的消耗量也大增。猪圈中的猪，活动空间小，活动量就少了。猪吃进去的食物，大部分转化为肌肉和脂肪，增肥很快。不过，放养的方式还是一直在延续着，尤其是养猪数量太大的时候。东汉赵岐的《三辅决录》记载说，当时关中有马氏兄弟五人，在长安的郊区专门养猪，以便于在长安城出售。五兄弟获利很多，百姓认为他们的收入跟公卿相差无几。汉代人对猪的喜爱超过其他朝代，当时猪又称豨，所以很多人以"豨"为名，如西汉的陈豨，东汉的昌豨等，在今天看来几乎不可思议。随着养猪业的发展和经济文化的不断进步，中国人养猪的经验日益丰富。隋唐时期，养猪已成为农民增加收益的一种重要手段，甚至出现了以杀猪为职业的屠夫。《朝野佥载》中说，唐代洪州人普遍依靠养猪致富。有的官员甚至养了三千头猪。宋代的湖南湖北一带，民间养猪十分兴盛，苏轼被贬黄州的时候，发现猪价非常低贱。北方地区，《东京梦华录》记载，每天都有人赶着上万头猪从南熏门进城。明代有一段时间，养猪遭到皇家的禁止，因为猪与明代皇帝朱姓同音，但是这一荒唐的禁令持续时间不长。在农业社会，猪的养殖具有重要意义，因为它饲养方式是圈养，不同于牛羊等家畜的放养，它的稳定性与农业经济是一致的。汉字中的"家"字，就是房子底下有猪。

几千年之前中国人就开始养羊了，既有绵羊也有山羊，而前者的驯养早于后者。绵羊的门齿锐利，能啃食低矮的小草及根，采食植物种类多，以禾本科植物为主，在枯草期也可以以落叶和杂草为食。山羊的适应能力很强，不挑剔食物，即使是在盐碱地上也能大量繁殖。

图 3-11　东汉绿釉陶猪圈（湖南省博物馆藏）

从地域上来看，山羊分布的地区比绵羊的广。在一半以上的省区，山羊的数量都超过了绵羊。南方一些不能养绵羊的地方，却可以养山羊。羊的形象早早就被纳入中国文化的视野之中了。无论是北方的河南新郑裴李岗文化遗址，还是南方的浙江余姚河姆渡文化遗址，都曾经出土过泥土烧制的陶羊。在商代人的思维中，就认为"羊大为美"，所以甲骨文中"美"字，即由"羊"和"大"两字组合而成。此外，"善"字体现了羊的温驯忠厚，"义"字体现了羊的跪乳之礼。诸如此类，带有"羊"的汉字，都具有美好吉祥的意思，所以先秦时期，祭祀的时候通常也供奉羊肉。一些少数民族村落的原住民还通过羊来占卜吉凶，称为"羊卜"。沈括的《梦溪笔谈·技艺》载："西戎用羊卜。"《宋史·外国传》记载了羊卜的方式，有的是以艾灼羊胛骨来进行，有的则是通过取出羊的内脏来观看而获知吉凶。今天的卫拉特蒙古族对于羊胛骨还十分敬畏，吃羊之后不会将其随便扔弃，害怕别有用心的人捡起来问卜而导致鬼怪作祟。羊的性情温驯，容易饲养，可以分为放牧和圈养两种方式，二者各有优劣。放牧可以节省草料和人工，降低饲养成本，只是会受到气候和季节的影响；圈养使羊能均衡发育，还能合理利用饲料，但需要耗费人力。在没有牧区的村落，羊的养殖数量不太大，就采用放养和圈养相结合的方式。按照不同的用途，羊的种类可以分为乳用型、肉用型、绒用型三类。

牛是由原牛驯化而来的，这一过程自新石器时代就开始了。中国的牛可以分为几大类。水牛具有长的犄角，多为黑色，是南方水稻产区的主要役畜；黄牛角短，皮毛多为黄褐色或黑色，多用来耕地或拉车是重要役畜之一；而另一类特殊的牦牛，毛长过膝，耐寒耐苦，适应高原地区氧气稀薄的生态条件，成为青藏高原的特有畜种。牛的肉可供食用，皮可以制革，最为主要的是，在传统村落原住民的日常生活以及生产劳作中，它是一种重要的动力。中国人借牛力开垦耕种的历史由来已久，牛为中国几千年的农业社会发展进程做出了巨大贡献，一直受到村落原住民的重视，被称为"耕稼之本"。正如南宋陈旉的《农书·牛说》中说的："农者，天下之大本，衣食财用之所从处，非牛无以成其事耶。较其轻重先后缓急，宜莫大于此也。"并指出要将牛当作人来养："视牛之饥渴，犹己之饥渴；视牛之困苦赢瘠，犹己之困苦赢瘠；视牛之疫疠，若己之有疾也；视牛之字育，若己之有子。"可以说，在传统村落原住民的心中，牛是一种具有图腾意义和神性的动物，所以很多地方都有爱牛、敬牛、拜牛的习俗。至今在西南的很多少数民族村落中，牛还有单独的节日。在这一天，它们什么也不用干，身上被洗得干干净净，犄角上缠着红布，主人用最好的食物来喂养它。村落原住民认为牛拥有五行中土属性和水属性的双重神力，是风调雨顺、国泰民安的象征。水能生木，所以牛的耕作能促进农作物生长；又因为土能克水，所以古人在治水之后，常设置铜牛、铁牛以镇水魔。关于后者，全国各地也有出土的实物证据，比如闻名遐迩的黄河铁牛。在军事中，牛也被用来作战。战国时田单的火牛阵，就是历史上著名的以牛为武器的战例。

图 3-12　（南宋）《田垄牧牛图》（明尼亚波利斯艺术馆藏）

马曾是农业生产、交通运输和军事等活动的主要动力，因而在中国文化史上，马因其独特的形象，留下了大量典故，如老马识途、塞翁失马、马革裹尸等。秦王室的祖先，最初就是给周天子养马，后来因为马养得好，获得分封，逐渐壮大，建立秦国，并进而建立起秦王朝，一统中国。马的养殖，经历了从人工牧放到厩舍饲养的转变。放养的方式，多在游牧文明为主的草原地区进行；在以农耕文明为主的传统村落中，马的养殖多采用饲养的方式。马的食物采集范围很广，成为最容易饲养的动物之一。很多喂养牛羊的饲料也能喂马。在我国北方的村落，到了冬天没有新鲜的草料，就用枯草、树枝、落叶或者秸秆等来喂养。不过，虽然马的食物的范围很广，但是特别爱吃带有甜味的饲料，如胡萝卜、青玉米、苜蓿草等。因为马与人的关系实在是太亲密，所以历代都十分重视对马的喂养。通过长期反复实践和精心观察记录，我国先民很早就总结出了一套系统的饲养管理制度。在中国古代养马业的科学文明中，还有以医治马病为主要内容的兽医学。由于马医学在养马业的发展中占有特殊的重要地位，所以马兽医专家在传统社会备受尊重。《史记·货殖列传》中的"马医浅方，张里击钟"表明，擅长医治马病的人可以成为巨富，甚至钟鸣鼎食，家累万金。传统语境里，千里马也常常用来比喻人才，发现千里马的伯乐则被视为能够重视人才的人。

  驴的形象似马，同为马属，和马的起源也相同，但不同种。从外形上来看，驴的毛色多为灰褐色，头大耳长，胸部稍窄，四肢瘦弱，躯干较短，因而体高和身长大体相等，大体上为正方形。驴的体质健壮，耐粗放，抵抗能力很强，不易生病。从性格上来看，驴有性情温驯、听从使役等优点。中国驴的品种在 30 种以上，其中的优良品种主要在山东，关中驴、德州驴、佳米驴、泌阳驴、广灵驴、河西驴等久负盛名，食粗饲料谷草、棉籽皮、大豆秸、玉米秸等，能负重，是农村特别是山区、半山区、丘陵地区短途运输、拉车、驮货、耕田、磨米面的好帮手。在传统村落中，驴除了是重要的劳动力之外，还是重要的肉源动物。驴肉肉质细嫩，具有高蛋白和低脂肪，其补气补虚之功远非牛羊肉所能比，能为体弱需要调养的人提供良好的营养。以驴皮熬制的驴胶，更是一种名贵的滋补药品。公驴和母马的基因很容易结合，杂交之后可以生出骡子。骡子的个头较大，具有驴的能负重和抵抗能力强等特点，也具有马的灵活性和奔跑能力。在偏远村落，因为马骡比马省草料，但力量比马大，通常养了用来当畜力在田中劳动。但是，马骡的弱点是奔跑不快，也不能生育。在中国文化中，驴没有马的地位那么高，它被塑造成忠厚老实的形象。民间口语中，也以"笨驴"来形容一个人脑子不开窍。柳宗元的《黔之驴》中，写了一个关于驴的寓言，此后"黔驴技穷"就用以讽刺那些无能而又肆意逞志的人。

狗是一种很常见的犬科动物，也是饲养率最高的宠物。作为人类最早驯化的家畜，狗的存在和进化都与人类文明发展有着千丝万缕的联系。东胡、戎、狄、肃慎的先民，首先驯养了狗，其中戎就是有名的养狗氏族。但是，在传统村落中，狗不是一种宠物而是人类日常生活的帮手，能够进行看家护院、狩猎等活动。在汉文化中，狗的地位较为尴尬，一方面，"狗眼看人低""狗奴才"这些在民间经常流传的俗语让狗承担了恶名；另一方面，民间乃至文人笔记中，又流传着大量的狗通人性忠实于主人的"义犬"的故事。《聊斋》中就描写了两个关于义犬的故事，其中一个说："潞安某甲，父陷狱将死。搜括囊蓄，得百金，将诣郡关说。跨骡出，则所养黑犬从之。呵逐使退。既走，则又从之，鞭逐不返，从行数十里。某下骑，乃以石投犬，犬始奔去。视犬已远，乃返辔疾驰，抵郡已暮。及扫腰囊，金亡其半，涔涔汗下，魂魄都失，辗转终夜。候关出城，细审来途。又自计南北冲衢，行人如蚁，遗金宁有存理！逡巡至下骑所，见犬毙草间，毛汗湿如洗。提耳起视，则封金俨然。感其义，买棺葬之，人以为义犬冢云。"这反映出人与狗之间有一种深厚的感情。南方的一些少数民族如苗族、瑶族、畲族等村落中，甚至将狗当成图腾崇拜。他们不吃狗肉，每年新收获的稻米，一定请狗先尝。这种文化现象与盘瓠崇拜有关。《后汉书》记载，远古高辛帝时候养有神狗，"其毛五采，名曰盘瓠"。后来吴将军犯上作乱，无人能平，高辛帝只好悬赏天下，答应谁能平乱，斩其首级，就能封邑称侯，并把公主嫁给他。结果竟然是身边所养之狗盘瓠咬下吴将军首级而归，高辛帝不敢食言，不得已将女儿嫁给盘瓠。盘瓠家族由此繁衍生息。有的苗族村落还流传狗跨海盗取稻种给人类的故事。湖南和广西的瑶族村落，普通的瑶民都能讲述这个故事。而在绥宁的黄桑，每年仍然举行"祭狗"仪式，对狗十分敬畏。

3.3.2 家禽养殖

家禽是人工豢养的鸟类动物，其目的在于获取肉、卵和羽毛，此外，还有一些具有观赏、玩乐等用途。作为家禽的养殖对象，主要是雉科和鸭科这两类动物，如前者以鸡为主，后者以鸭、鹅为主。它们遍及大江南北，几乎没有地域限制。

鸡是人类饲养最普遍的家禽。家鸡源出于野生的原鸡，其驯化历史至少约4000年。在中国创日神话中，鸡有幸充当创日第一日所造之物。《太平御览》卷三十说："天地初开，以一日做鸡，七日做人。"又说："黄帝之时，以凤为鸡。"可见，在远古时期，鸡与凤凰在文化上具有相同的意义。在传统农业社会，常以早晨公鸡打鸣视为新一天的开始。周代有一类官名为"鸡人"，就是在祭祀时报时的人。古人称鸡为"德禽"，把它说成勇仁兼备、足可信赖的动物。东晋时代的祖逖，在半夜听到公鸡鸣叫，说了一句"此非恶声"，便约同寝的好友刘琨欣然起床练剑。这就是著名的"闻鸡起舞"。鸡在这个故事中，像一面警钟一样，督促着青年人不断刻苦训练，积极上进。养鸡多的人家，也能因此而发财致富，《列仙传》卷上记载了一个故事就说明了这一点："祝鸡翁者，洛阳人也。居尸乡北山下，养鸡百余年。鸡有千余头，皆立名字。暮栖树上，昼放散之。欲引呼名，即依呼而至。卖鸡及子，得千余万。辄置钱去。"在汉语中，鸡与"吉"谐音，所以鸡也就成为吉祥的动物。董勋的《答问礼俗》指出，魏晋时期，人们在正月初一画鸡贴在门上辟邪镇妖，这一习俗流传了一千多年。清代桃花坞，还常售卖名为"鸡王镇宅"的年画，图案上是一只大公鸡口衔毒虫。北方一些地区有"抱鸡"结婚的习俗，就是在娶亲时，女方家选出一个男孩抱一只母鸡，跟着送亲。民间结拜兄弟时，也会宰一只雄鸡，在每碗酒里滴几滴鸡血，然后将血酒饮尽，表示有福同享有难同当。1935年，红军过四川彝族地区时，当时的彝族首领小叶丹就杀了一只雄鸡，将鸡血滴在碗中，与刘伯承歃血为盟，留下了一段民族交往的佳话。当然，除了这些文化上的意义之外，鸡的最重要功能就是提供鸡肉和鸡蛋。西南地区的一些少数民族村落中，还有养斗鸡的习俗。

鸭的体型较小，颈短，嘴扁而大，腿位于身体后方，所以步态蹒跚。它的趾有蹼，能游泳。鸭子是杂食性动物，既吃粮食野草，也吃虫子。靠水的人家，养几只鸭子，还能经常吃到鸭蛋。大约从明初开始，我国的村落原住民发展出了一套稻田养鸭的生态农业模式，并不断改进推广。明代人陈经纶写了一篇《治蝗笔记》，教村落中的原住民在稻田中养鸭，通过鸭子来吃蝗虫，达到治蝗的目的。他以实践说明，在春夏季节将鸭子四处散养，这一年就没有蝗灾，因为鸭子将蝗虫都吃干净了。清代开始，这一方法通过陈经纶的后裔在很多村落推广，效果明显。民国时期，村落原住民更为注重对稻田养鸭模式在技术层面上的归纳和总结，如鸭子的品种培育、放养的时间、田间的管理、夜间的巡逻等，一套简单可行的稻田养鸭技术体系基本完成。经过历代鸭农的培养，我国有很多地方都出产名鸭。2006 年，中华人民共和国农业部规定，北京鸭、攸县麻鸭、连城白鸭、建昌鸭、金定鸭、绍兴鸭、莆田黑鸭、高邮鸭等品种为国家级畜禽遗传资源保护品种。

即使是没有见过鹅的小孩子，也都非常熟悉唐代诗人骆宾王写的这首诗："鹅、鹅、鹅，曲项向天歌。白毛浮绿水，红掌拨清波。"鹅是一种大型水禽。它的头大，嘴扁阔，前额有肉瘤，身躯较为肥胖，尾巴较短，脚上有蹼。全身的羽毛为白色，也有灰色的。鹅站立时，身躯昂然挺立，十分优雅。长长的脖子时常转动，四处审视周围的环境。中国的鹅起源于东北地区，是由野生的鸿雁驯养而来的。《庄子》中的一个故事说明，远在两千多年前的中国，鹅的养殖技术就已经非常成熟了："命竖子杀雁而烹之，竖子请曰，其一能鸣其一不能鸣，请奚杀。主人曰：杀不能鸣者。"鹅是杂食性的家禽，能消化粗纤维植物，农家常常利用它来清理庭院中的杂草，所以有"青草换肥鹅"之说。历史上喜爱鹅的人很多，其中最著名的当属王羲之，给我们留下了一个故事。山阴道士养了一群鹅，王羲之十分喜爱，想买下来。道士不卖，但是说，如果王羲之肯为他抄一卷《道德经》的话，可以将鹅送给他，于是"羲之欣然写毕，笼鹅而归，甚以为乐"。今天在纪念王羲之的绍兴兰亭，仍然留有一块碑刻，上面一个巨大的"鹅"字。鹅的体态优雅，让文化人十分喜欢它；它的警觉性很高，反应灵敏。如果是一群鹅养在一起，它们在休息的时候就会轮流放哨，一有动静立刻会相互通知，这让它在战争中发挥了作用。公元前 390 年，高卢人夜袭罗马城，群鹅高叫惊醒罗马士兵，于是迅速迎战击退进攻。从此，鹅成为罗马人的圣物"灵鸟"。中国古代，也有类似的故事。《资治通鉴·唐纪》记载,李愬雪夜偷袭蔡州,兵至城边。发现城边有一个养鹅的池塘,便命令士兵故意搅乱,使得群鹅惊叫,把人马的响声掩盖过去,偷袭获得成功。鹅的地域观念强,常常为维护自己的领地而驱赶其他入侵者。在一些村落,原住民养鹅也是为了看家,它起到了跟狗类似的功能。

3.3.3　其他动物养殖

地球上所有的水生环境,包括淡水的湖泊、河流和咸水的海洋,几乎都可以看到鱼类的身影。鱼类是人类日常生活中极为重要的食品。我国大部分地区位于温带或亚热带,雨量充沛,水域遍布,适于鱼类生长,养殖经验丰富,是当今世界淡水养殖业最为发达的国家。淡水鱼类中的优秀品种如草、鲢、鳙、青、鲮、鲤、鲫、团头鲂等,分布南北。商代的甲骨文卜辞中,就有"在圃渔"等文字,但此时的养殖环境是河、溪等流动的水。到了后来,人们开始利用静水来养殖鱼类,最常见的就是池塘养鱼。《诗经》中的"王在灵沼,于牣鱼跃",说的就是周文王征集民工建造灵沼,在其中养鱼。现存出土于四川等地的大量汉代陶池塘,反映了当时池塘养鱼的现象。绵阳河边乡崖墓出土的陶池塘,塘中有螺、龟、蛙等水生动物;简阳夜月洞崖墓出土的陶池塘,也有鱼、蛙、鸭和莲等。宜宾横江镇崖墓出土的陶水塘,有螺、鳝、蛇、鱼、莲、菱角等。这种水塘模型就是稻鱼混养及较大规模水域养殖的缩影。托名于范蠡的《养鱼经》,较为全面地总结了修建鱼池、孵化鱼苗、捕捞等技术。

在同一水体里放养栖息习性不同、食性各异的异种同龄和同种异龄不同规格的鱼类,是村落池塘养鱼技术的特色和核心。如池塘中最常养的鱼类有草鱼、鲤鱼和鲢鱼。草鱼一般喜居于池塘的中下层和近岸多水草区域，以食草为主；鲤鱼栖息于水草丛生的池塘底层，以食底栖动物为主；鲢鱼绝大多数时间都在池塘的中上层游动，靠鳃的特殊结构滤取水中的浮游生物。它们习性不同，各有领地，互不侵犯。

不仅如此，村落原住民还将养鱼与家畜、家禽、蚕的饲养以及蔬菜、水稻的种植综合起来经营，以充分利用农业自然资源。如广东的桑基鱼塘，就是在鱼池的边上种植桑树，桑叶用来喂蚕，蚕沙和蚕蛹用来养鱼，鱼粪则可以肥塘，塘泥捞起来又给桑树当肥料，使鱼、桑、蚕都能很好生长，形成了一个完整的生物链循环，十分生态环保。其他的蔗基鱼塘和果基鱼塘也是如此。更为普遍的是稻田养鱼技术，这种方式在东汉时期就出现了。用插稻秧的水田代替鱼池的好处是，稻田中滋生的浮游生物可以养鱼，而鱼则可以吃浮在水中的农作物害虫，且它的排泄物还可以肥田。水稻成熟的时候，鱼也基本上可以打捞起来食用了。一水两用，反映了村落原住民的智慧。南方的村落中，至今仍然可以常常见到。如湖南、广西、贵州一带的侗族村落，就是今天村落中稻田养鱼的典范。

除了以上提到的这些动物，还有很多养殖内容也十分重要，如通过养殖蜜蜂来获取蜂蜜，通过养殖家蚕来制作丝绸，通过养殖河蚌来取得珍珠，等等，它们丰富了人们的物质产品，同时也围绕着它们创造出了大量的文化，成为传统村落文化的重要组成部分。

3.4 传统村落的手工业

传统村落中的手工业形态，是指农民从事手工业活动时所采取的生产形式。一般来说，生产形态反映着生产规模的大小，农民手工业者采取怎样的生产形态，决定于资本、资源、技术与市场等多种因素。

在传统社会中，农户是最基本的经济单位，农业与家庭手工业的结合是中国传统村落经济活动中的一个较为普遍的现象。如江浙地区的家庭纺织业，就是农家手工业中的主要行业，其核心是"农工结合"的经营模式。农民家庭式手工业是传统村落手工业最主要的存在形态。从理论上讲，家庭式手工业这种生产形态，是以家庭为工作或生产场所，以家庭劳动力为主要生产者。以家庭手工织布业为例，其共同特点就是织户家庭的中心人物为家主，由他或者她来主持经营上的一切事务，包括原材料棉纱的购买、布匹的织造及销售等。

传统村落的手工业，大多就地取材，独具地方特色。当地的从业者采用当地丰富的资源，使用简单的工具，以手工劳动为主，形成地域性较强的手工业。部分村落手工业总是与种植业、养殖业紧密结合。如湘西、贵州、云南一带，林木较多，建筑业中多使用木材，故而木工行业发达。江浙一带，产棉花和桑叶，由此而纺织业兴盛，等等。福建、浙江、江苏、安徽等地的村落周边丘陵或山地适于茶树的生长，所以当地的制茶业很早就享有盛名。有的行业则与当地的矿物资源有关，如内陆的四川地区生产井盐，沿海的福建地区生产海盐，是因为当地的土壤或者海水中氯化钠的含量丰富；而景德镇一带的土壤中富含高岭土，适宜于制作陶瓷，所以当地的陶瓷业发达。

手工业生产出来的产品，承载着当地极富特色的文化，当它传入其他地区时，实际上也就将文化带了过去，因此，手工产品可以是文化交流的重要载体。这种交流是相互的，既可以传进来，也可以传出去。当交流扩展到国与国之间的时候，就形成了国际性交流，既有中国向国外的传播，也有国外向中国的传播。最有说服力的是制糖业。制糖业最开始来自印度，传入中国之后，我国先民对其进行了改进。明末，中国人发明了"黄泥水淋法"，利用糖膏自身重力来分离糖蜜，取得砂糖。用这种方法制出来的糖，颜色接近纯白，是当时世界上品质最好的糖。中国制造的白砂糖曾被运到世界上许多国家，为当地人食用和药用做出了贡献。糖与制糖的历史，不仅仅是一部科技的进步与传播史，也是一部原住民的生活史和中外文化的交流史。

按照不同的行业类型，村落手工业可分为竹木业、陶瓷业、纺织业、造纸业、印染业（如蓝印花布、木版彩印、刺绣）及制作娱乐产品的行业（包括剪纸、风筝、皮影、绢花、彩扎、面具、玩具等）。它基本上是围绕着村落原住民或者城市居民的日常生活而展开的。部分的手工业则是服务于特殊的时节和场合，如宗教活动和祭祀活动时，需要塑工（彩塑神佛像，为信众祭拜使用）、纸扎工（以纸和苇秆扎成人物、车马、楼阁等，为丧家焚化，供慰亡人）等。不过，后者所需数量较少，在本文中略去不谈。另外，建筑业所需要的泥工、木工，在第二章中已经有所论述，此处也不列举。下文所列举的农业时代的村落手工业，只能是管中窥豹，远远不是村落手工业的全部。如在沿河沿海地区盛行的造船业，就限于篇幅未能列举，但这无损于它在传统村落手工业中的地位。但尽管如此，仍然可以看出村落手工业在传统村落中的重要作用。

手工业所需要的原材料,一方面来自种植业和养殖业,它是对于农产品的再加工;另一方面来自自然资源,它直接从野生动植物及矿物等无机物中获取原料制作产品。下面我们谈论几个重要的手工业。这几类手工业生产的目的主要是为了交换,对于村落原住民的吃穿住行有着重要意义,有的甚至关乎国家的经济命脉,如制盐业、纺织业、制茶业等。

3.4.1 纺织业

传统社会中最能体现家庭和谐工作的一个词语就是:"男耕女织。"男人在外面工作,女人在家中织布。养蚕缫丝,丝织刺绣,成为我国古代妇女的主要劳动,并成为对外交流的主要支撑。纺织大致可以分为纺纱与编织两道工序。中国的纺织技术具有非常悠久的历史,相传由嫘祖养蚕冶丝开始。早在原始社会时期,古人为了适应气候的变化,于是就地取材,制造简单的纺织工具,利用自然资源作为纺织的原料制作布料,缝制衣服,抵御严寒,并促进文明的进步。旧石器时代山顶洞人的考古遗址上发现了骨针,为已知纺织最早的起源。纺轮、纺车、缫车、提花机、斜织机等纺织工具,也随着技术和经验的积累而逐渐被发明出来。唐以后中国纺织机械日趋完善,大大促进了纺织业的发展。

从早期的纺织业所使用的原料来看,主要是使用蚕丝和麻。丝的纤维很细,麻的纤维很粗。丝是蚕在结茧时所吐出的一种液体,由丝蛋白和丝胶经过空气凝固而成。丝的性能优良,韧性大而且弹性好。一条小小的蚕可吐丝达 1000 米长。新石器时代,江浙一带的先民就开始利用蚕丝织成绢片、丝带和丝线。在殷商甲骨文中,桑、蚕、丝、帛等是常见汉字。战国时期，我国就采用了浴蚕种技术，并认识到了蚕的生长与温度之间的关系。《齐民要术》中记载了可以通过种茧的选择和盐腌贮藏来防治蚕病，《陈旉农书》中探讨了蚕生僵病与湿热风冷的关系，《农桑辑要》则总结了蚕病与叶质的关系。这些都表明，中国的养蚕技术长期处于世界领先地位。其他国家的养蚕技术，都是从中国传过去的。丝织业涉及桑树的种植和蚕的养殖，在文献中，"蚕"和"桑"这两个字总是被合起来使用。

丝织品是一种贵重的物品，普通人家所使用的布料，通常为麻织品。麻是从各种麻类植物取得的纤维，包括一年生或多年生草本双子叶植物皮层的韧皮纤维和单子叶植物的叶纤维。韧皮纤维作物主要有苎麻、黄麻、青麻、大麻、亚麻、罗布麻和槿麻等。麻纤维历来是我国重要的纺织纤维之一，在世界上享有盛誉。在棉花作为主要的纤维作物种植之前，我国主要纤维植物主要是苎麻。苎麻原产于中国西南地区，新石器时代长江中下游一些地方就已有种植。《草木疏》中说："纻，亦麻也，科生数十茎，宿根在地中，至春自生，不岁种也。荆扬之间，一岁三收，今官园种之，岁再刈，刈便生，剥之以铁，若竹刮其表，厚皮自脱，但得其里韧如筋者，煮之，用缉，谓之徽纻。今南越纻布皆用此麻。"苎麻一般都种在山区平地、缓坡地、丘陵地或平原冲击土上。苎麻的纤维较粗，主要用来织夏布，现在则大量用于地毯、麻袋、渔网等产品中。与苎麻地位相差不大的植物是葛。葛是一种多年生蔓草，常利用其茎的纤维制成质地细薄的葛布。周代开始，地方就以葛布作为贡品。魏晋时期，多用它制成头巾。葛布以广东生产的最为有名，其织葛者名细工，织成的布薄如蝉翼，可见技巧之高超。

随着棉花在中国的传入和广泛种植，麻逐渐退出纺织业的市场，棉花成为最为普及的纺织品原材料。棉花是锦葵科棉属植物的种子纤维，原产于亚热带。植株灌木状，在热带地区栽培可长到6米高，一般为1—2米。花朵乳白色，开花后不久转成深红色，然后凋谢，留下绿色小型的蒴果，称为棉铃。棉铃内有棉籽，棉籽上的茸毛从棉籽表皮长出，塞满棉铃内部，棉铃成熟时裂开，露出柔软的纤维，多为白色或白中带黄。棉花的原产地是印度和阿拉伯。在棉花传入中国之前，中国只有可供充填枕褥的木棉，没有可以织布的棉花。宋朝以前，中国只有带丝旁的"绵"字，没有带木旁的"棉"字。"棉"字是从《宋书》起才开始出现的。不过，早期的棉多指木棉，多在云南、广东一带种植。在典籍中曾多次提到傣族织锦，就是取材于木棉的果絮，称为"桐锦"。广东地区也经常以木棉为棉絮，做棉衣、棉被、枕垫，唐代诗人李琮有"衣裁木上棉"之句。棉花的传入，至迟在南北朝时期，但是多在边疆种植。当时，因为棉花的花色艳丽，所以在内地主要当成观赏植物而栽培。9世纪，阿拉伯旅行家苏莱曼在其《苏莱曼游记》中就有记述。

宋末元初，棉花通过陆路和海路两种途径，被引入甘肃、陕西、福建和两广地区栽培。元代初年，朝廷把棉布作为夏税（布、绢、丝、棉）之首，向人民征收棉布实物，每年多达10万匹，可见棉布已成为主要的纺织衣料。元代的黄道婆少年时流落崖州（今海南岛），从黎族人中学会了一整套棉纺织技术，将之传入今天的上海地区。而且，黄道婆进一步对去籽搅车、弹棉椎弓、三锭脚踏纺纱车等纺织工具进行改进。黄道婆去世以后，松江府曾成为全国最大的棉纺织中心，松江布有"衣被天下"的美称。

明代初年，朱元璋用强制的方法向全国推行棉花种植，大力征收棉花棉布，出版植棉技术书籍，劝民植棉。从《天工开物》中所记载的"棉布寸土皆有""织机十室必有"，可知当时植棉和棉纺织已遍布全国。清末的时候，手工纺织业已经退出了市场，但是在广大的村落，尤其是少数民族（如侗族、苗族等）村落中，仍然保留着手工织布的习俗。

图3-13　清代方观承《御制棉花图》之一（美国国会图书馆藏）

纺织的布料通常需要染色，其中以植物染料为主流，兼及矿物染料。矿物染料包括石青、石绿、朱砂、雄黄、白云母等，它涉及采矿业。植物染料是利用植物的花、茎、叶、果实、种子、皮、根提取色素作为染料。我国古代用植物染料染出的纺织品颜色十分丰富，不仅颜色多，色泽艳丽，而且色牢度好，不易褪色。古代将青（即蓝色）、赤、黄、白、黑称为五色，也是本色、原色。

青色主要是用从蓝草中提取靛蓝染成的。能制靛的蓝草有好多种，古代最初用的是菘蓝，后来逐渐发现了蓼蓝、马蓝、木蓝、苋蓝等都可以制成蓝色染料。我国少数民族村落中，至今还有栽培蓝草的习惯，利用其染出质朴的蓝色布料。

红色染料一部分来自矿物，另一部分来自植物。矿物性的红色染料如赤铁矿粉末、朱砂等，颜色鲜艳但色牢度较差，而植物性染料则具有很好的附着性。最早的用来当红色染料的植物是茜草，它的根含有茜素，以明矾为媒染剂可染出红色。但茜草是暗土红色，后世逐渐发明了红花染色技术，才得到了鲜艳的正红色。

黄色从栀子、姜黄、藤黄、槐花等植物中提取。栀子是秦汉以前应用最广的黄色染料，用于染黄的物质为藏红花酸。《汉官仪》记载当时王公贵族所用的黄色，就是用栀子染出来的。长沙马王堆汉墓出土的黄色染织品，就是最好的实证。不过，栀子染黄的布料，不耐日晒。宋代以后，开始以槐花来当黄色染料。

黑色染料的植物很多，栎实、五倍子、柿叶、冬青叶、栗壳、莲子壳、鼠尾叶、乌桕叶等都可以，它们延续了几千年，直至近代才为硫化黑等染料所代替。

3.4.2　陶瓷业

陶瓷是陶器和瓷器的总称。人们总是把瓷与陶相提并论而称之为"陶瓷"，这种提法反映了陶和瓷都是火与土的艺术。但无论就物理性能，还是就化学成分而言，陶与瓷都不同。从原料上看，陶器的胎料是普通的黏土，而瓷器的胎料则是瓷土，即高岭土，陶胎的含铁量高于瓷胎；从烧制温度上看，陶器要低于瓷器；从制作工艺看，陶器多不施釉或施低温釉，瓷器则多施釉。这样形成的结果就是，陶器胎质粗疏，断面吸水率高；瓷器胎质坚固致密，断面基本不吸水，敲击时会发出铿锵的金属声响。

陶器制作的门槛较低，只要具备条件，全世界任何一个农业部落、人群都有可能利用泥土加热成型，制作出相应的器物；而瓷器则是我国独特的创造发明，通过文化交流才使制瓷技术传播到世界其他地方。中国人早在约公元前8000—前2000年就发明了陶器，这一个文化时期又被称为彩陶时代。新石器时代初期，是用柴草在平地上用篝火直接烧制，这种方法至今在许多偏远落后地区仍被使用，统称为"无窑烧陶"。仰韶文化的窑型基本是横穴式和竖穴式，以柴草为燃料，没有烟囱。窑内温度较均匀，热量损失较小，温度可达到1000℃。从龙山文化时期以后，普遍采用竖穴窑，由火膛、火道、窑室三部分组成，窑室直径1米左右，燃烧时空气供应较足，使柴草充分燃烧，火焰可沿窑底均匀进入窑室，使窑内温度提高，可达1000℃以上高温，也为后来出现的馒头窑、倒焰窑奠定了必要的基础。陶器发展到唐代，出现了著名的唐三彩。由于陶器的烧制成本比瓷器低廉，所以民间普通人家的很多器皿，尤其是需要加热使用的水壶、砂锅，大型的盛水器如水缸，还一直都使用陶器。最重要的是，陶器的发明对我国传统建筑材料有重要的影响，如青砖青瓦。跟陶瓷器皿不同，砖瓦的烧制材料都是就地取材，普通黏土即可。它容易成形，经久耐用，遍布于全国。制陶技术的发展，为瓷器的发明打下了基础。

  经历过漫长的原始瓷器发展期，唐代长沙窑生产的釉下彩，远销到欧洲地区。宋代是瓷器发展史上的高峰，此时，名瓷名窑已遍及大半个中国，最为繁荣。当时的汝窑、官窑、哥窑、钧窑和定窑并称为五大名窑，这五大名窑各有特色，主要烧制的是官方用瓷。民间也有很多窑，专门烧制民间用瓷，如磁州窑、吉州窑、建窑等。磁州窑窑址在今河北省邯郸市峰峰矿区的彭城镇和磁县的观台镇一带，以生产白釉黑彩瓷器著称，开创了瓷器绘画装饰的新途径，同时也为宋以后景德镇青花及彩绘瓷器的大发展奠定了基础。吉州窑窑址在江西吉安，是南方地区一座举世闻名的综合性瓷窑。

吉州窑以黑釉瓷（亦称天目釉瓷）产品著称，其"木叶天目"和"剪纸贴花天目"都享誉中外。

元代，江西景德镇后来居上，被称为瓷都，出产的青花瓷已成为瓷器的代表。青花瓷釉质透明如水，胎体质薄轻巧，洁白的瓷体上敷以蓝色纹饰，素雅清新，充满生机。青花瓷一经出现便风靡一时，成为景德镇的传统名瓷之冠。与青花瓷共同并称四大名瓷的还有青花玲珑瓷、粉彩瓷和颜色釉瓷。另外，还有雕塑瓷、薄胎瓷、五彩胎瓷等，均精美非常，各有特色。

瓷器是中国古代的伟大发明之一。在英语中，它与"中国"同为一个单词。今天，我国已经形成了江西景德镇、湖南醴陵、山东淄博、江苏宜兴、河北邯郸、福建德化、辽宁海城和广东佛山等主要陶瓷产区。

3.4.3 造纸业

纸的发明，对人类文明的传播产生了巨大的影响。我国商代开始用甲骨作为书写材料，后来逐渐利用竹片、木片以及缣帛书写。但由于缣帛太昂贵，竹片太笨重，于是便产生了纸。中国是世界上最早发明纸的国家。根据考古发现，西汉时期，我国已经有了麻质纤维纸。《天工开物》中系统叙述了用竹子造纸的生产过程，并附有生产设备与操作过程的插图。大体来说，传统的造纸以植物纤维为原料，包括桑树、松树、芦苇、棉花、稻草等，将这些植物的纤维经过特殊的制浆处理，初步脱水，再经压缩，烘干而成。

随着经验的积累，造纸技术进一步提高。各地造纸大都就地取材，使用各种原料，制造的纸张名目繁多，在纸的加工技术方面，也进行了更新，如施胶、加矾、染色、涂蜡、砑光、洒金、印花等。根据《天工开物》中竹纸的生产程序，可以将其分为五个步骤。

第一，斩竹漂塘。芒种前后，将竹子砍下来截断，放在就地开挖的水塘内浸泡。大约一百天后取出，用力捶洗，使青壳和外皮脱掉，使竹料软化。

第二，煮楻足火。将软化的竹料拌入石灰水（现在改用烧碱），浸在楻桶中蒸煮。这个时间需要八天八夜。等原料中的木质素、树胶、树脂等杂质都除尽了，就取出放入水塘内漂洗。然后，放进锅里浸石灰水蒸煮，使得竹料纤维逐渐分解。这个过程大约要两个星期。

第三，荡料入帘。将煮烂的原料取出来，放在石臼里，用力舂成泥面状。用适量的水将捣烂后的原料调成悬浮液，再倾倒入纸槽里面，然后用细竹帘在纸浆中滤取。纸纤维就留在竹帘上，形成一层泾纸膜。这道工序在造纸过程中是最费力的，抄纸的工匠站在纸槽旁需要不断地重复舀水、抬竹帘的动作。纸张的厚薄是否合适，完全取决于工匠的经验是否丰富，技巧是否熟练。

第四，覆帘压纸。把捞过纸浆的竹帘倒铺在压榨板上，然后移开竹帘，这层泾纸膜便落在板上。慢慢堆叠起一层层的纸页，再以重物挤压，将泾纸页中的水分排出。在重物的挤压之下，纸膜也慢慢成为纸张。一个有经验的工匠，每天最多只能生产五百张纸。

第五，透火焙干。用两道土砖砌成砖墙的夹巷，在夹巷内生火，用轻细的铜镊将一张张湿纸摊在墙上。由于砖块夹巷之间有空隙，能让热气透出，使纸张慢慢干燥。待其完全干透后揭起来，就是一张可使用的纸。

另外，废弃的纸张经过制成纸浆，可以重新变成新的纸，称为

"还魂纸"。

传统造纸中以宣纸最为知名,它是中国传统的古典书画用纸,2009 年被列入人类非物质文化遗产名录。今天,宣纸仍然是中国最富有民族特色的纸。除宣纸之外,在陕西、贵州、云南、西藏、新疆、广西等省区的村落中,仍然保留着各具特色的手工造纸工艺,它们仍然在对当地的经济文化产生作用。

3.4.4 制糖业

糖是人类食物中不可或缺的成分,早期的先民就开始从鲜果、蜂蜜、植物中摄取甜味食物。

从农作物中提取糖分,是从谷物中开始的,这种糖被称为饴糖。以米(淀粉)和麦芽经过糖化熬煮而成,呈黏稠状,俗称麦芽糖。饴糖是人类最早制造出来的糖,属淀粉糖,故也可以说,淀粉糖的历史最为悠久。西周时,《诗经·大雅》中有"周原膴膴,堇荼如饴"的句子,说明当时就已经制作饴糖了。自此以来,民间流传普遍,广泛食用。西周至汉代的史书中都有饴糖食用以及制作的记载。

不过,后来更普遍食用的糖是蔗糖。制作蔗糖的农作物,主要是甘蔗和甜菜。我国国土辽阔,按照热量、光照和水分条件,南部适合种植甘蔗,北部宜于种植甜菜,在地理学上有"南蔗北甜"之说。

甘蔗原产地不在中国,我国种植的甘蔗是从今天的印度一带引进来的。不过,传入的时间很早,大约在周朝周宣王时,南方地区就开始种植了。现在普遍认为,先秦文献中的"柘"字,有一些指的就是甘蔗,如《楚辞·招魂》的"胹鳖炮羔,有柘浆些"。"蔗"字要到汉代才出现,《三国志》记载诸葛亮曾得到了当时交州地区（今天的越南）进贡的甘蔗。到了宋代，甘蔗种植在南方各省已经十分普及。目前，我国的甘蔗生产地主要有台湾、广东、福建、四川、云南和广西六大产区。

传统的制糖业所生产的糖，通常指的是蔗糖，原材料以甘蔗和甜菜这两大类糖料作物为主。甘蔗制糖最早产生于印度和中国。这两个国家是世界上最早种植甘蔗的，也是两大甘蔗制糖发源地。在世界早期制糖史上，中国和印度占有重要地位。在中国，最早记载甘蔗种植的是东周时代。公元前4世纪的战国时期，已有对甘蔗初步加工的记载。"胹鳖炮羔，有柘浆些"中的"柘浆"，指的是通过物理手段从甘蔗中取得的汁液，凝固之后便成了糖。这说明战国时代，南方一带的楚国已能对甘蔗进行原始加工。以后，种植甘蔗日益兴盛，甘蔗制糖技术逐步提高，经近千年的发展，至唐宋年间，已形成了颇具规模的作坊式制糖业。

明代的时候，发明了"黄泥水淋法"来制作白糖，就是将过冬的甘蔗榨出蔗汁，倒入缸中，再用火熬制成黄黑色的糖浆，待其凝结成黑砂糖。另备一口缸，上面安放一个瓦质漏斗，用稻草堵塞漏口，将黑砂糖倒入。凝结之后除去稻草，用黄泥水淋，黑渣流出，漏斗中就留下了洁白如霜的砂糖。文化学者季羡林说："黄泥水淋脱色法是中国的伟大发明。"

甜菜在我国制糖业中的采用，历史并不太长。甜菜又名莙荙菜，发源地是地中海沿岸和西亚的一些国家。大约在公元5世纪，甜菜由阿拉伯一些国家传入我国，当时叫作火焰菜，主要是作为蔬菜和药材使用的。在全世界范围内，甜菜作为糖料作物栽培的历史也不过两百年左右。而我国的糖用甜菜栽培更晚，在1906年才开始。甜菜含糖的部分为肉质块根,有圆锥形、纺锤形和楔形几种,皮有红色、紫色、白色、浅黄色等,但在高温和潮湿地区生长的甜菜含糖量低。我国甜菜的产区包括东北、西北和华北,其中东北种植最多,占全国总面积的一半以上。

图 3-14 甜菜

3.4.5 榨油业

"榨油"一般是指植物油榨制,是对豆类、茶籽、棉籽、麻籽、花生、芝麻、菜籽、桐籽等农林产品的进一步加工,从中获取植物脂肪。榨油业在中国已有数千年历史。中国传统榨油方法主要有"水代法"和"压榨法"两种。水代法是把油料经过筛净、火炒,用石磨磨碎成浆,然后兑热水搅拌振荡,再用水把油代出。深受中国老百姓喜爱的小磨香油,就是用水代法生产的。压榨法是把油料经过蒸炒、粉碎后,用杠杆或撞击方法把油压榨出来。土榨工具主要为木制,各地种类不一,有卧式榨、立式榨、大梁榨等。压榨法是使用较广的一种方法。

植物榨油离不开油料作物的种植。我国油料作物的种植历史可以追溯到秦汉以前。如传统"五谷"之一的菽,包含丰富的脂肪,可用作榨油原料;用来当作纤维作物种植的麻,其种子称为麻籽,也可用作榨油原料。不过,东汉之前,我国先民在生活中的饮食和照明所用的油主要是动物油,即所谓的"脂膏",尚未有以植物榨油的记载。直到东汉末年刘熙载才在《释名·释饮食》中说,可以用柰油涂在缯上防雨水。这是利用植物油的最早史料。到南北朝时,植物油的家族中已经出现了蓖麻油、麻籽油和荏油等。其用途除了饮食外,还常常用于照明、涂帛防水、美发等。

隋唐时期,植物油作为调味品得到进一步推广。唐末的典籍《四时纂要》中,又新出现了蔓菁子油等品种。随着商品经济的发展,人口规模的扩大,到了两宋时期,植物油的加工制作也在进步。在东京和临安这样的大城市中,出现了加工和销售于一体的油铺;而在广大农村,也常常用植物油做油炸食品。沈括在《梦溪笔谈》中载:"今之北方人,喜用麻油煎物,不问何物皆用油煎。"

今天我国的四大主要油料作物为大豆、油菜、花生、芝麻。关于大豆,正如上文所介绍的那样,最早是作为粮食作物而种植的,其嫩叶又可当蔬菜,但是今天已经成为最主要的油料作物。《天工开物》有一章名为《膏液》,专门谈论油料加工技术。它记载了明代之前我国的油料作物,包括胡麻、莱菔籽、黄豆、菘菜、苏麻、油菜、油茶、苋菜、大麻、亚麻、棉籽、蓖麻、樟树、冬青、桐等,多达十五种。明代以后,随着棉花在全国各地的推广与发展,中国人也把棉籽这种副产品作为榨油的原料加以利用,所榨的油称为"棉清油"。

油菜是现在是我国播种面积最大、地区分布最广的油料作物。油菜又称芸薹、胡菜，种植历史悠久，甘肃秦安大地湾出土了距今至少5000年的油菜种子。但是，在很长时间里，油菜一直被当作蔬菜栽培。直到宋代，才见用油菜籽榨油的记载。北宋苏颂的《图经本草》说，油菜比其他的油料作物产油量都要大，而且有清香，制作蜡烛和保养头发的效果极佳。此外，榨油之后所得的残渣可以制成菜饼，用来当动物的饲料喂猪或者养鱼，也可以当庄稼的肥料。陕西一带的农人将之称为"菜麻"，因为它像芝麻一样出油。此时，在南方地区，油菜一年两熟的农作制已经定型。根据播种期的不同，油菜可分为春、冬油菜。这两种油菜分布的界线，大体上相当于春、冬小麦的分界线。长江流域是全国冬油菜最大产区，其中四川省的播种面积和产量均居全国之首；其次为安徽、江苏、浙江、湖北、湖南、贵州等省。春油菜则主要集中于东北、西北北部地区。

花生是另一大油料作物，很多时候，它经常被当成干果来卖，也可以用来制作各种小点心。花生的得名，与其生物特性有关，因其花开之后，落于土中结果，被称为落花生，简称"花生"。它原产于巴西，明末从东南亚国家传进来，其引种的时间大致和玉米、甘薯相当。花生的引种与推广，进一步丰富了我国油料作物的种类。最初主要在东南沿海的广东、台湾、海南和福建等地种植，被称为"南果第一"。

清代中期，花生在全国大规模推广，它的经济效益在有些地方仅次于稻米。当时广西的贵县利用花生榨油，每年可产数万斤。19世纪开始，四川、湖南、江西等内陆省份也开始种植花生。淮河以北地区

·255·

引进花生稍晚于江南，其中，山东、河南、河北种植面积较大。19世纪后期，我国又引进了大粒花生种，味道不太好，但是产量和出油率高，是很好的油料作物，因而在很多地方取代了小粒花生的种植。

芝麻在文献中又称作胡麻，是张骞从西域引入的。以种子榨油，称为麻油、胡麻油、香油，气味醇香，生用热用皆可。有黑白之分，黑者称黑芝麻，白者称为白芝麻，榨油多用白芝麻。但宋以后的文献中，油料作物中的"胡麻"一词有时指的是亚麻。芝麻是胡麻科，亚麻是亚麻科，前者种子较小，后者较大，但皆可榨油。

3.4.6 制盐业

制盐工业在传统经济中占有重要的地位，是传统经济的重要组成部分。在几千年的时间里，盐是主要的生活必需品。历代政府都重视盐业的发展，将其视为国家财政收入的主要来源，除隋文帝开皇三年到唐玄宗开元十年开放全国海滩、盐井、盐湖任民自由产销外，其他时间里，历代政府为了增加财政收入，大都实行专卖制度。

中国在5000多年前，就开始刮取海滨咸土，淋卤煎盐。根据盐的来源，可以分为池盐、井盐与海盐三大类。

池盐主要产于山西、陕西、宁夏、甘肃、西藏、内蒙古、新疆等地。这里湖水含盐量很高，中国的四大盐湖（青海茶卡盐湖和察尔汗盐湖、山西运城盐湖、新疆巴里坤盐湖）都分布于此，自古以来就盛产池盐。按照不同的生产方法，可以分为捞取法、开掘法、晒制法和煎煮法。捞取法出现得最早，使用也最为广泛，就是直接从天然盐水中捞取颗粒状的盐直接食用。它的缺陷在于，只适合在浅水区作业，而且由于没有加工提炼，包含了一些硫酸镁，导致食盐的味道较苦。明清时期，运城盐池生产的盐仍旧有以捞取法而获得的。有的地方盐池的水已经干涸，只留下结晶的盐，直接开掘即可。《水经注》记载的新疆的罗布泊，就是"地广千里，皆为盐而刚坚"。晒制法是在盐池边上开挖水沟，将盐水引入沟中等待水分蒸发，结晶成盐。不过，跟捞取法生产的盐一样有苦味。唐代开始，将淡水搭配来晒盐。淡水温度低，盐水温度高，二者相结合，就将硫酸镁和硫酸钠这类杂质分解出来。剩下比较纯净的氯化钠，就不再有苦味了。煎煮法是将含有盐分的土石制成卤水，再用铁锅生火煎煮。这四种池盐的生产方式，在很多地方都是混合使用的。

　　传统制盐工艺中，以井盐的生产工艺最为复杂，也最能体现中国古人的聪明才智，井盐的生产工艺经历过一个不断发展的过程。早在战国末年，秦蜀郡太守李冰就已在成都平原开凿盐井，汲取浅层盐卤。北宋中期后，川南地区出现了卓筒井。卓筒井是一种小口深井，凿井时，使用"一字形"钻头，采用冲击方式舂碎岩石，注水或利用地下水，以竹筒将岩屑和水汲出。卓筒井的井径仅碗口大小，井壁以去节的大楠竹首尾套接，外缠麻绳，涂以油灰，下至井内作为套管，防止井壁塌陷和淡水浸入。取卤时，以细竹作汲卤筒，插入套管内，筒底以熟皮作启闭阀门，一筒可汲卤数斗，井上竖大木架，用辘轳、车盘提取卤水。

　　在沿海地区生产的盐称为海盐，就是将海水蒸发，留下食盐。海盐的生产方法有两种，一个是淋煎法，一个是滩晒法。淋煎法从唐宋开始就一直在沿海地区使用，它由两个主要步骤组成。首先是摊灰刮卤。先把草木灰摊开在含盐的地面上，一天一夜之后，盐分析出附在草木灰表面，再将这些包含盐分的灰土放入坑中，加海水溶解成卤水。接下来是煎卤成盐，即将卤水装入铁锅中加热煎煮，水分蒸发，盐的结晶体析出成食盐。滩晒法在海盐制法史上是一个转折。它就是

图3-15 东汉盐井画像砖（四川省博物馆藏）

将引入池内的海水中的水分利用太阳的热量蒸发掉，留下盐卤结晶成盐。滩晒法大大减少了人力物力的投入，而且有利于增产。滩晒法兴起于宋元之际，主要在福建海盐生产地区流行，但生产规模小，工具设备简陋，生产者之间只有简单的协作，一直停留在一家一户的小生产状态。清代后期，宁德的漳湾、南埕青山等地盐民试行晒卤制盐技术。董锦章的《土山记盐补》记载了山东掖县西由场的滩晒法晒盐工艺："池，晒之所；井，则蓄水以备汲入池者也。晒必别水，宜听以耳，揣以目，或割指于水，消息微茫，非尽人可能。"

3.4.7 制茶业

对于中国人来说，最重要的饮料作物无疑是茶叶。茶的别名有很多，包括槚、茗、荈等。叶革质，长圆形或椭圆形，可以用开水直接泡饮。茶叶源于中国，茶叶种植是人类对野生大茶树驯化的结果。茶叶种植最开始在巴蜀地区，此地河流众多，雨水充足，适宜茶叶种植，云贵川地区今天仍然分布着大片的野生大茶树，其他地区的茶叶种植都是秦汉以后由四川传入的。唐代以前，已经完成了由野生大茶树向经济作物茶树的驯化过程。南朝宋的山谦之在《吴兴记》中载："乌程县西二十里，有温山，出御荈。"大约在晋代，湖州地区就建立起了专供皇室饮茶的御茶园，这表明了茶树种植的重心已经逐渐向长江下游转移。

现代中国人将茶叶作为一种日常饮料，但是对茶的食用是从咀嚼新鲜茶叶开始的，后来才发展到生煮羹饮。云南基诺族至今仍有吃"凉拌茶"的习俗，就是将茶叶生煮，类似于煮菜汤。具体做法就是将新鲜的茶叶揉碎，放入碗中，加入大蒜、辣椒和盐等配料，和泉水拌匀之后即行饮用。宋代开始，今天的饮茶方式已经逐渐成形，即只喝茶汤，之后将茶叶倒掉。这就涉及了茶叶的加工问题。

初步加工的饼茶有很浓的青草味，于是，制茶人将茶的鲜叶蒸后捣碎制成饼茶烘干。青气没有了，但仍有苦涩味，于是又通过洗涤鲜叶，蒸青压榨，去汁制饼，使茶叶苦涩味大大降低。唐代蒸青作饼已经逐渐完善，完整的制作工序为：蒸茶、解块、捣茶、装模、拍压、出模、列茶晾干、穿孔、烘焙、成穿、封茶。宋代有贡茶院专门研究制茶技术，从而促使茶叶生产不断改革，创制出了龙凤团茶。龙凤团茶的制造工艺，有六道步骤：蒸茶、榨茶、研茶、造茶、过黄、烘茶。龙凤团茶的工序中，冷水快冲可保持绿色，但是水浸和榨汁的做法却夺走了茶叶的香味。于是，蒸青散茶开始出现，即蒸后不揉不压，直接烘干，保持了茶的香味。然而，使用蒸青方法，依然存在香味不够浓郁的缺点。于是，又出现了炒青技术，利用干热发挥茶叶香，其制法大体为：杀青、揉捻、复炒、烘焙。可见，制茶工艺是随着人们的需求一步一步改进的，至今仍在不断变化。

图3-16 （明）《撵茶图》（台北故宫博物院）

今天，根据不发酵、半发酵到全发酵一系列不同发酵程序所引起茶叶内质的变化，可以将茶大致分为几类：绿茶、黄茶、黑茶、白茶、红茶、青茶、花茶。（1）绿茶。采取茶树的新叶或芽，未经发酵，经杀青、整形、烘干等工艺制作而成，其制成品的色泽和冲泡后的茶汤保存了鲜茶叶的绿色，称为绿茶。（2）黄茶。当绿茶炒制工艺掌握不当，如炒青杀青温度低，蒸青杀青时间长，或杀青后未及时摊凉及时揉捻，或揉捻后未及时烘干炒干，使叶子变黄，产生黄叶黄汤，成为黄茶。（3）黑茶。绿茶杀青时叶量过多火温低，使叶色变为近似黑色的深褐绿色，或以绿毛茶堆积后发酵，渥成黑色，这是产生黑茶的过程。黑茶的制造始于明代中叶。（4）白茶。唐宋时所谓的白茶，是指偶然发现的白叶茶树采摘而成的茶，与后来发展起来的不炒不揉而成的白茶不同。田艺蘅的《煮泉小品》记载："茶者以火作者为次，生晒者为上，亦近自然……青翠鲜明，尤为可爱。"现代白茶是从宋代绿茶三色细芽、银丝水芽开始逐渐演变而来的。（5）红茶。

红茶因其干茶冲泡后的茶汤和叶底色呈红色而得名，经萎凋、揉捻（切）、发酵、干燥等一系列工艺过程而成。红茶起源于明代，从福建崇安的小种红茶开始。此后，又逐渐演变产生了工夫红茶。（6）青茶。青茶介于绿茶、红茶之间，先绿茶制法，再红茶制法，从而悟出了青茶制法。清初王草堂《茶说》："茶采后，以竹筐匀铺，架于风日中，名曰晒青，俟其青色渐收，然后再加炒焙……烹出之时，半青半红，青者乃炒色，红者乃焙色也。"现福建武夷岩茶的制法，仍保留了这种传统工艺的特点。（7）花茶。茶加香料或香花的做法大概在宋代就有了，蔡襄的《茶录》就提到了在茶叶中添加香料："茶有真香，而入贡者微以龙脑膏，欲助其香。"龙脑膏就是龙脑香科植物龙脑香的树脂。后来主要以植物的花卉添加到茶叶中。到了明代，窨花制茶技术日益完善，且可用于制茶的花品种繁多，常用的有桂花、茉莉、玫瑰、兰蕙、栀子、木香、梅花等。

我国的产茶区可以分为四个，主要在南方：江南茶区、华南茶区、西南茶区和江北茶区。江南茶区包括长江中下游以南的浙江、皖南、苏南、上海、江西、湖南和闽北等，以生产绿茶为主；华南茶区包括岭南以南的广东、海南、广西、闽南和台湾等，以生产红茶和乌龙茶闻名；西南茶区是茶树原产地域，包括云南、贵州、四川、重庆和西藏部分地区，以生产边销紧压茶为主；江北茶区包括长江中下游以北的山东、皖北、苏北、河南和甘肃南部，主要生产绿茶。

茶叶与中国人的生活十分密切。明代许次纾在《茶疏考本》中说：茶不移本，植必子生。因为如此，所以民间习俗中，男女订婚以茶为礼。女方接受男方聘礼，叫下茶或茶定，有的叫受茶。清代翟灏的《通俗编·仪节》记载："俗以女子许嫁曰喫茶，有'一家女不喫两家茶'之谚。"

3.4.8 酿酒业

酿酒是利用微生物发酵,生产含一定浓度酒精的饮料的过程,原料一般是蜂蜜、甘蔗、甜菜、水果、玉米、高粱、稻米、麦类、马铃薯等。我国现在普遍饮用的白酒,酿造的历史并不长,最古老的酒是黄酒。黄酒以稻米或者黍米为原料酿造,大多数色泽黄亮,故名。黄酒的酒精度不超过15%,是一种低度酒。据考古出土距今五千多年的酿酒器具表明,传说中的黄帝时期、夏禹时代存在酿酒这一行业。国内学者普遍认为,龙山文化时期,酿酒是较为发达的行业。传说是杜康发明了酒,所以酒又称"杜康"。《吕氏春秋》和《战国策》中,有仪狄酿酒的说法。远古时人们可能先接触到某些天然发酵的酒,然后加以仿制,这一过程是非常漫长的。谷物酿酒必须经过两个阶段:一是淀粉质糖化,二是糖分酒化。前者尤其关键,需要用到酒曲。

《天工开物》中说:"凡酿酒必资曲药成信,无曲即佳米珍黍空造不成。"早期的酒,都是用酒曲酿制的,称为发酵酒。用曲制酒的原理,是通过糖和淀粉经酵母发酵后产生酒精,酒精浓度通常低于20%。制曲的原料有稻谷和麦子。稻子制曲的方法出现得较晚,大概在晋代的《南方草木状》中有所记载;麦子制曲是主流,《齐民要术》详细记载了制作麦曲的方法,共有十多种。唐代的制曲法已经有了很大的进步,人们明白好曲才能酿造出好酒。这时,制曲的原料已经不限于一种,而是几种原料混合而成。宋代开始,制曲技术有了一个突破,即不再承袭前代的生料和熟料搭配的制曲方法,而是直接将生料调配好磨碎来制作。此外,利用中草药制曲的方法也有很多。

宋代以后，北方游牧民族发展出了通过蒸馏的方式得到酒的技术，文献中有汗酒、气酒、火酒、酒露等名称，现在称为蒸馏酒、白酒。元代的《食物本草》记载说："烧酒，其酒始自元时创制。用浓酒和糟入甑，蒸令气上，用器承取滴露。"蒸馏酒的原理是利用酒精的沸点低于水的沸点这一特性，将原发酵液加热，从中蒸出和收集到酒精成分和香味物质。收集的酒气经过冷却，得到的酒液颜色透明，气味浓烈。大漠之地气候严寒，环境恶劣，必须要喝高浓度的酒才能保暖，而蒸馏酒的酒精浓度可以高达60%，这正好满足了他们御寒的需求。随着甘薯、玉米等粮食作物传入我国，酿造白酒的原料更加多样，因而也促进了白酒品质的提升。

整体来看，只有粮食充足了，才会用来酿酒。酿酒业与粮食种植业的关系是紧密相连的。酒对于中国文化的影响至为深远。商周青铜器中，很大一部分都是酒器。三国时期的钟毓说："酒以成礼。"酒是源远流长的礼文化的一部分。另外，酒也催生了无数诗人、艺术家的灵感，从而留下了大量的作品。可以说，没有酒，中国文化将失去很多光泽。关于这一点，已经不需要再详说。

3.5 传统村落的商贸

按照传统行业中"士农工商"的分类，"商"是最不受重视的。在传统的学术研究中，它也没有得到相应的重视。所能获取的研究材料也较为有限，而且由于在传统村落中，它仅仅依赖于农业及手工业生产，跟农业及手工业联系极为紧密，并随着生产的变化而变化，所以部分内容已经在前面的几个章节中有所涉及。不过，仍然有必要将其单列一节。尽管只有短短的几千字，也希望在以后的研究中能够引起重视，因为它对传统村落的发展具有不可替代的作用。

村落中经常的交易活动，是由挑着货物四处行走的商贩与村落原住民来共同完成的，这些商贩被称为"货郎"。典型的货郎形象，可以从宋代画家李嵩的《货郎图》中看出来。这幅画再现了老货郎肩挑货担来到一个乡村时村中的妇女儿童奔走相告的场面。货担上的物品琳琅满目，五花八门，有生活物品（扫帚、茶具、马扎、草帽、扇子、灯笼、花篮等）、生产工具（锄头、斗笠、竹靶等）、文娱用品（乐器、书籍等）、食品（瓜果、糕点、山东米酒、蔬菜等）、儿童玩具（铃铛、拨浪鼓、风筝等），甚至还包括了医治牙齿和眼睛的各类简单药品。不仅如此，货郎的招徕方式也演变成为一种民俗艺术，连叫卖声也被编为说唱曲调。

图3-17 （南宋）李嵩《货郎图》（美国大都会艺术博物馆藏）

不过，在传统村落中，主要的贸易形式是村落集市。村落集市是村落中原住民以农产品和手工艺品在固定地点进行交易而产生的。这种贸易的参加者主要是村落集市所在地及其附近的农民、手工业者和其他职业的原住民。他们之间的买卖活动大部分是由生产者直接向消费者出售，是一种简单的商品流通。

在村落集市贸易中经营的商品种类繁多，从蔬菜、水果、鲜肉到服装鞋帽、日用百货、牲口、农用工具等，应有尽有。它们绝大多数是村落原住民在日常生活中所用的必需品。传统村落的农业和手工业生产的发展，是商业和市场繁荣的基础，也决定了其集贸市场发展的规模。村落集市大多地处城市近郊或依傍水陆交通要道。可以说，村落集市是村落经济联系的集结点。

在不同地区，传统村落集市有不同的称谓，北方地区如山东、河北、河南、陕西等地称为"集"，南方的江西、福建、广东、广西以及湖南的南部地区等称为"墟"，江南的江浙地区则称为"市"，四川称为"场"，云南一些地区称为"街子"，等等。

整体来看，传统村落的集市贸易主要有以下几个重要特征。

其一，交易内容多样。

集市贸易是以商品经济为基础的。商品经济的发展，不仅决定着集市的布局、数量和集期，还决定着集市贸易的商品的品种、数量及商品流向。传统村落功能的完善，促进了商品经济的发展，越来越多的农副产品相继进入集贸市场作为商品进行交易；同时也扩大了人们在生产和生活上的需求，需要从市场上购买比先前更多的商品。进入村落集市的商品有本地的农林牧副产品、手工业品，还有其他各色各样的商品。

整体来看，村落贸易都是围绕着种植业、养殖业、手工业这三种方式生产出来的产品为中心进行展开的。种植业和养殖业生产的产品，是直接进行交易，如粮食、水果、肉类等。手工业生产出来的商品，分两种情况，一种是将种植业和养殖业的产品再次加工，如酒、茶、农具等皆是如此；另一种是从自然界提取材料加工，与种植业和养殖业都没有关系，如食盐、煤等。若是按照不同的需求来分类，则可以分为生产资料和生活资料，前者包括各种生产工具、手工业所需的原材料等，后者包括吃穿住行的各种产品。

　　与种植业相关的贸易有粮食贸易和蔬菜瓜果贸易。粮食作物的产品生产出来，最初只用于两个方面，一是为了上缴政府，二是为了维持农民自己的生存，村落原住民家中基本上没有剩余的粮食。但是，随着生产力的发展，粮食的储存量增大。原住民可以通过将多余的粮食卖掉来获取其他生产生活资料，于是就出现了粮食贸易，并且其规模也逐渐扩大。商品粮的需要量之所以显著增长，其原因有三个：一是经济作物种植面积超过了粮食种植，因此，一些从事经济作物生产的农民不得不通过购买的方式来获得粮食；二是制酒业的发展，需要消耗大量的粮食；三是出现了大量的非农业人口，他们自己不进行耕种，但是需要粮食来维持生存。瓜果蔬菜贸易是为了满足人们的日常饮食需求。人口在逐渐增长，作为人们生活必需品的蔬菜、瓜果的需要量也随之而增长。正是适应这一要求，村落的蔬菜瓜果的种植面积也有了较大的增长，因而促进了蔬菜瓜果贸易的繁荣。

　　与养殖业相关的贸易主要有牲畜贸易。原住民养殖的一部分牲畜只是为了提供肉类，如生猪；一部分牲畜则在提供肉类的同时，也能提供乳制品，如羊；还有一些牲畜，则既可以提供肉类，也可以作为一种提供动力的工具，如马、驴、骡等。在后者中，以耕牛贸易在农业时代的地位最为重要。农民需要耕牛耕地，还可以用它来进行运输。耕牛贸易产生的原因，首先是一些地区牧牛业发展不平衡，需要通过贸易调节来互通有无；其次，农田的开垦，扩大了原住民对耕牛的需求；再次，相对应的，一些天灾人祸则减少了耕牛的数量，而瘟疫则导致耕牛的数量直接减少。此外，牛作为役力是农业、交通运输业的得力工具，同时也能够为人们提供肉类、乳品、药材、皮毛等。耕牛贸易对发展农业生产，提高人们的物质生活水平起到了一定的作用。此外，家禽贸易、水产品贸易等，也是村落贸易中与养殖业相关的一大宗，其主要目的是为人们的日常生活提供食品，或者进一步为手工业提供原材料。

与手工业相关的贸易主要有农具贸易，因为农具是农民日常生产的必需品。农民所使用的农具，一部分来自本地人的生产，另一部分来自其他地方商人的贩运。农具都由特定行业的人群生产，如铁制农具是铁匠铺生产的，竹编农具是篾匠生产的，木制农具是木工生产的，等等。有些农具中既含有铁制品也需要结合木制品，如锄头、镰刀这类工具，其把柄都是木质。农民通常在集市上买好铁制部分，再请木工制作好把柄，自己回家安装；或者直接在集市上买好现成品。无论如何，都需要铁匠和木工的共同劳动。在中国乡村生活了多年的美国人明恩溥，在《中国人的气质》中记录了他的一次有趣经历。他请一个仆人去帮自己买一把劈柴用的斧头。他先买了一块马蹄铁，到铁匠铺里打成一个尖嘴锄一样的东西，再找了一位木匠装上一个木柄，明恩溥才获得了一件劈柴的工具。也就是说，在当时的乡村市场上根本没有现成的斧头。

此外，棉花及棉纺织品贸易因为关系到村落原住民的穿衣御寒，所以也十分重要。棉花的普遍种植,促进了棉纺织业的发展,棉花、棉布成为人们衣用的主要原料,对于棉花、棉纺织品的需求也大为增长。因而,棉花、棉纺织品成为传统村落贸易的又一重要商品。

此外,丝织品贸易、茶叶贸易、食盐贸易、其他日用品贸易等等,由于在村落手工业中都有涉及,所以此处不一一赘述。

其二,交易时空固定。

村落集市的参加者主要是集市所在地及其附近的农民、手工业者、小商贩和其他村落原住民。他们以自己剩余的农副产品直接换取所需要的生活用品。集市的买卖活动是生产者向消费者的直接出售,是生产者之间的商品交换,是一种简单的商品流通。村落的商贸活动以农产品和手工制品为主要交易对象。相对于其他城镇集市而言,村落集市的规模很小,交易货物品种较少。

村落集市有固定的交易场所和交易时间,一般是约定俗成的,定下来之后就很少发生改变。村落集市的场地一般是几个村庄之间的十字路口、闲置不用的空地或交通便利的地方。集市集期的确定,是交叉搭配,每旬之内的集期均匀相隔,而且相邻若干集市之间的集期相互错开,互不重叠,从而为买卖双方提供最大的便利和时空选择的余地。一般来说,村落的赶集时间与当地社会经济的发展状况成正比例。[①]

交易时间的固定,是为了适应农村经济能力和农业产品的季节性特点。因为原住民所能交换的东西总是有限的,定期展开贸易活动才能满足他们的日常需要。这种具有固定交易时间的集市,又被称为"亥市",也就是隔日交易一次的集市。宋代吴处厚的《青箱杂记》

---

① 参见许檀《明清时期农村集市的发展》,《中国经济史研究》1997年第2期,第21—41页。

卷三记载:"蜀有痎市而间日一集。"明代方以智的《通雅·天文》则进一步解释说:"亥音皆言如痎疟间日一发也。讳痎,故曰亥市。"唐诗中也有"湘南罢亥市""江村亥日长为市""亥茶填小市"之类的诗句,描绘的都是这类村落小集市。每到赶集的时间,集市附近的人家就将自家的农产品、手工产品拿到集市上进行出售,有所需求的人则到集市进行购买。

在一些经济较为落后的村落,交易形式只是农产品和简单手工制品的互通有无,所以只有在收获的季节里才会在相邻的几个村落中共同形成集市,时间短,交易产品种类较少。道光年间的《榆林县志》记载说:"其市集数所,每岁仅二三集,每集只二三日。集中货物,自内地出售者,不过布帛粮食;自蒙古来者,不过羊绒、驼毛、狐皮、羔皮,间有以牛驴易粮食者。"这些边境地区的村落,每年只有两到三次的赶集,每次交易的时间也不过两三天,一年的时间加起来也不过十天。美国传教士明恩溥在《中国人的气质》中指出,建房子的木料只有二月份才能买到,所以无论什么时候建房子,都要在这个时间段买好储存起来。如果一个人突发奇想想在五月份去购置木料,一定会落空。

一些定期的村落集市,为地方实现城镇化提供了前提。如江西洪州的分宁县,就是因为聚集了江西、湖北、湖南的经商者而逐渐成为人口众多的繁盛之地,最终在唐贞元十六年成了一个新的县治。这种由定期的村落集市转化为市镇的情况在后来以及其他地方也并不少见,直到今天很多大城市的名称都是"某某庄""某某湾"等,就是村落演变成城市的最好证据。

施坚雅在《中国农村的市场和社会结构》一书中认为,就生产者和贸易者方面来说,传统中国社会中经济角色的不明确(商号既是生产者又是贸易者）对集期的安排起了作用，因为交易的周期性把需求集中在某些日子，从而使商号得以用一种最为有效的方式把生产和销售结合起来；另外，集市每隔几天开市一次的特性使得贸易者可以按照每个集市的集期在几个集市中往来贸易，吸收几个集市区域原住民的需求来满足自己的生存。

　　一年中的特定节日如春节、端午、中秋等，在村落中也会产生大量的赶集活动。如端午节的商贸活动，其形成就是应购买端午节令物品之需。又因为端午这一天被视为"恶日"，为了驱邪避恶，人们要大量购买驱邪的药物，如雄黄、菖蒲、艾草等，所以端午的集市还有一个专门的名称："药市。"至今不少村落还在举办这样的药市，如湖南永州、广西靖西、福建宁化的端午药市，都是远近闻名的节日性药市。药市当然不只是药品交易的场所，它不过是当地人约定俗成的集市名称。村落集市是与村落的经济紧密相连的，经济越发达的地方，集市就越繁盛。

　　村落集市是自然经济下的个体农民之间、农民与小手工业者之间进行产品调剂的场所。由于自给自足的个体农民必须仰求于市的场合十分有限，所以村落市集多取定期而集的形式。我们看到这种历代皆有的村落市集在商品经济相对活跃的唐代，不仅数量增多，而且在商业深度方面出现了由定期市集向市镇的转化。

　　其三，对村落的发展影响深远。

　　村落贸易促进了农业、家庭副业和手工业生产的发展。在村落集市中，各地土特产、手工业品互相交换，刺激了农民的生产积极性，促进了手工业的发展，使社会分工进一步扩大，促进了商品经济的发展。

　　村落贸易改善了农民的物质及精神生活。村落集市贸易对于农民的生活起着重要的作用。一方面，农民可以通过集市进行余缺调剂。物资的交换，对于村落原住民生活的改善有着积极的意义。即使是在自给自足的农业社会，也需要相互交换才能获得自己缺乏的物品；另一方面，个体小农家庭一般都有耕田和少量的家禽家畜养殖，但在生产农具、生活日用品等方面都需要通过购买才能获得。几千年前，孟子就通过介绍当时的一个圣人许行来表达农民与交易的关系。许行只能自己种粮食，但是他的衣服、帽子以及锅碗瓢盆、锄头工具等，都是通过自己的粮食交换而得来的。孟子因此而借陈相的口感叹说："百工之事，固不可耕且为也。"（《孟子·滕文公上》）

村落原住民的消费需求总是频繁而又多样，村落集市正好与这种消费特点相适应，农民家庭与村落集市的关系也就更密切。另外，很多农民仅仅依靠农业生产，也不足以维持起码的生活，必须通过家庭手工业来补充经济来源，这就需要通过村落集市而得以最终实现。

从更深远的意义来看，可以说，村落贸易加速了民族融合，促进了文化交流。商贸促进了经济的往来，但不仅限于此，因为商品总是带着地域文化和民族文化的特征。从一定程度上来说，商贸活动就是文化交流，尤其在农业时代，商品的地域特征更加明显，因而带有地域特色的文化特征也就更加突出。村落贸易慢慢扩大，就成为地区与国家之间的贸易，则更能体现出其文化交流的特质。我国是世界上最早发明养蚕、缫丝以及织成丝绸的国家。远在两千年前，中国精美的丝织品就源源不断地远销到了波斯等地，直接催生了丝绸之路，使得中西方文化的交流成为可能。中国内地茶叶等物品与西南地区、南亚等地的物资进行互换，形成了民间国际商贸通道茶马古道，成为民族经济文化交流的走廊。

村落贸易也推动了社会的变革。村落贸易尽管发展缓慢，但是对社会变革有着不可替代的催化作用。春秋时期集市贸易的发展，有力地催化了新的社会制度的产生。两宋集市贸易的大发展，有力地催化了明清的资本主义萌芽，社会蜕变的速度加快。那些发展程度较高的草市摇身一变成为县治，则说明草市的兴起使某些闭塞散漫的村落成为新的经济文化中心。

第 4 章　传统村落的生活习俗

　　传统村落生活习俗是传统村落文化中的重要组成部分，几乎涵盖了原住民物质生活与精神生活的各个领域，从日常生活到人生仪礼再到节日庆典，无论是对于外部环境空间的展现还是对于原住民内在情感的表达，都集中体现了传统村落的集体文化观念与意识。因此，作为传统村落文化的一部分之村落生活习俗，是村落原住民生产、生活的真实反映，它承载着广大村落原住民的生活意愿和人生理想，凝聚着他们的精神情感，具有丰富的内涵。

　　生活习俗在特定的历史条件和地理环境中得以发展和承袭，它是民族文化形态的象征和体现。村落生活习俗是村落原住民赖以生存和依靠的重要组成部分，是村落文化的主要表现形式和实践形态。它在农耕生产过程中形成，随社会的发展而发展。它具有很强的社会功能，主要表现在以下几个方面：对村落原住民的劳动生产具有帮助、指导和教育的功能；对于村落原住民的日常生活具有娱乐和调节的功能；同时，它也能够维系人心，增强原住民的凝聚力，维护村落社会的和谐与稳定。

4.1 传统村落的生活与习俗概述

民族生活习俗是社会历史发展的产物。生活习俗随着人类社会的发展而经历了一个从无到有、由简到繁的过程。尽管如此,"俗"这个字的出现却是进入文明社会以后的事情。"俗"字最早出现于西周中期,至西周后期有了明确的使用例证,这表明周代的人已经具有了"俗"的概念。《说文解字》中,对"俗"字的解释是:"习也,谷声。"而对"习"字的解释是:"数飞也,从羽白声。""习"字的原初意义指的就是鸟翅重复的动作,后来则引申为人类的重复性活动。古人在用"习"字时,常常用这一义项的引申义,所谓"习俗"就是不断被人们所重复之俗。① 先秦时期,已经出现了"习俗"一词。例如,《荀子·荣辱篇》说:"是注错习俗之节异也。"汉代的文献中,这一词更加多见。《春秋繁露·王道通》说:"人主以好恶喜怒变习俗。"《战国策·赵策》说:"常民溺于习俗。"等等。

生活方式是一定的社会历史条件下形成的人类生活活动形式的总和,是一定客观条件和主体能动作用相结合的产物。② 总体来说,生活方式有广义和狭义之分。广义的生活方式,是指人的全部实践活动方式,主要包括物质资料生产方式、物质资料消费方式、社会交往方式、精神需求的满足方式等;狭义的生活方式,则是指人们日常生活

---

① 参见钟敬文主编,晁福林等著《中国民俗史·先秦卷》,人民出版社 2008 年版,第 1—2 页。

② 参见徐庆文《中国传统生活方式概论》,山东教育出版社 2002 年版,第 1—2 页。

中的消费性活动的方式,即衣食住行用等。习俗与生活是密不可分的。

影响传统村落原住民生活与习俗的因素有很多。

首先,自然环境作为人类生存的基础,它不仅决定了文化的类型,同样也极大地影响着村落原住民的生活习俗。钱穆简要地论述了自然环境对文化的影响:"各地文化精神之不同,穷其根源,最先还是由于自然环境之区别,而影响其生活方式。再由生活方式影响到文化精神。人类文化,由源头处看,大致不外三型:一是游牧文化,二是农耕文化,三是商业文化。游牧文化发源在高寒的草原地带,农耕文化发源在河流灌溉的平原,商业文化发源在滨海地带以及近海之岛屿。三种自然环境,决定了三种生活方式,形成了三种文化型。此三型文化,又可分为两类。游牧商业为一类,农耕文化为又一类。"[①] 中国各地的地理与生态环境复杂多样。在长期的历史发展中,传统村落原住民为了适应复杂的生态环境,其生活方式也就各有特色。如四川凉山地区,其境内地貌复杂多样,地势西北高,东南低;北部高,南部低,地表起伏大,地形崎岖,高低悬殊。高山、深谷、平原、盆地、丘陵相互交错,山峰高耸,河谷深切,高低悬殊。地貌以山地为主,山原次之,丘陵、冲积平原所占面积更小。山脉呈南北走向,峡谷相间,山高谷深。这种多元的地貌,决定了自然生态环境的多样性。由于凉山自然地理环境的差异促使生息在这里的人民用不同的生态适应方式,解决衣食住行等一系列问题。因此也就出现了风格各异、五彩缤纷的民族文化。生活在河谷平原地区以汉民族为主体的人民,创造了以耕作为基础的民族文化。生活在高原及高寒山区、二半

---

① 钱穆:《中国文化史导论》,商务印书馆2007年版,第2页。

山区的少数民族，创造了以半耕半牧及以畜牧为基础的文化。由于历史的原因，彝族绝大多数居住于高寒山区和二半山区。高寒山区和二半山区养育了绝大多数彝族人民，也无时不在影响着彝民族民俗文化的发展。[①] 放眼全国各地的村落，更是如此。因此可以说，村落生态环境，决定了该地区村落原住民的日常生活方式，从而产生相应的习俗。

其次，传统村落原住民的生产方式，也极大地影响了村落生活习俗的形成。依靠劳动创造物质生活资料，是传统村落原住民生存和发展的基础。只有村落原住民的物质生活资料得到保障后，才有可能进行下一步的消费活动和交往活动。《汉书·食货志上》有云："古人曰：一夫不耕，或受之饥；一妇不织，或受之寒。"今天的居住于南方地区的侗族村落原住民中，也流行着这样的一句谚语："靠劳动解决吃的问题，靠纺织解决穿的问题。"[②] 男耕女织是传统村落原住民的基本生产活动，解决"吃"和"穿"是从事劳动的首要目的。劳动生产成了传统村落原住民用来满足其自身各种生活所需的主要活动方式，因而最终影响到村落原住民的生活习俗。例如，在粤东地区的一些客家村落，原住民有过田园节的习俗。在冬麦收割以及早稻秧插完以后，春季的主要农事活动就基本上结束了，很多村落便在每年的农历三月二十九日这一天过节。此时，家家户户将麦子碾好，做成面线炒着吃，以此来庆祝。在十月初一庄稼收割完之后，当地又举行耕牛节。原住民认为，这一天是耕牛过生日。一大早，牛主人就会拿五个糯米粉做的象征五谷丰登的"水煮圆"，用青菜包着给牛吃，有的还

[①] 参见陈晓莉《凉山自然地理环境对凉山彝族民俗的影响》，《科技视界》2013年第33期，第80—93页。

[②] 刘锋、龙耀宏：《侗族——贵州黎平县九龙村调查》，云南大学出版社2004年版，第79页。

在牛头上披挂红布条。① 在湖南江永的勾蓝瑶寨，每年春耕忙种之后的农历五月十三日这一天，都会举行一个名为"洗泥节"（又叫"苦瓜节"）的活动。这是典型的与农耕生产相关的习俗。历史上，勾蓝瑶的农田远离平时居住的村落，为了耕作方便，他们就在农田附近修建了"牛庄屋"。其建筑形制为上下两层，下层关牛，上层住人。在农耕这段时间，勾蓝瑶的原住民就居住在牛庄屋中。忙完春耕以后，人们再回到村落，洗净身上的泥土，由此而形成了奇特的"洗泥节"。在很多村落，也有在正月迎喜神的习俗，其实也与农业生产相关。因为在原住民心目中，喜神能保证一年风调雨顺，五谷丰登，喜事连连。并且，在这一天也是农业生产中的重要帮手如耕牛等家畜的节日。甘肃平凉的一些村落举行这个活动时，会将家畜打扮一番然后牵到阳光底下，用最好的饲料来喂养。

再次，交往方式也会影响村落原住民的生活习俗。传统村落虽然相对来说具有封闭性，但是在村落内部乃至相邻村落之间，原住民在日常的生产生活中都会产生交往。交往主要有具有血缘关系成员间的交往和非血缘关系间的交往两种形式。家庭是传统村落社会的基本组成单位。家庭成员之间，因为血缘相同，往往将家族内的成员称为"自己人"，将家族外的人称为"外人"或"他人"。如家族成员之间，除红白喜事必须给予人力、物力、财力的支持外，还要一起商量解决一些民事纠纷，或者相互之间照顾孤寡老人和孤儿。这是最为典型的血缘性交往。在不同村落的原住民之间，姻亲关系也是相互交往的一个重要支撑。各代人有各代人的姻亲，也需要经常往来才能将固有的关系维持长久，因此，姻亲间的交往在传统村落中是十分密切

---

① 参见肖文评、王濯巾《粤东客家传统农耕习俗略论》，《农业考古》2008 年第 3 期，第 199—201 页。

的，有的甚至比家族成员间的来往更密切。在村落之间，也有"远亲不如近邻"的说法。亲戚之间相隔太远，往往彼此照顾不到，这时候，邻里之间的关系往往就变得甚为密切。如家中来的客人多了，碗筷或板凳不够，往往向邻里借用。有些大型的生产工具和自家置办不够的日常用品，也经常调换使用，这样就促进了相互之间的交往。一些传统侗寨的原住民平时交往方式表现为：男的通过鼓楼下的自由集会和风雨桥中的相聚进行交往；女的则三五成群，结伴在某一家中或门前旷地上，边做针线活边交流。很多男性之间可以因为"同姓""同年"的缘故而经常结成"老庚"。在两个没有血缘关系的女性之间，如果彼此关系很好，也可以结拜姐妹，促进感情交流。另外，村落原住民之间，还会因为从事同一行业而经常聚集在一起相互交流或切磋技艺，如农民、歌师、戏师、木匠、篾匠、猎手、巫师等。通过交流，可以促进彼此之间技艺的提高，并形成一般外人难以知晓的生活习俗。

最后，不同的民族文化传统，也会影响生活习俗的形成。每个民族的传统习俗都是在特定的自然环境和历史条件下形成的，是物质文化与非物质文化的表现，是其民族传统文化的重要组成部分。每一个民族都有自己独特的丰富的生活习俗，包括节日庆典、婚葬习俗与礼仪风尚等，无不散发着朴实的光芒。从村落原住民的吃穿住行到婚丧嫁娶，从社会交际到精神信仰，都可以见到民族传统文化的影子。民族传统制约着村落原住民的生活方式。在传统村落原住民中，民族传统像是一只"看不见的手"，无形中支配着他们的习俗。例如，在广西、贵州的仡佬族村落，经常举行"敬婆王"的活动。仡佬族俗语："敬了婆王报人丁。"在仡佬族民间传说中，婆王是掌管人间生息繁衍的女神，人是她花园里的花，生儿生女都由婆王决定。她赐花给谁家，谁家便生小孩；赐红花生女孩，送白花生男孩；她将一株红花和一株白花移栽一处，人间男女便结为夫妇。仡佬族新婚夫妇结婚时要向花婆许愿，如愿生育儿女后，要携酒肉和红蛋感谢婆王。婚后久未生育的，也要到婆王庙祭拜，祈求早日恩赐贵子。生孩子后，还要带上酒肉和一篮红鸡蛋去报丁拜祭还愿。生育孩子后，祭拜婆王，一是感谢婆王，二是希望孩子不忘"婆王"恩德，懂得感恩。[①]湘西的苗族村落流传着人是由龙变化而来的传说。因此，在湘西地区的一些苗族村落，每年都会定期举行"接龙"的祭祀活动。祭祀时，要诵"龙经"、唱龙歌、跳接龙舞，异常隆重。盛装的接龙队伍从河边、井边将龙接回来后，象征性地将龙安置在房屋中的"龙室"内，以盼给主人带来幸福。[②]可见，这些生活习俗，都打上了很深的民族文化烙印。

整体而言，村落原住民日复一日重复活动的生活习俗，通常以其生活经验、宗法礼制、宗族观念以及血缘关系为基础。这一系列重复性和有规律性的活动，经过长时间的积累，又反过来影响传统村落原住民的生活方式。由此可见生活方式与习俗具有十分紧密的关系。习俗一方面会影响生活方式，而生活方式反过来又影响习俗的形成、变化和发展，如传统村落原住民日常劳动、消费、娱乐、交往等主要生活方式。这些生活方式表现形式多样，彼此间相互影响，通过长时间重复而又有规律性的活动形成了习俗，且在此后原住民的日常活动中得以充分体现。一些习俗甚至具有不成文法的性质，可以维系村落的社会秩序，可以作为村落之间纠纷的解决机制。

我国各地的村落习俗因其所处的自然环境和社会环境条件不同而

[①] 参见阳崇波《从民族习俗看仡佬族教育观》，《广西民族研究》2013年第2期，第94—97页。

[②] 参见伍新福《论苗族的宗教信仰和崇拜》，《中南民族学院学报》1988年第2期，第21—25页。

存在很大差异。只有深入了解习俗的产生、发展、演变、传承规律及其结构、功能和性质,才能把握其特征。一般来说,习俗主要有以下几个特征:

第一,传统村落的生活习俗具有多元性的特征。

传统村落的生活习俗具有很强的民族特色和地域特色,体现了不同地域和民族的生产方式、生活方式、文化传统、历史变迁、心理结构、思想感情、道德准则、宗教观念等等。传统村落的生活习俗蕴含当地原住民长期以来所形成的文化观念与文化意识。地域跨度不大以及民族成分相同的村落,其生活习俗也大体相似。如湖南、湖北一带的土家族村落中,其原住民喜欢唱山歌,人人都能编会唱。山歌的分类较多,有情歌、哭嫁歌、摆手歌、劳动歌等;舞蹈也是土家族人民生活中不可缺少的内容,摆手舞是土家族特有的一种古老舞蹈。[1] 不同的民族村落,其生活习俗诚然各不相同;不过,即使是同一个民族,如果处于不同的地域,其生活习俗也不尽相同,体现了多元性特征。上文所列举的苗族村落中,有的将犬视为图腾,有的信奉龙为祖先;但是,在另外一些苗族村落,其原住民则认为人是由枫树上的蝴蝶变化而成的。在黔东南清水江地区的苗族村落,流行祭祀蝴蝶妈妈的习俗。居住在这一区域内的苗族认为,蝴蝶妈妈即妹榜妹略作为人类的母亲,是由她的蛋孵化出人类之祖姜央,以及雷公、龙王、老虎、大象、水牛等。因此,在苗族最隆重的鼓社祭中所祭祀的第一个祖先就是"蝴蝶妈妈"。[2] 不同地域不同民族的村落之间,习俗各不相同,整体来看,它们都具备了多元性特征。

---

[1] 参见贵州省社会科学院历史研究所编《贵州风物志》,贵州人民出版社1985年版,第133页。
[2] 参见石绍根、石维海等《中国苗族民间制度文化》,湖南人民出版社2004年版,第225页。

图 4-1 土家族原住民摆手舞（卢瑞生摄）

第二，传统村落的生活习俗具有群体性的特征。

村落原住民的认同和传续是村落文化的形成和发展的重要保证。村落的生活习俗是各村落原住民群体在长期社会历史生活中逐渐形成的，是这个群体思维方式、认知习惯、心理需求、审美趣味等精神世界的集中体现。传统村落的生活习俗一旦形成，又会成为村落原住民约定俗成的集体行为习惯，因而必然对整个原住民群体产生影响。没有任何一类生活习俗是在某一个人或者某一个家庭生活中单独存在的，它一定是在一个村落或者在一个村落群中具有普遍性影响的。一个家庭的婚丧嫁娶，往往会是一个家族或者整个村落共同参与完成。只要不是特殊情况，一个村落的所有家庭都会派出代表帮忙做事。少数民族村落中的传统节日的群体性特征更具代表性。每逢传统节日来临，几乎人人参与活动，庆祝佳节。如广西的壮族村落中，流传着难以尽数的各种类型的传统舞蹈形式，有扁担舞、板鞋舞、竹竿舞、采茶舞、迎宾舞、请茶舞等民间民俗舞蹈；也有名目繁多的各种师公舞、道公舞、巫舞、傩舞等宗教舞蹈；还有壮戏中保留的戏剧舞蹈等。① 这些舞蹈虽然内容不同，形式各异，但都是在重要的集体活动中举行，整村的人都要参与。当地原住民通过这种群体性的舞蹈增进交流、促进感情，体现出团结与互助的精神，进而提高了整个民族的凝聚力和向心力。

从整个中华传统文化的特征来看，它是典型的伦理型文化，非常强调整体的利益。作为集体中的一员，必须服从群体的利益，强调群体性价值取向。全国性的节日端午节，南北各地的很多村落都要举行龙舟赛。龙舟赛由多人集体划桨竞赛，就是群体性的最好体现。福建一带的沿海村落，在重要节日中会举行"车鼓阵"的活动。车鼓阵主要强调参与者之间的相互配合，具有典型的群体性特征。这些并不是个案，而是普遍存在于各地的村落生活习俗中。

第三，传统村落生活习俗具有活态传承的特征。

传统村落的生活习俗，经过岁月的变迁，伴随着广大村落原住民的生活世代相承，川流不息。正是这种传承性，才使得它能够保存传统村落丰富的民族记忆，至今仍具有强劲的生命力。生活习俗的活态传承方式，意味着它始终都处于一个变化的状态。它传承的过程，总是会随着时代的变迁或者是传播地域的不同而发生改变。在今天的传统村落中，有的习俗已经永远地消失在历史的时空中了，而很多传统的民俗活动则加入了新时代的内容，一些原来没有的习俗则逐渐融进了村落原住民的生活之中。湖南城步的苗族村落，在每年十月秋收之后，会举行一种名为"庆鼓堂"的活动。"庆鼓堂"习俗中包含了大量傩歌傩舞的表演，通过这种活动以表达当地村落原住民对所信奉

---

① 参见黄小明《从壮族舞蹈的民族性和地域性看其特征》，《中央民族大学学报》1994年第2期，第63—66页。

的诸位神灵的感谢，并且祈求诸神能够保佑他们来年风调雨顺，五谷丰登。这一习俗起源甚早，可以追溯到原始社会。不过，这种习俗在相当长的一个时期被当作封建迷信大加批判，很多村落都不再盛行。跟其他很多民俗活动一样，"庆鼓堂"活动的传承方式属于口传心授，都是师傅一句一句手把手地教给徒弟，没有文本材料流传。掌握技艺的老一辈去世以后，很多活动形式和活动内容就永远失传了。现在，当地政府意识到了其价值和意义，正在大力培养传承人，抢救这一文化遗产。

如前所述，传统村落生活习俗的"活态性"，主要体现在它的传承载体是活着的村落原住民。正是这种活态性传播，才使得传统村落习俗具有强大的活力和顽强的生命力。而作为传播主体之村落原住民，则是各种习俗得以活态传播的重要保证。如祭祀，由于村落原住民历代传承不息，广大村落仍旧留有许多传统的祭祀仪式。村落原住民通过它来表达对于祖先或者其他神灵的感恩、敬仰、缅怀等心理。村落原住民在固定时间、地点，以各类酒食来祭祀开创民族基业的祖宗神灵，祭祀那些在本民族发展过程中做出重大贡献的英雄人物，像"祭门神""祭财神"等方式千百年来一直未曾中断。黔北的少数民族村落有"祭树""祭桥""祭铜鼓"，云南西畴县的壮族村落有祭祀太阳，等等。传统村落的原住民通过多种类型的活态祭祀活动来凝聚民族精神，促进历史传承。这种生生不息的文化传承，在丰富了祭祀文化内核的同时，也让村落原住民始终保持对祖先的记忆，延续了民族文化的血脉。

第四，传统村落生活习俗具有很强的世俗性特征。

传统村落的生活习俗是紧紧围绕原住民的全部生活而产生的，因而具有很强的世俗性特征。在人类社会的早期，先民由于对自然现象

图4-2 云南西畴县汤果村壮族原住民祭太阳（吕德仁摄）

认识不足，觉得依靠人力无法解决一些自然现象以及日常生活中的某些事情，于是就只好求助于神灵。先民举办各种活动来愉悦神灵，例如，进行巫术表演、跳傩舞等。通过这种诉求形式传递求助信息，以求得神灵的保佑和赐福。随着社会的发展、改造自然手段的增强和认知能力的提高，这一活动不仅仅用来娱乐神灵，人们也用来娱乐自己。也就是说，人们的注意力不只是在神灵身上，也开始注重自己是否能够在活动中获得快乐的感受。如很多地方的丧事活动并不像我们所理解的那样只有悲伤，其中也带有一定的戏谑。在为死者守灵的几天时间里，有很多活动都具有浓厚的娱乐性质。其目的在于冲淡悲伤，让前来守灵的其他人不至于昏昏欲睡。湖南临湘的一些村落，会在丧葬场合举行一种名为"夜歌"的活动。"夜歌"就是守灵时段里所唱的一种以锣鼓伴奏、走唱形式的丧葬歌。夜歌流程为七个阶段，即发鼓、散水、正本、表花名、争利市、辞丧指路、送神。其中，有三个程序具有很强的表演性质，纯粹是为了娱乐前来守灵的群众的。

这三个程序是"散水""正本"和"表花名"。"散水"唱些古代典故、诗词歌赋、俚语俗谚、新闻趣谈、街谈巷议等，唱词随意，唱腔简短。"正本"则是唱一个一个的故事，主要是传奇故事和历史故事。"表花名"则大多为两个或两个以上的歌师同时唱。你唱一句，我唱一句，还可以互相贬损，幽默风趣，引人发笑。"夜歌"是神圣与世俗的矛盾的统一体，是神圣与世俗的融合。①

4.2 传统村落的日常生活习俗

传统村落日常生活习俗不仅涉及原住民的衣食住行等基本生活的各个方面，也包括消遣性的娱乐活动，所以，我们将其大致分为饮食、服饰、居住、行旅和文娱五个方面。

4.2.1 饮食习俗

民以食为天，饮食是人类最基本的生存活动方式。饮食习俗是指食物、饮料、饮食器具在生产、制作和食用过程中，相沿积久的风俗习惯、食用风格、礼仪常规、消费观念。它是一个国家、民族、地区生活水平和文明程度的鲜明标志。它不仅满足人们的生理需要，而且因其具有丰富的文化内涵，能在一定程度上满足人们精神生活的需求。② 我国由于有广阔的土地，众多的民族，复杂的自然环境，经济

---

① 参见方白玲《神圣与世俗——临湘市聂市镇"夜歌"研究》，硕士学位论文，湘潭大学，2013年。
② 参见胡牧君《南丹土司史》，民族出版社2015年版，第246页。

社会发展情况与民俗生活习性等各异，散布于祖国各地的传统村落由于所处环境不同、风俗各异，导致各地的饮食习俗也各自具有不同的特点，这些不同主要体现在饮食种类和饮食方式、饮食礼仪和饮食禁忌、饮食器具和饮食保存等几大方面。

自进入农耕社会，伴随着农作物种植的开始，先民的饮食结构也逐渐发生改变，谷物成为我国广大村落原住民的主食，并辅以肉类、蔬菜及水果。

由于受到地理环境及气候条件的影响及限制，不同地域的主、副食种类各有不同。早在新石器时代，我们的祖先就已经种植了黍、稷、粟、麻、麦、豆、稻等粮食作物（古人曾以大麻籽当粮食）。大体上黄河流域是以黍、稷、粟等旱作物为主，长江流域是以水稻为主。[1] 并因此产生或衍生出不同的生活习俗。这种南北方的差异至汉代则体现得更加明显，据《史记·货殖列传》载："楚越之地，地广人稀，饭稻羹鱼，或火耕而水耨，果隋蠃蛤，不待贾而足，地埶饶食，无饥馑之患，以故呰窳偷生，无积聚而多贫……沂、泗水以北，宜五谷桑麻六畜，地小人众，数被水旱之害，民好畜藏，故秦、夏、梁、鲁好农而重民。三河、宛、陈亦然，加以商贾……燕、代田畜而事蚕。"这段文字说明了当时我国不同地域因自然条件差异所导致的农业种类、耕种方式以及经济结构的具体不同。瞿宣颖在《中国社会史料丛钞》中对南北饮食风尚有过一番表述："自汉末以来，南北饮食之宜，判然殊异，盖北人嗜肉酪麦饼，而南人嗜鱼菜稻饼，如此者数百年。隋唐建都于北，饶有胡风，南食终未能夺北食之席。惟宋明以来，南人势盛，渐贵南食。近三十年来，竞尚闽广川苏，而鲁豫二

---

[1] 参见吴枫、张亮主编《中国古代农业技术简史》，辽宁人民出版社1979年版，第91页。

省之菜馆，仅得与之相抗，亦古今变迁之迹矣。"需要指出的是，虽然伴随着我国农业发展水平、社会发展程度及对外交流程度的发展和提高，饮食种类也得到不断丰富，但自中国古代即形成的南北饮食差异一直延续至今。

我国长江流域和淮河流域及其以南地区，降水量充沛，气候湿润，土地肥沃，以水田居多，种植的农作物以水稻为主，少部分地区辅以玉米、高粱、小麦等。此外，东北辽河、松花江及东部山区的河谷盆地也是我国重要的水稻产区。聚集于上述区域的传统村落原住民，一般将稻米蒸煮为米饭，或熬制成粥作为主食，也将稻米磨制为粉做成糕点佐餐。在部分土地贫瘠的村落，既不适宜大量种植水稻也不适宜大规模种植麦子，只能种植甘薯或玉米，所以也就以此作为主要粮食。

相对于南方，坐落于在冀、鲁、豫、陕、甘、晋等地的传统村落，由于降水量相对较少，气候干燥，耕地以旱地为主，种植的农作物主要为小麦。这些地区的村落原住民的主食是面食。以面粉制作食物的花样比米食要丰富得多，常见的有面条、馒头、包子、饺子和烧饼等。其中，饺子是北方地区村落中极具地域特色的食物，逢年过节，饺子都是餐桌上的主食。包饺子也因此而成为北方村落中过节时必不可少的一个家庭活动。

除了主食外，我国不同地域的传统村落原住民的辅食，其种类也十分丰富。鱼、虾、贝类等水生动物是沿江、沿海地区的村落日常饮食中的重要组成部分。蔬菜的种类较多，多因地域、时令变化而异，如东北村落的原住民经常吃萝卜和白菜，山东村落的原住民的餐桌上离不开大葱，等等。

在食物的口味方面，南方多数内陆村落的原住民口味以辣为主，如湖南、四川、云南、江西、湖北等地,这些地区地处丘陵,气候冬寒夏热、空气潮湿,吃辣椒可以祛寒祛湿,促进血液循环,增强体质健康。辣菜系整体味道比较浓烈,除了添加辣椒、豆豉外,再配以芫荽、葱、蒜、八角等佐料,比较讲究色、香、味齐全。而南方沿海地区的村落,因为受气候条件影响,为了避免吃辛辣的食物上火,原住民家常菜以清淡菜为主,配以海鲜。

东北地区气候寒冷,该地区村落的原住民口味喜咸辣,并爱喝白酒,以祛风寒。夏秋季节蔬菜较多,冬天基本上以大白菜为主,白菜炖猪肉是他们最爱吃的菜肴,松花江的鲤鱼也是他们的最爱。[1] 如朝鲜族村落的原住民,每家每户皆备有辣椒。和潮汕地区一样,他们也每餐必喝汤,最讲究汤浓味重的浓白汤,这和潮汕地区村落的原住民喜欢喝清汤有所不同。

我国传统村落原住民的饮食方式也经历过一个漫长而曲折的转变过程。人类社会在不能人工取火之前,只能吃生肉,也没有订餐的概念。《礼记·礼运》记载了早期人类的饮食方式:"未有火化,食草木之实,鸟兽之肉,饮其血,茹其毛。"火发明之后,人们学会了将生食直接扔进火堆里烤熟,或者用树枝将其串起烤熟,之后或手撕或嘴啃。根据考古学和民族学资料,先民的熟食方法大体有烧烤、煮、蒸等。烧烤早在狩猎采集时代就已采用,而煮、蒸则是在农耕时代才发展起来的。[2]

夏、商、周至秦汉以前,由于农业不发达,粮食的生产能力十分有限,所以采取的是早、晚两餐制。早餐后外出劳作,中午在田地里

---

[1] 参见李顺发、朱长征主编《学点菜设宴》,中原农民出版社2008年版,第55页。
[2] 参见陈文华《新石器时代饮食文化的萌芽》,《农业考古》1999年第1期,第210—218页。

随便吃一点，夕归后用晚餐，采取的是一种"日出而作，日落而息"的方式。汉代以后才实行一日三餐制，此后，这一习俗便延续下来。

自东汉至隋唐，中国人就餐时一直席地而坐，分餐而食。唐宋时期，由于椅子的广泛使用，分餐的饮食方式逐渐被会餐取代。随着高足桌、椅的不断普及，它们也渐渐进入人们的饮食生活。从这一时期敦煌壁画以及其他传世绘画作品中，我们往往可以看到八九个人围坐在一张长方形的大桌前，桌子旁边有高足椅凳或者几个人合坐的长条凳，桌上摆满了各种食物，每人面前各有一副筷子、一个调羹。这说明当时已经出现了会餐的饮食方式。[①] 不过，目前部分少数民族村落仍然保存着手抓的进食方法，如维吾尔族原住民的手抓饭、手抓羊肉等。

古人认为，礼仪源于饮食。《礼记·礼运》中曾载："夫礼之初，始诸饮食。"揭示了原始礼仪从人们的饮食行为习惯中开始的事实。饮食确实与早期礼制的形成关系密切。《礼记·王制》中，统治阶级需按照等级享受肉食的规定即说明了这点："天子日食大牢，则诸侯日食少牢，大夫日食特牲，士日食特豚。"

中国传统文化向来倡导长幼尊卑有序，在饮食礼仪中也是如此。传统村落中，几乎每个家庭都以家中长者、男性为尊，用餐时若长者、男性尚未入座或动筷，家中妇女及儿童不能先动筷。有的地区甚至还规定了家庭中长辈、男性主人、客人、妇女及儿童在吃饭时应该坐的位置。

除了一般的家庭会餐，待客习俗最能体现传统村落的饮食礼仪。对于原住民而言，远来者都是客。待客时的食品往往优于日常食品，他们往往以最好的饭菜来招待客人。鸡鸭鱼肉，四时蔬菜，八人一

[①] 参见王岳《饮食方式与饮食具设计——从我国饮食方式、饮食具的演变及现状来探讨》，硕士学位论文，东华大学，2005年。

席，酒不尽醉。很多汉族传统村落在设宴时在宴请人数、菜肴数量等方面多有讲究，如："逢喜成双，遇丧排单，婚庆求八，贺寿重九。"而各少数民族村落原住民的待客礼仪则更有其特色。西北的回族村落中，筵席忌单数，一般都是八道菜或十二道菜。在东乡族村落中，喜欢用鸡肉招待客人，把整只鸡分成十三块，以带鸡尖（即鸡屁股）的那块为贵，通常要奉献给尊敬的客人。苗族村落的原住民待客时，男女客人需分开用餐，由长者先开杯，佳肴必先敬客；享用鸡肉时，鸡翅敬客人，鸡头归长者，鸡爪归小孩。苗族人认为一家之客即是全寨之客，主家宴请完毕，各家争相宴请。在宴会中，用牛角盛酒敬客，被视为最隆重的待客礼节。瑶族村落的原住民待客也十分热情，他们一般把好吃的食物留给客人，客人吃得越多他们越开心。

图4-3　湖南隆回花瑶原住民以美食敬老

　　酒在中国传统文化中有其独特的地位。在几千年的文明史中，酒几乎渗透到社会生活中的各个领域，成为饮食文化中的重要组成部分。敬酒是很多村落的原住民待客礼仪中必不可少的一项仪式，主人常以此表达对客人的敬意和欢迎。苗族村落的原住民对酒钟爱有加，酒在他们的生活中可谓无处不在。凡盛大节日、迎娶送嫁、迎送宾客等活动，都要用牛角或羚羊角斟酒敬献，先敬主宾及长者，然后对在场者从左至右依次敬献。所敬之酒多为自制米酒，还有白酒、甜酒等不同品种。此外，苗寨喝酒的名目繁多，如"节酒""婚酒""寿酒""三朝酒""上梁酒""拦门酒""开业酒""牛角酒"等，这些名目多因时间、地点和劝酒对象的不同而称呼各异，经过长期演变，形成了苗族人特有的酒文化。

图 4-4 贵州郎德苗寨拦门酒

除了酒之外，以茶待客也是传统。早在唐代，茶文化即在全国范围内得到普遍推广，茶马古道遗存即是茶叶一路由西南向青藏高原及内陆地区运输及传播的见证。与此同时，茶叶还通过丝绸之路远销世界各地。在当下的中国传统村落，几乎各地都有以当地茶进行待客的习俗。如在汉族村落，主人往往要斟一壶茶迎客，缓解客人路途奔波饥渴之苦。藏族村落中，客人到家中之后，主人会敬献酥油茶或奶茶。在云南的白族村落，原住民对待远道而来的客人是用三道茶招待。第一道茶的茶叶较粗，味道较苦，称为"清苦之茶"；第二道茶加上红糖、芝麻、核桃仁，其味香甜可口，称为"甜茶"；第三道茶加蜂蜜和花椒调拌，味道苦中带甜且麻，称为"回味茶"。

在许多饮食习俗中还包含许多饮食禁忌，这类禁忌常常包含某种准宗教神秘意味和蒙昧时代的巫术遗迹；还有些饮食禁忌则是出于不同时代和地区的传统礼仪文明习惯和养生健体的科学观念。前者可视作一种从古至今普遍存在的民俗饮食禁忌，后者除含有少数民俗禁忌外，更多的属于含有科学价值的实用禁忌。在趋吉避凶的功利目的上，两者是同一的，都体现了人们向往光明幸福、追求团结祥和的情感。

传统村落大多地处较偏僻，信息相对闭塞。村落里的原住民对自然和社会的认知相对较弱，故其饮食禁忌更多与神灵相关，要么因对神灵的恐惧而产生饮食禁忌，要么就是因崇拜神灵而产生饮食禁忌。对于食用了祭祖之饭食，则表示对死者的不敬，必定会受到惩罚。客家村落的原住民认为脚踩饭团，或者将饭扔进厕所，便会遭到"雷神"的惩罚；藏族地区的村落因对死者实行天葬或者水葬，尸体都被飞鸟或者鱼吃掉了，所以当地的原住民就不吃这两类动物的肉。此外，对不洁食物的恐惧忌讳更是不少村落原住民所共有的饮食禁忌习俗。这种记载最早可见《礼记·天官》中的记载："不食雏鳖，狼去肠，狗去肾，狸去正脊，兔去尻，狐去首，豚去脑，鱼去乙，鳖去丑。"被去掉的这些动物部位，都是因为它们会伤害人的身体。我国众多信仰伊斯兰教的民族，其原住民将猪、狗、驴、骡视为"不洁之物"而禁止食用。对猪的忌讳最为严格，不仅不能吃，更不能接近它。

《礼记·曲礼》载："毋搏饭、毋放饭、毋流歠、毋咤食、毋啮骨、毋反鱼肉、毋投与狗骨、毋固获、毋扬饭、饭黍毋以箸、毋理羹、毋絮羹、毋刺齿、毋饮酸。"这段记载说明了古人在就餐时的一些禁忌规范，如饭前必须洗净手，不能用手抓饭团与菜，不能将吃过的鱼肉又放回盘里，等等。后世各地的传统村落中，对于饮食都有着独特的禁忌。如维吾尔族村落原住民吃饭时忌洗手后不擦干乱甩水，忌随意拨弄盘中食物，忌吃饭时抹鼻涕、吐痰、放屁等。苗族村落原住民招待客人时，常把鸡心、鸭心敬给客人，但又忌客人独自享用，而应与老人一起分享。对于一些特殊的人群如孕妇，也有特殊的饮食禁忌。例如，大部分汉族村落中，都不允许孕妇吃兔肉，因为怕胎儿长兔唇；不能吃姜，怕胎儿长出六指；不能吃葡萄，怕生葡萄胎；不能吃狗肉，据说狗肉会将胎儿化掉。在湖南新晃的侗族村落，孕妇不能吃葱、蒜、羊肉、牛肉，当地原住民认为，吃了这些东西婴儿以后会得狐臭，或者成为哑巴。畲族村落的原住民不给孕妇吃野兽肉、田螺和牛肉，台湾高山族村落的原住民不允许给孕妇吃生野菜和橘子，等等。

饮食器具的演化，也有一个相对漫长的过程。原始社会时期，先民用土坑煮食，以树枝夹取食物。至新石器时代，出现了将黏土掺水塑造成型并以火烧制而成的陶质饮食器具。夏、商、周三代到春秋时期，出现了铁质材料的饮食器具，但是中下层民众主要以使用陶质饮食器具为首要选择，如陶碗、陶杯、陶罐等。至汉代，漆制饮食器具开始形成系列产品，种类丰富。自汉代以来，筷子开始成为人们进食的主要工具，而匙（即调羹）则成为辅助的进食工具。隋唐时期，由于饮食方式的转变，瓷器餐具成为普通民众饮食的主要组成部分。其中，盛食器具有碗、碟、盘、壶、杯、茶盏等，进食器具有匙、勺、瓢等。此后由宋至清代，尽管期间有其他器具的产生，但下层民众包括各传统村落中的原住民，所使用的饮食器具大体沿用了隋唐时期的样式。① 部分少数民族地区因生活方式及习俗的不同，还保留了较具民族特色的饮食，如藏族制作奶酪的奶扎、盛装酥油茶的铜壶等。

关于食物的保存，传统村落原住民也有许多方法，大致可以分为冷藏和腌熏、风干几种方法。中国古代的冷藏方法有冰窖和井藏两种方法，周代即设有专门冷藏物品的冰窖"凌荫"，并专设管理人员，称为"凌人"。② 现在的东北及华北部分地区还有冬季挖地窖为食物保鲜的做法，这种地窖与冰窖作用类似，但冰窖是以冷冻方法为食品保鲜，而地窖一般是为了防止食物（一般为蔬菜类食物）在冬天遭冻害所设。除了冰窖外，井藏是古代南方地区常见的食品保存方法，这种冷藏方法与北方的冰窖类似，所挖的井一般不深，内置陶瓮，陶瓮起防水隔潮作用，利用井下低温保鲜食物。现在不少地区仍采用窖藏或井藏的方式保存酒类饮品。此外，从新石器时代沿用至今的腌熏法也是南方地区保存食物的常用方法，一般用来保存肉类食物。这种保存方法的具体操作为将食物经过腌制后进行熏烤或风干使其得以保存长久、不变质，如南方民众喜食的腊肉、熏肉即通过这种方法制作而成。关于腊肉的制作，湘西先民早在汉代就开始了，现在仍广泛盛行于湘西地区的传统村落之中。腊月时，将分割好的猪肉用食盐进行腌制，配以一定比例的花椒、八角、桂皮、丁香等佐料，放至七天到半个月左右，再将腌制好的肉条挂到火炕上任由柴火慢慢熏干，以便于持久保存。此外，板鸭、腊肠、干仔鸡等，都是用类似的方法制成的。而在贵州、湖南和广西交界的一些侗族村落，则将新鲜的鱼和猪

---

① 参见王岳《饮食方式与饮食具设计——从我国饮食方式、饮食具的演变及现状来探讨》，硕士学位论文，东华大学，2005年。
② 参见林乃桑《中国古代饮食文化》，中共中央党校出版社1991年版，第39页。

肉放进坛子里制成酸鱼酸肉。外人不敢尝试，在当地人心中却是一道佳肴。每逢大事，贵客进门，都要以酸鱼酸肉待客。

风干法既可用于肉类食物保存，也可用于蔬菜的保存，一般将食物洗净或煮熟之后进行风干，形成干菜或肉脯。这种食品保存方法在我国多地均可见，但主要见于我国西北地区。西北地区风沙大，村落原住民直接将肉悬挂于室外，使之风干；或者在屋后黄土坡挖窑洞，窑洞冬暖夏凉，能够起到保鲜的作用。

以上几种食品保存方法主要用于肉类及蔬菜的保存，但并不完全适用于瓜果的保存。瓜果的保存一般采用腌渍及煮透这两种方法。腌渍主要是采用食盐、糖或者醋等材料，对食物进行处理、浸泡，将成分渗透入食物，改变微生物活动环境以达到防止食物腐败的方法，如朝鲜族的泡菜、云南地区雕梅等都是采用这种方法制成。煮透是指采用将食物煮透的方法保存食物，这是南方很多村落煮梅常用的方法。具体方法一般为将梅子与盐或糖一起放于陶罐中，以微火慢煮而成。

4.2.2 服饰习俗

服饰是社会文化现象的反映，是区分族群的标志。[①] 横向来看，传统村落的服饰习俗，与当地的经济状况、气候条件、职业身份、宗教信仰、文化习俗、审美观念等有着重要的关系；纵向来看，服饰习俗也与时代紧密相关，服饰以自身的质料、式样、色彩、规格等显示出时代的特征，例如，各民族的服饰习俗史上均有穿树叶和兽皮的历史，但是到了现代社会，西方的服装样式也大量进入传统村落原住民

---

① 参见陈辉《中国文化史》，科学出版社 2010 年版，第 156 页。

的生活当中。

中国民族村落众多，生活在不同村落的原住民，创造和形成了各自不同的服饰习俗。在不同的民族村落，原住民因为其身份、性别、职业等不同，其着装习俗差别很大。这种差别在其日常生活服饰习俗及礼仪服饰习俗中都有着鲜明的体现。

日常服饰习俗是村落原住民日常穿衣的习惯，这些习惯也随着地域不同而各异。而且在不同的季节，即使是同一个村落的原住民，其服饰也有所不同。总体而言，传统村落大多较为偏僻，其原住民的服饰相对来说更显实用和简单朴素。

东北地区由于冬季严寒，服饰首先考虑保暖御寒的实用功能。农村尽管都是以棉衣、棉裤作为常服，但不同地区和民族的服饰穿着还是有些差异。很多满族村落的妇女喜欢穿旗袍，布料一般为棉布，讲究一点的就在衣边上绣彩条，在大襟上绣各种花鸟图案。旗袍外还常罩一件坎肩，脚上穿旗鞋。如果出门，则常穿以牛皮制成的"乌拉鞋"，里面絮上"乌拉草"，这不仅能防潮，还能御寒。男子在冬季狩猎时，常套一件坎肩在外面。鄂温克村落中，原住民一年四季基本上着长袍。男子长袍一般用青色和蓝色布料制作，以金黄色或绿色面料镶边，下边开衩。长袍外还要系一条绿色或金黄色的腰带，并且常戴上一顶蓝色布料制作的圆锥形帽子。女子长袍喜用绿色或粉红色布料，也以金黄色或绿色面料镶边，喜戴耳坠、耳环、手镯等饰品。赫哲村落的原住民常穿以鱼皮做的衣服和靴子，鱼皮衣袍上半身大都染成紫色，在衣领、衣襟、袖口等地方绣上云纹、花草、山水等图案进行装饰。此外还穿用狍皮制成的衣裤和帽子。

南方的一些汉族村落，男女服饰相对比较简单，服饰的布料不太讲究，制作也较为粗糙，他们大多穿自制的布鞋和棉靴。劳动时穿草鞋、打赤脚。夏天农耕时穿着法头短裤，冬天长裤。夏天多戴笠帽，笠帽多劈细竹篾作胎，也有用藤编的笠帽。笠帽或斗笠主要用于下地劳作时所戴，既能挡雨，又能遮阳。

江西、安徽等原徽州地区的汉族村落中，女子日常穿着为大襟袄衫配大裆裤，外套百褶裙。上衣按季节分单、夹、棉三种，有袄、褂、马甲等形式。袄为大襟右衽、立领、圆摆；褂有长褂、小褂；马甲有大襟、琵琶襟、对襟等几种。下身穿裙，有百褶裙、拦腰八幅裙等。裤子有大裆裤和膝裤。一般是头戴选毡帽、风帽或草帽，上身穿袄或马褂，下身穿裤，脚穿布鞋或草鞋。富裕的人家则多穿长袍马褂、戴瓜皮帽。

赣州、梅州等地的客家村落，男子日常上衣穿大襟衫和对襟衫。而长衫多为老年男子冬天寒冷时穿。对襟衫为唐装衫，结构简单，以麻、葛布制作，以蓝、灰、黑为主。下身常着裤腰、裤腿宽松又肥大的直筒大裆裤。平时少戴帽，冬天常戴棉帽、风帽。女子也常着短式大襟衫，对襟衫则当作睡衣或内衣，还常系着印有各种图案的"围身裙"。下身着筒裤或裙，脚着绣花鞋。此外，印有各种图案的冬头帕也是客家村落的妇女常戴之物，常以红、黑、蓝、白等色相间，纹样为直线条。客家村落的儿童头上一般戴狗头帽、兔头帽，有的前额绣一个虎头图案，也称为虎头帽。

西南少数民族村落原住民的日常服饰又各有特色。如土家族村落的男子，夏天穿多耳麻草鞋，秋天与冬季的布鞋多为高鞋帮、青鞋面、白鞋底的瓦鞋等，不穿袜子而缠裹脚。雨雪天穿牛皮钉栓鞋，裹脚布。苗族村落的男子在清代之前有穿裙子、佩戴耳环的习俗。但到清末民初，这类着装基本消失。现在，他们的日常服饰是头部戴头

图 4-5　客家村落儿童帽

帕，上身主要穿对襟衣，有五至八颗以布绞成的纽扣，衣袖长而小。下穿长度过膝的裤子。服饰的布料颜色多为自家印染的青、蓝等颜色。云南的基诺族村落，男子一般是身穿对襟衣服，背部绣有一条名叫"妞阿博"的太阳光纹（或者称为"月亮花"）。

少数民族村落的女性服饰特别值得一提，她们的服饰艳丽多姿，体现出别样的风采，成为本民族最具特色的标志。苗族村落的妇女喜欢戴头帕，头帕长度一般在 4 米以上，有的长达 10 米。服装方面，上衣常穿以青蓝色、黑色为底色的琵琶襟、四叉式、叠摆式、云襟式、云肩式等样式，并在领口、袖口、裤脚口等处以黑色宽边为衬托，绣上各种寓意深刻的动植物图案，颜色搭配艳丽，对比强烈。下装一般着未过膝的百褶绣花短裙，扎绑腿，穿云头绣花鞋。哈尼族村落的女子常着无领右襟上衣，穿长裤。衣襟、袖口、裤边都以各色彩线绣上各种图案。头上喜欢装饰各种银质品，胸前挂银链、银币。基诺族村落的妇女，喜欢戴三角尖顶帽。前帽檐刚好搭齐眉梢，两侧帽檐护住耳朵，后帽檐垂披到肩护住头发和脖子。身穿绣有各色图案的白色背心，外罩无领长袖外衣。下穿黑色红边的合缝裙子，上面通常镶嵌着红、黑条纹的花边。

除了常服之外，礼仪服饰也是传统村落服饰的一大类，是古人参加各种礼节性活动而穿戴的服饰，久之就形成了礼仪服饰习俗。礼仪服饰习俗包括岁时礼仪服饰习俗、人生礼仪服饰习俗、丧葬礼仪服饰习俗等。明人黄佐《泰泉乡礼》记载："吃酒穿衣甚妨农事，若不系祭祖祭社、凶吉聚会及造作屋舍之时，俱不许吃酒，其穿衣俱不许长袍大衫。"可见长袍大衫对于村落原住民来说就是一种礼服，它只有在祭祀、节庆、聚会社交时使用。在鲁迅的小说《孔乙己》中，孔乙己即使穷困潦倒，也要穿着长衫喝酒，因为这是他仅剩的一点身份标志。孔乙己虽然是市民，却也能够代表村落读书人的一种普遍心理。

岁时礼仪服饰是与岁时信仰紧密相连的。在传统村落中，原住民为了迎接各种节日，都要换上具有象征意义的服饰，以适应节日气氛。如福建的一些村落，节庆时女士沿袭清代的右襟衫样式，衣领上有一个盘扣，右胸前有两个盘扣，右衣角有三个盘扣，颜色较单一，以棕色、蓝色为主。老人大多梳后簪发式，戴发网，耳后别朵红色小花，以示喜气。在泉州东海镇的浔埔村落，在大型民俗活动"巡香日"这天，不论老少，都将长发束起，挽成大圆髻，再把各式即将开放的鲜艳花朵制作成簪花围，髻中插象牙筷，或玉簪、银梳等，将满头装扮得明艳照人。台湾地区吉安乡传统村落的原住民盛装，男子以红色为主，主要是身披红色的前挂，头上戴兽皮或藤、竹编成的帽子，也有戴用老鹰、孔雀等羽毛制成的羽冠。女子全身着盛装，是红黑两色配合。上衣是长袖紧身右襟的红色或黑色短褂，胸前缀满银片、玉石等饰品；下身围一条或两条齐膝的黑色花纹布，双腿系白带黑的绑腿。头上戴花冠，插银簪；项颈戴长珠条，双手戴大银镯，赤脚挂银铃，走起路来叮当作响，也是跳舞时的一种自然的音乐。①

图4-6 福建泉州浔埔村大圆髻簪花胜

人生礼仪服饰习俗，是人的一生在特定时期的着装习俗，并以特定服饰作为其标志，它包括诞生礼服饰习俗、成人礼服饰习俗、婚礼服饰习俗等。

诞生礼是人生经历的第一个重要仪式，在传统村落里，这种习俗更受原住民所重视。孩子出生的时候，是赤条条的。给其穿上衣服，表示欢迎他的到来。新生儿从出生到满月再到满周岁，这些重要的场合都要举行仪式，而在这些场合穿什么衣服就显得尤为重要。这种礼仪反映了上一代人对下一代人所寄予的厚望。一般可从催生、出生、三朝、满月这几个方面体现其服饰的变化。催生多选在孕妇临产的月份，娘家要送"催生包"，还有婴儿所穿黄棉袄、黄布衫、肚兜等礼

---

① 参见和立勇、郑甸《闽台传统服饰习俗文化遗产资源调查》，厦门大学出版社2014年版，第238页。

品。婴儿出生前，其外婆家早已准备好了适宜小儿穿戴的衣帽，但第一件衣服要穿婆家祖母张罗的百家衣。小儿出生三天后，要行三朝礼，也叫穿衣礼，俗称"三朝衣"。婴儿满月时要剃发，戴百家锁。到周岁时着新衣，亲戚都前来道贺，给小儿送童鞋、童帽，从上到下穿戴一新。不过，也有一些传统村落中的原住民忌讳给幼儿穿颜色鲜艳的衣服，怕给孩子带来不好的运气。如果一定要给孩子穿红衣红裤，则须罩上一件网衣，佩戴腰带，或者给孩子穿虎头鞋戴虎头帽。其目的是保护婴儿脆弱的生命，希望婴儿健康成长。

　　成人礼是我国很多民族的传统礼仪。成人礼在汉族村落的重要性随时代的演进而逐渐被弱化，但在很多少数民族村落却一直有所留存，其成人礼的年龄早到十三岁或者十五岁。成人礼重要标志就是换上成年人的衣服。服饰的改变象征一个人由未成年人转变为成年人。例如，广东龙门县蓝田瑶族村落少女成人礼是进行一场叫"舞火狗"的活动。扮演"火狗"的一定要是未婚的少女，因为她们是繁衍后代的主体。蓝田瑶乡对女性有不成文的规定，就是每个少女至少要参加三次"舞火狗"活动，才能进入成年人的行列，才能取得谈婚论嫁的资格。① 永宁纳西族村落中，女性成年时行穿裙礼，裙子为百褶裙，裙长至踝，以各种彩线绣花边。男性成年时行穿裤礼，裤子为深色长裤，裤腿宽大。凉山的彝族村落中，也以服饰的改变来象征一个人的成年，如少女的成年称为"换裙"，由女性长者用一种红黑色羊毛织成的裙子在姑娘头部或下身腿部绕三圈，以示祝福，然后脱下短裙穿上大裙子。②

---

　　① 参见龙门县地方志编纂委员会编《龙门县志 1979—2000》，广东人民出版社 2011 年版，第 701 页。
　　② 参见钟仕民、周文林《中国彝族服饰》，云南美术出版社 2012 年版，第 7 页。

图 4-7　凉山彝族女子换裙礼

婚礼是人生的大礼，新郎、新娘对服饰都有特别的讲究，尤其是新娘出嫁时一定是盛装。汉族传统婚服一直沿袭明清时期的习俗，红色为主色调。清末民初，新郎大多身穿一袭黑色的长袍马褂戴黑色礼帽，胸前系一朵大红花。新娘穿"红喜裙"礼服，头戴凤冠，足穿红色的小棉鞋或者绣花鞋。也有些汉族村落较富裕家庭新娘着红色旗袍的，上面镶上各种图案。民国初年，福建一些农村地区甚至还沿用明代的婚装，新娘头戴瓦楞帽或方巾，身披霞帔戴珠冠，男人头戴大礼帽，上缀红缎辫或红丝线。[1] 在众多少数民族传统村落中，仍然保留有各具特色的民族婚服。其婚服大多艳丽多姿，各有不同的特色。湖南和广西一带的侗族村落中，婚礼服饰以青色为主，上衣对襟，胸前开襟处有大面积刺绣花纹，衣袖宽大，下穿百褶中裙，上有绣花图案，脚裹绑腿，穿翘尖花鞋。出嫁当天，新娘头戴银花，颈套多重银项圈，手套银镯。藏族村落新娘服饰为内着大红细呢袍，外罩短阔袖

---

[1]　参见袁英杰《中国历代服饰史》，高等教育出版社 2006 年版，第 159 页。

夹襟开衩绣缘外套，称为"哈纱叠东"，再以四根彩色腰带系于腰，前后左右飘动。苗族村落的新娘大多身披银饰披肩，银饰挂满全身，并且头上也戴有银饰。以红缎作底，花带镶边。彩衣以蓝、黑、红为

图4-8　侗族女子婚服

主，再以其特有的民族图案进行装饰。四川美姑彝族村落的新娘装为绣花长袍、半袖、百褶裙。上衣一般为右衽中长袍，黑色的上衣沿门襟、袖臂、开衩的侧缝和底摆装饰有红色和橙色的旋涡纹、火廉纹等彝族传统纹样。[①] 塔吉克族村落中，原住民结婚时，服装以红为主。新娘头戴绣花小帽，帽前檐垂挂银链；身穿红色裙，外套大红袷袢；

---

① 参见苏小燕《凉山彝族服饰文化与工艺》，中国纺织出版社2008年版，第130页。

四根发辫上系大红丝穗；脚穿绣衣长袜和红色短腰靴。新郎穿绣花衬衣和夹袷袢，腰系绣带；帽子外缠红、白两色的布；脚蹬红色长筒靴。新郎新娘都在左右手小指上戴着戒指，每个戒指上系红、白绸带四条。①

丧葬礼仪中的服饰分为两类，一类是死者所穿的寿衣；一类是生者所穿的丧服。

传统村落的丧葬习俗中，寿衣一般用绸子制作，"绸"与"稠"谐音，"绸子"意味着"稠子"，生者认为可以保佑将来子孙满堂。寿衣有很多忌讳，例如，人们不会用缎子做寿衣，因为"缎子"意味着会"断子"。家属怕因此而导致家族断子绝孙。近代以来，西方进口的布被民间称为"洋布"。因其物美价廉，村落原住民在日常生活中常用其做衣服，但是却从来不用它做寿衣。因为"洋"与"阳"同音，代表着阳间，给死者在阴间用不适合。也不能用动物皮毛做寿衣，如果死者穿了，来生就会转生为牲畜。另外，从样式上来看，寿衣的制作也有讲究。最重要的一条就是，袖子不能太短。此外，寿衣不能为双数，也不能只准备一件，或三件、五件、七件，但不能做九件，在有些地区的方言中，因为"九"同"狗"谐音，所以也忌讳穿九层。

丧服是生者为哀悼死者而穿的服装。通常由所穿丧服而知其与死者关系的亲疏远近。传统的丧服有五服制度，即斩衰、齐衰、大功、小功、缌麻。《大清律例》"丧服总图"中有如下规定："斩衰：用至粗麻布为之，不缝下边。齐衰：用稍粗麻布为之，缝下边。大功：用粗熟布为之。小功：用稍粗熟布为之。缌麻：用稍细麻布为之。"在

---

① 参见唐祈、彭维金《塔吉克婚服》，江西教育出版社1988年版，第497页。

各地村落中，孝服都以白色为主，传统的孝服多为披麻戴孝：头上披长长的白布，直垂后背，身上系麻绳。台湾地区的金门一带，村落原住民丧礼服饰习俗一直延续着传统方式。在亲人过世时，子媳及未出阁之女穿着黑阔大裾的对襟丧服，头绑白布。孙子辈及出阁女儿则身穿青色布衫，脚上穿着黑布鞋；入殓出殡时，子、媳皆披重孝，子穿麻衣，足穿草鞋，头缠"齐衰冠"；媳着布鞋，身穿黑阔大裾，麻衣之外再套上"黑布裙"，头戴"麻头敢"（麻簪）；女婿在参与丧礼时，需身着白长袍，头戴白布折成的"子婿帽"；孙辈亲人，身着"苧仔衫""苧紫巾帽"；"外家"多着青、白衫，头披白布巾帽参加丧礼活动；往生之人，若子孙满堂过五代，则在丧礼进行中，就有穿戴粉红、红、黄等服饰的多代亲人。[1] 山东临朐的孝服比较讲究，儿子身穿白马袍，外套麻布坎肩，下穿白布撒边裤，头扎白孝条，并戴一顶用麻布做的牛笼头形的"高冠"，腰扎麻绳，足跋白鞋，手执哀杖（俗称"哭丧棒"），意思是悲痛无以自持，须靠哀杖支持，这与"五服制"相符。女儿和儿媳妇的孝服要比儿子稍逊一筹，穿白对襟褂，无麻布坎肩，其余与儿子服制相同。[2]

4.2.3 居住习俗

传统村落居住习俗是指原住民的日常居住方式，房屋建造过程中的一系列风俗习惯，具体体现在房屋选址、房屋建造、房屋装饰与乔迁新居方面。

原住民在修建民居前，通常都会根据中国传统风水学说，对村落

---

[1] 参见陈炳容《金门民俗文物》，金门县政府，1998年，第37页。
[2] 参见吴聪《近代齐鲁民间丧葬服饰习俗文化解读》，《社会科学家》2011年第11期，第142—144页。

空间特性以及周边环境进行全面分析，才能选择出宜人居住的吉祥之地。自先秦至明清，风水学说在乡村聚集、建筑选址、布局和建造中发挥了重要的作用。宋末元初的郑所南说："风水最看重风、水、山、地等自然条件的有情与无情，强调含蓄、内敛。"《郑所南先生文集》中强调人与风、水、山、地等自然条件的和谐共处。明人王君荣《阳宅十书》则记载："人之居处，宜以大地山河为主，其来脉气势最大，关系人祸福最为切要。若大形不善，纵内形得法，终不全吉。"原住民在房屋建造之前主要勘察地形地貌和选定地基。勘察地形地貌通常首先从地形勘审远近、广狭、险易、死生，多以四面环山、平坦开阔、水源丰富、土地肥沃、便于生产为宜，提倡避风、环水、聚气。避风，就是选择靠山，以山作为屏障，避开西北风的冲击；环水，就是重视居所前有水流；聚气，就是要有山水环绕，负阴又抱阳，凝聚自然之气。其次从地貌观测尊卑贵贱、升降枯荣，并求姓氏与山水象形相符，以有助于家族人丁及六畜兴旺。一般认为，山有水则灵，地当阳则旺。

村落整体环境选好后，地基的选择也是关键。从风水学上讲，宅基的选择尤为重要，能决定住者的祸福吉凶。因此，原住民按习俗都要请阳宅先生看"内五行"和"外五行"，"内五行"指整个院落的建筑布局，"外五行"指宅基地的位置风水。总之，原住民在进行基址的选择时主要考虑地基宽平、背山依水、交通方便、有地可耕。这样的环境条件有利于实现原住民人丁兴旺、家庭和谐、五谷丰登的美好愿望。

传统村落中，民居的修建分为平地、夯基、建造、上梁等环节，不同环节均有不同习俗，体现原住民的深层文化心理。

原住民修建民居第一步为平地。他们在动土时要请风水先生进行指导，忌触犯太岁，勿在"太岁头上动土"。通常动土前要敬土地公，直至宅院落成。清代的《钦定协记辨方书》有载："兴造动土，忌月建、土府、月破、平日、收日、闭日、劫煞、灾煞、月煞、月刑、月厌、大时、天吏、四废、五墓、土符、地囊、土王用事后。"宅基平整中，用夯筑土。在夯实基地的同时，原住民也将对后代的期盼筑进了家屋的基础之中。

图4-9 干栏式房屋营造：构架

地基夯好后，则要进行房屋的建造。就干栏式木房建造来说，先将天然实木构件，梁与柱、梁与梁、构件之间进行垂直、水平榫卯构造连接，全部结构连接好后，请村里的男劳力将一排排梁架结构立起来，并连接起来，形成一个整体而又稳定木构梁架。之后便是选一良辰吉日上梁，因为上梁是房屋建造中的重要工序。上梁前主家先要杀一只公鸡，主要是祭祀木匠鼻祖鲁班。木匠师傅将鸡血洒在贴有红布或红绸的正梁上，称为祭梁。祭梁结束后，便由匠人把正梁抬上屋顶，或用绳将正梁拉上去。在抬梁或拉梁往上时，鞭炮齐鸣，上梁师傅高唱上梁歌，每上一步都要赞梁。由掌墨师扶梯举梁，一步一赞，直至抬到梯顶，将正梁合进早已凿好的榫口中。在上梁的过程中，正梁要平平稳稳往上抬，切忌讳高低倾斜。将正梁放平稳后，主人要将亲朋好友送来的"五谷彩袋"搬到屋顶，放在梁的正中，寓意五谷丰登，并将红布披在梁上，有的地方在红布的底端缝上一双布鞋垫，寓意给新房主人铺垫家底。有的地方在正梁中间挂上装有红枣、花生、米、麦、万年青等的红布袋，寓意"福、禄、寿、喜，万古长青"。在整个上梁仪式中最热闹而又最高潮的时刻是"抛梁"。即由掌墨师把亲朋送的糖果、花生、馒头、铜钱、糯米糍粑等从梁上抛向四周。底下前来看热闹的男女老幼过来争抢，人越多东家越高兴。这一仪式称为"抛梁"，意为"财源滚滚来"。在"抛梁"时，匠人还要说吉利话，他们常说："抛梁抛到东，东方日出满堂红；抛梁抛到西，麒麟送子挂双喜；抛梁抛到南，子孙代代做状元；抛梁抛到北，囤囤白米年年满。"抛梁结束后，众人退出新屋，让太阳晒一下屋梁，这叫做"晒梁"。最后，主人设宴款待匠人、帮工和亲朋好友，并分发红包，此刻整个上梁仪式才算结束。[①]

民居外在墙体修建完整后，原住民会添加一些装饰，愉悦身心，同时求取吉祥、消灾弭患，而这种行为本身也形成了一系列的相应民间习俗。

在建筑外部，原住民会将墙体或屋脊修建成吉祥符号，如江浙一带的传统村落，原住民会根据不同的需求用小青瓦砌成不同的屋脊形式，如有砌成"品"字形的屋脊叫"姜太公"，喻"姜太公在此，百无禁忌"之意，以保一宅之平安。也有原住民将墙头修成马头墙的，

---

① 参见赵玉燕、吴曙光《湖湘文库——湖南民俗文化》，湖南师范大学出版社2010年版，第106—107页。

一方面作防火之用，另一方面隐喻整个宗族生气勃勃，兴旺发达。

在建筑内部，原住民通过在门、窗、梁、柱等载体上雕刻吉祥图案，来表达寓意双关的含义，其主题多为福禄寿喜、动物花草、历史故事及民间传说等，其造型拙朴，形象生动，寓意深刻，是传统村落民俗的重要体现。例如，湘南汝城民居装饰题材广泛，其中的吉祥图案寓意丰富。如"吉庆有余""五谷丰登""平安如意""松鹤延年""喜上眉梢""龙凤呈祥""鱼跃龙门"以及"福""禄""寿""喜"等。如在一些窗格的木雕图案上，经常会看到倒立的蝙蝠，谐音"福到了"。[①] 五彩纷呈的民居吉祥图案是中国传统村落文化的重要表现形式，同时也是民俗心理的一种视觉体现。

植物景观也是构成传统村落装饰的重要组成部分，在对植物进行选择的过程中也有许多特定的习俗。村落原住民喜欢在自家门前栽种一些具有典型象征意义的树木，以保证家宅的风水之旺。树木茂盛，则宅气兴旺。反之，则宅气衰败，家庭的运气和人的所作所为，皆受宅旁树木的影响。如门前栽竹子，可以提高人的判断力，旺文采。屋后栽竹子，可以旺文采、增官运，还能旺财气。因此，无论房前还是屋后，一些村寨都会选择栽种些竹子。在一些少数民族村落中，栽种什么样的树木，还与本民族特有的精神信仰有关。例如，苗族村落的原住民喜欢在村寨附近种植枫树，将它称为"妈妈树"。他们有"枫树生人"的神话传说，也有人认为枫树是苗族祖先蚩尤的化身；由于枫树高大挺拔，苗族洪水神话中流传着枫树作梯可升天的说法，寄言寨上可多出能人；另外，苗家人还认为枫树有辟邪功能，一旦村寨周围有了枫树林，一切鬼怪就不敢进入了。每年除夕过年，苗族要采摘

---

① 参见唐晔、田银生《湘南民居装饰艺术初探——以汝城为例》，《南方建筑》2008年第 2 期，第 54—57 页。

一些枫木子球当作驱邪物加雄黄、苍术于堂屋下与纸烧焚，敬奉天地祖宗，以求新年吉利。①

民居除部分固定硬装饰之外，原住民还有贴对联和贴喜报的习俗，多是在红纸上写黑色或金色的文字。对联内容多为富有诗意的吉祥联语，原住民借其描绘美好生活，抒发心中愿望。喜帖多为红白喜事，类似于告示。对民居也起到了一定的装饰作用。

正式乔迁新居之前，各地村落中也有不同的习俗。以客家传统村落原住民之新居乔迁仪式最为丰富，客家人的乔迁俗称为"过火"。这是因为客家人饱经沧桑，历经颠沛流离，对家的安稳有一份特别的渴求。他们对新屋的风水也特别讲究，其乔迁的程序有十二式。乔迁第一式是"接火神"，即将原来老屋烧的木炭搬到新宅里，寓意灶君搬家，薪火相传。乔迁第二式为"五谷丰登"，将五种粮食及银圆、纸币装盘放入神案或客厅主台，以示"五谷丰登、富裕殷实"。乔迁第三式为"步步登高"，以红纸缠绕楼梯，寓意"步步登高"。乔迁第四式是"贴对联"，是将对联贴于新宅大门两边。对联内容都是常见的吉祥语，如"地久天长门有喜，年丰人寿福无边"。乔迁第五式是"鞭炮迎吉时"。乔迁第六式是"准备迎宾"。乔迁第七式是"迎贵宾"。乔迁第八式为"准备午宴"。乔迁第九式为"大堂乔迁仪式"，由村中长者主持，在厅堂祭拜祖先，杀鸡驱邪，高唱赞歌。乔迁第十式为"吃酒席"。乔迁第十一式为"送宾客"。乔迁第十二式为"祭新灶"。经过十二道程序，一场完整的乔迁活动才算真正结束。可以说一场乔迁喜宴，其热闹程度绝不亚于婚庆喜宴。

我国各地传统村落居住习俗蕴藏特定的文化内涵，构成了民间居

---

① 参见赵玉燕、吴晓光《湖南民俗文化》，湖南师范大学出版社2010年版，第114页。

住文化的基调,寄托着原住民真实的情感和美好的愿望。

4.2.4 行旅习俗

行旅习俗是传统村落原住民在日常的行旅往来中,因长时间使用一些代步工具以及行走区域,日久形成的一些习俗惯例。主要包括辅助行旅的物质设施、乘运工具以及在行旅过程中产生的习惯与禁忌。

传统村落大多是处于多山多水、地表崎岖、起伏悬殊之地,村落原住民的行旅活动的实现有赖于一定的公共物质设施,主要为路、桥、渡口亭、驿站馆舍等。

水陆交通道路是行旅的基础设施。路从存在之日起就对原住民的生产生活产生了深远的影响,为原住民生产生活提供了通道。原住民在使用道路及其设施的过程中逐渐形成了丰富多彩的水陆行旅习俗。

传统村落原住民外出做工或经商都有一些固定的路线,这些路线一部分是官道,同时也是重要的商道。经过多年的建设,道路十分讲究,大多铺以石板,路面相对平坦。官道上,沿途设有驿站,一般相距五六十里。较特殊的地方还设有栈道(主要分布于川陕之间)。除了官道外,还有许多民间便道(多是村落原住民自建),除常走的便道铺以石板外,其余大多是土路。在山区的传统村落便道上,还常能看到百姓捐建的凉亭,为行路之人提供休憩与茶饮之便。湖北英山南河、东河、西河三条古道上,建有十几座茶凉亭,这些茶凉亭多建在半山腰上,由专人负责供茶,茶资由庄田支付。茶亭上贴有门联,如建于清嘉庆初年的五里牌茶凉亭上有一副门联颇有趣味:"来不迎,去不送,坐片刻不分你我;烟自奉,茶自酌,歇一会各自东西。"[1] 一

---

[1] 萧放等:《中国民俗史·明清卷》,人民出版社2008年版,第170页。

些传统村落还修建了适合山地地形起伏变化的道路，称为盘山道和石阶路。盘山道的形式既有石阶式，也有平面式。山道崎岖，有的只能通行人或牲畜。

桥也是传统村落交通的重要组成部分，给原住民的出行和休息带来了极大的方便。村落大多傍水而建，因此在生产生活中就离不开桥的辅助。村落中的桥有石桥、木桥、索桥等，可以做成石拱桥、廊桥。受地域环境影响，南方多水乡，桥梁明显多于北方。村落中的无名小桥可谓数以万计，其中石桥居多，且使用率更高。其形式主要有蹬步、梁桥和拱桥。蹬步多设在水浅的河溪涧上，将石块按一定的规律安放稳固，连接河两岸。梁桥和拱桥大多为石桥。廊桥（侗族也叫风雨桥）因其独特的形制与功能更受人关注和喜爱。廊桥内设有美人靠、石桌、石凳等专供过往行人休憩，有些廊桥还有茶水供应。廊桥中间一般供有神位，以供奉某位神、名人或创建者。风雨桥是侗族村落独有的桥，流行于湖南、贵州、广西等地的侗族村落中。主要给过往行人躲避风雨，观景休息，故名。

渡口是原住民越江渡河的交通点。村落渡口大多建有凉亭，大多是村落原住民一起集资兴建的。既可以候船，也可以作为原住民平时的休憩场所。

传统村落的乘运工具主要有车、轿、船等。

车是村落原住民陆路运输的工具。受经济条件所限，主要是一至两轮的人力车和三至四轮的畜力车。独轮车又称小车、羊角车，各地叫法不一，由于载重量有限，一般用于短途运输，且南北方都有；两轮车主要用于拉人和运输木材。畜力车主要是依靠牛、马、驴、骡等动物来牵引，东北的部分村落也有用狗拉雪橇的。不过，马车相对来说较为华贵，不是普通村落原住民所能使用得起的。村落中常见的畜

图 4-10 通道县坪坦乡侗族风雨桥

力车是驴车，车身一般为木头，只有两个轮子。主要用于拉货，亦可载人。《后汉书·张楷传》："家贫无以为业，常乘驴车至县卖药，足给食者，辄还乡里。"牛车、骡车等，也跟驴车结构类似。

轿是一种主要靠人力扛起的交通工具，用来供人乘坐。传统村落中，使用得较多的是花轿和竹轿。花轿俗称"新人轿"，是专门用来接新娘的交通工具。宋人孟元老《东京梦华录》卷五载："至迎娶日，儿家以车子或花檐子发迎客引至女家门，女家管待迎客，与之彩段，作乐催妆上车檐，从人未肯起，炒咬利市，谓之'起檐子'。"花轿亦称"四人轿"，前后各二人，轿夫要挑选身强力壮者为佳，单身汉和重婚者不用，以防不吉利。民间花轿大多是由四人合资装置，用于出租。由男方赠送红包以代租金，由女方赠送红包为工价。民国时期，一些村落的富裕人家还用花轿进行婚嫁迎娶。普通竹轿无轿厢，大多是一些村落贫寒人家用于接送老者、病人和郎中。

村落水路行旅方面的主要工具是舟船和筏。一些村落造船、行船都有一定的仪式。造船先要择良辰"起墨",木匠动工备"神福",请人进山采木。造船以椿树为上等材料,配以栎、楠、杉等坚硬耐腐之木材,备足石灰、桐油、铁钉等,选择良辰吉日开工。开工日,先摆上猪头等祭品敬天地神灵,再向大木师傅敬酒。新船梁头定位时要披红挂彩。请造船时,举行"起墨"仪式。以大红公鸡一只,取鸡项之毛沾鸡冠之血贴于墨线处。起墨后,木匠根据掌墨师傅所示,一起开斧动工。船体粗成,原住民搭台唱戏致贺。下水前还要进行下水仪式,由掌墨师傅敬"鲁班",于船头悬挂五色丝,罩红纸伞,点茶油灯,放爆竹,燃香纸绕船三匝,掌墨师傅口念吉言。正式下水前一天,于船头和东南西北五个方向,燃烛照明,船体通亮。并祭鲁班、祭桅杆、祭舵。祭完后,由几十名身强体壮的青壮年将船体徐徐推入水中,船主则站船头向众人抛洒糖果、糍粑等物。①

图 4-11 村落原住民乘船出行

---

① 参见赵玉燕、吴晓光《湖南民俗文化》,湖南师范大学出版社 2010 年版,第 116—118 页。

第4章 传统村落的生活习俗

传统村落原住民在长期的行旅过程中,形成了一些特定的习俗,主要是指他们出行时的处事习惯及禁忌。

原住民通常选择吉日出行,以避凶煞。清代的《钦定协纪辨方书》记载,原住民出门前要查看黄历,看是否符合天德、月德、日德、时德、开日等适宜出行的日子,忌月破、平日、收日、闭日、劫煞、灾煞、月煞、月刑、月厌、四废、五墓等日出行。很多村落还特别注意避开在逢"七"的日子启程,或者是逢"八"的日子回家,即俗谓"七不出门,八不归家"。还有一些村落则有更加特殊的说法,如"要外走,三六九",指的是逢"三、六、九"这几天出门比较好;"要回家,二五八",则是说逢"二、五、八"这几天回家比较好。

在很多村落中,原住民在出行的路上很忌讳遇到殡葬活动。如果实在碰上,一般会将衣帽脱下拍打,谓之"散晦气"。不得踩殡葬时的纸钱,避免将晦气带回家。在山路上行走时,若有陌生人在身后叫自己的名字,切忌回头,这有可能是鬼魅在试探,若回头答应了,会被恶鬼缠身。路遇过道之蛇,要避开它而不能伤害,俗信认为蛇是土神。路遇布袋之类的东西不要随便打开,以免招惹是非。

此外,在原住民出行前,还有一些告诫或一些忌语,它是村落先民长期以来行旅安全实践的经验总结。如"在家不敬月,出门招风雪"。告诫原住民在出行前要做好准备工作,要礼敬日神、月神、天神、路神等,以求得神灵保佑,否则出门必然招致灾祸;"爱走夜路,总要撞鬼。"告诫出门者应尽量在白天赶路,这样才安全。"一人不上路",表示出门办事,一定要有人结伴而行,相互照应;"出门不露白,露白会失财",告诫原住民行旅途中不要过于轻信别人,更不能露财,以免招来灾祸。[①]

[①] 参见王丽娜主编《中华民俗通鉴》第9卷,内蒙古人民出版社2006年版,第416—417页。

4.2.5 文娱习俗

传统村落文娱习俗是村落原住民以休闲娱乐、调剂身心为主要目的的民俗活动。它不同于生产活动，也不同于日常生活，但它的存在对于传统村落的生产生活都有促进作用。它是原住民在其基本物质条件得到满足的基础上，为愉悦身心而进行的文化创造，主要偏重于精神方面的追求。它包括村落舞蹈、戏剧、歌曲以及其他形式。它是村落原住民生活中不可缺少的重要内容之一。

传统村落舞蹈集娱乐性和表演性为一体，一般是在节日庆典、祭祀仪式上或宗教法事中表演。节目以春节最为丰富多彩，多为正月初一至初五舞龙舞狮"送财神"，初五初十"打春"，初十至十五玩"狮子""龙灯""竹马"等，这些活动多为自发，自娱自乐。舞蹈时音乐伴奏，鞭炮齐鸣，场面热烈，同时还以"包封"礼品相赠。祭祀仪式上或宗教法事中表演的有道士做的"道场"，他们手拿各种道具，口中念念有词，伴以各种动作。

图 4-12　河南杞县伊尹文化庙会

传统村落的舞蹈表演形式更是多种多样。有独舞，如新疆维吾尔村落的手鼓舞；有群舞，如广东肇庆、东莞等地村落的舞狮、舞龙、舞花灯，苗族村落的芦笙舞等。其表现的主题也各有特色，如广东潮汕村落的英歌舞、江苏太湖村落的马灯舞等，以表现古代英雄为主；傣族村落的孔雀舞、浙江青田村落百鸟灯舞、哈尼族村落的白鹇舞、藏族村落的野牛舞等，以模仿动物为主；黎族村落的打碗舞、捉鬼舞，江西村落的傩舞等，以驱除病疫为主要内容；壮族村落的扁担舞、黎族村落的舂米舞等，以表现农耕活动中的场面为主；布朗族村落的刀舞、畲族村落的猎捕舞等，以表现战斗场面为主。有的舞蹈只有男性参与，如陕西华县村落的求雨鼓、甘肃武山村落的旋鼓舞等；有的只能是女性参与，如江南水乡一带的村落中的提花篮、朝鲜族村落的长鼓舞等；而大多数村落歌舞是男女同时参加的，如黎族村落的平安舞、侗族村落的"多耶"等。歌舞道具也是多种多样，有的用花灯，有的用竹马，有的用板凳，有的用高跷，等等。①

图 4−13　甘肃武山旋鼓舞

---

①　参见陶思炎等《民俗艺术学》，南京出版传媒集团、南京出版社2013年版，第96页。

傩舞是广泛流传于南北村落的一种具有驱鬼逐疫及祭祀功能的民间舞,是傩仪中的舞蹈部分,也叫"跳傩""鬼舞""玩喜",一般在大年初一到正月十六日期间表演。现存傩舞主要分布在江西、安徽、贵州、广西等地。其形式分为单人舞和多人舞两种。单人舞一般由一人表演,结构完整,塑造人物并抒发人物内心感情。多人舞,大多由两人以上表演,结构完整,有独立主题、内容和一定的情节。表演时都要戴面具,身穿彩衣,手持道具,合着音乐,应着节拍,霍然起舞。演出时"手脚弯钩身段圆"是傩舞基本动作的规律。演出者戴不同的面具,依照规律,配以不同声音节奏,可刻画出不同性格的人物。[1] 流传于湘西的泸溪县、永顺县、保靖县、古丈县一带的土家村落中的"毛古斯舞"是一种表演土家族先民渔猎、农耕等生产内容的舞蹈,既有舞蹈的特征,又有戏剧的性质。它展演于土家族祭祀仪式中,主要表演者对话时要求变腔变调,使观者辨认不出表演者的真实身份。其表演形态中保有自然崇拜、图腾崇拜、祖神崇拜等远古信仰符号。[2] 此外,瑶族村落的"长鼓舞"、侗族和苗族村落的"芦笙舞"等都是非常具有民族特色的歌舞形式。这些舞蹈动作大都是模拟生产、生活、打仗的动作,渗透了村落原住民强烈的思想感情。

村落小戏是村落原住民另一种娱乐形式。其曲调多来自当地的民歌,动作来自当地的舞蹈,情节来自当地的说唱内容。宗教祭祀活动也对小戏的形成产生过重要影响,如灯戏、木偶戏、皮影戏、面具戏等。村落中每次举行大型的节庆活动,都会有戏曲演出。村落戏曲演出更多的是灯戏和傩戏。

---

[1] 转引自廖夏林、王春阳《傩舞的原生态艺术特色——以江西南丰为例》,《江西社会科学》2007年第12期。

[2] 参见赵玉燕、吴晓光《湖南民俗文化》,湖南师范大学出版社2010年版,第349页。

灯戏又叫茶灯，是川北地区一种重要的传统民间艺术形式。演出形式生动活泼，内容多歌颂正义，鞭挞丑恶，语言通俗易懂，诙谐风趣，寓教化于嬉乐之中。其剧目一般以喜剧、闹剧为主，正剧、悲剧题材也多用喜剧表现。湖北恩施地区广大村落中的灯戏是在民间花灯歌舞的基础上发展起来的，灯戏因演出意义不同而名称各异，如新春元宵称为"贺新灯"，清明祭祀称为"清明灯"，寿诞时称为"寿灯"，男女婚嫁时称为"喜灯"，等等。[①]

傩戏又称傩堂戏，是广泛流行于安徽、江西、湖北、湖南、四川、贵州等地广大村落中的一种戏曲形式。它用于民间祭祀仪式时，在民间戏曲的基础上形成的，多数戴面具表演，其角色行当也分生、旦、净、丑，被人们称为"中国戏剧的活化石"。傩戏剧本唱多白少，通过大段叙事来交代故事情节，并以矛盾冲突将剧情推向高潮。大多用本地方言演唱，唱腔为本地群众熟悉的戏曲腔调。多数傩戏只使用简单的锣、鼓、钹等打击乐器，少数地方则加入唢呐来伴奏。

傩戏由于地域不同而呈现出一些差异，融入了地方性特征。侗族村落中，每逢祭祀、春节的重要场合，当地原住民都要跳傩戏，表达祈福禳灾的意愿，同时也自娱自乐。由于侗族村落傩戏很少受外界影响，至今还保留其古朴、原始的风格。湖南新晃侗族村落的傩戏最引人注目的当属"咚咚推"。"咚咚推"的音乐多由当地山歌、民歌发展而成，常用的曲调有"溜溜腔""石垠腔""吟诵腔""垒歌"等。河北武安村落流行的傩戏，集队戏、赛戏和多种民间艺术形式于一体。演出内容既包含了伦理教化，也集中体现了村落原住民祈盼风调雨顺、五谷丰登和社会安宁的美好愿望。武安市的固义村，至今还举

---

① 参见冯骥才主编《中国非物质文化遗产百科全书——代表性项目卷》（上），中国文联出版社2015年版，第335页。

行一种古老的傩戏:"捉黄鬼。""捉黄鬼"也叫"大抽肠"。黄鬼是虐待父母、忤逆不孝者的总代表,通过对他的捉拿和处置,教育人们孝敬父母长辈,保护家庭和睦幸福和世面安定。① 其内容丰富,气势恢宏,演出同时还赛戏,以及花车、旱船、龙灯、狮子舞、秧歌等艺术形式,直接参加演出连同辅助人员达千人之众。安徽池州傩戏,以祭祖、驱邪纳福和娱神娱祖娱人为目的,于每年的农历正月初七(人日)至十五日例行"春祭"和农历八月十五进行"秋祭",平时不演出。至今仍保留着原生性的内容和形式、神秘的宗教意识。

图 4-14 河北武安固义傩戏"捉黄鬼"

传统村落音乐,包括有歌词演唱的"歌"与用乐器演奏的"曲"两个部分。在不同的环境和生产方式影响下,传统村落音乐在传播的过程中形成了一系列的体裁形式。其中主要有三大类:"号子""山

---

① 参见邯郸市文化志编委会《邯郸市文化志》,黄山书社1994年版,第176页。

歌""田歌"。

号子是一种在劳动时歌唱的民间歌曲,是集体劳动时的歌声。传统村落主要是在进行农事活动、打鱼、拉纤、砍树、放排、榨油时喊号。旧时,传统村落大多劳动条件简陋,一些大型的、繁重的工作需要集体协作才能完成,为了达到步调一致、力量均衡,需要口号一致、动作协调,才能达到最佳效果。为此,劳动者发出的吆喝或呼号声音逐渐演化成为歌曲形式。有抗抬、推车时的搬运号子,打夯、采石时的工种号子,打麦、舂米时的农事号子,打鱼、摇橹时的渔船号子等形式。《淮南子·道应训》有一段记载,类似于这种号子:"今夫举大木者,前呼'邪许',后亦应之,此举重劝力之歌也。"号子的唱词内容有历史传说、人物故事,有时也会即兴编入生活场景,唱时加入大量虚词,使曲调更具节奏感。一般是由一人领唱,众人和唱。领唱者曲调高亢舒展,和者曲调沉稳有力、节奏感强,只有一些"嘿""哟""嗬"等虚词。

图 4-15 船工喊号(卢军摄)

山歌即在山野所唱之歌。山歌多数是在砍柴、放牧、赶路等生产劳动和行走中吟唱，或者隔空对唱。由于不受特定的节奏制约，山歌表现出悠长、自由、奔放的特征。歌者随兴而歌，表现出极大的随意性。其体裁依劳动场合不同，可分为农歌、牧歌、渔歌、樵歌、茶歌、赶脚歌等；唱法可分高腔、平腔、矮腔等。山歌体裁最突出的特征就是它的地域性，每个地区的传统村落都有其代表性的山歌。如陕北的信天游《蓝花花》、晋西北的"山曲"《三十里名山二十里水》、内蒙古"爬山调"《阳婆里把柴嘹哥哥》等；南方的江浙山歌《对鸟》、闽粤赣客家山歌《兴国山歌》、西南山歌《槐花几时开》等。

田秧山歌也称插田歌、薅秧歌，主要于田间劳作时吟唱。就整体特征而言，它介于号子与山歌之间。在歌唱形式上，它运用"领合"手段，吟唱形式自由，不受田间劳作的制约。吟唱田歌主要是为了鼓舞情绪，提高工作效率，歌者不参加劳动，常常站在地头田边，一面敲锣打鼓，一边分节唱歌，成为一种半职业性歌手。也有自娱自唱的，为的就是一种情绪的宣泄。哼唱时间可长达一至两个小时，歌唱内容也由于结构体式而变得十分广泛，内容也多样化，传说、历史故事、人物传记均可入歌。

田歌也是在田间劳作时吟唱的，对在劳作时产生的疲劳、情绪低落情况有很好的调节作用。村落原住民往往在以自娱自唱的打趣逗乐的欢声笑语中忘却了疲劳。而大量的劳动歌谣都是青年男女所唱，加入了大量的爱情方面的内容，如清代道光年间的《武宁县志》收录的一首《打鼓歌》："想娇想得好心焦，砍起柴来掉了刀。吃起饭来跌掉碗，走起路来先跌跤。不成相思也成痨。对面来个嫩娇莲，走起路来软绵绵。前天想我饭不进，昨日想我水不沾。今日走路要人牵。"将那种相思之苦表达得淋漓尽致。

传统村落的娱乐内容丰富多彩,既有技艺精巧的各类成人竞技或者集体性休闲活动,也有简单易行的、随意性强的儿童娱乐形式。通过这些活动,使原住民在繁重的劳作之余能得到充分的放松,并且有益于个人的体能、心灵和智力的提高。

传统村落室外成人休闲娱乐首推社火游戏。社火主要分布于陕西、山西、河北、河南、辽宁等地的村落。它分为两类,一是地面社火,多是在晚上进行。内容有汗船、竹马等,并伴随舞龙、高跷、舞狮等表演。二是高台社火,多在白天进行表演。这是游行时表演的一种形式,表演者根据历史故事,编成一组一组造型,由人拉着或车拉着行进。每年春节,各地村落原住民自发组织各种社火活动。社火规模宏大,锣鼓喧天,人山人海,热闹非凡。社火所经之处,人们燃放爆竹并赠予糖果等礼物以迎接社火队伍。

图 4-16 辽宁西丰高跷秧歌

村落原住民室内静态娱乐游戏主要是以棋艺竞技与博戏为主。棋艺游戏包括了象棋、五子棋、成三棋等。这类游戏大多简单易学,有的两人即可对弈,无须更大的场地,非常方便。如成三棋,在湖南、湖北、四川、贵州等地的村落中极为流行。成三棋的棋盘都是临时随手所画,地面、石板或纸上皆可。二人分别手持9颗棋子。棋子材质不限,小树枝、纸团、石子或者土坷垃都行,只要双方能相互辨认即可。下的时候,只要一方三子连成一条直线,就可任意去抽对方棋盘上的一颗棋子,直到对方无法将三子连成一条直线即算赢。也有的还在摆棋子的时候就被对方堵住不能成三而输的。在一些少数民族村落,各种奇怪的棋艺竞技游戏更是五花八门多种多样,如湖南和湖北的土家族村落中,就有咔裆棋、围栏棋、和尚棋、猪母娘棋、转角棋、五子飞等。这些朴实无华的棋类游戏,都是村落原住民在长期的生产劳动和生活实践中,为了调节生活而逐渐创造和发明的,体现了他们的智慧。

流行于村落中的博戏,包括骨牌、扑克、字牌等。骨牌又称宣和牌,相传为宋徽宗宣和二年创制,明以前为牙制,称为牙牌。明代开始用骨制,所以称为"骨牌",也叫"推牌九",清代继续流行。主要是用骰子掷出点数,然后按顺序发牌,以参与者的牌的点数来与庄家比大小,大于庄家的算赢。字牌也是村落原住民闲时很喜欢玩的娱乐游戏。字牌是一种长条形纸牌类游戏,在广西、湖南、四川等地的村落中很受欢迎。"湖南字牌"亦称"扯二七十""棍棍""大贰",一些地方也叫"跑胡子",它的玩法与麻将类似,且变化多端,复杂性远甚麻将。

传统村落中,与儿童休闲娱乐相关的游戏也有不少。它适应儿童身心特性,趣味性较强。儿童娱乐游戏所需道具制作简单,方便易学，而且不计场地，田间地头、庭院街巷可随时随地进行。主要有抓子儿、抽陀螺、放风筝、打弹子、跳绳、捉迷藏、堆雪人、折纸、七巧板、老鹰抓小鸡等形式类型。

抓子儿是村落儿童常玩的游戏。闲暇时，他们捡来3—8粒手指头大小的石子，抓住一粒向上抛，落下之前抓住地上的任一粒，再向上抛一粒，再抓一粒地上其他子儿。不同的玩法有不同的游戏规则，但最终都是把地上的石子抓完。除了锻炼手法之灵活外，还伴以歌唱，饶有趣味。

抽陀螺也是村落儿童常玩的游戏。陀螺一般是木制的，取3—8厘米粗的树枝，裁成6—10厘米长的一段，将其中一头削成尖状，置地绕以鞭绳，用力一抽，陀螺就转个不停。抽陀螺的游戏一直保留到现代，仍然是村落中儿童最为喜爱的游戏之一。

4.3 传统村落的人生礼仪习俗

人的一生从出生到成年到结婚再到死亡，是人必须要经历的一个漫长过程。在传统观念里，人的出生、成年、婚姻、丧葬被认为是人生中最重要的阶段，每个阶段都有一系列的礼仪习俗与之相伴，久之则形成人生礼仪。

在传统村落原住民心中，人生各阶段的仪式与物质的生产生活同等重要，因此在传统村落中，每一个人生重大时刻都伴随着众多的仪式与规矩，这使得传统村落中与生育、成年、婚嫁、丧葬等有关的礼仪十分丰富，并且由于地域与民族的不同，在实践时往往与各自独特的信仰发生关联,形成复杂多样的礼仪形式与多彩文化。

4.3.1 求子与生养习俗

在传统农业社会里,新成员的出生与成长是整个族群的大事,新成员的出生,意味着家族成员的增加,族群力量的壮大。俗语说"不孝有三,无后为大",就是强调了重视生养的观念,千百年来这些观念已内化为民众的普遍心理,有了子嗣才能给整个族群带来生气,子嗣也成为维系族群和谐的纽带。

围绕着子嗣的生养,因环节的不同而产生了不同的礼仪与习俗。主要有出生前的求子礼,出生后的生子礼、"名子"礼、三朝礼、满月礼、百日礼、周岁礼、成年礼等礼仪习俗。

求子习俗,指的是夫妻为了达到怀孕的目的而向神灵祈祷,进行巫术仪式活动的民俗。"不孝有三,无后为大"的思想在传统村落里根深蒂固,无后会使整个家庭在村里抬不起头。在大多数传统村落原住民中,为了达到生子的目的,形成了向神灵祈子、由旁人送子、性生殖崇拜与性行为模拟巫术、借物求子等习俗。

向神灵祈子是各地传统村落流传最广的一种求子方式。原住民普遍相信天地间有主管生育的神灵,并为之立庙建祠,如华北各地村落供奉碧霞元君,华中各地村落供奉送子观音,华南各地村落则供奉临水夫人或金花娘娘,福建、广东沿海信奉全能的妈祖,等等。有求子需要则去相应的庙宇跪拜祷告,甚至请当地法师作求子科仪,希望通过法师的上表踏罡来祈求神灵赐子。例如,福建沿海及广东潮汕地区的很多村落原住民认为,农历三月二十三日为妈祖生日,不少村落的原住民在这一天都要到供奉妈祖的天后宫祭拜,然后抬妈祖出游。那些不孕妇女或者给妈祖抬轿,或者在路口祭拜,希望能得到妈祖赐子。

图 4-17　放焰口法会求子

也有一些地区的村落中，是由亲人或特殊人物向盼望得子的妇女本人做出象征性的"送子"举动。例如，送去某种食物，希望妇女吃了可以很快受孕；或送去带有多子多孙意义的吉祥物，常见的有"孩儿灯""送子图"；或者是用口袋装好的百谷、瓜果等。例如，在贵州布依族村落中，流传着"送瓜崽"的习俗。哪家媳妇婚后多年不生娃娃，就找一个成熟的南瓜（一般要选长形的"水桶瓜"），把瓜画成人的形状送去，送到后说些"给你家送崽来啦！"的四言八句。据说这样即可使多年不孕之妇生育。①

性生殖崇拜与性行为模拟巫术求子，就是指对某种生殖象征物加以膜拜或者进行交媾行为的模仿。例如投石求子习俗，即让求子的妇女往深山石洞中丢石子，村民认为这样就能使求子妇女受孕。在湖南，一些苗族村落原住民在举行祈子仪式时，有"扔蛋"一

---

① 参见黔南布依族自治州《概况》编写组编《黔南布依族简介（初稿）总第 3 集》，1982 年，第 62 页。

举,象征"卵子受孕"。主人准备好猪、鸡、鸡蛋、酒和柳条做祭品,祭师念经两日。祭师于不孕妇女后面念经、作法。事毕,取夫妻所穿之衣服或鞋帽捆于树上,并扔掉鸡蛋,认为这样能使妇女怀孕。

最后,还有一类借物求子的习俗,即借助某种物品以求得怀孕生子。求子方法就是吃某种带寓意的食物。如不孕妇女向新婚主人讨要子孙桶里的喜蛋来吃,据说很快就会有喜。江南一些村落还有吃瓜子的习惯。因为吃瓜子寓意"瓜熟蒂落""种瓜得瓜"等。安徽歙县、江西吉安等地村落还有特殊的习惯,僧人在作完法事后,将施食时所陈列的包子、水果等食物向法台抛掷,如果已婚妇女抢到包子,人们则认为她将在来年得子。

十月怀胎,一朝分娩。伴随着婴孩的出生与成长,在不同的阶段有不同的礼仪,也形成了众多的习俗。

首先是生子礼。家中有孕妇分娩时,需点灯、烧水、烧香,由经验丰富而又年长的接生婆先给产妇喝下一碗催产药。婴儿出生后,她们用碎碗片或剪刀将脐带剪断,将婴儿清洗干净,再包上布,放到母亲身边。胎盘不能随便乱丢,由接生婆妥善处理,否则会对婴儿不利。产妇分娩后,家人要煮鸡蛋、炖鸡汤、炖猪脚汤给她吃,忌吃青菜、酸菜。并且要静养一个月而不能干活,称为"坐月子"。从婴儿诞生到亲友来庆贺,都有不同的习俗。

一旦顺利产子,首先要向孩子的外婆家报喜。娘家人一般都要派人来探视,大都是由母亲亲自探视,并给女儿带来鸡蛋、挂面、红糖、奶粉、小米、红枣之类的滋补食物。包括孕妇的姐妹、兄弟,也要携带补养品前去探望。河南开封一带村落,家中生了儿子,必用鸡蛋馈赠亲戚朋友,在蛋上画一个龟或便壶,"以示添丁"。亲友上门恭贺，一定会用五色油涂抹新生儿父亲，并拉去游街，以示生儿的荣耀。湖南、广东一些村落生子庆贺，要以姜片送酒，名为"饮姜酒"。

新生婴儿超过三天，就表明新生命已经度过了出生后一个极为艰难的阶段；而且，经过三天的时间，新生儿已经逐渐适应了新的环境，所以必须庆贺。此时举行的庆贺活动称为三朝礼，又叫"打三朝"。也有的地方是在第九天的时候举行。三朝的主客是外婆家、舅家、姨家和接生婆，陪客是男方家直系亲属的长辈。参与打三朝的客人均为女客，男性一般不参加。客人会带来鸡（蛋）、甜酒等营养品和婴儿衣服鞋袜之类，为的是给母亲发奶补养身体和婴儿穿盖用。在三朝仪式开始前，先由接生婆用新盆装上三朝水给孩子洗澡。有些地方还要放上艾蒿和蒲草，这样可以消毒、治病和祛邪。洗的时候，人们要说些吉利话。比如洗到眼睛时，会说："眼睛长得亮，看了东方看西方，看了南方看北方，方方都明亮。"洗到耳朵时说："官大耳朵大，长大好听话，你八方听得见，做个乖娃娃。"等等。这些词有随口编的，也有约定俗成的。孩子穿上衣服后，先向室内四个门旮旯作揖，再依次给家长和长辈作揖。[①]

孩子出生后，大人要为其取名，称为"名子"。在传统村落，一般都是亲属给婴孩取名，主要包含以下几类。其一，祖父取名，或者请祖辈中其他德高望重的长辈给孙儿取名。其二，父亲取名，家中如果再无长辈，则父亲成为给婴孩取名的不二人选。其三，舅舅取名。母亲这边舅舅为大，给婴孩起名也是理所应当。

婴孩取名主要遵循以下命名方法。（1）节令法，以生时节令及花卉为名，如春花、秋雨、冬梅等；（2）祈福法，名字里面带有祝福、

---

① 参见周秋光、张少利等《湖南社会史1》，湖南人民出版社2013年版，第286页。

吉祥之意，如永福、常荣、桂祥等；（3）盼子盼财法，如招娣、来弟、来宝、来发等；（4）动物法，以动物名称命名，如阿牛、阿龙、小鱼、小凤等；（5）性变法，女当男养，叫亚男、家骏，男当女养，叫宝珠、新月等；（6）排行法，取婴孩出生后在众兄弟姊妹中的排序而命名，如大牛、大宝、大囡、二囡等。从给婴孩取名可以看出长辈对新生命的殷切期盼和美好祝愿。

婴儿满一个月要置办"满月酒"。女方父母、叔伯及兄嫂、家族舅姑等亲戚都来庆贺。外婆家要给小孩购置被子和全套衣服等，有的地方还会准备银质头饰、项圈、手环、脚环或"长命富贵"锁，亲友也要送米、糖、蛋或者小孩子要穿的衣物。孩子还没取名的，也会在此时给小孩取名，并为小孩剃胎毛。剃发时，要在小孩的后脑和头顶留一小撮头发以保护气门。孩子满月后才可以出家门，称为"出窠"，又叫移巢、满月游走等。外出第一天是去外婆家，向外婆讨要米、肉、钱等物，外婆会象征性地给米、肉和钱，并说些祝福的话。

幼儿满百日，要给他穿百家衣，称为"百日礼"。父母认为孩子健康成长需要托大家的福，因而要吃百家饭、穿百家衣。百家衣即是从各家取一块布，将布拼合起来做成服装，敛布的家数越多越好。另外，孩子百日要佩挂银制长命锁，只要戴上长命锁，就能"锁"住孩子的寿命。长命锁有的两面刻字，有的单面刻字，大多是"长命百岁""富贵安乐"之类，锁上图案主要为象征福寿的蝙蝠、寿字或桃等。长命锁有的戴到周岁，有的戴到十二岁。[1]

孩子满周岁时还要举行周岁礼。周岁礼中的一个重要仪式就是

---

[1] 参见李晋林编著《中华民俗万年历 最新速查版》，北京科学技术出版社2015年版，第162—163页。

"抓周",从"抓周"来预测孩子长大后的性情和前途。所试物品包括筷子、书本、算盘、乐器、食品、头盔、串铃、墨斗等。先将婴孩梳洗打扮一番,祭拜完祖先,将婴孩放于方桌或床上,其面前摆放上述物品,任婴孩选择。根据其首先所抓物品来预测孩子的兴趣爱好,将来可能从事的职业。如抓的是筷子,则代表此子将来会从事厨师、饭店类职业;抓到书和笔,则代表小孩子日后读书会很厉害;抓到算盘,则代表小孩子以后会从事商业活动;抓到乐器,则代表小孩子以后可能爱好文艺;等等。

图4-18 周岁小儿抓周

随着年龄的增长,到一定的年龄,要举行成年礼。成年礼古时称为"冠礼"与"笄礼"。《淮南子·齐俗训》载:"中国冠笄,越人劗发。"男子成年时行冠礼,女子行笄礼。汉族男子20岁行冠礼,女子15岁行笄礼。《礼记·冠义》说:"礼义之始,在于正容体,齐颜色,顺辞令。容体正、颜色齐、辞令顺而后礼义备,以正君臣,亲父子,和长幼。君臣正、父子亲、长幼和而后礼义立。"成年礼是青年男女成人的标志，意味着他们将由家庭中无责任的孩子转变成为必须承担一定家庭责任和社会责任的成年人。汉族的成年礼延续了几千年，在清代的时候遭到废止。

现在，成年礼在汉族村落中几乎绝迹，但是在各地少数民族村落中则仍旧保留，仪式相对丰富，各有各的特色。

在云南和四川的彝族村落，女性在15岁或者17岁的时候，要举行一种神秘的"换裙"仪式。换裙，意为脱去童年的裙子，换上成年的裙子，表示女子进入成年时期。换裙前，要请老人推算吉日良辰。举行换裙仪式时，男子不能在场，只许妇女跟换裙者逗乐取笑，表示祝愿。换裙者由妇女为其梳头，戴哈帕，换上家人事先准备好的百褶裙。仪式结束后，家人要设宴招待贺客，这时男子方可参加，大家席地而坐，开怀畅饮。[①] 云南的普米族、纳西族等村落，男女成年后要举行穿裤子、穿裙子礼。即举行男穿裤子、女穿裙子仪式，意味进入成年。届时，家庭主要成员围坐在火塘边，陈设祭品，男孩站在男柱旁，女孩站在女柱旁，手持银圆，双脚分别踩在猪膘和粮食口袋上，象征孩子以后能过富裕生活。然后，男孩由舅舅穿裤子，女孩由母亲穿裙子。穿着完毕，孩子祭拜锅庄，长辈馈赠礼物，表示祝贺。[②] 该习俗至今仍然流行。

在一些瑶族村落中，男孩在十五六岁的时候就算成年了，要举行"度戒"礼。在仪式中，他们要接受各种危险的考验，包括"上刀山""过火炼""睡阴床""跳云台"等近十种。现在，很多瑶族村落的度戒仪式也简化了，但是，"跳云台"的仪式一直保留着。

此外，还有很多民族村落中的成年礼也各不相同，云南西双版纳

---

① 参见张茂华、亓宏昌《中华传统文化粹典》，山东人民出版社1996年版，第237页。
② 同上。

布朗族村落中，行报告礼；大部分藏族村落中，女子行戴巴珠礼。我国台湾地区的高山族村落男子举行成年礼时，要接受斋戒、长老训示，并举行赛跑、歌舞、宴会等活动。

4.3.2 恋爱与婚姻习俗

恋爱与婚姻是人生的一个重要的问题。作为具有社会属性的人，一旦成年，就需要组成自己的家庭。两个人，从相识、相恋到最终走进婚姻的殿堂，都会有一系列的礼仪与风俗相伴随。例如，恋爱对象的选择与确定方式、婚礼的程序与步骤等诸多问题，不同地区、不同民族有不同的礼仪与习俗。

自主恋爱是一度流行于古代汉文化圈中的习俗。《诗经》中常见男女互相欣赏而互赠信物以订终身的歌谣。一直到唐代，婚姻也基本上还是自由的。不过，到了宋代，随着儒家程朱理学思想占据了主流地位，"父母之命，媒妁之言"成为一种婚姻的常态。此后很长一段时期汉族男女自由恋爱受到压制，许多夫妻直到入了洞房才知道对方的长相，相互之间谈不上有多少交流与了解，这种婚恋方式的直接后果是导致许多婚姻的不幸与遗憾。

不过，自由恋爱的传统，在少数民族村落中却非常盛行。他们一直承袭着古老的自主恋爱方式，且恋爱形式各有特色。如土家族年轻男女通过吹木叶、唱情歌的方式自由选择自己的恋爱对象。例如，在土家族的舍巴节期间，在土家族独具特色的"摆手舞"过后，已婚男女和小孩退场，剩下未婚男女进行小型歌舞晚会，男女青年通过歌舞晚会来自由选择意中人，并互赠礼品。而苗族青年男女则通过唱苗歌来选择相恋的爱人。在苗族村落中重大节日有三月三日、四月八日、立秋日的赶秋等，每年在这些日子里，成年男女就相约出门，聚在月光下唱歌跳舞，称为"跳月"。壮族青年男女主要是通过野外对歌、歌圩对歌及抛绣球等活动方式来进行。

恋爱的对象一旦确立后，就开始进入婚姻的程序了。各地村落结婚仪式大致可以分为议婚、订婚、迎娶三个阶段。每一个阶段又各有特点，例如"迎娶"礼仪中的"亲迎""合卺""坐帐""拜堂"和"闹洞房"等仪式与习俗。

首先是议婚，在男女成年后，两家欲结为姻亲，则由男家向女家提出，或女家向男家提出，或请中间人撮合。如双方都同意，则互换庚帖，也称"合八字"。庚贴上书写男女双方的出生年、月、日、时，如双方命相相合，则婚姻初定下来。

男女双方议婚后，下一阶段就是订婚。订婚仪式有大小之分，小定相当于古代的纳吉，又称"小茶礼"，即男方带着礼品到女方家行礼，此时的礼品相对简单。此后便会定大礼，也叫"行大礼""下聘礼"等。村落大多是些烟酒糖果之类，但最重要的还是聘金，少则数千元，多则数万元。行大礼时要交换婚书，意味着婚姻关系最终确定。

订婚走亲仪式，是爱情走向婚姻的一个重要标志，既是恋爱的延续，又是婚姻的前奏曲。在这一阶段，任何一个环节不合礼教与习俗，都有可能终止婚姻的发生。汉族"六礼"（纳彩、问名、纳吉、纳征、请期、亲迎）成为后世婚姻嫁娶礼仪的基础。各地村落的传统，无论是汉族还是少数民族，都存有订婚仪式与婚姻缔结之前的种种习俗，定亲走亲习俗也与此类似。如苗族村落的订婚仪式称为"展都雀"，由男方及其父母带上自家长辈、头人、媒人、歌师等一同前去，叔伯兄弟带上丰厚的礼品，一路吹吹打打到女方家。到村外后要燃放鞭炮，经过女问男答对歌及拦门合鼓后进入女方家。女方也同样请来舅父舅母、姑父姑母及家族长辈、头人、歌师和叔伯兄弟作陪。礼毕,女方歌师歌手唱"请客进餐歌""敬酒歌",男方歌师歌手唱"订婚歌""答礼歌"。然后开席欢饮,一醉方休。整个订婚礼仪,一般要持续一天一夜,有的地方甚至会持续三天三夜。

青年男女订婚后到结婚前,还有男女双方家长互访走亲的习俗。未婚女婿逢年过节,或女方家有红白喜事、准岳父岳母生日时,要去女方家送礼,以示尊敬;结婚前一年,男方要去女方家"拜大年",请兄弟帮忙挑着担子将礼品送过去,女方的父母或者叔伯兄弟都要送到。

报日过礼后,男女双方都要为结婚做准备,男方家布置婚房,女方家准备嫁妆。女子出嫁,对男方来说叫"迎亲",对女方来说叫"送亲"。送亲时,女方要"哭嫁",主要是不忍离别父母。女方家由舅父、叔伯或表兄弟、堂兄弟等男性亲属护送女儿到婆家,俗称"送亲"。送亲队伍到男方家后由男方派人来接进屋。之后在男方家吃酒席,但送亲者一般少喝酒、少吃饭,吃后嘱咐新娘几句当天就得返回。

迎亲迎娶,又叫"迎娶""娶媳妇"。通常是由新郎亲自到女方家迎娶新娘,而在有些村落,是新郎坐在家中等待,由媒人或者小叔子带领迎亲队伍前往迎娶。新娘被迎进门后,接着就要"拜堂",又称"拜天地"。拜堂一般选择在堂屋、祠堂或者洞房门前,先是跪拜天地和祖宗,然后是父母,最后是行夫妻对拜礼。然后在婚宴上要进行"合卺"礼,也就是通常所说的喝"交杯酒"。礼毕,新郎继续陪宾客,新娘则入房休息,等候新郎来揭开红盖头。酒宴完毕后,亲朋好友还要"闹洞房",直至深夜方才离去,以增添婚礼气氛。

传统村落婚姻制度在长期发展过程中形成了一些通婚原则,经久

图 4-19　湖南隆回花瑶迎亲

而成习俗。这些原则具体有三类：其一，同姓不婚，但不同村寨不同祖宗而姓氏相同者不在此列；其二，同宗不婚，即同一宗祖的同姓之人不得互相通婚；其三，姨表不婚，即父亲兄弟所生的儿女和母亲姐妹的儿女都是兄弟姐妹，是不允许嫁娶的。

婚姻形态有一般婚姻形态和特殊婚姻形态两种。一般婚姻形态是明媒正娶的一夫一妻制，讲究的是以"门当户对"为择偶的理想标准，虽然社会常有婚姻论财的风气，但人们在选择婚配对象时考虑较多的还是彼此的社会等级与家族地位。[①] 而一些特殊的婚姻形态则更值得我们研究，包括扁担婚、童养婚、半路婚、转亲婚、招郎婚等。这些特殊的婚姻形式，大多已经成为历史，有的还在一些地区存在。

例如，扁担婚和童养婚就是历史上落后的婚俗，在现代社会因为

---

① 参见费成康主编《中国家族法规》，上海社会科学院出版社 1998 年版，第 282 页。

法律和社会观念的变化，基本上都已经消失。扁担婚是一种换婚形式，主要在姑舅之间盛行。姑舅之间为了延续亲缘关系，"亲上加亲"，各将自己的子女结为夫妇。这种婚俗在历史上十分盛行，不过，今天的汉族村落已经基本上消失，但是在一些偏僻的少数民族村落则还有所遗存。童养婚指的是抱养别家幼女为童养媳，等到一定年龄后让童养媳与自家儿子举行"圆房"礼，结为夫妻。这种严重摧残幼女身心的不良习俗在新中国成立后成为历史。

不过，半路婚、填房婚、转亲婚和招郎婚等习俗，今天还较为普遍，因为它们与婚姻法并不冲突。半路婚即男女青年离婚后分别再娶再嫁。这种婚姻属于自由性质，父母旁人不干涉，只要当事双方达成一致即可。男方一般不举行结婚仪式，女方自己走到半路的大树下或庙宇中，等男方来人迎娶，因是在"半路"上迎接，故名。填房婚，村落男子婚后丧妻，需要再娶前妻的姐妹为婚，以便更好地照顾前妻子女，也叫姐妹填房。转亲婚，这种婚姻形式在传统村落中较为常见。如亡夫家中兄弟娶不到妻子，或中年丧偶无法再娶，念及亡兄弟子女的抚养问题，便向守寡的嫂子或弟媳求婚，寡妇会考虑到子女多、负担重、再嫁难寻合适对象等因素，往往会答应与其组成新家庭。一般不会举行隆重的婚礼，双方主亲重聚，寨子人来这户人家坐夜聊天，唱歌庆贺。这种婚姻也同样能取得社会认可。招郎婚，指结婚时男到女方家定居落户，即"入赘"，大多会改姓女方姓氏，成为女方家的"儿子"，生的孩子随女方姓。因此入赘的男子也被称为"上门女婿"。

此外，还有些少数民族村落的特殊婚姻形式。如云南独龙族和景颇族村落流行环状婚，即甲氏族的一群兄弟与乙氏族的姐妹结成姻亲关系。甲氏族的男子可以娶乙氏族的女子，但乙氏族的男子不能娶甲氏族的女子，只能娶丙氏族的女子。这样避免了血统倒流的机会，是一种婚姻的进步；泸沽湖地区摩梭人和普米族村落盛行阿注婚，也叫"走访婚"。走访婚的特点是自由，男女双方在各种场合相会中，只要你情我愿，即可建立走婚关系。

4.3.3 丧葬与祭祖习俗

《左传·成公十三年》载："国之大事，在祀及戎。"这句话清楚地传达了古人对祭祀先祖和对待亡者的态度。村落中的丧葬与祭祖习俗以其丰富的文化功能影响着一代代人的社会生活和精神生活，维系巩固了传统社会的结构。它作为一种活动，本身即直接起着家庭凝聚力的作用。它不仅客观地提供了一次群体集合的机会，还通过各种礼节间接影响了人们的观念意识，达到传承文化的目的。[①]

作为人生的谢幕，丧葬仪式有其独特的作用，如安抚逝去的灵魂，调节生者的悲伤、恐惧与慌乱情绪，等等。丧葬礼仪深刻揭示了人们关于生死观念的深层文化心理。送终治丧的过程，主要是围绕死者的灵魂是否安心归去，能否顺利升入另一个世界而进行的。生者举行种种仪式，对亲人离去深表惋惜，传达出浓浓的不舍之情，在安抚亡灵的同时又祈求死者的护佑。在传统村落中治丧的程序较复杂，且各地也略有不同，但一般有沐浴、披麻、报丧、纳银、开路、设灵堂守丧等环节。

老人在临终前，一般会有子女或者其他直系亲属守在其身边，以听取其最后的遗言。直到他去世，这称为"送终"。送终表明子女等尽了孝心。人死后家属为其沐浴更衣，进行化妆理容，为其穿上一套黑色的寿衣。男性死者穿黑色布鞋，女性死者则穿蓝色布鞋。为死者沐浴更衣后，亲属将其移到灵床上去，并在其嘴里放入几粒米，主要

[①] 参见朱启臻、赵晨鸣、龚春明等《留住美丽乡村——乡村存在的价值》，北京大学出版社2014年版，第223页。

是不希望死者到阴间挨饿，成为饿死鬼。

人死后，家人要鸣炮，表示生者已逝，同时也是让邻居知晓家中有人仙逝。准备妥当之后，家人要尽快向亲友报丧并告知下葬日期。报丧的孝子要穿孝服戴孝帽，到亲友家后不能立马进门，而是跪拜于门口路旁，等对方撒一铲子灰到面前才能进屋报丧，这样做是为了辟邪。对于报丧，各地村落还有不同的习俗。在汉族村落，报丧不仅是一种形式上的礼仪，更具有一种和亲属家人一起分担悲痛的性质。少数民族村落更为独特，如云南怒江一些村落用吹竹号来报丧，在贵州省北盘江流域的少数民族村落，报丧仪式是丧家请来邻寨的青年，两人一组，手里拄着拐棍，到所有的亲友家去报丧。[1]

亲友接到讣告后即时赶来吊唁，死者家属于灵堂前跪迎，跪拜答谢吊唁者。吊唁者一般会向家属赠送制作衣被的布匹，亲属则在布匹上挂"某某致"字样的纸条。此前，灵堂早已搭建完毕。灵堂大多这样布置：灵前安放一张桌子，以白布盖之，桌上摆着供品、香炉、蜡台和长明灯等。长明灯一直要有专人看守而不能让它熄灭，直到死者入殓。据说，这盏灯就是死者的灵魂。吊唁开始，鞭炮齐鸣，灵堂上女眷的悲泣哭声充斥整个灵堂。孝子孝媳自始至终都披麻戴孝跪在灵案边陪祭。吊唁的人都穿着素服，以亲疏尊卑为顺序，一家一堂，本家先祭，外客后祭，一律跪拜行礼。[2]

吊唁完毕，开始对死者进行入殓。入殓也叫"入木"，就是把亡人的遗体敛入棺木。入殓时要选吉时，还要忌与亡者相冲的属相。到了吉时，便将遗体从停放灵床的地点抬往正厅，由儿孙们分别抱头、

---

[1] 参见李晋林编著《中华民俗万年历　最新速查版》，北京科学技术出版社2015年版，第173页。

[2] 同上书，第174页。

腰和腿。遗体从灵床上敛入棺木，被人们视为"乔迁"，故有孝子高喊"某某您迁居了！"按传统礼规，一定是先入脚，后入头，表示"立进"，而不能是躺着进去的。随后可放入一些随葬品，一般都是亡者生前所爱之物。①

等尸体、殉葬物放妥后，进行封棺，并钉上钉子，民间称为"镇钉"。镇钉一般要用七根钉子，俗称"子孙钉"，据说这样能够使后代子孙兴旺发达。入殓前后，停棺在堂，直至出殡。

图4-20　入殓绑扎棺材

关于下葬的习俗，各地大同小异，大体有出殡、上山、下葬等三个环节。

尸体入殓后，选择合适的日期抬到早已选好的地方埋葬，称为"出殡"。棺材抬出院外的路上，孝子们泣跪于棺前。一般由十六名壮

---

① 参见王作楫、王臻、贺艳春编著《中华传统民俗礼仪》，气象出版社2015年版，第148页。

男抬棺。出殡时,孝男及主要男性亲属应送到墓地,直到棺材入土仪式完成方可回。

传统村落中,将死者送到下葬地称为"上山",也称"送葬"。因大多死者的坟墓(尤其丘陵山区地带)建在山上。上山途中,放鞭炮的走在最前面,紧接着是花圈,花圈后面是"祭帐",也叫"帐子"。棺材的后面是众多的女眷,她们一路哭一路走,敲锣打鼓、吹唢呐的和其他人则走在最后面。

经过报丧、吊唁、入殓、出殡等仪式后,最后的环节就是下葬了,这也是死者在阳间的最后时刻。由于各民族所处环境不同,因而形成了不同的下葬习俗。传统村落大多实行的是土葬,即将棺材放到早已挖好的墓穴中,填上土夯紧,并垒成土堆。无钱人家就一土堆,有钱人家会用条石筑成坟堆或者砌上水泥堆,四周以砖墙围之,并立墓碑。

除了土葬,各地少数民族村落中,还流行其他特殊的丧葬方式,如藏族、门巴族、裕固族行天葬、水葬;少数藏族、纳西族、拉祜族、普米族、怒族等实行火葬;东北赫哲族、鄂伦春族等实行树葬;部分壮族、布依族、瑶族等实行崖葬。另外,在一个相当长的历史时期,我国川、黔、湘、桂等省区一部分偏僻的村落中,还有一特殊的葬俗,即悬棺葬。

祭祖是对已逝去的先人进行祭祀的重大活动,是村落原住民在家、墓或祠内祭祀祖先或家族守护神的礼仪。对祖先进行祭祀,表示不忘先祖,充分传达出村落原住民对生活在另一个世界的"祖灵"的慰抚、牵挂和与此相关的自身福祉的关注。通过祭祖,也能加强具有同一血缘的原住民之间的交流,形成民族凝聚力。

人们认为,先祖时刻在看顾家庭,同时他们在另一个世界也有饥寒之求、享用之需、被关爱之念，因此需要在世之人的供奉和祭祀。祭祖礼仪虽五花八门，但文化内涵却基本一致。传统村落祭拜祖先有如下几种形式：装香、家祭、扫墓、烧包等。祭祀不仅是在重大节日进行，平时家族中的添丁进口等，也要告慰祖先。

装香是祭祖中最初的、必要的环节。为了敬奉神灵和祖先，把香烛装到"神龛"上。装香前要洗净双手，点四根香和一根烛，其中三根置于神台香烛内，一根插在堂屋大门右边的插缝里。有的还在堂屋外边地上插上三根香和一根烛。装香多由家中长者担任。

家祭一般是逢忌日或重要节日进行祭祀。一般由主妇将煮熟的鸡、肉再加上水果、糖果、年糕、月饼等供奉于神台，焚香烧纸钱并点放鞭炮，拜祖致祭，向祖先行一跪三叩之礼。

扫墓俗称上坟，主要是生者在清明节对死者进行祭祀。晚辈要准备祭死者用的用品（酒、香烛、纸钱、鞭炮、小花圈等）到死者坟前进行祭祀，以表后人对逝者的思念之情。扫墓时顺便把坟上及四周杂草清理干净。

图 4-21 清明扫墓祭祖

4.4 传统村落的节庆习俗

中国的传统节日是在几千年的农耕文明进程中形成的,反映了村落原住民的传统习惯、道德风尚和宗教观念。尽管传统节日因不同时代、不同地域和不同民族而显现出来很多差异,但都有一些突出的特征:一是具有很强的凝聚力和广泛的包容性,已经成为民族认同和认知的一个重要表征;二是每个传统节日几乎都是对生命的歌颂与祝福,寄托了人们对美好的期望;三是传统节日内容多以人际关系协调、人际交往为主。① 在传统节日活动中形成的各种习俗通过代继相承而得以延续,因为它寄托了人们对生活的美好愿望与憧憬,即祈盼通过节俗活动实现传统村落风调雨顺、五谷丰登、人畜两旺、岁岁平安的愿望。

4.4.1 春季主要节日习俗

春季不仅是万物复苏之际,象征着希望,而且是耕作播种之时,寄寓丰收。春季的节日主要有新年、立春日、元宵节、二月二、春社、寒食节、清明节等。其中重要的节日当属春节、元宵节和清明节。

春节俗称"过年"。《尔雅·释天》中说:"年者,禾熟之名,每岁一熟,故以为岁名。"把"年"当作收获的象征。另有一说,古时,

---

① 参见赵玉燕、吴晓光《湖南民俗文化》,湖南师范大学出版社 2010 年版,第 240—241 页。

人们认为"年"是一体型庞大、相貌狰狞、专门吃人的猛兽，一年中的最后一天的天黑时分会到人群聚集的地方伤害人畜，到鸡鸣破晓时才返回林中。人们将这一可怕之夜称作"年关"，此后，人们为了躲过这一晚，就燃放爆竹以吓跑它，因为年兽最怕红色、火光和炸响声。人们把年兽赶跑，为过了"年关"而庆祝，这种习俗一直流传下来，成为民间最隆重的节日——过年。

吃年夜饭是春节最隆重的习俗。除夕晚上，全家要团聚一起共进晚餐，守岁到天亮。过年的饭菜是一年之中最为丰盛的。排座的时候，按尊卑老幼入座，等人齐了再动筷，由家里最长者先动第一筷，然后其他人再动筷。席间年幼者要向长者敬酒，祝老人健康长寿，长者也会说些勉励的话。整个年夜饭中一家人开开心心，相互敬酒，相互说吉利话。就连平时从不沾酒的妇女和小孩也可以喝一点酒，以示欢乐。饭食丰盛，重视"口彩"，宁可多做些，酒和饭都要剩余，表示来年吉利，丰衣足食。如"顿顿有余""年年有余"。另外，年夜饭的餐桌上必须有鱼，寓意"年年有余"，图个吉祥和喜庆。新年饮食都要取吉利的话语。由于中国南方和北方有明显的差别，在年夜饭中，北方主要食物是饺子。不同馅儿的饺子寓意不同。放糖则寓意新年的一年日子甜美；放花生（称长生果）则寓意长寿；放一枚铜钱则寓意财运亨通。此外，北方过年必吃年糕，以祝愿生活"年年高"。水稻产区的南方，主食以米饭为主。一些村落对年夜饭有不同的讲究。江南一带的村落，年节前要预先做好新年米饭，盛放在竹箩中，上面放红橘、乌菱、荸荠等果品及元宝糕，插上松柏枝，叫作"年饭"。[①] 同时，鸡、鸭、鱼、肉及各种时令青菜也必不可少，摆满一

[①] 参见周二军编著《中华传统节日——春节》，东北师范大学出版社2011年版，第43页。

桌。南方一些少数民族村落（如侗、苗、土家族等村落）必吃糍粑，既寓意来年五谷丰登，又代表家庭和和美美、团团圆圆。

图 4-22　湖南花垣苗家过年打糍粑

　　贴春联是传统村落村民过春节时的主要的民俗之一。有史记载最早的一副春联，是五代十国蜀国国君孟昶所写："新年纳余庆，嘉节号长春。"后来，在民间也开始流行贴春联。春联以其深邃的寓意、喜庆的情趣、优美的形式等独特的艺术形式深受人们喜爱。贴春联的时间一般是在正月初一的前一天或者前几天，贴春联的地方在大门的两边。春联必须用红纸写成，红色代表吉祥，还能避邪，内容多是体现五谷丰登、家庭幸福平安之类的。在墙壁或者门上贴年画，是很多传统村落在过年时要做的另一件重要事情。作为年节喜庆表达和渲染之用，深为民众所喜爱。因此，每逢春节，家家户户都要贴对联，要么是自己书写，要么请人代写。以期待在新的一年里平安幸福、兴旺发达、吉祥如意。

　　除了春节贴春联之外，传统村落春节贴"福"字也成为一种风

图 4-23　关中农村春节贴春联

俗。每到年关，家家户户都要在大门上贴个倒的"福"字。贴倒的"福"字，寓意福到了，寄托了人们对幸福生活的向往，对美好未来的期待。另外，贴年画也是大多数传统村落过春节时的固有习俗。过年贴年画是为了驱邪、避邪，表达了人们对美好生活的向往。年画通常是木版印刷，内容很多，如戏曲故事类的《三进士》《西厢记》等，人情风俗类的"走亲戚""游西湖"等，民间童话类的"老鼠娶亲""猴子抢帽"等，吉祥寓意类的"吉庆有余""大吉大利"等，花鸟走兽类的"花开富贵""百鸟朝凤"等，天仙神祇类的"门神""财神"等。

从大年初一到十五，各地村落都要进行一系列的祭祖敬神的礼俗活动。新春正月初一这天，各家长幼男女择吉时开门，至祠堂摆上香烛、茶果、酒馔等，燃放开门炮、烧纸钱、叩拜天地与祖宗，然后以长幼顺序拜于尊长，然后互相拜见，俗称全家拜年。拜年时长辈要给晚辈压岁钱，代表长辈对晚辈的美好祝福。大年初一在本村拜年，互相说些来年发财、家庭幸福美满之类的吉语。苗家村落的姑娘小伙在大年初一这天争先恐后去井里或河里挑水，称为"抢头水"。抢到"头水"之人，则会被封为全村最勤快之人。抢到"头水"，意味着他（她）来年会发家致富。初二为走亲拜年，新婚夫妻一起回娘家拜年，并携带一些礼品和红包，分给娘家的小孩，并在娘家吃午饭，晚饭前赶回婆家。初三这一天易与人发生口角，故不出去拜年。初五俗称破五，北方一般是吃饺子、放鞭炮。西北地区的一些村落这一天有"赶穷"的习俗。即将庭院打扫干净，然后从每间往外放鞭炮，边放边往门外走，为的是将穷气和穷鬼都轰出去。南方许多村落这一天是祭东南西北中五路财神。初六开始恢复正常生活秩序。①

农历正月十五日是我国传统的元宵佳节。正月是农历的元月，又把夜称为"宵"，所以正月十五就被称为"元宵"，又称上元节、元夜、灯节，是以赏灯为主要活动的节日，也是新年的终结。元宵节作为新年的最后一个节日，其热闹与受重视程度一点不亚于春节。《隋书·音乐志》记载："每当正月，万国来朝，留至十五日于端门外建国门内，绵亘八里，列戏为戏场。"参加歌舞者足达数万，从昏达旦，至晦而罢。

闹花灯是正月十五元宵节的最高潮活动。在此之前人们就进行准备活动，到处都是花团锦簇，灯光摇曳，到十五晚上达到高潮，民间谓之"闹元宵"。这一天晚上，彩灯悬照，一家老小都出来观看，熙熙攘攘、热闹非凡。舞龙灯是闹元宵的主角，民间认为龙可保平安，龙所到之处，鼓乐齐鸣，鞭炮不绝。人们在观赏花灯的同时，还猜灯

---

① 参见康乃、吴云编著《民俗》，中国旅游出版社2015年版，第3—4页。

谜、舞狮。古时观灯、赏灯也是与意中人相会的机会。欧阳修的《生查子》："去年元夜时，花市灯如昼。月上柳梢头，人约黄昏后。今年元夜时，月与灯依旧。不见去年人，泪湿春衫袖。"描述的就是年轻人对于恋人的怀念。

图4-24 元宵闹花灯

吃元宵是元宵节的一个重要的习俗。元宵也叫"汤圆""圆子"。吃元宵象征团圆，意味着一家人在新的一年里阖家幸福、万事如意。南宋周必大《元宵煮浮圆子诗》写道："今夕知何夕？团圆事事同。汤官寻旧味，灶婢诧新功。星灿乌云裹，珠浮浊水中。岁时编杂咏，附此说家风。"

清明节是春季最后一个重要的节日。"清明"一词，最早见于汉代《淮南子·天文训》："春分后十五日，到指乙，为清明。"古籍把"清明"一词的含义解释为"万物至此皆洁齐而清明矣"。清明节的主要活动有扫墓祭祖、春游踏青、戴柳插柳、放风筝等。

扫墓祭祖是清明节最重要的习俗。祭祖之前先将坟及四周的杂草清除，再往坟上添加一些新土。然后在坟及周围铺上一些纸钱，摆上祭品，点上香，再将纸钱焚化，燃放鞭炮后叩头行礼祭拜。

清明时节，人们还习惯把扫墓和郊游结合起来，形成了遍及各地的踏青之俗，亦称"踏青节"。扫墓后踏青赏春，并开展放风筝、射柳、荡秋千、斗鸡等活动，以放松心情。

清明戴柳插柳的习俗在唐代就有记载。白居易有诗云："一树春风千万枝，嫩于金色软于丝。"人们将柳枝折下，插于自家门两旁，或插于头上，以驱邪避鬼。

此外，各地也有在清明放风筝的习俗。村落原住民普遍认为放风筝是放走自己的秽气。风筝飞到一定高度时将其剪断，任其飞走，寓示着带走了自己的疾病和秽气。宣统年间的《滕县续志稿》记载："三月节为清明，门前插柳，儿童辈放风筝，张口仰视，可以泄内热焉。"

清明前一两天是寒食节，寒食节最初是山西一带的原住民为了纪念春秋时代晋文公的贤臣介之推而形成的，后来，推广到了全国。在寒食节这一天禁火，祭奠先人，已蔚为习俗。

另外，清明食俗最有名的要数闽东畲族村落的乌稔饭了。每年三月初三，畲族人家家户户煮"乌稔饭"，并馈赠亲戚朋友。由于当地畲汉杂居，人们世代友好相处，故当地的汉族人民也有清明时食"乌稔饭"的习俗。柘荣县的村落，每年都要用"乌稔饭"来祭祀祖先。

在山西霍县和山东胶东一带村落，有一种面塑食品叫"蛇盘盘"，将面捏成单头蛇或双头蛇，蒸熟后放凉，祭祖时拿到祖先墓前作为供品。祭祀时，人们拿着"蛇盘盘"先绕坟头转一圈，祭祀后就可以吃了。吃时要先咬掉蛇头，意思是"灭毒头，免灾祸"[①]。

---

① 胡元斌主编：《清明节与祭祀文化读本》，伊利人民出版社2015年版，第54页。

4.4.2　夏季主要节日习俗

夏季的节日相对少于春季，地域差异较大，如汉族村落的端午节、苗族村落的四月八日（也称亚努节）和赶秋节、白族村落的火把节等。其中，端午节广泛盛行于我国各地村落，影响最大，是夏季最为重要的传统节日。目前学术界普遍认为端午节源于古人在五月所进行的辟邪活动。早在先秦时期，中国人就将五月视为"恶月""死月"，五月五日出生的婴孩被认为是"男害父，女害母"。因此，人们为了趋避灾害，便在这天吃粽子，插艾叶、菖蒲，饮雄黄酒、艾酒，系五彩丝，挂虎饰，贴五毒符，穿五毒衣，举行龙舟竞渡，拔河射柳等。后来因屈原在这一天投江而死，每年的五月五日便被作为纪念屈原的节日，这种习俗也在传统村落得到传播并延至今日。

吃粽子是端午节的传统习俗，也盛行于各地村落。粽子又叫"角黍""筒粽"，"粽"谐音同"宗"，寓宗族之意。粽子的种类较多，不同地区的粽子从形状、材料或风味上都有较大差别。南方有一种将九只粽子连成一串的九子粽，并以九种丝线扎成。九只粽子大小不一，形状各异。在馅料的选择上，各地风俗皆有不同，一般以小枣、豆沙、莲子、松仁、鲜肉、腊肉、八宝、火腿、蛋黄等最为常见。九子粽常成为母亲送给女儿、婆婆送给新媳妇的礼物，因为"粽子"谐音"中子"，寓意吃了它能生儿子。

端午节时将艾草、菖蒲用红纸绑成一束，然后插在或挂在门窗上，这样做的目的是"避邪"。晋代的《风土志》记载当时的习俗："以艾为虎形，或剪彩为小虎，帖以艾叶，内人争相裁之。以后更加菖蒲，或作人形，或肖剑状，名为蒲剑，以驱邪却鬼。"南朝梁《荆楚岁时记》中说："五月五日，采艾以为人，悬门户上，以禳青气。"《清嘉录》说："截蒲为剑，割蓬作鞭，副以桃梗、蒜头，悬于床户，皆以却鬼。"

赛龙舟也是端午节重要的习俗，早在战国时期就已出现。赛龙舟前通常会举行各种祭祀仪式，名为请龙祭神。闽、台地区的村落，要去妈祖庙祭拜。湖南汨罗市的一些村落中，在龙舟竞渡前必先在屈子祠朝庙，原住民将龙头供在祠中祭拜，并披红布于龙头上，再将龙头装于船上竞渡，既拜龙神，又纪念屈原。其他大部分村落在举行龙舟赛之前，则直接在河边祭龙头。不过，无论哪种祭祀或纪念仪式，皆要点香烛，烧纸钱，供以鸡、米、肉、粽子等祭品。通过这种祭祀，村落原住民希望祛邪祟、禳灾异、保平安，达到风调雨顺、农业丰收的目的。

图 4-25　湘西凤凰端午节龙舟赛

4.4.3　秋季主要节日习俗

"中秋"一词，最早见于《周礼》。根据我国古代历法，农历八月十五日正好在一年秋季的中间，故称"中秋"。一年有四季，每季又分孟、仲、季三部分，因为秋中第二月叫仲秋，故中秋也称为"仲秋"，也称"团圆节""八月节"等。

中秋节的习俗很多，形式也不相同，但都寄托着人们期盼团圆幸福，对生活无限的热爱和对美好生活的向往。中秋节吃月饼是必不可少的习俗。月饼最初是用来祭拜月神的祭品，后来人们逐渐把中秋赏月与品尝月饼结合在一起。因为月饼形制是圆的，所以中秋吃月饼象征与家人团圆。中秋月圆之夜是人们赏月的最好时刻，人们在庭院或者楼台，摆出月饼、柚子、核桃、花生、西瓜等果品，边赏月，边畅谈，直到皓月当空，再分食供月的果品。

各地少数民族村落中，中秋夜还有不同习俗，各有其不同特色。广西一些壮族村落有"祭月请神"的活动，具体内容分为四个阶段：挑选一两名妇女做月神的代言人，请神人对歌，请月神卜卦算命，请歌手唱歌欢送月神。藏族村落有"寻月"习俗。这一天夜晚，藏族的青年男女，沿着河流，跟着倒映水中的明月，把周围河塘中的月影找遍，然后回家吃团圆月饼。彝族的一个分支阿细人村落，有"跳月"的习俗。是夜，各个村寨的青年男女都聚集到山村中的开阔地，跳起欢快的舞蹈，向自己的恋人唱起表达爱慕之情的情歌，仿佛能把月亮都唱得动容。德昂族村落有"串月"习俗，每逢中秋夜，月亮高挂之时，山头寨尾就会传来阵阵悠扬的芦笙，青年男女在一起"串月亮"，互诉衷情，并且赠送槟榔和茶，订下婚约。苗族村落的"闹月"与此有相似之处，中秋之夜，年轻人在月光下吹着芦笙，跳起苗家歌舞，寻找自己的意中人。侗族村落有"偷月"习俗。主要是偷洒有甘露的瓜果蔬菜，取名为"偷月亮菜"。借助月宫仙女传递红线，传达爱情。

图 4-26　云南弥勒县哈尼族村落祭火节阿细跳月

农历七月十五日是中元节,人们称之为"祭孤""瓜节""七月半""送鬼节""寄生节"和"盂兰盆节"。民间还称七月十五日为鬼节,并与清明节、寒食节合称三鬼节。传说中元节当天阴曹地府中的全部鬼魂都会释放出来,为镇住鬼魂,民间要设道场进行祭祀鬼魂活动。祭祀活动中的祭品包括冥纸、冥衣、灵屋、线香和鞭炮等。自初十开始,便要将厅堂打扫干净,神龛前置香案、先祖牌位,备酒肴馔品连日供奉,以迎先人故祖。到了十三日,焚烧冥衣、冥钱、灵屋,祭奠新逝的长者。十四日便用冥纸写上祖先的名讳在户外焚烧以祭奠故祖。此外,七月还有不少禁忌,比如七月间,要避免搬家,婚宴也不能放在七月;偶有小孩子生于七月半,做父母的一定会将其生日改为七月十四日或十六日,以避"与鬼俱来"之嫌,等等。[1] 中元节习俗南北有较大的差异,比如,北方河北省的泊头市南皮县村落的居民

---

[1]　参见孙文辉《鬼节·湖南民俗·目连戏》,《艺海》2007年第2期,第26—29页。

七月十五日携带水果、肉脯、酒、楮钱等前往祖先墓地祭扫。南方曲江县瑶族村落原住民七月十五日祭祖，又祭狗头王，以小男童及女童穿花衣歌舞酬神。

农历九月九日为重阳节。《易经》中把"六"定为阴数，把"九"定为阳数，九月九日，日月并阳，两九相重，故而叫重阳，也叫重九。又因为"九九"与"久久"同音，九在个位数中又是最大数，有长久长寿的含义，况且秋季也是一年收获的黄金季节，因此重阳佳节，寓意深远，所以古人认为这是个值得庆贺的吉利日子。[①] 民间在这一天有登高的风俗，所以又称"登高节"。重阳节主要习俗是祭祖和敬老活动。另外还有秋游登高、佩茱萸、赏菊、饮菊花酒、吃重阳糕等。菊是长寿之花，这与重阳节的敬老习俗契合，因此重阳节又称菊花节，赏菊也就成为重阳节的一个重要习俗。《东京梦华录》卷八载："九月重阳，都下赏菊，有数种……无处无之。"重阳节也因为秋高气爽，所以人们常常登高望远，品尝"花糕"。"糕"与"高"同音，寓意"步步高升"。一些汉族村落还有将出嫁的女儿接回家吃重阳糕的习俗，俗谚曰："九月九，搬回闺女息息手。"

4.4.4 冬季主要节日习俗

冬至是重要的节气，也是一个传统节日，冬至俗称"冬节""长至节""亚岁"等。在中国传统社会里，冬至是一个重要的时间节点，人们不仅将其视为时气变化的坐标，将冬至所在的月份奉为"天正"，而且它在古代也曾长期被视为一个与新年媲美的人文节日，号称"亚岁""小岁"。[②] 东汉蔡邕《独断》说："冬至阳气起，君道长，故

---

① 参见周琳《上蔡重阳文化考察研究》，《文史艺术》2013年第12期，第51—52页。
② 参见萧放《岁时：传统中国民众的时间生活》，中华书局2002年版，第220页。

贺。"说明人们过冬至节，是为了庆祝新的一年的到来。春节祭祖、家庭聚会等习俗，往往选在冬至日举行。冬至吃饺子成为许多传统村落生活中的饮食习俗。正如谚语所说的："十月一，冬至到，家家户户吃水饺。"此外，北方有不少村落，在冬至有吃狗肉和羊肉的习俗，因为冬至过后天气进入最冷的时期，中医认为羊肉、狗肉都有壮阳补体之效，民间至今有冬至进补的习俗。南方某些村落冬至有吃汤圆的传统习俗，在江南尤为盛行，民间有"吃了汤圆大一岁"之说。

腊八节也是冬季的主要节日。古时人们将农历十二月称为"腊月"，农历十二月初八称为"腊八"。民谣曰："腊八，腊八，小孩要炮，姑娘要花。"从这一天起，各地都要准备年货，以迎接新一年的开始。腊八这一天，许多传统村落都有吃腊八粥的习俗。腊八粥的原材料包括红枣、栗子、杏仁、桂圆、核桃、葡萄干、白果、菱角、红豆、花生等，总计不下二十种。一般是腊月初七晚上半夜时分开始煮，再以微火炖，一直炖到第二天清晨，腊八粥才算熬好。熬好后，先祭祀祖先，然后合家团聚在一起食用，再馈赠亲朋好友。如果腊八粥吃了几天还有剩下来的，就表示年年有余。腊八节除了祭祖敬神的活动外，人们还要驱疫。清代的《衡州县志》载："先腊一日大傩。谚有云，'腊鼓鸣，春草生'。村人并击细腰鼓，扮金刚力士形以逐疫。南方八日作'浴佛会'。周曰蜡，汉曰腊。"

除了上述这些全国性的经典节日外，在许多少数民族地区村落，还有大量的特殊节日。它们虽然只在一个区域流行，却具有独特的文化魅力。如在傣族村落，重大节日有泼水节。在壮族村落，传统节日有三月三歌会（又称祭龙节）、过小年（称"男人节"，又称"喊魂节"）、陇端节（壮语，赶田坝之意）、陀螺节、花朝节、蚂拐节（青蛙节）。在满族村落，有添仓节和虫王节等。诸如此类的少数民族村落节日，都是我国重要的非物质文化遗产。

总之，我国传统村落的民俗节日，大多出自农耕文化传统，它的产生、发展、演变和整合，都是社会生活习俗文化积淀的结果。表达了人们追求幸福、向往美好未来的良好愿望。在传统村落中，传统节日已经真正地与人们的生产生活融为一体。

当下，在经济全球化的形势下，在城市生活中，外来节日所占的比重越来越大。尤其是年轻人，热衷于过圣诞节、情人节甚至包括愚人节等节日，传统的民俗节日日渐式微。只有在传统村落中，还保留着这些重要的民族精神文化。为了改变我国传统节日民俗文化被淡化、被扭曲的现状，加强对于传统村落文化的保护，则显得尤为重要和紧迫。

第 5 章　传统村落的精神信仰

5.1　传统村落的精神信仰概述

　　传统村落的信仰文化，实际涉及的是生活在传统村落之中的人的精神信仰状况。因为"精神信仰"归根结底都是在谈人自身的"精神信仰"，离开了"人"是无所谓"精神信仰"的。而这里所涉及的"人"就是指生活在传统村落之中的原住民，即世代定居并生活于此的人们，如果范围再扩大一点就是指所有生活在"村落"之中的"村落原住民"。在此，如果说这里的"人"已经组成了某种意义上的"共同体"的话，能否进入这个"共同体"则只有一个条件，即"村落"不仅是他们"生于斯、长于斯、死于斯"的活动处所，也是他们"求神问卜"或"祭祀祷告"的精神家园。

　　传统村落中的精神信仰，就其实质而言，属于通常所说的"民间信仰"，它作为一种普遍的民间文化现象，一直都是民族学、人类学、宗教学、民俗学、社会学等多种学科关注的焦点。《辞海》对"民间信仰"是这样定义的："民间流行的对某种精神观念、某种有形物体信奉敬仰的心理和行为。包括民间普遍的俗信以至一般的迷信。它不像宗教信仰有明确的传人、严格的教义、严密的组织等，也不像宗教信仰更多地强调自我修行，它的思想基础主要是万物有灵论，故信奉的对象较为庞杂，所体现的主要是唯心主义，但也含有唯物主义和科学的成分，特别是民间流行的天地日月等自然信仰。"①《中国民间信仰风俗辞典》则将"民间信仰"定义为："民间存在的对某种精神体、某种宗教的信奉和尊重。它包括原始宗教在民间的传承、人为宗教在民间的渗透、民间普遍的俗信以至一般的迷信。它有以下特征：一、自发性。二、功利性。三、神秘性。四、民族性、区域性。五、散漫性。它既主要为唯心主义的，但有的也含有唯物的和科学的成分；它还与人为宗教相互渗透，相互影响，呈现出复杂的情况。"②日本平凡社版的《大百科事典》是这样定义"民间信仰"的："民间信仰是指没有教义、教团组织的，属于地方社会共同体的庶民信仰；它也被称为民俗宗教、民间宗教、民众宗教或传承信仰（世世代代流传下来的信仰）。"③

统观"民间信仰"这一概念，基本上都是与"宗教"相关联的。关于民间信仰与宗教的关系，乌丙安曾在《中国民俗学》中归纳出了民间信仰的十大特征，即十个"没有"：（1）民间信仰没有像宗教教会、教团那样固定的组织机构；（2）民间信仰没有像宗教那样特定的

---

① 《辞海》编辑委员会：《辞海》，上海辞书出版社1989年版，第5120页。
② 王景琳、徐匋：《中国民间信仰风俗辞典》，中国文联出版公司1997年版，第11—12页。
③ 转引自朱海滨《中国最重要的宗教传统：民间信仰》，复旦大学文史研究院编《"民间"何在 谁之"信仰"》，中华书局2009年版，第45—46页。

至高无上的崇拜对象；(3) 民间信仰没有像宗教那样的创教祖师等最高权威；(4) 民间信仰没有形成任何宗派；(5) 民间信仰没有形成完整的、伦理的、哲学的体系；(6) 民间信仰没有像宗教那样有专司神职教职的执事人员队伍；(7) 民间信仰没有可遵守的像宗教那样的规约或戒律；(8) 民间信仰没有像宗教那样特定的法衣法器、仪仗仪礼；(9) 民间信仰没有像宗教那样进行活动的固定场所，如寺庙宫观和教堂；(10) 民间信仰者在日常生活中没有像宗教信徒那样的自觉的宗教意识。[①]

乌丙安认为，民间信仰作为一种"过去式"的、古老信仰的遗存，它可以继续和一些人为宗教比如佛教和道教保持一定的联系，但绝不可能发展为人为宗教。王铭铭认为，民间信仰是一种民间宗教，内容包括"流行在中国一般民众尤其是农民中间的 (1) 神、祖先、鬼的信仰；(2) 庙祭、年度祭祀和生命周期的仪式；(3) 血源性的家族和地域性庙宇的仪式组织；(4) 世界观和宇宙观的象征体系"[②]。而李亦园则认为，可以把民间信仰看作与"制度化宗教"相对应的"普化宗教"。他所指的"普化宗教"是指"一个民族的宗教信仰并没有系统的教义，也没有成册的经典，更没有严格的教会组织，而且信仰的内容经常是与一般日常生活相混合，而没有明显的区分"[③]。

因此，我们在这里谈论"传统村落的精神信仰"也必然会涉及与宗教的关系问题，只不过这里需要重点论述的却是属于传统村落原住居民的宗教信仰。众所周知，杨庆堃曾把宗教分为制度性宗教和分散性宗教："制度性宗教在神学观中被看作一种宗教生活体系。它包

[①] 参见乌丙安《中国民俗学》，辽宁大学出版社1985年版，第242—245页。
[②] 王铭铭：《社会人类学与中国研究》，生活·读书·新知三联书店1997年版，第156页。
[③] 李亦园：《宗教与神话》，广西师范大学出版社2004年版，第116页。

括：（1）独立地关于世界和人类事物的神学观或宇宙观的解释；（2）一种包含象征（神、灵魂和他们的形象）和仪式的独立崇拜形式；（3）一种由人组成的独立组织，使神学观简明易解，同时重视仪式性崇拜。借助于独立的概念、仪式和结构，宗教具有了一种独立的社会制度的属性，故而成为制度性的宗教。分散性宗教被理解为：拥有神学理论、崇拜对象及信仰者，于是能十分紧密地渗透进一种或多种的世俗制度中，从而成为世俗制度的观念、仪式和结构的一部分。"① 如果按照杨庆堃的划分，我们认为，佛、道这样的"制度性宗教"，在传统村落中一般是处于相对弱势的地位，而占据原住民生活主导和中心地位的应该是形形色色的"分散性宗教"。即便论及存在于村落之中的佛、道信仰，我们往往也会发现它们大多是被原住民以自己的方式在对待，有着与官方或正统宗教完全不一样的民间风格。问题的关键还在于，原住民的"精神信仰"虽然包含了"宗教"的问题，却不应该只限于"宗教"层面，所以毋宁说本章的处理方式是将"宗教"包含在"信仰"之中的。

学界一般认为，民间信仰与制度性宗教相比，最主要的区别是前者没有系统化的仪式、经典、组织以及宗教领袖等，但其实随着民间信仰的发展与变迁，在一定的地区或某些族群内，有不少信仰已经逐渐形成了特定的程序仪轨。比如后文即将提到的繁殖仪式、祭祖仪式以及丧葬仪式，这些仪式内容在一定的范围内还是有具体程序的。

传统村落中精神信仰所涉及的领域，从原住民的生、婚、病、死等各个环节，到衣食住行等各个方面，乃至日常劳动和言谈话语之间，都是精神信仰发挥作用的场所。按照人类学家罗伯特·雷得菲尔

---

① 杨庆堃：《中国社会中的宗教：宗教的现代社会功能与其历史因素之研究》，范丽珠等译，上海人民出版社2007年版，第268—269页。

德提出的"大小传统"文化观,村落信仰乃属于"小传统"文化范畴。然而乡下农民社群所拥有的"小传统文化"却对整个社会的发展意义重大。村落信仰文化作为"小传统文化"的重要代表,是我们了解原住民生活状况、观察原住民行为思想最直接有效的途径。民间的信仰和崇拜多种多样,比如"祖先崇拜",它很可能是存在于村落之中影响范围最大、分布地域最广的一种民间信仰。其次,民间信仰还包括"自然崇拜""图腾崇拜""生殖崇拜""神灵崇拜""偶像崇拜"等在内的各种崇拜。此外,民间信仰还包括原住民所俗信的各种"巫术""卜兆"以及"风水""禁忌"等内容。前文曾提及,论及原住民的精神信仰不应只囿于"宗教"层面,还应该包括一些非宗教的信仰,比如生活当中人们相信各种预兆,遵循各种婚俗禁忌、生育禁忌、丧葬禁忌、饮食禁忌、语言禁忌,等等。

我们要探讨传统村落的精神信仰,自然不能回避传统村落中精神信仰产生的根源问题。首先,原住民对未知的恐惧和对外力的依赖是一个重要根源,许多民间信仰就产生于原住民对信仰对象的恐惧。长期以来,传统村落中的原住民一直过着自给自足的生活,自原始社会流传至今的灵魂观念甚至还停留在他们的思想深处。在"万物有灵"的观念基础上,村落原住民对大自然及未知的一切有着强烈的依赖和畏惧心理,他们把现实生活中的天、地、日、月、星和风雨雷电、山川海河以及动植物等自然现象和自然物通通视为崇拜的对象,认为这些自然现象和自然物都是有灵魂的,都是由特定的神灵在掌控的。人们自知无法驾驭自然,所以更加畏惧祸患的降临,认为可以通过虔诚的崇拜、祭祀来讨好和感动主宰自然的各路神灵,以此消除灾祸。此外,生活中总有一些非人力可为的或者不可控的事情或因素,人们在感受生活艰难、力不从心的同时,也将希望寄托于神灵,祈求神灵庇护。这种对外力的依赖也使得灵魂观念在起作用，人们因无力改变现状，便塑造出很多神灵，祈求不同职能的神灵来改变命运。其次，传统村落中精神信仰的产生还根源于原住民内在的精神需求。人们的信仰可以说是现实需求的心理折射。随着原住民需求的不断增加，其精神信仰也日趋多元化、细微化。这就需要不同的神祇来协助他们解决问题，经过塑造的任何神灵都能满足信仰者一种或者多种需求。所以，归根结底，原住民内在的精神需求是多神崇拜的主要动因。再次，原住民的祈福避祸心理也是传统村落中精神信仰产生的根源之一。祈福避祸永远是朴实的村落原住民最大的愿望，他们通过祈祷和奉献祭品祭拜各种各样的神灵，无非都是期望神灵能够帮助他们解决一些现世的问题，从而获福避祸。这种带有实用性和功利性的人神关系是传统村落中精神信仰的显著特征。祈福避祸心理同时还是生活中各种禁忌产生的主要原因，人们通过遵循各种约定成俗的规矩来趋吉避凶。

最后，还值得一提的是如何对传统村落原住民的精神信仰的态度问题。岳永逸在《民众信仰的阴面与阳面》中曾提出这样的疑问："医院有了，赤脚医生都服务到每家每户了，但人们还是要向神求子，向神灵求平安吉祥；种地机械化、科技化了，但人们还是会在旱年向龙王求雨；电视、报纸、图书馆都进村了，但无论冬夏，老头老太太还是喜欢围绕神唱诵歌谣、宝卷。究竟真的是民众愚昧无知，还是我们这些自视为民众'救星'的他者出了差错？"[①]

我们认为，许多民间信仰似乎在某种程度上阻碍了现代文明的进步，但是对于生活在传统村落中的原住民来说，这些民间信仰在他们

[①] 岳永逸：《灵验·磕头·传说：民众信仰的阴面与阳面》，生活·读书·新知三联书店 2010 年版，第 255 页。

的生活中无疑还是发挥了一定的积极作用。传统村落中的精神信仰一直都是丰富多元的，有着悠久的历史渊源和深厚的社会基础，任何一种信仰现象我们都不能简单地去评说它的利与弊。从消极的一面来讲，民间信仰往往又具有滞后和保守的特点，或多或少会影响或阻碍整个社会文明发展的进步。这最主要的体现就是，民间信仰在很大程度上都是以虚幻的神灵信仰为依托的，就难免会有一些不符合现代科学的成分掺杂其中。从积极的一面来说，传统村落信仰除了能够反映出原住民群体性的价值观念和集体认同意识之外，这些精神信仰作为村落文化的重要组成部分又世世代代影响着传统村落原住民的思维方式、价值取向以及行为模式，在心理慰藉（心理调适）、道德教化、族群认同、社会整合（社会控制）及生态保护等方面都起到了很大的作用。可以说，传统村落原住民的精神信仰对整个社会的发展实际上具有不可替代的作用。

总而言之，我们对于传统村落的信仰应该有一个理性而客观的态度，不能不加分辨地全盘接受和肯定，也不能一味地批评和否定，应该辩证地分析和对待，在取其精华、去其糟粕的基础上做好传承和发展的工作。

5.2 传统村落的自然崇拜

自然崇拜包括对自然物和自然力的崇拜。总体来讲，主要有天体崇拜、天象崇拜和自然物崇拜。其中天体崇拜主要是指天神、地神、日神、月神以及星神崇拜等，天象崇拜主要包括雷神、雨神、风神、云神以及虹神崇拜等，自然物崇拜则主要是指火神、水神、山神、石神崇拜以及各种动植物崇拜等。

5.2.1 天体崇拜

天神崇拜，是指人们对天的膜拜。天空至高无上的空间感令先民可望而不可即，于是发挥自己的想象，幻想出主管天上人间的"天帝"神。自远古时代起，先民便有向苍天祭拜的做法，尊称天神为天公，俗称"老天爷"。在道教中，"天帝"又被演变成"玉皇大帝"。玉皇大帝在民间的地位很高，各地的玉皇庙香火鼎盛。

地神崇拜指的是人们对大地的崇拜，这是相对于天神崇拜而言的。民间常说"天公地母"，与传统的阴阳观念有关。人们在无法科学解释自然的时候，纯粹地相信神秘的天和地都有很多层，对天地产生了质朴的崇拜。后来，人们对地的崇拜逐渐发展为土地神崇拜。在以农业生产为主的民间，土地神作为一种保护神被村落原住民虔诚地供奉。

日神崇拜指的是先民对太阳这种神秘的发光天体的崇拜，即我们通常所说的太阳神崇拜。《礼记·郊特牲》云："郊之祭也，迎长日之至也，大报天而主日也。"古代在很多地方，人们都有朝夕拜日的习俗，这是他们对光明和温暖的一种本能的诉求。再后来伴随着农业文明的发展，人们意识到农作物的生长与太阳有着密切的联系，于是对太阳的祭拜又有了新的动因。如《山海经》关于后羿射日传说的记载"逮至尧之时，十日并出，焦禾稼、杀草木，而民无所食"，便是源于农业抗旱的需求。在我国的很多少数民族村落中，都有太阳神崇拜情结，比如阿昌族、纳西族，他们把太阳神当成很重要的神祇来祭拜，认为太阳神是万物生长的动力。

关于月神崇拜，也衍生出很多的神话传说。《山海经·大荒西经》载："有女子方浴月。帝后妻常羲，生月十有二，此始浴之。"因此，在远古时代，人们认为月亮跟太阳一样，不是只有一个，造物之神是造了十二个月亮的，最后只留下一个用于夜间照明。此外，关于"嫦娥奔月"的神话古今流传，同时也演变出了月宫、月桂及月兔的形象。在传统观念中，因月出黑夜且有圆缺之属性，人们习惯于把新月和满月视为吉祥时刻，逢事会选择在新月和满月时祭拜。农历的八月十五日，最初便是普遍的祭月日，后来成了重要的中秋节日。

星神崇拜在传统村落原住民之间颇为流行。人们相信星命之说，以星象历法来推算人的命运，于是形成了人们对某些星辰的特殊崇拜。民间流传有这样的说法：地上多少人，对应天上多少星。人们对金、木、水、火、土五星的崇拜源远流长，《淮南子·天文训》载："何谓五星？东方木也，其帝太皞，其佐句芒，执规而治春，其神为岁星，其兽苍龙，其音角，其曰甲乙；南方火也，其帝炎帝，其佐朱明，执衡而治夏，其神为荧惑，其兽朱鸟，其音徵，其曰丙丁；中央土也，其帝黄帝，其佐后土，执绳而治四方，其神为镇星，其兽黄龙，其音宫，其曰戊己；西方金也，其帝少昊，其佐蓐收，执矩而治秋，其神为太白，其兽白虎，其音商，其曰庚辛；北方水也，其帝颛顼，其佐玄冥，执权而治冬，其神为辰星，其兽玄武，其音羽，其曰壬癸。"此外，在一些少数民族村落，星神还被赋予了送子的功用。例如，云南的阿昌族村落中，已婚未育的妇女会在繁星闪烁的夜晚，准备一碗清水进行祈祷，然后在次日天亮之前喝下碗里的水，等待孕育。

5.2.2　天象崇拜

天象崇拜中最典型的是雷神崇拜，远古神话中人们把雷神描绘成人头龙身的形象。《山海经·海内东经》载："雷泽中有雷神，龙身而人头，鼓其腹。在吴西。"巨大的雷声是从天上传来的，人们把雷神与飞腾于天的龙结合在一起，敬畏之情油然而生。人们把雷本身巨大的震响声视为天怒的标志，凡遇人或物被雷击，便认为是天罚，于是雷神被人类赋予了惩恶扬名的职能。《论衡·雷虚》云："世俗以为击折树木、败坏室屋者，天取龙；其杀犯人也，谓之阴过，饮食人以不洁净，天怒击而杀之。隆隆之声，天怒之音，若人之吁吁矣。"现实生活中，雷神除了被赋予惩处恶人的职能之外，还有劝人为善的使命。

  雨神崇拜主要是基于人们在生产和生活当中对雨水的依赖。人们旱时求雨，涝时求晴，雨水对于传统村落的生产生活有着不可忽视的影响。《诗经·小雅》载："既优既渥，既霑既足，生我百谷。"因为雨水能够使庄稼蓬勃生长，以农耕生活为主的先民对雨神相当崇拜。据相关文献记载，早在殷商时期就有关于人们向雨神求雨的记载，只是当时尚无明确的神祇名称，而后到西汉，人们开始把赤松子供奉为雨师。至于赤松子的形象，《搜神记》载："赤松子者，神农时雨师也。服冰玉散，以教神农。能入火不烧。至昆仑山，常入西王母石室中，随风雨上下。炎帝少女追之，亦得仙，俱去。至高辛时，复为雨师，游人间。今之雨师本是焉。"《历代神仙通鉴》载："（神农时）川竭山崩，皆成沙碛，连天亦几时不雨，禾黍各处枯槁。有一野人，形容古怪，言语癫狂，上披草领，下系皮裙，蓬头跣足，指甲长如利爪，遍身黄毛覆盖，手执柳枝，狂歌跳舞，曰：'予号赤松子，留王屋修炼多岁，始随赤真人南游衡岳。真人常化赤色神首飞龙，往来其间，予亦化一赤虬，追蹑于后。朝谒元始众圣，因予能随风雨上下，即命为雨师，主行霖雨。'"至于祭祀雨神的活动，历代皆有。《淮南子》云:"汤之时,七年旱,以身祷于桑林之际,而四海之云凑,千里之雨至。"《诗·小雅·甫田》云:"琴瑟击鼓,以御田祖,以祈甘雨。"都是关于人们求雨神降雨的记载。

据相关文献记载,风神崇拜在商代就已盛行。《甲骨文合集》载:"东方曰析,风曰协;南方曰因,风曰凯;西方曰丰,风曰彝;北方曰勹,风曰冽。"其中的四方和四风,后世学者认为都是神灵称谓。人们对风的崇拜,归根结底是因为风与万物的生命以及人类的生产生活关系密切。《风俗通义·祀典》云:"鼓之以雷霆,润之以风雨,养成万物,有功于人。王者祀以报功也。"风神又被称为风伯,其职能主要是配合雷神和雨神助万物成长,因此历代君王对风神虔诚祭祀。人们自古通过风辨识季节,《国语·周语上》就记载有太子在和风吹至之时举行亲耕仪式的过程:"先时五日,瞽告有协风至,王即斋宫,百官御事,各即其斋三日。王乃淳濯飨醴,及期,郁人荐鬯,牺人荐醴,王裸鬯,飨醴乃行,百吏、庶民毕从。及籍,后稷监之,膳夫、农正陈籍礼,太史赞王,王敬从之。王耕一坺,班三之,庶民终于千亩。其后稷省功,太史监之;司徒省民,太师监之。毕,宰夫陈飨,膳宰监之。膳夫赞王,王歆太牢,班尝之,庶人终食。是日也,瞽帅音官以风土。稷则遍诫百姓纪农协功,曰:'阴阳分布,震雷出滞。土不备垦,辟在司寇。'乃命其旅曰:'徇。'农师一之,农正再之,后稷三之,司空四之,司徒五之,太保六之,太师七之,太史八之,宗伯九之,王则大徇。耨获亦如之。廪于籍东南,钟而藏之,而时布之于农。"综合来讲,风除了利于万物成长以外,还可以向人类传达时间、四季的变化以及气象气温等知识,因此在现实生活中风神备受人们重视。

云神与风伯、雨师、雷公、电母都是神秘自然界的气象神,且相互之间关系密切。屈原的诗篇中有很多关于云神的描述。《楚辞·离骚》云："吾令丰隆乘云兮，求宓妃之所在。扬云霓之晻蔼兮，鸣玉鸾之啾啾。驾八龙之婉婉兮，载云旗之委蛇。"《九歌》中的《云中君》《湘夫人》《大司命》《少司命》《东君》等，都有关于云神的描绘。这些记载充分表现出人们对云神的崇尚。与此同时，云神崇拜在现实生活中还体现在云纹的运用方面，云纹常与龙、凤等吉祥纹样组合在一起，象征幸福和谐。

传统村落的信仰中，虹被认为有雌雄之分，雄虹的颜色较为鲜艳美丽，而雌虹的颜色则偏暗淡，通常被称为"蜺"。古人认为虹是反常的，是阴阳不和的结果，他们将虹蜺视为淫邪之气。《淮南子·天文训》载："虹蜺彗星者，天之忌也。"蜺，通"霓"，《说文解字》释霓："屈虹，青赤或白色，阴气也。"由此看，先民对虹是心生敬畏的。民间对虹是有禁忌的，比如不能用手去指虹，《诗·国风·鄘风》中就有相关的记载："蝃蝀在东，莫之敢指。"这样的禁忌，归根结底都是因为人们把虹视为不祥之兆。但是人们对虹除了敬畏和忌讳之外，还是有积极信仰的。最初的虹神通常是双首龙形象，两龙首下垂，身体弯曲成弧形。民间自古流传有虹神吸河水的传说，因此人们认为虹与雷雨有密切的关联。此外，因彩虹呈七彩之色，人们习惯以虹喻美人。《异苑》云："古者有夫妻荒年采食而死，俱化为青虹，故俗呼为美人。"至此，人们的虹崇拜情结又多了一层意蕴。

5.2.3 自然物崇拜

水神崇拜的产生，主要是源于古人对水的恐惧和依赖。水被认为是万物之源、农业命脉，为原始先民提供了生活所需。尤其是进入农耕时代以后，水更是对农业生产起着决定性的作用。但是水在给人类生活带来积极影响的同时，洪水也给人类带来了灾难和恐惧。《孟子·滕文公上》中有载："当尧之时，天下犹未平，洪水横流，泛滥于天下。"据夏曾佑叙述："《尧典》称洪水滔天，浩浩怀山襄陵，则其水之大可知矣。然不详其起于何时，一若起于尧时者。然今案女娲氏时，四极废，九州裂……水浩洋而不息，于时女娲氏断鳌足以立四极，积芦灰以止淫水。其后共工氏与颛顼争为帝，怒而触不周之山，共工氏振滔洪水，以薄穷桑，江淮流通，四海溟涬，民皆上丘陵，赴树木。似洪水之祸，实起于尧以前，特至尧时，人事进化，始治之耳。考天下各族，述其古事，莫不有洪水。"① 伴随着人们对洪水的恐惧和对水的依赖逐渐增强，水神崇拜的信仰应运而生。从《山海经》来看，水神多是动物或是半人半兽的形象。在职能方面，水神被赋予了左右云雨以及助佑战争的作用。《后汉书·左周黄列传》云："是岁，河南、三辅大旱，五谷灾伤，天子亲自露坐德阳殿东厢请雨，又下司隶、河南祷祀河神、名山、大泽。"

火的利用，可以说是人类文明发展史上极为重要的篇章，是人类认识自然而后利用自然来改善生产生活的最初实践。在原始社会，火作为一种神秘的自然力存在，人类在自觉对火无法预知和控制的情况下，对火是非常恐惧的。刘熙《释名》有载："火，化物也，亦言毁也，物入即皆毁坏也。"因为这种不解和恐惧，人们便开始用尽各种方式对火进行祭拜，以趋吉避凶。后来当火可以为人所用，尤其是人类发明了人工取火以后，火跟人类变得亲近了，人们开始将火神化，进而虔诚地崇拜火神。火神通常被描绘成小儿形象，刘义庆的《幽明

---

① 夏曾佑：《中国古代史》，上海人民出版社 2014 年版，第 23 页。

录》中有记载:"晋义熙五年,彭城刘澄常见鬼。及为左卫司马,与将军巢营廨宇相接。澄夜相就坐小语,见一小儿,赭衣,手把赤帜,团团如芙蓉花。数日,巢大遭火。"

山神崇拜是对山的各种神秘力量的崇拜。先民相信万物有灵,认为"山林川谷丘陵,能出云为风雨,见怪物,皆曰神"(《礼记·祭法》)。《山海经》中载有很多的山神形象,如:"钟山之神,名曰烛阴,视为昼,眠为夜,吹为冬,呼为夏,不饮,不食,不息,息为风;身长千里,在无启之东,其为物,人面,蛇身,赤色,居钟山下。"(《山海经·海外北经》)另有屈原《九歌·山鬼》中所祭祀的"山鬼",也被认为是山神。山神崇拜流传至今,仍有很多地区保留了这种习俗,比如藏族村落的原住民,对山神的崇拜情结一直都很强烈。在藏区,人们经过高山森林的时候是忌讳大声喧哗的,认为大喊大叫会引来风雨大作或是雪崩等不良气象。藏民在高山峡谷内还忌讳随地吐痰等不雅行为,认为这些行为是对山神的不敬,会给自身带来灾祸。尤其是在藏民所公认的"神山"附近,禁止捕猎野兽或是采伐花草树木,他们认为违反禁忌是会触怒山神而遭处罚的。

石神是重要的自然神之一。石神崇拜最早的表现,是人们敬奉那些奇异的巨大的山石,之后人们发现石器有很多功用,石神开始被越来越多的人信奉。从女娲炼五色石以补苍天的创世神话中,就能感受到古人对石神的崇拜。人们崇拜石神的同时,也赋予石神更多的职能。首先是驱魔辟邪,这一功能是由石块的自然属性决定的。在古人追杀猎物、开荒砍伐的过程中或是在战争时期,石器都是很重要的武器,能够帮助人们消除灾难、达成目的,因此作为主管石块的石神被认为有趋吉避凶之功用。其次,在很多地方,石神还被视为赐子孙、保平安之神。比如仡佬族一般把巨石称为"石保爷"或是"石保公",当人们有祈求子嗣或是小儿祛病的诉求时,就会祭拜巨石。而壮族一般是在村寨旁或者村子的主道路边上竖立巨石,该巨石被视为村寨保护神,每逢节庆之时人们会烧香祭拜,以求人畜平安。

传统村落中的自然物崇拜,除了前文所述的水、火、山、石崇拜之外,动植物等图腾崇拜也是很重要的内容。图腾是某个族群部落或社会群体甚或个人的象征物,作为图腾的象征物可以是某种动物,或某种植物,或非生物,甚或是某种自然现象。图腾既是区分不同族群的标志,也通常被视为该族群的祖先和保护神。图腾崇拜一般有特殊的仪式和许多不同的禁忌,图腾崇拜是人类早期的一种宗教信仰形式。图腾崇拜所涉及的图案纹样大多在构图中运用了象征、比拟、寓意和谐音等表现手法,有深厚的文化和历史内涵。不同民族的图腾崇拜一般都有与该图腾相关的神话传说,比如世代相传的开天辟地神话、动植物演变为人的神话以及人与动植物结合繁衍后代的神话,等等。苗族、瑶族及畲族自认为是盘瓠的后代,怒族流传有蜜蜂变人的传说,拉祜族相信先祖是由虎变来的,等等,这些丰富多彩的神话传说世代传承着中华先民古老的图腾信仰。人们信奉的图腾多种多样,一般来说可以分为非生物图腾崇拜、动物图腾崇拜以及植物图腾崇拜。常见的非生物图腾有工具、人造物、生活用具等,动物图腾有龙、凤、蛇、狼、犬、狮、象、虎、熊、鱼、鸟、青蛙、虫等,植物图腾则有树木、花草、竹、葫芦等。

人类对工具、人造物以及生活用具的崇拜,归根结底是指人们对客观有用物的崇拜。人类自远古时代起,便形成了一切以有用为前提的价值取向,这是各种崇拜的最基本特征。人们崇拜这些"有用物",其实是对它们的一种信赖,生活当中人们把这些实物当作可以依靠的对象，最主要的有龙、凤、蛇、犬、虎、鱼等崇拜。

中国人对于龙的崇拜由来已久。一方面，东汉《潜夫论·五德志》云："有神龙，首出常羊，感妊姒，生赤帝魁隗。身号炎帝，世号神农，代伏羲氏。其德火纪，故为火师而火名……大电绕枢炤野，感符宝，生黄帝轩辕。代炎帝氏。其相龙颜，其德土行，以云纪，故为云师而云名。"汉族人将炎帝与黄帝的出生与龙联系起来，以"龙的传人"自居。另一方面，在少数民族村落，龙神崇拜却可以归入自然神崇拜一类。龙在阴阳观念中代表阳，被人们赋予兴云雨、利万物的神性。在一些少数民族村落，龙神崇拜是氏族图腾与自然神的综合演化物，有更为丰富的民族文化内涵，如象征祖宗的"旗杆龙""捋须龙"等图腾，都是以龙喻祖，而非皇权。

图5-1 侗族民居内龙图腾

凤是先民根据想象创造出来的一种动物崇拜物。《说文解字》云："凤，神鸟也。"凤纹早在新石器时代就已被用于彩陶的装饰纹样中。传统观念中，凤是吉祥的象征，因此常与花卉之王牡丹一起组成吉祥装饰纹样，如凤穿牡丹、凤啄牡丹等，用于表达夫妻和睦、幸福和谐之意。凤纹与龙纹组合在一起，如龙凤呈祥图案则是繁荣昌盛、太平盛世的象征。

图 5-2 凤纹石雕

人类历史上关于蛇的神话传说有很多种，蛇被认为是富有灵性的，它经过人们的神化和渲染，常以人首蛇身、九头蛇等诸多神灵形象出现。如《神异经·西北荒经》记载有："西北荒有人焉，人面朱发，蛇身人手足，而食五谷禽兽。贪恶愚顽，名曰共工。"共工是有名的水神，《山海经·海内经》云："炎帝之妻，赤水之子听訞生炎居，炎居生节并，节并生戏器，戏器生祝融，祝融降处于江水，生共工。"同时，共工之臣是九首蛇身。《山海经·大荒北经》载："共工之臣，名曰相繇，九首蛇身，自环，食于九土。"除此之外，《山海经》中还记载有很多的蛇神。人类对蛇的崇拜，最初是从惧怕到敬畏，最终开始崇拜。同时由于蛇有蜕皮宛如新生以及多产多生的属性，使得更多的人为求子而崇拜蛇。

传统村落中的犬崇拜多是起源于盘瓠崇拜。比如在苗族、瑶族以及畲族地区的村落，原住民都视盘瓠为始祖。清代陆次云的《小方壶斋舆地丛钞》记载："苗人，盘瓠之种也。帝喾高辛氏以盘瓠有歼溪蛮之功，封其地，妻以女，生六男六女，而为诸苗，尽夜郎境多有之。有白苗、花苗、青苗、黑苗、红苗。苗部所衣各别以色，散处山谷，聚而成寨，睚眦杀人，报仇不已。故谚曰：'苗家仇，九世休。'近为熟苗，远为生苗，熟苗劳同牛马，不胜瑶役之苦。男子椎髻当前，髻缠锦帨，织布为衣，窍以纳首。妇人以海钯铜铃，结璎珞为饰，耳环盈寸，髻簪几尺。以十月朔为大节，岁首祭盘瓠。揉鱼肉于木槽，扣槽群号以为礼。"《评王卷牒》载："瑶人根骨，即系龙犬出身。"

以虎为图腾的民族有土家族、彝族、纳西族等。其中古代巴人和土家族尤为敬奉白虎，且喜欢把虎用于人名中。《北史·蛮獠传》中有记载，在西魏恭帝年间"巴蜀西人谯淹扇动群蛮以附梁。蛮帅向镇侯、向白虎等应之"。土家族作为古代巴人的后裔，一直传承着对虎的崇拜。在湘西永顺一带的村落中，流传着一个传说。初到该地的老祖宗实为两兄弟，分别叫铜老虎和铁老虎。现如今在土家族聚居的地方，还遗存不少的白虎堂或者是白虎庙。从各地县志来看，土家族人名中带"虎"字的数不胜数。以虎为图腾的彝族，也喜欢自称为虎。比如云南地区的彝族，男人一般会自称"罗罗颇"，意为雄虎；而女人则自称为"罗罗摩"，即雌虎。在彝族语言中，"罗罗"即是虎，"颇"代表雄性，"摩"是指雌性。在彝族地区的村落，原住民不仅喜欢在给小孩子取名的时候用到"虎"字，连日常所居的村落、山坡或者河流，都喜以"虎"命名。比如云南彝族密集的哀牢山脉，在彝语中是被称为"大虎山"的。此山区内的"罗摩山"是指"母虎山","老应奔"即"虎啸山","上乐秋"和"下乐秋"则分别是"上虎街村"和"下虎街村"。纳西族的虎图腾崇拜在地名中也有所体现。比如泸沽湖的古称是"刺踏湖",意为"虎湖";古称"刺踏寨山"的干木山,意为"虎山";"拉瓦村"则是指"虎村"。纳西族居住的村落中诸如此类的"虎"字号地名还有很多,在此不一一赘述。

鱼与人类生活密切相关。鱼崇拜的根源,最早可能是出于对鱼类强大的繁殖力的崇尚。在生活条件恶劣的古代社会,先民一直渴望人丁兴旺。而鱼作为一种极为常见的生物,胚胎发育时间相当短且怀卵量很大,就自然而然成了先民敬仰的对象。所以在传统概念中,人们常以鱼形图案象征多子多孙。在少数民族村落中,常见有鱼纹装饰的神灵造像,这是对鱼的强盛繁殖能力的一种生殖崇拜,都是基于人们对氏族人丁兴旺的强烈愿望。其次,鱼还被赋予司雨水的职能。《帝王世系》有载:"黄帝出游洛水之上,见大鱼,杀五牲以醮之,天乃甚雨。"《述异记》曰:"关中有金鱼神,云周平王二年,十旬不雨,遭祭天神,俄而生涌泉,鱼跃出而降雨。"从中我们可以看出,古人对能司雨水的鱼神是有崇拜情结的。此外,"鱼"是"余"的谐音,生活当中,人们以鱼形图案来表达年年有余的美好期望。民间在节庆日之时所做的剪纸窗花中,鱼几乎是不可或缺的组成元素。比如"莲年有鱼"的图案在传统村落的装饰艺术中随处可见。它以莲花和鱼作为主要纹样,寄托"连年有余"的美好祝愿。

在我国,鸟崇拜有着悠久的历史。《诗经·商颂·玄鸟》云:"天命玄鸟,降而生商,宅殷土芒芒。"这种"玄鸟生商"之说,是先民的鸟崇拜的体现。在传统村落中的一些建筑物上常见有鸟图腾作装饰纹样,比如在侗族建筑的屋檐上一般会有惟妙惟肖的玄鸟堆塑,共同

图 5-3 清代楼台式佛与菩萨

图 5-4 鱼形木质建筑构件

构成"飞檐翼角"的独特造型。这种鸟图腾的运用一方面是因为飞鸟的形象衬托建筑可以更好地达到耸立向天空的升腾感；另一方面是因为传说侗族人的先祖是生活在雁鹅村的，侗族人相信在人死后，他们的魂魄只有回归雁鹅村才算圆满轮回。所以侗族人在日常生活中都有敬鸟、爱鸟的习俗，在一些重要的建筑物以及服饰上会有鸟图腾。

人们一般把传说中的女娲视为蛙图腾神，"娲"即"蛙"，因此女娲也就是雌蛙，蛙也就成了女娲氏族部落的图腾。蛙图腾在考古发现的彩陶上多见，比如马家窑文化遗址出图的彩陶上就有不少的蛙图腾，其中还有人蛙纹以及变体蛙纹。在有些壮族地区也存在蛙神崇拜，有学者认为蛙最早是瓯部落的图腾物，而在汉语中"瓯"与壮语"蛙"的音是极为相似的，所以很有可能瓯部落就是蛙部落。除此之外，蛙图腾崇拜还有其他的意义。《说文·黾部》中把蛙解释为"詹诸"，也就是传说中的月精蟾蜍。嫦娥因偷食不死药而后奔月变成蟾蜍的神话传说古今流传，蟾蜍也被作为吉祥图腾出现在帛画、铜鼓、陶瓷、玉器、青铜器以及画像石中。最后值得一提的是蛙图腾崇拜还被认为与生殖崇拜相关。因为蛙多子，也就自然成了原始社会人们崇拜的对象，蛙图腾也就成了生命繁衍的象征。

现实生活中树木崇拜的对象，多是生活当中常见的枫树、榕树、樟树、桐树以及杉树等。被不同的民族奉为神树的树种也各不相同，一般来说，苗族信仰枫树；壮族崇拜榕树和木棉树；土家族信奉水杉；侗族信仰香樟树、银杏树、杉树以及枫树；而仡佬族则是崇拜桐树。

不同的树种崇拜，跟各个民族的历史文化背景密切相关。比如苗族古歌《枫木歌》中有就有关于枫树化生万物的叙唱，苗民世代传诵着枫树心是苗族始祖蝴蝶妈妈的诞生地："枫树砍倒了，变作千百样；

树根变泥鳅，住在泥水里；树桩变铜鼓，大家围着跳；树身生疙瘩，变成猫头鹰；树梢变姬宇，一身绣花衣；树干生妹榜，树心变妹留；这个妹榜留，姜央的蝶娘；古时老妈妈，我们的祖妣。"因为苗民认为自己的始祖源于枫木，所以对枫木十分敬重，称枫木为妈妈树。日常生活当中，他们建屋之前先栽枫树，认为只有树活了才适合人居，然后盖房子的中柱也会选枫木，认为房屋的中柱是祖先安身之处，因此必须选择枫木，以保佑家族兴旺。

侗族中的神树崇拜包括香樟树、银杏树、杉树、枫树以及青钱柳树，等等。以湖南地区为例，杉树崇拜主要盛行于侗族村落之间。他们把杉树视为民族图腾，一直保留有祭杉树的习俗。在正月初一这一天，村落原住民在给祖先和长辈拜年之后，再全家一起给杉树敬酒敬饭，也就是敬"年庚饭"。而且在有子女出生的时候，家人要在山上种杉树，寓意杉树陪孩子一起长大成才，因此这种缘由种下的杉树也被称为"十八杉"。此外，湘西南上堡村的侗族崇拜青钱柳树。在当地，青钱柳被称为"摇钱树"。原住民每逢节庆日或是遇见生婚病死等大事的时候，总会去祭拜村口的千年古树青钱柳。有人生了孩子，要在古树上面写名字，认古树为干爹，祈求古树保佑小儿长命富贵。如果新生儿夜哭不止，家里人会在古树上贴红纸，写上"天皇皇，地皇皇，我家有个哭口郎，过路君子念一遍，一夜睡到大天亮"。每逢农历的初一和十五，村落中有诉求的人家都会去上香祭拜古树。

柳枝崇拜一般是指满族，在满族聚居的村落，原住民日常生活中崇拜的很多神祇形象是由柳枝制作而成的。满族人一直有敬柳、祭柳的习俗，每逢祭祖上坟一定会用到柳枝。在满族人的观念中，作为神化物的柳不仅是祖先的象征，更是保佑人们诸事顺利的守护神。满族先民女真人就曾供奉柳枝于堂上，用于家法来笞责不肖子孙，很显然，柳枝是象

图 5-5　神树崇拜

征老祖宗的。此外，满族人认为柳叶是可以治愈很多疑难杂症的，比如可以治妇女不孕不育，把柳叶炒干之后烘腹还可以祛除寒湿。

云南楚雄彝族流传有这样的传说，在远古时代洪水滔天，所有东西都被淹没了，就只有两兄妹躲在葫芦里幸存下来。后来为了繁衍后代，两兄妹在金龟老人的操持下自相婚配。婚后生下了一个大肉团子，由金龟老人劈开大肉团，发现里面有五十个童男和五十个童女。流着血的血胞被甩到一棵树上，而后这棵树竟开出了红彤彤的马缨花。从此以后马缨花被视为彝族的祖先，接受彝族同胞的敬奉。在云南楚雄的彝族村落，年轻的男女会把马缨花当作定情信物相互赠送，并且在操办婚事的时候必须祭拜马缨花。此外，当小孩出生时，家人也会祭拜马缨花。在当地，马缨花盛开的季节是很喜庆的。原住民会把象征吉祥的马缨花戴在头上或者捧在手里，用各种方式来表达内心的欢愉。

还有不少彝族是崇拜竹的，他们把竹视为祖神，赋予竹神消灾避祸的职能。在遭遇灾难的时候，彝族人认为跑进竹林中便可以受到保护。有学者调研发现，新中国成立前敌人的飞机来袭，汉族人一般是跑进防空洞，但是彝族人则习惯钻进竹林中，这充分证明了竹在彝族人心目中的崇高地位。

很多民族还有葫芦崇拜。比如佤族、傣族、景颇族以及拉祜族传说其先祖是从葫芦里走出来的，把葫芦视为民族的保护神。在云南的一些彝族地区，一直保留葫芦崇拜的遗俗。云南哀牢山下的彝族，每次要远行或者外出捕鱼的时候，都会在腰间系上葫芦，他们认为这样做可以避祸保平安。就连汉民族历史上也有葫芦崇拜情结，《诗经·大雅·绵》有载："绵绵瓜瓞，民之初生。"就是把绵绵不断的葫芦视为中华民族祖先诞生之所。曾有不少学者对葫芦文化进行过详细的分析和考证，在很多地区，人们认为远古时代洪水中幸存的一对兄妹就是中华民族的始祖伏羲和女娲。《周易》中称伏羲为"包牺"，即"匏羲"，就是指葫芦。而"女娲作笙"之说中的"笙"就是葫芦做的。传统村落中的葫芦崇拜除了始祖说之外，还有一层原因是葫芦被赋予了保护和繁衍生命的神性。从葫芦的形体特征来看，很像女性的子宫，人从葫芦出的传说又被演绎出人从母体出之意。

5.3 传统村落的神灵崇拜

5.3.1 祖先崇拜

祖先崇拜是指人们对自己的祖先所怀抱的一种尊崇、信仰与敬畏的情感，其核心在于相信祖先的灵魂不死，而且能够以不同的方式影响子孙后代的生活。它在传统村落乃至中国民间信仰之中占据极为重要的地位。祖先崇拜大致可以分为族群性的祖先崇拜与家族性的祖先崇拜两类。前者主要是指一个或多个民族崇拜一个共同的祖先（神），后者则主要是指小范围内的单个家族的祖先崇拜。如果要追问我国各民族祖先崇拜的历史由来或文化根源，笔者认为主要有三种因素：一是儒家的孝道思想；二是由民间传说而来的本民族信仰；三是家族血缘关系。传统村落原住民的祖先崇拜情结世代相传，族人感恩祖先，向祖先求福，这对增强民族凝聚力有重要作用。这也正是祖先崇拜的宗教成分之主要体现。关于这种宗教成分的功用，杨庆堃曾指出："祭祖的宗教成分显然在团结成员方面起到了精神凝聚力的作用……要将一个团体团结起来，单纯靠世俗利益的支持是缺乏足够凝聚力的；因此宗教成分恰到好处地赋予社团某种神圣的令人崇拜和敬畏的特征，完全可以起到加强团体成员的团结和忠诚度的作用。"[①]

论及传统村落中的祖先崇拜，自然避不开祠堂。祠堂又被称为宗庙、宗祠、家庙，是我国古代宗族为专门祭祀祖先而修建的一种民间氏族公共建筑。宋代理学大师朱熹曾在《家礼》卷一之《通礼·祠堂》篇中提出了明确规定："君子将营宫室，先立祠堂于正寝之东，为四龛以奉先世神主。"朱熹明确了被祭祀的对象，所谓"四龛"，即是指高祖、曾祖、祖、考四代。他还明确规定了"四龛"昭穆秩序：高祖位居左、曾祖位居右、祖居次左、考居次右。建宗祠、立四龛、礼亲祭祖，打破了过去"势单力薄"的以单一家庭为祭礼单位的格局，变过去单一的家庭单位所建的祠堂只能单一

[①] 杨庆堃：《中国社会中的宗教：宗教的现代社会功能与其历史因素之研究》，上海人民出版社2007年版，第69页。

图 5-6　祖先崇拜

祭祀"一祖一宗"的做法为"五服"内的宗亲共建的氏族宗祠可祭祀同一氏族中"五服"之内的共同祖先。氏族祠堂是氏族物质文化与精神文化的最高形式的体现与反映。频繁的祭祀活动，使宗亲之间的情感交流大大增强，氏族血统的力量得以凝聚，声望和影响得以扩大。

在我国传统村落中，一般是一姓一祠或者一姓多祠。日常生活中，祠堂除了被用来"崇宗祀祖"之外，每逢族亲有婚、丧、寿、喜等大事时，也会利用祠堂作为活动场所。在宗族中有重大事情需要商议的时候，也会选择祠堂作为聚会商讨之地。此外，祠堂还是族长行使族权惩罚族内违反族规之人的地方。祠堂作为宗族祖先崇拜的主要场所，通常是村落中最引人注目的建筑，有高大的厅堂、宏伟的柱子、精致的雕塑等，给人神圣感的同时也体现出家族的财富、地位以及在当地的影响力。祠堂的最核心部分是正厅的祖先祭台，祭台上陈列着一排排的祖先牌位。其正中间的最高一层放置的是宗族创立者的牌位，旁边及下层依照辈分放置宗族创立者后代的牌位。牌位，又被称为灵位、灵牌、神位或是神主，一般是由长方形木板制作而成，下面设底座。牌位自上而下书写已逝世祖先的姓名、称谓。依照传统习俗，宗族内有人去世以后，家人都要为其制作牌位并安放于祠堂内。人们相信，只有这样，逝者的灵魂在离开人体以后才有地方安置。祠堂内供奉的诸多牌位是宗族长久延续的标志，一方面，增强了族人的凝聚力，提醒族人是由这些逝者和他们一起共同延续了宗族的血脉；另一方面，祖先灵魂的神圣性可以激励后代努力创下更大的家业，从而光宗耀祖。

传统村落中，原住民都十分敬重祖先，除了会珍藏族谱、家谱，敬奉祖先牌位之外，在典型的节庆之时，都会举行神圣的祭祖仪式。"仪式"虽然不专属于信仰，但形形色色的民间信仰大多不会放过可以借机表露自身"神圣"或凸显"神秘"性质的"仪式"。而"仪式"本身实质就是一个庞大的象征系统，"象征"几乎充盈于各种"信仰"及其"仪式"之中。这不仅是指"仪式"本身所具有的多种象征性意义，更是指各种民间信仰和崇拜大多各自具有象征物或独特标志甚或符号。如果说"仪式"是对"信仰"行为和活动的表达，那么"象征"则是对"信仰"符号和物质的表达。也就是说，"仪式"是用来表达和实践乃至肯定"信仰"的一套标准化行为活动，而"象征"作为某种"符号"或"标志"则是信仰文化的物质载体和有形体现。"仪式"和"象征"的共同之处在于它们都是信仰文化必不可少的组成元素，而且在某种意义上都属于村落信仰文化中"有形可见"的那部分内容。

接下来，我们以湘西南绥宁苗族的"祭狗"习俗为例，来谈当地的祖先崇拜以及相应的祭祀仪式。

自汉代以来，有关苗族是神犬"盘瓠"后裔的传说和记载不胜枚举，"盘瓠"被作为始祖或图腾崇拜也是屡见不鲜。最早的见于《后汉书·南蛮西南夷列传》所载。此后，关于盘瓠神话的记载史不绝书。基于这种祖先崇拜情节，湖南省邵阳市绥宁县黄桑、关峡一带的苗族乡直到现在还完好地传承和存有神秘的"祭狗"仪式。

所谓"祭狗"，是指苗民在新粮下来时所举行的一种敬奉"狗神"的祭祀仪式，它以"盘瓠"为祖先神，将狗作为具体的神化物，是"犬崇拜"的体现。这种仪式旨在祭祀"祖先神"（即被视为神化物的"狗"），也包含对来年丰收的祈祷。绥宁苗民普遍认为，"祖先神"是可以保佑他们五谷丰登的。正因为拥有这种祖先崇拜情结，绥宁苗民至今在日常生活中从不杀狗，更不吃狗肉，且在狗死后要将其入土埋葬。每餐开饭时，在人吃之前，他们会先把最上面的饭盛一碗给狗吃。以至于苗寨里的狗可以随意大摇大摆地在人前走动，不会怕人。如果有流浪狗来到家里，苗民也都会给予优待，并把这视为吉祥之事。

"祭狗"仪式的现场布置有各种水陆画，绘制内容有佛教、道教及地方神祇形象，狗的图腾掺杂其中。仪式开始后，六位戴狗头面具的男子和几位身穿苗服的女子围绕祭祀桌转圈，做双臂外张状；内圈有四位扮狗人员匍匐在地，扮狗跳跃。随后参与活动表演的众人蹲下，由主持人致敬狗词，讲述谷子的来源。主持人讲完，六位戴狗头面具的男子和几位身穿苗服的女子以及四位扮狗人重复之前的动作，围祭祀桌转圈。接下来是三次上香。主持者点亮蜡烛，先给祖先牌位斟酒敬香，同时敬奉天地。然后，一边诵经，一边点燃纸钱，卜卦三次，开始请狗神。继而奠酒、奠荤、奠饭，各进行三次。随后由一主妇先盛装新米饭一碗，开始呼狗，呼狗时锣鼓号各奏。扮狗者双手着地，手掌朝下，闻呼狗声后呈匍匐飞跑状奔向主妇，主妇持碗绕祭祀桌连走三圈，扮狗者亦连跟爬三周，速度越爬越快并扮狗叫声。待主妇将米饭放到桌下，扮狗者再到桌下抢食物吃。他们要把嘴巴伸进碗中舔饭，而不能用手端碗。最末，烧纸钱结尾，以锣鼓三通结束仪式。此仪式中所用的"狗头面具"造型不一，各具神韵，在祭祀过程中是被当作神灵看待的，带有宗教功能。村落原住民借助面具象征神灵，表演者戴上面具通过人神角色互换而获得法力。很明显，"狗头面具"是祖先神的象征物之一。其次，"祭狗"仪式所用水陆画中，有很多都绘制有犬图腾，同样是祖先神的象征。此外，匍匐在地的扮狗人，以锅底之烟灰抹涂于左右脸颊，倒披蓑衣，用干枯的茅草捆绑起来做狗尾巴，此种形象也是象征祖先神。

图 5-7　祭狗仪式（1）

图 5-8　祭狗仪式（2）

　　同样，畲族的盘瓠崇拜也是祖先崇拜的产物。与苗族、瑶族稍有不同的是，畲族习惯把盘瓠传说绘制成连环画，即祖图，为祭祖仪式所用。在自家堂屋悬挂祖图，在祖图前布置神案，神案上立祖杖并布置香炉。在该仪式中所用的祖图，是一种连环式画像，具象地描画了神犬与人结合繁衍后代的神话传说。很显然，祖图中的犬图腾是祖先神的象征。祖杖也是畲族图腾的主要标志，是指雕刻着形状像狗头或者龙头的木杖，上面会挂着若干根红布条，每根红布条上都写着已过世的祖宗的姓名。中国村落文化研究中心就藏有一卷绘制于生麻布上的祖图，其题跋内容为："大清乾隆贰拾肆年乙卯岁仲冬　州府丽水县十归都北空虔诚为神像重新采书　历代根源晋有之踪　自书以后合祠　孙侄须要小心轮值　慎勿因循　千年神谱颜长在　正是古任（人）显灵　神月循环同休远　蓝合族万年兴　今以祖上古积祠堂破坏　合祠商议　一座同心　朝兆发春龙朝贵春文贵律五人为首采书　三清祖书一堂　择拾壹日（月）拾叁吉　祖书合祠　人丁兴旺　万年

古流芳　日后祖图轮流承值　家家户户务须谨禀　小心承值　不得有违　各人谨忌（记）小心保护。"该卷图像资料为连环式画像，具象地描画了狗与人结合繁衍后代的神话传说。从题跋和图像内容来看，我们可以确定此卷图画来自浙江西南部丽水的畲族。丽水是我国最大的畲族聚居地，境内设有景宁畲族自治县以及七个畲族乡镇。据相关资料记载，畲族最主要的姓氏有盘、蓝、雷、钟四姓。从该祖图的题跋来看，为丽水蓝氏族人所供奉。

　　基于祖先崇拜情结，人们历来重视丧葬仪式。丧葬仪式，源于灵魂不灭的观念，是由一系列繁复的祭祀仪式组成的。人们认为人死后是要到另一个世界去生活的，为了使已故的亲人可以在阴间生活得幸福安宁，会在其过世以后举行隆重的丧葬仪式。在宽慰亡灵的同时，也希望已故之人可以保佑家人兴旺发达。所有丧葬仪式归根结底都是建立在活着的亲人坚信死者灵魂继续存在的基础之上。

　　传统的儒家观点认为，丧葬礼俗最根本的目的是"慎终追远"。所谓"水有源，树有根"，正是基于这种"饮水思源"的思想，先民便格外重视丧葬之礼，于是产生了浓厚的祖先崇拜传统。《大戴礼记》中有这样的描述："丧祭之礼所以教仁爱也，致爱故能致丧祭，春秋祭祀之不绝，致思慕之心也。夫祭祀，致馈养之道也。死且思慕馈养，况于生而存乎？故曰：丧祭之礼明，则民孝矣。"（《大戴礼记·盛德》）《荀子·礼论》中对我国典型的"养生送死"观念也有很清晰的解释："礼者，谨于治生死者也。生，人之始也；死，人之终也。始终俱善，人道毕矣。故君子敬始而慎终。终始如一，是君子之道、礼义之文也。……丧礼者，以生者饰死者也，大象其生以送其死也。故事死如生，事亡如存，终始一也。……故丧礼者，无他焉，明死生之义，送以哀敬而终周藏也。故葬埋，敬藏其形也；祭祀，敬事其神也；其铭、诔、系世，敬传其名也。事生，饰始也；送死，饰终也。终始具，而孝子之事毕，圣人之道备矣。"重视丧葬仪式，从个人角度来讲，可以给活着的后人带来一点欣慰，减轻由亲人离世引发的心理冲击；从社会角度来看，丧葬仪式有助于激励孝行，维护敬老、孝老的基本伦理道德。

在我国，丧葬仪式因各个民族和地区之间自然环境、社会形态、宗教信仰等方面的不同，而存在具体细节上的差异。相比较而言，汉族地区的丧葬仪式在全国范围内差异较小，一般分为三个部分：首先是葬前仪式，主要包括招魂、告丧、洗尸、易服、送魂和停殡等；其次是埋葬仪式，主要包括出殡、送葬、路引、撒金钱和下葬等；最后是葬后仪式，主要包括守孝、服丧、扫墓以及祭祀等。

民间信仰的仪式种类繁多，即使是同一类仪式，也会因不同的地域、民族而呈现出明显的差异。其中少数民族村落的丧葬仪式，各地差异较大。例如，湘西凤凰、花垣、吉首等地苗族丧葬祭仪有以下几个步骤：（1）烧"落气钱"和"上柳床"；（2）"斗鬼农"，象征请死者放生魂，留下五谷杂粮于子孙，切莫带走；（3）殡殓开吊；（4）舅家"闹火把"；（5）"关死门"出丧下葬，象征一切祸害都被死者带走了；（6）"吐昂喜响"，意为聚祖安亡。

黔东南台江县苗族丧葬祭仪包括：（1）落气放炮。（2）停放送礼。（3）送殡下葬，葬毕，大家陆续回家，只留下苗巫师和一个老人在后面，负责引亡魂回家。据苗族世代相传，人死后变成三个灵魂：一个守墓穴，另一个回到祖先发迹地去投胎，还有一个回家供在神龛上为家神。（4）复山、"走客"和"焚巾"。（5）唱"兄妹歌"。

黔西南镇宁革利地区苗族丧葬祭仪则包括：（1）停尸杀鸡；（2）报丧；（3）守夜；（4）吊丧；（5）"开路"，象征指引亡人沿着祖先迁徙的路线回去，由近及远，由西到东，一直回到苗族祖先的发祥地为止；（6）送葬砍牛；（7）安葬"包坟"，首先由亲属铲土三铲盖灵柩，又跪下用后襟背三块泥巴回家，象征把所有参加送葬人的灵魂"背"回来了，以此将活人同死人划清界限。送葬的人返回丧家后，有一盆水放在门口，大家都要用手着一点水，叫"洗手"，象征把一切不干净的东西已洗掉，平安无事。①

在一些少数民族尤其是苗族村落中，原住民为求风调雨顺、五谷丰登，通常会举行龙神祭祀，这也是祖先崇拜的体现。如遇诸事顺利，原住民会认为是龙神的恩赐；反之，则认为龙神有迁走之意。由此产生了"接龙"活动。以湘西、黔东北一带的苗族为例，祭龙仪式一般分为五步进行。

第一步，设龙神座于主家堂屋中。巫师把白布一匹由屋外抛入屋内，再把扎好的龙头插于门外大方桌前，表示龙卧主人堂中。方桌上各摆一升白米，五碗酒，五堆糯米粑，一尊香炉，方桌两侧贴上花纸条幅。置一晒席于屋内方桌下，上面置满金银首饰和绣花衣裙等物，席中央和四角摆五个长形木盘，盘内放五条龙形糯米粑，神座旁摆专供龙公、龙母使用的包袱和雨伞。设神座堂屋从里到外插满各式各样五彩小纸旗，看上去犹如龙宫。

第二步，敬祖先，在清晨举行。主人先在祖先牌位面前摆上祭品，然后请巫师朗诵苗族史诗，祈请祖先回家与后代子孙共庆欢乐。

第三步，敬龙神。吃过早饭，亲朋到齐后进行。巫师边摇铜铃，边诵敬龙神巫词，请五方神龙（东方青龙、南方赤龙、西方白龙、北

---

① 参见伍新福《苗族文化史》，四川民族出版社2000年版，第409—418页。

方黑龙、中央黄龙)来苗山苗寨。

　　第四步，接龙。接龙队伍由主人扮成龙公龙母先行，巫师取下桌边龙头，由一少年举着在龙公前引路，后随吹奏乐队。一群男女和儿童手执五彩纸旗在后助兴。接龙途中，遍插五彩纸旗。至水边或井边，巫师须念咒请龙，装扮成龙公龙母的男女主人合力用瓦罐在井中提取清水，象征把龙接回。接龙队伍到家后，大家齐跳接龙舞。舞毕，将龙头插在房屋后壁，最后用花猪五脏祭龙，请五龙归位。

　　第五步，安龙。在堂屋内挖一土坑，内置一青花瓷碗，将龙公龙母所提泉水倒于碗中，并掺入烧酒、银粉和朱砂等。瓷碗上再盖一碗，后以石板盖之。巫师双手抱白鸡，站于石板前默念咒语，表示龙位已安好，家龙已住下，主人将大吉大利。[①]

　　传统村落中的祖先崇拜除了表现为日常生活中的种种祭拜活动之外，还有为祖先造像的。比如，中国村落文化研究中心所藏的两卷造像记。

　　其一："伏以　今据　新中玉湖南省隆回县曾家坳乡对江村第六生产队水口庙王王家滩　今有下民信士曾松兵白九连　长男爱妻白葱连　次男凡妻小燕　三男云池妻范林花　孙柳鹏　长女祥花婿范积元　次女鱼花婿向奇民　三女秋花外孙范玉华范金华向红艳向拥军　弟子曾松柏　全家人口谨发诚心雕刻　恭奉　曾凡胜菩萨一尊　乞保人民清洁（吉）百事平安五谷丰登病痛除劫　曾炳元　刘江连　曾柏主　（原件此处为符）　处师（士）周法智　公元一九九一年三月十一日亥子时　上座。"

---

① 参见伍新福《苗族文化史》，四川民族出版社2000年版，第536—537页。

其二："伏以　今据　新中玉湖南省邵阳市隆回县荷香桥区曾家坳乡对江村第六生产队水口庙堂王家滩　今有下民信士曾松兵白九连　长男　池妻回葱连□□范小燕　三男云池□□柳鹏　长女祥花婿范积元　次女鱼花婿向奇民　三女秋花外孙范玉华范金华向红艳向拥军弟子曾松柏　全家人口谨发诚心雕刻　恭奉　曾凡通菩萨一尊　乞保人民清洁（吉）百事平安五谷丰登病痛除劫　曾炳元　刘江连　曾柏主　（原件此处为符）　处师（士）周法智　公元一九九一年三月十一日亥子时　上座。"

由这两卷造像记可知，是同一家人在同一时间雕造了两尊被称为"曾凡胜菩萨"和"曾凡通菩萨"的造像。而在佛教体系中，未曾有过任何关于"曾凡胜菩萨"和"曾凡通菩萨"的说法。因此可以断定，"曾凡胜"和"曾凡通"为造像人之祖先。祖先的祭祀仪式在不同的地区会有不同的表现形式，该卷造像记中祖先崇拜的表现形式则是雕琢祖先造像。造像者称家族祖先为菩萨，是将祖先神圣化的尊称，体现出在该家族中祖先的地位之高、影响之大。

5.3.2　土地神崇拜

在几乎所有的村落中，原住民普遍都认为，无论是田地里还是居民的家里，每一个地方都有一位土地神，也称"土地公"。人们对土地神的崇拜，源于原始社会万物有灵思想作用下对土地的崇拜。当时的人们对自然界有极大的依赖感，把包括土地在内的各种自然物和自然力视为崇拜对象。而土地作为一种与人类生活联系最为密切的存在，它负载并生养万物，因此在各种自然崇拜中地位尤为突出。

在人类社会早期很长一段时期内，人们崇拜自然的土地，因为在人类社会早期，人们赖以生存的食物都是在土地里生长，人类自身以及各种动物都是在土地上生存。之后出现了原始农业，人类不再仅仅向自然界索取生物维持生命，而是开始过渡到动手生产生活资料。动手种植栽培农作物自然离不开土地，农作物长得好不好，果实结得多不多，是人们最为关注的问题。与此同时，人们开始想象土地有灵，是它在控制着农作物的生长情况。人们有了土地有灵的观念，便开始想尽各种办法想要掌控或是取悦它。于是，产生了各种祭祀土地的做法，一般是把祭祀供品直接撒到土地里，祈求土地保佑植物顺利生长。

在产生了"土地有灵"的观念之后，人们对土地的认识越来越多，对土地的情感也越来越丰富。人们开始由土地生养万物的属性联系到了女性的生育功能。于是，人们开始把土地称为"地母"，地母崇拜是土地崇拜人格化的开始。地母，可以说是最原始的具有女性特征的神灵，这也与女性在原始社会中的重要地位有关。她们是生产生活的重要参与者，不仅要负责采集食物、农耕种植，还要承担起扶老育幼的责任。人们把土地的自然属性与女性祖先的社会属性相结合，从崇拜土地实体转变为崇拜人格化的"土地"，至此形成土地神的观念。

随着土地神的人格化倾向越来越明显，人们继而有了"社"的信仰，土地神的祭祀变为了祭祀社主、社神。人们把对农业生产有功的人视为社神。到春秋战国时期，人们开始普遍祭祀社神。《礼记·郊特牲》载："社，所以神地之道也。地载万物，天垂象，取材于地，取法于天，是以尊天而亲地也。"社，是包含内容极为丰富的崇拜实体，寄托着人们对农业生产的美好愿望。《礼记·祭法》中记载有社会各阶层立社的情况："王为群姓立社曰大社，诸侯为百姓立社曰国社，诸侯自为立社曰侯社，大夫以下成群立社曰置社。"这其中所说的周代的"置社"便是普通民众祭祀社神的组织，还有后来汉代的"里社"，都是下层民众社神信仰的基本单元。汉代以后的统治者是十分鼓励民间立社的，《全唐文》卷三高祖《立社诏》记载了关于民间立社的诏令："厚地载物，社主其祭。嘉谷养民，稷惟元祀。列圣垂范，昔王通训。建邦正位，莫此为先。爰暨都邑，建于州里。率土之滨，咸极庄敬。所以劝农务本，修始报功，敦序教义，整齐风俗。末代浇浮，祀典亏替，时逢丧乱，仁惠弛薄，坛壝阙昭备之礼，乡间无纪合之训。朕握图受历，菲食卑宫，奉珪璧以尊严，洁粢盛而禋燎。尚想躬稼，励精治本，永言享祀，宜存亿纪。是以吉日惟戊，亲祀太社，率从百僚，以祈九谷。今既南亩俶载，东作方兴，州县致祀，宜尽祗肃。四方之民，咸勤殖艺，随其性类，命为宗社。京邑庶士，台省群官，里闬相从，共尊社法。以时供祀，各申祈报，兼存宴醑之义，用洽乡党之欢。且立节文，明为典制，进退俯仰，登降折旋。明加诲励，递相劝奖，齐之以礼，有耻且格。布告天下，即宜遵用。"此诏令除了表达出统治者鼓励民间立社、劝农务本、咸勤殖艺的思想之外，还体现了祭社所带来的敦序教义、整齐风俗等社会效益。

地母崇拜向社神崇拜的过渡，是在我国母系氏族社会向父系氏族社会转变的过程中产生的。如果说地母崇拜是对女性生育作用的肯定，那么社神崇拜可以说是对男性在生殖方面的肯定。社神崇拜的目的同样也是祈求农业丰产，只是被视为社神的对象大多是男性祖先或是对农业发展有突出贡献的人物，这也体现出社会变化对村落原住民精神信仰方面的影响。

土地祭祀的相关礼制是在周代奠定的，《周礼·春官·大宗伯》云："以禋祀祀昊天上帝，以实柴祀日月星辰，以槱燎祀司中、司命、风师、雨师。以血祭祭社稷、五祀、五岳，以狸沈祭山林川泽，以疈辜祭四方百物。以肆献祼享先王，以馈食享先王，以祠春享先王，以禴夏享先王，以尝秋享先王，以烝冬享先王。"由此看，周人崇拜祭祀的对象是很丰富的，包括昊天上帝、日月星辰、司中、司命、风师、雨师等。关于大地上万物的祭祀，周人是以血祭社稷、五岳，以埋沉的方式来祭祀山林川泽，以疈辜祭四方百物。在土地神的整个演变过程中，从与土地相关的祭祀系统来看，民间的土地神一般是包括了城隍神、狭义的土地神以及守墓的后土神，这些土地神都是源于先秦时期的"社"。这其中城隍神延续了社神的属性，是从土地神分化出来的专门管城镇之地的神祇，而后土神与"社"有明显的区别：社，是有具体指向的，代表的是某一特定区域的土地；而后土，是较为抽象的，我国自古就有"皇天后土"之说，"后土"所代表的不是特定区域内的土地，而是抽象概念的土地，更多地体现了大地的自然属性和规律。墓地后土神是人们在造墓地或者迁葬时需要请示的神祇，祈求后土神保佑平安营建墓地或是迁葬事务一切顺利。在《大唐开元礼》的第一百八十三卷《凶礼卜宅兆》中就有这样的记载："维年月日，朔子某官姓名，敢昭告于后土氏之神。今为某官姓名，营建宅兆，神其保佑，俾无后艰。谨以清酌脯醢，祈荐于后土之神，尚飨！"除了营建墓地外，在清明节上坟的时候，人们也会祭拜后土神。后来到明清时期，人们的普遍做法是在墓地一侧竖立一块石碑，象征后土神。清代钱大昕的《十驾斋养新录》卷二记载："今世营葬必于其侧立石题后土之神，临葬设酒脯祀之，盖古礼也。"

现实生活中土地神的形象，经历了漫长的发展演变过程。最初人们以一些象征物来代表土地神，主要的象征物有封土、大树、木牌、石块等。其中封土为丘是较早祭祀土地神的做法，对人们来说，封土，既是信仰对象，又是祭祀场所。村落原住民把生长繁茂的大树视为土地神的象征物，是因为大树是广袤大地上较为突出、显而易见的产物。作为社神的特定的树木，被称为社树。《白虎通·社稷篇》云："社稷所以有树何？尊而识之，使民望见即敬之，所以表功也。"社树被认为是通灵的，对社树不敬，便是亵渎土地神。以木牌象征土地神，则是在社树崇拜的基础上形成的。相比自然界高耸的大树，木牌具有可移动性，更方便随时随地为村落原住民提供精神服务。此外，因为土生万物，以石为坚，所以历史上还有立石为社神的做法。然后，随着土地神崇拜越来越世俗化，也有地方英雄人物、历史人物被作为土地神供奉的情况，究其根源是出于人们的从祖敬宗思想。后来，民间的土地神崇拜更加大众化和世俗化，人们开始把土地神称为土地公、土地婆，或者是田公、田婆。清代李凤翮的《觉轩杂录》云："土地，乡神也。村巷处处奉之，或石室或木房。有不塑像者，以木板长尺许，宽二寸，题其主曰某土地。塑像者其发皓然，曰土地公；妆髻者曰土地婆，祀之纸烛湑酒或雄鸡一。俗言土地灵则虎豹不入境，又言乡村之老而公直者死为之。"民间土地公、土地婆的称谓及其形象，拉近了人神之间的距离。现在，传统村落中土地庙里供奉的土地公，一般还是有胡须白发的和蔼老人形象，旁边配祀有妆髻白发的土地婆，二者共享香火。

传统村落中的原住民出于对土地神的崇拜，在日常生活中形成了很多约定俗成的规矩。比如在耕种的时候，村落原住民认为翻耕土地会触犯到土地神，所以在耕种之前必须先祭拜土地神以求宽恕。且在每年粮食丰收以后，要感谢土地神的恩赐，通常是以果品动物或是歌舞献祭。土地神庙占地不大，而且田边地头或者房前屋后皆可，在中国传统村落中随处可见，足以体现民间土地神崇拜的普遍性。湖南省怀化市会同县的高椅村中，大大小小的土地庙就有七十余处。

图 5-9　高椅土地神

5.3.3　生育神崇拜

生殖崇拜是基于人们求子的需要而产生的，是对生物界繁殖能力的一种赞美和向往，主要可以分为生殖器崇拜、乳房崇拜以及臀部崇拜等。生殖崇拜由来已久，在人们无法解释生育科学的远古时代，相对恶劣的生存条件，使得人类的存活率低且寿命短。为了扩大集体的力量，加速人类繁衍，人们开始把生儿育女的希望寄托于生殖之神。妇女若要生育，先会祭拜生殖之神求子，由此开始了世世代代的生殖崇拜活动。学界有不少人认为，生殖器崇拜是生殖崇拜最早的表现形式。自母系社会起，女性的腹部和子宫就被看作生命的源泉而受到崇拜。云南省武定县和元谋县的彝族，有传统的"二月八节"，在这一天，两县交会处的彝族会集聚在一起，到元谋县老城乡老者格村公所北边的山坳里，共同祭拜一块巨石。该巨石被彝族称为"二月八摩"，也就是二月八母石。母石呈女阴形状，有一石人置于母石的洞内。彝民在二月八节杀鸡宰羊祭拜母石，祈求母石赐予子女。此母石象征女性的生殖器，"二月八节"成为彝族的求子节，这与生殖崇拜是分不开的。云南昭通的彝族也是把"二月八"作为求子节。在昭通龙洞山西南方向的悬崖峭壁下，有一古洞被当地人称为"龙洞"，也叫"蒙泉"。在龙洞的出水口附近有很多巨石，人们根据石块的形状将其分为母石和子石。被定为母石的巨石，外观与女性生殖器相似。在二月八日这一天，已婚未育的妇女会来到龙洞边进行摸石求子活动。

　　生殖崇拜除了生殖器崇拜之外，还有图腾生育崇拜。围绕图腾生育崇拜，有很多有趣的神话传说。土家族村落中，可以看到很多白虎图腾。古代有一位姑娘，在她上山摘蕨菜的路上，看见有一只白虎走在她的前面，然后当她踩到白虎的脚印，不由得浑身颤抖了一下，又往前走了几步，肚子便疼痛起来，像是有胎儿在腹中跳动。最后走到一个岩洞中，肚子疼痛难忍，然后就生下了一个孩子。猛笼傣族也有类似的传说，相传古代吕占山就只有一个女子，后来她在山野中碰到了一头雄狮便怀有身孕了，生下来一男一女。这一男一女长大以后自相婚配，繁衍了后代。这一类生育信仰都是因为接触或是目视了图腾物，何星亮在《中国图腾文化》中将图腾生育信仰定义为感生信仰，人们相信怀孕是因为图腾魂进入妇女体内而产生的。[①] 另外还有一种图腾生育信仰形式，是人们认为妇女之所以怀孕是因为吞食了图腾物。《史记·殷本纪》云："殷契，母曰简狄，有娀氏之女，为帝喾次妃。三人行浴，见玄鸟坠其卵，简狄取而吞之，因孕生契。"关于简狄吞鸟卵而生契的神话记载还有很多，这些都是基于人们相信妇女是因吞食图腾物而孕的信仰。

　　人类的生殖崇拜发展到一定阶段，最终形成了各种生育神崇拜。

[①] 何星亮：《中国图腾文化》，中国社会科学出版社1992年版，第223页。

比如在东北地区有把张仙奉为送子神的。民国十三年的《海城县志》中记载："居民生子不育，率皆供奉张仙。其像张弓以射犬，群儿绕其下，谓能驱除天狗，则婴儿可保也。其神位概设于寝室门后，箭向外射。有子之妇女，或朔望，或朝夕焚香叩拜，年节则设香烛供品，与诸神并祀。"关于张仙这位神仙的来源有很多说法，其中最为后世认可的是《历代神仙通鉴》中的记载，认为张仙有用弹弓驱逐凶神"天狗"且护佑世人生儿育女的职能。而在中原地区，人们普遍信奉的是送子娘娘。比如在河南西北部的望村，一直存在有送子奶奶信仰。人们因为求子而供奉奶奶神像，又称"奶奶树"。一般有过求子诉求且后来生了男孩的家庭会一直供奉奶奶树，而村内其他没有奶奶树的家庭，若想求子嗣，可与供奉奶奶树的家庭协商，将奶奶树接到自己家中供奉。供奉奶奶树的家庭，要在每年除夕到正月十八日期间为奶奶神像上香，且初一要摆上贡品祭拜。其中正月十五日和十六日这两天，原住民会带上贡品来供奉有送子奶奶的家庭上香祈愿。如果有人想要把送子奶奶接到自己家中供奉，要在正月十九日这天去接。如果没有人去接送子奶奶，供奉之家便继续在每月的初一、十五上香供奉。除此之外，相传五月二十六日是送子奶奶的生辰，也必须要上香祭拜。

壮族信奉的生育神是神话传说中的人物咪六甲。传说宇宙最初是被一个旋转着的蛋炸开，分成了上中下三界，中界为大地，大地上长出了一枝花，花盛开以后出现了一个女人，被后人称为咪六甲。壮族人把咪六甲视为始祖，还把她当作生育神和婴儿守护神来祭拜。咪六甲的形象是花，所以又被当地人称为花婆。当妇女生完孩子以后，人们会采摘野花制成花束，置于产妇的床头，再立上写有"花王圣母"的神牌。因为人们把生儿育女之事都看成花婆的恩赐，所以花婆还被赋予守护孩子的职能。有小孩生病了，会由母亲祭拜花婆，再请巫师作法游花婆的庭院，找到生病的孩子是什么花，由巫师代为除虫浇水。在孩子成长过程中，凡遇身体不适，就要给花婆上香求保佑。等到孩子长大成人之后，在农历正月初一的早晨，起床第一件事就是给花婆磕头作揖。将花作为生育神供奉的还有苗族、毛南族等。毛南族敬奉的花王圣母，传说是住在花山的护花神。花可以象征婴儿，人们便把送花理解为送子，护花神便成了护佑婚姻、赐予子女的神。人们会请巫师作法事，花婆赐予的如若是红花或者金花，便是男孩，若是赐予白花、蓝花或者银花，则是女孩。孩子生下来以后，遇到久病不愈的情况，会像壮族一样请巫师给孩子的命花施肥、浇水、除虫等。

受"不孝有三，无后为大"的传统观念影响，现在民间各民族依然常见生殖崇拜现象。尤其是在传统文化保存较好的村落中，村落原住民追求多子多福、人丁兴旺的愿望更为强烈。比如中国村落文化研究中心收藏的一尊九子观音像，可以说是传统村落中生殖崇拜的体现。该观音袒胸露乳，以女性慈母形象出现。结跏趺坐，无发冠及化佛，无宝珠璎珞等装饰物，头戴唐巾，身着通肩袈裟，双手各执一童子吮吸母乳。九个童子，均着圆领长衫，或趴于双肩，或吮吸母乳，或绕膝嬉戏，令这尊雕像生动传神，母性十足。九为阳数之终极，表达出信众祈求多子多男丁的愿望。九子观音是佛教与湖湘文化相结合的独特形象，"唯楚有之"，佛教典籍中未见记载。这种形象，可能与当地的民间信仰有关，《荆楚岁时记》云："四月八日，长沙寺阁下九子神，是日无子者，供薄饼以乞子，往往应验。"在湖湘的古老习俗里，一母能生九子，自然会被神化，于是就将女歧、九子神与送子观音结合在一起，形成了湖湘独有的九子观音。民间常见的送子观音，有一至九数量不等的童子，与阴阳意识有关，都是少数民族村落原住民对男丁诉求的体现。

图 5-10　明代九子观音像　　图 5-11　清代九子观音像

生殖崇拜也有相关的繁殖仪式，是一种以人丁兴盛、家畜兴旺为目的的祭拜仪式。以滇桂交界处的彝族为例，在彝族聚居的村落中，会有一块空地种植楠竹，竹丛周围设有重重保护，最外围有竹栏杆。到每年夏历四月二十日，再把栏杆拆除，在竹丛前面搭起架台举行繁殖仪式。先有祭司作法诵经，然后有人带领其他人跳舞。原住民认为自己与竹是有血缘关系的，他们深信竹丛的枯荣象征族群的兴衰，因此为了人口的繁衍崇敬竹丛并祭拜。比如婴儿出生以后，家人会将婴儿的胎衣放进楠竹筒内送到村内种植楠竹的空地上，系在楠竹枝上，以此象征婴儿是楠竹的后裔。在民间，繁殖仪式还有很多微小的表现。比如在中原一带，新人结婚当天，要在新床上铺四样东西：红枣、花生、桂圆、莲子，意思是"早生贵子"，还要找小孩子到新床

上踩一踩,名为"压床",都是祝愿新人早孕。还有些地方,在妇女结婚当天,婆婆要煮一碗汤圆给新媳妇吃;或者新娘要自己做一个木质的小娃娃放在膝下反复触摸;又或者会请生育过多个孩子的人为自己祈祷。

5.3.4 其他神灵崇拜

一般来说,神灵崇拜是一种民众对"幻想物"的崇拜,即人们通过自身的联想,形成虚幻的事物,继而对这些幻想物产生崇拜。[①] 传统村落中所涉及的"神灵"崇拜主要包括对祖神、家神、守护神以及各种行业神的崇拜。这些"神灵"体系庞杂,从爱神、婚姻神、生育神、寿神、财神到各种保护神、行业神,他们在原住民的生产生活当中"各司其职",被赋予不同的功用。

我国自古流传有很多的神仙传说,早期的典籍《山海经》以及屈原的一些作品中,就收录了很多远古神话。神仙传记有汉代刘向撰的《列仙传》,之后又有晋代葛洪的《神仙传》和南唐沈汾的《续仙传》等。民间的各种神灵崇拜,大多有神话传说的背景,有的信仰对象则直接源于神话传说,所以神话传说也成为民间信仰的重要载体之一。神话传说,反映了人们对自然的认识和征服自然的愿望。这些用奇丽的幻想来组织的故事,富有浪漫主义色彩,如女娲补天、后羿射日等。神话的故事是由古今生物(如神、鬼、人、仙、妖、精、魔鬼、上帝、天使、龙、凤等)编造出来的。一般来说,神话也是人们对所观察或经历的自然界或社会现象的解释和说明,只是它经过了"幻想"的加工,成了想象中的"神化"了的存在。

[①] 参见乌丙安《中国民间信仰》,上海人民出版社1996年版,第100页。

在我国，女娲一直被视为创世神与始祖神。《山海经·大荒西经》称："有神十人，名曰女娲之肠，化为神，处栗广之野，横道而处。"《说文解字》载："娲，古之神圣女，化万物者也。"人们认为是女娲造化了万物，包括神与人类。所以民间广泛流传着女娲抟土造人的传说。相传女娲在造人之前，先是在正月初一到初六期间，前后分别造出了鸡、狗、羊、猪、牛、马，然后在初七当天，她用黄土与水模仿自己的样子捏出了一个个小人，后面这些小人全都变成了人。女娲除了被人类赋予造化万物、抟土造人的职能之外，还有炼石补天之说。《淮南子·览冥训》记载有："往古之时，四极废，九州裂，天不兼覆，地不周载。火爁炎而不灭，水浩洋而不息，猛兽食颛民，鸷鸟攫老弱。于是女娲炼五色石以补苍天，断鳌足以立四极，杀黑龙以济冀州，积芦灰以止淫水。苍天补，四极正，淫水涸，冀州平，狡虫死，颛民生。"女娲为了平息洪水而炼石补天，是我国神话传说记载中最早治理洪水的女神。

偶像崇拜也是民间神灵崇拜的一部分，它主要是指将人物神化或者半神化的崇拜形式。被神化的人物，一般是指那些有突出贡献或能力的历史人物、传说人物或其他民间人物等。历代的社会行业中，有"士农工商"的排序，"士"皆以儒家为宗，儒家的创始人孔子后世被神化，成为普遍崇拜的偶像。孔子是先秦诸子百家中最受人们尊敬的圣人，全国各地有众多供祭孔子的孔庙、文庙。山东曲阜孔庙是以孔子的故居为庙，规格堪比皇宫。孔庙共九进院落，有五道正门和两旁门，该建筑群的不断扩建、重修足以体现我国历代帝王对孔圣人的推崇。孔子在世时就已经被尊称为"天纵之圣""天之木铎"，之后更是被誉为至圣、孔圣人、至圣先师、万世师表等。"孔府每年的祭孔活动大大小小五十余次。主要是四大丁（也叫四大祭，是每年春、夏、秋、冬的丁日）。此外还有四仲丁（大丁后的第十天），八小祭（清明、端阳、中秋、除夕、六月初一、十月初一、生日、祭日），每月初一、十五有祭拜，一年二十四节气还有二十四祭。"① 除此之外，孔子信仰在基层民众中也是根深蒂固的，因此传统村落的祭孔活动也很流行。很多地方都有冬至节祭孔的活动，如河北省《新河县志》有载："长至日拜圣寿，外乡熟弟子各行业师，谓'拜冬余'。""拜圣寿"即是指拜孔子。《南宫县志》也记载有："冬至节，释菜先师，如八月二十七日礼。奠献毕，弟子拜先生，窗友交拜。""释菜先师"同样是指祭拜孔子。在民间还有入学拜孔子的习俗，有祈求孔子庇佑学童学业、仕途一切顺利之意。如广东潮汕地区和福建闽南地区小孩上学堂读书必须举行"进孔门"的仪式。小孩上学堂的第一天，家长先给孩子做三道菜：猪肝炒芹菜、豆干炒大葱、鲮鱼。在潮州方言中，"官"与"肝"和"干"，"聪"与"葱"，"勤"与"芹"谐音，喻示孩子聪明伶俐，勤奋读书，将来能实现读书当官的目标；而在潮州方言和闽南语中，"鲮"与"龙"的读音相同，吃鲮鱼表达了家长希望孩子能鱼跃龙门，将来出人头地。吃过这三道菜后，家长带孩子到学校，在孔子的灵位和画像前供奉一盘"明糖"，并焚香祭拜，请求至圣先师收为弟子。意为投靠在至圣先师孔子门下。然后学生来到教室门外，向老师行礼后，进入教室，把"明糖"分给同学，表示进了孔门的孩子要尊敬老师，友爱同窗。② 此类的民间祭孔礼俗寄托了人们对学童的美好祝愿，起到了道德教化的作用。关于祭孔，杨庆堃曾指出："刻有孔子尊号的牌位，具有代表社会价值与激起人们敬

---

① 孔德懋：《孔府内宅轶事——孔子后裔的回忆》，天津人民出版社1982年版，第34页。
② 参见徐朝旭《儒家文化与民间信仰》，人民出版社2013年版，第105页。

畏和尊崇万世师表的重要象征意义,而他的灵魂却未被正式地神化。祭祀仪式、香烛、叩头以及正式祷文,几乎与其他崇拜对象神灵化的膜拜仪式完全相似。"[1] 他认为中国人尊孔、祭孔的行为是带有某种宗教因素的纪念性信仰。

传统村落中的神灵崇拜,还包括了被原住民神化的巫师崇拜。一般来说,巫师被分为两种,一种是用巫术来驱鬼招魂的巫师,另一种则是能与鬼神通灵的巫师。后一种巫师常被认为可以向人们传达神的旨意,因此崇拜者很多,这种能通神的巫师是利用他们自身在外在物的刺激下进入幻觉以后所获得的信息来安抚人。人们的灵魂观念被认为是在梦感的启发下产生的,能通神的容易进入幻觉的巫师在某种程度上跟人进入梦境的状况是相似的。一般在施行巫术之前,巫师已有明显的意念,所以在进入幻觉与神灵交会之前就已经有了强烈的潜意识,以至于在幻觉中可以逼真地模仿神灵的言行,使人们相信巫师已被神灵附体。人们怀着虔诚之心谨慎地对待通过被附体的巫师所获得的神灵旨意,自然对传达旨意的巫师也相当崇拜。

现实生活当中,人们往往认为有超自然的力量存在,比如各种各样的鬼神。其中有些鬼神是会对人们的生产生活产生威胁的,即我们通常所说的作祟鬼神,人们便要想方设法以避免被这类鬼神伤害,由此产生很多禁忌。在各种与灵魂相关的禁忌中,"不能招惹作祟鬼神"是最主要的,在各个民族中普遍存在。比如在苗族村落中,原住民认为日落之后是不能吹哨子的,否则会招来孤魂野鬼。柯尔克孜族村落中,流传着傍晚不能睡觉的说法,也同样认为傍晚时分各路鬼神

---

[1] [美]杨庆堃:《中国社会中的宗教:宗教的现代社会功能与其历史因素之研究》,上海人民出版社 2007 年版,第 159 页。

活动频繁，如若在傍晚就睡觉容易招惹到作祟鬼神。在北方的一些村落中，体弱多病或者是小属相的人不允许到坟场去，也是怕被魂魄附身。

一般来说，在原住民的观念中，总有一些神灵是会给他们带来福佑的，但这些神灵所赐的福佑又通常是有附加条件的。比如不仅要在重大节庆时向神灵献祭，还必须在生活当中时刻对这些神灵保持敬畏之心，不得做出冒犯神灵的行为，否则会遭到惩罚。原住民为了避免这类灾祸，便自发地形成很多禁忌。所以，"人对自身行为的限制或禁戒，但其目的仍然是更好地和神灵交往，或者为了不触怒神灵、讨好神灵"[1]。比如禁止在神龛周围放置不洁之物，神龛是神圣的供奉祖先的地方，对神龛不敬自然会被认为是侵犯了神灵。布依族认为在巨大的石头、树木周围都有神仙居住，所以禁止在附近骂脏话或是大小便，以免侵犯了相关神灵。

5.4　传统村落的宗教信仰

5.4.1　本土信仰与道教信仰

道教是我国的本土宗教，兴起于东汉末年。道教的形成过程缓慢而分散，由道家思想和神仙思想、方术相结合之后逐渐发展而来。道教内含我国传统文化的基因，它是一种极具包容性的宗教。

---

[1] 陈荣富：《文化的演进——宗教礼仪研究》，黑龙江人民出版社2004年版，第50页。

学界普遍认为道教主要是源于我国古代的民间巫术与神仙方术。即使是现在，在传统村落中，巫文化现象也并不少见。尤其是少数民族村落，因其地理环境相对闭塞，更有利于巫文化的传承。按照吕大吉的论述，人们对神的求助大体可以分为软硬两套手法："一种是软的一套：用表示尊敬和爱戴赢得对方的好感，用祈求与央告博得对方的同情，用送礼和贿赂换取对方的支援……另一种是硬的一套：用权术和计谋诱使对方为己服务，假借更高权威的名义支配对方。……软的一套手法宗教化后就成为各种宗教的祈祷、忏悔、献祭、礼拜等；硬的一套手法则宗教化为各种形式的巫术活动。"[①] 很显然，巫术是属于其中"硬"的一套手法。与佛教、伊斯兰教、天主教、基督教相比，道教较为重视现实生命，它主张"我命在我不在于天"，这也是道教一直与巫术密不可分的原因之一。民间巫术大致可分为招魂、驱鬼、施蛊、神判、辟邪等。

招魂巫术一般用于招回失落的灵魂。人们自古便有灵魂信仰，认为人的精神依附于人体的时候是"魄"，离开人体的时候是"魂"。《左传·昭公七年》云："人生始化曰魄，既生魄，阴曰魂，用物精多，则魂魄强。"唐代孔颖达疏："魂魄，神灵之名，本从形气而有；形气既殊，魂魄各异，附形之灵为魄，附气之神为魂也。附形之灵者，谓初生之时，耳目心识手足运动啼呼为声，此则魄之灵也；附气之神者，谓精神性识渐有所知，此则附气之神也。"人们相信魂魄的存在，认为人在活着的时候魂魄也会因为某种原因而离开人身，因此，"招魂"巫术在传统村落中屡见不鲜。比如最常见的"叫魂"，小孩子在受了过度惊吓以后，家人一般会直接抱着孩子或是拿着孩子

[①] 吕大吉：《宗教学通论新编》，中国社会科学出版社2010年版，第237—238页。

的衣服到受惊吓的地方呼喊孩子的名字，以避免灵魂失落在外。还有些地方，会在人死之后进行招魂，目的是唤回死者的灵魂以免其四处游荡。因为人们相信有魂魄的存在，在一些相对闭塞的村落中，如有人（尤其是婴幼儿）因病而昏迷不醒的情况，常被认为是魂魄离身，需要叫魂。为避免这类情况出现，在生活中产生了许多相关的禁忌。比如，家中有幼儿得了重病，一般都会采取措施忌门，即把红布条贴挂在大门上，再插上树枝，或者在门口挂上草帽、竹笠等，又或者直接在大门前生火。这些做法都是为了避免生人进门，从而影响孩子的魂魄回归。

　　驱鬼是借用巫术的力量将附在人身上的作祟鬼神、疾病灾祸等驱除掉，驱鬼与招魂通常是相互联系的。比如在偏僻的农村，有小孩得了疑难杂症，老人往往会剪一个纸人形状在小孩身上绕三圈，然后点燃纸人放进盛满水的碗里，再一边念叨小孩的名字一边走出去把盛有纸灰的水倒在十字路口，随后喊着小孩的名字回来，认为这样便可以驱鬼招魂。在藏族地区的村落中，还设有驱鬼节。藏历的二月二十九日这天，藏民会举行专门的驱鬼仪式。藏民称"鬼"为"路恭"，驱鬼仪式中"路恭"的角色由喇嘛扮演，原住民会把"路恭"驱逐至郊外。那些装扮成"路恭"的喇叭则必须在桑耶寺住满九天以后才能返回。

　　巫蛊术是通过咒语来起作用的一种极为神秘的巫术形态，常用来加害于人。《六韬·文韬》云："伪方异伎、巫蛊佐道、不祥之言，幻惑良民，王者必止之。"古代流传的巫蛊是用咒语唤出令人伤残或致死的蛊虫。从《左传》昭公元年记载的"皿虫为蛊，疾如蛊"来看，施蛊之法在先秦时就已存在。民间历代也都在秘传巫蛊术，明清的文人笔记以及小说中，常有出现。现在比较普遍的是用咒语或图像诅咒特定的人或事。比如，在湘西南的少数民族村落中，有信众希望通过造像达到伤害仇人的目的。事实上，这和"针刺偶人"的做法相似，都是"偶像伤害术"，是巫蛊术的一种。针刺偶人的施蛊之法现在传统村落中或有残留。具体做法是，用面团、泥巴或者是木头做成自己所恨之人的形象，然后对着这个小人诅咒，再用钢针刺向小人的心脏，认为这样便可以使仇者痛心或是致死。

神判巫术，又称神裁、神断、天罚等，是人们在现实生活中遇到无法定夺的是非真伪或是财产纠纷等问题时，祈求神灵裁判的巫术。祈求神判，是民间普遍实行的古老裁判方法。东汉王充的《论衡·是应》记载，上古神话中的皋陶氏就曾用一种独角神羊断案，神羊名为獬豸："一角之羊也，性知有罪。皋陶治狱，其罪疑者，令羊触之，有罪则触，无罪则不触。"阿昌族村落中，有一种神判方法，是双方分别点燃一根蜡烛，用蜡烛燃烧时间的长短来决定双方的是非。景颇族村落中也有多种神判方法，比如"斗田螺"，由失物的一方先把田螺放在碗里，再让有嫌疑者也拿一个田螺放在一起，然后让两个田螺相斗，最后由田螺相斗的胜负来决定嫌疑者是否偷窃。另外，景颇族还有一种神判法是"蛋卜"，事先在众嫌疑者家的房顶上取一束稻草放在碗里，请巫师念经，同时打一个鸡蛋放进装有稻草的碗里搅拌，蛋清最先黏在谁家的稻草上，谁就是盗窃者。一般来说，神判巫术可以分为宣誓神判、诅咒神判、占卜神判以及火判、血判等。宣誓神判，是指由争执不休的双方或是一方向神灵宣誓，立誓若自己所言为假则甘愿接受神灵的一切惩罚。诅咒神判与宣誓审判类似，也是向神发誓，请求神灵协助监督，诅咒神判的指向性更强。比如，在绥宁赤板村的村落中，举行"祭狗"活动时经常展示这样一卷水陆画，画的内容有巫师和犬图腾，旁边还有一个被捆绑跪地的人，头顶一把大刀，身上有很多血迹，配图有四字"有罪必处"。犬图腾象征当地苗族村落所信奉的祖先神，由此可见，原住民相信祖先神会替他们主持公道。归根结底，这是原住民相信"神判"的心理在起作用。占卜神判，则是通过各种占卜的方式来裁决。火判在西藏较为常见，一般是让嫌疑者火种取物或者是跳火堆，如果手脚未见烧伤则证明无罪，否则定为有罪。血判是指有争议的双方通过使身体的某个部位出血的方式来决定是非，先出血的一方为嫌疑者。

民间有很多科学难以解释的传说，有些时候人们难免感到惶恐、怯懦。为了寻求心理上的安宁，人们便向神灵和巫术求助，利用一些被普遍认为法力无边的物体来避免招惹不好的鬼神和巫蛊的伤害，于是就产生了辟邪巫术。生活当中常见的护身符、红腰带、桃枝、铜镜等经常被作为避邪物使用。

传统村落中本土信仰的体系是十分庞杂的，风水与兆卜也是其中很重要的组成部分。风水，又称堪舆。据记载，"风水"之称最早出自郭璞的《葬书》："葬者，乘生气也。经曰：气乘风则散，界水则止，古人聚之使不散，行之使有止，故谓之风水。"在传统村落中，原住民用风水的相关知识来处理人与环境的关系，以择吉辟凶。自古人们就习惯于用风水知识来指导房屋的布局、营建。传统村落中风水观念主要体现在对住宅的位置、朝向、环境的选择方面，人们通常认为风水会影响家族的兴衰。比如阳宅大多选择依山傍水、坐北朝南、绿植繁多的环境，而阴宅要考虑坟地是否靠山、周围是否有水气等因素。风水的主要理论依据是阴阳五行，在人们的思想观念中，要阴阳协调才是好风水。所以在选择住宅地或是葬地时，都会注意其阴阳五行属性，以免犯冲。要讲究"日之刚柔、月之奇耦"，以"相得相应"为好。一般认为，"气散风冲"之地为凶，空旷无碍之地为吉。

风水术相法有龙法、向法、砂法、穴法、水法以及平阳法等，具体又会因风水先生师承不一而有差异。我国历代均重风水术，在建造皇都、皇陵时都会请风水师参与指导。在传统村落中，风水先生也很受重视，无论是筑屋还是修坟，总要先询问风水先生的意见。

兆卜是指人们根据自然界中动植物的表现、气候气象特征以及人体的各种生理现象等对未来的人、事、物进行预测。这种对未来的预知和企求，归根结底是源于民众避灾祈福的心理诉求。兆卜包括预兆和占卜。预兆大致可分为自然界中动植物的征兆、物候征兆、人体的生理征兆及梦境征兆等。动植物的征兆是以动植物的异常表现或者出现异常动植物为征兆的，日常生活中人们对这类征兆达成了一定的共识。例如，人们听到喜鹊叫往往认为是报喜，乌鸦叫则被认为是报灾，猫头鹰乱叫通常是报丧，麻雀叫预示着吵架。动物的一些异常表现被认为是特别不吉利的，如母鸡打鸣、家狗上房以及猪拱门等等。此外，有异常动植物出现时，通常也被认为是灾祸预兆，比如瓜果长成畸形，蛇长出足等。实践证明，自然界中的很多预兆确实是科学的。比如老鼠在大白天突然搬家或者平时温驯的动物突然间变得暴躁不安等现象，往往与地震有一定的联系。诸如此类的凶兆，及时加以科学鉴别，是可造福于人类的。物候征兆是指物体的特定形态或者一定时段内的气象特征。比如民间通常认为灯花兆喜、灵芝兆祥瑞，而扫帚星兆灾祸。灯花是指灯烛完全燃尽以后爆成的花形，人们将其视为吉兆，认为灯花出现，则喜事降临。灵芝兆祥瑞，因为灵芝是难得的延年益寿的佳品，被认为是神木所生，因此，被视为祥瑞之兆，典籍中多有记载，如"德至山陵，则景云出，芝实茂"（《白虎通义》卷五）。"王者慈仁则芝草生，食之令人延年。"（《太平御览》卷八七三）等。扫帚星兆灾祸，是指人们将扫帚星的出现视为不祥之兆。扫帚星，实指彗星，也称孛星，因为形状像扫帚而被称为扫帚星。扫帚星不常见，偶尔出现时，又因形状怪异而被认为是一种妖星，是天灾人祸的预兆。关于扫帚星预示灾祸，最早见于《左传》中的记载："有星孛入于北斗。周内史叔服曰：'不出七年，宋、齐、晋之君，皆将死乱。'"人体的生理征兆是指人体生理上的异常表现。比如民间最流行的说法"左眼跳财，右眼跳灾"，人们把眼皮不由自主地抽动视为福祸征兆；当耳朵发痒或者发烧时，人们则认为是被亲人想念或者是有人在说自己的坏话；吃饭连续咬到嘴唇被认为是近日生活质量差，饭菜中缺荤；打喷嚏意味着被人反复念叨；睡觉咬牙齿代表人有灾病；等等。梦境兆是指事情发生之前在梦中显示的迹象。人们认为进入睡眠以后，魂灵离身可与神灵交往，因此，梦境兆被视为"神谕"。《梦书》云："梦者像也，精气动也；魂魄离身，神来往也；阴阳感成，吉凶验也。"正是因为人们把梦看作是人神沟通的渠道，对其尤为重视，所以上至帝王，下至普通百姓，都流行占梦之术，即通过解释梦境中的兆象来预测吉凶。早在殷墟卜辞中已有占梦内容，后来，占梦术还形成了特有的理论著作，根据《汉书·艺文志》的记载可知，在汉代以前就已经有两大占梦著作，分别是十一卷的《黄帝长柳占梦》与十二卷的《甘德长柳占梦》。其他还有《京房占梦书》、唐柳灿的《梦隽》、明代陈士元的《梦占逸旨》、清代王照国辑的《梦书》以及洪颐灿的《梦书》等，这些都是非常有名的占梦著作。尤其是众所周知的《周公解梦》一书，在传统村落中具有更广泛的影响力，很多人家里都备有一本。虽属荒诞不经的无稽之谈，但村落原住民普遍都信奉它所带来的心理慰藉。

占卜，是指根据自然界中一些事物的表象以及人体的某些无法自控的生理现象，来预测事后的结果或者是解释事前的原因，归根结底，是在借用一定的手段来卜问吉凶，也就是人们所说的"算卦"。占卜之术，据说早在伏羲、黄帝时就已盛行，发展到殷周时期，朝中还专门设有占卜官专司其职。占卜有很多种形式，常见有求签、卜卦、扶乩等。求签，即"抽签"，一般在寺庙内有竹片制成的竹签，上面写有诗句，经过编号以后置于竹筒内，以供众人前往求之。民间流传有这样的说法："跨进庙门两件事，烧香求签问心事。"由此看，求签在村落原住民的生活中扮演着重要的角色。传统村落中的原住民在有心事不得解的时候，会到神像前细说原委，然后拿起签筒摇出一支签求解。所求之签一般分为上上签、上签、中签以及下签。下签被认为是凶签，人们常会通过虔诚祷告、放鞭炮等方式来"破凶"。民间流行的卜卦，主要是指以手为卜具的占卜术。进行占卜之前，先取一件求卜者的衣服或者是一块头巾，撕成多个布条。然后由卜师念咒，如果在念到其中一鬼的名称时，布条的长度有变，则认为是该鬼作祟，需要驱鬼。人们通常会在家里有人久病不愈时做手卦，从而祭祀、驱赶作祟鬼魂以求病人痊愈。扶乩，是民间很常见的一种求神问卜活动。扶，意为"扶架子"；乩即指问卜。做法是在木质的丁字架或者簸箕中插入一根竹筷子，找人扶着两端，将乩架置于沙盘、面盘或者米盘之上。然后由施术者书符念咒，念咒过程不能中断，直至扶者手臂不停地抖动，证明所请之神已经降坛显灵。竹筷在抖动过程中形成的字或者其他符号，则被视为神灵所说的话。一般认为，扶乩占卜术是起源于古代悬箕悬帚占吉凶的方法，人们通过悬箕悬帚来观察底端的动静，由此预占吉凶。明代冯应京《月令广记》记载："吴俗谓正月百草俱灵，故于灯时，箕帚竹苇之类，皆能响卜，多婢子为之。如箕姑，则以筲箕插箸，蒙以巾帕，请之至，两手托其胁，能写字，能击人，或但舂举以应卜者所叩。又帚姑，以敝帚系裙以卜，至则能起卧以占事。"

在我国传统村落中，本土信仰的重要对象是道教神仙。其载体之一，是造像与造像记。从形制特征来看，传统村落中的本土造像总体以木、石材质居多。木材及石材是生产和生活中常见的原料，尤其是木材。比如湖南地区所造的木质雕像，除满足本地信众的供奉需求之外，还为福建、江浙等地的信众提供了各类造像。现在流入我国各地区文物市场中的木雕造像，有很多来自湖南，以数量众多和制作精美著称。造像木料有樟木、楠木、梓木、柚木、黄杨木、白果木等，其中又以香樟木居多。香樟木为常绿乔木，生长期较长，属稀有名贵木材，其特有的香气，有防虫防蛀及驱霉隔潮的功效。陆游曾在《老学庵笔记》中具体记载了公元1111年冬天，在与湘西南之新宁、城步、靖州接壤的下桂府，即今桂林龙胜一带，征收傩戏神明面具的情况："政和中大傩，下桂府进面具一副计八百枚，老少妍媸，无一相似者。"这类巫傩神明之像，都是由气味芬芳的樟木雕造。"昔傩像以神木（即樟木）雕凿而成，其形怪异狞厉，以明色饰涂，不致损坏。"（明《靖州志·艺文卷》）由此可见，在湖南地区，香樟木自古便是雕琢良木。木材质造像，相对一次性成型的模铸金铜造像，在表现技法上，可以更加多样和细腻。造像信徒在雕造的过程中，注入自身的虔诚情感，因而人文关怀对造像活动的影响也是颇为深厚的。木雕造像比金铜造像更具情感化，其造型与视觉艺术效果，往往是金铜造像所不能比拟的，每一尊都有其独特的人文与宗教魅力。传统村落中的造像多采用木材质，也是佛教造像"平民化"的体现，在一些传统村落中，几乎家家户户都供奉佛教或是道教造像，虽历经时代变迁，现今仍有不少遗存。在一些适于竹子生长的地区，也不乏竹雕造像，体现了精湛的雕刻技艺及浓郁的地方特色。此外，陶瓷也是传统村落中的造像材质之一，陶瓷造像的瓷面经敷釉后，柔润协调，颇具特色。

后来，随着国家统治者及宗教领袖不再鼓励开凿大型的石窟造像，家居修行与"居士""处士"文化流行，民众的造像与供奉造像观念发生变化。由过去的寺庙、宫观造像供养，逐渐转变为民间家庭式供奉。因此，造像的尺寸与体量感明显变小，以方便供奉于家中神龛之内的小巧型居多，同时也便于外出时携带供奉。从造像的工艺来看，南方造像中最具代表性的是夹纸造像和贴纸造像，而在中原与北方的早期造像中，则是以夹纻造像最为多见。夹纸造像，承续了夹纻造像的工艺流程。具体制作方法是，先用泥捏成型（在黏土中掺入少量的纤维，将其捣匀，而后捏塑出佛像的泥坯），经阴干之后，再蒙上皮纸，使其裹紧固定，最后施漆（彩绘），反复多次，待漆饰干燥凝固，结成硬壳，掏空其中的泥胎即可。夹纸造像在民间被广泛采用，一方面因为皮纸的成本低于纻麻布，且耗漆较少；另一方面由于皮纸比纻麻布更薄，较容易固定于泥胎表层，也更易于绘饰。此种造像，以造型和色彩取胜，重量轻、色泽鲜亮且有很好的防潮防腐性。至于贴纸造像，即是在木、泥造像上，贴皮纸敷色彩，其中以贴纸描金最为常见。木雕、泥塑造像，均为纯手工制作，具有唯一性，但是在雕造木雕造像或捏造泥坯的过程中，难免会有些细部的制作不够完美。而贴皮纸的做法，既能弥补雕工出现闪失的缺憾，又能掩饰材质本身的瑕疵，且制作起来相对简单。贴皮纸之后，再敷色彩，上色容易，解决了木雕和泥塑造像颜色单一的问题。

造像记是指信徒表达信教、崇教以及世俗心愿的文字记录，内容包括禳灾、祈福及颂教等。造像记是依附于造像而存在的，二者之间虽然是一种共生关系，但关系主次分明。造像记是因像而生，因像而存的。没有造像活动，就没有造像记，每尊造像的目的在造像记中都有记载。造像记一般存放于造像的背龛内，或是铭刻于造像的台座或背面，能够很好地反映出不同时代、不同地域民众的信仰观念和生活理想。造像记具有唯一性，一卷造像记对应一尊造像。清代王昶的《金石萃编》卷三十九载："造像必有记（记后或有铭颂），记后题名……综观造像诸记，其祈祷之词，上及国家，下及父子，以致来生，愿望甚赊。"因此，依附于造像而存在的造像记，主要是发愿者心愿之记载，是对造像功能最直接的区分。中南大学中国村落文化研究中心藏有大量的通过田野考察收集而来的造像记，从这些造像记的内容来看，人们的功德活动或是生老病死等日常生活题材在造像记中都有体现。这些造像记录了当时民众造像的原因和祈愿内容，对于研究当时的政治、经济、文化，尤其是宗教、民俗、艺术等，都有重要的历史文献价值。造像记中所记，诸如"乞保人口清吉平安、六畜兴旺、男增百福、女纳千祥、盗贼远遁、财粮广进"等话语，皆可看作普通下层民众对于未来生活的一种朴素向往。造像记涵盖的内容可以说上及国家，下至百姓，多为祈祷之词，祈祷现世或来生，这些愿望诉求都具有明显的功利性。尤其是在一些相对闭塞的少数民族村落，造像记的内容更是以表述祈愿为主，求男丁、福禄或长寿，又或是祈求丰收、驱妖祛疾、避官司兵匪，等等。从某种角度来看，造像记中所记的内容又是普通民众对于美好人生的一种普遍性期盼，这种普遍性的期盼或多或少可以揭示出普通民众对于佛教信仰的某种诉求和心理依赖。从造像记的行文格式来看，其内容一般可以分为三部分：第一部分交代发愿者的个人情况，包括籍贯、居住地址、身份等；第二部分为造像记的主体，包括造像题材、发愿内容和造像原因等；第三部分是时间和姓名，造像、开光、发愿的时间以及造像工匠、造像记书写人的姓名。其中第二部分的民众信仰对象（造像题材）、发愿内容与造像原因这几个要素最能体现原住民的信仰状况。其信仰对象即造像题材，在造像记中一般都有记载。在一定时期、一定地域范围内，民众信仰对象与当时当地的民风民俗密切相关。造像记所见民众的发愿内容，多为"圣神庇佑、家门迪吉、男增百福、女纳千祥、六畜兴旺、耕农茂盛、官非远殄、火盗消除、财谷并胜、消灾祛病"等表达愿望的词句，寄托着虔诚信众丰富多样而又现实功利的诸多美好愿望。

　　传统村落道教信仰多是以"自我"为中心，每逢遇见疾病、灾难、贫困等难题，造像活动便成了广大民众寻求心灵慰藉的主要方式之一。从传统村落造像记的发愿内容来看，多为世俗内容的祈愿。这一现象是因为发愿者以普通民众居多，他们难以理解各种教派的深奥义理，故在造像记中不多见宗教礼仪、修持相关的范句，而是多以通俗的语言表达与日常生活密切相关的美好愿望。其中，以平安健康类的祈愿内容居多，从某种程度上可以说民间信仰是被视为一种实现愿望的工具而存在的。民间信仰以这种"发愿"的形式与广大民众的日常生活、民俗活动紧密相连，满足了不同地位和不同层次民众的各种需求。民众因某种原因发愿，然后造像祈求神灵显应。如因体弱无力、身体不安、眼疾、天花、水灾、旱灾而祈愿人口平安的造像记在民间颇为常见。各式各样的发愿内容与造像原因，使民间造像记呈现多样性和特殊性。究其发愿内容，主要表现在疾病、平安、健康、丰收、财富、求子、仕宦、还愿、天灾等方面。相应地，信众自然是在这些方面有所不满意而发愿。

　　据中南大学中国村落文化研究中心所藏民间道教造像记实物资料，现将传统村落中民间道教造像记的发愿内容归纳如下。

（1）平安健康：病患安康、合家清泰、人口平安、男增百福、女纳千祥、人康物阜、康寿无灾、老幼咸亨、身体康泰、人口清吉平安、户户平安、百事平安、人人清吉、个个咸安、身体康强、人物咸安、老安少怀、四季平安、沉疴顿愈、身体安痊、人眷平安、永无恶曜加临、常有吉神拥护、人康物泰、尔康尔泰、无灾无祸、身体康强、男女康健、福寿、康宁、男清女秀、老幼康泰、身康体泰、家宅昌荣、各个安康、寿比南山、人人千祥、个个百福、家门迪吉、风火贼盗一并远遣、福寿绵绵、己身康泰、寿命延长。

（2）六畜：六畜成群、六畜升平、六畜兴肥、六畜兴隆、六畜兴旺、六畜平安、六畜丰肥、六畜旺相。

（3）财富：富贵、人财两盛、耕谋利达、畜养蕃昌、粮进万顷、五谷丰登、五谷丰盈、富贵双全、富如石崇、财谷并胜、岁序咸亨、耕作盛益、万代富贵、朝进宝、夜进财、钱粮广进、人财双发、大财大旺、小财小旺、钱粮涌聚、发达长源、财利两益、财源聚集、粮进万石。

（4）人丁：人发千丁、家门兴旺、子孙绵远、早生贵子、万代兴隆、一家兴旺、早赐麒麟、后代昌荣。

（5）仕宦：读者科甲蝉联、身居吉第、指日高升。

（6）诸事：万般如意、百事亨通、万事应心、万般聚意、万般遂意、一切未言全叨庇佑、万般迪吉、百事大吉、所事亨通、百般顺意、大吉大利、百事顺住、百事顺就、万物亨通、万物光辉、大吉大昌、百端咸亨、福有所归、般般顺意、所谋遂意。

由此可见，人口平安健康是信众最为关心的祈愿内容。温饱与平安，一直是民众日常生活中最基本的问题。对他们来说，趋福避祸是进行造像活动或种种功德活动的主要目的。这种心态与当地的自然地理环境和人文环境是分不开的。在生活遭受困苦的时候，人们需要一种心灵寄托，希望能得到神灵的庇佑。免灾免祸、祛病禳灾，是信众发自内心的最虔诚、朴素的愿望。因此，从某种程度上来说，民间的造像和造像活动都是功利目的驱使下的产物，民众"造像必有求"的动因可以说是传统村落中道教造像和道教信仰的典型特色。

5.4.2 佛教信仰及其特征

佛教是外来宗教，自两汉之际传入我国，之后与我国本土文化互为渗透、交融，其间经历了漫长的改造和演进过程。佛教信仰于唐以后如火如荼，曾一度出现"家家如来佛，户户观世音"的盛况。

根据我们对传统村落的调研情况来看，民间的佛教造像，是最能体现民众佛教信仰的载体。作为佛教文化重要组成部分的佛教造像，一方面，承载了佛教自身丰富的内在的文化内涵；另一方面，则又寄托着虔诚信众的丰富多样而又现实功利的诸多美好愿望。中国早期的佛教造像，多具印度造像程序特征，但在其不断地中国化的过程中，工匠们在依循传统的印度佛教造像程序仪轨的基础上，又表现出自己对佛教以及佛本身的理解，并融入中国传统造像工艺与审美观念，使之成为独具中国特色的佛教造像艺术。传统村落中的佛教造像则更是体现出佛教造像鲜明的地域性和承袭性，其造型方式异彩纷呈，在不同民族的村落中，又因民族心理、民族习俗及民族信仰的不同，呈现出佛教造像的区域性差异。

在传统村落中，原住民的佛教信仰对象以观音为最多，有送子观音、杨柳观音、千手千眼观音，此外还有弥勒佛、药王菩萨、药上菩萨以及伽蓝菩萨等。

关于观音菩萨，《妙法莲华经卷第七》观世音菩萨普门品第二十五中记载观音的三十三种化身，是汉地佛教显教观音最常见的造像形态，《补陀落海会轨》中对观音三十三身的形象也有着细致的解说。但是在传统村落中尤其是少数民族村落，观音菩萨都呈现出与民族民俗相关的造型特征以及世俗化和区域化的特点，出现了诸多未在佛教造像仪轨三十三种观音之列的观音形象，如伴有童子数量不一的送子观音、"轮王坐"观音，其中以送子观音尤为特殊。比如湖南少数民族村落中的送子观音，并非只有菩萨怀抱一童子的形象，童子数量有一、三、五、七、九不等，尤其是九子观音居多。观世音以慈祥的送子观音形象出现，被信众寄托有繁衍子嗣的宗教诉求，这完全是出自世俗的需要，而非出自任何佛教经典。"轮王坐"观音也并未在程序化观音之列，在民间尤其是南方地区却是屡见不鲜。通常是左脚深屈于内，右脚直立，左手下垂，右手放于右膝上，上半身稍倾于左方。此外，还有变形观音一类，所谓的"变形"，主要体现在头饰造型和着装方面。汉族村落中的观音多是头戴宝冠，宝冠中有化佛。少数民族村落中所发现的观音造像，则普遍以凤冠、蛙冠等特殊的头饰取而代之。观音菩萨在民间地位突出，这一点从"一菩萨二胁侍"的供奉形式即可看出。"胁侍"，是指金童玉女像或者力士像。最为明显的特征是，观音菩萨像的体量，远远大于胁侍像。由此看，观音菩萨在民间有着极高的地位，甚至是在释迦牟尼佛之上的。民众认为观音菩萨离他们的生活更加贴近，将观音视为救苦救难、无所不能的神。我们从佛教造像记中，也可发现，传统村落中民众敬奉的佛教神祇，十有八九为观音菩萨。因观音在民众心目中地位远远超过了其他佛教神祇，在"一菩萨二胁侍"的造像组合中，观音菩萨的体量明显高大，就不足为奇了。

图 5-12　清代变形观音　　图 5-13　明代观世音菩萨像

在古印度，杨柳枝是被认为可以消灾除病的，身患各种疾患者，应手持杨柳枝诵念真言。杨柳观音的出现据说与此有关。另外，杨柳枝有颇为旺盛的生命力，杨柳观音手中的杨柳，也寓意佛法的兴旺发展。传说中州地区因民风败坏而至天怒人怨，出现严重旱灾。而后观音菩萨现真身以教化广大民众，并从净瓶中取出蘸有甘露的杨柳枝，洒甘露于四野，立刻天降大雨，解决了旱灾问题。该地重现民风淳厚，社会生活井然有序的局面。因此，民间常信奉杨柳观音，为求风调雨顺，五谷丰登。

千手千眼观音，简称"千手观音"，其千手象征遍护众生，千眼则象征遍观世间。寓意法力无边，有无穷的智慧渡济众生。民间众生的烦恼与苦难多种多样，总有不尽相同的需求和愿望，因而信仰千手千眼观音，希望得到其无所不能的救济。广大民众相信，只要虔诚信奉千手千眼观音，便能获"息灾、增益、敬爱、降伏"等好处。因而民间很多寺庙中，千手观音都是作为主像供奉的。

图 5-14 明代千手观音像

弥勒佛为未来佛，是未来世界的主宰者，是现世的菩萨及未来的佛。"弥勒"，有慈悲为怀之意。《阿弥陀经疏》云："或言弥勒，此言慈氏。由此多修慈心，多入慈定，故言慈氏，修慈最胜，名无能胜。"弥勒佛常怀慈悲之心，在民间广为流行，得以普遍信奉。早期的弥勒造像具有佛的相好特征，依照菩萨的装束塑造，头戴天冠，类似佛经中所谓的"天男形"。还有些弥勒造像是剃发圆顶，光头现丘比相，面相富贵祥和，双耳垂肩，笑口常开，袒胸露腹，下身着裙装，左手拽衣放于腰间，右手持一串佛珠置于右膝上，轮王坐，生动地展现出喜笑颜开的笑口弥勒形象。弥勒佛袒腹大肚，笑容可掬，屈膝张足而坐，展现一副不拘礼节的姿态，极具中国化的造像特征。自北宋起，大肚弥勒取代了弥勒的庄严相而成为弥勒在中国的化身相，这相传是以浙江四明一个名叫契此的布袋和尚为蓝本塑造的。民间有很多常见的对联来描述他的特征:"大肚能容,容天下难容诸事;开口便笑,笑世上可笑之人。"

图5-15 明代弥勒造像

药王菩萨和药上菩萨,是佛教传说中施予良药、救治众生身心两种疾苦的菩萨,能使芸芸众生远离疾苦、贫苦、逆苦、业苦等。因此民间常将其当作消灾祛病的神灵来信奉,颇受民众爱戴。

在传统村落,原住民也会把历史上的忠义之士加以神化纳入神灵体系中。传统村落中的原住民,在生活中遇到各种变故和挫折,往往习惯归咎于命运,为了寻求解脱便向神灵求助,寻找心灵寄托。人们相信神灵是全知全能的,确信祈祷任何神祇都有助于身心健康。因此无论是佛、道神祇还是一些地方性神灵,全都成了人们顶礼膜拜的对象。圣帝界盖天古佛是佛、道通祭的神祇,在佛教里常被称作伽蓝菩萨。盖天古佛关圣帝君据说是三国时期的蜀国大将关羽,是勇武和忠义的化身,被称为"古今第一将",世代传颂,使其在民间有极大的影响，很多地方都建有关帝庙。盖天古佛关圣帝君所体现的立业、立身、立命，与我国传统社会统治阶级的心理以及普通百姓的心理认可完全吻合。普通民众祈祷能有这样一位善神来庇佑他们，关圣帝君的威武形象便满足了百姓的精神需求。久而久之，在原住民的心里，盖天古佛被传颂成了"万能神"，被赋予了祛病除灾、驱邪避恶、招财进宝、保平安佑科举的种种功德，各行各业都对其顶礼膜拜。

除了造像外，各地庙宇与宫观的分布情况也是民众精神信仰状况的直接体现。同治年间的《绥宁县志》载："自汉魏以来数千年间，梵宫道宇金碧辉煌，莫之能废礼，亦有不可泯灭者欤？绥邑寺观外，有官有院有庵有阁，为著其地与名，以明其建置，有年者亦可姑存云。"由此可以看出自汉魏以来，该县一直有佛教和道教并存的现象。中国人有多神崇拜的传统，人们会因为各种不同的目的向不同的神灵祈祷。佛教的寺庙与道教的宫观作为民众求神拜佛的主要场所，一方面为出家人提供了相对封闭的修行环境；另一方面是为民众祈祷而开放的。日常生活中，寺庙与宫观被人们视为洗礼灵魂的净土，每一个寺院、庵堂都体现神灵世界的神圣秩序。

许多传统村落中，"众神供奉"现象是普遍存在的，即佛教造像与道教造像以及地方性的神灵、祖先造像同时供奉。位于株洲的龙门古寺，观音大士居于观音殿的正中，但两侧却供奉有元始天尊以及赵公元帅；此外，衡山的南岳大庙，东侧有八个道观，西侧有八个佛寺；祝融殿内，南岳司天昭圣帝后面供奉有佛教的观音菩萨像和道教的雷神像。中国村落文化研究中心现藏有一件清早期的香樟木雕版，是将佛、道众神像雕造于同一块木板之上。上面两行雕造的是道教神祇中的八仙神像，下面分别雕造有雷公神、福禄寿三神、财神以及文殊菩萨和观音菩萨等。此类造像组合，是受到民众迎祥纳福观念的影响。在普通民众看来，佛、道神祇多有福禄长寿之意，因此佛、道不分。民间不乏此类的佛、道共存的造像组合陈列，甚至在少数民族村落，在同一尊造像中有佛、道交融的现象，如头戴道冠的观音像。有很多民间造像并未严格遵循造像仪轨。雕工常常将佛教和道教造像混为一谈，难以区分，信众则一并供之。此外，民间造像记中佛、道不分的现象也尤为明显。比如佛教造像记中夹杂符箓内容的现象颇为常见，手抄版本和印刷版本中均有体现。《道教大辞典》称："符箓，道家秘文也。符者屈曲作篆籀及星雷之文；箓者素书，记诸天曹官属吏佐之名。符箓谓可通天神，遣地祇，镇妖驱邪，故道家受道，必先受符箓。帝幸道坛，亲受符箓，曲赦京师。"① 一般来讲，符箓是只用于道教的秘密图式。但在民间，道教、佛教都用符箓来驱鬼辟邪、禳灾治病。人们在面对苦难不能自拔的时候，多借助于神力求解脱。因此，符箓在民间并无佛、道之分，只是作为信众的一种精神寄托，被赋予了延寿祈嗣、治病祛邪等功能。又如，佛教造像记中有"金、木、水、火、土"出现。《书经·洪范》云："五行，一曰水，二曰火，三曰木，四曰金，五曰土。"五行，是我国古代的一种物质观，与我国本土的道教紧密相连。它们不仅是五种物质，也代表了五种自然力。五行之说影响深远，涉及我国古代生活的各个方面。将其用于佛教造像记，也是佛、道结合的体现。

佛教文化作为一种外来文化，有其独特的思想体系与理论形态，初传我国时难免与本土文化、思想发生冲突，以致出现儒、佛冲突以及佛、道抗争的局面。之后儒、佛、道逐渐彼此渗透、融合。"佛、道不分"的现象之所以出现，主要的原因有两个：一是佛教主动为

---

① 李叔还：《道教大辞典》，浙江古籍出版社1987年版，第503页。

之，佛教在排斥道教的同时，又因为民众的需求而相互为用，以此来赢得更广泛的信徒；二是信众的无意疏忽，有所信仰而无宗教派别之分，反映出普通民众有拜神行为却缺乏对各宗教诸种神祇的深入了解。民众认为能显灵保佑他们的就是好神，就会虔诚地继续供奉，反之，就不怎么信了。他们并不拘泥于信奉一种宗教，也无系统的宗教观念，而是不分佛、道地祈求"众神"庇佑。顾颉刚就曾提到过这一现象："除了佛像外，有关帝，有雷神，有华佗，有王通、圣母。此甚有趣，盖乡人所需求，不过这几样。有了这几样，可以抢去城中香火也。这种寺，算他道教呢，还是佛教呢？所以，我想，中国人只有拜神观念，并无信教的观念。"[①]

在传统村落，原住民一向是无事不造像、造像必有求的。功利目的驱使下的造像活动非常普遍，人们会为物质或心灵上的需求而造像、发愿。中国村落文化研究中心收藏有大量的造像记，充分体现出了这一点。例如，有的像是为求人丁繁衍而造的："奉佛修因集福信士李明□妻黄氏　男兴廊兴度　李明珪妻曾氏　男兴应兴席兴庶　李明□妻龙氏与兴廊兴康兴庠兴　李明球妻张氏　男兴序兴唐　李明珰妻张氏　李广相妻成氏等发心雕绘观世音菩萨及金童玉女圣像　入于本家崇奉香火　但愿子孙繁衍　富贵双全　福有所归　永远为记　顺治十八年二月初四吉良丹青唐奇章。"有的像是为身体康健而造的："伏以　□恩浩浩　圣德昭昭　今据大清国湖南省宝庆府新化县永宁上二都地名湾塘江里村迁居湾塘里蛇胡庙王祠下土地分居住信士袁位元室人刘氏六云同发诚心装塑　观音大士圣像一尊　装塑以后伏祈早送麒麟兼夫妇百病消除老母身体康强人物咸安一切未言全叨庇佑　同

[①] 顾洪编：《顾颉刚学术文化随笔》，中国青年出版社1998年版，第373页。

治五年丙寅十月十九日夜戌时开光上座大吉　丹青周南垣士。"有的像是为"人口清泰、家门迪吉、万般如意"而造的："今据大清□湖南省宝庆府新化县永宁上二都地名山背后祀祭洪庙王祠下土地分居住信士周迎春室人袁氏翠如长男寿大次男易大同大等谨发诚心装塑（塑）圣像一尊　界保人口清泰家门迪吉万般如意叨蒙护佑　道光二十九年已酉岁十二月十五日吉日开光目丹青谭建书。"其他造像记中，所见如"五谷丰登""六畜兴旺""诸事顺利"等内容，都是与民众日常生产、生活密切相关的现实需要。广大的信众是以一种"灵则信"的心理开展一系列宗教造像活动，体现出民众信仰明显的功利性和实用性特征。在为家眷祈福的造像记中，除对生者的祝愿之外，也有因死者而祈愿的。一般来说，信众在丧葬嫁娶、家族迁徙等大事时，也都会造像祈愿。

我们知道，务实求存一直以来都可以说是中华民族传统的民族性格，这种传统反映在民众的宗教信仰层面上，则是以功利性和实用性为核心的。民间的广大信众往往把佛教中的西方极乐世界视为现世苦难的慰藉，再将个人信仰演化为对神的索取。佛教在传播过程中令信众产生各种与现实生活水乳交融的理想愿望，他们认为这些愿望只有在诸神那里才能得以实现。佛教在中下层民众中以这样的方式得以自立，影响到信众生活方方面面。民众信仰诸佛和各种菩萨，他们再给自己造设一种具体的信仰对象，即是供奉造像。民间造像记反映出很多信众对于佛教、道教教理或教义的理解是很模糊的，他们只是根据各神祇所赋予的功用选择供奉的造像。

传统村落中的宗教信仰者大多是文化层次不高、生活水平较低的原住民，他们多信奉佛教或道教，又或者是同时信奉儒、佛、道。他们对于宗教的理解是模糊不清的,只是把宗教视为一种实现个人愿望的工具和途径,供奉佛和菩萨等只是希望能更好地生活。这种自发的信仰与民众的世俗生活有着千丝万缕的联系。从造像记所见的发愿内容来看,以家庭祈愿者居多。显而易见,民众企盼经由佛教、道教信仰能够实现一切世俗的愿望。从某种程度上来说,这种信仰已经成了民众臆想的产物,体现了当地民众信仰的功利性和实用性特征。事实上,这也是中国民间信仰的普遍特点。佛教作为一种外来宗教之所以能被中国普通民众接受并不是因其博大精深的教理或教义。其中就连主张"不立文字,教外别传;直指人心,见性成佛"的中国本土佛教宗派之一的禅宗,也很难深入中下层民众之中。我们认为,最终佛教能够深入民间的根源还是在于其普度众生的"救世"功用,是佛祖或菩萨慈悲为怀、醒世救人的"实用性"吸引了大量在现世中受苦受难而渴望改变现状的善男信女。因此,与诸多研究经书佛理的精英阶层不同,民间老百姓的信仰以带有明显功利性和实用主义色彩的烧香拜佛形式存在。民间盛行的许愿、还愿便是这种功利性和实用性最鲜明的表现,许愿是祈求神灵庇佑以达成心愿,而还愿是实现心愿后兑现承诺。这整个过程其实就是信众在不断地"索求"和"给予",是民众信仰讲求功利和实用的生动体现。

5.4.3 其他宗教信仰

据记载,伊斯兰教传入我国最早是在唐高宗永徽二年。之后,一直有传教士、使者、商人等陆续把伊斯兰文化带到我国。到元代,成吉思汗调来征服地的数十万穆斯林分配为军士、工匠等。这些穆斯林连同唐宋时期就已生活在中国的穆斯林后裔,长期受到我国本土文化的影响，经历了漫长的历史发展过程之后，在我国逐渐形成了一个新的民族共同体，即回族。也还有一些蒙古语族的穆斯林，发展形成了东乡族与保安族，另外有少数迁到青海去的穆斯林形成了撒拉族。截至目前，我国信仰伊斯兰教的民族除了回族、东乡族、保安族以及撒拉族之外，主要还有维吾尔族、哈萨克族、柯尔克孜族、塔吉克族、乌孜别克族和塔塔尔族等，这些民族信仰伊斯兰教的情况各不相同，其中以回族最为特殊。一方面，在这些民族中，回族是分布得最为广泛的。一般县级以上的行政区域内都会有回族人口，分布状态总体是以与汉族人杂居为主；另一方面，回族与其他少数民族有一个很大的区别就是，自形成以来便一直使用汉语，没有本民族的固有语言。虽然它并不是由我国古代的某个氏族、部落逐渐发展形成的民族，基本上是由外来人形成的一种新的民族形态，但它长期以来根植于汉民族文化的土壤中。所以，回族与汉民族的文化最为接近。而回族又是我国伊斯兰教的主要载体，所以伊斯兰教与我国传统文化的渗透、融合与回族文化的发展密切相关。回族对我国传统文化的接纳程度，影响着伊斯兰教在中国的发展进程，最终形成了中国特色的伊斯兰文化。

一般来说，信仰伊斯兰教的人按规定要遵循六大信仰，又称六大信条：信仰独一无二、绝对权威的真主安拉；信仰纯洁无邪、各司其职的天使；信仰经典《古兰经》；信仰主的使者穆罕默德；信前定，即真主安拉的法则；信真主安拉会在末日复活人类。伊斯兰教的信徒认为安拉是独一无二的主，只有安拉才有资格接受人们的崇拜。穆罕默德是安拉的使者和先知，他接受安拉的启示继而向世人宣传教义。此外，伊斯兰教还有四大天使，分别是负责传达天启的哲布勒伊来，负责观察宇宙万物的米卡伊来，负责末日审判的伊斯拉非来以及负责死亡的伊兹拉伊来。伊斯兰教徒信奉《古兰经》，该经典主张"一切穆斯林皆兄弟"，教徒有明显的团结一致的民族意识。日常生活中，伊斯兰教也有各种禁忌，比如禁止食用猪肉、血液、莫名死亡的动物以及未诵真主安拉尊名就被屠杀的动物等。

穆斯林礼拜的场所通常是在清真寺，清真寺设有信徒聚会活动用的大殿，此外还有沐浴室以及为穆斯林操办丧葬仪式的地方。因为穆斯林主要的群体活动，比如学习经文、举行集会、操办婚丧嫁娶、商讨重大事宜等都是在清真寺进行，所以清真寺在增强伊斯兰教信徒凝聚力方面有很重要的作用。

基督教的聂斯托利派传教士于公元7世纪第一次来到中国，由此基督教开始与我国传统文化产生联系。但是人们真正感受到基督教的影响，是在明末清初的十六七世纪。这一时期的基督教信仰是由耶稣会传教士传入的。据记载，最早来到我国传教的耶稣会传教士是弗朗西斯·沙勿略，基督教传入我国的过程是充满艰难险阻的，但历史上一直不乏后继者。直至现代社会，伴随着我国的宗教信仰自由政策，信仰基督教的人为数不少。

基督教在近现代中国有很多传播方式，传教人员或者通过出版相关的报刊、书籍等广泛宣传基督教的教理、教义；或者组织创立教会学校；或者利用医学传道；又或者是通过一些慈善事业来吸纳基督教徒。在我国传统村落中，基督教则主要是通过后两种途径传播的。历史上，以医传教一直都是传教士接触老百姓的有效途径。传统村落中原住民的生活条件有限，有教会为他们寻医问药提供条件，无疑是一种很大的恩惠。以此为契机，便潜移默化地让村落原住民认识并接受了一种新的信仰。在我们所调研的传统村落中，基督教的传教士甚至有不需要医疗设施和医术的"医治良方"。他们成立了专门的组织，每个月有固定的时间固定的场所让基督教徒集中到一起参加活动，也就是民间基督教徒所谓的"做礼拜"，一般是选择周日在教堂举行。活动的内容除了赞美耶稣、祈祷许愿以及忏悔自己的罪过等，最重要且最具有诱惑力的便是接受"圣水"的洗礼。信奉基督教的人都相信，有罪过或者是身体受病痛折磨的人，只要接受了圣水的洗礼，便洗清了罪恶可以重新做人，身体的病痛也会痊愈，相当于身体和灵魂一同复活。这种通过"圣水洗礼"来治愈人的身体和灵魂的"医治良方"不需要任何的医学器械和医术，却让很多的信徒坚信它的力量。我们不得不承认，精神信仰在人们的生活中具有举足轻重的作用。相比基督教以医传道的途径，传教士通过开办慈善事业来吸引教徒的事情就更加屡见不鲜了。开办育婴堂、孤儿院、敬老院，又或者是开展赈灾救济、扶贫等活动，在博取民众好感的同时，确实促进了教会事业的发展。

村落原住民的基督教信仰同佛、道信仰有一个最大的共同点是功利性强。传统村落中的原住民多数并不了解西方文化和基督教文化，只是觉得在现实生活中遇到困难时可以向上帝祈祷，由此便多了一种解决困难的希望。有些家庭信仰基督教，纯粹是因为家族中有年轻人在外打工时听说或是接触到了基督教，于是回乡以后便劝说家族中的其他人一起信仰基督教。正是因为传统村落中原住民信仰意识的模糊性，所以并不像正统宗教一样具有排他性，它是十分包容的。人们在信仰耶稣的同时，可以信仰释迦牟尼、观音菩萨、财神等不同派别的神祇。然而我们知道，正统的基督教其实是坚持一神论的，而且具有很强烈的排他性。所以基督教想要在农村有更大的发展空间，势必会做出一些改变，去迎合和适应传统村落中广大农民的需要。

5.5 传统村落中精神信仰的特征与意义

5.5.1 传统村落中精神信仰的特征

第一，自发性。当人们在现实生活中遇到困难、面临威胁的时候，民间信仰作为一种支撑和平衡人们失衡心态的意识形态出现是自然而然的，这即是民间信仰自发性的主要体现。从这一点来看，民间信仰的自发性与道教"加工神灵"的做法有异曲同工之处。道教"自觉地创造或神化人们崇拜的神灵……从神灵的创造到神灵的神化都是人们有意识地进行的。其中人们有意识地创造神灵，主要是指有些事物本来不是神，但是道教人员出于某种需要，硬把它们加工成神灵"[1]。传统村落中的精神信仰，与传统的制度化宗教相比，没有较为系统的经典、组织等，很多时候都是原住民由于现实的需要，为了达到一定的功利性目的而信奉的。因此，自发性是民间信仰尤为突出的特点。

第二，多样性。传统村落中精神信仰的一个显著特点就是大多缺乏系统化的组织、仪式和经典等，往往形式多种多样，表达方式也极为灵活。首先，传统村落中原住民精神信仰的多样性（多元性），表现在信仰对象上。在一定时期、一定地域范围内，民众信仰对象与当时当地的民风民俗密切相关，崇拜对象涉及万事万物。不仅有天、

---

[1] 王继英：《民间信仰文化探踪》，民族出版社2007年版，第192—194页。

地、日、月、星等天体崇拜，雷、雨、风、云、虹等天象崇拜，火、水、山、石等自然物崇拜，工具、人造物、生活用具等非生物崇拜，还有祖先崇拜、各种动植物崇拜、神灵崇拜、生殖崇拜以及偶像崇拜。比如只是地方守护神就有村寨保护神、山林保护神、狩猎保护神、牲畜保护神、土地保护神、农耕保护神、家宅保护神等不同职能的神祇。传统村落中的崇拜对象不仅数量多，种类也极其多，村落原住民会因不同的诉求而信奉不同的神祇。其次，传统村落中精神信仰的多样性还表现在原住民信仰目的的随意性以及信仰形式的庞杂性等方面。传统村落中原住民信仰的相关祭祀活动，或者是为了趋吉避凶，或者是为了招魂驱鬼，又或者是为了消灾祈福、祈求丰收，还有一些祭祀活动是为了同时满足原住民的多种诉求。人们的这些心愿是没有任何约束的，任何一种诉求都可以成为祭祀活动的主题。就信仰形式来讲，烧香拜神、雕铸神像、阅读经书、行善积德等，都是民众精神信仰的实践方式。他们多热衷于世俗化的（宗教）节日，在民间有诸多的祭祀活动，他们借此机会进行许愿、还愿，将各种宗教诉求在这些民间化、世俗化的宗教仪式中得以体现。而在这些信仰形式的实践过程中，参与信仰活动的人员和人员数量、信仰活动的地点以及程序的复杂，也都是村落原住民信仰多样性的表现。

第三，功利性。功利性是传统村落中精神信仰的一个很突出的特征，主要是针对信徒的信仰目的而言的。原住民在遭遇不幸的时候，认为只要虔诚崇拜神灵，就可以达到"心诚则灵、有求必应"的效果。原住民用尽各种崇拜方式（比如晨昏三叩、焚香祭拜、雕造神像、捐资修庙、再塑金身等），与鬼神进行"利益"交换。因此，传统村落中精神信仰的功利性，可以说是村落原住民万灵崇拜和多神崇拜的最主要原因。

传统村落中精神信仰的功利性表现有很多,比如祖先崇拜。在传统村落中,几乎家家户户都供有祖先牌位,重要的节日总要烧香叩拜,每年都会举行隆重的祭祖活动。那么是什么原因促使原住民世世代代虔诚供奉、祭祀祖先呢?绝不仅仅是因为传统文化所提倡的仁义道德。首先,人们相信这个世界上有阳间和阴间之分,认为人死后,如果没有后人凭吊,就会变成孤魂野鬼,所以各种祭祖仪式得以世代相传;其次,活着的人都希望得到列祖列宗的庇佑,人们认为离世的祖先在冥冥中会有一股说不清道不明的力量,可以左右家族的福祸,因此,人们会通过各种方式献祭,以取悦祖先招来好运,这正是祖先崇拜的功利性所在。此外,在各种神灵崇拜中,也有很多功利性表现。人们信仰各类神祇,都是基于这些神祇各自不同的职能,与人们的日常生活有着十分紧密的联系。以土地神崇拜为例,在原住民的日常生活中,土地有着不可替代的作用,人们的衣食住行所需,全都取之于土地。在很多以农为本的传统村落中,土地神成了被祭祀最多的神祇,是一种几乎带动全村人的信仰。人们祈祷土地神可以保佑风调雨顺、五谷丰登。正是这种功利性的诉求,在很多传统村落中随处可见土地神,原住民甚至不拘泥于神龛的形式,随意的一个小土洞中都可以陈列、祭祀土地神。比如财神,这位家家欢迎、人人跪拜的神祇,也是民间信仰的功利性表现之一。随着商业的逐渐繁荣,财神崇拜满足了人们求财、求富的心理。又比如人们为了求子会祭拜送子娘娘,为求一家康泰会祭祀灶神,在海边以渔业为主的村落会祭拜海神娘娘和船神,等等。可以说,人们为了自身的功利性目的,愿意崇拜万神之能。

第四,封闭性。传统村落中原住民信仰的封闭性主要体现在:首先是民间信仰活动过程的神秘性,也就是说,民间信仰活动因为较多地掺杂了神话和巫术等元素，通常使外人看起来多多少少有点神秘莫测，这一点在各种信仰仪式上体现得尤其明显；然后是民间信仰活动传承的封闭性，这主要是指民间信仰活动的传承往往不够公开，尤其是在传承人的选择上通常局限于内部自己人，比如只是师傅传徒弟，甚至只是在家族（或家庭）内部相传，或由父亲传儿子，或由母亲传女儿。正是由于民间信仰具有这种保守性或封闭性，我们通常会发现许多民间信仰活动历经多年往往也不见有任何变革和改动。

第五，地域性。精神信仰的地域性，是指在不同的地方区域内，因地理环境、经济条件和历史、传说等文化背景的不同，所产生的精神信仰也呈现出不同的地域特征。比如有一些地区的村落，人们非常忌讳穿别人穿过的衣服，因为在他们的观念里，认为穿过的衣服上会附有主人的灵魂，穿别人的衣服以后自己的灵魂就不得安宁了。而在另外一些地区的村落中，原住民却有相反的认识。比如在湖南衡山县的传统村落中，老人就认为初生婴儿穿旧衣服是吉利的，要先穿别人的旧衣服以后再穿新衣服。同样的有关穿衣服的禁忌，南方沿海一带甚至忌讳把晒干的衣服直接穿在身上，认为必须叠好放置一段时间再穿，否则人会变成"竹竿鬼"。因为过去人们晾晒衣服一般是用竹竿。

第六，民族性。传统村落中精神信仰的民族性，是指不同民族间精神信仰所体现出的民族特色和差异。这一点在不同民族的各种祭祀仪式中体现得尤为明显。人类学家李亦园认为："宗教祭仪是不同传统层次最易见分野的部分。大传统的上层士绅文化着重于形式的表达，习惯于优雅的言辞，趋向于哲理的思维，并且关观于社会秩序伦理关系上面；而小传统的民间文化则不善于形式的表达与哲理思维，大都以日常生活的所需为范畴而出发，因此是现实而功利、直接而朴质的。"① 传统村落中的原住民会从自身的切身利益出发，在各种祭仪中体现出民族特色。比如土家族常将现实生活中所遇灾难归咎于对自然神灵的触犯，同时将五谷丰登、六畜兴旺等吉兆视为自然神灵的恩赐，自然崇拜之风盛行。他们信奉多神，并以善恶区分，图腾崇拜中以白虎崇拜最多。苗人的祭祀礼仪历来繁多，无论是疾病、出行、远归还是战事，都会举行祭祀。所祭祀的神灵有很多是在苗族区域留下过身影的历史名人，包括汉代的伏波将军马援、三国时期的诸葛亮等。除了因视盘瓠为祖先而"祭狗"之外，还有众所周知的苗族"椎牛祭"，即以椎牛为手段迎接祖神的隆重崇祖大典。此仪式迎接的祖神包括"原始族群、母系氏族社会、父系氏族社会、部落联盟集团等的杰出首领，如盘瓠、蚩尤、饲牛祖神柳斗、柳庆及各姓氏列祖列宗等"②。纳西族则是把自己看作天神的后代，举行祭天仪式，祭祀的是始祖崇忍利恩。又比如在一些典型的图腾民族中，当群体成员达到一定的年龄则要举行成年礼。氏族成员普遍认为，成年仪式以后，才能正式接受群体的一切权利和义务，人死后灵魂可升天堂。但是，成年仪式因各个地区民族文化的不同，在内容和形式上都存在很大的差异，诸如瑶族的度戒、畲族的醮名仪式、纳西族摩梭人的成丁礼以及基诺族的乌热壳等，这些成年仪式所体现出的民族性特征尤为明显。

5.5.2 传统村落中精神信仰的价值与功能

第一，心理慰藉功能。传统村落中原住民精神信仰的心理慰藉功能主要有两方面的体现：一方面，精神信仰可以给原住民带来心理上

---

① 李亦园：《人类的视野》，上海文艺出版社1996年版，第145页。
② 张子伟：《湘西祭祖习俗》，湖南师范大学出版社2011年版，第36页。

的安全感。现实生活中人们在面对疾病、痛苦、死亡的时候，难免会心生恐惧、失落无助。而当原住民有了一定的精神信仰以后，可以通过祭祀、占卜或是简单的居家念经拜神等方式，来减轻他们内心的伤痛与不安，从而获得精神支柱和安全感；另一方面，人们在有了精神信仰以后，可以释放内心的积郁。比如在内心极度压抑的情况下，可以向神灵诉说或是忏悔，祈求神灵的宽恕与庇佑。

第二，道德教化功能。民间信仰的道德教化功能主要是指在社会生活当中民间信仰所起到的教育和行为模塑作用。因为人们有信仰，在他们相信各种"因果论"以及遵循不同禁忌的同时，便规范了个人的言谈举止。尤其是有很多地方神，都是由见义勇为、扶贫救人的楷模神化而来的，民众祭拜这类神灵，自然会跟着效仿并努力修养自己的德行。

第三，族群认同功能。族群认同是指民众对本民族归属的认识及相应的情感依附，这些族群因为有共同的信仰而产生民族向心力和凝聚力。比如少数民族村落中的祭祖仪式，人们因为有共同的祖先崇拜情结而团结成一个整体，又通过集体性的祭祖仪式而强化了这种民族认同感。

第四，社会整合功能。民间信仰的社会整合功能主要有两个方面的体现。一是丰富了传统村落中人们的精神文化生活。人们因为有信仰而满足了各种心理需求，寄托美好的愿望，从而调适了世俗生活。二是规范了人们的行为。如前文所述，民间信仰具有道德教化的作用，在道德教化之余，传统村落信仰中的很多禁忌和俗信，都是原住民长期生活经验的总结，它们涉及传统村落中原住民生活的各个方面，有效地规范了大家的行为，从而起到了社会整合或控制的作用。

第五，文化传承功能。文化大体可分为"有形"和"无形"两种，或者称为"物质文化"和"非物质文化"（或称"精神文化"）。在传统村落及其文化体系中，这二者有着同样的重要性。我们在这里所说的传统村落中的精神信仰，主要是指流行于村落中的对某种精神观念或有形物体信奉尊崇的心理和行为，它本身就是属于传统村落文化中"非物质文化"部分的重要内容，在文化的传承方面实际具有不可替代的作用。

一方面，传统村落中原住民所信奉的很多观念，都对我国传统文化的传承有积极的作用。比如日常生活中村落原住民的平安健康、人丁兴旺、安居乐业等诉求，都体现出朴实民众生生不息、自立自强的生活态度，在潜移默化中世代传承了我国优秀的传统文化。另一方面，传统村落中的精神信仰，有很多是以神话故事、绘画、雕塑或是戏曲、舞蹈等作为载体的，有效地保护并传承了传统文化。比如在北方村落普遍存在的庙会，一般在暮冬、初春或者在春耕开始之前举行，为期三五天左右。庙会期间热闹非凡，会有各种祭祀仪式吸引成千上万的进香者前来祭拜，同时极大地促进了城乡之间的贸易往来。除此之外，庙会的各种娱乐活动，具有文化传承的功用。比如最主要的是搭戏台唱戏，这种戏剧表演被认为是向神灵献祭、表达崇敬的一种方式。戏剧表演的开场通常都是以各种神话故事为主题的表演，各路神灵粉墨登场，有木偶戏、变戏法，还有杂技、拳击，等等。这些活动在为原住民提供娱乐的同时，也很好地传承了民间艺术。此外，传统村落中精神信仰有极为悠久的历史、众多的传承人口以及顽强的生命力，就其属性特征而言，具有多样性、地域性和民族性。因此，作为多元文化相互渗透、融合的产物，传统村落中的精神信仰确实承载、传承了我国的传统文化。

第六，生态保护功能。传统村落中原住民对各种自然物的崇拜以及他们为了保护大自然约定成俗的各种禁忌，无论是因为敬仰还是恐惧，人们崇拜那些自然物，便不会去伤害它们，这样就很好地促进了人与自然的和谐相处，起到了生态保护的作用。

一方面，传统村落中原住民的因果报应观念在某种程度上保护了生态。比如人们因为相信人与自然之间存在因果报应，所以在很多地区的村落，原住民对狩猎的时间都是有严格限制的，规定不准捕杀怀胎的动物，也不能杀害过于幼小的动物和正处于哺乳期的动物。由此保证了这些动物群的正常繁衍，也不会因为被大量地捕杀而绝种。另一方面，村落原住民的万物有灵观念也有生态保护的功用。比如，对于一些极为罕见的奇异动物，很多村落中也是禁止捕杀的，原住民都会严守这一禁忌。他们认为罕见的动物，或者是有人的灵魂寄托其中，或者就是某位神祇的化身，一旦伤害甚至捕杀了它们，必然遭遇祸患。这样的禁忌，有效地保护了稀有动物。此外，在很多的传统村落中，原住民还会把一些特别高大、枝繁叶茂的树视为村落的保护神。原住民认为这些神树一旦被破坏，整个村落便会遭殃。于是这些被神化了的树，在日常生活中备受呵护。客观来看，这样的自然崇拜和禁忌对于生物多样性的保护功不可没。

第6章 传统村落的组织与治理

中国传统社会在一定程度上可以说是村落社会，诚如马新师所言："乡村社会是中国古代社会的基点，也是中国古代物质文化与精神文化的重要源泉。打开中国历史，一幅是城市中国，另一幅是乡村中国。……中国古代的城市，恰恰是乡村社会的伴生物，是乡村社会的城市。"① 村落组织不仅涉及村落共同体的形成、村落社会的有效运行等内部问题，还因为村落是构成传统国家的基石，对于国家的秩序与社会的稳定等都具有重要的意义，所以历代国家政权无不想尽办法来适应、改造村落组织，以加强对村落的控制，维持政权的长治久安。由此对历史上村落组织的研究就成了乡村社会史研究的重要课题。传统村落的组织不仅包括外生性的组织——主要来自国家权力的介入，还包括村落及村落之间自发生长的内生性组织，有时两者呈现出一定的交叉、重叠关系，这在一定程度上也反映了两种组织、秩序的交融。

早在20世纪40年代，费孝通就曾指出传统中国社会"从县衙门

---

① 马新师：《两汉乡村社会史·序言》，齐鲁书社1997年版，第1—2页。

到每家大门之间的一段情形"是最重要的,因为这是理解中国传统体制是如何运转的关键。① 传统村落社会中,"县衙门"与"每家大门"之间存在的各种组织无疑成为村落制度文化中的重要内容。作为村落文化中的制度文化,传统村落的组织及其治理是一项值得重点探讨的问题。中国传统村落社会存在哪些组织,是自生的还是外生的?在村落组织的基础上,村落如何运转,如何实现自我管理?这些都是我们应该重点探讨的问题。在中国传统村落社会中,存在大量的社会组织,如带有官方色彩的乡里组织、半官方的乡约组织、自治色彩浓厚的宗族组织,还有一些地域性和民族性的村落组织,如华北地区的青苗会组织以及苗族的"苗族议榔组织"等。依靠这些组织,村落共同体或村落社会得以有序运行。明清以来的乡绅在传统村落治理中扮演着重要的角色,故不可不对其加以讨论。

图6-1 议榔大会

---

① 参见费孝通《中国士绅》,生活·读书·新知三联书店2009年版,第65页。

6.1 传统村落的组织

6.1.1 村落组织的产生

中国早期的村落组织与以血缘关系为主的家族制度紧密相连。在西周春秋时期，因为农耕而定居成为一种常态，固定的人群及其关系必然形成一定的组织，以血缘关系为主的家族组织成为村落的主要形式。早期的村落组织可以称为"宗族村社"①。在古文献中，经常可以看到统治阶层将数百个甚至上千个书社赏给某人，或者将其割让给他国的例子。比如《吕氏春秋·慎大》中记载，武王灭商后，封谋士为诸侯，赏大夫以书社。《荀子·仲尼》中记载，管仲对齐国有功，桓公赏给他书社三百。《左传》昭公二十五年记载，鲁昭公讨伐势力强大的季氏失败，逃到齐国去，齐国国君赐给他书社一千多个。《周礼·司民》中解释了"书社"的名称，是"书其社之人名于籍"。《史记·孔子世家》指出，全社之人，"自生齿以上皆书于版"。这种将社中的人名登记起来，并且作为一种赐赏物，很明显带有奴隶制度时期的特点。这是一种以血缘关系为主，以地缘关系为辅的村落家族组织，并且受到"官方"的严格控制。村社组织，是中国农耕社会发展的必然结果。与北方的游牧民族相比，以农耕为主的汉族地区容易定居下来，之后在一定的区域范围内进行人口的生产，随着人口的增

---

① 徐扬杰：《中国家族制度史》，武汉大学出版社2012年版，第110页。

长，村社的规模不断扩大，达到饱和后就有人迁出该村社，往往到邻近的地方以寻求新的发展空间，新的村社得以形成。

一般意义上来说，传统村落组织的产生有一定的自然、社会条件。在中国传统社会，人口密度一般说来不会很低，尤其是在利于人类生存、繁衍的黄河、长江流域。在家族组织的基础上，为了与其他姓氏通婚，与外界进行一定的交易，以及出于信仰的需求，祭祀保佑一方水土的神灵，便开始走出以姓氏为限的宗族范围，建起立更为广泛的村落组织。很多时候，村落组织都设有村庙，里面供奉着当地的保护神；村落组织一般还设有乡规民约，以此来规定全体村落原住民的权利和义务等必须遵守的内容；此外，一些村落组织还负责与农业生产有关的事务。在单个的村落之上还存在一种联村组织。它是若干个相邻的村落在人口与地域的扩张中自然形成的地域性组织。一般来说，联村组织的出现是出于某种特殊需要，如因崇拜地方社会的同一神灵，为了兴修水利、抵御匪患、解决地域性的争端等，这些地方性的事务，必须要几个村落合作才能达到目标。在村落组织的发展过程中，其官方特点越来越明显，各代统治者往往不是把原来那些以乡、聚、落为名的形形色色的处于不同历史阶段的村落毁掉重建，而是在此基础上，对村落组织加以行政编制，把这些不同类型的村落组织改组为县行政直接控制下的基层政权组织，即乡里组织，这在下文中有更详细的讨论。

6.1.2 村落组织的类型

传统中国的村落组织类型丰富，在不同的历史时期，村落组织的形态也不同。陈宝良在《中国的社与会》中将中国的传统会社分为政治型会社、经济型会社、文化型会社以及军事型会社，如朋党、秘密结社、乡里组织为政治型会社，合会、义助会、善会善堂、行会、会馆、商会为经济型会社，诗文社、讲学会、宗教结社、庙会为文化型会社，团练、民团及商团为军事型会社。[①] 在这里，陈宝良将都市组织与村落组织、官方组织与民间组织混在一起来分类。徐茂名则从基层组织与官方关系的角度将基层组织分为官方基层组织、官民共建组织、民间基层组织三类，如里甲、保甲属于官方组织，社仓、社学、义仓等属于官民共建组织，而宗族、义庄、善会则属于民间组织。[②] 张研将清代基层社会组织分为三个系列：里社保甲坊厢系列、宗族家族乡族系列、行业组织与经济型乡族组织系列。[③] 以上关于传统社会组织的分类标准不一，这在一定程度上反映了中国传统社会组织的复杂性与多样性。我们在此着重介绍几种重要的村落组织。

6.1.2.1 宗族组织

传统中国在本质上属于宗族宗法社会，宗族是村落社会的基本构成单位。在明清时期，随着"宗族庶民化"的发展，传统村落的宗族制度已发展至极盛，正如李光地在《小宗家祭礼略》中所说的"天下直省郡国，各得数百族，落落参错县邑间"，宗族以祠堂、族谱、族田、族长为核心，在明代时期，发展成为综合性的基层社会组织。宗族通过组织祖先祭祀，编制族谱家规，管理族田、义学、山场等家族公产，实施一定程度的族内救济，调解族人间的纠纷，宣扬儒家伦理、教化子弟等活动，在以聚族而居为常态的村落社会中发挥着重要的社会调控作用。传统中国社会中的宗族系统由五大支柱构成：宗祠、族谱、族产、

---

① 参见陈宝良《中国的社与会》，浙江人民出版社1996年版。
② 参见徐茂明《江南士绅与江南社会（1368—1911）》，商务印书馆2004年版。
③ 参见张研《清代社会的慢变量——从清代基层社会组织看中国封建社会结构与经济结构的演变趋势》，山西人民出版社2000年版。

族规、祭祖。因为宗族在传统中国村落社会的普遍性，其本身就是传统村落文化中的重要内容，故单列一节，在此不予深入讨论。

图 6-2　祖宗祠堂

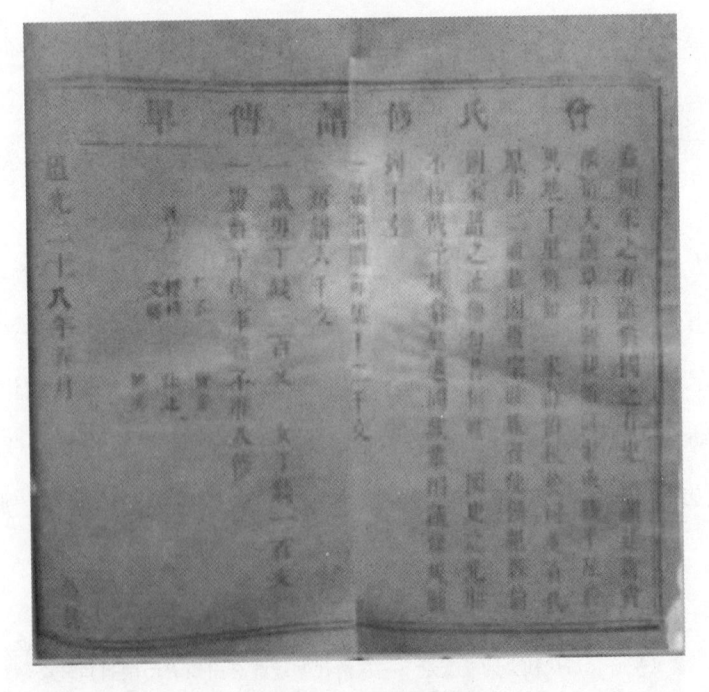

图 6-3　修谱传单

6.1.2.2 乡里组织

中国乡里组织源远流长。在传统中国社会，国家的政权组织一般只设到县一级，所谓"国权不下县"，县以下的村落社会组织主要是乡里组织。乡里组织可以说是在国家的推动下施行的，与自发性的村落宗族组织、宗教组织等其他组织不同。乡里组织的源头可以追溯到西周时期。[①]《周礼》记载，西周的国家区域分为两个部分："国"和"野"。"国"是指国都及其周边的地区，"野"则是"国"以外的其他地区。西周的"国"有"六乡"，"野"有"六遂"。《周礼·地官》载述，"六乡"指的是："五家为比，使之相保；五比为闾，使之相受；四闾为族，使之相葬；五族为党，使之相救；五党为州，使之相赒；五州为乡，使之相宾。""六遂"指的是："五家为邻，五邻为里，四里为酂，五酂为鄙，五鄙为县，五县为遂。""里"则是"遂"的下层单位，一里大概是 25 户的规模，正所谓"五家为邻、五邻为里"。这时候的乡和里还不存在隶属关系。在秦统一之前的春秋战国时期，乡与里并称，乡开始与里一样成为乡里基层组织的一级单位。

秦汉则是乡里组织的确立期。秦灭六国后，建立中央集权国家，将全国分为三十六郡，郡下设县，对县以下乡里制度也有所调整。《汉书·百官公卿表第七》载："大率十里一亭，亭有亭长。十亭一乡，乡有三老、有秩、啬夫、游徼。三老掌教化。啬夫职听讼，收赋税。游徼徼循禁贼盗。县大率方百里，其民稠则减，稀则旷，乡、亭亦如之。皆秦制也。"汉承秦制，在秦代的基础上进一步完

[①] 参见赵秀玲《中国乡里制度》，社会科学文献出版社 1998 年版，第 1 页。

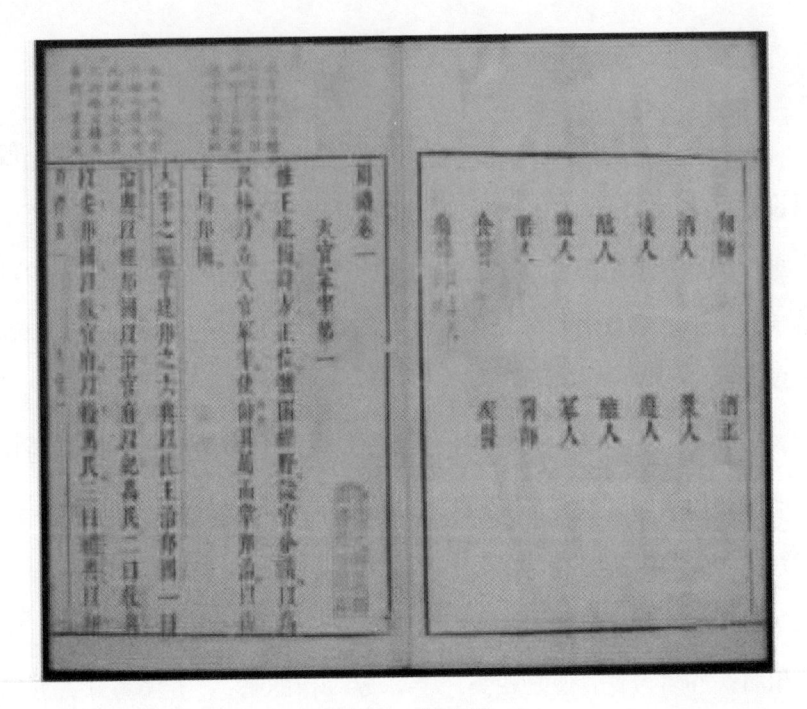

图6-4 《周礼》

善乡里组织。主要体现在以下方面：一是乡里组织体系较秦进一步细致和严密化；二是三老地位提高，在村落社会的声望更高、权力更大；三是啬夫在汉代乡里组织中的地位重要，其自主权加大。秦汉时期的乡里组织处于初始阶段，加之汉初"无为而治"的治国方针，国家并未完全控制乡里社会，乡里社会基本处于半自治状态。

隋唐乡里组织开始出现转折。之前的"乡官制"开始向"职役制"转变，县官是百官之末，乡、里的"长官"则不再属于政府官员系统，而只是向政府履行组织乡里赋役的义务，政府对他们不再付酬。同时，"村"作为乡里组织的单位之一开始形成。村最早出现于南北朝。由于当时战乱不止，社会动荡，许多乡里百姓背井离乡，一些难民集聚的地方逐渐形成新的聚落，并以"村"名之，以便和原有的里区分开来，但国家并未对"村"的出现做出明文规定。到了唐代，国家开始承认村的存在，《唐六典·户部》载："郭内为坊，郊外为村。"也就是说，城区里下设"坊"，而郊外农村的里下则设村，基层组织的"乡、里、村（坊）"三级组织体系基本成形。隋唐时期里、村开始成为乡里组织制度的重要层级，而乡的功能大幅度弱化。作为里的"长官"——里正，拥有对整个乡里事务进行管理的权限。

宋代中期，社会问题丛生，王安石主持变法，在村落推行保甲制，《宋史》卷192记载："联比其民以相保任。"其具体规定是：十户一保，有两名以上成年男性的家庭，每户出一人为保丁，选身魁力勇者为保长，负责训练保丁，忙的时候务农，闲暇时则习武；五十户组成一大保，并选一人为大保长；十大保组成一都保，选一人为都保正。设置保的目的主要是维持村落社会的治安。甲是负责收缴赋税的单位，三十户人家为一甲，设甲头一人，由各户轮流充任。在保、甲任职没有薪俸，只有些许补助，"乡官制"的官方政治色彩大大减弱。元代乡里组织基本实行乡、里、社制。乡、里沿承唐宋时期的制度，而社则是沿用金朝制度。

明代乡里组织的发展经历了两个阶段，一是明代初期的里甲组织，二是明中后期的保甲组织。洪武十四年（1381），朱元璋下诏编赋役黄册，以一百十户为一里，推丁粮多者十户为长，其余一百户为十甲，每甲共十人。每年担任里长、甲首各一人，管理一里一甲之事。《明史·食货志》载："先后以丁粮多寡为序，凡十年一周，曰排年。在城曰坊，近城曰厢，乡都曰里。里编为册，册首总为一图。鳏寡孤独不任役者，附十甲后为畸零。僧道给度牒。有田者编册如民科，无田者亦为畸零。每十年有司更定其册，以丁粮增减而升降之。"除了设置里长、甲首外，为了协助里长编制黄册、摊派赋役，还设置里书。到了明中后期，由于社会形势的变动，里甲编审职能逐渐丧失，里甲组织走向衰败。为了更好地管理村落社会，国家设立了保甲组织。因各地的情况不一样，保甲制也有差异。其中最有名的是王守仁在《王文成公告谕》中所说的"十家牌法"。其具体规定是：十家为一牌，每户门面置一小牌，查实造册报官府备用。规定每日每人执牌挨户察究，并随时上报官府。

　　清代乡里组织基本承袭明代，并无多大改变。清朝乡里组织与明朝基本相似，其前后的演变过程也类似，即清代乡里组织大体上同明代一样，都是从里甲向保甲演变。顺治五年（1648），清政府在全国范围内推行里甲制。《清史稿》卷121"食货二"载："凡里百有十户，推丁多者十人为长，余百户为十甲。岁除里长一，管摄一里事。城中曰坊，近城曰厢，乡里曰里。里长十人，轮流应征，催办钱粮，勾摄公事，十年一周，以丁数多寡为次，令催纳各户钱粮，不以差徭累之。"随着清代官僚政治的腐败，土地兼并日益严重，加上商品经济发展，人口流动频繁，"摊丁入亩"政策的施行等因素，到清中期以后，里甲制呈逐渐衰微之势，取而代之的是保甲制。清代的保甲不仅在组织结构上不同于里甲，而且它所执行的各种职能也突破了历代保甲的传统。从单纯的以维护社会治安为主要责任的组织，转变为执行地方各种公务，管理乡里，承应官府的行政组织。在清末，随着社会姓氏的变换，团练组织应运而生。团练萌生于清朝社会控制严重衰弱的年代。嘉庆元年（1776），白莲教大起义，暴露了清朝军事体系的虚弱。嘉庆五年（1800），四川、湖南等地团练相继兴起，成为镇压白莲教起义，实行基层社会控制的一种有力组织。太平天国起义对社会秩序和清王朝的有力冲击，成为团练普遍兴起的历史契机，这也促使团练发展为一种完备的社会控制组织。团练的组织大体上与官僚政治的区划如里甲、保甲的组织相对应。虽然如此，团练与保甲具有重大的区别，保甲重在清理户口，防备不法之徒；团练重在防御，抵制社会动乱，维护社会秩序。保甲具有一定的法律性，并且行之于全国，属于官僚政治体系；团练则具有自发性，多由地方绅士倡导并主持，偏向于社会自治。

清朝末年，国家内忧外患不断，为了应付现实的社会形势，光绪皇帝实行变法，学习西方，中国历史上首次出现由国家层面正式宣布实行乡镇自治。1906年，清政府设立考察政治馆，预备立宪。根据"地方政治为立宪之根本，城镇乡为自治之初级，诚非首先开办不可"这一原则，1908年，清政府制定了《城镇乡自治章程》。按《城镇乡自治章程》规定：城镇乡为地方自治的基层单位，农村人口5万以上的设"镇"，5万以下的设"乡"。不过，随着辛亥革命的爆发，晚清的乡里自治并未得到实施。在民国期间，村落与国家在一定程度上可以说处于分离状态，直到新中国成立，才将基层村落与国家重新整合起来。

6.1.2.3 乡约组织

乡约组织是中国传统社会中的原住民基于一定的地缘关系，在一定的"乡规民约"集结之下，为了解决该区域的矛盾，以达到某种合作的目的而设立的社区自治组织，是中国传统村落社会中地缘社会的组织形式之一。为了实现对村落社会的有效治理，不少朝代曾制定了相关的法律，并在村落广泛推行以村落原住民自治为特色的乡约制度。乡约"于君政官治之外别立乡人自治之团体，尤为空前之创制"①。乡约肇始于宋代，历经元明清三代，在民国时期还有短暂的出现，之后就全面退出了历史舞台。

图6-5 《中国乡约制度》

乡约最早出现于北宋熙宁年间。神宗熙宁九年（1076）京兆府蓝田县（今属陕西）儒士吕大钧（1031—1082）和他的几个兄弟在本乡创建了一种以地缘为联结纽带、以规约为组织机制建立起来的新型民间自治组织，其规约和组织在后来都被称为"吕氏乡约"或"蓝田乡约"，并成为之后各代乡约的蓝本。吕氏乡约作为民间自发

---

① 萧公权:《中国政治思想史》（下册），台湾联经出版事业公司1982年版，第570—571页。

自动组织，有以下几个特点。第一，以地缘关系为组织纽带。第二，有成文"规约"。《乡约》有"德业相劝""过失相规""礼俗相交""患难相恤"等条款，用以处理乡里之间的关系。中国传统村落社会的成训习俗一般是世代承接，口耳相传，很少见之于成文的规约，所以《吕氏乡约》可谓创举。第三，有一套专门的管理组织机构。《吕氏乡约》规定："约正一人或二人，众推正直不阿者为之。专主平决赏罚当否。直月一人，同约中不以高下、依长少轮次为之，一月一更，主约中杂事。"第四，定期集会。《吕氏乡约》规定："每月一聚，具食；每季一聚，具酒食。"第五，加入或退出由村落原住民自愿。《吕氏乡约》规定村落原住民参与乡约组织，"其来者亦不拒，去者亦不追"。南宋朱熹在《吕氏乡约》的基础上编写了《增损吕氏乡约》，后来许多地方乡绅也都效仿吕氏而组建乡约。例如咸淳年间（1263—1274）徽州乡绅邱龙友、王英杰等在徽州歙县岩镇"尝立乡社，规以乡约"[①]，得到朝廷的嘉奖。到了元朝，乡约一时衰落，但是到了明清时期，乡约组织重新得到重视。

永乐年间（1403—1424）明成祖朱棣将《吕氏乡约》颁降全国，明确表明国家对乡约的肯定。此后，乡约在各地逐渐推行。嘉靖八年（1529）开始，大明朝廷在全国范围内推行乡约。总的来说，明清时期的乡约组织，大致经历了一个从村落原住民自办到官方干预与民间办理并存的变化过程。这一过程大致可以分为以下几个阶段：明代前期村落原住民自发创办乡约，明朝中后期地方官倡办乡约，清代官方督办乡约。

---

① 常建华：《明代宗族研究》，上海人民出版社 2005 年版，第 200 页。

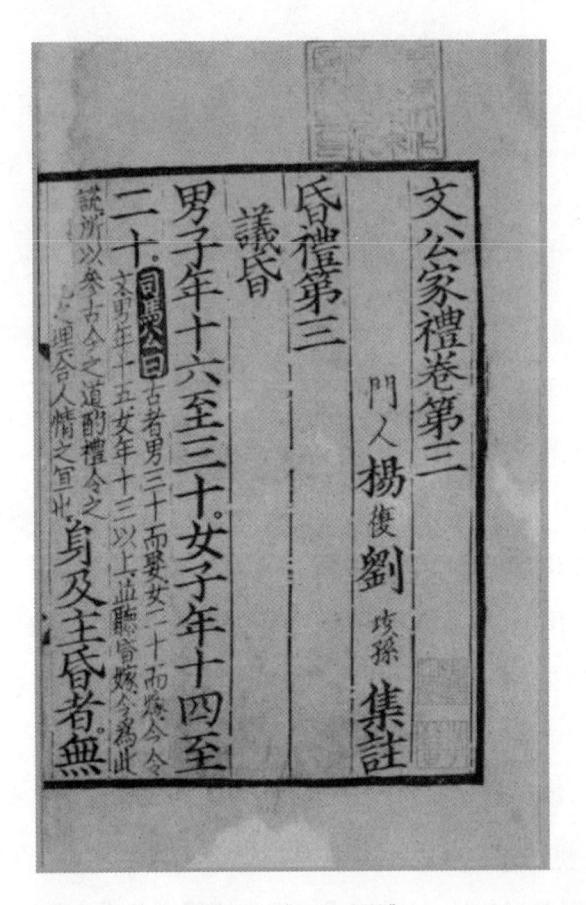

图 6-6 《文公家礼》

明代早期，村落原住民创办乡约组织的领导者主要是地方士绅，如江西吉水泥田的周雪坡，其墓志铭称："族有祠，协力助成之。里有乡约，为之长，是非不平者，得片言贴服去。"又宣德年间，福建龙岩举人蒋辅"与乡人讲行《蓝田乡约》"。大概同期，龙岩举人苏克善"隐居山中，与邱存质、蒋永迪讲蓝田乡约，行文公家礼"[①]。又如广东南海平步乡（今属顺德市）人唐豫，他与同乡周祖生、周祖

[①] 转引自董建辉《明清乡约：理论演进与实践发展》，厦门大学出版社 2008 年版，第 162 页。

念、刘子羽、何淮、刘子高等六人被乡人称为"平步六逸"。受《吕氏乡约》的影响,他们"尝相与定乡约,乡人信守行之"。唐豫自己也说:"尝读《蓝田吕氏乡约》,千载而下,霭然仁厚之风,尚使人兴起。余等幸为太平之民,可无一言以为乡间规范乎。因立为约,与乡人守之,庶存古人风致之万一也。"唐豫等人推行的《唐氏乡约》有关缴纳国家赋税与家礼等内容,共计十条:"一言秋收后即输税粮,使役人无怨期;二言补尺籍必遣少壮当行之人;三言冠礼当依文公定制,殊见习俗之美;四言渐老燕非礼,但如仪醮之;五言父在子立,违者叱之;六言丧无款客,远者具蔬食,朔望含哭勿留;七言祭以四时,忌日哭尽哀,不饮酒食肉,居留于外如礼;八言冠昏丧祭,朋友亲戚往来助之;九言子弟教以孝友,睦于亲族、乡党,读书学文,毋令侈其衣冠,悖奕饮酒,为父母谬;十言乡为甲,其出入务相周知,其事有不善者,闻于有司治之,庶免其累。"[①]

这一时期的乡约作为民间社会自办乡约,具有民间自治的性质,制定者是当地的村落原住民,内容涉及上到与官府如何打交道,下到家庭、相邻之间如何相处,应该说是在一定程度上实现了村落社会的自我治理。不过,此期的乡约因与官方的乡里组织关系不明,引起了统治阶层的警惕。正统年间,王源、刘观、曾昂等人创办乡约时,有人就向官府举报,认为他们在搞"独立王国"。[②] 由此,官方介入地方乡约成为一种必然。

王阳明在担任南赣巡抚期间,借鉴《吕氏乡约》制定并推行了影响深远的《南赣乡约》。与《吕氏乡约》一样,《南赣乡约》也是设定一定的规约,由村落原住民自我扬善纠恶,是一种村落自治组织。

[①] 黄佐:《广州人物传·乐澹先生唐公豫》,中华书局1985年版,第117页。
[②] 参见陈会林《地缘社会解纷机制研究》,中国政法大学出版社2009年版,第87页。

图 6-7　大儒王明阳

在这里,《南赣乡约》既是一种规约,也是一种实现村落自我管理的组织。《南赣乡约》的内容共 15 条,主要涉及乡约的组织建设,包括乡约的主事人员构成、文簿的设置、入约的会费、聚会的日期和约所的选择;乡约所要解决的现实问题及约会的仪式。《南赣乡约》与《吕氏乡约》相比,有以下不同:第一,《吕氏乡约》是村落原住民自行组织,所谓"乡人相约,勉为小善",而《南赣乡约》则由官方倡首村落原住民办理;第二,《吕氏乡约》是村落原住民自愿参加,而《南赣乡约》则带有强制性;第三,《吕氏乡约》管理人员只有寥寥二三人,而《南赣乡约》则增加到了十七人,而且职责也有所变化:约长、约副等人在《吕氏乡约》主要承担道德感化角色,而在《南赣乡约》中则包括劝令村落原住民履行完粮纳税的义务。官方介入乡约使得乡约组织与乡里组织共同在村落社会发生作用。王阳明《南赣乡约》就是和保甲法同时推行的,他在《告谕父老子弟》中说:"今特为保甲之法,以相警戒联属,父老其率子弟慎行之。务和尔邻里,齐尔姻族,道义相劝,过失相规,敦礼让之风,成淳厚之俗。"这实际上把乡约视为乡里组织的补充而更注重风俗教化。到了嘉靖年间(1522—1566),朝廷开始在全国范围推广乡约,地方官为此而更加重视乡约了。乾隆年间的《绩溪县志》记载,徽州府绩溪县令郁兰,"令城市坊里相近者为一乡约,村或一族一图为一乡约。举年高有德一人为约正、二人为副,通礼文数人为约赞,童子十余人歌诗。缙绅家居,请使主约"。清代《临川县志》则记载,江西布政司抚州知府曾汝檀"行乡约法,岁时集郡邑弟子于拟岘台讲论邹鲁之业"。隆庆至万历年间福建布政司泉州府惠安知县叶春及推行乡约,在其撰写的《惠安政书·乡约篇》中记述了自己推行乡约的办法:"知县寡昧,参列圣之典,从简易之规,创亭以为约所。推择耆老为约正副,余咸属之。"此类例子在方志中屡见不鲜。乡约由国家主导创办,其自身的功能、活动、组织等方面都发生了重大变化,日本学者寺田浩明对此总结道:"首先作为乡约中心的伦理规定为《太祖六谕》等皇帝下达的谕旨所取代,其次讲解宣传这种谕旨的仪式逐渐成为乡约集会的中心内容。在组织主体方面,地方官主导型的乡约更为多见,与此相关,乡约的组织本身渐渐与保甲制结合,所谓'乡约保甲制'成为主流。"[①] 可以看到,乡约组织与保甲的关系日益密切,并且在村落社会中发挥重要作用。

清朝建立,中央政府在基层恢复明代乡约制度。顺治十六年(1659)清廷正式宣布在全国范围内实行乡约制度,规定乡约设约正、约副,由乡人推举六十岁以上品行端正的生员担任;若无生员,素有

[①] [日]寺田浩明:《明清时期法秩序中"约"的性质》,滋贺秀三等《明清时期的民事审判与民间契约》,王亚新等译,法律出版社1998年版,第152页。

德望、年龄相当的平民也可担任。各地设立乡约所，约众每月朔望日聚集约所开展以宣讲"圣训六谕"及钦定律条为中心内容的讲"乡约"活动。康熙九年（1670），明太祖"圣训六谕"被康熙帝的"上谕十六条"所取代。清代的乡约虽然还存有民间自治的意味，但是与官府的联系更加密切了。"乡约成了地方官指导下覆盖所有地区的国家制度，虽然名称没有变化，但乡约已逐渐失去了明代中叶那种有具体的规约并包括一定范围成员的集团性质。而且，在这样的宣讲会上同时也进行法律的解释宣传，乡约的实际存在形态也更接近地方官单方面发布告示或向民众进行法制宣传的情况。"[1] 晚晴时期，随着地方动乱的发生，尤其是太平天国的冲击，乡约组织呈现军事化的性质，其范围甚至超出了一个个村落而扩展到县城。以湘军名将王鑫前后两次举办乡约的变化为例可以看出这一点。道光二十五年（1845），湖南省湘乡县乡绅王鑫在家乡创立乡约十条，即"洙津区乡约"。洙津乡约的内容包括讲乡约、勤稼穑、戒嬉游、尚节俭、敬长老、睦乡里等，其创办目的是"变浇风为纯俗"。咸丰元年（1851）太平天国起义爆发，王鑫在家乡创办团练，募勇千人。九年之后，已是湘军高级将领的王鑫在湖北通城县再次举行乡约，情况就有所不同了。《王壮武公年谱》载："（王鑫）至通城檄训导沈玉田权知县事，分其乡为二百八十团，设乡约二十条，留张运兰督行之。"这里的乡约已与团练融合在一起了，与王鑫之前在家乡推行的洙津乡约明显不一样。

当然，明清时期官方介入乡约之后，民间自办乡约组织仍存在。如正德六年（1511）创建的山西潞州雄山乡约，嘉靖二十三年

---

[1] ［日］寺田浩明：《明清时期法秩序中"约"的性质》，滋贺秀三等《明清时期的民事审判与民间契约》，王亚新等译，法律出版社 1998 年版，第 152 页。

(1544)创建的广州沙堤乡约,徽州府歙县岩镇乡约,嘉靖年间王阳明门人聂豹、邹守益、罗洪先等在吉安府属县所行的乡约①,等等。民国时期乡村建设运动兴起,梁漱溟从1929年开始在山东邹平等十七县从事乡村建设运动。他"本古人乡约之意来组织乡村",希望能够借助乡约组织重建中国乡村社会的乡约自治传统。但由于多方面的原因最终未能实现。乡约组织具有一定的地方性。中国香港学者朱鸿林指出:"明代乡约(组织)的地理范围是必定的,虽然这范围的定义和大小都并不统一。中期的乡约,有的以一个行政性质的里作单位而包括若干个自然村落在内,有的则以一个地大人众的自然村(甚至乡镇)为单位而包括若干个行政性质的里在内。但每一个乡约都只计划在一个经过界定的地域内生效,它的地理社区性是鲜明的。"②

6.1.2.4 其他地方性村落组织

除了宗族、乡里以及乡约组织,中国传统村落社会的经济互助组织也十分普遍。如在明清时期的徽州地区,随着商业经济的发展,互助借贷性质的钱会组织很多,名称各异,如《绩溪县志》中就有打会、邀会、助会、摇会、干巴会、助工会等钱会组织。③ 明清时期在宗族兴盛的地方,还有一些祀会、文会,其资金平时用于祭祀活动,其组织内的宗族成员急需资金时可以用来融资。合会也是中国传统的经济互助组织。王宗培认为:"合会为我国民间之旧式经济合作制度,救济会员相互间金融之组织也。"④ 合会在不同地方也称集会、请会、

---

① 参见牛铭实《中国历代乡约》,中国社会出版社2005年版,第73—74页。
② 朱鸿林:《中国近世儒学实质的思辨与习学》,北京大学出版社2005年版,第297—298页。
③ 参见胡中生《钱会与近代徽州社会》,《史学月刊》2006年第9期。
④ 王宗培:《中国之合会》,中国合作社1935年版,第1页。

做会、邀会。在清代的村落社会，还有孝义会、花筵会、义赈会等，都为民间互助危困的组织。① 明清时期村落社会有不少善会、善堂，组织中有遇丧事的，会堂予以一定的帮助。此外，清代村落的善会还有恤老的安老会，抚恤节妇的恤嫠会，劝惜粮的惜谷会，等等。

在清代华北地区的村落，存在很多青苗会。青苗会组织的历史可追溯至19世纪初，至晚清民国时期，在华北各地普遍存在。例如，"房山青苗会在习惯上相沿已久，村皆有之，纯为保护田禾守望相助而设。霸县禾稼林木皆有公会看守，名曰青会。山东武城、高苑多有义坡会，每届秋禾将熟时期，各村按地集资，雇人昼夜看守，以防窃取，直至秋禾收获，会始解散。河南鹿邑，秋成时各伍私相戒约，拾穗有禁，其有私放牛马及盗取麦禾者则皆严其罚，名曰拦青会"②。究其原因，由于人口增长的压力与生存资源的紧张，农村贫富分化严重，偷盗农作物的现象日益增多，在收获期间看护庄稼以防止被人偷盗和牲畜践食的"看青"，逐渐成为与农事相关的一项重要活动而被固定化乃至组织化，青苗会即由此而来。早期的青苗会只是结构松散的临时看护庄稼组织，19世纪中期以降，以征派差徭为契机，青苗会逐渐演变为担负村庄各项公务且结构严密的村落自治组织，在发展过程中因常常与别的事务联系在一起，逐渐演变为功能复杂的村落自治机构。

在苗族地区村落，存在一种议榔组织。议榔，苗语称为"构榔"。构是议定的意思，榔是公约或社会契约。议榔是苗族地区由

---

① 参见陈宝良《中国的社与会》，浙江人民出版社1996年版，第179页。
② 周健、张思：《19世纪华北青苗会组织结构与功能变迁》，《清史研究》2006年第2期。

不同姓氏家庭组成的地域性组织。议榔在各地苗族中称法不一样。广西称"栽岩会议"或"埋岩会议";凤凰县称"春酒会";黔东南称"构榔"或"勾夯",也叫"构榔会议";湘西大部分地区称为"合款";云南金平一带叫作"丛会"或"里社会议"。各地议榔名称虽然不同,但其性质基本相似,都是苗族社会中一种议定公约的制度,是苗族地区的村落联盟组织。苗族议榔组织大小不一,最小有由一个寨子组成的,几个或几十个寨子组成的最为常见。几个或几十个甚至整片地区组成的议榔,一般以一个大寨为中心,集若干寨子为一榔。地区性的议榔设有榔头一人,副榔头若干人,副榔头一般由大鼓头和各大寨的寨老、长老充任。榔头和军事首领,一般由村落原住民选举产生,或由寨老推选。选举榔头的条件:第一,办事公正;第二,说话有说服力;第三,年龄在三十岁以上。军事首领要求作战勇猛,能够担负起保卫地方安全的责任。[①] 与议榔组织相配套的是"榔规",其涉及苗族公共生活的各个方面。除了议定村寨间的相互责任、义务等关系之外,也明确了一些日常公共生活的内容。比如防止偷盗、解决田土争端和口角斗殴、划分山场水塘的边界、禁止调戏妇女等内容。"议榔"作为解决族群争端与处理族群关系的策略,强化了村落原住民的公共观念,有益于形成地方的自治机制。

  秘密会社也是传统村落社会组织的一种重要形式。在村落社会中,由于人口增长的压力、不可预测的自然灾害、官府盘剥等多重原因,秘密会社在村落社会找到了生长的土壤。这些秘密会社既有由外地游民组织的会道门,也有以本地村落原住民为主体组成的秘密组

[①] 参见石朝江《中国苗学》,贵州大学出版社2009年版,第86页。

织。秘密会社多与教门联系紧密。与一般村落组织受到乡绅控制不同，秘密会社一般聚集了贫苦的农民、游民，如清代的白莲教、义和拳、上帝会等团体就属于秘密会社。①

除以上所列，在村落还存在数量众多、系统庞杂的宗教类组织。这些组织的存在，一般是基于村落社会的习惯信仰和民众的生活需要。只要该宗教组织不涉及政治叛乱，通常不会引起国家的注意，所以可以自由发展。

总的来说，传统中国的村落组织有着自身的特点。其一，村落组织的民间性。这里所谓"民间性"是指国家政权不直接治理村落社会，或者说朝廷不直接任命"品官"治理。从其组织缘起而言，传统村落民间组织多是以地缘、血缘或者其他诸如水利、行业、民间信仰等作为纽带，依赖于村落原住民之间认同及民间习俗习惯而存在，并非完全是国家自上而下加以组建，村落原住民自我组织的特性十分明显。其二，村落组织的多样性与地域性。在中国这样具有悠久历史和区域多样性的情形下，即便是由国家统一主导的里甲、保甲等乡里组织，在各个地方的表现形态也一样，所以在不同历史时期不同地域村落组织的形式也各有差异。其三，村落组织的依附性。一般而言，村落组织之存在在国家法律层面不一定有其规定，但是至少要在官方的默认下才能存在，所以难以形成西方社会所谓的"市民社会"而与国家形成制衡，相反，在很多情况下，村落组织的存在需要得到官方的认可和支持，具有一定的依附性。

---

① 参见魏文享《国民党、农民与农会：近代中国农会组织研究（1924—1949）》，中国社会科学出版社2009年版，第28页。

6.2 宗族与村落治理

《尔雅·释亲》云："父之党为宗族。"即宗族是指由父系血缘关系联结而成的群体。它发源于父系氏族社会，经过西周之后的社会政治结构化，宋以后由贵族阶层逐渐下移到寻常百姓家，明清时期的宗族达到鼎盛。宗族共同体大体上包括三个部分：以孝悌伦理为主导思想的意识形态结构；为了实现宗族活动正常运转的组织机构，如设置族长、建祠修谱、制定族规、祭祀祖先等；为聚合族众追宗祭祖而设置的祭田以及其他宗族公产。作为中国传统村落社会最普遍的组织，宗族在政治、经济、伦理观念方面发挥着重要作用。

6.2.1 宗族发展的历史

宗族的正式出现，应当不晚于殷商时期。人类社会最早产生的社会组织是氏族公社之类的血缘群体，但还不能称为宗族，不过却可以视为宗族的萌芽状态。经历了几千年时间的孕育，宗族终于在殷商时代诞生。到了周代，宗族组织趋于完善。可以肯定地说，宗族是我国最古老的社会组织。在不同的历史时期，宗族呈现出不同的形态。中国传统社会的宗族组织发展变化大致可以划分为四个阶段。

第一，贵族宗族时代。由西周至春秋初期，世袭领主制占据统治地位，宗法制与分封制相结合，天子既是国家首脑又是宗族领袖，宗统与君统合二为一。在王族之外，从诸侯到卿、大夫、士各级贵族有其各自的宗族。个别的平民家族也有宗族组织，但在社会上的影响不大。这一时期的宗族制最突出的特点是家国一体，即国是家的扩大，家也是国的缩微。天子在政治上是天下之共主，在血缘上是天下之大宗。小宗拱卫大宗，诸侯效忠君主，整个社会以政治、血缘二重原则相连接，构成了一个典型的宗法国家。[1] 这一时期的宗族可以称之为贵族宗族时代。

第二，士族宗族时代。战国时期，社会大变革破坏了原来的宗法制，后经两汉时期的恢复。东汉后期，豪门世家，把持朝政。至魏晋南北朝时期逐渐形成一批世代相传的世族地主，同时他们操纵各级政权，形成所谓"公门有公，卿门有卿""上品无寒门，下品无士族"的政治格局。到魏晋南北朝隋唐时期形成士族宗族制。士族以家族为单位，拥有用荫权和免役权，并有政府的九品中正制与定姓族制度的保障。士族宗族有接近于世袭贵族的某些特权，是特权宗族的一种形态。[2] 这时豪强宗族亦有较大发展，他们虽在地方上有第一定的势力，但是没有政治权力，所以士族宗族是这一时期宗族制的代表。

第三，官僚宗族时代。宋元时期，随着科举制度的发展，不少进入上流社会的官僚建立起自身的宗族，并以建设义庄、祀田、族学来巩固宗族组织。其中最为著名的就是范仲淹进行的宗族建设。范仲淹出身贫寒，由科举仕途进入官僚阶层。晚年在故乡创设义庄，周济宗族贫困者。他自述原因："皇祐之初，某来守钱塘，与府君议，置上田十顷于里中，以岁给宗族。虽至贫者，不复有寒馁之忧。"范仲淹又亲自定《义庄规矩》，对诸房宗族供给衣食及婚嫁丧葬之用的发放标准、范围、数量等具体事宜，都做了明确规定。[3] 范氏义庄的建立，

---

[1] 参见朱勇《清代宗族法研究》，湖南教育出版社1987年版，第5页。
[2] 参见冯尔康、阎爱民《宗族史话》，社会科学文献出版社2012年版，第2页。
[3] 参见方健《范仲淹评传（下）》，南京大学出版社2011年版，第413页。

为宋代的宗族组织树立了典范,得到了朝廷褒奖,各地官员纷纷效仿。如北宋后期官员何执中、吴奎等出钱买田或割己田宅为"义庄宅",以供祭祀,赡养族党子弟。这样的例子不胜枚举。

图6-8 范仲淹像

第四,士绅和庶民宗族时代。明清时期,随着国家对民间宗族的鼓励和推崇,加之士绅阶层的扩大,宗族组织在明清时期达到鼎盛。这一时期的政府放宽了禁令,允许民间祭祀五世祖,允许非官僚的士绅设立家庙,平民不仅有了祭高曾祖先的权利,事实上还在祭祀始祖、始迁祖。所以宗族组织在民间社会获得极大的发展,与之前贵族、士族宗族形成了鲜明的对比,庶民宗族勃然兴起,中国传统村落社会的宗族组织由此得到蓬勃发展。"明清时期是宗族进一步群众化时代"[①],比之前更

---

① 冯尔康等:《中国宗族史》,上海人民出版社2009年版,第23页。

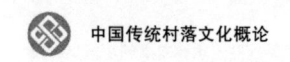

体现出庶民组织的性质。这时平民族人较多地参加宗族活动，成为宗族群体的主要成员。宗族的首领也不一定拥有高官厚禄。所以称为庶民宗族时代。郑振满将这一过程称为"宗法伦理庶民化"①。

6.2.2　宗族制度的五大要素

6.2.2.1　祠堂

祠堂也称为宗祠，是宗族成员祭祀祖先，进行族宴、续谱、订立乡规民约和执行家法族规、奖惩族众的神圣空间，被视为宗族的精神象征。各代朝廷对于家庙礼制都有严格的规定。一般来说，只有品官才能建立家庙祭祀祖先，庶人阶层只能在居室中祭祀祖先。南宋朱熹在《家礼·祠堂》中指出："君子将营宫室，先立祠堂于正寝之东，为四龛，以奉先世神主。"四龛所奉为高、曾、祖、考四代。朱熹所说的祠堂就是"家祠"，还不是宗族共建的"宗祠"。到了明代中期，大学士夏言建议允许民间联宗立庙，自此之后，兴建宗祠成为一种社会风气。宗族通过大建祠堂以宣传宗族观念，加强宗族组织，许多规模宏伟的宗族祠堂在这一时期拔地而起。祠堂是宗族意识的集中体现，对聚族而居的族人来说修祠是宗族最神圣的大事。明代程一枝在《程典·本宗列传》中说："举宗大事，莫最于祠，无祠则无宗，无宗则无祖，是尚得为大家乎哉？"

祠堂有宗祠、支祠、房祠、家祠等不同类型，规制也有所不同。宗祠为一族合建的总祠，一般为三进，分别是门厅、享堂、寝室。门厅由大门和过厅组成。享堂是祠堂的主体部分，是祭祀祖先和处理宗族事务

---

① 郑振满：《明清福建家族组织与社会变迁》，湖南教育出版社1992年版。

的场所。寝室则用于供奉祖先牌位。宗祠之下的支祠、房祠为族中各支派所建，用于供奉本支、本房的祖先；家祠则是一家或数家所建，只供奉两三代直系祖先。在规制上，支祠与总祠一样，不过规模一般比宗祠要小一些。家祠一般无寝室，显得更简略。祠堂的首要功能是祭祖。宗祠祭祖的仪式一般都很隆重，祭祀时，全族男子聚集宗祠，由族长主祭，以年辈、官爵较高者为陪祭，另外安排执事人员负责赞礼和奉献祭品等各种事务。其余族人则依辈分尊卑次序先后随主祭、陪祭之后跟着赞礼声跪拜。祠堂祭祖的种类很多，一般有春夏秋冬四时祭，也有过年过节祭，或者祖先诞辰、忌日祭等不同形式。通过多种形式的祠堂祭祖，追思宗族祖先的"木本水源"之恩，突出宗族群体的血缘联系，以达到实现宗族和睦的目的。祭祖强化了后代与祖先的血缘关系，也是孝道的表现。除祭祀外，宗祠还是处理宗族事务、执行家法族规的空间。族长、宗子或具有功名的士绅一般是宗族的领袖，他们在祠堂决定赈济贫困、兴办义学、创办族田、奖惩族人、处理与外族关系等事务。一旦做出决定，则在族内具有了很强的约束力，全族人员必须遵循、配合。

图6-9 祠堂教化

6.2.2.2 族谱

族谱是加强宗族成员血缘联系、巩固宗族组织的另一个重要措施。族谱也称家谱、宗谱、家乘，在一定程度上可以称为宗族的档案。一般记载着本族的世系源流、迁徙定居、支派辈分、族规家训、族人的生卒年月、婚配生育等情况。现在我们还可以看到族谱中普遍记载着："族之有谱犹国之有史，国无史不立，族无谱不传。"族谱是宗族传承的纽带，对于维护宗族制度具有重要意义。

中国的谱牒之学原只是上层贵族才有的，到魏晋南北朝隋唐时期，与当时士族门阀制度相关的修谱活动兴盛一时。随着门阀的衰落，修谱也渐渐冷落。到了宋代，由于文坛大家欧阳修、苏轼的倡导，以及南宋程朱理学的强调，修谱之风大兴。明清时期随着宗族组织的发展，各宗族为了纪世系，叙昭穆，辨亲疏，普遍撰修族谱。族谱一般是三十年左右修一次，若超过三世不修谱，即为不孝。修谱是宗族的大事，由族中领袖人物主持，修谱的费用一般由族中取得功名或者财力雄厚者承担，或向族众摊派，或者两者兼而有之。族谱续修完毕后，还要在祠堂中举行仪式向祖先禀报，有些地方还有游谱仪式，之后分发各房各支。族谱发放后，还会有专人负责保管，并且要求族人对族谱必须好好珍藏，不得随意外借。为此，有些宗族在每年冬至日还会进行会谱。各支派保管的族谱都要拿到祠堂进行检查，如有破损丢失，保管人就会受到一定处分。为防止族谱发霉，有的宗族在每年六七月还会晒谱。族谱的编纂、保护与利用本身就是宗族的一项重要活动，它促使宗族组织维持内部的统一，有利于宗族的自我管理。

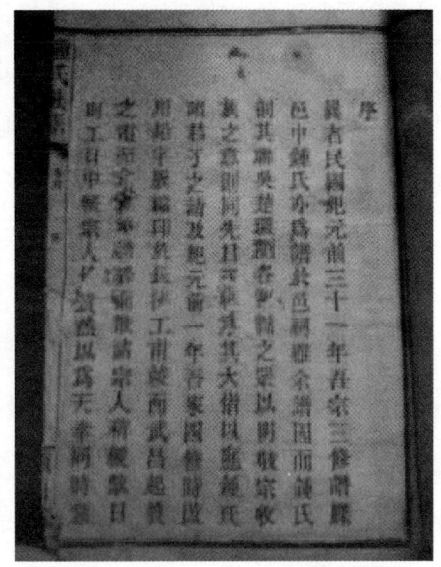

图 6-10 钟氏族谱

6.2.2.3 族产

宗族一般都有相当数量的共有财产，使宗族组织能够正常运行。族产的表现形式有田地、山林、房屋、池塘等不同类型，田地按其用途可分为祭田、学田、义田等。族产的来源主要有：祖先留给子孙的公产、向族人的摊派、宗族成员的捐赠、历代生息积累。有很多宗族成员仕宦和经商发达后一般会向宗族捐献大量土地，此种"义行"会被记录在族谱中，所以宗族成员也乐意捐献。宗族还会通过特定事件向族人征收和提留一些费用，比如祠堂在族人进主、添丁、婚嫁、中举等情况下一般都会收取一定的费用；此外，如有族人不遵守族规，也会对其进行罚款以充公用。宗族分支家庭在分家时，一般都会提留一部分产业作为族产，这部分产业不参与分配，而且不准典卖，而是专用于祭祀祖先。另外，宗族祠堂神主入祠还会征收"入主钱"或"入主祀田"。也有一些宗族，为了保证宗族内部的公益事业，也为了有一定的公产应对外在的环境变化，规定族产只许本族经营，不许转卖他姓。这样，宗族公产就像滚雪球似的越滚越大。

至于族产的用途方面，凡属有关宗族事务的经费开销，均由族产支付，如修建宗祠、纂修族谱、祭祀祖先、修筑坟墓、兴学助考，以及修路架桥等公共事务。在所有上述项目中，开支最大的当属祭祀祖先。如"祭祀堂"的设置就是专门为祭祀祖先之用的。族产除用作祭祀外，另一要务就是赈济救恤贫困的族人，为此宗族一般设有义田、义仓。族中的富户设置义田、义仓，一方面可缓解贫困族人的危难；另一方面又借以树立良好的族内声望。总而言之，宗族组织的正常运转以及宗族制度的维持都有赖于一定宗族族产的存在，宗族族产是宗族活动展开的经济基础。

6.2.2.4 族规

族规有很多不同的称呼，如族训、族约、家法、家规、家训、庭训、家礼、家风、家政、家范、祠规、祖训、宗规、宗约、族约等。族规往往收录在族谱中，也有些宗族将其单独付印。作为约束族人的管理规范，这些家法族规对族众具有强制性、约束力，在宗族内具有崇高的权威。族规是宗族社会履行族权的一个重要手段，其内容涉及宗族内部等级秩序、财产管理、祖先祭祀等礼仪、子弟教育、婚姻继嗣、完纳赋税、禁赌戒讼和奖赏惩罚等各个方面。[①] 这些族规的制定，一方面是为了教育族众，另一方面对于破坏族规的不肖族人予以一定

---

① 参见卞利《明清徽州族规家法选编》，黄山书社2014年版，第3页。

的惩处。①

在中国传统村落社会，族规涉及家庭和宗族生活的各个方面，因此对中国传统村落社会的影响十分广泛和深入。首先，它规定了宗族内的等级秩序。在宋明理学家推崇下，兴修族谱、制定族规成为一种普遍现象，他们希望通过这种宗族内部的规范，将整个社会纳入一个尊卑有序、秩序井然的等级社会之中。其次，族规特别强调个人、家庭与宗族的关系，通过一系列宗族活动，加强了宗族内部的向心力和凝聚力，确保了宗族社会的稳定。最后，族规规定了族人哪些事应该做哪些事不应该做，体现出民间法的一面，除此之外还要求族人应该如何为人处世，这在一定程度上弥补了国家法律在民事纠纷方面的法律欠缺。这些都有利于传统村落社会的有序运行。

6.2.2.5 祭祖

宗族祭祖的类型很多，按祭祀场所划分，有祠祭、墓祭和家祭。一般来说，全族的祭祀多在祠堂和祖坟进行，小家庭祭祀父母则多在家里进行。按祭祀时令划分，一年四季有四次祭祀，具体时间可以选择吉日，也可在春分、夏至、秋分、冬至举行。一般来说，祠祭、墓祭都很重要，这是因为："祠宇宗祖神灵所依，墓冢宗祖体魄所藏。子孙思宗祖不可见，见所依所藏之处，即如见宗祖也。祠祭、墓祭皆属展亲大礼，必加敬谨。"② 进行祭祖，强化了族人的血缘认同，有利于族人的团结。

---

① 参见徐国利、林家虎《安徽文化精要丛书：徽学》，安徽文艺出版社2012年版，第72页。

② 同上书，第75页。

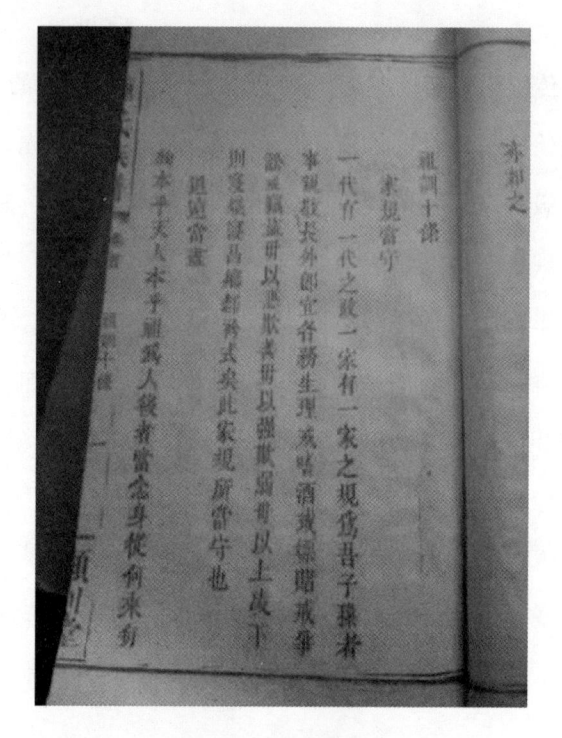

图 6–11　族谱家训

6.2.3　房份制度与宗族结构

房是中国传统宗族制度中的特有概念，中国台湾人类学家陈其南认为，"房"的观念是厘清汉人家族制度的关键。"房"的核心理念是儿子相对于父亲的身份。那么，分房的原因何在呢？陈其南指出："分房的基本道理在于：同属一父之诸子彼此之间必须分立，而在系谱意义上各自独立成一系，这就是汉人所特有的宗祧观念。所谓宗祧就是由父子联系（father - son filiation）所贯穿起来的连续，与人类学一般所谓 descent（通常译为继嗣）相当。"[①] 由此可知，分房由宗祧

---

① 陈其南：《家族与社会》，台湾联经出版事业公司 1990 年版，第 136 页。

的观念产生，分房不断地持续进行，最终形成宗族。按照宗枝扩展的原则，一个房支也能形成一个宗族。

宗族的成长是一个由主干不断演化发展的过程，始迁祖一人繁衍成一族，产生了房族结构。如元末迁入湖南郴州的周氏家族，据其《周氏族谱·祭田序》（现藏于湖南省图书馆）载："我始祖万公营道分派……元季来郴州，升虚望楚，观桑允臧，卜居骆仙铺，为吾百世不祧之祖。生四子，长位公，居塘昌铺；次禄公，居大泉头；三名公，居若竹；四寿公，居原里。乃吾族百世不祧之宗派，分四大房。绪衍廿余代，生齿蕃盛。"族谱的世系表也按照支派、房分编制，其叙例讲究世派的记载并标明居地。有的宗族又有通谱、宗谱、族谱和支谱、房谱的区分。祭祖更反映了房族的地位，祠祭有总祠、宗祠、统宗祠与支祠几种，分别祭祀始祖大宗和支祖小宗。墓祭的时候，也是首先祭祀始祖，各支族人轮祭或派代表参加会祭，然后分层次由远及近祭祀支派祖先。由不同层次房支形成的宗族结构，其凝聚力有所不同，有的宗族房支统属总祠之下，内聚力较强，而有的房支距始祖的世代和与始居地距离较远，只是修谱时通谱，关系疏远，同总祠的关系已形同虚设。基于宗法制大小宗原理，宗族各房、支中，有长房与次房、嫡房与庶房之别，嫡、长房往往是宗族的核心。[1]

6.2.4 宗族组织的自治

6.2.4.1 何谓宗族自治

所谓"自治"，是中国近代以来才有的说法。虽然如此，在传统

---

[1] 参见常建华《中华文化通志·制度文化典·宗族志》，上海人民出版社1998年版，第176页。

中国村落社会，也存在一定自治性质的组织。具体到传统村落社会的宗族来讲，是指宗族社会管理其内部事务。传统国家对百姓进行管理教化，百姓自身也在自我管理教化。顾炎武曾说，宗法的实行有利于"扶人纪而张国势"，又说："自三代以下，人主之于民，赋敛之而已。凡所以为厚生正德之事，一切置之不理，而听民之所自为，于是乎教化之权，常不在上而在下。"（《顾亭林诗文集》卷五）他认为宗族拥教化权，这种权力的实施可以张大国势，有利于国家的治理。到清代末年，国人似乎也意识到了宗族自身的自治功能。宣统年间的《南海县志·风俗》记载，广东南海冯氏举行宗族活动，在其子姓齐集祭祖之后，"凡乡中有更革者，有纷争者，祭之明日，大集而调理之，亦可谓能自治者也"。该县志的编纂者已经认为宗族具有自治功能。民国时期的学者也对宗族的自治性有所认识。陈独秀1919年就曾说："乡村有宗祠，有神社，有团练；都会有会馆，有各种善堂……像这些各种联合，虽然和我们理想的民治隔得还远，却不能说中国人的民治制度，没有历史上的基础。"[①]

中国传统村落社会的宗族之所以能够实现一定程度的自治，首先在于宗族与国家在理念上的同构性。对此《论语》中表述得很明白："其为人也孝悌而好犯上者，鲜矣。不好犯上而好作乱者，未之有也。君子务本，本立而道生。孝悌也者，其为仁之本与？"宗族推崇的仁义礼让，与国家所推崇的儒家伦理高度一致，所以自明清以后，国家大力鼓励宗族组织的发展。其次，中国地域广阔，传统时期的国家如何实现对村落社会的有效管理本身就是一个实际的问题，在"国权不下县"的现实中，为了节约行政成本，必须要借助宗族组织维持地方

[①] 陈独秀：《陈独秀文章选编》（上册），生活·读书·新知三联书店1984年版，第431页。

秩序。最后，正如秦晖所说的："国权不下县，县下惟宗族，宗族皆自治，自治靠伦理，伦理造乡绅。"① 对于民间社会的治理，需要借助乡绅的力量。因为乡绅产生于本地宗族，与当地原住民发生直接的关系。原住民在处理与国家有关的事务时，一般依赖乡绅。他们之所以发挥这种作用，是因为乡绅出身宗族，而且一般是宗族的支持人。给予宗族的自治权，其实就是让乡绅代替官府治理宗族民众。

6.2.4.2 宗族自治的表现

管理宗族户口。宗族人口在经过一定的时间后有变动，为查清宗族成员的生殁状况，宗族一般会对宗族人口进行清查。如设立"纪年簿"以登记族人。并且在族规中规定，对于新出生的族人，必须在一定的时期内报告族长，依据宗族的辈分行派取名，并备香烛告祭宗祠。有人去世、外出未归，也会在族谱中予以记载。这样的登记活动，使得宗族能够将族人存殁的状况做及时地了解。这项工作的进行，是实现宗族内部管理的基础。

制定族规并实施家法。宗族制定族规家训，作为族人立身处世的准则。其内容涉及生活的方方面面，包括族人选择什么样的职业，一般来说除士农工商都被排除在外；婚姻一般讲究门当户对，贵贱差别太大则不适合；要遵守纲常伦理，否则就要遭到惩罚，或由族内处理，或送官究办；宗族内部之间的纠纷不许擅自告官，尽量在内部解决；参与宗族活动要遵守一定的礼仪规范，不得有悖伦常。对违反族规家训的族人，或进行体罚，或进行罚款，或摆酒席赔罪认错，以宗族的名义将为非作歹的族人送官究治。总之，族人生活的方方面面在

---

① 秦晖：《传统十论：本土社会的制度文化与其变革》，复旦大学出版社2003年版，第38页。

族规家法中都有相关的规定，宗族对族人具有管辖的权力。

组织宗族祭祖活动。祭祖是宗族中第一等的大事，甚至有些学者认为，宗族组织的本质就体现在共同祭祀祖先上。为了祭祀祖先，有条件的宗族一般会建造祠堂，以放置祖先的木主，同时制定一整套的祭祀规则和程序，包括安放木主、祭祀仪式、祭器祭品、出席人员、祭后议事、祭祀费用等方面，如果有人无故缺席或在祭祀过程中有不敬的行为，就会受到一定的惩罚。祭祀种类除了祠祭之外，还有墓祭、家祭。也有在清明或者祖先的忌日祭祀的。祭祀祖先是一项繁杂的活动，特别是在一些大族，在祭祀的过程中要有一定的程序，而且有专门的管理小组来组织进行。

管理宗族公产以及组织宗族的公共事务。很多大的宗族都有不少公共产业，主要形式有田地、山场、陂塘、市店。这些公产具有多种多样的用途：比如祭田主要用作祖先祭祀；义田则用来赈济族人中生活贫困的人；书田、学田用作宗族的教育。宗族公产一般有一套严格的管理制度，其中规定如何选拔管理人员，如何互相监督，如何交接等内容。宗族中还有一些其他的公共事务，必须要联合整个宗族的成员才能完成。如修建宗祠就是一件宗族的大事，如果没有族人的配合，这件事是不可能完成的。

组织族谱的编修。正如族谱中常说的"家之有谱，犹国之有史"，族谱记录了宗族的历史活动，是宗族的历史、文化的载体，为了追述祖先功德、凝聚人心、团结族人以加强血缘的认同感，修建族谱成为宗族的必要活动项目，一般认为如果一个宗族三世不修谱就是不孝。修谱过程中也会遇到一些困难：如有些族人已经外迁，为了收集到他们的相关资料，还要派人远到他处去寻找联系；修谱需要大量的人力物力，如何筹措经费以及是否能筹措到足够的经费，是修谱能否顺利进行的关键；修谱是本族人的大事，族谱修撰得好坏，不能假手于他人，而只能是本族人亲自操劳，所以族谱的修撰还需要发动本族的读书人；族谱的凡例如何确定，这不是个人的事，必须征求族人的意见。

组织宣讲伦理道德。中国传统村落社会的宗族一般以维护纲常伦纪为自己的使命，特别注重对族人的思想道德教育，"宣讲"就是其中的一种手段。有的宗族为此特地设立讲正、讲副，专门负责宣讲的事务。宣讲有定期，一般定为初一、十五。清代宣讲的内容是《圣谕广训》。为了达到宣讲的效果，有的宗族直接摘录其中与村落社会特别相关的内容，将其刊刻在族谱最前头，现在我们翻看清代的族谱还可以看到不少引用的内容。宣讲的主要目的是要求族人尊礼守法，按期完粮，做一个孝悌之人。

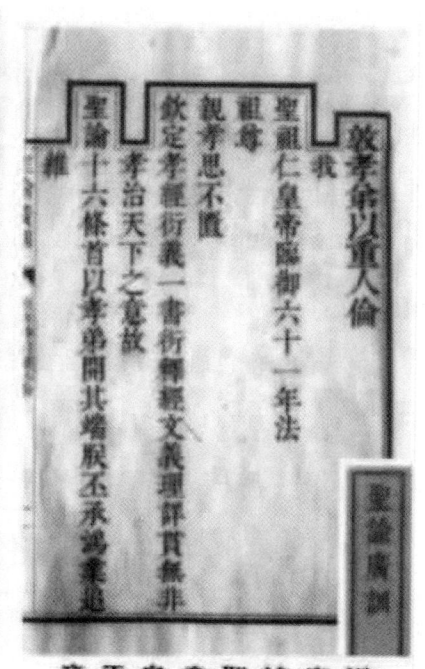

图 6-12　圣谕

6.2.4.3 宗族自治的社会功能

宗族的组织功能是指以血缘关系为纽带，以宗族组织为载体，以全族人员为基础，在宗族内部动员全族人员以组织各种活动的功能。费孝通说："中国乡土社会采取了差序格局，利用亲属的伦常去组合社群，经营各种事业。"① 中国传统村落社会是一个熟人社会，宗族的组织功能使宗族内部的成员在血缘的召唤下组成一个整体，在涉及全族的事务上保持内部的一致。宗族的这一功能具有重要的意义，因为这可以使得宗族内部的成员无论是在经济上还是社会地位、身份上得到一定的安全保障。特别是在动乱时期，宗族组织起自卫队伍以保卫族人的生命财产安全。

宗族的协调功能。宗族的协调功能是指宗族以诸如族长、族正等宗族权威为主体，以族规家训为基础来协调宗族内部关系，调解族内纠纷的功能。中国传统村落社会是一个礼俗社会，王朝的法律难以延伸到村落的每一个角落，法律的内容也难以涉及村落社会的方方面面。村落社区的各类关系及其纠纷不可能全部依靠国家的法律来协调，这就需要宗族内部实现自我协调。

宗族的教育功能。宗族的教育功能是指宗族以族规、族约、家训、祖训等传统宗族资料为基础，以儒家伦理道德为中心，实现对广大族众进行教育的功能。在中国传统的礼治社会中，后辈有失礼行为，都是父辈的过错；而且在很多族规中都强调，涉及家族事务的纠纷不能够打官司。所以道德教化就成了宗族的重要内容。

---

① 费孝通：《乡土中国》，北京出版社 2011 年版，第 57 页。

6.3　乡绅与村落治理

"乡绅"这个名称在宋代已经出现，但在明代文献中经常用的是"缙绅"。"缙绅"又作"搢绅"，《说文解字》说："搢，插也。""绅，大带也。""缙绅"指插笏于绅带间，这一般是官宦才有的装束。梁章钜的《称谓录》卷二十五指出，明清时期的"缙绅"多用来指称"乡宦之家居者"。与缙绅相近的称呼还有绅士、绅衿等，但若从广义上说，可把他们视为同一类士人。"乡绅"指的是"在乡之缙绅"。缙绅在中国传统社会是指仕宦之人，到了明清时期，则多指做过官的士人，他们有很多住在城里。而乡绅则多居住在村落，是居乡的缙绅。他们一般在村落拥有土地、财产。中国的乡绅是传统社会遍布于广大村落的一个特殊社会群体，一方面，他们一般由科举制、学校制和捐纳制中产生，朝廷赋予他们各种政治、经济、司法方面的特权，具有一定的官方背景；另一方面，他们与乡土社会联系比较紧密，是一个社区中的领导者。在中国传统社会，乡绅是一个特殊的阶级，在村落社会的治理中发挥着重要的作用。

6.3.1　传统社会中乡绅的构成

传统社会中的乡绅大致可以包括两类人：一类是退休回乡或者在家守孝的官员，还包括一部分官员的亲戚和子弟；另一类是府州县学的生员，以及在乡试、会试中及第的举人和进士。前者是曾经做过官的人，后者则是将要做官或者很有可能要做官的人。

第一类乡绅。到了明清时期，官员退休制度进一步完善。官员退休的年纪，明洪武元年（1368）规定，内外大小官员，年七十者可退休；洪武十三年（1380）下令，文武官年六十以上者可退休；宣德十年（1435）下诏，文武官年未及七十但老疾不能任事者，勒令退休。清代乾隆年间又规定，各部院属官凡年五十五岁以上者，到了一定期限，堂官需得详加甄别，最多不得过七十岁，七十岁以后必须退休。此外，也有一些官员提前辞去官职，这主要取决于官员个人的意愿。除上述退休和主动辞官还乡的官员之外，乡绅中还包括一些因丁忧守制返乡的官员。所谓丁忧守制，就是官员父母去世，按照朝廷礼法，在职官员需要解职回乡给父母守丧以尽孝道。守制的时间是3年，但实际上只有27个月，且不计闰月。这些丁忧守制官员在乡期间也可将他们视为乡绅。一些官员家乡的亲戚和子弟也是乡绅的重要组成部分。因为这些人当中有些人通过恩荫制获得了身份，甚至有一定的官职。如明代的恩荫制度就有规定：文官自正从一品至正七品，子孙许荫一人，其荫由正从五品至流外品的上中下三等，依次递降。武官爵只六品，其职死者袭，老疾者替。世久而绝，以旁支继。[1] 顺治二年（1645）规定恩荫办法：文官中京官四品以上，外官三品以上，武官二品以上都可送一名子弟入国子监学习，为监生。学习期满，根据父辈的品级分别授予官职。这种规定虽然限制了恩荫子孙的人数和官品，但毕竟还是使不少官员的子弟获得了官职，从而使其具有了乡绅的身份。除此之外，不少官员的父母先祖也可以得到不同程度的封赠；有的官员为了表示对自己对长辈的孝心，将本来属于自己的封赠让给父母、祖父母。这样说来，乡绅的组成除了留乡官员以及其子弟

---

[1] 参见宁欣《中华文化通志·制度文化典·选举志》，上海人民出版社 1998 年版，第 177 页。

外，还包括他们的父、祖辈。

后一类乡绅主要是指那些通过科举考试取得一定功名、学衔的读书人。科举考试制度发展到明清时期已很完备，在通往科举的路上，大致可分为四个阶梯：未入学为童生；经考入学为生员；省城乡试中式为举人；京师会试及第为进士。他们在未做官之前一般居住在自己的家乡，因而成为乡绅。明朝初年，朝廷恢复了科举制，在府州县设立学校。要成为府州县学的人需要经过县试、府试和院试三场考试，三场考试通过才能成为生员。取得了生员资格的身份之后，就可以跻身于乡绅的行列了。在国子监学习的监生也是乡绅行列中的重要组成人员。明永乐年间明成祖朱棣在南京、北京设国子监，称为南监和北监。明代初年，监生多居住于京师或南京读书。到景泰年间，为了节省在南京发给监生廪米的开支，一度允许监生们以"依亲读书"为名回乡，所以离监的人数逐渐增多。明朝中期以后，监生不断增多，其地位下降，很多都不去国子监读书了，而是居住在家乡。而且，一般监生从入监到实授官职往往需要漫长的等待时间，所以，监生回乡越来越普遍。此外还有贡生、恩贡生、拔贡生、副贡生、例贡生，都是乡绅的组成部分。乡绅阶层中还有一部分人是乡试及第但未能外出做官的举人。据张仲礼统计，太平天国前全国的举人约一万人，这一数额不包括后来考中进士和做官的举人，可以当作未能做官而居乡的举人，他们构成乡绅阶层的一个重要组成部分。[①] 乡绅中进士的人数相对较少，因为他们大多数会被授予官职，不过也有少数的进士因为等待授予官职的时间太长而回乡了。

[①] 参见张仲礼《中国绅士：关于其在19世纪中国社会中作用的研究》，上海社会科学院出版社1991年版。

6.3.2 乡绅的形成及特权

6.3.2.1 乡绅的形成

中国传统社会的乡绅是一个特殊的社会阶层,虽然与春秋以来的笼统称呼"士"有很密切的关系,但其形成却在明朝中叶以后。中国乡绅的形成有以下几个原因。

第一,历史上的大迁徙至明代时已基本完成,到明代时流寓之风渐息,乡土观念渐渐为世人所看重。元末战乱,社会动荡不安,人民逃亡,荒田很多。朱元璋建立大明王朝后,为了保证国家赋税徭役的供应和社会的安定,诏令天下,各地流亡人民还乡生产,还乡者皆免缴税三年,并且鼓励开垦土地。为了防止百姓迁徙,政府编造黄册,将百姓的认定是财产登记其上,并且编制里甲,实行严格的户籍控制。如有人户逃亡,则"必须穷究所逃去处,移文勾取赴官,依律问罪,仍令复业"(《明会典》卷二十)。元末明初的动乱结束,很多原住民返回故里,久已淡漠的乡土观念重新建立起来。

第二,科举、户籍制度的完善。两汉用人,本重乡举里选。自从隋唐科举制实行以来,士子报考,必须经过所在州县。宋代法令规定:"凡诸州长吏举送,必先稽其版籍,察其行为,乡里所推,每十人相保,内有缺行,则连坐不得举。"(《宋史·选举一》)到了明朝,各州县普遍建立了学校,"科举必由学校,而学校起家可不由科举"(《明史·选举志》)。明代只有府州县学的生员才有资格参加科举考试中的乡试,而生员除非违反学规、受处分剥夺学籍外,实际上拥有终生的身份。他们即使参加乡试没有中举,也依然保留生员的身份,可以享受朝廷赋予他们的种种特权。当时科举考试需要填报户籍,科举制度的完善与户籍制度配套实行，作为乡绅的最重要部分的生员大多属于本地人，而且生员的绝大部分终身无缘当官。这样未做官而有功名身份的士人随着长期的科举考试而队伍不断扩大，于是渐渐形成了乡绅阶层。

第三，退休后官员多返回本籍。两汉至唐代，朝廷并没有严格的退休规定，大多数朝廷官员多老死于任上。宋代虽有退休的规定，但当时迁徙的风气未衰，官员多寄养在宫观。到了明代，朝廷规定官员辞官或退休一律给驿还乡。致仕官不得留住京师和任所地，借此防止致仕官与现任官内外勾结。为了奖励官员致仕后还乡，允许用官家专车送返。而且规定，凡南京、北京大臣乞休，经批准后可致仕，如尚年富力强，可令其回原籍调理，等病好以后再度起用。由此可知，明代朝廷是对官员致仕后返乡有一定的强制，而且对返乡的官员予以优待。这些都促使乡绅阶层的形成。

6.3.2.2 乡绅的特权

中国传统社会以士农工商来划分职业，乡绅无疑属于"四民之首"的士阶层。与一般的民众相比，乡绅具有较高的文化水准和专门知识，这也是士绅阶层的优势。而这种优势，其实最重要的还是来自乡绅的特权。所以即便是官府中的人也对乡绅刮目相看，即如清代一位官员所说："士为齐民之首，乡民之望。汝等知晓，汝为民之绅衿、耆老，从今往后，尽心竭力，抖擞精神，以领吾民，补吾之不足。"[①]这段话表明绅士在官员眼中的重要性，也说明乡绅在地方社会所受到的是不同于普通百姓的对待。而且乡绅一般可以与地方官平起平坐，

---

① 《广东巡抚告示》，《澳门月报》第 1 卷，第 11 期。

可以自由见地方官，在拜会官员时，他不必行普通百姓必须行的特定的下跪礼。乡绅在村落社会所具有的这种特殊社会地位，是建立在王朝所赋予他们种种特权的基础之上的，他们的特权主要体现在三个方面：礼仪、经济和司法。①

图6-13　清朝顶戴

礼仪方面。礼仪是显示身份地位的重要标志。在中国传统社会，不同的服饰、家居用具、轿子以及在称呼上的不同都能显示出不同的身份地位。服饰是人的生活必需品，最能反映人的身份，历代王朝都从礼法上依照人的身份等级对其服饰的颜色、材料、式样等加以规定。明代的冠服制规定，乡绅阶层中的致仕官员的服饰可与现任官员相同，可头戴乌纱帽，其衣服的长度、衣料、颜色、补子绣纹等均依照其原有品级而行。举人、贡生、监生、生员的服饰，按规定可头戴方巾，身穿镶有黑边的蓝袍。清代冠服制也体现出对乡绅阶层的优待。顶戴俗称"顶子"，是清代服制中一种标志身份等级的方法。在

---

① 参见张仲礼《中国绅士：关于其在19世纪中国社会中作用的研究》，上海社会科学院出版社1991年版。

清朝时"顶戴"意味着功名和前程。除了品官之外,乡绅阶层也允许有顶戴。而普通百姓不管多富有,都不允许有顶戴。又如对于任满退休的官员,其住宅规格可与任官时相同。而且其子孙可以居住他们的房屋。即使他们本身并无官职,或其官品低于他们的父祖辈也没有问题。而庶民的房子按规定间数最少,厅房不得过三间五架。还有房屋的装饰方面都有品级的规定。又如轿子,叶梦珠在《阅世编》中记载:"前辈两榜乡绅,出入必乘大轿,有门下皂隶跟随,轿伞夫五名俱穿红背心,首戴红毡笠,一如现任官体统。乙榜未仕者,则乘肩舆。贡、监、生员新贵拜客亦然。平日则否,惟遇雨天暑日,则必有从者为张盖,盖用锡顶,异于平民也。今则缙绅、举、贡,概用肩舆,士子暑不张盖,雨则自擎,在贫儒可免仆从之费,较前似便,然而体统则荡然矣。"此外,明清对车舆的装饰也有级别的规定,这些差异将乡绅阶层与普通百姓的身份区别开来。在称呼上,普通百姓称所有的官吏为"大老爷",称举人、贡生、监生、生员等为"老爷"。普通百姓见地方官必须行下跪礼,而乡绅拜会地方官时可以不必行此下跪礼。

图 6-14 清代官轿

经济方面。乡绅阶层在经济上的特权主要体现在徭役优免权。关于现任官的免役，《明太祖实录》卷一百一十一载，明代洪武十年（1377）朱元璋下诏令："食禄之家，与庶民贵贱有等。趋事执役以奉上者，庶民之事。若贤人君子，既贵其身而复役其家，则野人君子无所分别，非劝士待贤之道。自今百司见任官员之家有田土者，输租税外，悉免其徭役，着为令。"对现任官予以徭役优免权，无非是要突出其特殊的地位。乡绅阶层中现任官的亲戚子弟、退休官员和有功名的其他人员也可免徭役。《大明会典》卷二十载，洪武七年（1374）规定："官员亡故者，免其家徭役三年。"《大明会典》卷七十八则规定：国子监监生复其身；府州县学生员本身免役，户内也优免二丁役；监生也可免其家两丁差徭，同于生员之例；生员累试不第，年五十以上，愿告退闲居者，"给予冠带荣身，仍免本身杂泛差徭"。

清代也延续了这一规定。《清世祖实录》卷六十三载，凡乡绅皆免除本身的丁徭负担，不用缴纳丁银。并且规定："朝廷建立学校，选取生员，免其丁粮，厚其廪膳，设学院学道学官以教之。"《钦定大清会典事例》卷七二 载，嘉庆十六年规定，官徭或各种杂役不应指派给文武生员服，原因就是他们是"齐民之秀。国家培养人才，身列胶庠者，各宜修洁自爱，岂可承充官役自取侮辱"。除了免除徭役外，乡绅还有一定的优免田赋权。明代有规定，若绅衿贫户无力完粮，可以免除。正是顾公燮的《消夏闲记摘抄》所说的："惟绅衿贫户，有奏销豁免之例。"《大清律例汇辑便览》卷十一指出，清代的乡绅虽然不能免纳田赋，但是朝廷规定允许他们可以拖欠赋款。这种特权是普通百姓享受不到的。

司法方面。"刑不上大夫，礼不下庶人"，在明清律法当中，乡绅享有一定的特权。乡绅触犯法律，一般不会直接用刑，如果情节特别严重，必须要革去其乡绅身份之后才能治罪。知县无权革去身份较高的乡绅的身份并对其实行判决。朝廷认为，如果地方官将乡绅视同普通百姓来加以惩罚，"殊非恤士之意"。所以如果乡绅犯罪情节严重，先由地方官先报学政。等到革去其功名之后才可以对其进行处罚。由于乡绅所具有的这种特权，使得地方官不敢擅自对其惩处。叶梦珠的《阅世编》卷四记载："是以一游黉序，即为地方官长所敬礼，乡党绅士所钦重，即平民且不敢抗衡，厮役隶人无论矣。……故一登科甲，便列缙绅，令人有不敢犯之意，非但因其地位使然，其品望有足重也。"在诉讼上，乡绅与庶人也不平等。乡绅如果涉及诉讼的案子，可以派家人代其听审。法律还特别保护乡绅免受庶民的冒犯，以维护乡绅的声誉与地位。如果一个乡绅受到普通百姓的辱骂或被殴伤，辱骂者将受到严重的处罚。

6.3.3 乡绅的双重身份

州县官一般被称为"亲民之官"，乡绅则是"一乡之望"，前者代表皇权，后者代表绅权。一方面，乡绅在民间拥有一定的特权，传达官府的命令政策，是朝廷在民间的代理人；另一方面又代表地方的利益，是民间社会的领导者。在地方利益受到官府侵害时，由于涉及他们自身或者亲属的利益，乡绅可以充当村落原住民的代言人和保护伞。这一来是因为乡绅在当地社区具有较高的社会声望，也有与官府打交道的能力和经验；二来由于乡绅具有优免待遇等特权，具有与官府打交道的资格，村落原住民在受到官府侵害时可以寻求乡绅的庇护。清代学者何良俊的《四友斋丛说》卷一六载，"官与民疏，士与民近。民之信官，不若信士"，乡绅亦以地方的表率自居，"凡郡县有一善政及一切禁令，士夫皆当率先遵行，以为

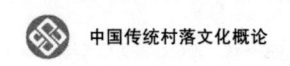

百姓之望"。为此不少乡绅利用自己的身份地位和经济实力为地方做了很多义举。

6.3.3.1 乡绅与官府的合作

对于地方官来说,由于乡绅在地方上拥有相当的号召力和影响力,因此一般不敢得罪他们,反而要依赖他们。作为地方社会特权阶层的乡绅对地方拥有实际的控制。虽然乡绅并不像地方官僚那样拥有较多的特权,但是,作为地方社会的实力派,他们拥有更多的法外特权。一个朝廷任命的州县官,要顺利地完成下属区域内的征税、治安、教化、公共工程等各项公务,乡绅是他们必须依靠的力量。正如有着丰富经验的清代知县汪辉祖总结道:"官与民疏,士与民近。民之信官,不若信士。朝廷之法纪,不能尽晓于民,而士易解析。谕之于士,使转谕于民,则道易明而教易行。境有良士,所以辅官宣化也。"(《学治臆说》卷上)

由于县官不在本地任职,且有一定的期限,对于地方人事民情并不能像乡绅一样那么熟悉,如果得不到乡绅的支持将寸步难行。而且,更重要的是,如果没有乡绅的中介作用,高高在上的"皇权"的力量就无法施之于基层社会的民众。从传统中国政权的运作制度上来看,国家的权力只能递传至县一级的行政区域,正所谓"皇权不下县"。面对地域辽阔的村落社会,借助于乡绅这一本土非正式权力力量,皇权的统治才能延伸到基层社会:"世之有绅衿也,固身为一乡之望,而百姓所宜矜式,所赖保护者也。……绅衿上可以济国家法令之所不及,下可以辅官长思虑之所未周,岂不使百姓赖其利,服其教,畏其神乎?"[①] 乡绅以

[①] 《绅衿论》,同治壬申(1872年)5月1日《申报》。

其社会权威在基层社会行使田赋、税收、教化、治安、司法、礼仪诸职能，是地方权力的实际代表。清代徐栋所编撰的州县长官教科书《牧令书》卷四中的《用人为仕宦丞务》说："绅士耳目也。无耳目何以纳益？"对于地方官而言，乡绅是实施地方治理的工具，其本身也愿意与官府合作。

6.3.3.2 乡绅与民众的关系

中国传统社会，乡绅在中国的广大地区的村落中占有举足轻重的地位，他们与原住民有直接接触，形成了一种特殊的关系。

首先，乡绅在很多时候是原住民和地方的"代言人"。乡绅本来就出自地方，与当地的社会生活联系紧密，如果外界的势力对其所在的社区造成困扰威胁之时，他们就会作为村落原住民代表出来说话。由于传统国家对基层社会缺乏有效的控制，广大村落地区处于"天高皇帝远"的状态之下，但是"普天之下莫非王土，率土之滨莫非王臣"，这并不意味着村落原住民处于国家体制控制之外，相反，因为他们除了在赋役、征兵、诉讼等问题上与官府打交道之外，还有许多自身无法解决的问题而不得不诉诸官府，比如村落社会大范围的纠纷、公共工程等内容。然而，普通百姓难以接近代表国家的官衙，在这种官民隔阂的社会结构之下，庶人并不具备与官府交涉的资格和能力，这就需要能够"代表"他们利益的代言人，无疑，乡绅以其特殊的身份和地位充当了这一角色。

其次，乡绅在一定程度上保护了村落原住民的利益，充当了村落原住民的"保护伞"。在中国传统社会，国家为了征集财税，往往会对村落征收赋税，由于征求过度，经常会发展到村落原住民难以承受的地步。为了求得生存，他们可能会起义或逃亡。这也是在万不得已的情况下才会发生。但是，他们也可以选择寻求乡绅的庇护，以求得生存的机会，这样既不用逼上梁山造反，也不用踏上生死未卜的逃亡之旅。因为乡绅享有"优免权"，具有较强的政治免疫力，他们不但享有法内的免役权和田赋拖欠权，而且还千方百计地攫取法外优免权。而且在必要的时候，乡绅可以代表村落原住民争取一定的生存权利。

最后，乡绅的在组织村落原住民抵御水旱灾害、办理地方公共事业上具有号召力。在传统时期，由于中国的水旱等各种自然灾害频繁，加之限于当时的科技落后，中国传统的村落往往很难逃避这种自然灾害。一旦天灾发生，村落原住民就会受到极严重的损失，所以，对普通小民来说，地方上最重要的事情莫过于"水利"和"赈济"。乡绅在这两件大事上可以发挥重要的作用。由于乡绅凭借自己的政治特权与经济实力，可以为地方的"水利""赈济"等公益事业做出贡献，为村落原住民提供了官府不能提供的公共服务，所以也会得到村落原住民的拥戴。

6.3.4 乡绅与地方公共事业

"所谓绅衿者，其中贤愚优劣，固有不齐，但系一邑一乡之望。"[①] 这句话对乡绅阶层做了比较客观的评价。在传统中国社会，村落的公共事业除了靠官府外，就是地方乡绅了。而且自明清以后，村落社会的公共事业基本由官府主持办理转向于由民间自办。从史料的记载来看，有关乡绅在地方上举办公共事业的例子俯拾皆是，地方上的各种公务几乎都有他们的参与或主持。他们参与和主

[①] 南炳文、白新良主编：《清史纪事本末》（第五卷），上海大学出版社2006年版，第1513页。

持地方的各种公益活动，部分地承担了社会救济的责任，做出了许多义举，村落社会的治理离不开他们。按类分之，大致有以下几项。

第一，支持地方教育事业。科举制度是中国传统时期的一项重要制度，乡绅阶层是这一制度的受益者，因此，他们特别重视教育事业的发展。在地方兴办学务，修建书院，创办社学和义学，对于他们来说义不容辞。比如，《明史》中记载的明代书院有40多处，《明儒学案》中记载的书院有20多处，有的是官立，有的则是私立，都有藏书，设置田产，并进行祠祀。清代各府州县设立的书院，或由乡绅捐资创办，或由地方官筹拨经费。清代两百多年，书院遍天下，这么多的书院，官府的拨款有限，故不得不借重于乡绅。很多乡绅为书院捐募资金和土地，用以修建书院和补贴学生之用。书院之外，还有社学和义学，明代每个县坊乡都建学校一区，或每五十家立社学一所，并延请老师以教民间子弟。清代承袭明制，各地仍有社学，乡置一处，择品行、学问俱优者乡绅充任社师。至于义学，清初设置，多设于各乡，以补书院的不足，义学师资的选择范围，据陈宏谋所拟定的"义学条规四则"规定："无论本地举贡生员及外来绅士，必须立品端方，学有根底者，才能延之为师。"（《牧令书》卷十六）对官学校舍的维修、修建或扩建等，乡绅也都捐资赞助。总之，明清以后，地方学务及其他文化教育建设，大多由乡绅来主持。这也是由于地方财政不足，所以只好由乡绅来承担这一责任了。

第二，主持地方公共工程。《牧令书》卷七载："邑有兴建，非公正绅士不能筹办。"这句话很清楚地表达出乡绅在地方公共建设方面所起的重要作用。从正史及方志等文献中，可以看到乡绅所办的地方公共工程主要有开河筑堤、修路建桥、兴修水利和修建祠庙等。这些工程一般由官府倡议，乡绅去组织实施；但是自明代中叶以后，乡绅提出兴办的趋势很明显，经官府批准同意后，乡绅再组织人力物力施行。两者虽有所不同，但是，不管是谁倡办，如果没有乡绅的合作、支持和倡议，这些工程基本难以完成。

第三，支持地方慈善事业。明清时期，乡绅举办、支持地方慈善事业，其中主要包括：收养弃婴、孤老病残、救济贫民灾民等。收养弃婴的机构明代已经出现，称育婴社、保婴会或育婴堂。明末清初在江南地区，由地方官僚和乡绅创办了同善堂、育婴会等慈善机构。据梁其姿统计，从江西赣县育婴堂算起，至康熙末年，全国共有育婴堂96个，这些育婴堂为官办或为民办，散布于全国十多个省份。[①] 无疑，这里所称的民办主要是指乡绅。清代官方的强力推行加速了育婴的普及，由此带来经费不足、管理混乱等问题。在这种情况下，乡绅主导育婴事业成了一个必然的选择。他们无论是在经费上还是管理上都有一整套的制度和规章。明清时期各地设有救济孤老病残的善堂很多，其名称有广仁堂、留养局、安济堂、广济堂、育黎堂、安老会、普济堂等。这些机构大多是官督绅办，或官绅合办，一般是由乡绅捐资兴建。中国传统社会灾荒频繁，由此导致大批的灾民流离失所，四处逃难。地方乡绅为了维护地方社会的稳定而设置了许多救济机构以抚恤灾民。

[①] 参见黄永昌《传统慈善组织与社会发展——以明清湖北为中心》，光明日报出版社2012年版，第59页。

图 6-15　清末张謇创立的育婴堂

图 6-16　清代湖南辰州府育婴堂

在中国传统社会，乡绅的权威源于宗族和国家的认可，他们自小受儒家伦理的指引，遵从儒家礼教，以"仁政"为理想的境界，深信"君子之德风"，除了少数的劣绅，一般的乡绅都特别注重自己的品行，而且相信儒家思想可施之于现实，所以乡绅往往能成功地充当官和民的中介，既能够传达国家的政令，又能够代表村落原住民的利益。

6.3.5 乡绅的教化作用

乡绅在村落社会拥有一定的政治、经济、文化特权，既是朝廷政令在村落的宣传者和执行者，又是村落原住民在与国家打交道时的代理人。作为村落唯一的知识分子阶层，乡绅在推动村落社会的教化方面发挥着重要的作用。乡绅通过以下四种方式实现对村落社会的教化。

第一，学校教化。"化民成俗，教学为先"，传统村落社会的学校主要由地方官学、书院、社学、义学、私塾等组成。地方官学在明代以后逐渐由最初的教育机构演变为考试机构与祭祀中心，其教化任务由书院、社学、义学、私塾所取代，它们成为村落主要的教化机构，起着化民成俗的重要作用。而且，随着明清以来的地方教育与教化呈现出由官方主办向民间社会主办的趋势，乡绅在民间社会影响力的增大，他们成为村落学务的主导者和组织者，在村落社会中宣扬着儒家思想，在村落社会起着潜移默化的教化作用。

第二，宗族教化。乡绅作为宗族中的一员，是一个宗族极为重要的力量。他们一般通过编纂家规族法来实现对家族成员和村落社会的教化。通过这种方式，告诫族人什么可以做，什么不可以做，从而规范族内成员的行为，把家族培养成乡里的楷模。除此之外，乡绅还通过编修族谱和主持祠堂祭祀以达到收族保族、维持家声不坠的目的。宗族教化所面对的对象虽然是一族之人，但对于大多数乡绅而言，他们对于所在乡里的教化同样充满了热情。

第三，乡约教化。乡约虽有官办与民办之分，但都是以儒家礼教为指导思想，以劝善惩恶，广教化、厚风俗为目的。故而乡约的内容始终是宣扬儒家的纲常伦理。作为一种村落社会组织，乡约在传统中国村落社会发挥着重要作用。而乡绅作为村落社会的知识分子，一般承担起乡约的组织和教化职能。特别是民办乡约，因其创办者大多为乡绅，所以其目的主要在于教化乡里，而不是像官办乡约那样通过强制性手段来维护地方秩序。

第四，诉讼教化。在村落的日常生活中，纠纷是不可避免的。中国传统村落社会基于血缘关系和熟人社会的乡邻关系，对于纠纷的解决最好能够在内部，而不是将纠纷闹到官府去。所以如果发生纠纷，双方都希望能够通过地方有名望的人士来进行调解。作为村落社会的精英，乡绅也就成为调解民间纠纷的重要权威。在调解纠纷的过程中，乡绅一般训诫诉讼双方应该遵守儒家的礼法，入孝出悌，不应随便兴讼。

乡绅所受教育的主要内容是国家主导下的传统儒家思想，他们对村落社会的教化不仅维护了一乡一里的社会风俗与秩序，对村落的有效治理起到至关重要的作用，而且，因为他们实践儒家所提倡的长幼有序的理念，撰写通俗易懂的劝善书劝诫人民行善，在族谱中明确规定遵纪守法、纳粮当差，排斥异端邪说，等等，实际上，他们在无形之中贯彻国家的意识形态，对于国家的统一及其稳定也做出了自己的贡献。关于乡绅的教化作用，在下一章中将会继续深入探讨。

第7章　传统村落的文化教育与道德教化

教化是"个人社会化的客观条件，是生物的人变成社会人的过程。一个人降生后，要成为一个社会的人，都将接受一定的不同层次的社会文化，经过家庭、家族、邻舍、社区及各类学校的教育、训练，逐步懂得一定的社会规范，成为服务于社区、社会群体的合格角色"[①]。简而言之，教化就是通过文化教育和生活训练使人们的思想符合既定的社会规范的过程，它为个人的社会行为奠定了思想上的基础，是个体行动的最初动力。中国传统村落的文化教育与道德教化是紧密联系的，文化教育是手段，道德教化才是归宿。从政治需求的角度来看，文化教育的目的有两个：一是在于为国选才，从广大的民众中选择优秀的人才为国家服务；二是在于道德教化，使得民众知礼守法。

传统中国的统治者非常重视教化，清太祖努尔哈赤一直重视教化与社会治理的关系。《太祖实录》卷六载："为国之道，以教化为本。

---

① 张光博：《社会学词典》，人民出版社1989年版，第507页。

移风易俗，实为要务。诚乱者缉之，强者训之，相观而善，奸意何自而逞。故残暴者，当使之淳厚，强梁者，当使之和顺，乃可几仁让之风焉。舍此不务，何以克臻上理耶。"康熙九年（1670），圣祖玄烨谕礼部："朕惟至治之日，不以法令为亟，而以教化为先。其时人心淳良，风俗朴厚，刑措不用，比户可封，长治久安，茂登上理。盖法令禁于一时，而教化维于可久，若徒恃法令，而教化不先，是舍本而务末也。"（《康熙政要》）如何实现村落社会的教化是传统中国社会的一个重要内容。依托于一定的社会组织与载体，传统村落的道德教化得以推行。

图 7-1 清太祖努尔哈赤

图 7-2 清圣祖玄烨

7.1 学校教育与道德教化

中国传统社会的统治者和有识之士都非常重视学校教育，他们认为"欲化民成俗，其必由学"，通过学校教育，不仅可以统一思想，而且可以实现对社会的教化。学校教育无疑是教化的重要手段。早在西汉，大儒董仲舒就对汉武帝提出"兴太学"的建议。《汉书·董仲舒传》

载:"养士之大者,莫大乎太学;太学者,贤士之所关也,教化之本原也。"之后的《盐铁论》也明确指出:"三代之盛无乱萌,教也;夏商之季世无顺民,俗也。是以王者设庠序,明教化,以防道其民,及政教之洽,性仁而喻善。"宋代王安石变法也注重学校的教化作用,他在《乞改科条制札子》中提出:"伏以古之取士,皆本于学校,故道德一于上,而习俗成于下,其人才皆足以有为于世。"(《王临川集》卷四十二)明代朱元璋同样重视学校的教化作用,《明太祖实录》卷二十六载述了他的观点:"衣食给而民生遂,教化行而习俗美。足衣食者在于劝农,明教化者在于兴学校。"《明史·选举志一》载,他实行了"治国以教化为先,教化以学校为本"的文化教育政策。

图 7-3 董仲舒

中国传统社会对村落地区教化的学校系统主要书院、社学、义学和地方官学等组织，它们构成了村落文化教育与道德教化的主流。可以说，学校是历代朝廷推行社会教化的最重要、最有效的机构。在唐宋时期，村落就有乡校的设立。民间书院、社学、义学通过教学、讲学以及祭祀等活动在村落传播儒家的伦理道德，这无疑对村落社会的道德教化起到了不可替代的作用。在学校这个系统中，地方官学最为正规，这主要取决于其官方的背景及其制度化和规范化程度的不断提高。从汉代官学制度的初步建立到明清时期官学在全国各处的普遍形成，地方官学一直承担着在村落社会推行社会教化的主要责任。

7.1.1 书院

7.1.1.1 书院的历史

中国传统社会的学校系统中，书院是文化教育与道德教化的重要承担者。书院之名始于唐代，宋元时期到达鼎盛，一直持续到明清时期，在其自身的发展过程中逐渐呈现出官学化的趋势。中国古代书院教育的发展大致可以分为两大阶段：第一阶段是五代、宋、元；第二阶段是明清。

唐代末年，战乱频仍，官学逐渐衰微，一些有识之士选择山林聚徒讲学，书院的胚胎从此产生。书院在宋代勃兴起来。北宋时期，石鼓书院、白鹿洞书院、嵩阳书院、岳麓书院、应天府书院、茅山书院等六大书院的相继建立。

南宋时，书院发展进入高峰时期，涌现了一大批书院，书院的总数至少有五百所。不仅数量多，而且地域分布广，一些边远地区也建了书院。许多书院都由名师讲学，学生众多，在社会上影响也比较大。伴随宋代理学的发展，这些书院成为理学家宣讲理学、实行道德教化的中心。

元代不重文教，很多书院在战争中遭到破坏，而且很多书院被僧侣和豪强霸占。又因为实行民族压迫政策，汉人和南人的社会地位低下，儒学未受到足够的重视，所以书院的发展一度陷入低潮。

明代书院振兴，有一千二百多所书院，远远超过元代的四百多所，这与明中期王阳明心学在各地的传播密切相关。王学后人为了宣扬心学，在各地开办书院，聚众宣讲，而且宣讲的对象更加大众化，基层教化型书院由此兴起。清人赵绍祖记述泾县当时书院讲学的情形："自姚江之学盛于水西（书院），而吾泾各乡慕而兴起，莫不各建书屋，以为延纳友朋，启迪族党之所……孜孜以性命为事，散则传语而述教，拳拳以善俗为心。"（《赤山会约跋》）对村落社会实施教化、改善地方风俗，是这些基层书院的共同特点。

到了清代，书院继续发展。《清世宗实录》卷一百二十七载，雍正十一年（1733），皇帝下诏："朕临御以来，时时以教育人才为念。但稔闻书院之设，实有裨益者少，浮慕虚名者多，是以未尝教令各省通行，盖欲徐徐有待而后颁降御旨也。近见各省大吏渐知崇尚实政，不事沽名邀誉之为，而读书应举者，亦颇能屏去浮嚣奔竞之习，则建立书院，择一省文行兼优之士，读书其中，使之朝夕讲诵，整躬励行，有所成就，伴远近士子观感奋发、亦兴贤育才之一道也。"国家政策的鼓励促进了县、乡一级书院的建立，据学者研究，村落书院在清代中后期得到极大的发展，其数量在所有类型的书院中占绝大多数。[①] 这为村落社会的文化教育与道德教化奠定了坚实的基础。

---

① 参见邓洪波《多村书院的演变及其特点》，《教育评论》2003 年第 3 期。

图7-4 石鼓书院

图7-5 白鹿洞书院

图7-6 嵩阳书院

图 7-7　岳麓书院

总之，中国传统书院的发展历程表明，官学化和大众化是其总体趋势，而且表现出对村落基层社会越来越多的关注。这些书院不仅传播学术，而且还教化乡里，影响着民众的思想和生活。

7.1.1.2　书院的教化功能

由于中国地域的广大以及历代政府的财政限制，中国官学的设置只到县一级，县以下的村落文化教育与道德教化就不得不依靠书院了。所以历代书院都起着"广学校之所不及"的作用。尤其是在官学成虚文之具时，书院的责任就更加重大了。清代学者葛其仁在他的《书院议》一文中指出："学校废而书院兴，书院者辅学校之不及，而范之以仁义伦理之归，申之以诗书礼乐之教，将稗天下之人材陶冶而成就之，处为学儒，出为名臣，由此选也。"(《味经斋文集》卷一) 清人李元振的《南阳书院记》谈道："夫书院之设，与学校相为表里，而又以补助其不及。所以自宋以来，有天下国家者无不共重于斯焉。"以地方教化为主要目的的书院一般位于县或乡，它们在学术上可能并无大的贡献，但它们在儒家文化的社会普及与传播方面却起着重要的作用,其最突出的特点就是对乡俗教化的关注。

以儒家伦理教化学员是书院的基本任务。如南宋朱熹在《白鹿洞书院揭示》指出:"父子有亲,君臣有义,夫妇有别,长幼有序,朋友有信。右五教之目,尧舜使契为司徒,敬敷五教,即此是也。"在朱熹看来,儒家"五伦"是书院教学最基本的内容。无独有偶,同时代的大儒吕祖谦在《丽泽书院学规》中也做出规定:"凡预此集者,以孝悌忠信为本,其不顺于父母,不友于兄弟,不睦于宗族,不诚于朋友,言行相反,文过饰非者,不在此位。"后代书院学规继承这一思想,在具体规定上更加细化了。如《岳麓书院学规》规定学生应该做到:"时常省向父母,朔望恭谒圣贤,气习各矫偏处,举止整齐严肃,服食宜从俭素,外事毫不可干,行坐必依齿序,痛戒讦短毁长,损友必须拒绝。"

除了注重"五伦",书院教化还特别强调品德培养。如《白沙书院学规》规定:"读书以力行为先。圣贤千言万语,无非教人孝顺父母,尊敬长上。父母吾根本也,兄弟吾手足也。凡读一句孝弟之书,便要将这孝弟事,体贴在自己身上,古人如何孝弟,我便照依学将去。始初勉强,渐渐熟习,自然天理融合,自己也就是圣贤地位,所谓人皆可为尧舜也。切无视道为高远,自己菲薄。又切不可囫囵空读书籍,不留心体贴,致失圣贤立教之旨。读书以立品为重。立品莫如严义利之辨……欲严义利,莫如忍,莫如让。如穷苦要忍得住,毋去骗人,磕人钱财田产,且让一番,不可竞争。总是我辈读书人,要将气骨撑得住,毋为银钱所害,便是身立千仞之上。即如秀才童子,有一个乡民送你二百钱做一张呈子,断断不可做此,就是能严义利之辨,举此而推,万事可例也。"

《白沙书院学规》中用浅近明白的话语，以及乡土中的事例来说明儒家的伦理道德，不仅对广大生徒有教育意义，而且对整个村落社会教化也起了很大的作用。

7.1.1.3 家族书院与村落书院

家族书院是依靠家族力量创建起来的书院。家族书院的创办经费、日常经费都由家族提供，书院主持人为家族成员或受聘于家族的士人，其服务对象为家族中的子弟，家族性的书院在唐时便已出现，直至清代仍有继续。唐大顺间（890—892）由陈氏义门建立的义门书院（又称东佳书院），就是一所家族性的书院。《宋史·陈竞传》记载："（陈）崇为江州长史，益置田园，为家法戒子孙，择群从掌其事，建书堂教诲之。"南唐徐锴在《陈氏书堂记》谈到陈氏，"以为族既庶矣，居既睦矣，当礼乐国固之，诗书以文之，遂于居之左二十里曰东佳，因胜踞奇，是卜是筑，为书楼堂庞数十间，聚书数千卷，田二十顷，以为游学之资，子弟之秀者，弱冠以上皆就学焉"。《江州陈氏家法》规定："立书堂一所于东佳庄，弟侄子姓有赋性聪敏者令修学，稽有学成者应举……立书屋一所于住宅之西，训教童蒙，童子年七岁令入学，至十五岁出学，有能者令入东佳。"这所书院在当时影响很大，"江南名士皆肄业于其家"，除为本族子弟所用外，还接受其他族姓人员。

江西在五代、宋也有不少家族性的书院，如分宁黄氏的芝台书院，祝氏的流芳书院，建昌陈思悦所建的社平书院，南昌程氏的飞麟书院等。元明时期，家族性的书院也有不少。如山东埕城的历山书院、绩溪的东园书院、浙江常望的虞山书院、安徽黟县的集成书院、江苏苏州的文正书院等。家族性的书院在清代更为发展，如湖南新田，在清代先后共出现由一族或几族联办的书院达 13 所。① 其实，从明代开始，书院已有从城镇向村落转移的倾向，尤其是清代中后期，村落书院占所有类型的书院中的大多数。比如清代的四川，家族书院占总书院的 90% 以上。② 家族书院主要以满足族人需求而办，偏重于传授知识及举业，但是在这个过程中，既加强了本族的文化教育，又具有社会教化功能。

村落书院是指建在村落中，以该村落区域为招生范围的书院。传统的中国社会是一个农业社会，绝大部分人口都分居在村落。他们远离城镇，由于交通不便等因素，村落子弟一般难得进府、州、县城读书。于是，一些有识之士就在村落创建书院，以便村落子弟就近读书。村落书院很多由家族书院发展而来。比如清代郴州地区的郴侯书院就是由家族书院发展成村落书院的。③

7.1.2 社学、义学

地方官学、书院虽然在教化民众方面起了重要的作用，但是对于传统中国社会来说，大多数的人还在农村，普及的范围依然有限。广大的百姓仍没有条件去接受地方官学及书院提供的教育。为了更好地推广文教、化民成俗，传统时期的政府在各地设立社学、义学等蒙学组织。相对而言，社学、义学的建立弥补了地方官学、书院的不足。

7.1.2.1 社学

社学主要是为村落儿童所设，属于蒙学的范畴。其实，从唐代开

---

① 参见《书院研究》第二集，湖南省书院研究会 1989 年 10 月印。
② 参见邓洪波《乡村书院的演变及特点》，《教育评论》2003 年第 4 期。
③ 参见兰军《从家族书院到乡村书院的变迁——清代湖南郴侯书院史实考述》，第二届巴蜀文化与湖湘文化高层论坛。

始，中国古代的小学教育开始由过去的限于中央而逐渐下移扩展到村落社会。在国家看来，小学除为更高一级的入学做好准备外，还有一个实施社会教化的重要任务。《唐会要》卷三十五载，开元二十六年（738），唐玄宗下令："古者乡有序，党有塾，将以宏长儒教，诱进学徒，化民成俗，率由于是。其天下州县，每乡之内，各里置一学，仍择师资，令其教授。"由此可知，"化民成俗"才是政府设立乡校的最终目的，这个"化民成俗"就是指在广大的村落推行社会教化。宋代时期，乡校在办学的制度化和规范上都超越唐代。《新元史·食货志》载，元至元二十三年（1286）开始创办社学。这一年，元朝政府规定："诸县所属村疃，五十家为一社，择年高晓农事者立为社长……每社立学校一，择通晓经书者为学师，农隙使子弟入学。"从此以后，官学系统开始延伸至广大的村落。社学成了村落社会教化的主要承担者，向基层老百姓宣扬儒家思想。

明清朝廷非常重视社学，除了将其作为官方儒学的补充外，更认为其是化民成俗的重要手段。清代夏燮的《明通鉴》中记载了明代的一些教育现象："家有塾，党有庠，故民无不习于学，是以教化行而风俗美。……府、州、县皆有学，而乡间远者未沾教化，乃诏有司仿古家塾、党庠之制，区之为社，延师儒以教子弟，兼令读御制颁行诸书及新定《律令》。"由此可知，创办社学的目的在于让广大的村落受到朝廷的教化。清朝建立，为了在村落地区推广教化，以达到"导民向善""移风易俗"的目的，朝廷及地方官员为村落原住民子弟提供受教育的机会，使其能入学读书并学习儒家经典及律法。光绪《大清会典事例》卷三九六载，顺治九年朝廷下令："每乡置社学一区，择其文艺通晓，行谊谨厚者，补充社师。免其差役，量其廪饩优赡，提学案临日，造姓名册申报查考。"地方官员纷纷响应，如江苏巡抚汤斌颁布《兴复社学以端蒙养告谕》："化民成俗，莫先于兴学育材。合行出示，将本城内外及乡区村镇大约二十家以上者，设社学一区。查本乡子弟年八岁以上，二十岁以下若干人，除能自备束修外，如果家贫无资者，该府州县量为设处廪谷，本院亦捐俸相助。……先讲明《孝经》《小学》，教之歌诗习礼，问安视膳，进退揖让之节，循循善诱，使知存心敦行之学。然后进以四书五经，以程朱传注为主。"

社学在学级上虽然属于小学，但其在村落社会承担着文化教育与道德教化重任。正如明代白金鼎所说："予惟建学立师，人皆知为盛典，非独明国体者知之也，自时忽近小而莫之举行第未仰恩，圣朝内设胄监外设提督，官以董郡邑学政，而乡间里巷以极遐陬绝漠，先王声教之所未暨者，皆有学焉，而社学亦与其间者，斯不亦重乎……迹若甚小而所关者甚远且大也，顾其教且学于斯者试以此意求诸古人理到之言，深思力行之则，庶几民风日厚，民德日新，而因以见圣化之纯，无间于遐迩而已。"[①]

7.1.2.2 义学

义学是指由官方或民间独建，或由官民合办，招收贫寒子弟或少数民族村落原住民的子弟，并向其提供免费基础教育的公益性质的学校，譬如义塾、乡塾等。清代光绪八年，施南府知府王庭祯就认为："义学则以启蒙童，授句读，使穷乡贫户子弟无从师者，皆得以就学，亦古盛时乡塾党庠之遗意也。"（《施南府志续编》卷四）

一般认为，义学的广泛设立始于宋代，当时多是民间以宗族为单位设立，大都限于教授本族子弟。北宋范仲淹在其家乡吴县购买良田

[①] 转引自《中国教育通史》（第三卷），山东教育出版社1987年版，第443—444页。

千亩，以养济族众。随后，他又置屋聘师，教育宗族子弟，是为义学之始。宋代科举制度发达，但宋代官学虽然比前代有很大进步，却远远不能满足人们受教育的需要。而且，对于启蒙教育来说，官学发挥的作用有限。在官学中接受启蒙教育，对绝大多数村落子弟来说，几乎是不可能的事情。因而，在官僚士大夫的倡导下，那些没有官位的庶民地主甚至富裕农民也各自创办义学，以使自己的子弟能够接受教育。在宋代较为安定的环境下，义学逐渐遍布于全国，有的地方甚至达到了相当普及的程度。如《嘉靖延平府志》卷一"风俗"载，延平府"建学独先于天下"，形成了"家乐教子"的良好风尚，史书甚至称此府"五步一塾，十步一庠"。南宋乐清县令袁采说："置义庄以济贫族，族久必众，不惟所得渐微，不肖子弟得之，不以济饥寒，或为一醉之适，或为一掷之娱，致有以其合得券历，预质于人，而所得不其半者。此为何益？若其所得之多，饱食终日无所用心，扰暴乡曲、紊烦官司而已。不若以其田置义学……能为儒者择师训之，既为之食，且有以周其乏。"（《袁氏世范》卷上"置义庄不若置义学"）很明显，设立义学并传授儒家伦理无疑对村落社会的教化具有重要的作用。明代早期义学未得到发展。明代中期以后义学蔚成风气。义学兴盛的原因主要有：一是社学衰退，子弟失教，义学逐渐取而代之。二是地方官与乡绅遵循儒家教化原则，创设义学主要在于改变村落社会的道德风貌。三是科举渐重，科场失意的儒生增多，他们只好处馆度日，这在客观上也促使了义学的发展。经过明时期的发展，到了清代，义学已经在全国各地广泛设置。尤其是到了康熙、雍正时期，朝廷更是频频下令建立义学。光绪《大清会典事例》卷三九六载，康熙四十一年，清政府议准，在京城崇文门外设立义学，并颁赐"广育群才"匾额；康熙四十五年，议准贵州省各府州县卫都可设义学，并许土司生童肄业，颁发御书"文教遐宣"匾额。雍正元年，朝廷谕各省现任官员自立生祠书院，令改为义学。在朝廷和地方官员的大力提倡下，义学、义塾纷纷涌现，村落学风日盛。当时的浙江省平阳县出现了很好的读书风气，雍正《浙江通志》载，"至今敦尚诗书，勤于教子，义塾之设，殆遍闾里"，"贫士带经而锄，里巷市座所至，辄闻读书声"。

义学的兴起，对于改变村落的文化教育与道德教化面貌起到了不可估量的作用。它最大的作用是使贫穷人家的子弟也得到受教育的机会。在受教育的同时，道德教化也随之在广大的村落社会推广开来。

7.1.3 地方官学

西汉景帝时期的蜀郡太守文翁，是我国历史上最早创办地方官学的人。《汉书》卷八十九载，文翁平素"仁爱好教化"，见蜀地"辟陋有蛮夷风"，为改变这种文化落后的状况，亲自挑选了张叔等十余名聪敏有才者派遣到京城学习，他们中有的人随博士学习，有的学习法律。为了节省少府的开支，文翁购买蜀中特产赠给博士以表酬谢。几年之后，这些人学成后返回蜀郡，文翁对他们均予以重用，并在成都建起学舍，招收下属各县的子弟入学，免除他们的徭役，学成后，从中择优选拔录用。文翁平时巡视各县时，让高才弟子随行，代为传达教令，以此给弟子增添荣耀。于是各地吏民争先恐后地送子求学，甚至不惜重金谋取弟子资格，蜀地劝学重教的风俗从此形成。汉武帝极力支持推广文翁创办地方官学的做法，于是"令天下郡国皆立学校官"。西汉末年，王莽执政时按地方行政系统设置学校，郡国一级设"学"，县、道、邑、侯国一级设"校"，各配备经师一人。乡一级设"庠"，乡以下的基层单位"聚"一级设"序"，各配备《孝经》师一人。两汉郡国学的目的主要是培养本郡的属吏，并向朝廷推荐其中特别优秀的学生，同时也是地方社会文化活动的中心，如"乡饮酒""乡射"等传统的礼仪活动一般都是在学校进行。通过这些活动的开展，社会教化也在潜移默化中得到推行。

东汉前期，政治较为清明，地方教育由此兴盛起来。班固在《两都赋》中称："四海之内，学校如林，庠序盈门。"这在一定程度上反映了当时地方学校的兴盛。汉代地方官学的教师是郡国文学掾史。地方郡国的学士名流除了备长官顾问外，在有地方官学之处一般还教授诸生。汉代碑刻中就有不少关于地方官学的记载。如《蜀学师恩》等题名碑中，将从事地方官学之人列举得十分详细，教学分工也很明确，这已与太学很相似，说明了当时文教事业在蜀地的发达。

隋唐时期，科举制度兴盛起来，政府大力推行儒学。《隋书·儒林传》记载："儒之为教大矣，其利物博矣！笃父子，正君臣，尚中节，重仁义，贵廉让，贱贪鄙，开政化之本源，凿生民之耳目，百王损益，一以贯之。虽世或污隆，而斯文不坠，经邦制治，非一时也。"这里充分凸显了儒学在教化方面所起的重要作用。隋代的地方官学规模超越了前代。唐承隋制，随着科举制度的进一步推进，唐代地方官学也获取了长足的发展。唐代虽未设立专门的地方教育行政机构，但是仍受到朝廷和地方官员的重视。唐代最下一级的官学是县学，与比县学级别高的都督府学、州学相比较而言，县学教学内容只有经学，而无都督府学、州学都有的医学。以此可见，地方官学相比较而言更注重道德教化而非实际应用知识的传授。地方官学在地位上虽无法与中央官学相比，但在推行社会教化方面，发挥着重要的作用。这与地方官对官学在道德教化方面的重视分不开，所以他们都很重视兴办地方学校。唐代的《昆山县学记》载，大历九年（774），任昆山县令的王纲见县学学宫荒废，不禁感慨："夫化民成俗，以学为本。是而不崇,何政之为?"于是重修学宫,聘请博学之士教授五经,一时之间,"父笃其于,兄勉其弟,其不被儒服而行,莫不耻焉"。(《全唐文》卷五百一十九)在此,地方官学在社会道德教化方面发挥了化民成俗的社会作用。

宋代地方官学取得突破性的进展。在此时期,地方官学的繁荣得益于士人对儒学的提倡以及朝廷尊崇儒学的文化政策。宋儒虽然在政见及学术上有不同的见解,但是他们都认为朝廷应该重视地方教育,并以此推行社会教化,把儒家的伦理观念推向基层社会。如当时的教育家胡瑗在《松滋县学记》中说:"致天下之治者在人才,成天下之才者在教化,教化之所本者在学校。"《宋史·选举志》载,王安石在熙宁年间给皇帝上言:"今人材乏少,且其学术不一,异论纷然,不能一道德故也。一道德则修学校。"朝廷也积极鼓励地方兴办学校,并以赐书和赐学田的方式给予一定的支持。宋代地方官学兴起最为明显的标志是三次大规模的兴学运动,这三次兴学分别由范仲淹、王安石、蔡京在庆历、熙宁、崇宁年间发起:"庆历四年,令州若县皆立学。神宗尤垂意儒学,自京师至郡县皆有学。熙宁四年,始命诸州置学宫,率给田十顷赡士,初置小学教授。元符(哲宗)二年,初令诸州行三舍法,考选升补悉如太学,崇宁(徽宗)元年,宰臣请天下州县并置学,州置教授二员,县亦置小学。县学生选考升诸州学,州学生每三年贡太学。三年始定诸路增养县学子弟,大县五十人,中县四十人,小县三十人。"因此,当时兴办学校、实施教化也成为地方官员的主要任务。关于地方官学的教学内容,虽然没有明确指定,但可以想见应该是以儒家经典为主。

明清时期,朝廷以八股取士,提倡程朱理学,学校仍然被视为教化之源。明太祖朱元璋认为学校乃"道理之原"。建国伊始,他就认识到"兵变以来，人习战争，唯知干戈，莫识俎豆"，深知"治国以教化为先，教化以学校为本，京师虽有太学，而天下学校未兴"，儒家礼教也不能广被天下，于是命令郡县广立学校，"延师儒，授生徒，讲论圣道，使人日渐月化，以复先王之旧，以革污染之习，此最急务，当速行之"(《明史·选举志》)。洪武二年（1369），发布《命郡县立学校诏》，重新强调学校"育人才、正风俗"的社会功用，令天下郡县"并建学校"。于是在明初，各地官学兴起，"无地而不设之学，无人而不纳之教。庠声序音，重规叠矩，无间于下邑荒徼，山陬海涯。此明代学校之盛，唐宋以来所不及也"(《明史·选举志》)。同样，清初，顺治皇帝颁布《卧碑文》，并谕礼部："帝王敷治，文教为先。臣子致君，经术为本。自明末扰乱，日寻干戈，学问之道阙焉未讲。今天下渐定，朕将兴文教，崇经术，以开太平，尔部传谕直省学臣，训督士子，凡理学、道德、经济、典故诸书，务研求淹贯。明体则为真儒，达用则为良吏，果有实学，朕必不次简拔，重加任用。"(《清史稿》卷一百六十）清朝在鼓励推崇儒家的同时在地方广设学校。在朝廷的鼓励及引导下，地方官员也把"兴学校，崇道德"作为整治地方的一项大事。清代官吏顾琮在《重修天津府学明伦堂记》中说："间考两汉循吏以良二千石着声者，若文翁之于蜀，李忠之于丹阳，任延之于武威，莫不以兴起学校崇尚道德为先事，盖以学不兴则教不肃，教不肃则化不洽，化不洽则政不成。欲政成而讼理俗茂而民和，舍学校以为教，其道无由也。"(《天津县志》）顾琮的观点很能代表地方官员兴办学校的理念。

总体来说，地方官学的主要任务，是以地方官学的礼教典范来推动社会风尚的转变，并不仅仅是为了读书做官或者是其他的学术人才。这种出于教化目的的教育一般由地方官员主持，而教学的内容则以儒家思想为主。清代朱彝尊在《到传录序》中说道："世之治举业者，以四书为先务，视六经为可缓。可以言《诗》，非朱子之传义，弗敢道也；以言《礼》，非朱子之《家礼》，弗敢行也。推是而言，《尚书》《春秋》非朱子所授，则朱子所与也……言不合朱子，率鸣鼓而攻之。"由此可知，地方官学在学术内容方面虽显得狭隘了，但尊崇儒学的一贯思路还是没有变，并期望以此来教化地方。

7.2 宗族宗法与道德教化

中国古代社会是一个农耕社会，村落社会的原住民以血缘以及地缘的关系组织起来，生活中的互相帮助和协作是必不可少的，聚族而居便成为乡土社会中的普遍现象。由此，中国古代的村落社会在一定程度上说是一个宗族社会。宗族组织的发展和兴盛，既有国家的大力推崇，也有地方社会的自我需求。宗族的发展，无疑对村落社会的教化产生了重要的作用。结果是，宗族成了中国古代村落社会教化体系中的重要组成部分。作为国家和村落社会之间的一个中介，一方面，宗族既是王朝传播以儒家伦理为主的国家意识形态的渠道之一；另一方面，宗族又有一定的自主权，并不完全受制于政府，它在一族之内对子弟拥有绝对的教化权力。宗族作为教化的承担者，主要通过制定家法族规和举办族学以对本族子弟实施教化。在中国传统社会的广大村落，国家到达地方的力量有限。作为中国传统社会基层组织的基本单位，宗族组织作为一种教化手段是学校教育无法替代的。

7.2.1 族谱与教化

族谱又被称为"家谱""家乘""宗谱""世谱"等,是宗族制度的灵魂。族谱的内容一般包括谱序、谱例、家规、家训、祠堂、谱图、恩荣、坟茔、义庄、人物传记、仕谱、艺文等。通过其中最能体现伦理道德教化作用的人物传记、族规、家诫等内容对传统伦理道德的提倡和宣传,使族谱成为伦理道德教育的优秀教材,从而达到敬宗收族的目的。它在中国历史上的教化功能是不可忽视的。

族谱中的人物传记是必不可少的一项内容。在为先辈族人立传时,一般本着扬善隐恶、劝诫后人的原则,凡道德、文章在当时有值得称述者,甚至一行之善、一技之长,都将其载于族谱。对人物立传的标准是传统的三纲五常,如按德行、孝友、义夫、忠义、节妇、烈女分类排列,或依忠、孝、仁、义、文、武、德、才、信、义等分别立传。旌表节妇、孝子,以示褒扬。此外,对家族中的为官者或有功名之人,一般要单列出来,对他们的生平履历、科名政绩、功勋著作等内容进行详细记载,这类人物传记被称为仕谱、科第录或恩荣录。通过记述家族精英的功德、庆赏及善行,以显示家族的荣耀,激励后辈子弟学习先祖,以光耀门庭,并争取日后也能在族谱中有记载。宗族在祠堂祭祀或日常聚会时,常常通过观谱或宣读族谱来教化族人。此时,族谱中的人物传记一般成为族众观诵的主要内容,传记中先辈的嘉言懿行或丰功伟绩一再被强调。这样,族人在这种耳濡目染的氛围之下长期熏陶,久而久之,忠、孝、节、义等伦理规范深入他们的思想并影响他们的行为。

不仅族谱中的内容,修谱活动本身就有教化族众、维系宗族的目的。早在宋代,在欧阳修、苏洵等人的倡导下,修谱的目的主要是

"尊祖收族",对宗族成员进行"尊尊亲亲之道"的伦理教育。到明清时期,随着程朱理学统治地位的确立和发展,宣扬和实践"三纲五常"便成了修谱的宗旨,修谱之风大盛。明清两代的村落社会,通过族谱的大量纂修,"三纲五常"等传统伦理道德深入村落,对以宗族社会为主的村落社会产生了巨大的伦理道德教化的作用。同宗共祖的观念在宗族性活动中一般会得到强化。通过修建族谱可以产生向心力,增加族人间的认同感。比如宋代文天祥在《石亭黄氏大族谱》中作序道:"家之有谱,犹国之有史也。史以纪史实,谱以序昭穆。能明则宗派乌得紊哉!今黄氏谱牒,历世有年,清白井然。开卷一览,上以见先人之功业,下以见后人之嗣绩,非善继善述者而能之乎?书此为万世勉。"又如《西清王氏族谱原序》记载:"古之时,宗法立,世系明,无所用谱也。谱至魏晋而备,然去古寝远,千百年间,故家右族,兢兢补缉,莫敢废者,诚以谱之不存,则派衍支分,久而莫知所自出,芒乎无以寄其追慕,君子之所深悲也。"[①] 由此可知,修族谱在宗族生活中的重要性。如果没有族谱,人们将没有归属感。因此,修族谱成为寄托精神、敬宗睦族的前提。

修谱一般是在族长的组织领导下,由家族中辈分较高、学养较深的文人主持。为了使族谱的修纂有规可依,族谱中多会规定修谱规则或条规,这些规则在"三纲五常"等儒家伦理思想的指导下,以"劝善惩恶"为宗旨。谱成之后,族众中有不孝不悌,干犯名教及有伤风化者则予以开除谱籍的惩罚。被排除在族谱之外的人员将无权享有宗族内的公共资源,更为严重的是,明清时代的户籍与宗族是紧密联系的,排除在宗族之外,也就很可能意味着成为"无籍之人",在社会

---

① 沈云龙主编,王孝绮修:《西清王氏重刊族谱》,台湾文海出版社1972年版,第18页。

上受到歧视，并且其子孙也要受到摒弃。所以，宗族成员为了不受此辱，就必须循规蹈矩，以传统伦理道德规范约束自己的身心。这也就实现了对族人进行伦理道德教育的目的。

在修谱时，要排世系表或者世系图。一般按照长幼、辈分记载全族男子的名讳字号、生卒年月、配偶姓氏、葬地等内容。为了排好世系，必须依照字辈以确定长幼尊卑的秩序。排定字辈谱一方面是为了分昭穆，序长幼，定尊卑，辨亲疏，使族中的每个人都知道自己在家族中的角色位置及与族中其他人的长幼、尊卑、亲疏关系，而且可进而把涣散的家户组织成一个整体；另一方面，大部分家族行派辈分的有序组合，是一首具有教化意义的伦理诗，其中蕴含祖先对本族子孙后代在伦理道德方面的强烈要求和殷切期望。湖南《韶山毛氏族谱》的字辈谱为："立显荣朝士，文方运济祥；祖恩贻泽远，世代永承昌；孝友传家本，忠良振国光；起元敦圣学，风雅列明章。"这样，通过排字辈，族人间以字辈高低为准绳，不仅将长幼尊卑之序记录下来，而且传统的伦理道德也融入家族成员的姓名之中，这无疑会在他们心理及行为上产生作用。

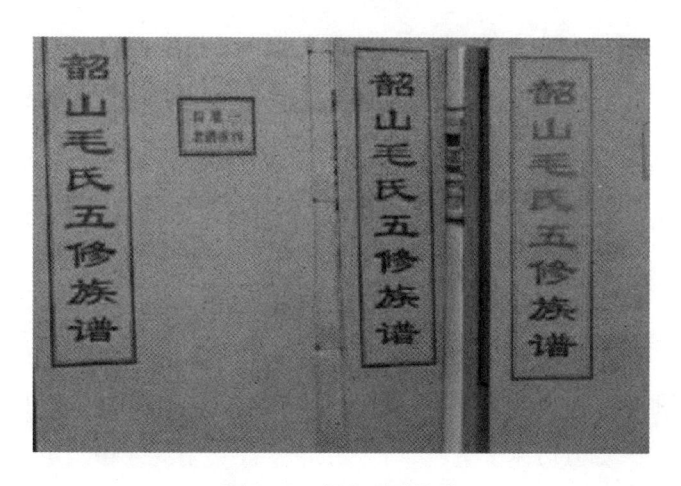

图7-8 韶山毛氏族谱

传统的儒家伦理道德思想通过纂修族谱而对族人产生了影响，而且，族谱一般会成为联络族人和凝聚宗族的最佳纽带。更重要的是，中国传统社会呈现"家国同构"的特质，族谱的修撰者往往认为："一家仁，一国兴仁；一家让，一国兴让。"所以，作为村落组织的宗族，通过族谱宣传"三纲五常""父慈子孝"等伦理纲常的过程，实际上也是一个按照儒家伦理文化为国家培养忠臣和顺民的过程。由此，传统的伦理道德观念深深地积淀在家族成员的内心，道德教化目的也就达到了。

7.2.2 族规与教化

族规是由家训发展而来，东汉兴起，至南北朝而得到更大的发展。这一时期的家训的兴起与当时的战乱频仍、社会环境险恶密切相关，士大夫为了更好地指导子孙后代，将自身积累下来的人生经验留给子孙。如马援的《诫兄子书》、诸葛亮的《诫子书》流传千古，至今仍有一定的教育意义。颜之推的《颜氏家训》更是洋洋洒洒，教导子弟如何为人处世。这一阶段家训的特点是：祖辈教导子弟的范围较小，其内容很少涉及宗族生活。唐宋时期开始将家训的内容扩大到整个宗族，但是，因为宗族限于贵族或上层官僚宗族，民间宗族并未得到普遍发展。直到明清时期，庶民宗族才开始兴盛起来，作为一种重要的教化手段，族规开始对村落社会发生作用。在明初，还限于品官宗族制定家法族规，明中期以后直至清代，家法族规逐渐进入庶民家庭。以程朱理学为主的儒家理念是宗族教化的主要内容。同时，家规族法也制定了奖惩条规，以对族众中好的行为进行鼓励，不好的行为进行训诫。如万历休宁《城北周氏宗谱》在"宗规"中规定："吾族贤否不一，或有等不肖子孙游手好闲，不务生理，不遵圣谕，撒泼抵触父母，殴骂尊长，天理不容，致使衣食不给，贻玷先人，莫大之祸。倘有如此者，本房访出，鸣于宗祠，责罚警戒。教而不悛者，族长告官治罪。"

族规的制定往往以国家法律为指导，以敦宗睦族为依归。为了在家族内部建立贵贱有等、尊卑有序的和谐秩序，家规除了规定有忠君、守法等内容外，还特别强调宗族内部和谐相处，所以对宗族中父子、夫妻、兄弟、婆媳、妯娌、祖孙等关系均提出了要求，强调族人之间要处理长幼尊卑的辈分关系，以便达到父慈子孝、兄友弟恭、长幼有序、妯娌和睦的效果。古人制定族规的主要目的是实现对家族子弟的教化，希望他们能够成为品德高尚的君子，振兴家族，甚至对子弟提出治国、平天下的要求。族谱对于村落教化的作用很大，为此，有些宗族对族规做出分类，如徽州《汪氏统宗正脉·汪氏族规》记载说："越国之裔，椒实蕃衍允矣，新安之巨室也。然梧槚之林，不能无梳棘矣。君子惧其族之将圮也，思有以维持安全之，于是作为家规，以垂范于厥宗。规凡四类，敦孝弟首之，崇礼义次之，勤职业又次之，息词讼终焉。夫孝悌者，百行之本也；礼义者，行之大端也；职业者，生人之务也；词讼者，倾覆之阶也。是故敦本所以崇德也，勤职所以广业也，息讼所以厚俗也。德崇、业广、俗厚，家其弗延矣乎？"从中总结起来，族规一般通过以下几个方面对族众进行教化。

第一，伦理道德。

古代族规一般把对子弟伦理道德的培养放在最重要的位置。在明清时期的很多族谱中，都载有康熙颁布的《圣谕十六条》："敦孝弟以重人伦；笃宗族以昭雍睦；和乡党以息争讼；重农桑以足衣食；尚节俭以惜财用；隆学校以端士气；黜异端以崇正学；讲法律以儆愚顽；

明礼让以厚风俗；务本业以定民志；训子弟以禁非为；息诬告以全良善；诫窝逃以免株连；完钱粮以省催科；连保甲以弭盗贼；解仇怨以重身命。"有些族规虽然对其未予记载，但也以《圣谕十六条》为参考蓝本，在族规中做了许多伦理道德方面的规定，将尊敬祖宗、孝敬长辈、服从约束等伦理道德方面的内容记载在内。光绪绩溪县《许余氏叙堂宗谱》族规记载："凡我一家之中，必父父子子、兄兄弟弟、夫夫妇妇各安其位，斯可也。如生我者为父母，及诸伯叔父皆是父。我生者为子孙，及诸堂从子孙皆是子也。先吾生者为兄，后我生者为弟。父母生育一体，而分由亲及疏，虽堂伯叔缌麻兄弟，无不怡怡有恩。若夫男正位乎外，女正位乎内，非其配偶不敢犯礼以相从。上自夫先祖之名讳，子孙不得重犯取名，下至于卑贱之呼唤，必须另为别样，勿使贵贱混淆，如此则名分以正。名分既正，则伦理以明，伦理既明，则家可得而齐矣。"又如清道光年间《婺源长溪余氏正谱》中的族规记载："为子者必孝顺以奉其亲，为父者必慈祥以教其子，为兄弟者必友爱以笃其手足之情，为夫妇者必敬恭以尽宾对之礼，毋徇私乖义，毋罔法犯宪，毋信妇言以间和气，毋学博弈以废光阴，毋耽酒色以乱德性，凡此数端务宜深警。"一切违反法律、道德、习俗的行为都为族规家法所严厉禁止。如清代《毗陵长沟朱氏祠规》规定："族中子弟以孝悌为先。如不孝不悌，确有实据，或父兄出首，或乡党公举，不孝责四十板，不悌责二十板；再犯复责；三犯为人类所不耻，逐出祠外。"又如《庄氏族谱》中的族规对品行做出规定："端品行以励风俗人生斯世，应知淑身为淑世之原。盖品节不端，则大才无用；品诣不端，则大本先亏。虽有文章可华国，学问足惊人，终不能勉励人心，维持风教。为人若此，于世何裨焉。兹合族以品行示训，凡士农工商，务克勤尔业，恪端心术，毋蹈恶习，毋蹈邪途。慎修为严，节操为生，世俗风高，则重名昭，言扬行举矣。近可以光祖宗，远可以式邦国。各宜勉旃无忽。"

第二，消弭争讼。

孔子在两千多年前就说："听讼，吾犹人也。必也使无讼乎！"（《论语·颜渊篇第十二》）宋儒朱熹的《劝谕榜》中有这样一条："劝谕士民乡党族姻所宜亲睦，或有小忿，宜启深思，更且委曲调和，未可容易论诉。盖得理亦须伤财废业，况无理不免坐罪遭刑，终必有凶，切当痛戒。""无讼"成为儒家的社会理想与实践标准。以儒家的观点来看，如果宗族中的子弟因为利益纷争而争吵甚至打官司，那么就是本家族的耻辱，对他们来讲，把官司打到官府是很丢人的一件事，因此，许多家族不鼓励任何形式的诉讼。明代姚舜牧在家规中说："讼非美事，即有横逆之加，须十分忍耐，莫轻举讼，到必不得已处，然后鸣之官司。然有从旁劝释者，即听其解已之可也。"（《药言》）许多家族也以无讼而自豪，如《白苎朱氏奉先公家规》就称："人家多以尚气，遂兴词讼。吾家自祖父以来，并无只片人于府县，府县亦以此优待吾家。凡吾子孙果有迫不得已，方许与合族通商举行。如可含忍，即当含忍。"

所以，从族规中的规定可知，家族中如果遇有纠纷，尽量"大事化小，小事化了"，进行族内调解，实在是调解不成的才去找官府。吴嘉誉撰《武峰吴氏家谱》说："如长幼有词，必先经由族长论是非，或赴乡约所，各陈曲直，听归于理，并皆悦服，毋致闻官，伤财害义。毋自徒苦争较胜负，何补于事。乡耆尊长，务循公直，开譬晓谕其非，自然冰消畔释。"又如《庄氏族谱》族规规定："笃宗族以息词讼礼曰：尊祖故敬宗，敬宗故睦族。明人伦，必重宗族也。人之有宗族，如水之有分派，木之有分枝。亲疏虽有异等，而其本源则一也。既属宗族，当敦族谊，冠婚相庆贺，丧祭相慰吊，疾病困穷相扶持周恤，一家宗族，庶克敦笃矣。间或有事相争，和须听凭族长、房长及明理族属代为处分。为族房长者，不得徇情偏袒，以致成讼。或不遵议构讼，族房长将事之颠末，直陈于官，以俟公断。如此则宗族和睦，而讼端或可息。勉之、戒之。"如果家族成员中有谁犯了争讼的事，家族对此的处罚也会非常严厉。如范氏《林塘宗规》规定："风俗美恶系于所习，移风易俗在乎豫教，父兄教之未素而遽绝之，中者才者不忍也。今后但有子弟不遵圣谕经犯过恶，各房长指事詈责之，不改鸣于该门尊长，再三训戒之；又不改于新正谒祖日鸣于宗祀，声罪黜之；罪重者仍行呈治。然只黜其身，弗及其子孙。"

第三，慎重择业。

许多家规对子弟的职业都做了具体的要求。古代中国是一个农业社会。村落社会中的百姓非常看重农业，这在宋代陆游的《放翁家训》中表现得淋漓尽致。他教育子孙说："吾家本农也，复能为农，策之上也。杜门穷经，不应举，不求仕，策之中也。安于小官，不慕荣达，策之下也。拾此三者，则无策也。"在"士农工商"的社会结构中，陆游甚至将"农"看得比"士"还重要。当然，在"学而优则仕"依然是村落家族对子弟的最高期望。对此，有些家族甚至规定，不准与职业低下的人结婚，如《徽州月潭朱氏族谱》规定："婚姻要当。男婚女嫁，乃人生之大伦。择媳觅婿，必须门当户对，选择忠厚人家。父母之命，媒妁之言，天经地义。不贪图金钱，不嫌贫爱富，恪守同族不婚的礼教，不准与不正当的人家联姻，不准与小户婚配，不准与下流职业之人结亲。违者，革出祠堂。"不过，自明清以后，随着商品经济的发展以及商人的势力增加，一向被视为"末业"

的工、商这两种职业的社会地位有所抬升，不少家族并不认为它们是低贱的职业了，在家规中对家族成员职业选择取向也趋向多元。如《许云邨贻谋》所言，对于"质敏才俊"的子弟则可习举业，而"子弟性资拙钝，莫将举业久耽，早令练达公私百务"，无论哪种职业，都要做一个"好人"："大都教子正是要渠做好人，不是定要渠做好官。农桑本务、商贾末业、书画医卜皆可食力资身。人有常业则富不暇为非，贫不至失节，但皆不可不学以延读书种子。惟不可入僧道，不可作书笋手，毋充门隶，毋作媒人，毋作中保人，毋为赘婿，毋后异姓。"（《郑氏规范及其他两种》）又如《庄氏族谱》族规中规定："为蠹食之民，王法所禁。吾家承祖宗之余荫，族众人繁，士农工商，均当勤守职业，勉为清白裔，切不可妄作非为，干犯名义以罗法网。如为优娼，娄隶役，为江湖流郎，投行拜会，此皆败类之俦，辱先人之大者也。有一于此，谱内宜削其名，不准入族，以为不肖子孙戒。"

7.2.3 祠堂与教化

在传统宗法制度下，祠堂是一个宗族组织的中心，它既是安设祖先神主牌位、举行祭祖活动的场所，又是宣传、执行家规族训、讨论族务、议事宴饮的地点。通过宗祠可以教化族人，这一点在古人修建宗祠时就已经点明。如清代西溪南《吴氏宗谱》的序文中记载："创建宗祠，上以奉祀祖宗，报本追远，下以联属亲疏。"民国麻溪《吴氏族谱》也认为："一人之身，历数百年，子姓数千，漫不知所从来，殆子妄矣。然而有不妄者，则祠之功也。"由此可知，通过在祠堂举行缅怀祖先的祭祖行为，可以增强族人的认同感和凝聚力。此外，修建祠堂在一些士大夫看来也能改善社会风气，正如清代张履祥所说："夫风俗之薄，莫甚于不尊祖不敬宗而一本之谊漠如也。今欲萃人心，莫大于敦本收族。欲敦本收族，莫急于建祠堂。"(《皇朝经世文编》卷六十六)祠堂主要通过祭祀与宣读族规来达到教化族众的目的。

首先，通过祠堂祭祀祖先以达教化。

在中国传统村落中，祭祀是很重要的。正如清人张永栓所说："祠堂者，敬宗者也……祖宗之神依于主，主则依于祠堂，无祠堂则无以妥之者。"(《皇朝经世文编》卷六十六)因此，祠堂也就成为祭祀祖先的场所，通过对祖先的祭祀，以血亲关系的延续为纽带，把全体家族成员联系起来，起着维系宗族稳定的作用。

一般家族对祠祭都十分重视，他们对祠祭会精心安排日期，并有庄严的祠祭仪式，特别是设有讲究的祭祀礼节。祭祀的程序一般包括焚香、就位、降神、初献礼、读祝词、奏乐、亚献礼、再献礼等内容。还要求族众整理着装入祠，不得无故不到；要依字辈行派排序。如民国上海的《潘氏家族》就规定，每岁春秋两次祭祖，"凡子孙与祭者必须向晨齐集至期，风雨不移，非有疾病及远行者不得托故不到"。祭祀的时候要"依世次为先后，以年齿为行列，犹如雁序"。参加祭祀的人要仪容整齐，不许嬉笑。康熙二十二年，安徽地区的《黟县志》载："家崇祭祀，木主列于祠堂，值岁时吉凶大事，不论贵贱贫富，集众子弟，广备牲醴，得以展其孝敬。"民国湖南邵阳《李氏宗谱》则载："仪有定式防其怠而玩也，长幼跪拜参差且嬉笑喧哗视为儿戏……务衣冠肃整，执事拜献各循其度，如仪节不整及无故不与者，罚以示惩。"要求族中子弟从行为举止上要严肃认真，体现出对祖先的尊敬。

至于具体如何才能做到，各个家族皆有不同的程序。泉州《庄氏族谱》有关祭祖的记载十分详细："每年以岁首一日，冬至一日，会族祭祀始祖，各以祀者，俱配享。每祭，猪一只、羊一只、糖五事。……神前各位供酒，供饭。"到祭祀的那一天"会族姓子孙入庙。设通赞二人，读祝文一人，执事二人，各以有衣巾。请礼仪者为之"。各宗族通过频繁、定期和制度化的祭祀活动来达到和族、收族的目的。

在祭祀时，一般还要读族谱，讲述祖先的道德功业和光辉事迹，增强家族自豪感，以此来激励族人；还会宣读族规家训以教育族众、宣传伦常道德等。通过祠堂祭祖活动，可以强化同族的血缘关系，联系族属感情，强调家族内部的上下尊卑的秩序，宣传以"孝悌忠信"为核心的伦理道德，最终达到睦宗收族的社会效果。这样家族中的子弟从幼年起，通过祠堂祭祀，长幼之序、孝悌之礼等礼仪就在其心中扎根。

其次，通过祠堂宣讲进行教化。

通过祠堂宣讲伦理道德，以此来约束族人的言行和提高他们的基本素质，对族人进行一系列的教化活动，是祠堂的一项重要功能。古代祠堂宣讲主要表现在以下几个方面。

第一，讲求孝道。中国古代特别重视孝道，祠堂是对宗族成员进行孝道教育的重要场所。如明代江苏海安虎墩崔氏《族约》规定："约我族人每月于朔望日齐集祠中，宣读圣谕，各令自陈，善者褒之，不善者抑之。"说的就是要族人要在祠堂中听宣讲，好的要表扬，不好的要批评教育。据明代《休宁范氏族谱》载："吾家伦理，上赖祖宗垂训，礼法森然，向来并无不孝不悌……以后子孙如有经犯前项过恶，即系忤逆祖宗，非我族类……生不得齿于宗间，殁不得祔于家庙，其有自悔愤改行迁善者，众仍收录，以开自新之门。"对于有对长辈忤逆及不孝者，祠堂都要给予特别严厉的制裁。福州《通贡龚氏支谱·祠堂条例》载："不孝为十恶所不赦，如或有之，于祠堂重杖之，或鸣之官痛惩之……至于停棺不葬，兄弟争产，皆不孝不悌之大者，俱当请族长于宗祠痛惩之。"在祠堂内拜祭祖先，获得宗族的承认并被接纳为宗族的正式一员。三田李氏家规规定："娶妇三日庙见毕，夫率其妇至中堂见长幼，分大小。五日外方许便服治事。语以家范，使晓大意，不许干预外政，失教者罪其夫。"河南渑池《唐氏宗谱·家规》规定："女子有所作非为，陈于官而放绝之，仍告于祠堂，生不许入祠堂……有子孙忤逆父母者，重笞逐出，永不入祠。"在传统中国社会中，不孝的子女会被驱除出祠堂，可见祠堂对于子女孝顺的重视。

第二，守法教育。大多数宗族祠规都要求族人遵守国法。如广东顺德《文海林氏家谱·家规》载："朝廷有国法，宗庙有家规，守国法为好百姓，守家规为贤子孙。"在这里，宗族则将家法和国法融合为一体。又如安徽谯国曹氏《家训》载："朝廷法度，是人宜守。吾族幸赖祖宗训教。颇有一个忠厚家声，倘或违法，不惟身家难保，抑且玷辱先人。"要求族人遵守国家法度，如果违法的话，就会玷辱了先人，危及宗族，而且自身性命也会不保。

第三，婚嫁礼仪方面的教育。对族人进行婚姻教育也是祠堂宣讲的一项重要内容。古代婚姻讲求门当户对，反对贪财忘义。如林塘范氏宗族在明万历年间所定的祠规要求："婚娶贫富不同，各随丰俭，但须良贱有辨……以后有故违规约，贪财忘耦者，何以见祖宗于地下。"（《休宁范氏族谱》）山阴《项里钱氏宗谱·族规》载："受聘择门第，辨良贱，无贪下户货财，将女许配，作践骨肉，玷污宗祊。"很多在祠堂中的宣讲都会申明，聘妻须凭媒妁，纳妾也要有中人。无媒妁无中人，被认为是私奔苟合，有伤风化。

7.3 乡约与道德教化

乡约是一种旨在村落地区开展道德教化的主要形式。在传统中国，它们在村落政治生活中发挥了非常重要的作用。对此，朝廷和开明的士大夫都有深刻的认识，如明末清初学者陆世仪，他长期隐居乡里，并制定了《治乡三约》。他认为"乡者，王化之所由基也"，即村落是国家教化的基础。

7.3.1 乡约教化的渊源与发展

中国传统村落是一个礼制社会，乡约是儒家以礼制来建构村落社会秩序的实践，它起源于《周礼》的"读法之典"，所谓"读法"就是按照《周礼》规定，地方乡官（如司徒、党正、族师）除了履行政务以外，还要安排民众"读法"，以实现"考其德行道艺而劝之，以纠其过恶而戒之"的教化目的。这里的"法"多侧重道德方面。具体来说包括12个方面的"教法"："一曰以祀礼教敬，则民不苟；二曰以阳礼教让，则民不争；三曰以阴礼教亲，则民不怨；四曰以乐礼教和，则民不乖。五曰以仪辨等，则民不越；六曰以俗教安，则民不偷；七曰以刑教中，则民不虣；八曰以誓教恤，则民不怠；九曰以度教节，则民知足；十曰以世事教能，则民不失职；十有一曰以贤制爵，则民慎德；十有二曰以庸制禄，则民兴功。"

由此可知，"读法之典"以礼仪教法规范民众的生活，培养民众的德性，从而达到教化民众的目的。

宋代蓝田《吕氏乡约》被认为是我国历史上第一部成文的村规民约。北宋著名学者吕大钧为了教化当地村落原住民,于公元11世纪中叶在其家乡蓝田制定《吕氏乡约》。《吕氏乡约》规定了村落原住民在修身、齐家、交游、立业等应遵循的行为规范以及婚丧嫁娶等日常活动的礼仪俗规,以达到"乡人相约,勉为小善"的教化目的。《吕氏乡约》提出四大规约:德业相劝、过失相规、礼俗相交、患难相恤。其中,"德业相劝"和"过失相规"侧重于个体的道德修养方面;"礼俗相交"和"患难相恤"则倾向于由个人道德的扩大所产生的社会效应。

元代蒙古异族入侵,对乡约并未大力推广。直到明代,乡约才开始恢复活力。明代乡约与宋代乡约相比,在形式上并没有大的改变,基本还是以宋代《吕氏乡约》为参考的蓝本,结合各地的具体社会情况而制定。在乡约设立的目的上,明代乡约与前代乡约一脉相承,他们都试图通过对原住民的道德训诫,实现对村落社会的广大教化理想。明代中后期,明代乡约逐渐与保甲制相结合,官方教化力量逐渐成为乡约的主导,这是与宋代乡约不同的地方。成化以后,里甲制度不能在基层社会有效运行,政治的腐败更导致了民风的颓败,明朝的统治危机加深。为了应对这样的情况,许多士绅和官员纷纷倡行乡约于乡里、任所,希望能够利用乡约来重整社会秩序,缓解社会危机,重建风俗良美的社会。其间,潞州仇氏乡约和王守仁的南赣乡约影响最大,前者是民办乡约的代表,而后者是明中叶以后官办乡约的代表。

清朝是少数民族建立的王朝,巩固政权对他们来说显得更为重要。为了稳定社会秩序,清政府特别重视对于村落的儒家教化。康熙皇帝曾说:"朕惟至治之世,不专以法令为务,而以教化为先……盖法令禁于一时，而教化维于长久。若徒恃法令而教化不先，是舍本而务末也。"(《观城县志·典谟志》)嘉庆皇帝同样认为，"政治以教化为先"①。虽然清代乡约与宋明乡约相比，其民间自主性减弱，官方主导性增强，但是乡约在村落儒学教化中仍然发挥着重要的作用。正是由于乡约是推行村落儒学教化的重要途径，所以清朝政府不失时机地在全国各地推广乡约，乡约在全国各地得到普及。清代乡约的普遍推广，为村落社会的教化提供了组织基础。到光绪年间，乡约制度寿终正寝。

7.3.2 乡约教化与宗族教化的融合

乡约在村落实施教化，离不开传统社会的宗族组织的配合。在传统社会聚族而居的情况下，一族之约很容易发展成一乡之约。一些大的家族或有名望宗族的族约因其对地方社会的影响较大，在官府或地方乡绅的支持下，后来便发展成了一乡的乡约。乡约与宗族的教化于是融合在一起。

如在宗族大量聚族而居的徽州地区，自明代嘉靖大规模推行乡约制度以后，就呈现出宗族乡约化的趋势。嘉靖二十八年（1549），当时的歙县知县邹大绩颁布"歙县为宗法以敦风化事"的告示，要求宗族施行乡约。具体做法是："每一乡举公正有实行、素信于乡人如宗长副者一二人或三五人，呈立为乡约长，以劝善惩恶，率皆其主之，一如宗之法。每月朔望，会于公所，书纪过、彰善二簿一凭稽考，本职自行戒免。"即由族众推举族人中有威望的人为乡约长，经官府批准后主持族内劝善惩恶之事。嘉靖四十四年（1565

---

① 中国社会科学院历史研究所清史研究室编：《清中期五省白莲教起义资料》（第三册），江苏人民出版社1981年版，第169—170页。

徽州全府将宗族编约，推行乡约条例，宣讲六谕。乾隆年间的《修县志》记载："嘉靖四十四年知县郁兰奉府何东序乡约条例，令城市坊里相递者为一约，乡村或一图一族为一约，举年高有德一人为约正，二人为约副，通礼文数人为约赞，童子十余人歌诗，缙绅家居请使主约。择寺观祠舍为约所，上奉圣谕牌，立迁善改恶簿。至期设香案，约正率约人各整衣冠赴所，肃班行礼毕设坐，童子歌诗鸣鼓，宣讲孝顺父母六条，有善过彰闻者，约正副举而书之，以示劝戒，每月宣讲六次。"①

又如清代康熙十五年（1716），李光地在福建安溪老家期间，针对当地社会风气中存在的一些问题，在参酌族规的基础上，撰成《同里公约》五条，颁行乡里。后一年，李光地又在前者的基础上补充公约五条：

"一、诸乡规俱照去岁条约遵行，我已嘱托当道，凡系人伦风俗之事，地方报闻，务求呼应做主，嗣后举行旧规，必酌其事之大小轻重，可就乡约中完结者，请于尊长，会之省老，到约完结；必须送官者，亦请尊长会乡之誉老，佥名报县惩治。如事关系甚大，而有司呼应未灵者，乡族长老佥名修书入京，以便移会当道……今四海清平，寥寥数恶少，将安逃命，诸父老不能正色仗义，共扶乡里公道，而畏之如虎，遂使横行，以至种种恶习，有加无已，甚无谓也。

"二、清家甲一事，乃绝匪类之根源，况经地方上司颁示、申严，则奉行不为无籍。此事我行后，约正可察尊长，一面报闻有司，立为规条，着实举行，作事久而倦者，不特拘情避咎，皆自己本无心之故也。

"三、约正于族行虽卑幼，然既秉乡政，则须主持公道。自后乡

---

① 转引自常建华《明代徽州的宗族乡约化》，《中国史研究》2003年第3期。

邻曲直，有未告官而投诉本乡者，除尊长发与约正调停者，则为从公讯实，复命尊长而劝惩之。其余年少未经事者，虽分为叔行，不得役约正如奴隶，约正亦不得承其意指，颠倒是非，以坏风俗。

"四、宰耕牛一件，断乎不可，我已禁止本乡一年，但发价颇须微费。今除旧存外，我临行再发交贮，并向好义之家题助，再力行一年以迟我归可也。

"五、约正须置功过簿一册，写前后所立规条于前，而每年分作四季，记乡里犯规经送官及约中惩责者于后，务开明籍贯姓名，并因何事故，以备日后稽考。或能改行，或无悛心，俱无遁情也。"

在以上五条中，"乡族长"一词最能说明族与乡的结合，而其管理方式，也是从族规中发展而来，宗族与乡里的教化也就自然而然地融合了。

7.3.3 乡约宣讲与社会教化

宋代乡约只是一种民间互助互劝的形式，还没有宣讲活动。明清两代，乡约宣讲成为乡约社会教化的重要形式。乡约宣讲日期以朔、望日为最多，即每月初一和十五，也有规定在每月的初二及十六，即朔、望之次日。宣讲的内容很多，而最能体现乡约宣讲教化作用的莫过于彰善纠恶和谕文宣讲。

王阳明《南赣乡约》记载："彰善者，其辞显而决；纠过者，其辞隐而婉，亦忠厚之道也。知人有不弟，毋直云不弟，但云闻某于事兄敬长之礼，颇有未尽，某未敢以为信，姑书以俟。凡纠过要皆例此，若有难改之恶，且勿直纠，使无所容，或激而遂其恶矣，约长副等须先期阴与之言，使当会而自首，众共诱掖奖劝之。又不能改，然后白之官。"可见，彰善是确立榜样教人，纠过则利用委婉的方式规劝有过者，方式虽然不同，但都是为了达到教化的目的。《南赣乡约》中对彰善纠恶的过程记录甚详，如人有善，约长举杯对众人曰："某能为某善，某能改某过，是能修其身也，某能使某族人为某善、改某过，是能齐其家也，使人人若此，风俗焉有不厚，凡我同约，当取以为法！"被称善者则回答："此岂足为善，乃劳长者过奖，某诚惶作，敢不益加砥砺，期无负长者之教。"如人有过，约史来到纠过位前："闻某有某过，未敢以为然，如书之以俟后图，如何？"约史询问众人意见后，约长问有过者曰："虽然，姑无行罚，惟速改！"有过者跪请说："某敢不服罪！"或"敢不速改，重为长者忧"。

清代朝廷和官员对宣讲也颇为重视，如清代康熙九年（1670），清朝颁布《圣谕十六条》，令八旗及各州县大乡、大村朔、望切实宣讲圣谕。雍正年间，清廷颁布《圣谕广训》，明确规定各州县的乡、村要设立乡约所，并"于举贡生员内拣选老成者一人以为约正，再选朴实谨守者三四人以为值月"，朔、望齐集百姓宣讲《圣谕广训》，约正和约副由官府发给廪饩，州县堂官朔、望要与僚属分赴各乡镇宣讲圣谕。宣讲圣谕情况被列入清朝州县官任期考核的重要内容，成绩突出的约正、约副会受到奖励。

为此，地方官员极力推崇乡约以教化百姓，如清代蓝鼎元在台湾地区大力推行讲约制度，他在《与吴观察论治台湾事宜书》记载："台民未知教化，口不道忠信之言，耳不闻孝弟之行。宜设立讲约，朔望集绅衿耆庶于公所，宣讲圣谕广训、万言书及古今善恶故事，以警劝颛蒙之知觉。台属四县及淡水等市镇村庄多人之处，多设讲约，着实开导，无徒视为具文，使愚夫愚妇皆知为善之乐，则风俗自化矣。讲生就本地选取贡监生员，或村庄无有，则就其乡之秀者，声音洪亮，善能讲说，便使为之。"

乡约宣讲的内容主要有两个方面。

首先，是反映清代统治阶层思想的上谕。清代乡约朔、望宣讲的内容有《圣谕六条》《圣谕十六条》和《圣谕广训》，反映的是清代统治者以儒家思想治国的理念。乾隆年间的陈宏谋，在论及乡约朔、望讲读的内容时称："凡为忠臣，为孝子，为圣世良民，皆由此出。"（《五种遗规·从政遗规》）晚清郑观应在《盛世危言》中说，乡约"所讲以圣谕要言为主，而以孔孟之道、程朱之学旁通曲畅，务求有当于人心"。湘军将领王鑫在《洙津乡区约》中称："圣谕十六条，尽善尽美，普天之下，共凛然于大哉王言矣。……约正之设，遍及山陬海澨，诚欲其代宣圣化，变浇风为纯俗。"（《王壮武公遗集》卷二十四）乾隆年间的《仪封县志·礼乐》记载："讲约，读法之遗也。其治宜于今，其风近于古。"同治年间的《叶县志·礼乐》也记载："乡约之法，盖古者木铎徇路之遗意，所以起人善良之念，消人匪僻之心，洵化民成俗之要术也。欲民群聚于善而耻为不善，使归其道，恒由乎此！"清代乡约的宣读活动继承并发展了古代村落教化的传统做法，成为清代普及村落教化的一种重要形式。

其次，是儒家的伦理道德。如清代昆山陈瑚，他晚年隐居于蔚村，为了教化村落原住民，他每年元夕前后召集全村人，宣讲孝悌、力田、为善等三项村规乡约。他在《蔚村三约》中说："本村有孝弟、力田、为善三约，这就是圣谕的道理。孝，便是孝顺父母；弟，便是尊敬长上；力田，是各安生理；为善，就是和睦乡里，毋作非为。把这三件要子弟去行，就是教训子孙。……各人须要记住孝弟、力田、为善三件，回去对要妻子兄弟大力提醒一番。一日如此，日日要如此；一人如此，人人要如此。有能行此三件的，这便是乡中善人，便该赞扬他，扶助他，不能行这三件的，这便是乡中恶人，便该惩治他，驱逐他，记之，记之。"从中可以看出，如果说官府的乡约教化还比较脱离于实际，那么，在乡绅的努力下，他们尽量将乡约的上谕与地方的实际情况结合起来，用通俗化的语言教训村落百姓，并通过这种道德教化确立一种规范，用以约束和引导乡里人的行为。

7.4 民间普及读物：文化教育与道德教化的载体

传统村落的文化教育与道德教化的途径和形式是多种多样的。其中，普及读物在传统村落的文化教育与道德教化中扮演了举足轻重的角色。在文字没有普及的古代社会，村落的文化教育与道德教化的传播往往是通过生活中有名望的年长者进行的，他们往往通过口耳相传来传承民风民俗。随着东汉造纸术和宋代活字印刷术的发明及其广泛应用，书本作为一种记录以往知识的载体普及开来，它超越了以往村落教化中口耳相传的形式，大大拓宽了村落教化的范围。也正是由于出现了这种纸质文本的普及读物，使得文字下乡成为一种常态，才使传统村落的文化教育以及道德教化的推进有了质的演变。

7.4.1 普及读物的产生及其特点

普及读物的对象是平民百姓而非贵族，与官学中指定的四书五经不同，它们主要是指在民间、家庭中流传的训诲劝诫文献、劝善书、通俗小说、女性读物，如《三字经》《弟子规》《太上感应篇》《三国演义》《女儿经》，等等。这些普及读物因通俗易懂，深受中下层民众的喜爱。它们是中国古代村落社会教化的文本。普及读物产生与发展与当时社会的政治、经济、文化等是密切相关的。

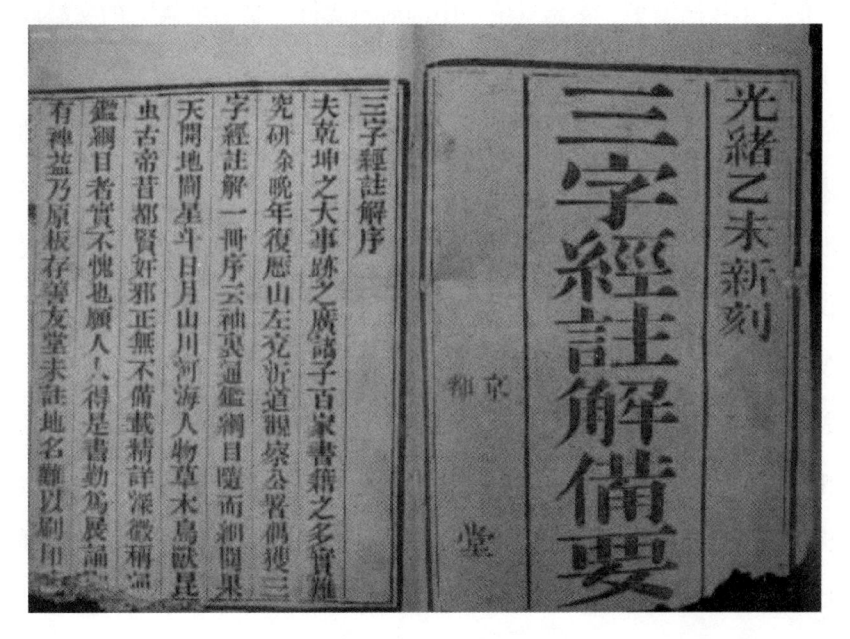

图7-9 三字经

经济发展及技术进步是普及读物产生与发展的物质条件。造纸术和活字印刷术的发明及其广泛应用是建立在一定的物质基础上的。如果基本的物质生活都不能保证，人们哪有动力去思考在物质之上的精神，而生产力水平的相对提高也使得一部分人有闲暇时间编撰普及读物。在政治上，统治阶级意识到普及读物在宣传国家方针政策、伦理道德方面发挥着重要的作用。在文化上，随着人类文明的发展，以往口耳相传的文化传承方式已经不能满足人类的需求，文字及文本的产生，有利于人们记录、传播和传承当时的社会文化。通过普及读物的传播，人们可以很容易地了解先人留下来的文化遗产。

在先秦时期，"礼不下庶人"，普通民众很难有机会接受文化教育。春秋末年，贵族制度逐渐松弛，孔子建立私学，民间百姓能够看到的文本逐渐增多。秦始皇统一中国后，实行"焚书坑儒"的文教政策，老百姓所能读到的文本十分有限。汉初吸取秦亡教训，施行无为而治的治国方针，在文化教育方面放松了对各种学派的压制，各家学说重新得到了自由发展的空间，儒学也逐渐恢复了生机。到汉武帝时期，董仲舒提出"罢黜百家，独尊儒术"的建议，儒学兴起。但是仅仅限于儒学经典，教育对于一般百姓来说依然难于上青天。魏晋南北朝，门阀士族垄断着社会的政治、经济、文化生活。而且，凭借血缘关系的纽带，他们成为一个相对稳定的社会群体，排斥社会各阶层的相互流动。到隋唐，科举制取代九品中正制，这为一般的平民子弟也提供了入仕的机会，他们有不少来自村落，为文本在村落基层的传播奠定了基础。

历史发展到宋代，中国社会经过了所谓的"唐宋变革"，正如郑樵称："自隋唐而上，宫有簿状，家有谱系，官之选举必由于簿状，家之婚姻必由于谱系。""自五季以来，取士不问家世，婚姻不问阀阅。"(《通志》卷二十五) 社会精英不再仅限于世家大族，平民百姓也有机会进入上层社会，这有利于文化向村落社会的传输。再者，宋朝的建立结束了自唐"安史之乱"至五代十国长期的分裂割据局面，社会环境相对稳定，这为文化的繁荣创造了有利条件。更为重要的是，宋代科学技术得到了空前的发展。活字印刷术的发明，使得印刷成本大大降低，这为文本文字在村落社会的普及提供了有利条件。宋代理学的产生以及对外民族矛盾的尖锐,都促使统治阶层认识到对百姓实行伦理教化的重要性。政府需要把官方的儒家思想用一种通俗易懂的语言向民间渗透。这一切都为普及读物的产生准备了足够的条件。于是,《三字经》《千字文》《百家姓》《性理字训》《叙古千文》等普及读物,犹如雨后春笋般地兴盛起来。一些文人士大夫,虽不在朝廷,也有"兼济天下之心",为了教化百姓,他们也加入编撰普及读物的行列中来,如朱熹编纂的《童蒙须知》《训蒙诗》,吕本中编纂的《童蒙训》。另外,随着宋代商业贸易的发展,社会的流动加快,商人为了更好地做生意也产生了读书识字的念头,以免在日常的商业活动中受骗。宋代以后的元明清,普及读物更进一步发展,在数量上和种类上都有突飞猛进的增长,成为中国传统村落文化中必不可少的一个部分。

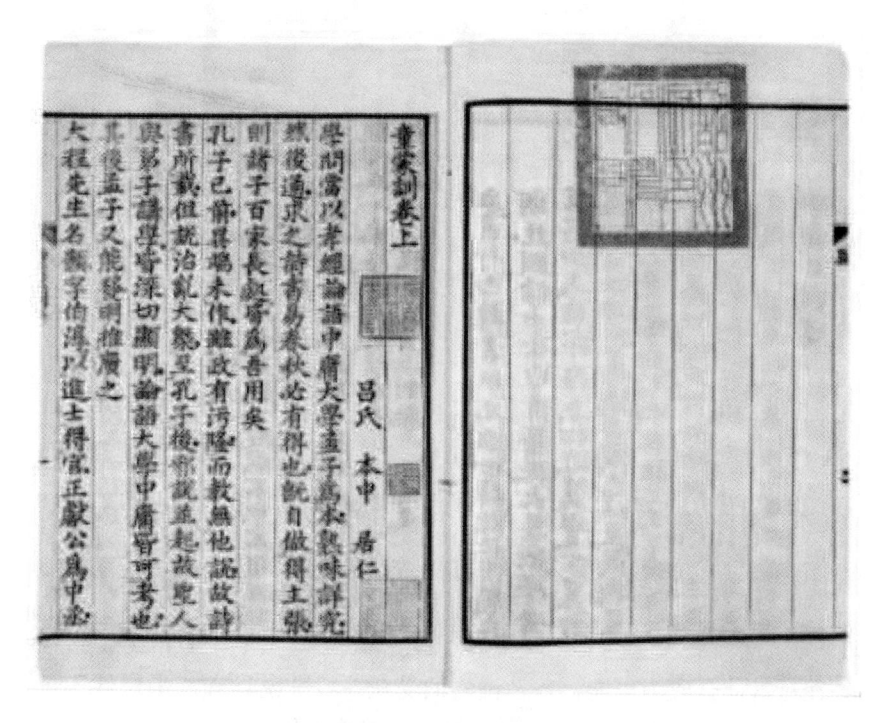

图 7-10 《童蒙训》

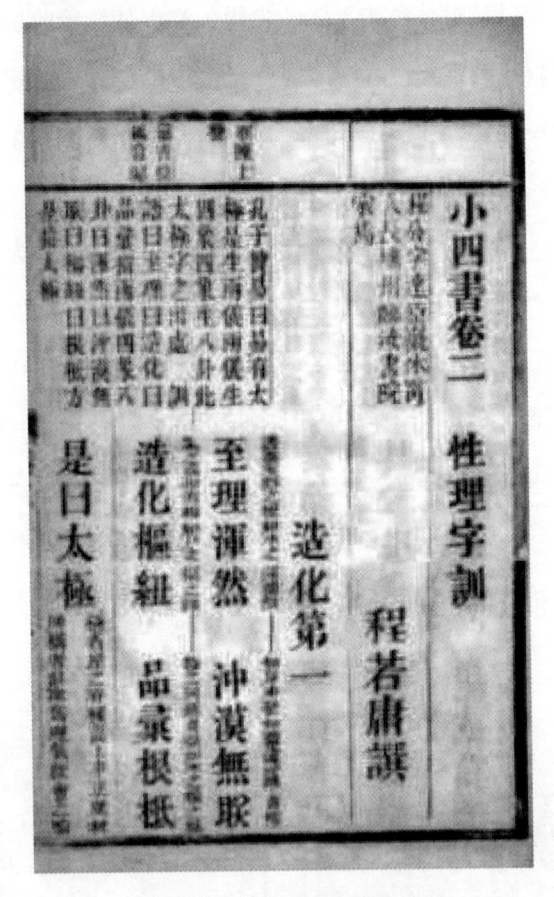

图 7-11 《性理字训》

从以上论述中，可以知道中国传统村落的普及读物有以下几个特点。

第一，受众的"平民性"。"平民"是与"精英"相对立的概念，中国传统社会是一个阶层分明的社会，受教育的权利与其政治地位紧密相连，只有统治阶层的子女才有受教育的权利，一般的百姓基本上被排斥在正规教育之外。宋代以后，"平民社会"的出现使得普及读物在村落社会成为可能，普及读物的受众一般来说具有"平民性"的特点。

第二，内容的"通俗性"。"通俗性"是指普及读物中所反映的道德准则是被普通民众实际接受并在生活中奉行的。与之相比的经典文本往往是具有很强的理论性和理想化的色彩，而村落文化的普及读物更接近生活，具有很强的可操作性。

第三，功能上的社会性。社会化就是指人的后天行为的规范化，指自然人按照一定社会文化的需求转化为社会人的过程，这也是其能实现教化的前提条件。

7.4.2 蒙学读物与教化

蒙学即启蒙之学，是指对儿童进行启蒙教育的学问。《易经·序卦》曰："蒙者，蒙止，物之稚也。"其意是幼童懵懵懂懂，于事多暗昧，因此称之童蒙。所谓蒙学读物，是指为启蒙儿童心智道德的读本。

蒙学读物作为一种语言和文化的载体，其不但注重培养儿童基本的断文识字的能力，而且从中儿童还可以学习到天文地理、鸟兽草木、器物人事等许多自然知识和生活常识。更重要的是，在中国传统社会中，蒙学读物发挥着文化教育与道德教化的功能。其最明显的特征就是，将识字教育和知识教育以及道德教育紧密联系起来。这是因为，中国文字具有深刻的文化内涵，在儿童识字的过程中，也教给他们一定的生活常识和伦理道德教育。汉代王符在《潜夫论·德化》中就说："人君之治，莫大于道，莫盛于德，莫美于教，莫善于化。"就是主张通过教育培养百姓的道德习惯，从而达到"化民成俗"的目的。蒙学作为基础教育特别受到重视。如明代人霍韬在《家训》中说："家之兴，由子弟多贤；子弟多贤，由乎蒙养；蒙养以正，岂曰保家，亦以作圣。"他将蒙学与保家、成圣联系起来，足以说明蒙学的重要性。北齐颜之推在《颜氏家训》中也说："人生小幼，精神专利，长成以后，思虑散逸，固须早教，勿失机也。"他们也认识到，儿童时期尚未定型，可塑性大，是学习的关键阶段，教化的效果也最好。我国古代蒙学以"明人伦"为目的，以孝悌为主要内容，在承载和传播儒家伦理道德的教化使命上发挥着重要的作用。而在蒙学教育中，蒙学读物扮演了重要的角色。

传统时期的蒙学读物在村落始终肩负着承载和传播儒家伦理道德的使命，承担着"化民成俗"的社会教化功能。正如朱熹在《小学》中引用杨忆的话论述道："童稚之学，不止记诵。养其良知良能，当以先人之言为主。日记故事，不拘今古，必先以孝悌忠信、礼义廉耻等事，如黄香扇枕、陆绩怀橘、叔敖阴德、子路负米之类，只如俗说，便晓知道理，久久成熟，德性若自然矣。"由此可见，蒙学读物的重要内容之一是伦理道德教化。那么，蒙学读物是如何实现对儿童的教化呢？

第一，重视儿童行为习惯的培养。俗话说，"少若成天性，习惯成自然"，可见行为习惯对于儿童培养的重要性。儿童可塑性强，在这个时候加强行为习惯的培养，对其一生都非常有益。传统社会，行为习惯的培养包括洒扫、应对、进退、饮食起居、待人接物、谈吐等方面的具体规范和要求。如《千字文》中记载："川流不息，渊澄取映。容止若思，言辞安定。"要求人们容貌举止要沉静安详，说话要从容镇定。饮食不必太挑剔，"适口充肠"，能填饱肚子就行了。对待亲朋好友要以礼相待；与人相处要诚实守信；对人要有恻隐之心，在别人遇到困难时不能冷眼旁观；要见贤思齐，具备廉正、谦让等优良的品格。此外，仪表、装束要整洁，行为要庄重，做到"束带矜庄，徘徊瞻眺"；走路时要"矩步引领，俯仰廊庙"。朱熹就曾亲自制定的

《童蒙须知》影响很大,它对儿童的日常生活中的穿衣、勤洗、饮食、行走、读书、写字、背诵,都做了极其详细的规定。在生活习惯上要求"先要身体端整。自冠巾、衣服、鞋袜,皆须收拾爱护,常令洁净整齐";"凡脱衣服,必整齐折叠箧中。勿令散乱顿放……着衣既久,则不免垢腻,须要勤勤洗浣";"凡为人子弟,当洒扫居处之地,拂拭几案,当令洁净";"凡饮食之物,勿争较多少美恶"。在学习习惯方面,要求儿童"凡读书,整顿几案,令洁净端正。将书册整齐顿放。正身体,对书册,详缓看书,仔细分明读之。须要读得字字响亮。不可误一字,不可少一字,不可倒一字。不可牵强暗记,只是要多诵数遍,自然上口,久远不忘";"凡写字,未问写得工拙如何,且要一笔一画,严正分明,不可潦草",等等。

第二,注重儿童伦理道德培养。行为习惯的培养着重于个体日常生活中的行为举止,而伦理道德的培养则侧重于儿童精神层面的成长。中国传统社会的教育中"重德轻智",伦理道德教育始终是社会教化的重头戏,因为伦理纲常是维系传统社会人与人关系的基本准则。其中,孝悌之道占据重要位置。如清代蒙学读物《弟子规》中就要求侍奉父母时应做到"父母呼,应勿缓;父母命,应勿懒;父母教,须敬听;父母责,须顺承";兄弟之间应该"兄道友,弟道恭,兄弟睦,孝在中";对待长辈"长者立,幼勿坐,长者坐,命乃坐,尊长前,声要低,低不闻,却非宜,进必趋,退必迟,问起对,视勿移"。又如清《童蒙须知韵语》中同样对如何对待父母、朋友、长辈、众人及婢仆做出了详尽的规范:

> 父母长者前,应对必自名。即与朋友交,称谓莫忘形。
> 十年长于我,呼之勿以字。称某姓几兄,始得谦逊意。
> 年若长以倍,但当称某丈。兄事父事间,毫厘不可爽。

一出一入间，必向长者揖。为时虽暂尔，礼莫厌重习。
凡侍长者侧，拱手立正方。问则诚实对，所言不可忘。
凡从长者行，步履须安妥。行居路之右，住则必居左。
道路遇长者，必正立拱手。近前则趋揖，俟过然后走。
凡与人相揖，低头而屈腰。出声则收手，毋得稍轻佻。
凡与众人坐，相对必敛身。坐席勿广占，俨如见大宾。
凡待奴仆辈，临之以端严。时与嬉且笑，受侮亦招嫌。

在蒙学读物中加强对儿童的伦理道德进行培养，其用意是让儿童从小就接受伦理纲常的熏陶，久而久之，就会内化为他们的一种自觉的道德行为，蒙学读物对村落儿童的道德伦常教化无疑起着重要的作用。

第三，注重对儿童进行精神启蒙。蒙学读物的主要功能有二：一是伦理教训，一是精神启蒙。精神启蒙可以说是中国传统文化的精髓和中华民族的灵魂。这种精神启蒙就是蒙学读物对儿童进行的有关中华民族传统美德的启蒙，它是儿童成长期间最不可缺少的精神食粮。蒙学读物在进行伦理道德教化的过程中，贯穿了大量的美德教育。比如在学习方面，《三字经》写道："犬守夜，鸡司晨。苟不学，曷为人。蚕吐丝，蜂酿蜜。人不学，不如物"，"玉不琢，不成器。人不学，不知义"。这对儿童灌输的理念是，学习是人的一种社会本能，是人之所以成为人的根本，《三字经》谆谆告诫，可谓苦口婆心。为了鼓励儿童刻苦学习，《三字经》列举了不少从小立志学习，最终学业有成、功成名就的历史人物。如"莹八岁，能咏诗。泌七岁，能赋棋"，"唐刘晏，方七岁。举神通，作正字"。有了这些人作为自己学习的榜样，他们自然而然地效法，用心读书，奋发向上。而要想学有所成，必须勤奋努力，持之以恒，读书时要达到"口而诵，心而惟，朝于斯，夕于斯"的忘我境地。《三字经》还列举"披蒲编，削竹简"，"头悬梁，锥刺股"，"囊萤映雪，负薪挂角"等众多历史典故来鼓励学子学习。在童蒙读物中，"勤"是一个受到特别重视的伦理价值，不仅学习要"勤"，做其他任何事都要"勤"。如清《老学究语》，有"执业·勤"条写道："日图佚乐，定不快活。能耐劳苦，必无痛楚。日出而作，日入而息，第一等人，自食其力。懒人懒病，无药可医，不瘫不瘓，惰其四肢，身有所属，心有所系，若无执业，何所不至……民分为四，各技其艺，欲善其事，必致其志。只怕不勤，只怕不精，只怕无恒，不怕无成。"由此可知，蒙学教育对于中国传统村落的文化教育和道德教化起着不可估量的作用。

7.4.3 劝善书中的教化

劝善书，顾名思义，就是宣传伦理道德、以劝人为善去恶为宗旨的通俗教化书籍，简称"善书"。日本学者酒井忠夫认为，善书是"为劝善惩恶而记录民众道德及有关事例、说话，在民间流通的通俗读物"，"是一种不论贵贱贫富，儒、佛、道三教共通又混合了民间信仰的规劝人们实践道德的书"。① 由于善书将礼教规范和宗教伦理通俗化，将因果报应、积德行善等观念推广到村落社会，从而有助于达到教育民众、匡正世风的目的。美国学者包筠雅认为："善书，至少是清初的善书，为精英和平民关系的出现提供了会聚之所：对超自然报应的信仰成为教导和传播某种价值观和习惯的工具，而这些价值观和

---

① ［日］酒井忠夫：《中国善书的研究》，转引自游子安《劝化金箴：清代善书研究》，天津人民出版社1999年版，第9页。

习惯能够加强支持精英控制的社会秩序。"[①] 善书思想主要以儒家思想为主导，杂糅释、道二教思想，将儒家的忠孝节义、道德内省和阴骘观念，佛家的因果报应及道家的积善销恶之说等具体化、世俗化，使民众易于理解和接受。一般来说，劝善书在村落社会的寺庙以及农村集市的街口都有放置，免费供人取阅，这无疑有利于道德教化在村落的推行。

先秦两汉时期，就有《语书》《女戒》《孝经》等具有劝善性质的伦理道德教化书在民间流行。虽然有学者认为《语书》是善书的雏形，《孝经》是善书的鼻祖，[②] 但作为一种特殊的道德教化书的"劝善书"却正式形成于宋代。宋代最早的劝善书是《太上感应篇》，其以宣扬善恶报应的思想为主旨，把道教的宗教伦理简化成通俗易懂的道德教条，所以能够流通于村落社会，是平民教育与民间信仰的重要宝典。除了自身的特性能够引起民间的重视外，更为重要的是，《太上感应篇》的广泛流传得到了宋代朝廷大力提倡，理宗皇帝曾为其题词，并且还有宰相名臣为它作序，宋真宗下旨刊刻，所以它能够在民间广泛流行。此外，宋代印刷术的发展，以及市民文化的兴起，都促使了宋代劝善书的发展及传播。如黄光大的《积善录》、李元纲的《厚德录》、陈录的《善诱文》以及泰观的《劝善录》等。元代的善书不发达，现存的有吴亮的《忍经》和冯梦周的《续积善录》。明清是善书发展的鼎盛时期，这个时期有一大批劝善书产生，如明末的《迪吉录》《劝戒全书》《文昌帝君阴骘文》《关圣帝君觉世真经》《了凡四训》等。

---

① ［美］包筠雅：《功过格——明清社会的道德秩序·中译本前言》，杜正贞、张林译，浙江人民出版社 1999 年版。
② 参见袁啸波编《民间劝善书·前言》，上海古籍出版社 1995 年版。

明末还出现一种特殊的善书形式——功过格。功过格就人们应该做的事情，做了以后可以得"功德分"；不应该做的事情，一旦冒犯了以后将会得"罪过分"。例如，《文昌帝君功过格·伦常第一》规定："亲病，始终小心侍奉，获痊，三十功；亲病不小心医治，五十过。"通过功过格将伦理行为分数化，以此来引导鼓励民众行善，比起其他类型的劝善书，具有更有实际的指导意义。清代善书依然层出不穷，如有《愿体集》《欲海回狂》《不费钱功德例》《身世准绳》《训俗遗规》《几希录》等。经过明清两代善书的大发展，善书在民间广泛流行。

图 7-12 阴骘文

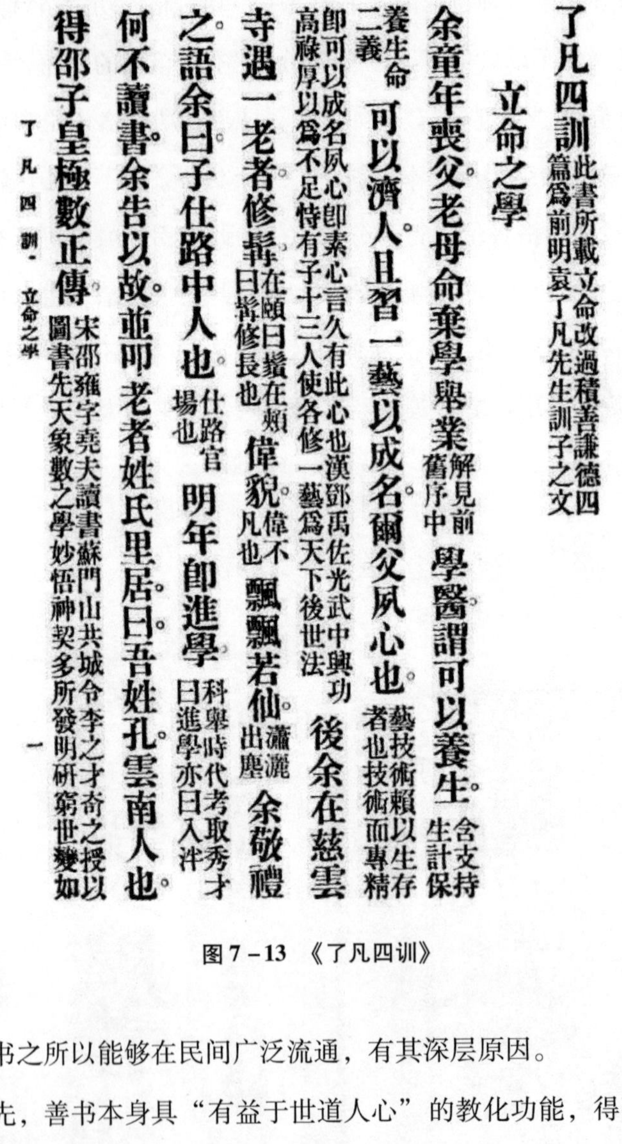
了凡四訓（此書所載立命改過積善謙德四篇爲前明袁了凡先生訓子之文）

立命之學

余童年喪父。老母命棄學舉業（解見前舊序中）學醫。謂可以養生。（含支持生計保養生命二義）可以濟人。且習一藝以成名。爾父夙心也。（藝技術賴以生存者也技術而專精即可以成名夙心即素心言久有此心也漢鄧禹佐光武中興功高祿厚以爲不足恃有子十三人使各修一藝爲天下後世法）後余在慈雲寺遇一老者。修髯（在頤曰鬚在頰曰髯修長也）偉貌。（偉不凡也）飄飄若仙。（瀟灑出塵）余敬禮之。語余曰。子仕路中人也。（仕路官場也）明年卽進學。（科舉時代考取秀才曰進學亦曰入泮）何不讀書。余告以故。並叩老者姓氏里居。曰吾姓孔。雲南人也。得邵子皇極數正傳。（宋邵雍字堯夫讀書蘇門山共城令李之才奇之授以圖書先天象數之學妙悟神契多所發明研窮世變如）

了凡四訓・立命之學　一

图 7－13 《了凡四训》

善书之所以能够在民间广泛流通，有其深层原因。

首先，善书本身具“有益于世道人心”的教化功能，得到统治者的大力推行。清代的《流通善书说》对劝善书的流行有所揭示：“顾善之途不一，莫善于流通善书。何则？善书之流行，可以化一人，且可以化千万人；可以布一邑，即可以布千万邑；可以劝一世，并可以劝千万世，非比他端善举，第能限于一方、拘于一时也……流通善书之有益于世道人心也匪浅。”正是因为善书可以教化民众，所以理所当然地成了政府维护社会稳定的法宝。正如凯萨玲·贝耳所说:"印刷善书这类的宗教作品似乎增加了文化的一致性,而非导致文化之多元化,因为善书提倡社会各阶层的价值观必须一致,提供给民众一个参与社会道德活动的管道……大量印制经书分发给民众,作为他们个人修身养性之用,以及促进社会公共道德或是社会流动,的确产生了很明显的作用。"[1] 善书在加强个人道德自律与促进社会公德方面产生了显著作用。

其次,儒释道三教通俗化和民间化促使了劝善书的流行。宋明以后,我国传统文化中的儒释道已经实现相互融合,在这之后的中国人可以说并没有特别严格而清楚的宗教信仰界限。如唐玄宗曾亲自注释《孝经》《金刚经》和《道德经》;宋孝宗在《三教论》中说道:"大略谓之以佛修心,以道养生,以儒治世,可也,又何惑焉。"清雍正皇帝也说:"佛教治心,道教治身,儒教治世。"而在民间,三教的界限更是模糊:儒家的道德信条、道教的修炼方式、佛教的果报思想,在村落文化中有机地结合在一起。中国传统文化不但通过别处,也通过民间宗教,展示了它"海纳百川""有容乃大"的品格。民众对教派的区分并不感兴趣,在他们的观念中,神仙佛祖不分彼此亲疏,只要"灵验",烧香磕头便是。[2]

三教的通俗化和民间化影响到善书。善书原是道士、佛教徒布教的工具,用来规劝人们行善积德。在流通的过程中,道士、佛教徒、士人通过改造,将善书的内容通俗化,对晦涩难懂的文言进一步加以白话解说,或改编成朗朗上口的唱词,清代仲瑞五堂主人的《几希

---

[1] 朱荣贵:《南宋之善书与民众道德》,黄俊杰等编《东亚文化的探索》,正中书局1996年版,第54页。
[2] 参见张新鹰《台湾"新兴民间宗教"存在意义片论》,《世界宗教文化》1996年秋季号,第49页。

录》自序中写道:"有心世道者,著为劝善惩恶诸说,如《敬信录》《宝善编》,以及《训俗遗规》《修齐辑要》等书,不可枚举,诱掖奖劝,剀切详明,诚可以发聋振聩矣!但卷帙繁多,恐阅者易生倦心;且多词句雅饬,宜于文人,而不便于流俗。因将善书中所言修身齐家之事,择其词理显明者摘而录之,汇为一编,即稍解句读者无不开卷了然。倘能随时随事触目惊心,化其积习,庶伦无不察,身无不修,而此几希之心遂长存而不去。姑无论积善之家必有余庆,即一种太和翔洽之气洋溢门庭,不亦人生之乐事哉!"

最后,"善人"的大力支持。村落的乡绅商人、文人学者以及一些地方官员通常以个人捐资或集资的方式来刊刻、印送善书,他们不以营利为目的,被称为"善人"。在中国传统社会中,一般认为从事善书编辑、刻印与流通的善士都能得到相应的功德。如在《文昌帝君功过格·劝化第五》中指出,"刻施一善书,百钱一功","得一善人,交修共勉,一年无间,百功","编辑一济世善书,十功"。这种以功格激励人们编辑、刊刻劝善书的形式提高了人们行善的积极性,也迎合了民众趋利避害、祈福禳灾和因果报应的精神信仰需求。这就鼓励了更多的民间善人从事善书的刊刻和传播工作。

劝善书的本意是劝善惩恶,那么劝善书包括哪些内容呢?

第一,讲求儒家孝道。我国古代以家族为本位的宗法制社会体制形成了独具特色的孝道伦理观念,其基本内涵是亲亲,对父母要养、要顺、要敬。孝道与德行是连在一起的,如《诗经·大雅》:"有孝有德。"弘扬孝道一直以来成为化民成俗的重要教化手段。明清时期善书在社会上广泛流行,反映了当时社会的意识形态。儒家经典之对孝道进行理论创造和阐发,善书对孝道的提倡也承袭了儒家的说法,如《文昌帝君劝孝文》中说:"今日是元旦,为人间新年第一日,我当说人间第一事。孝者百行之原，精而极之，可以参赞化育，是为人间第一事。赤子离了母胎，在孩抱便知得，故谓之第一事。舍此一事，并无学问；舍此一事，并无功业。舍此而立言，则为无本之言；舍此而能功盖天下，到底不从性分中流出，必作伪以欺国，负本以灭身。天地是孝德结成，日月是孝光发亮。孝之道，言不可得而尽也。"理论上的阐述固然有助于孝道的推行，而对父母养育儿女的辛苦进行描写，更能激发儿女行孝的热情。如《文昌帝君劝孝歌》："百骸未成人，十月怀母腹。渴饮母之血，饥食母之肉。儿身将欲生，母身如在狱。父为母含悲，妻对夫啼哭。惟恐生产时，身为鬼眷属。一旦见儿面，母命喜再续。自是慈母心，日夜勤扶鞠。母卧湿簟席，儿眠干被褥。儿睡正安稳，母不敢伸缩。儿秽不嫌臭，儿病甘身赎。横簪与倒冠，不暇思沐浴。儿若能步履，举足虑倾覆。儿若能饮食，省口恣所欲。乳哺经三年，汗血耗千斛。"

第二，立身处世要谦诚勤俭。劝善书中提倡的"善"不仅包括孝顺父母、讲求孝道，还注重谦虚诚实、勤俭节约等。在劝善书中，除了要在人际关系上以血缘亲情为基础，孝顺父母、尊长爱幼外，在个人品质上要以谦让诚实为目标，养成勤劳节俭的习惯。明清善书中讲谦虚如"他人骄傲我不较，他人奢华我不赛""虚心受善，不骄傲""敬老慈幼，谦和接物"等，这些明清善书教导人们谦虚做人则人人敬之，家道荣昌，反之，骄奢淫逸、狂妄自大自会遭人唾弃、家道败坏。诚实守信的内涵指社会生活中人们应当践约守诺，无妄无欺。如"常须隐恶扬善，不可口是心非"，做买卖要"讨价不欺哄乡愚，不高抬柴米价。贫人买米不亏升合，不卖假货。凡病人所需货物，不措勒高价。污秽肴馔，不可欺人不见"，"与人期，不失信，虽游观小事，风雨践约"，等等。善书以美风俗为己任，提倡勤俭，反对懒惰浪费等奢侈现象。《劝敬惜粒食文》专门劝人应俭朴，告诫人们粒食对人的重要性："从来民以食为天，食以谷为贵，得之则生，失之则死，谷之所以系綦重。"呼吁珍惜粮食以获福获寿："普劝天下人，必时训妇子童仆，凡有剩粒，千万珍惜，切勿弃掷"，"夫惜一粒，即成一善，惜万粒，即成万善，福寿康宁，诸祥毕集"。不但持家用餐要珍惜粒食，而且在外经营糟坊、面铺，以及米店、六阵行并漕仓、栈房等地，更应注重节俭，《戒秽亵五谷说》："若能敬惜，其功当比常人加等。总须事事细心，时时留意。"

第三，倡导慈善和公益。善书宣传孝道及立身处世之道外，还大力倡导慈善和公益。"仁"是儒家教化体系的核心，其基本含义就是爱人，正所谓"仁者爱人"。明清善书充满了仁民爱物的思想，它倡导以仁爱恻隐之心利物济人。慈善行为是明清善书仁民爱物思想的主要内容，它所述及的慈善之举主要有矜孤恤寡，救人急难，捐资成人之美，"措衣食周道路之饥寒，施棺椁免尸骸之暴露"，施茶施药，荒年赈灾，修桥铺路，创立义学，代育遗弃婴儿等。袁黄曾在他的《了凡四训》中解释何谓救人危急和兴建大利，他说："患难颠沛，人所时有，偶一遇之，当如恫瘝之在身，速为解救。或以一言伸其屈抑，或以多方济其颠连。"又说："小而一乡之内，大而一邑之中，凡有利益，最宜兴建。或开渠导水，或筑堤防患，或修桥梁以便行旅，或施茶饭以济饥渴。随缘劝导，协力兴修，勿避嫌疑，勿辞劳怨。"

第四，慈爱物命。明清善书的仁爱不仅表现为利物济人，还表现在慈爱物命等方面。这也是儒家"仁民爱物"思想的现实反映。《太上感应篇》就有劝说人类要保护自然，不要"用药杀树""射飞逐走，发蛰惊栖，填穴覆巢，伤胎破卵"等戒条。这类内容也是明清善书的主要组成部分，如"举步常看虫蚁，焚火莫烧山林"，"勿登山而网禽鸟，勿临水而毒鱼虾"。"不毁禽兽巢穴，不取鸟卵，三春不打鸟"等。袁黄还在《了凡四训》中劝人"爱惜物命"，他说："凡人之所以为人者，为此恻隐之心而已。求仁者求此，积德者积此。《周礼》：'孟春三月，牺牲毋用牝。'孟子谓君子远庖厨，所以全吾恻隐之心也。"

总之，劝善书中有大量荒诞落后的东西，但也包含了中国传统文化中一些积极的价值观。从积极的一方面来看，通过劝善书的广泛传播与传承，广大的村落原住民在无形之中受到教化，这对于村落中的世道人心、生态环境都起到了良好的作用。

7.4.4 通俗文学中的教化

《辞海》中将通俗文学定义为："适合文化层次较低的读者阅读，明白易懂，流传较快的文学样式。"在中国传统的村落社会，各种为原住民喜闻乐见、易于流传的通俗文学不仅是他们最主要的娱乐方式，也是他们借以习得各种社会规范的主要途径，因此通俗文学也就成为教化村落原住民的重要工具。在中国传统社会，通俗文学通过寓教于乐的方式促进以儒学伦理为主体内容向基层社会传播。郑振铎在《中国俗文学史》中开宗明义地谈到"俗文学"："何为'俗文学'？'俗文学'就是通俗的文学，就是民间的文学，也就是大众的文学。换一句话，所谓俗文学就是不登大雅之堂，不为学士大夫所重视，而流行于民间，成为大众所嗜好，所喜悦的东西。"[①] 他把俗文学分为五大类：诗歌、小说、戏曲、讲唱文学、游戏文章。中国传统村落中的教化载体，在通俗文学方面，以戏曲和通俗小说最为常见。

---

① 郑振铎：《中国俗文学史》，中央编译出版社2013年版，第1页。

7.4.4.1 戏曲与道德教化

在中国传统村落社会，戏曲是最受村落原住民欢迎的一种娱乐方式。明代戏曲家汤显祖在《宜黄县戏神清源师庙记》一文中，讲述一位叫"清源师"的故事时，就曾谈到戏剧的教化功能："可以合君臣之节，可以浃父子之恩，可以增长幼之睦，可以动夫妇之欢，可以发宾友之仪明，可以释怨毒之结，可以已愁愤之疾，可以浑庸鄙之好。然则斯道也，孝子以事其亲，敬长而娱死；仁人以此奉其尊，享帝而事鬼；老者以此终，少者以此长。外户可以不闭，嗜欲可以少营。人有此声，家有此道，疫疠不作，天下和平。岂非以人情之大窦，为名教之至乐也哉？"清代戏曲家李渔也谈道："窃怪传奇一书，昔人以代木铎。因愚夫愚妇识字知书者少，劝使为善，诫使为恶，其道无由，故设此种文词，借优人说法，与大众齐听，谓善者如此收场，不善者如此结果，使人知所趋避，是药人寿世之方，救苦饵灾之具也。"他认为戏曲要自觉承担起儒家三纲五常、忠孝节义、伦理立言等教化方面的功能。中国文学向来有文以载道的传统，唐代段安节在《乐府杂录》的序中写道，戏剧"上可以吁天降神，下可以移风变俗"。这里所谓的"移风变俗"指的就是戏剧对民众的社会教化功能。在中国古代村落社会，大多数民众都没有接受正规教育的机会，看戏就成为他们接受历史与社会知识的主要渠道。清代刘继庄曾说："余观世之小人，未有不好歌唱看戏者。"（《广阳杂记》卷二）民间戏曲在村落的不断演出，使得许多虽然没有接受过正统教育的村落原住民懂得忠孝仁义、礼义廉耻等基本的儒家伦理道德。

日本学者田仲一成将中国的戏剧分为村落戏剧、宗族戏剧和市场戏剧，分别在村落寺庙、宗族家堂和市场勾栏内演出，并被演出的组织者分别赋予不同的任务。① 对于中国传统村落来说，这三者都可统称为村落戏剧，因为无论是宗族还是基层市场，都是村落社会结构的一部分。虽然由于演出的地点和演出的组织者不同，三者在剧目上也存在着明显不同的风格，但在教化民众方面却大致相同。

中国传统社会，春祈秋报，娱神庆丰，在先秦时期就已经成为民间最为重要的祭祀活动。其中最重要的是社祭，宗教味道浓厚，表演的目的主要是"吁天降神"。汉唐之际，村落戏剧发展不大。宋元以后，民间杂神蔚然兴起，祭祀礼仪向娱乐化、戏剧化发展。明清之后，村落戏剧的世俗性和娱乐性有了更大的发展，而且已经成为教化村落原住民、维持村落秩序的主要工具。

宋代商品经济的活跃促使了商业交通网的发达和都市的繁荣，村落社会也受到影响，"农业的社祭极大倾斜于商业方向的产物"，促使旧社祭礼仪向戏剧方向转化。② 到元代，中国戏剧在表演形态上趋于成熟，成为普通民众最受欢迎的民间艺术样式，村落祭祀活动与戏剧演出已经成为一体。我们可以通过分析元代村落祭祀时上演的剧目来说明戏剧对当时民众的教化作用。当时流行的英雄剧目有临潼斗宝（伍元）、伐晋兴齐（田穰苴）、吴起敌秦（吴起）、乐毅图齐（乐毅）、智勇定齐（钟离春）、渑池会（蔺相如）、暗度陈仓（韩信）、圯桥进履（张良）、聚兽牌（光武）、大战邳彤（铫期）、定时捉将（寇恂）、捉彭宠（铫期）、云台门（二十八将）、桃园结义（刘关张）、单刀劈四寇（关羽）、单战吕布（张飞）、三战吕布（刘关张）、单刀会（关羽）、黄鹤楼（刘备）、三出小沛（张飞）、石榴园（张

---

① 参见［日］田仲一成《中国的宗族与戏剧》，云贵彬、于允译，上海古籍出版社1992年版，第3—4页。
② 同上书，第45—48页。

飞）、庞惊四郡（庞统）、陈仓路（曹操）、五马破曹（关羽）、千里独行（关羽）、博望烧屯（孔明）、襄阳会（刘备）、老君唐（程咬金）、智降秦叔宝（魏征）、四马投唐（魏征）、鞭打单雄信（尉迟恭）、飞刀对箭（薛仁贵）、阴山破虏（李靖）、紫泥宫（李肆源）、午时牌（李克用）、哭存孝（李存孝）、雁门关（李肆源）、打董达（赵匡胤）、打韩通（赵匡胤）、曹彬下江南（曹彬）、开诏救忠（杨六郎）、破天阵（杨六郎）、岳飞精忠（岳飞）。这些演出的英雄题材剧目囊括了元代以前中国历史的所有朝代，当村落原住民观看这些英雄的故事时，不仅从中了解一些基本的历史知识，还会从这些人物和历史中吸收诸如仁、义、礼、智、忠、勇、孝、廉等社会价值观，最终达到教化的目的。

又比如，村落祭祀戏剧中的公案剧也是经常上演的一类剧目，其中很多是以包公为主人公的杂剧。包公戏深受村落原住民喜爱，他们在现实生活中遇到种种不公，而希望现世中可以出现一个像包公一样的人物。戏里通常打压的是豪强势力，宣扬忠孝节义，儒家价值观无形之中渗入民众思想中。以关汉卿的《包待制三勘蝴蝶梦》为例可以发现这一点。该剧讲述的是皇亲葛彪无故打死庶民王老汉，王老汉的三个儿子为了报仇，又将葛彪打死，在审案的过程中，王老汉的三个儿子争相偿命。包公被王氏一家感动，最后找了一个本已有罪的替死鬼结案。最后包公为该案下的判词："你本是龙袖娇民，堪可为报国贤臣：大儿去随朝勾当，第二的冠带荣身，石和做中牟县令，母亲封贤德夫人。国家重义夫节妇，更爱那孝子顺孙，今日的加官赏赐，一家门望阙露恩。"最后王氏一家不但没有被杀，而且一门受封。在这桩案件中，包公代表的是国家，他通过判案向普通民众宣扬了孝乃是受到朝廷表彰的美德。戏剧在此对人们的日常行为产生作用，人们就在不知不觉中受到了教化。

此外，在村落社会流行的还有其他种类的剧目，如忠孝类有《牧羊记》（苏武）、《琵琶记》（蔡伯喈）、《鹦鹉记》（苏英）、《跃鲤记》（姜诗）、《玉环记》（玉箫女）、《宝莲灯》（刘锡）等；节义类有《杀狗记》（杨氏）、《卖水记》（李彦贵）、《荆钗记》（王十朋）、《十义记》（韩朋）、《三元记》（冯京）等；功名类有《白袍记》（薛仁贵）、《千金记》（韩信）、《投笔记》（班超）、《金印记》（苏秦）、《白兔记》（刘知远）、《破窑记》（吕蒙正）、《薛家将》（薛登山）、《渔樵记》（朱买臣）等。这三类剧目具有劝民善俗的功能，有利于稳定村落的管理秩序，村落原住民也喜欢看，因此受到地方官、乡绅的极力推崇。

明清时期，宗族组织在民间社会蓬勃发展，不少村落其实就是由一姓或几姓所组成，村落戏剧呈现出宗族戏剧的趋势。一般来说，宗族戏剧的演出以促进宗族的繁荣为主要目的，宣扬忠孝节义等意在教化家庭成员的伦理剧成为主要剧目。《五伦全备记》是一出典型的家庭伦理教化剧，作者是明代大学士丘浚。他所写的《五伦全备记》可以说代表了当时官方对于戏剧的理解。作为一位朝廷重臣，硕学鸿儒，丘浚俯身戏曲创作，不是因为他对戏剧本身的热爱，其良苦用心在于戏剧对人们精神上的感染力，在《五伦全备记》第一出"副末开场"中，他写道："今世南北歌曲，虽是街市子弟、田里农夫，人人都晓得唱念，其在今日亦如古诗之在古时，其言语既易知，其感人尤易入。近世以来做成南北戏文，用人搬演，虽非古礼，然人人观看，皆能通晓，尤易感动人心，使人手舞足蹈，亦不自觉。"

可见，宗族戏剧所宣扬的主要还是儒家三纲五常的道德规范，以期实现教化族人的目的。地方有识之士之所以选择戏剧作为宣传工具，是因为他们意识到戏剧对于普通民众具有很强的教化作用，正如明代士人陈洪绶在《娇红记》序中所写的："伶人献徘，喜叹悲啼，使人之性情顿易，善者无不劝，而不善者无不怒，是百道先生之训世，不弱伶人之力也。"又如浙江余姚毛氏在乾隆八年以来的《大宗规例》中规定："宗祠演习佑神，以忠孝节义等剧为主。若佻达奸邪之类，非所以敦教化厚风俗也。当重戒之。"

7.4.4.2 通俗小说与道德教化

通俗白话小说始于宋元时代说话人的话本，是对说话人口中故事的再创作。由于通俗小说的受众是广大的平民百姓，"拥有的读者最多，作用于人们的精神生活、道德情操也最大"[①]。所以通俗小说又被看作是统治者用于社会教化的得力工具。正如清代俞樾所说："天下之物最易动人耳目者，最易入人之心。是故老师巨儒，坐皋比而讲学，不如里巷歌谣之感人深也；官府教令，张布于通衢，不如院本评话之移人速也。君子观于此，可以得化民成俗之道矣。"（《俞连村劝善杂剧序》）清代的《金石缘序》中也谈道："小说何为而作也？曰以劝善也，以惩恶也。夫书之足以劝惩者，莫过于经史，而义理艰深，难令家喻而户晓，反不若稗官野乘福善祸淫之理悉备，忠佞贞邪之报昭然，能使人触目惊心，如听晨钟，如闻因果，其于世道人心不为无补也。"可见，劝善惩恶是通俗小说的基本功能。与其他教化方式相比，通俗小说和戏剧一样，是以一种喜闻乐见的方式宣扬社会主流的价值观以及道德生活百态，使得孝、悌、忠、信等观念

[①] 李悔吾：《中国小说史漫稿·绪论》，湖北教育出版社2001年版，第1页。

在广大民众中的传播更加广泛。通俗小说在村落社会的教化方面起着重要的作用。

第一，通俗小说具有移风易俗的功能。正如清代通俗小说《醒世姻缘传》序中所说的那样："大凡稗官野史之书，有俾风化者方可传播将来。"社会道德教化的目的就是为了移风易俗，塑造风清气正的社会大气候。作为"有俾风化"的通俗小说，在此方面具有不可替代的教化作用。

第二，通俗小说承载着劝善惩恶的功能。如果说儒家经典是官方的道德教科书，那么通俗小说就是民间的道德教科书。虽然教化方式、传播途径不同，但一样负载着传播人伦纲常的功能。通俗小说将宣扬忠、孝、节、义的儒家伦理与佛家因果报应、生死轮回的思想相糅合，对于普通民众的行为影响极大。

第三，通俗小说具有较好的道德传播功能。通俗小说一般都有引人入胜的故事情节，这就增强了其可读性。因而通俗小说形式多样活泼，内容广泛，市井生活，男欢女爱，世态人心，无不在小说家的笔下一一呈现，传统的纲常观念、忠孝道德、处世原则渗透其中，艰深的道德义理往往通过市井语言表达出来，读者在娱乐的同时，潜移默化地接受了这些道德的影响，"其间忠孝节义，奸盗邪淫，其善者降之百祥，其不善者降之百殃，以见人生果报，天理昭然"（《梅花韵全传》卷首序）。

中国最早的通俗小说是宋元话本小说，它的出现可以说是中国小说史带有革命性质的大事。其革命性表现在：首先，在语言上，文言文转化为白话文，扩大了小说的读者群，让那些粗识文字的村落原住民也加入了阅读者的行列，由此提高了小说的社会功能与社会意义，小说对民间社会的影响力增强；其次，在内容上，作品描写的对象由社会上层转向平民阶层，各种职业的小人物进入了作者的叙事视野，因而作品所反映的思想观点、审美情趣，都具有了鲜明的平民化色彩。比如，宋元时代的话本小说集《京本通俗小说》中的《碾玉观音》和《错斩崔宁》都以曲折离奇、富于生活情味的故事情节吸引读者，又以语言通俗生动而被广大的读者所接受，似乎并不包含直接的教化目的。但是，我们从作者偶尔穿插在行文中的按语，可知作品实际上所具有的社会教化功能。如在讲到崔宁、陈二姐被斩之后，作者发表了一段评论："这段冤枉，仔细可以推详出来。谁想问官糊涂，只图了事，不想捶楚之下，何求不得？冥冥之中积了阴骘，远在儿孙近在身，他两个冤魂也须放你不过。所以做官的切不可率意断狱，任情用刑，也要求个公平。"① 在小说故事中，并没有深邃难懂的思辨，而是通过例子的示范以及对自身利益的关注，引导村落原住民向善。

到明初《三国演义》和《水浒传》问世，深受广大民众的喜爱，通俗小说开始得到了前所未有的发展。这些通俗小说的作者在进行小说创作时，未必是很自觉地抱着教化民众的目的，但是，这些小说通过讲述历史故事和刻画人物形象的方式，客观上的确向读者传达了忠孝仁义儒家道德观念和佛教的因果循环理念。通过阅读通俗小说，村落原住民在娱乐之余，不仅知晓了许多基本的历史知识，还从中明白什么是"忠孝节义"和"因果循环"。晚明最有代表性的通俗小说之一《醒世恒言》的序中写道："六经国史而外，凡著述皆小说也。而尚理或病于艰深，修词或伤于藻绘，则不足以触里耳而振恒心。"冯梦龙认为小说应该通俗易懂，不能只顾说理而行文艰深，对于"三

---

① 《京本通俗小说等五种》，程毅中等点校，江苏古籍出版社1991年版，第77页。

言"之相互关系，他说："明者，取其可以导愚也。通者，取其可以适俗也。恒则习之而不厌，传之而可久。三刻殊名，其义一也。"在这里，他说到了"三言"可以"导愚"，其实就是达到教化的目的，为了实现这个目的，要"适俗"，还要使之"传之可久"，为此冯梦龙甚至把小说上升到六经国史之辅的地位："崇儒之代，不废二教，亦谓导愚适俗，或有籍焉。以二教为儒之辅可也，以《明言》《通言》《恒言》为六经国史之辅，不亦可乎？若夫淫谈亵语，取悦一时，贻秽百世，夫先自醉也，而又以狂药饮人，吾不知视此'三言'者得失何如也！"

清代通俗小说继承宋元明时期的教化功能。正如《梅花韵全传》卷首序所言："爱有友人遗予小本《梅花韵》者，清雅绝伦。寒窗无事，展阅有会，其间忠孝节义，奸盗邪淫，其善者降之百祥，其不善者降之百殃，以见人生果报，天理昭然，暮鼓晨钟捧读之余，阅其善者，虽愚人亦知感泣焉，低头而纳拜焉；阅其恶者，虽愚人亦知愤羞焉，发指而眦裂焉。盖作者之心，不独为娱目陶情，原欲借以警世，愿人择其善者而从之，其不善者改之而已。"教化功能在此成了创作者的自觉。如嘉庆年间的《清风闸》的序："览是书者，莫不啧啧而称羡之。予因是书脍炙人口，可以振靡俗、挽颓风，惜向无刻本，非所以垂久远。今不惜工价，付诸剞劂……非裨于世道人心之用也。"

总之，宋元以来通俗小说会被赋予的社会教化功能，在中国历史上，它们以其通俗性和故事性而为广大村落原住民所喜爱，从中他们不仅学习到了历史、地理等方面的知识，更重要的是，在阅读通俗小说中，他们的道德意识与伦理观念在潜移默化中受到了浸染。

7.4.5 女性读物中的教化

7.4.5.1 女性教化的原因

中国传统社会，女性被排除在学校正规教育之外，但是这并不等于说女性无法接受教育，只不过对她们施教的方式、方法、内容与男子有别而已。相反，在古代社会，女性被认为是"万化之原，自古圣帝明皇咸慎重之"（《万历野获编补遗》）。历代统治者无不对女性教育给予高度的重视，许多皇帝后妃、名臣大儒都亲自编纂或诠释女性读本，如汉代刘向编《列女传》，班昭作《女诫》；明成祖徐皇后著《内训》，大儒吕坤撰写《闺范图说》；清代陈宏谋编《教女遗规》，王相编《女四书》，蓝鼎元著《女学》，等等。"女教"之所以受到重视，有其深刻的原因。

图 7-14 《教女遗规》

首先,女性教化关系着社会风俗的养成和国家的兴废存亡。《周易·彖传》曰:"女正位乎内,男正位乎外。男女正,天地之大义也……妇妇,而家道正。正家而天下定矣。"明代的黄治征在《书女诫后》中说:"女德之所关大矣,与男教并盖天地……镜之往古,兴废存亡,天下国家罔不有兹。"明代的《女训序》也说:"为女妇者,诚触于古今之训,家习户诵,则风俗自然淳朴,彝伦自然敦厚,齐家范俗。"女子教育和教化被赋予强固"天下之本"的重大使命。

其次,女性教化有利于约定男女地位,维系人伦关系。中国古代社会,男女有别、男尊女卑的思想根深蒂固,对此儒家经典有一套理论阐述,正如《周易》所说:"天尊地卑,乾坤定矣;卑高以陈,贵贱位矣。……乾道成男,坤道成女。"男女之间有尊卑、阴柔的差异都是先天注定的,由此,就需要对这种天定的男女地位关系进行合乎社会人伦准则的规约,以确保社会秩序的稳定和正常运转,《礼记·郊特牲》所谓"男女有别,然后父子亲;父子亲,然后义生;义生,然后礼作;礼作,然后万物安"。于是,"男女之别"成为"国之大节"(《左传·庄公二十四年》)。《周易·彖传》中的"女正位乎内,男正位乎外"被视为"天地之大义也"。

最后,造就贤妇贞女,塑造符合儒家理念的妇女形象。克己、端庄、温顺、坚忍、节烈等品质被认为是儒家正统妇女形象。《元史·列女传序》在总结妇女鏊贞谨节方面的经验教训时明确指出:"耳不聆箴史之言,目不睹防范之具"是导致"动逾礼则,而往往自放于邪僻"的重要原因,而历代妇女之所以能够"居安而有淑顺之称,临变而有贞特之操者",正是得益于"居室也,必有傅母师保为陈诗书图史以训之"。

7.4.5.2 传统时期的女性读物

中国传统时期的女性读物有其自身的发展演化历史。先秦时期，还没有专门的女性读物。到两汉时期开始出现专门的女性读物——西汉刘向的《列女传》和东汉班昭的《女诫》。《列女传》共分母仪、贤明、仁智、贞顺、节义、辩通与孽嬖七类，每类十五人，共一百零五人的传记，书前小序对分类原则做了具体阐述，指出了妇德善恶的标准和教育导向。《女诫》全文分卑弱、夫妇、敬顺、妇行、专心、曲从和叔妹七篇，该书着重从理论上论证女子立身处世"三从之道，四德之仪"的道理，并具体规定了约束女子言行的准则。《列女传》和《女诫》为后世的女性读物在内容和形式上都提供了范本。

魏晋至唐的女性读物繁荣起来，主要有唐代宋若华、宋若昭《女论语》、陈邈妻郑氏《女孝经》，以及女皇武则天署名的《列女传》《孝女传》《古今内范》《内范要略》《保傅乳母传》《凤楼新诫》和此时正史、杂史上所载《列女传》及程晓《女典传》、张华《女史箴》等妇学短篇。其中最为著名的是《女论语》，全书分立身、学作、学礼、早起、事父母、事舅姑、事夫、训男女、营家、待客、和柔、守节十二章，该书以平易通俗的语言论述和规定了普通妇女所应学习和遵循的仪则规范。

明代随着理学的发展，女性伦理道德教育的空气十分浓厚，无论是宫廷还是民间，都热衷于编撰女性读物。成祖仁孝徐皇后的《内训》便是明代宫廷女教的典范。此外，还有章圣皇太后的《女训》、慈圣皇太后的《女鉴》。吕坤编撰的《闺范》在明代最为著名，全书共四卷，首卷辑录了经传典籍及历代女教家训之"嘉言"，后三卷则辑录了历代妇女可资效仿的各类"善行"，该书史论兼顾，文字浅显，并有图像对照，流传颇广。

清代女性读物继续蓬勃发展。陆圻的《新妇谱》、陈宏谋的《教女遗规》、贺瑞麟的《女儿经》、蓝鼎元的《女学》都是这一时期的女教著作。此外，还有流行于民间下层的女子读物由无名氏所编著的通俗普及本，诸如《妇女一说晓》《闺训千字文》《改良女儿经》《绘图女儿三字经》《闺阁箴》等。这些女性读本通俗易懂且蕴含教化意义，在社会上发挥了巨大的功效。如《女小儿语》成篇后，受到了高度的评价，清代的陈宏谋就说它"警醒透露，无一字不近人情，无一字不合正理，其言似浅，其意实深。闺训之切要，无有过于此者"（《五种遗规》）。到了明清时期，用女性读物对女子进行系统的教化，已经从高门深阁的大家闺秀扩展到了民间下层女性。

7.4.5.3 女性教化的内容

在传统社会里，由于女性与男性所承担的社会责任迥然不同，所以女子教化内容的侧重点也不同。

第一，道德品质教育。在中国传统社会，道德品质教育是女性教育的主要内容，一般要求女性具备的品德有：恪守贞节、柔顺忍让、孝敬慈爱、善教子女和勤劳俭朴等。唐代宋若莘姐妹《女论语·立身章》称："凡为女子，先学立身；立身之法，惟务清贞。清则身洁，贞则身荣。"这是对女性贞操节烈道德的典型要求；同时，女性还应学习如何孝敬长上。"女子在堂，敬重爹娘。每朝早起，先问安康。寒则烘火，热则扇凉。饥则进食，渴则进汤……阿翁阿姑，夫家之主；既入他门，合称新妇；供承看养，如同父母。"（《女论语》）勤劳节俭一向是中华民族的传统美德，也是女性道德教育的重要内容之一。明仁孝文皇后在《内训·勤励章》中指出："治丝麻以供衣服，酒浆、具菹醢以供祭祀，女之职也。不勤其身，以废其功，何以辞辟？"总之，中国古代女性道德教育在内容上纷繁冗杂，并且是"终身所以成其德也"（《内训·修身章》），这些道德要求一经书写便很容易流传到民间，对村落女性具有很大的示范作用。

第二，日常知识教育。在中国传统社会，普通女性所能接受的知识主要是基本的文化书算，这是因为她们掌握了日常生活所需的这些知识后，有利于她们更好地相夫教子、治家理财，袁枚在《题〈朱草衣寒灯课女图〉》中所谓的"只愿女儿粗识字，酒谱茶经相夫子"。更深一步，是蓝鼎元在《女学·妇功》中所说的："女子读书，但欲其明道理，养德性。"清代《训学良规》记载了女弟子入学时的规定："识字、读《弟子规》与男子同。更读《小学》一部、《女四书》一部，看吕氏《闺范》一部，勤于讲说，使明大义。只须文理略通，字迹清楚，能作家书足矣。"宋人袁采认为："妇人有以其夫蠢懦而能自理家务，计算钱谷出入，人不能欺者；有夫不肖而能与其子同理家务，不致破产荡产者；有夫死子幼而能教养其子，敦睦内外姻亲，料理家务，至于兴隆者，皆贤妇人也……惟妇人自识书算，而所托之人衣食自给，稍识公义，则庶几焉。不然，鲜不破家。"（《袁氏世范·睦亲》）稍通文字书算不仅对于女性治家理财、教子睦亲有用，而且能够使她们"稍识公义"，明白道理。

第三，劳动观念教育。中国传统社会的女性除了"传宗接代"这一职责之外，最大的使命就是操持家务、勤于女红桑麻等，尽到家庭主妇的责任。如果不这样，"则上无以孝于舅姑，而下无以事夫养子"（《尚书·大传》）。《管子》也称："一女必有一针一刀，若其事立。"中国传统妇女自古以来便具有心灵手巧和刻苦耐劳的美德，这与传统时期的女性劳动观念教育密切相关。

第四，母范母仪教育。在传统女教看来，"父天母地，天施地生，骨气像父性气像母。上古贤明之女有娠，胎教之方必慎。故母仪先于父训，慈教严于义方"（《女范捷录·母仪篇》）。《女论语》也谈道："大抵人家，皆有男女，年已长成，教之有序，训诲之权，实专于母。"由此可知，为了确保家庭子女教育取得成效，母教非常重要。中国传统观点认为，女性怀胎时行为举止特别重要。关于胎教，汉代刘向《列女传·母仪》指出："古者妇人妊子，寝不侧，坐不边，立不跸，不食邪味，割不正不食，席不正不坐，目不视邪色，耳不听淫声。夜则令瞽诵诗、道正事。"在母范教育中对女性有关仪容装扮方面也十分重视。《礼记·玉藻》指出："足容重，手容恭，目容端，口容止，声容静，头容直，气容肃，立容德，色容庄。"在装束打扮上，"妇女装束，清修雅淡，只在贤德，不在打扮"（《女小儿语·女容章》）。

第8章 传统村落文化的保护与传承

据中南大学中国村落文化研究中心团队的田野调查显示,在长江、黄河流域,具有历史、民族、地域文化和建筑艺术研究价值的传统村落,2004年的总数为9707个,2010年锐减至5707个,以每天消亡1.6个的速度递减。2014年,中南大学村落文化研究中心再次组织八个专项田野考察小组对原已纳入视野的5709个传统村落中的1033个进行回访,发现又有461个因各种原因消亡,仅幸存572个,总数消失了44.6%,平均每年递减11.1%,即传统村落正以每3天1个的速度从地球上消失。这些数字直观地反映了传统村落保护的急迫性,随着村落数量的骤减,传统村落承载了数千年的传统文化也面临严重缺失。

中国传统村落承载了中国不同历史、不同地域和不同民族的历史信息,遗存遍布,是民族文化的天然博物馆。以村落为基础发展起来的村落文化则承载了中国久远悠长的文明历史,具有聚族群体性、血缘延续性的特质,极具民族文化的本源性和传承性;村落成员的生产生活以及与之相关的有形或无形的文化形态,代表着国家和民族的文化传统,体现着"社会人"从个体到家庭、家族、氏族、民族的递进关系。然而，随着城市化的推进和外来文化的逼迫，传统村落及其承载的璀璨的昔日文明正呈现衰微之势。如果不着手进行村落文化的传承和保护，"载芟载柞，其耕泽泽。千耦其耘，徂隰徂畛"的农耕方式及其衍生的一切传统文化、风俗民情、道德伦理将不复存在。传统村落是中华民族的血脉根基。文化欲源远流长，血脉不能断，保护与传承传统村落及其文化迫在眉睫。

8.1 传统村落的保护与传承对象

"保护"顾名思义即指尽力照顾，使自身（或他人或其他事物）的权益不受损害；"传承"意为"流传继承、传授和继承"。保护是基础环节，侧重于"源"，用于传统村落便是指守护村落及其文化使其免遭进一步破坏；传承是内涵，侧重于"流"，强调传统村落文化的长足发展，其最终指向的是民族文化的延续。学界多将传承这一概念用于地域民族民间文化习得行为，泛指对某某学问、技艺、教义等，在师徒间的传授和继承的过程。如今，在传统村落及其文化的保护发展中，传承便是对传统村落中文化内涵的发扬和继承，更是体现出了"延续性、继承性"这一含义。保护与传承二者相辅相成，交叉于传统村落的物质文化遗产及非物质文化遗产的发展过程中。

值得注意的是，我们所说的"传统村落"并不仅仅指已申报命名国家、省级的历史文化名村，还包括有历史文化价值但尚未申报名村的传统村落。历史文化名村是优秀的传统村落，但传统村落不一定是历史文化名村。"现存传统建筑风貌完整""村落选址和格局保持传统特色""非物质文化遗产活态传承"是传统村落的三大内涵体现。可以说，每一座蕴含传统文化的村落，都是活着的文化遗产，体现了一种人与自然和谐相处的文化精髓和空间记忆。对传统村落文化进行保护与传承，首先要明确应该保护什么。我们认为，主要体现为两部分。其一是有形的、物质的、固态的文化部分，包括建筑物本身的形态及其与周围环境的布局，如民居、公共建筑、道路、水系、山丘等，都是在特定的文化因素影响下，通过人工与自然的结合形成的村落宏观布局形态及人们对村落面貌的直观感受，对自然的适应与改造所形成的空间布局及形态风貌。其二是无形的、精神的、活态的文化部分，如村落中世代生息的原住民，他们在生活中所创造的礼仪习俗、乡规民约、手工技艺、口头传说、生产商贸、教育、节日、娱乐等，都是体现传统村落价值特色的重要文化内容。具体分述如下。

8.1.1 物质文化遗产

物质文化遗产又称"有形文化遗产"，根据《保护世界文化和自然遗产公约》（简称《世界遗产公约》），物质文化遗产包括历史文物、历史建筑、人类文化遗址。具体到中国传统村落来说，物质文化遗产表现得更加丰富、个性，某些建筑式样典型或在环境景色结合方面具有突出普遍价值的村落本身就是一处物质文化遗产。如安徽传统村落西递村和宏村（2000年文化遗产）、开平碉楼与传统村落（2007年文化遗产）、福建土楼（2008年文化遗产）等都以古村落的原真生态和独特韵味跻身于世界文化遗产之林。除了普遍意义上的代表性民居，建筑遗产还由于传统村落的特殊血缘聚居性而包含了村落中的祠堂、家庙、宗族祭祀场所等，它们是传统村落血缘家族聚族而居的文化印记。村落中的人类文化遗址则主要包括水井、耕地、河流、堤坝、沟渠、道路景观、桥梁等生产生活遗址。村落景观中的水体、花园、古树等作为景观的特色要素，则成为民间传说和习俗等的物质载体和村落历史的记忆载体。

图 8-1　西递村

图 8-2　福建土楼

8.1.1.1 山水格局

山水格局是先民村落选址的智慧和信仰体现，体现着先祖对于自然的认知和崇敬，基本每一个村庄都被群山环绕，其周边依山傍水，有利于安定与富足。同时山水格局也包含人们依据自然山水对山水河流进行的完善，包括亭台楼阁以及风水塔林等的建设。现代人对于村落的眷恋情怀除了土生土长的乡情，还有很大一部分来自村落中的田园山水格局。"雨里鸡鸣一两家，竹溪村路板桥斜"这种清新自然的生态景观和环境是现代都市正在丢弃的。先民对于自然的"崇敬"使得二者和谐共生，村落中的许多建筑都是依势而建，道路、植物的分布与周围的生态环境完美融合，耕地、沟渠、水井等人为景观也无不体现出劳动人民的生态理念。所以，孤立地研究村落、实物是不可取的，如何将村落中的景观及其景观背后的文化理念传承下去，也是传统村落文化保护与传承的一部分。

图 8-3 山水格局

8.1.1.2 村落格局

村落格局是村落风貌的体现，它决定了一个传统村落的基本布局形态。村落的街巷、水系、重要场所等构成了村落的空间结构，保留原住民在改造自然环境时留下的痕迹。在一些大型的街衢式建筑的村落中，街巷是原住民出行、交往、驻足停歇的主要场所，作为主线贯穿联结整个村落，街巷的横纵陈列基本决定了整个村落的大致分布形态。人们对于一个村落美的欣赏和印象往往通过街巷格局以及街边的铺面建筑。如安徽皖南西递的"船"形格局，宏村的"牛"形格局，石家村外圆内方的"棋盘"形格局等，无不给人深刻的印象。在线元素中，还有一个暗线——水系。水系是整个村落生活、生产用水以及污水排放、消防安全的网络，它通过水井、地下井、排水渠、池塘、溪流、人工引水渠道、江河湖泊等明暗相续，连接成网，是传统村落的灵气所在，同时兼具村落的景观功能。在村落街巷纵横、河流密布的线元素中，许多重要场所散布其中，成为被线环绕并连接的点，包

图 8-4 村落格局

括祠堂、寺庙、戏台、牌坊等。这些重要场所共同组成了原住民的精神空间和公共生活空间。

其实，传统村落格局的形成乍看似乎随意，其实都非常讲究。许多村落在营建过程中，尽量利用了自然环境和自然水系，依山就势，立足整体，体现出天人合一、生态和谐的空间观。这些空间格局背后的生态理念、行为观念是传统村落空间格局形成的重要因素，值得深入研究。

8.1.1.3 村落建筑

我国地域文化多样性最明显之处便体现在建筑之上。按照现代的划分，村落建筑可以分为公共建筑和民居。其中，民居在村落中占绝大多数，它们往往聚集形成规模化的建筑群，构成了主要的村落景观。由于民族的历史传统、生活习俗、人文条件、审美观念的不同，也由于各地的自然条件和地理环境不同，因此，建筑的平面布局、结构方法、造型和细部特征也就淳朴自然而又有着各自的特色。比较典型的有西北黄土高原的窑洞、安徽的古民居、福建和广东等地的客家土楼等。在建筑装饰上，各族人民常把自己的心愿、信仰和审美观念，把内心的希望和喜好的东西，用现实的或象征的手法，反映到建筑的装饰、花纹、色彩和样式等结构中去，如汉族村落中常见的鹤、鹿、蝙蝠、喜鹊、梅、竹、百合、灵芝、万字纹、回纹等，云南白族村落中常见的莲花，傣族的大象、孔雀、槟榔树图案等，无不带有强烈的地域特色和民族特色，呈现出丰富多彩和百花争艳的效果。

8.1.1.4 田园环境

田园环境是数千年来原住民创造的独特的农业图景，体现了人与自然和谐相生的生态观念。它包括自然植被和农耕田地。自然植被在村落的生产生活中提供了资源，与村落具有相依相存的紧密联

图 8-5 建筑

系。而农耕田地则是原住民赖以生存的生产资料，与自然景观、民居建筑构成了村落山水田居的生活化氛围。在劳动人民的改造下，不论是北方的旱地还是南方的水田，都井然有序、绮丽壮阔地坐落在传统村落之中，有的还具备堪称奇迹的农业水利设施，成为劳动人民造就的人类文明遗迹。如云南的传统村落中，留下了大量独具特色的农耕文明遗存——哈尼梯田，已于 2013 已被列入世界文化遗产名录。红河哈尼梯田规模宏大，绵延整个红河南岸的元阳、绿春、金平等县，是以哈尼族为主的各族人民利用当地"一山分四季，十里不同天"的地理气候条件创造的农耕文明奇观，据载已有 1300 多年的历史。

湖南省娄底市新化县西部山区的紫鹊界梯田也是这样一处灌溉工程遗产。这里没有一口山塘、一座水库，无须人工引水灌溉，天然自流灌溉系统令人叹为观止。2013 年 5 月紫鹊界被评为中国首批 19 个重要农业文化遗产之一，是国家自然与文化双遗产、国家水利风景名胜区，孕育了民风淳古、物阜蕃昌的深厚文化根基。

图 8-6 紫鹊界

8.1.2 非物质文化遗产

非物质文化是各种以非物质形态存在的、与群众生活密切相关、世代相承的传统文化表现形式。相应地，传统村落的非物质文化便是指传统村落中，各族人民世代相传并视为其文化遗产组成部分的各种传统文化表现形式，以及村落中与传统文化表现形式相关的实物和场所。它包括传统村落各民族的口头文学、音乐、舞蹈、戏剧、曲艺、杂技、体育、美术、传统手工技艺、医药、节日等，十分庞杂。这些优秀的非物质文化遗产大多保存在传统村落中。可以说，传统村落是我国非物质文化遗产的土壤。通过村落原住民的世代传承，流传至今。

8.1.2.1 口头文学

口头文学是口口相传的文学作品，主要包括史诗、传说、神话、民间歌谣、谚语、谜语、绕口令等。它和专业的书面文学颇有不同，不像书面文学一样需要读书识字才能获取知识，而是紧紧地贴着生活，是真正属于普通民众的文学。例如，民间谚语是村落原住民的生产生活经验总结，在村落中口耳相传。不少劳动歌节奏铿锵，能够在他们的劳动中调整呼吸、鼓舞情绪。许多世代相传的古老神话和传说，描写保卫乡土、歌颂英雄，都长时期地广泛地教育着人民，也带有娱乐功能。这种"原生态"的文学样式，老少咸宜，颇受村落原住民喜爱。

8.1.2.2 音乐与舞蹈

村落中流传的音乐与舞蹈，也是村落文化的重要组成部分，体现了一个村落中重要的人文精神。在村落中，音乐与舞蹈往往结合在一起。一个村落社会生活中的婚丧嫁娶、生育献祭、播种丰收、驱病除邪等，都可以通过音乐和舞蹈得以体现。音乐和舞蹈成为村落原住民调节生活和感知世界的重要方式。

图 8-7　民间舞蹈

8.1.2.3 戏剧

戏剧是以语言、动作、舞蹈、音乐等形式达到叙事目的的舞台表演艺术。在村落中，许多戏剧演员都具有非专业性，平时进行生产劳作，只有村落中发生重要事件需要演戏的时候，他们才是演员。很多戏剧的剧情都是根据叙事性极强、情节曲折且观众耳熟能详的故事改编，无论从其音乐唱腔、服饰道具来看，还是其表演程序和表演习俗来看，都呈现出独特的艺术特色。有一些戏剧并非为了表演而表演，比如湘西苗戏、新晃侗族傩戏等少数民族戏剧，它们大多与传统村落流传已久的节日习俗相关，体现出了独具地方特色的民间宗教信仰。在许多村落，戏剧表演场也是当地原住民的凝聚力、组织分层、精神信仰等诸多相关村落秩序的事项和规则的展演场，原住民通过观赏戏剧不仅得到了愉悦与休闲，而且也在潜移默化中陶冶了精神道德情操，对维系传统村落的民心有着重要的意义。

8.1.2.4 曲艺

曲艺是中华民族各种"说唱艺术"的统称，与戏剧以歌舞演故事不同，它是用口语说唱的形式来叙述故事情节、塑造人物形象以及倾诉个人感情的一种艺术形式。在我国的传统村落中，曲艺品种有400个左右，包括相声、评书、二人转、单弦、大鼓、双簧等，一般由一人或几人说演，辅以小型乐队伴奏，常常"一人饰多角"，跳出跳入，达到"一人一台大戏"的效果，如常德丝弦、陕西快板、温州大鼓、广东粤曲、湖北大鼓、四川清音、扬州清曲等。在少数民族村落中，也有不少具有民族特色的曲艺形式，它们绝大部分是用各自的民族语言或方言说唱表演,如满族曲种"太平鼓"、哈萨克族曲种"冬不拉弹唱"等。

图 8-8 飑桌子

8.1.2.5 杂技与体育

杂技与体育按其属性可分为表演类、竞技类和表演竞技混合类。吴桥杂技、抖空竹、维吾尔族达瓦孜等项目都是表演类的杂技,在一些传统村落中有着广泛的群众基础。吴桥流传一句顺口溜:"上至九十九,下至刚会走,吴桥耍玩意,人人有一手。"说的就是河北省沧州市吴桥县一带的传统村落中,许多原住民都会玩杂技。竞技类的体育项目,以传统武术为主,还有少林功夫、武当武术、沧州武术、太极拳、梅花拳、回族重刀武术等。在我国西南少数民族村落中,原住民更是创造了丰富有趣的体育活动,如民族式摔跤、毽球、抢花炮、珍珠球、蹴球、押加、板鞋竞速、陀螺、射弩、高脚竞速、木球表演等,既带有表演的观赏性又融合了竞技性。传统村落文化中的杂技与体育,有不少节目和项目就是直接从劳动生产与日常生活中

· 575 ·

获取灵感，其道具就是生产生活中常常用到的器物，如耍坛子所用到的小口大肚的酒坛子，转碟所用到的菜碟，苗族飚桌子所用到的桌子，等等。杂技与民族体育，是经千年民间传承发展和完善的文化载体，具有深厚的文化底蕴。

8.1.2.6 民间美术与传统手工技艺

民间美术与手工技艺关系极为密切，多数与民俗活动有关。如民间的节日庆典、婚丧嫁娶、生子祝寿、迎神赛会等活动中的年画、剪纸、春联、戏具、花灯、扎纸、符道神像、服装饰件、龙舟彩船、月饼花模、泥塑等，以及民俗节日中的服饰、用具等。它们的制作材料大都是普通的木、布、纸、竹、泥土。传统村落中，民间美术与传统手工技艺贯穿于原住民生活和精神世界的各个领域，直接反映原住民的思想感情和审美趣味，显示出他们的聪明智慧和艺术才能。

图 8-9 竹艺

8.1.2.7 传统医药

很多传统村落大多地处山区、半山区，地势偏僻，交通闭塞，气候恶劣，各种疾病多发。为了更好地生活，原住民就利用当地的材料来防病治病，包括植物、动物、矿物等。由此积累了大量的民间医药单方、验方、秘方和诊疗技法，它们共同构成了中华民族宝贵的医药文化遗产，都是我国医药文化中的瑰宝。这类医药手札有的是由村医、郎中凭经验写成的笔记或医药记录，有的是祖祖辈辈传下来的偏方、秘方，大多还留存于传统村落中。在传统村落及其文化的传承与保护中，重视医药手札的整理、保护与传承，将会对中医的发展产生推动作用。

8.1.2.8 其他文化遗存

民俗即民间文化，是民众的生活、生产和风尚习俗的状况。在生产领域有劳动民俗，生活领域有生活民俗，传统节日有节日民俗，社会组织有组织民俗等。许多民俗在特定的节日或场合进行，形成了特定的一套仪式，像婚礼、丧礼、诞礼、成人礼等人生礼俗需要有典礼或仪式来求得社会认同。在人的精神意识领域还有许多祭祀仪式和信仰仪式，也称为民俗。本书第四章已对生产生活民俗做了详细列举，第五章对于信仰仪式也有深入阐述，此处便不再赘述。

除了上述所列，在传统村落中，还有一些具有特色的文化遗存，是近十余年来才逐渐得到重视，如村落中最常见的农具及农业文化。农具用途大同小异，看似简单，但是每个设计构造均体现了劳动人民对如何最有效地运用力量的智慧。在今天的许多偏远村落中，还依然

图 8-10 婚礼

还保留着传统的犁地、收割、纺织等工具，维持基本的吃穿用度。

　　传统村落中常见的碑刻，更是记载村落文化的重要材料，对传统村落文化的研究有着不可替代的作用。在中国传统典籍中，很少有文字涉及与村落相关的内容，而村落中遗存的碑刻却正好弥补了这一不足。它有着极高的文献价值，具有补史、证史、正史的功能。中国村落文化研究中心人员在湖南靖州的一个苗族村落发现的"群村永赖"碑，记述了苗族在自身悠久历史文化中形成的"舅霸姑婚"的婚姻习俗，还记述了清代道光年间地方政府立碑示禁的史实与过程。可以说，它是我国古代婚姻制度史上极为重要的物证，可以清晰地展现苗族历史文化尤其是婚姻制度史的演进，补白苗族的历史文献。遗憾的是，由于目前人们尚未认识到这些村落碑刻的价值，它们有的被当作普通石料用来铺路、搭桥、当墙基，有的干脆被废弃于荒郊野外，尚没有得到有效的保护和研究。

图 8-11　群村永赖碑

8.1.3　制度文化

传统村落中的制度文化是村落原住民在长期的农业生产生活中，为了自身生存、社会发展的需要而主动创制出来的有组织的规范体系。从国家行政管理体制、法律制度、人才培养选拔到民间仪礼俗规，传统制度无不带有农业宗法社会的文化特性。时至今日，当传统农业社会面临转型，传统村落的制度文化便已不再占主导地位，许多传统的因素已随着时代退出了历史舞台。然而，当今社会中，传统村落的制度文化仍旧可以作为协调个人与群体、群体与社会以及维护群体的凝聚力的精神力量，如村落中的宗族制度、乡规民约等，作为物质文化与精神文化的中介，至今仍维系着传统村落的动态平衡关系。我们在保护与传承村落制度文化时，要有取其精华，去其糟粕，合理利用这些具有协调、辅助作用的传统力量。

传统村落的管理体制多由村落组织来完成，在众多自治组织中，宗族组织成为传统村落的控制主体。自古以来，族权便给予了政权辅助作用。宗族制度对村落的控制首先通过族权来实现。族权由族长和若干协助人员组成，管理宗族组织各项事务。族长拥有主祭权，可以主持族谱修续、管理宗祠、兴办学堂、祭拜祖先、修筑祖墓。族权在一定程度上能够承担经济上的自助自救，包括日常事务和宗族福利事业。宗族文化一直是原住民的精神根基和心灵归属，是个人维系到社会和国家的纽带。今天，在村落基层自治的管理制度下，传统的宗族制度依然具有维系人心和维护基层社会稳定的功能。

图 8-12 宗祠

传统村落的村规民约是村落中的成员共同制定的一种行为规范，与宗族法和政府法律既有区别，也有联系，是实行原住民自我教育、自我管理的一种有效的形式。经过数千年的发展，留下了大量的村规民约，对于我们今天的村落治理仍旧具有参考价值。如贵州省贵定县石板乡腊利寨现存 1919 年的寨规碑中就有"贫穷患难亲友相救""勿以恶凌善，勿以富吞穷""行者让路，耕者让畔"等内容。这些村规民约包含了从为人处世、邻里和睦到忠孝廉洁、忠君爱国的一切准则，体现的是村落中劳动人民最质朴的道德原则。一旦违反，将会受到村落的舆论压力和宗族的处罚，这对于维护村落的秩序能够起到很好的约束作用。

8.1.4　精神文化

传统村落的精神文化具体表现在原住民的伦理道德、日常生活以及节日习俗中，充分体现了村落原住民对于美好生活的向往和理想精神世界的追求。村落的精神文化气质包含在原住民日常劳作的勤劳之中，体现在劳动人民生活的节俭之中，体现在邻里之间的和睦之中，体现在后代对长辈的孝心之中，等等。这些精神信念包含的方方面面，共同构成了中华文化的精神文明。

儒家文化可以说是对传统精神文化影响最深的，大到国家的治理，小到村落中续族谱、立牌位、建宗祠，无一不受儒家文化的影响。许多传统村落中设有书院，开设私塾，供村落中的适龄儿童学习儒家文化。其忠孝仁义的思想融入社会教育和家族教育之中，涌现出一批达则兼济天下的忠君报国之才。其中的孝道教育更是深深植根于晚辈的心中，《二十四孝》的故事至今仍是教育后代的范本。许多村落习俗中，有很多都是在孝文化观念之下形成的，如为去世的父母长辈超度、祭祀等。孝文化不仅在汉族的传统村落中盛行，也影响到周边的其他少数民族村落，如云南一些壮族的传统村落中，父母去世之后要讼唱《感恩经》，感恩母亲怀胎十月到养育儿女成人的艰辛，极具感染力和教育意义。儒家文化中最重要的思想如"克己复礼""修身齐家""忠孝廉洁"等名言警句，都被录入家谱或者村规，或者书写在建筑的最显眼处，代代相袭，成为原住民倾心企慕的治家良策。

在儒家文化的影响之下，结合中国传统村落的自治性特征，逐渐形成了特有的乡绅文化。所谓乡绅，就是有过科举经历的读书人，部分人还有过为官的经历，但始终与生养他的村落发生着关系，有的常年居住在村落中。他们的文化价值观乃至社会价值观都深受儒家文化影响，在村落社会中具有较高的文化威望，同时又通过言传身教将儒家文化进一步发扬光大，对于村落社会有很大的影响力。他们有一定经济基础，村里修桥铺路、办学讲学、捐款救灾等都由乡绅出资或者出面组织捐款。每逢朝代更替、皇权易主的年代，乡绅阶层总是站出来捍卫村落的和谐与安宁。

在当今时代，虽然乡绅作为一个社会阶层已瓦解，但是传统村落中依然存在这样一些能够引导精神文化的模范群体，这就是我们所说的"新乡贤"。我们今天呼唤"新乡贤"，提倡"乡贤文化"，主要是提倡发扬传统乡贤对于地方建设尤其是基层村落建设的精神，鼓励并保护其在社会公益、社会服务、社会道德等方面体现出来的行为。"新乡贤"是在传统乡绅文化的启示之下出现的一种新型群体，在时代的呼唤下不断发展壮大，其主体已不再是士绅阶层，而是包含文人学者、政府退休官员、企业家、科技工作者、海外华人华侨在内的各行业精英。他们一般出身农村，受过高等教育，见多识广，传统村落的生活经历和精神内涵在他们心底打上了深深的烙印。他们从自身的乡土生活经历中获得灵感，发掘村落文化的价值，对于村落文化有着独特的感触和见解。他们有的在村落中成为群众信任的决策者，有的在村落中成为知识的传播者，有的选择自己熟悉的家乡作为研究对象，通过著书立说、社会呼吁、社会公益等手段表达对乡土的热爱。从历史的经验教训来看，中国是一个农业大国，村落的治乱与否与国家的稳定密切相关，村落乱则国家乱。而任何社会组织都离不开人，村落也是如此，由此我们可以想见，在村落社会中，人的作用不可小觑。

如今，传统村落正面临"千年未有之大变局"，景观建筑遭到破坏的表象之下是文化的空心化，大量人员进城务工，留守儿童、孤寡老人等社会问题日益凸显，外来的非主流价值观念不断冲击着千百年来养育了代代淳朴善良的劳动人民的传统价值观念。城市化不能以农村空壳化为代价，村落治理亟待乡贤回归，村落的稳定与发展还需要由内而外的凝聚力。在传统村落的发展中需要更加注重新乡贤的引导作用。

佛教文化在传统村落中主要是作为精神信仰而存在的。对于普通的村落原住民而言，他们并不理解佛经上的微言大义，而是根据自己的理解和认识，塑造着自己能理解的世俗化的精神信仰体系。佛教的三世因果、六道轮回以佛教的视角引导人们行善止恶，其五戒、十善等道德准则与今天的社会主义主流价值观十分契合。如果说儒家文化着眼于个人的修身齐家而后平天下，那么佛教文化则是将眼界放宽到普济一切众生，在这一更加宏观的视角下，佛教的道德更多地上升到了个人与一切有情生命体之间。信众将生活的苦难寄托于佛教神灵，形成了一套独特的精神信仰。日常生活中，也常常可以见到佛教思想对于村落原住民潜移默化的影响。例如，碰到什么重要的事情，他们会双手合十说："菩萨保佑。"传统村落的路边，可以见到一种碑刻，上面只有四个字：阿弥陀佛。表示这个地方发生过车祸或者其他意外。立一块"阿弥陀佛"碑刻，可以保佑其他人不再遭受这种祸事。有人去世，一定要请和尚前来做一场法事，超度亡灵。诸如此类，都是佛教思想在传统村落中影响的结果。

　　道家思想作为中国主要传统文化之一，强调人与自然的和谐，人性与天道要一致，这种观念在中国传统村落中，从建筑与自然环境的结合中可以十分明显地体现出来。道家还强调贵和尚中，主张人与人和谐相处，强调不争、不有、贵柔、守静，世间万物皆自然恩泽，使人能以稳定平和的心态直面现实生活。道家文化的阴阳五行、风水堪舆等观念决定了传统村落的选址、分布和格局。人与自然和谐共生的精神对于今天生态环境的管理仍旧具有现实意义。由以道家思想为主要指导思想的道教，对于村落原住民日常行为的影响，也是显而易见的。例如，有人去世之后的法事活动中，除了请和尚之外，也会请道士。法事活动悬挂的水陆画，有大量的神像都是道教神仙，如三清、玉皇大帝、护法元帅等。田间地头大大小小的土地庙中供奉的土地神，年关时祭祀的灶王爷，出门行商祭拜的财神赵公明等，都是村落中常见的道教神灵。

　　总之，儒家文化、佛教和道教思想，是传统村落原住民精神信仰大厦的三大支柱，但这并不是村落精神信仰的全部，在部分地区的村落中，还有大量的本土精神信仰，它们只在局部地区流行，但像湖湘地区的巫教、满族的萨满教等，它们共同融合并成了传统村落原住民的精神信仰。在保护与传承传统村落的精神文化时，我们不能将其一棒子打死，完全列入封建迷信的范畴，而要充分发掘这些信仰中的积极因素，为现实服务。

8.2 传统村落文化保护与传承的意义

8.2.1 守护中华民族文化的根

保护中华民族的历史文化,首先要保护文化的根脉。作为一个拥有悠久农耕文明史的国家,众多形态各异、风情各具、历史悠久的传统村落就是中华民族文化蔓延生根的地方。这些村落是在长期的农耕文明传承过程中逐步形成的,凝结着历史的记忆,是中华民族生存、生产、生活的基本载体。中华民族的传统观念、习俗、社会与家庭等多元文化在此孕育而生。相对于经典文献和地下挖掘出来的古物史料,传统村落更能真实地反映中华民族不同地域、不同族群的生产生活方式、道德伦理观念以及民族习俗风情,蕴藏着丰厚的历史文化信息和自然生态景观资源。它所承载的有关中华民族文化的历史信息更具鲜活性,是我们中华民族文明发展史的"实证",更是中华文明渊源的"活证",是我国历史、文化的"活化石"和"博物馆"。

然而,随着城市化浪潮的愈发汹涌,传统村落作为中华传统文化的重要载体和中华民族的精神家园,已经遭受了剧烈的冲击,即便没有灭亡,也与现代的城市格格不入,艰难喘息,传统村落文化面临着前所未有的巨大危机。山西省盂县的宽坪村就成了这样一个个案。宽坪村位于山西盂县北部的大山深处,村内房屋整齐有序,环境优美,曾经是祖祖辈辈生活的世外桃源。然而,由于山高路远沟深,村子外面的女人不愿意嫁到村里来,村里的孩子读书条件也十分艰苦,宽坪村的年轻人纷纷外出挣钱寻找新的出路，宁可背井离乡挤在逼仄的乡镇或城市夹缝里，也不愿回归满目疮痍的村落。这个村落目前成了仅有九口人的"消失中的村落"。断壁残垣，九户原住民，两条狗，500多只羊，十几只鸡，构成了该自然村的全部。地理意义上的村落已经如此破败不堪，文化就更难寻踪影。

正如龚自珍所言，"灭人之国，必先去其史"，国家如此，村落亦如此。如果具有民族向心力和凝聚力的历史文化消亡，那么这个国家人心也必将涣散，最终"国将不国"。因此，从某种意义上说，保护传统村落，就是保护中华传统文化的重要载体和中华民族的精神家园；延续和传承中国传统村落文化，就是在守护我们民族文化的根。

8.2.2　保障民族文化的安全和国家社稷的稳定

传统村落作为位于国家金字塔塔基的相对独立的单元，是村落共同体内的精神家园。一个民族文化的安全和国家社稷的稳定，离不开无数个小单元的稳定与安全。在日出而作、日落而息的生产生活方式中，传统村落养育了一代代勤劳勇敢的原住民，孕育了基层社会的安定与和谐。族长、乡绅、贤长者担负起维护村落系统秩序的责任，村落中的宗祠、家庙维护着沿袭千年的相对稳定的社会秩序和宗法论理，中华民族就在这样家族相续、睦邻友好的氛围中发展着。

而且，传统村落的原住民家中，大都设有神龛，或崇佛信道，或仰拜祖先与山水神灵，一年四季都有应时应俗的本土宗教仪式和活动展开。他们在日常生活中来表达自己的世俗关怀，表现自己对于生活与人生的看法。他们对天地自然、神灵祖先以及自身民族历史，无不充满敬畏。这些信仰传统历千年未变。在村落中，原住民大多有各民族的宗教信仰，这些本土宗教与儒家文化和佛教、道教相融合，在发挥着宗教信仰本身所具有的教理教义宣扬、传播与传承功能的同时，还在家族氏族民族血缘关系、维护人伦秩序和社会稳定、弘扬劝善崇德等良好社会风气方面起到了强化作用。"护稷为忠，敬祖示孝，积德布仁，举善有义"，在相对封闭的传统村落体系中，这些基本的价值观念，在上一辈的教导与熏染之下，自幼就扎根于村落原住民的心灵深处，代代相传。由此，即使是在最为偏僻的山村中，都可以走出一代代忠君爱国的仁人志士。他们出则为国效力，入则回报故土，始终以维护国家和民族的安全为己任。优秀传统村落文化无处不在的巨大感染力，由此可见一斑。

因此，我们说，传统村落文化的内在结构关系到国家的文化结构，前者支离瓦解，势必严重影响到我国传统文化尤其是意识形态方面的传承和延续，危及民族文化安全、国家社稷稳定。"足寒伤心，民寒伤国"，没有了传统村落这个"家"，何以谈"国"？保护与传承中国传统村落文化，就是在维护国家社稷的稳定与民族文化的安全。

8.2.3 延续村落传统习俗与生活方式

传统村落中的传统习俗与生活方式是经年累月形成的，每一种传统习俗与生活方式的背后，是几百年、几千年乃至几万年丰富的历史积淀而成的文化。它们既是传统文化的载体，又是地域文化的象征，体现出了一个地区长期以来所形成的共同心理和生活特点，极富独特精神价值。这些传统习俗与生活方式起源于人类社会不同区域、不同族群的群体生活，具有族群化、模式化、类型化的特点，依赖于特定的传统生活环境，依赖于传统村落中原住民心照不宣的心理认同和共同遵守，因而在相对封闭的村落中世代相传。村落原住民创造了这些习俗与生活方式，反过来，这些习俗与生活方式又塑造着原住民的文化性格与文化心理。如果离开了村落这个大环境，不少传统村落原住民所保存至今的一些最为宝贵的特质文化将因为失去其存在的土壤和背景而发生改变。正如我国云南地区摩梭人古老的走婚制度一样，在被贴上商业旅游的标签之后，受到了外界价值观念的冲击，成了外人猎奇滥情的借口。

图 8-13　侗族村寨

传统村落与传统村落文化相互依托，不可分离。原住民延续了数千年的村落传统生活习俗与生活方式，都是以这些坐落在中华大地上的传统村落为依托的。如果传统村落遭到毁坏，则以其为依托的传统村落文化也就会随之消亡。今天还有许多侗族村寨。这些传统村落不仅仅保存大量的具有侗族传统特色的建筑，其生活方式的淳朴和谐，也让今天生活在大都市中的人们觉得不可思议。这些村落中的原住民在外出时，习惯在门框之内竖一根扁担，或于门框之旁悬置一竹篓，抑或于门板之上挂一纱线。生活在周围的路人经过时，看到这些就知道屋里的男主人进山砍柴、下地干活去了，或是女主人赶集去了，如若口渴，屋内备好的茶水和食物可尽管食用。这种"道不拾遗，夜不闭户"的社会风气，只可能存在于当地的村落之中，它与大都市中"家家防盗、处处监控"的现象形成了鲜明的对比。保护与传承传统村落文化，可以延续村落中社会的和谐与美好。这种和谐与美好的社会风气正是我们在现代生活中逐渐失落的。

8.2.4 重塑道德伦理

我国传统村落在过去社会的结构就是以血缘、宗法关系为纽带而建构起来的。以血缘关系为纽带的宗法制度，是过去社会稳定发展的根本保证，国人敬祖尊上、家国天下的观念保留了人们心中所存的"畏惧感"和"自制力"。心存畏惧，不会胡作非为；自制内省，便能是非分明，由此形成基本的行为准则和道德规范，虽千里不同俗，但其基本内涵是一致的。自宋代开始，在中原与北方地区，后人会为先祖建立"家庙"，时时以祖训为准则；后来单一家庭的家庙制度逐步形成整个族群居住地的"宗祠"，奉于祖先与堂屋的神龛之上。强调个人对宗族、国家负有很强的道德责任，个人应当服从宗族和国家的利益，遵循集体主义原则。族有族长，家有家规，由此形成的忠孝人伦延续千年，教化四方，至今仍然有许多传统村落依然保有这种宗祠、家庙。虽然文化教育已经不再是家族中的私事，而让位于九年制义务教育，但是在道德教化上，传统的宗法伦理中的积极因素仍旧可以服务于当代社会，拯救我们日渐失落的精神。

面对当今频频出现在热搜榜上的道德缺失事件，很大程度上与城市化进程有关。在城市化进程中，彼此没有血缘关系的陌生群体集中在一个地方，降低了伦理道德的底线。这使得人们心中的是非标准失衡，精神世界由于被物质与金钱充斥而显得空虚。传统村落作为人类文明发展过程中精神扎根的最后一块净土，对伦理道德与精神文明的重塑起到了重要作用。村落曾经固有的乡亲乡情、温暖诚信、守望相助、邻里相扶的美德会给当下冷漠猜忌、世俗风尘蒙垢已久的心灵一丝净化、些许温暖、一次警醒，唤起数千年来流淌在中华民族每一代人血液里的民族性格和美好品质，重塑美好的道德伦理，为社会的和谐贡献力量。

8.2.5　维系国人的乡愁和情感

乡愁是在传统村落中萌生发酵，它以血缘、乡缘关系为纽带，在历史与文明的变迁演进中渐渐融入中华儿女的血脉，化为中华民族的文化基因。对远离故乡的人来说，乡愁就是对于一个地方的怀念之情，如同诗人余光中所写那样：是一枚小小的邮票，维系着母亲与儿女；也是一枚小小的船票，承托着亲情与爱情。

看得见山，望得见水，传统村落无疑就是牵得住乡愁的地方。

传统村落中的田园山水是村落文化中天然的珍贵遗产。寄情山水、怡情田园，是因为山水田园可以陶冶心志、修炼性情、培养品格。中华民族就是在山水田园之中，孕育出了富有特色的生存理念、人文观念、哲学思想、道德价值取向等。山水田园之于人，已不仅仅囿于山水田园所产之物可以养身养命的物化层面。山水田园风物风景已升华为可以养眼养心、净化灵魂、陶冶情操的精神家园。前者是物化的，后者是精神的。物质和精神在中国式的山水田园里，有着最为完美的融合和体现。

图 8-14　田园

传统文化中往往带有非常强烈的乡土情结和田园向往。陶渊明"不为五斗米折腰"，为官八十余日终于弃官归乡而回到生养自己的村落，过着"种豆南山下""晨兴理荒秽，戴月荷锄归"的普通农人生活，所闻所见所历村落中的鸡鸣狗吠、桑麻荆扉，都是他吟咏的对象。村落与山水田园养育了他的生命、滋润了他内在的精神世界，造就了他"采菊东篱下，悠然见南山"物我两忘的超然心境。他在成为"田园诗"之祖的同时，也成了中国历代文人的精神偶像，可谓写不尽的山水田园，绘不尽的村落胜景，抒不完的怀古幽思。历代文人墨客凭借生于斯长于斯的人生阅历，曾留下了数不胜数的名篇，创造了内涵丰富的文化意象，寄托了意味深长的人文情怀。这种精神血液也延续到了当代很多有社会责任感的知识分子身上。他们充满了强烈的文化自尊和理想化的文化态度，认为村落文化就是城市文化的未来精神归属。

　　黛山可以安神，林泉可以明志，田园可以怡情，不同地域的特质文化可以使人开阔视野、增长见识，淳朴的村落民风可以净化灵魂、陶冶情操。身体在这里得到滋养，心性在这里得到释放。保护传统村落及其文化，便是保存数千年来中华民族先哲留给我们的、可以喂养我们民族精神的山水田园理想；保护传统村落及其文化，便是保护千年来，中华民族先哲留给我们可以陶冶心性的田园风景；保护传统村落及其文化，便是保护数千年来，中华民族先哲为我们所营造的、可以安放灵魂的精神家园。

　　传统村落文化是传统文化中最接地气的那一部分，保存也最为完整。它是乡愁之情产生的地理空间，是连接家族血脉、传承族群文化的重要载体，是广大华侨、港澳台同胞远在千山万水之外，但依然要回来找寻根基的理由，是我们灵魂栖居和最终回归的精神家园。"家书何处去，归雁洛阳边"，传统村落所代表的"家"对于情感的寄托和慰藉只有离人游子才能体会。如果丧失了这些传统村落，我们的精神将最终归向何处？

　　因此，对于乡愁，人们会用各种不同的方法来化解并以实际行动有意无意地传达，许多文学作家会用纸笔写下记忆中的村落生活，许多企业家则投资家乡、回馈社会，许多艺术家醉心于民间美术的淳朴之美，这些都是传统村落及其文化的独特凝聚力。留得住传统村落，才能守护奔波在外的中华儿女内心深处坚守的精神世界。只有不忘过去，才能至未来。

8.3 传统村落文化保护与传承的途径

8.3.1 保护与传承的群体

8.3.1.1 家族与宗族

中国传统社会是一个以家族血缘关系凝结成的宗法社会，不论是原始社会的各种社会组织还是后来的胞族、氏族，无一不是以血缘关系为纽带建立起来的。在血缘纽带不完全解体的前提下，中国进入阶级社会，从而就形成了独特的宗法制度。从孩童的启蒙到青少年的人生观形成乃至成年后的各个阶段，都会受到家族的影响。在生产实践过程中，基本上都是在一个家族中由上一辈传给下一辈。例如育种、耕作、除草、收割等农事活动的生产经验，都是在家族或者宗族中传递的。在同一区域，这些生产活动经验具有普遍性，但一个人不会从其他家族中来获取信息，而只能是在血缘内部得到。

至于精神文化方面，血缘传承的特征也十分明显。在聚族而居的生活方式中，通过行动或者观念感染后代。因此，传统村落文化的血缘传承主要是在同一血缘范围内进行的文化传承。它既包括血亲族史的传承，也包括由血亲讲唱的村落文学的传承，更包括血缘家族在长久相处中行为举止、道德观念、风俗准则的传承。

在中国传统村落，同一家族的原住民祖祖辈辈通常都居住在同一个不大的空间里，日常生活中，村落原住民之间联系的纽带就是血缘。原住民从小对于整个家族、村落乃至民族的祖先、英雄人物耳熟能详。一个人从小就对整个家族的信仰、民俗、家规、祖训耳濡目染，并自觉形成一种内在的约束力。血缘家族共同的原始心理和族群意识，缔造了共同的祖先神话、史诗及传说，这些村落文学大多世代以祖辈口耳相传的方式，融入村落原住民的日常生活或农闲娱乐中。他们即使目不识丁，对于一些经典文献也都有不同程度的了解，有的甚至对一些历史故事非常熟悉，就完全得益于这种口头传承方式的影响。

由于血缘家族的群体相对较小，血缘传承的范围一般多被限制在氏族范畴之内。一个人童年时代从父母、亲友那里所接受的传统村落文学，如歌谣、童话、故事等，主要源于这种具有血缘关系的家庭传承。在祖辈讲述这些文学作品时，总是会潜移默化地融入他们的价值观念，孩童在学习中也会受其影响。例如，在满族民间故事家李马氏、佟凤乙、李成明的故事传承中，出自血亲传承的民间故事分别占到了87%、82%、94%以上。而朝鲜族故事家金德顺老人所讲述的民间故事"也是她小时候从阿妈妮、祖母、外祖母及亲戚那里听来的"。在血缘传承中，女性传承占有更大比例。这可能与中国人"女主内"的社会分工方式有关。在传统村落的家庭中，男人通常在外面从事农业生产，而养育子女的责任就落到了女性身上。

8.3.1.2 师徒

师徒传承是以行业为界，在行业内部进行的具有行业特点的故事、技艺、文化的传承。如在木匠、石匠、泥瓦匠中流传的鲁班故事，在医药行业中流传的神医华佗故事，以及在赶山人中流传的孙老头故事，等等，都是以师徒相传的方式流传于本行业内部群体之中。这一传承过程常常与某些神秘的业缘神信仰有关。每个行业都会有各自行业的祖师或保护神,且具有一定的参拜仪式,每逢节日、祖师生日、收受艺徒或是土木竣工,都要聚集庙中参拜祖师爷,并由工头讲述行业及行业神故事,借以交流技艺,增进团结,弘扬行业道德。因此,随之而来的某些技艺和诀窍也就具有了程度不一的神秘性和传承环境的指定性,独特的绝技和行业诀窍更是概不外传。甚至在一些宗教活动中,也有这种规矩。例如,萨满教的祭神仪式就是如此。对祭祀神的历史情况,在萨满教风行时是严禁泄露的,只有老萨满玛达到晚年时才传给他(她)们的得意弟子。传授时还得焚香、洗手、漱口,跪在地上聆听传教。像焚香、洗手、漱口等仪式并不是最复杂的,但依然决定了师徒传承不能像血缘家族传承那样具有随意性、生活化的特征。而且,师徒传承有时往往会与血缘家族传承相结合,二者分界并不是很分明,这一特点与中国历史上手工业作坊的家族式经营有关。

除了某些行业由国家规定世袭以外,有的行业还存在传内不传外、传男不传女的传统,只有家族内部男丁后继无人的情况下才考虑外传,因此内外亲疏始终贯穿在师徒传承中,形成了家族血缘与师徒关系交叉的双重性传承。

当然,师徒传承最为鲜明的特点是,它具备其他传承方式所没有的专业性。俗话说"隔行如隔山",行业内部的专业技能是行业兴旺与传承的关键,各行业的技术技巧是不同行业的能工巧匠长期创造、摸索出来的,除了师徒传承,外人很难短期内摸索通透。所以,过去工匠在收录艺徒、祭祀神祖时,都要由有经验的老师傅向徒弟们开讲"手艺经",借以传授经验、切磋技艺。有的行业不但传授技能,该行业的价值观念、制度禁忌也借由这些行业技能、行业故事加以重申与强调。许多故事讲述先祖的光荣事迹,既是专业经验的总结概括,又是对前人从事这一行业的职业道德修养的弘扬,不抢同行生意,不趁人于危难，救人于水火等这些规矩，都是从事该行业的基本准则。由此可见，业缘组织在传统村落文化的传承中占了极大的比重，甚至是村落手工技艺最主要的传承方式。

8.3.1.3　群体组织

群体组织相对于家族传承与师徒传承来说其范围更加广泛，受众阶层亦多样化。但群体传承往往呈现出一定的地域性，因为共同的文化背景、相同的地理环境、频繁的文化接触，很容易促成相同文化心理，形成鲜明的地域性特征。中国是个典型的农业大国，农业民族最主要的特征之一便是安土重迁。强烈的乡土观念，使得文化的影响范围限制在了某一群体组织中。

群体组织对文化的传承主要体现在岁时节令、大型民族活动和风俗礼俗中。在岁时节令、大型民族活动中，原住民往往会以群体组织的形式进行本民族的文化实践。许多村落在岁时节令还会有大规模的社戏、庙会等活动，这时候群体组织对于村落文化的传承是一种自由的濡染。相对于这种自由性，风俗礼俗的群体传承就带有了一定的强制性。一种风俗或礼俗一旦形成之后，逐渐成为一种大家都要遵守的"自正自制"的社会制度，就会在群体与民众中具有相当强大的规范力与约束力。"自正自制"首先是个人的自我遵守和自我约束。一个人从出生到死亡的这段历程当中，作为社会的一个成员，他会自觉不自觉地遵守全社会约定俗成的风俗或礼俗。当他不能自正时，就会多少受到来自社会群体的、心理的、信仰的种种压力、谴责甚至制裁。每一个人的民俗情况都处在别人的监视之下，任何一个人，只要他违背了当地的风俗习惯，大家都要将他拽回民俗的轨道上。从诞生到满月，到周岁，到成年，到老年，有许许多多相应的人生礼俗伴随着他，其中最不能超越的，大概是诞生礼、婚礼和丧礼。这些风俗或礼俗繁简不同，但在正式活动中大家都遵守规矩，以免自己的行为或者语言越礼而遭到嘲笑或者指责。从这一方面来看，村落文化的群体传承也体现出了相对稳定的特征。

8.3.2 保护与传承的方式

中国传统村落及其文化的保护与传承涉及空间形态、建筑风格、文化遗址、古树名木、地方特色方言、戏曲、传统工艺、产业、民风民俗等方方面面，十分庞杂。先民曾在悠远长久的文化发展历程中用语言、文字、图像、实物等各种不同的方式传承本民族文化。这种方式倾向于组织内部之间纵向的"承上启下"的文化传承轨迹。而今，高新技术的不断发展催生了一系列现代多媒体数字化传播方式。这种方式既有纵向的延伸，还侧重于横向的拓展。这并不代表现代传承方式能够完全取代传统方式，它仍然以语言、文字、图像、实物为主要传播方式，只不过采用现代手段对其进行整合，使之呈现多位一体的效果。我们在保护和传承村落文化时，既要注重运用现代化的手段，又要注重传统的手段，仅以某种单一方式传承村落文化是既不全面也不现实的。

8.3.2.1 传统传承方式

第一，语言传承。

语言传承方式是最为原始的方式。早在文字尚未产生之前，历史就是依靠先民世代以口耳相传的方式得以保存和延续的。更有甚者，直至今天，许多偏远民族仍然没有文字。如居住在中印边境地区海拔1000多米的森林中的僜人，仍然靠上一代口传给下一代的方式繁衍发展。这种传承方式有着文字难以替代的地位，不但包括口头文学的传承，还包括各民族语言本身的传承。村落原住民通过口耳相传的方式交流思想、传递生产生活经验、延续风俗习惯，保存了传统村落的文化成果。

图 8-15　口语

语言是人类进行沟通交流的符号。人们借助语言，保存和传递人类的文明成果。它既是文化传承的重要途径，本身亦是文化的一部分。我国是一个统一的多民族国家，民族多、语言多、文字多。除汉族外，已确定民族成分的少数民族有 55 个，除回族、满族已全部转用汉语，其他 53 个民族都有自己的语言，有些民族内部不同支系还使用着不同的语言，因此，全国 55 个少数民族，共使用上百种语言。这些语言分别属于五个语系：汉藏语系、阿尔泰语系、南岛语系、南亚语系和印欧语系。汉语语言中，由于历史与地理条件的影响，又分为七大方言：北方方言、吴方言、湘方言、赣方言、客家方言、粤方言和闽方言。

在许多少数民族地区，有的民族至今也没有创造出自成体系的、具有规律性的文字。于是从口承的历史来看，各民族的先民等不及文字的出现，便将自己的一段段历史以口头的方式传下来。一种语言一旦随着老一辈的离世中断，那么村落也将面临变迁直至传统的事物消亡，这也是我们迫切抢救和保护濒危民族语言文化的重要原因。据《科学时报》（2012年更名为《中国科学报》）2011年8月14日的一篇名为《抢救中国濒危少数民族语言》的文章显示：中国正在使用的120余种少数民族语言，使用人口在1万人以下的语言约占语言总数的一半，使用人数在1000人以下的有20余种，基本上处于濒临消亡的边缘。有着中国母系氏族社会传统的摩梭人便存在这样一种现象，小于20岁的年轻人讲摩梭语已经发音"变味"，有的甚至根本就不会讲，只有生长于云南丽江泸沽湖畔的大于60岁的摩梭人还能用自己的语言交流。

　　语言的基本含义和内容可以借由文字形式记录，但语言传承时往往伴随着传承人微妙的表情、细腻的情感和特殊的语境，这些都是难以捉摸、稍纵即逝的，语言对短暂情境的传承则是其他方式不能取代的。某些语言习惯和口头文学也只有通过语言传承这种方式才能保留它的生动性。如在汉语中，谐音文化及其产生的隐喻文化便是语法活用最为生动的例子。如东安大江口乡的银山，由于该村山上林荫蔽日，阴森可怕，所以称之为"阴山"，但人们嫌弃"阴"字寓意不够好，便将"阴山"改为银山。像这样被谐音雅化的地名，还有远井与远景、臭鱼塘与秀鱼塘、干塘冲与甘塘冲、死水与泗水、枯塘与福塘、鸭屎塘与鸭丝塘等，这些地名都反映了东安人避俗求雅的社会心态。语言的这一类活用方式在全国各地普遍存在，包含中国人特有的禁忌避讳和信仰风俗。人们逃避晦气、喜好吉祥，由此便形成了独特的隐喻文化。尤其在明清时期形成的一些深宅大院中，这种现象更是被应用到了极致。坐落于山西省祁县乔家堡村的乔家大院，逢年过节，乔家人祭祀祖先神灵要在院中石槽上放三样物品，其一便是"豆腐"，不仅因为乔家是靠卖豆腐起家的，还因为豆腐与"斗富""都富"谐音，来寄托山西商人生意兴隆、富甲一方的愿望。在一些节日礼俗中，类似的隐喻文化也被广泛应用。在汉族结婚仪式中新郎和新娘要吃桂圆、枣子和花生，也都与谐音有关。桂圆的名称中本身带有一个"圆"字，寓意夫妻关系圆圆满满；"枣"字谐音"早"，希望新郎新娘"早生贵子"；花生的名称可以解读为"花着生"，意思是变化着生，又生男孩又生女孩。家族聚会中，亲友之间从来不分吃一个梨，因为"梨"的谐音为"离"，"分梨"就是"分离"，象征离别；小孩子不小心打碎了碗或杯子，因为"碎"与"岁"谐音，大人就会说一句"碎碎平安"，寓意"岁岁平安"；对外交往中，中国人送礼从来不会送伞、钟等类的物品，就是为了避讳其谐音"散""终"。直至今天，这些禁忌避讳和隐喻文化依然常见于许多传统节日或聚会交往的场面中，十分耐人寻味。

　　语言包含了人们日常生活、生产中的意识形态、风俗习惯，所以传承村落文化离不开对语言的解读。从不同民族的语言表现形式以及语言结构、语言文化和口头传承文学中，往往能够了解到不同村落的不同的历史背景、不同的生存环境和社会条件、不同的发展过程、不同的思维模式。语言作为传统村落原住民进行沟通交流的表达符号和媒介，本身就包含了同一生活背景下的原住民绝大部分的文化内容。村落的原住民只有在共同语言交流的前提下，才会有共同的文化认同感和归属感，形成原住民的内聚力，维系村落内部关系，成了村落乃至民族维系内聚力的重要纽带。在古代，因为教育没有普及，文字为少数读书人所掌握，但语言却非如此，不论是未受过教育的老人还是尚未识字的孩童都能够通过语言表达自身的认知。语言对文化的传承是实时的、自然而然的，不受时间、地点、条件的限制，不像文字记录那样费时费力。因其还具有相对稳固的一面，语言又被称为文化传承的 DNA。在中国历史发展过程中，有些曾为人们应用的旧事物会逐渐消失，但反映这些旧事物的词语仍会沿用下来，即便人们没有见过曾经存在过的这些旧事物，也仍可以通过语言了解它们的过去。这些特性决定了传统村落文化的保护与传承必须以语言作为关键。

当然仅仅使用口头传承这一种方式也存在很大弊端，它使我国的民间音乐至今没有完善的记谱方法，在现在的传统村落文化保护中，文化的传承还需要融入文字、乐谱、录音、影像、光盘等更多传承方法进行记录，更要注重传承人培养和广大劳动人民的文化创造力才能使村落文化永葆活力。

第二，文字传承。

文字是记录信息的图像符号，中国文字是独一无二的表象形的文字。古代把独体字叫作"文"，把合体字叫作"字"，如今联合起来叫作"文字"。传统村落文化中的文字传承并不仅限于传承有重要事件的文献、重大书法价值的作品或有政治意义的文书、密信等，相反，许多村落由于相对偏远，极少有政府公文、精英著述之类的文本内容传世，反而出现了许多原住民特有的用以记事、叙史、寄托民族情感的文字，其内容大多与原住民生活息息相关。由于文字传承能够突破语言的时间和空间限制，相对稳定，所以文字传承一直被当作传统村落及其文化保护与传承的基本手段。

文学作品相对于民俗文字更加成熟化、书面化、文学化，许多优秀的文学作品都是源自于乡土生活的灵感。村落的自然环境悠远宁静，充满了生活的智慧，孕育了大批优秀作家，他们所代表的地域文化影响全国甚至远及世界。这些文学作品反映的村落的生产、生活风貌与世界其他民族截然不同，在世界文化中以风格质朴、特色鲜明著称，成为独树一帜的文学种类。独特的民族风貌、多样的地理环境还孕育了一大批反映少数民族村落文化的优秀文学作品，风情浓郁，至今仍然广为流传。

除了文学作品，在许多的传统村落还散布着大量的民间文字变体，其中蕴含的文化并不逊色于文学作品，是研究传统村落发展变迁和原住民精神意识、道德教化、生产生活的第一手资料。传统村落的民众在民俗节日、庆典聚会、建筑装饰、家居艺术中使用的寓意美好、喜庆吉祥的一类文字。

传统村落中的这类文字有别于文学书面语，它是在汉字的基础上夸张变形而成的。其形式活泼，寓意美好，多请村落中有威望、有知识的人书写。虽然这类汉字经过了夸张变形，但奇特的是，它的识读群体却大大广泛于普通书面文字，一般民众即使不识字亦能识读其背后蕴含的意义。这种现象源自原住民在长期共同生活中形成的相同的文化背景和长久的文化积淀，彼此约定俗成，心照不宣。在浙江省兰溪市有一个著名的诸葛八卦村，村中民居天井照壁上常常出现与动物图像相结合的文字，"福"字乍一看是汉字结构，细看之下组合的左为鹿，右为鹤，十分巧妙。而且这个字除了"福"字的本义外还蕴含了多重意义："鹿"谐音"禄"，象征财富，仙鹤在传统文化中寓意"寿"，鹿鹤相逢又为"喜"，加上"福"字的本义，整个字蕴含"福、禄、寿、喜"，精妙至极。像这类在民众中广泛流传、带有吉祥寓意的文字还有很多。它们应用于家居、建筑装饰中，寄托了劳动人民美好情怀。吉祥文字是村落中常见的一种文化现象，对于传统村落的文化传承有重要作用。

图 8-16 福

　　文字传承对于传统村落文化的传承作用比较明显地体现于地方志中的"村志"。"地方志"即按一定体例，全面记载某一地域的自然、社会、政治、经济、文化等方面情况的书籍文献，是典型的文字传承的方式。村志作为地方志的一种，是以某一个行政村或自然村为记述范围的志书。它以基层行政单位为记述对象，全面盘点村落地理、历史、经济、风俗、文化、教育、物产、人物等方面的状况，是十分珍贵的历史遗产，有着特殊的历史价值、文化价值和学术价值，具有其他书籍不可替代的功能。由于历史上，许多史书都是由中央主持、史官书写，大多经过人为修正，许多少数民族村落原住民的历史难以进入正统体制中。所以方志提供的大量社会历史史料，能"补史之缺，参史之错，详史之略，续史之无"。近年来，现代村落的迅速变化使村志的作用日益显现，各地村志、乡志编修情况也在逐步开展中。例如，2014年1月，在上海市政协十二届二次会议上，11名市政协委员联合提交提案，倡议开展村志编修，承续乡土文化。近些年来，在一些村落中，很多有文化与见识的老人也自发地撰写本村的村志。村志传承的重要性正在逐步被人们认可，村志是研究村落变迁、村界划分、宗族姓氏迁徙、生产生活习俗等村落文化的重要资料。

第三，图像传承。

图像传承一直以来在各民族文化传承过程中隐晦地发挥着作用，从部落图腾就可以追溯图像传承文化的悠远历史。在文字最早出现时，象形文字便是一种图像传承方式。图像传承具象易懂，是最为直观的一种方式，只是在传承过程中极易被忽略。在当今读图化、信息化的时代，图像与符号日趋显示出极其强大的传递功能和优势。

在文字识读并不普及的情况下，传统村落中的图像与图案对于文化的传承发挥着独特的作用。它由民间艺人创作并为原住民所喜闻乐见，是一种反映了原住民的审美观念的艺术形式。其表达方式不像宫廷艺术图案一样华贵，但形式丰富，组合奇巧，繁复绚丽，带有浓烈的地域文化特色。

村落原住民在长期的生产生活实践中，喜欢创作一些富有寓意的装饰物，来表达对美好事物的追求。除了采用直接的表达方式来描绘传统吉祥图案，更喜好用含蓄、委婉、深刻、富有寓意性的图形来表达。譬如，我国民间视蝙蝠为吉祥物，就是基于"蝠"与"福"谐音，以"蝠"代"福"，因此许多传统村落的建筑装饰中经常能见到关于蝙蝠的各种图纹与雕刻，甚至在梅州市梅县区茶山村,村里整个建筑造型都如同蝙蝠图案:堂屋、庭院和门楼为蝙蝠身,两侧数米的天街再建横屋为双翼,堂屋与横屋有矮墙相连,形似蝙蝠,十分壮观。此外,蝙蝠还常见于民间木版年画中,寓意繁多,有双福、五福、五福捧寿、福在眼前、福寿双全等。除蝙蝠图案以外,还有"鱼"谐"余"(裕)、"鹿"谐"禄"、"戟"谐"吉"、"磬"谐"庆"、"猴"谐"侯"等。这些广为使用的吉祥图案将吉祥语言和艺术形式完美地融合为一体,表达了村落原住民对幸福和美好生活的追求与向往。它们至今仍然出现在许多传统村落的工艺品中,如剪纸、蓝印花布、蜡染、刺绣、木版画等。

图 8-17 吉祥图案

第四,实物传承。

在传统村落中,村落原住民的生产生活实践都离不开各种工具、器物等实物的使用,这项实物伴随着村落的产生、迁徙,社会的更替而变化。即使许多实物承载的工艺已经在历史发展过程中随着传承人的逝去而中断，但是承载着村落文化的实物本身也具有传承历史文化的功能。这些物质实体存在体现了其被创造和使用的时代背景，传递出其背后的深刻的文化价值。

传统村落是传统文化实物遗存较多的地方。几乎所有的人类文化遗产都离不开实物传承。村落中从衣食住行的实用物品到文化艺术品，无时无刻不在传达着本民族、本村落的文化内涵。如瑶族村落中，男子戒度时头戴缠有白带的斗笠，斗笠象征胎在母腹"不见天日"，白带象征脐带，以示自己与母亲血肉相连，永不忘本。在苗族地区的村落中，服饰的一个突出功能，就是记载本民族的历史，黔西北威宁、赫章以及滇东北彝良苗族服饰上的天地、山川、江河、城池、田园图案，黔东北松桃和湘西苗族的骏马飞渡、江河波涛图案，川南苗族黄河、长江图案，无不反映出苗族历史在服饰上的深厚的文化积淀，反映出苗族从黄河之畔，迁徙到长江流域的艰难历程。在这里，原住民的穿戴实物，就像一部部写在服饰上的史诗，记载着自己的历史。

实物的保护与传承是目前文化保护中着力最多的方式，这一点从对于传统村落建筑的保护中尤其能看出来。确实，从传统村落建筑的样式及堪舆规划中，我们可以深刻地感知到中华民族聚族而居的历史文化。福建客家人的传统土楼建筑，就是这样一种独一无二的文化载体，除了能带给人们新奇的视觉效果之外，也能赋予人极其深远的回忆。福建的土楼大都是以圆形和方形群组的方式坐落在乡间，这种围合向心的居住形态是很古老的方式，它体现了以共同体为基础的居住形式。人类社会的原型就是从围合开始的。历史上村庄及聚落的形成，都是自然发生和生长的生态，它是靠时间的推移和村落原住民在

图 8-18　苗族服饰

长期的生产生活实践中慢慢形成的。

但是,建筑不只是一个简单的实物形态,它与周围的生态环境、自然景观、人文景观都是相生相连的。"西塞山前白鹭飞,桃花流水鳜鱼肥""晨兴理荒秽,戴月荷锄归""采菊东篱下,悠然见南山",美好的自然景观与村落建筑一起,融为一体,带给人们饱含"山水田园"之美的记忆。这种感觉,显然不是仅仅靠一座孤立的房舍就能够延续的。在涉及村落建筑实物保护的时候,需要将其与其周围的生态环境、活态文化一起保护起来。

图 8-19　土楼

8.3.2.2　现代传承方式

随着社会的发展，现代信息科技元素悄然而至，现代化为村落文化的传承与保护带来了新的机遇与挑战，也带来新的传承方式。村落文化的现代传承方式，主要是结合现代信息科技元素，采用多种传承形式对传统村落文化进行数字化、立体化的展示，在展示中引起人们对于传统村落文化的重视、保护与传承。

第一，互联网传承。

当今社会，全球化和信息化相互促进，互联网已经融入社会生活的方方面面，深刻改变了人们的生产和生活方式、消费方式、治理方式乃至文化传承方式。互联网具有受众广、时效强、多功能、交互式等多种特点，它的飞速发展为村落文化的现代传承提供了良好的渠道，已成为村落文化数字化记录的重要载体。

互联网能够为传统村落文化的网络推送提供平台。网络传播具有与传统传播方式截然不同的本质特征，它集互动性、即时性、个性化、权利平等性、多元性于一身，可以通过网页、新闻、博客、论坛、广播、广告等形式给受众带来强烈的感官刺激和互动参与的欲望。近年来，随着手机、平板电脑等移动终端的普及，信息的传播方式发生了革命性变化，具有智能操作系统的移动终端都有客户端的安装，许多应用程序实时通过互联网进行更新，逐渐成为互联网信息传播的重要载体。因此传统村落及其文化可以通过互联网开发移动APP、客户端，将传统村落文化的海量信息以地图形式整合，用户点击进去即可实时了解并查询传统村落中从自然气象、交通状况、村落风貌到文化内涵等一切动态。

在传统村落文化的传承中，互联网能够着眼于文化资源的供应和原住民的需求如何有效对接。传统村落中的部分文化遗产由于受到交通和时间的限制，并且由于其存在的特定生活环境，传播渠道十分受限，大型的器物、建筑、碑刻、遗迹等都具有不可移动性特征。针对这一现象，互联网可建立"传统村落文化数字博物馆"，通过互联网途径拓宽传统村落的传承渠道。传统村落文化数字化博物馆采用虚拟的网上博物馆模式，与实体保护与传承相结合，使村落中的建筑，与原住民生产生活、文化教育、道德教化、精神信仰有关的物质文化遗产和非物质文化遗产的物质载体等摆脱了时间、空间和民族的限制。该模式主要利用数字化技术真实还原村落文化中的物质文化遗产的光影、色泽、造型、纹样，除基本特征能够直观获取外，还能够支持细节放大、结构拆解等功能。这些功能将为村落文化载体搭建起无限地复制、存储、加工、展示与交流的平台，成为弘扬村落文化、培养文化认同感的中坚力量。

图 8-20　虚拟收藏社区

总之，互联网已毫无疑问成为现代村落文化的传承与保护的有力方式，将其合理地运用于传承机制中并与其他传承方式有效整合，便可以从根本上推动村落文化传承保护的持续发展，提升村落文化的生命力。

第二，多媒体传承。

多媒体是多种媒体的综合，是把文字、图形、图像、声音、动画、活动影像等通过数字化加工、组合处理的一种传播媒体。多媒体能有效地运用于村落文化资源的采集、处理、编辑、存储和展示，是全新的村落文化传承方式。

多媒体技术能对村落中珍贵、濒危并具有历史价值的物质及非物质文化遗产进行真实、系统、全面且永久的数字化存储记录，建立档案和数据库。这种多媒体档案和数据库是村落文化全新的采集记录手段和存储方式，不仅可以把村落文化物质及非物质文化遗产的档案资料，如文字资料、实物照片、制作过程的影像、传承人的录音等，通过多媒体技术处理，保存在硬盘、光盘等实物的存储介质中，再对这些数据进行多维度的扫描、分析与展示，还可将档案资料转换成数据，存入网络中，构建多媒体网络数据库，便于档案资料信息及时更新、检索。目前，中国传统村落立档调查已于2014年正式启动，以文字、图像相结合的方式，全面清晰地记录村落中相关的文化信息，至今完成立档调查村落数目达100个。

同时，多媒体技术能够为传统村落提供更加广阔的宣传平台，将村落文化在更大的范围内推广，让更多的人认识、了解、重视传统村落文化，参与到传统村落文化的传承与保护中。在这个宣传平台中，可以利用多媒体将村落中的人际关系、家族树、文化基因以图谱形式联结，以家族或村落为单元，配合文字、图片、视频、音频和交互影像等方式全面呈现村落中的非物质文化遗产，更具象化、生动化地体现其文化内涵。具体形式可以是采用数据新闻、自媒体文章、数字期刊、数字图书等介绍非物质文化遗产，配以动静结合的图画。外部的人如果想学习传统村落中的制作技艺，可以通过平台远程学习，不再局限于组织内部人与人之间实时、实地的环境条件，把村落文化面向的群体扩展到整个社会，使村落中的原住民能够从中获益，也能使村落以外的人从中得到文化的熏陶。通过这个平台人们还可以交流文化、寄托情感，找到自身的社会存在感，弥合村落与社会外界的裂痕。

第三，生态博物馆的传承。

生态博物馆被称为没有围墙的"活体博物馆"，是博物馆的一个新类型。它主要是以具有一定历史、文化、科学、艺术、社会等价值的传统村落为单位（包括村落中的自然生态和人文生态），强调保护和保存文化遗产的真实性、完整性和原生性。我国的第一个生态博物馆是贵州六枝梭嘎苗族生态博物馆，它已成功开创了生态博物馆原地保护与传承的方式。继梭嘎博物馆之后我国已有16个生态博物馆在广西、贵州、云南及内蒙古相继成立，为苗、侗、瑶、汉等传统村落的文化传承与保护贡献了重要力量。

生态博物馆具有展示功能和教育传承功能。其展示功能与传统博物馆并无太大区别，主要是面向大众展示人类文化遗产。而教育传承功能包括对原住民的教育和对外界大众的教育。首先是对原住民的教育。生态博物馆的主体是村落原住民，他们担任着博物馆"展示者"和"讲解者"的角色，这就要求他们对于自己的民族文化要有系统的认识和了解。因此，生态博物馆能够对本地区村落原住民的文化普及起到促进作用。生态博物馆专业人员还会与村寨中的原住民共同组成培训小组，掌握收集文化资料的常识，使当地的村落文化能够得到保存、储存与展示。在梭嘎生态博物馆建立后，生态区内便建立了希望小学，为生活在偏远村落的儿童的文化普及提供了场所，学校开设手工工艺课、芦笙演奏课等，促进了民族文化的传承。其次，在对外界大众的教育中，生态博物馆是主动的、开放的。社区、村落原住民享受了良好的文化教育，在迎接八方来客时会以文化主人的意识主动传播本民族的文化，以他们的民族文化能够被关注、传播、展示为骄傲。由于生态博物馆的资源大多是活态的，在文化展示过程中，生态博物馆的村落原住民能够与外来的观众进行互动、交流，定期开展许多手工艺知识活动。这对于生态博物馆的受众群体来说是一次接受文化熏陶的契机。

总之，传统村落的保护与传承是一个宏大的体系，也是一个全新而重要的研究课题。中国传统村落及其文化的研究与保护，目前尚处于发展阶段,这项工作的前期阶段可能会耗时耗力,但是它肩负着保护中华民族乃至全人类文化遗存的重任,将会对未来社会、国家乃至人类的发展做出巨大贡献。

忘记过去,意味着背叛;展望未来,则需要我们今天打好稳固的基础。作为一个研究传统村落文化的学人,我们尤其要踏踏实实做好传统村落及其文化的保护与传承的工作,为中华民族文化的传承不息再续火种。

主要参考书目

［英］弗里德曼：《中国东南的宗族组织》，刘晓春译，上海人民出版社2000年版。

［英］李约瑟：《中国科学技术史》，王铃协助，科学出版社、上海古籍出版社1990年版。

［英］马林诺夫斯基：《文化论》，费孝通等译，中国民间文艺出版社1987年版。

［美］包筠雅：《功过格——明清社会的道德秩序》，浙江人民出版社1999年版。

［美］黄宗智：《华北的小农经济与社会变迁》，中华书局1985年版。

［美］黄宗智：《长江三角洲小农家庭与乡村发展》，中华书局2000年版。

［美］马若孟：《中国农民经济》，周文彬、张慕贞译，江苏人民出版社1999年版。

［美］明恩溥：《中国乡村生活：社会学的研究》，中华书局2006年版。

［美］明恩溥：《中国人的气质》，生活·读书·新知三联书店2007年版。

［美］摩尔根：《古代社会》，商务印书馆1998年版。

［美］施坚雅：《中国农村的市场和社会结构》，史建云、徐秀丽译，中国社会科学出版社1998年版。

［美］W.古德：《家庭》，社会科学文献出版社1986年版。

［美］许烺光：《宗族·种姓·俱乐部》，薛刚译，尚会鹏校，华夏出版社1990年版。

［美］阎云翔：《礼物的流动》，上海人民出版社2000年版。

［美］杨懋春：《一个中国村庄：山东台头》，张雄、沈炜等译，江苏人民出版社2001年版。

［加］朱爱岚：《中国北方村落的社会性别与权力》，江苏人民出版社2004年版。

［日］井上彻：《中国的宗族与国家礼制》，钱杭译，上海书店出版社2008年版。

［日］森正夫编：《明清时代史的基本问题》，周绍泉、栾成显等译，商务印书馆2013年版。

［日］田仲一成：《中国的宗族与戏剧》，钱杭、任余白译，上海古籍出版社1992年版。

［日］滋贺秀三等：《明清时期的民事审判与民间契约》，王亚新等译，法律出版社1998年版。

杜赞奇：《文化、权力与国家——1900—1942年的华北农村》，江苏人民出版社2003年版。

阎明：《一个学科与一个时代——社会学在中国》，清华大学出版社2004年版。

· 615 ·

林耀华:《金翼:中国家族制度的社会学研究》,生活·读书·新知三联书店1989年版。

萧公权:《中国乡村:论19世纪的帝国控制》,台湾联经出版事业公司2014年版。

毛丹:《一个村落共同体的变迁》,学林出版社2000年版。

李银河:《生育与村落文化·一爷之孙》,文化艺术出版社2003年版。

郑振满:《族谱研究》,社会科学文献出版社2013年版。

雷洁琼等:《改革以来中国农村婚姻家庭的新变化》,北京大学出版社1994年版。

任青云、董琳:《平等与发展》,生活·读书·新知三联书店1997年版。

王沪宁:《当代中国村落家族文化》,上海人民出版社1991年版。

王铭铭:《村落视野中的文化与权力:闽台三村五论》,生活·读书·新知三联书店1997年版。

王铭铭:《社会人类学与中国研究》,生活·读书·新知三联书店1997年版。

费孝通:《江村经济》,北京大学出版社2012年版。

费孝通:《乡土中国 生育制度 乡土重建》,商务印书馆2011年版。

费孝通:《怎样做社会研究》,上海人民出版社2013年版。

费孝通:《中国士绅》,赵旭东、秦志杰译,生活·读书·新知三联书店2009年版。

夏日新等译:《日本学者研究中国史论著选译》,中华书局1992年版。

中国科学院考古研究所、陕西省西安半坡博物馆：《西安半坡》，文物出版社1963年版。

黄宽重主编：《中国史新论》，（台湾）"中研院"联经出版事业股份有限公司2009年版。

恩格斯：《家庭、私有制和国家的起源》，人民出版社2003年版。

毛泽东：《反对本本主义》，人民出版社1975年版。

李泽厚：《中国古代思想史论》，生活·读书·新知三联书店2008年版。

张岱年：《中国哲学大纲》，中国社会科学出版社1982年版。

刘华：《风水的村庄》，百花文艺出版社2010年版。

胡兆量、阿尔斯朗、琼达等：《中国文化地理概述》，北京大学出版社2001年版。

万里：《湖湘文化辞典》，湖南人民出版社2011年版。

《陕西军事历史地理概述》编写组：《陕西军事历史地理概述》，陕西人民出版社1985年版。

陈从周、潘洪萱、路秉杰：《中国民居》，学林出版社1997年版。

刘伟：《宁夏回族建筑艺术》，宁夏人民出版社2006年版。

孙大章：《中国民居研究》，中国建筑工业出版社2004年版。

杜青林、孙政才主编：《中国农业通史》，中国农业出版社2008年版。

童书业：《中国手工业商业发展史》，中华书局2005年版。

徐旺生：《中国养猪史》，中国农业出版社2009年版。

龙登高：《中国传统市场发展史》，人民出版社1997年版。

季羡林：《糖史》，江西人民出版社2009年版。

洪光住：《中国酿酒科技发展史》，中国轻工业出版社2001年版。

郑昌淦：《明清农村商品经济》，中国人民大学出版社 1989 年版。

李根蟠：《中国农业史》，文津出版社 1997 年版。

胡朴安：《中国风俗》，九州出版社 2007 年版。

李泽厚：《中国古代思想史论》，生活·读书·新知三联书店 2008 年版。

胡彬彬、梁燕：《湖湘壁画》，湖南美术出版社 2009 年版。

许平：《造物之门》，陕西人民美术出版社 1998 年版。

叶朗：《中国美学史大纲》，高等教育出版社 2006 年版。

柳肃：《营建的文明——中国传统文化与传统建筑》，清华大学出版社 2014 年版。

王鲁民：《中国古典建筑文化探源》，同济大学出版社 1997 年版。

徐庆文：《中国传统生活方式概论》，山东教育出版社 2002 年版。

钟敬文主编：《中国民俗史》，人民出版社 2008 年版。

钟敬文主编：《民俗学概论》，高等教育出版社 2010 年版。

刘锋、龙耀宏：《侗族贵州黎平县九龙村调查》，云南大学出版社 2004 年版。

赵玉燕、吴晓光：《湖南民俗文化》，湖南师范大学出版社 2010 年版。

王景琳、徐匋：《中国民间信仰风俗辞典》，中国文联出版公司 1997 年版。

复旦大学文史研究院编：《"民间"何在，谁之"信仰"》，中华书局 2009 年版。

乌丙安：《中国民俗学》，辽宁大学出版社 1985 年版。

乌丙安：《中国民间信仰》，上海人民出版社 1996 年版。

李亦园：《宗教与神话》，广西师范大学出版社 2004 年版。

杨庆堃：《中国社会中的宗教》，上海人民出版社2007年版。

岳永逸：《灵验·磕头·传说：民众信仰的阴面与阳面》，生活·读书·新知三联书店2010年版。

夏曾佑：《中国古代史》，上海人民出版社2014年版。

伍新福：《苗族文化史》，四川民族出版社2000年版。

何星亮：《中国图腾文化》，中国社会科学出版社1992年版。

孔德懋：《孔府内宅轶事——孔子后裔的回忆》，天津人民出版社1982年版。

徐朝旭：《儒家文化与民间信仰》，人民出版社2013年版。

陈荣富：《文化的演进——宗教礼仪研究》，黑龙江人民出版社2004年版。

吕大吉：《宗教学通论新编》，中国社会科学出版社2010年版。

李叔还：《道教大辞典》，浙江古籍出版社1987年版。

顾洪编：《顾颉刚学术文化随笔》，中国青年出版社1998年版。

王继英：《民间信仰文化探踪》，民族出版社2007年版。

李亦园：《人类的视野》，上海文艺出版社1996年版。

张子伟：《湘西祭祖习俗》，湖南师范大学出版社2011年版。

马新师：《两汉乡村社会史》，齐鲁书社1997年版。

徐扬杰：《中国家族制度史》，武汉大学出版社2012年版。

陈宝良：《中国的社与会》，浙江人民出版社1996年版。

徐茂明：《江南士绅与江南社会（1368—1911）》，商务印书馆2004年版。

张研：《清代社会的慢变量》，山西人民出版社2000年版。

赵秀玲：《中国乡里制度》，社会科学文献出版社1998年版。

萧公权：《中国政治思想史》，台湾联经出版事业公司1982年版。

常建华：《明代宗族研究》，上海人民出版社2005年版。

董建辉：《明清乡约：理论演进与实践发展》，厦门大学出版社2008年版。

黄佐：《广州人物传》，中华书局1985年版。

陈会林：《地缘社会解纷机制研究》，中国政法大学出版社2009年版。

牛铭实：《中国历代乡约》，中国社会出版社2005年版。

朱鸿林：《中国近世儒学实质的思辨与习学》，北京大学出版社2005年版。

王宗培：《中国之合会》，中国合作学社1935年版。

陈宝良：《中国的社与会》，浙江人民出版社1996年版。

石朝江：《中国苗学》，贵州大学出版社2009年版。

魏文享：《国民党、农民与农会》，中国社会科学出版社2009年版。

朱勇：《清代宗族法研究》，湖南教育出版社1987年版。

冯尔康、阎爱民：《宗族史话》，社会科学文献出版社2012年版。

方健：《范仲淹评传》，南京大学出版社2011年版。

冯尔康等：《中国宗族史》，上海人民出版社2009年版。

郑振满：《明清福建家族组织与社会变迁》，湖南教育出版社1992年版。

卞利：《明清徽州族规家法选编》，黄山书社2014年版。

徐国利、林家虎：《安徽文化精要丛书：徽学》，安徽文艺出版社2012年版。

陈其南：《家族与社会》，台湾联经出版事业公司1990年版。

常建华：《中华文化通志·制度文化典·宗族志》，上海人民出版社 1998 年版。

陈独秀：《陈独秀文章选编》，生活·读书·新知三联书店 1984 年版。

秦晖：《传统十论：本土社会的制度文化与其变革》，复旦大学出版社 2003 年版。

宁欣：《中华文化通志·制度文化典·选举志》，上海人民出版社 1998 年版。

张仲礼：《中国绅士》，上海社会科学院出版社 1991 年版。

黄永昌：《传统慈善组织与社会发展》，光明日报出版社 2012 年版。

张光博：《社会学词典》，人民出版社 1989 年版。

毛礼锐、沈灌群：《中国教育通史》，山东教育出版社 1987 年版。

邓洪波：《湖南书院史稿》，湖南教育出版社 2013 年版。

陈谷嘉、邓洪波主编：《中国书院史资料》，浙江教育出版社 1998 年版。

孟宪承等编：《中国古代教育史资料》，人民教育出版社 1961 年版。

卞利编著：《明清徽州族规家法选编》，黄山书社 2014 年版。

赵华富：《徽州宗族研究》，安徽大学出版社 2004 年版。

庄敬忠主编：《中华庄氏源流》，中国社会出版社 2008 年版。

费成康主编：《中国的家法族规》，上海社会科学院出版社 1998 年版。

《明清人口婚姻家族史论》，天津古籍出版社 2002 年版。

朱世良编著：《徽州月潭朱氏》，安徽大学出版社 2013 年版。

李文治、江太新：《中国宗法宗族制和族田义庄》，社会科学文献出版社 2000 年版。

游子安：《劝化金箴：清代善书研究》，天津人民出版社 1999 年版。

袁啸波编：《民间劝善书》，上海古籍出版社 1995 年版。

黄俊杰等编：《东亚文化的探索》，正中书局 1996 年版。

郑振铎：《中国俗文学史》，中央编译出版社 2013 年版。

李悔吾：《中国小说史漫稿》，湖北教育出版社 2001 年版。

后　　记

　　早期的人类和其他动物一样，也是直接向大自然索取资源，以维持基本的生存。中华大地，气候多样，植物茂盛，许多食草动物遍布崇山峻岭和广袤草原，鱼类更是遍及河流湖泊。这些容易获得的肉类食物，让早期的先民形成了以渔猎为主的生活方式。不过，随着自然环境的改变，先民的生活方式也出现了新的样式。距今约1.2万年前，全球气候变暖，不少草地变成森林，先民赖以果腹的动物突然减少。于是，他们开始采集植物为生。在漫长的实践中，他们逐渐认识了可食用植物的种类，并初步掌握了其生长习性。他们意识到种植比纯粹采集更容易获得稳定可靠的食物源。于是注意收集种子，不断摸索和改进种植技术。同时，对于肉类食物的获得技术也有提高，而最大的进步就是开始出现了饲养动物。种植作物与饲养动物的出现，表明农业生产方式已经具备雏形。而农业生产的形成，则使得人类定居生活成为可能。于是，早期的村落，也就在此基础上形成了。

　　在北方地区，仰韶文化遗址出土的远古村落民居，为半地穴式的方形建筑，屋内有保存火种与取暖用的圆形火塘。四周墙壁用木柱做骨架，外边敷一层草拌泥。龙山文化遗址出土的民居建筑为半地下圆形，底部铺一层经火烧过的灰白色硬泥。墙壁光滑，尖锥形屋顶。在南方地区，早期的村落建筑以干栏式为主，适合雨水较多、空气潮湿的地区。它以竹木建筑材料，分上下两层，下层放养动物和堆放工具杂物，上层住人。东至江浙地区新石器时代的马家浜文化和良渚文化等许多遗址，西至云南的剑川海门口新石器时代遗址、四川成都十二桥商代遗址等，都有干栏式建筑分布。

  定居生活的形成又进一步促进了农业的发展。在世界范围内，我国先民从事农业生产活动的时间最早，距今一万年左右就已开始。1978年在甘肃发现的大地湾遗址，出土了已经炭化的粮食作物黍和油菜籽的残骸，距今已经8200年了。南方地区，洞庭湖北面的澧县城头山古文化遗址中，考古学家发掘出了距今6500年的水稻田，这是目前我们所知道的保存最好、世界最早的人工水稻田。同样在湖南澧县，彭头山遗址中则出土了世界上最早的稻作农业痕迹——稻壳与谷粒。而在湖南南部的道县玉蟾岩，更是出土了距今8000年的人工栽培稻种子。这些考古大发现，确立了长江中游地区在中国乃至世界稻作农业化的起源与发展中的重要历史地位。

  从自然条件来看，传统村落在中华大地产生，完全得益于这个地方温和的气候、适中的雨量以及肥沃的土壤。优越的自然条件为传统农业的产生提供了前提，所以在先民的农业思想里，就将农业与整个自然界视为一体。其中，时气属"天"，土壤属"地"，物性、树木、畜牧三者属"物"，耕田、粪壤、水利、农器等则属"人"，天、地、人、物系统有机统一。中国现存最早的一部汉族农事历书《夏小正》，记载了战国之前的农业生产的内容，这些农业活动都在一年中特定的月份进行，与天象、气候、季节、物候紧密相连。这篇重要的农业文献，也将天地自然与农事活动视为一个有机联系的整体。后来，传统村落的堪舆营造思想中，更是非常注重村落与整个自然界的联系。

战国时期，炼铁技术发展，对于村落的发展有着重要的意义。铸铁技术应用于农具铸造，使得农耕文明的发展产生了质的飞跃。铸铁农具的推广，使得农业生产率迅速提高，使得人口规模扩大。中华大地逐渐形成了一定规模的村落形态。其中，"聚"是文献记载的最早的村落形态，它有"汇集""聚拢"的意思。这一时期的村落名称，大致还有"丘""庐"等。

秦代开始，大一统的国家初步形成。不过，秦王朝持续的时间较短，它对于农耕文明的影响主要在汉代开始才见到成效。汉代的农牧分界线比较偏北，农耕技术也扩展到了塞外。汉武帝移民百万，使河套以南到陕北地区农业的繁荣程度可比关中。东汉到三国时期，气候逐渐寒冷，北方的自然生态环境已经与先秦时期相去甚远，加上连年征战，大量的农田遭到废置。原来活跃在草原上的游牧民族进入中原，与农业民族争夺资源。种种因素叠加在一起，导致魏晋南北朝时期的农业经济出现大衰退。这个时候，出现了一种带有防御体系的村落，即"坞壁"。著名的坞壁有许褚壁、白超垒（坞）、合水坞、檀山坞、白马坞、百（柏）谷坞等。这种防御性的村落，后世还在陆续产生。直到今天，湖南的江永县的勾蓝瑶寨，还存有城墙、碉楼、守夜屋等防御性建筑，它们为维护勾蓝瑶族村寨的稳定起到了至关重要的作用。而在战略防御需求和客家文化为基础的福建三明、永安、龙岩等地和湖南郴州临武、宜章一带，更是有堡、寨、碉、楼等村落建筑，集防御与居住功能于一体，见证了人类战争军事、迁徙与农耕的历史。

唐代黄河下游许多林地已被开辟为农田，并通过兴修水利提高粮食产量，隋唐江淮流域出现了强劲的开发势头。南方地区气温偏高，降水量充沛,有利于水稻等高产农作物的种植,使得耕地在面积不变的前提之下,可以养活更多的人口。大量从中原地区南迁的移民,也带来了先进的农耕技术。虽然政治文化中心仍然在北方地区,但是北方的粮食通常不能自给,需要从南方运过来。沟通南北地区的主要动脉,是此时修建完成的京杭大运河。南方丰富的粮食,从此可以源源不断地运至北方,为大唐盛世的开创打下了基础。中国传统农业以精耕细作、土地利用率高和单位产量高为特征的生产模式,到此时得到了更进一步的确定和加强。唐代的村落已经普遍开始以"村"来命名。杜佑的《通典》表明,唐代官方有明文规定,所有城墙外面的聚落都统统称为"村"。不过,它也许主要在北方的黄河流域。南方地区的一些村落,有一些是以"浦""沟""洲""渚"等来命名。从它们的水字旁就可以看出其典型的南方水乡特色。

北宋时,尽管北方仍保持着政治文化的中心地位,但经济重心已逐渐转移到南方,南方的人口已经超过了北方。为了应对人口增长和耕地不足的矛盾,王安石开始推行淤田。宋代是中国传统村落发展的一个重要阶段,此时,社会基本稳定,读书风气较浓。一些著名的文人主动关注村落生活,写下了大量有关农村安逸生活的诗歌,如范成大的《四时田园杂兴》其一说:"昼出耘田夜绩麻,村庄儿女各当家。童孙未解供耕织,也傍桑阴学种瓜。"它是在东晋陶渊明开创的田园题材诗歌的基础上的继续深化。即使在今天读来,仍旧具有很深的感染力。此时传统村落文化发展史上的一个里程碑——《吕氏乡约》产生了。《吕氏乡约》为陕西蓝田的吕大忠等兄弟于北宋神宗熙宁九年(1076)制定,并在当地实施。它成为我国历史上最早的成文乡约,对后世明清的村落治理模式影响甚大。可以说,后来传统村落中的村规民约或者族约等,都是《吕氏乡约》的延伸版。

经历了元代的短暂战乱，明清两代的农业生产开始恢复。长江中下游的南方，一直都是当时的经济中心。当地充足的农业产品，向北方提供了大量粮食、布帛和税赋。正是南方农业经济的开发与崛起，才使中国经济仍能保持大体平衡。随着生产力的提高，人口也大量增加。而且，随着对外交往的扩大，来自南美洲的玉米、甘薯等粮食作物开始传入，极大地补充了传统粮食作物产量不足的弊端，即使是在土地总量保持不变的前提下，也能够满足人口不断增加的需求。人口的繁衍，促进了村落的发展。我们今天不少被视为传统村落的村庄，大体上都是这一时期兴建和留存下来的。而我们视为传统村落文化主要内容的部分，包括建筑、民俗、民约、教育等，也大多正式形成于这一时期。

从上述内容可以看到，中国传统村落文化的形成与延续，始终离不开传统农业的发展。作为世界农业的起源中心之一，中国传统农业在其发展过程中产生了一系列的发明创造，对中华文明的影响至为深远。可以说，中国传统农业是中华文明强大生命力的来源，是中国传统村落及其文化得以持续发展的最深厚的根基。

传统村落的发展，一个重要的贡献就是直接催生了传统城市的出现。种植业、养殖业导致手工业的产生，使得村落的产品得到了极大丰富，出现了"物物交换"这种最初的交易模式。随着交易的内容进一步扩大，以货易货的方式已经不能适应社会的发展，于是就产生了最早的货币——贝。金属货币的出现，让交易变得更为方便。从原始的偶然的交易场所，逐步成为有固定时间和地点的集市。殷商时代，即出现了定时定点的集市贸易。《易·系辞》说："庖牺氏没，神农氏作，列于国，日中为市，致天下之民，聚天下之货，交易而退，各得其所。"村落集市的职能不局限于货物交易，它在一定程度上也成为村落原住民之间信息交流的场所。

《史记·五帝本纪》中有一句描述村落形成的话，经常被学者所引用："一年而所居成聚，二年成邑，三年成都。"它较为形象地反映出了当时一个小国的都城实际上是由早期的村落演变而成的。农业人口的聚集，形成聚落，随着人口的增多，慢慢形成城市。居住在城市中的人不需要从事农业生产，因此可以从农业中抽离出来，从事手工业、商业、教育、学术研究，于是渐渐创造出博大精深的中华传统文化。

中华优秀传统文化是习近平总书记十八大以来治国理念的重要来源。党的十八大关于建设优秀传统文化传承体系、弘扬中华优秀传统文化的精神和习近平总书记系列重要讲话精神，是文化传承与创新的重要措施，是维护国家民族历史文化安全的现实需求，也是弘扬社会主义核心价值观的重要途径。今天，我们研究中国传统村落文化，也就在于为我们悠长久远而又博大精深的中华民族文化寻根究源，为全世界的华人提供一个美好的精神家园。

我们出版《中国传统村落文化概论》，直接目的有两个：一方面，呼吁学界以全新的文化视野来对传统村落进行学术研究；另一方面，呼吁在中国的人文学科构拟起传统村落文化研究的体系。中国传统村落文化体系，至少应该包括以下七个方面的内容：（1）传统村落的堪舆规划与建筑；（2）传统村落的生产与商贸；（3）传统村落的生活与习俗；（4）传统村落的精神信仰；（5）传统村落的组织与治理；（6）传统村落的文化教育与道德教化；（7）传统村落文化的传承与保护。

传统村落不仅承载着厚重的历史文化，而且呈现出明显的整体特征，现有的任何学科都无法囊括传统村落文化的内涵。学界百余年来的传统文化研究，也证明了传统村落研究的独特性，因而，我们呼吁应当重视构建学术体系，建设传统村落文化学科。在本书的撰写过程中，参考了大量前辈学者及当代学人的研究成果，有的已经在文中标明，有的则未能一一列出，在此一并致谢。

构建传统村落文化的学术体系，建设一门新的学科，不是一蹴而就的事情。我们水平有限，仅借此书的出版，抛砖引玉，以引起学界的共鸣，为共同建设好我们的家园而努力。

胡彬彬　吴　灿

2017 年 8 月